The Annual Report on International Cultural Trade of China（2014）

中国对外文化贸易年度报告

（2014）

中华人民共和国文化部对外文化联络局（港澳台办）
北京大学文化产业研究院
编著

北京大学出版社
PEKING UNIVERSITY PRESS

图书在版编目(CIP)数据

中国对外文化贸易年度报告. 2014/中华人民共和国文化部对外文化联络局（港澳台办），北京大学文化产业研究院编著. —北京：北京大学出版社，2014.12

ISBN 978 - 7 - 301 - 25428 - 8

Ⅰ. ①中… Ⅱ. ①中… ②北… Ⅲ. ①文化产业—对外贸易—研究报告—中国—2014 Ⅳ. ①G124

中国版本图书馆 CIP 数据核字(2015)第 012095 号

书　　名	中国对外文化贸易年度报告（2014）
著作责任者	中华人民共和国文化部对外文化联络局（港澳台办） 北京大学文化产业研究院 编著
责任编辑	胡利国
标准书号	ISBN 978 - 7 - 301 - 25428 - 8
出版发行	北京大学出版社
地　　址	北京市海淀区成府路 205 号 100871
网　　址	http://www.pup.cn
电子信箱	ss@pup.pku.edu.cn
新浪微博	@北京大学出版社
电　　话	邮购部 62752015 发行部 62750672 编辑部 62765016
印 刷 者	北京富生印刷厂
经 销 者	新华书店
	787 毫米 × 1092 毫米 16 开本 26 印张 570 千字
	2014 年 12 月第 1 版 2014 年 12 月第 1 次印刷
定　　价	72.00 元

《中国对外文化贸易年度报告(2014)》课题组名单

一、指导单位

文化部外联局(港澳台办)

二、编撰单位

北京大学文化产业研究院

三、编委会

主　编: 向　勇

执行主编:

王异虹　范　颖

编　委:

钮沭联　王莫柔　董馨蔚

撰稿(按姓氏笔划为序):

马　明　马　静　邓文君　孔乃玉　孔澜静　方　英　王异虹　王欣怡　王　娟
王铁山　王海文　冯慧文　田文聪　田　鸽　龙桂荻　任北宁　刘　春　向　勇
朱文静　朱婷婷　安　铮　阮　嵘　李方军　李怀亮　李苑平　李晓唱　李名帝
李剑玲　宋子节　张功翠　张　宇　张　扬　张　珊　张　慧　范　颖　杨欣欣
赵计慧　晏思雨　贾　莹　秦　晴　夏　菁　唐璐璐　涂蕊玲　黄莉媛　崔颖婕
韩　亦　喻昕湉　董馨蔚　鄢　葵　解学芳　鲜　佳　臧志彭　薛玉瑾　鞠高雅
魏　婷

Alvaro D. Hernandez　KWON KI YOUNG

四、专家委员会(按姓氏笔划为序)

马　明(北京舞蹈学院)

方　英(中国传媒大学)

王异虹(北京大学)

王　娟(北京工业大学)

王铁山（西安工程大学）
王海文（北京第二外国语学院）
林　一（北京大学）
向　勇（北京大学）
肖东发（北京大学）
花　建（上海社会科学院）
祁述裕（国家行政学院）
李小牧（北京第二外国语学院）
李永求（韩国外国语大学）
李怀亮（中国传媒大学）
李嘉珊（北京第二外国语学院）
吴承忠（对外经济贸易大学）
吴国蔚（北京工业大学）
张晓明（中国社会科学院）
张朝霞（北京舞蹈学院）
周庆安（清华大学）
韩　亦（北京大学）
解学芳（同济大学）
魏　婷（中国传媒大学）
魏鹏举（中央财经大学）
KWON KI YOUNG（韩国仁川国立大学）

本书为2012年度国家社科基金艺术学项目“我国艺术产品的国际传播与国际贸易研究”（课题编号12BH065）的阶段性成果。

目　录
Contents

总报告①

近年来,在政府的积极引导和大力扶持下,中国对外文化贸易取得了显著的成果,已经从单纯的文化产品走出去,发展到文化服务走出去,再升级到文化资本开始走出去,一批有实力的中国文化企业在国际市场崭露头角,通过联合制作、海外并购、筹建子公司等多种形式推动文化产品和服务的出口,同时将中国文化广为传播,文化影响力逐渐扩大。

但不应忽视的是,已经有越来越多的国家将文化产业和文化贸易上升到国家战略层面,通过多种补贴和政策来支持文化产业和文化贸易的发展,欧美发达国家更是通过世界贸易组织等渠道,迫使发展中国家开放市场,为本国文化产品和服务的出口扫除壁垒。同这些文化贸易的强国相比,中国在故事创意、国际营销以及销售渠道等环节,还需要汲取经验和提升水平,才能更好地参与国际文化市场的竞争。

一、2012—2013 年中国文化产业与文化贸易的相关政策

作为国际文化贸易的主要参与国之一,中国政府越来越关注通过商业渠道推动中国文化"走出去",在调控和管理国内文化产业市场、为文化贸易创造良好的国内环境的同时,也通过税费减免、扶持奖励等手段,推动文化贸易的开展。综合来看,2012—2013 年出台的文化产业及文化贸易政策,包括以下几类:

(1) 文化产业规划。

2012 年 2 月,文化部发布《"十二五"时期文化改革发展规划纲要》,对文化体制改革、文化产业和文化贸易的发展做出了进一步的规划,提出到 2015 年"主要文化产品进

① 本文作者:向勇,北京大学艺术学院副院长,副教授,北京大学文化产业研究院副院长;王异虹,北京大学新闻与传播学院副教授;范颖,北京大学艺术学院文化产业研究方向博士生。

出口严重逆差的局面逐步改善,形成以民族文化为主体、吸收外来有益文化、推动中华文化走向世界的文化开放格局;全民族文明素质明显提高,国家文化软实力和国际竞争力显著提升"的目标,并提出"加大已有支持对外文化贸易各项优惠政策的落实力度,进一步完善有关财税政策,支持文化企业走出去。支持文化企业在海外投资、投标、营销、参展和宣传等市场开拓活动,为文化企业走出去提供通关便利。对符合条件的文化企业发展海外业务给予账户开立、资金汇兑方面的政策便利。加强文化企业和文化产品在进出口环节的知识产权保护,维护权利人的合法权益"等保障措施。

2012年6月28日,文化部颁布了《关于鼓励和引导民间资本进入文化领域的实施意见》,明确提出鼓励民间资本积极参与国有文艺院团转企改制、公共文化服务体系建设、文化产业发展,投入非物质文化遗产传承保护,参与对外文化交流和文化贸易,并对于民间资本进入的方式、方向和扶持政策等也做出了明确指引。

2012年7月,文化部颁布了《"十二五"时期国家动漫产业发展规划》,立足动漫产业发展实际并结合市场需求,确定了"十二五"时期我国动漫产业发展的总任务。其中关于动漫产业对外贸易,该规划提出要充分利用国内国外两个市场,通过信息共享、政策咨询、宣传推广、境内外参展、表彰鼓励等方式,推动动漫企业、产品和服务走向国际市场,全面提高我国动漫产业国际化水平,并从"促进动漫产品和服务出口""支持动漫企业走出去""加强国际动漫产业交流合作"等方面提出了总体的指导思想和发展规划。

2012年9月12日,文化部制定了《文化部"十二五"文化科技发展规划》,将"十二五"时期文化科技发展的重点领域定为:文化科技基础性工作;文化艺术资源保护与开发领域;文化艺术产品创作生产领域;文化传播与服务领域;文化装备与系统平台建设。

(2)市场规范和版权保护。

2013年1月30日,国务院决定对《信息网络传播权保护条例》《中华人民共和国著作权法实施条例》进行修改,对非法经营活动加大处罚力度,进一步保护著作权人、表演者、录音录像制作者等权利人的信息网络传播权,鼓励有益于社会主义精神文明、物质文明建设的作品的创作和传播。

(3)扶持与配额。

2012年2月1日,由商务部、中宣部、外交部、财政部、文化部、海关总署、税务总局、广电总局、新闻出版总署、国务院新闻办共同修订的《文化产品和服务出口指导目录》予以公布,各部门将在列入本目录的项目中认定一批有利于弘扬中华民族优秀传统文化、有利于维护国家统一和民族团结、有利于发展中国同世界各国人民友谊、具有比较优势和鲜明民族特色的国家文化出口重点项目;在符合本目录要求的企业中认定一批具备较强国际市场竞争力、守法经营、信誉良好的国家文化出口重点企业。各部门、各地区依据有关规定在市场开拓、技术创新、海关通关等方面创造条件予以支持。

2012年2月18日,中美双方就解决WTO电影相关问题的谅解备忘录达成协议,协议内容主要包括:中国将在原每年引进美国电影配额约20部的基础上增加14部仅支持3D或IMAX放映方式的特种片电;美方票房分账比例从13%提高至25%;中国的民营企业将得到发行进口片的机会,过去国有公司垄断进口片发行的局面将被打破等。此次双方的协议虽然会对国产电影的生存空间带来一定程度的挤压，但在优秀进口影片的刺激下，中国的整体票房将进一步提升，有良好内容制作能力的电影制片商也将快速成长。

2012年12月初，国家广电总局电影管理局颁布了《关于加强海峡两岸电影合作管理的现行办法》，其中规定了台湾影片进入大陆不受进口配额限制、增加引进台湾电影的数量、内地与台湾合拍电影的优惠政策、发行方法等一系列有关政策。加大两岸片源输送，促进两岸间电影的交流合作，丰富国产电影的类型和产量，实现共赢。

（4）补贴及减税。

2012年11月22日，国家电影事业发展专项资金管理委员会发布《关于对国产高新技术格式影片创作生产进行补贴的通知》《关于"对新建影院实行先征后返政策"的补充通知》《关于返还放映国产影片上缴电影专项资金的通知》和《关于对安装数字放映设备补贴的补充通知》四项扶持通知，分别对制片方、影院进行了返还已上缴专项资金、按票房比例予以资金奖励等形式的资金补贴。

继2011年5月出台的《动漫企业进口动漫开发生产用品免征进口税收的暂行规定》后，2012年财政部又颁发了《关于扶持动漫产业发展的增值税、营业税政策的通知》，规定对属于增值税一般纳税人的动漫企业销售其自主开发生产的动漫软件，按17%的税率征收增值税后，对其增值税实际税负超过3%的部分，实行即征即退政策，并且规定动漫软件出口免征增值税。

（5）内容比例限制。

2013年10月，国家新闻出版广电总局向各卫视下发通知，确定了2014年节目播出的相关调控政策，其中规定各卫视平均每天早上8时到晚上21时30分要播放不少于30分钟的国产动画片。

（6）小结。

我国目前对文化贸易的政策体现出"两手抓"的特点。一方面注重营造良好的文化产业环境，加强版权保护，并通过配额、内容比例等政策对弱势产业进行保护，为本土文化产业的发展赢得时间和空间；另一方面则通过补贴、减税等手段对出口的文化服务进行扶持，积极推动中国企业走向国际市场，提升中华文化的国际影响力。

美国、日本和法国等文化产业发达的国家，都有一套完备的并不断调整的文化产业政策体系和与之对应的法律法规，涵盖项目审批、税收优惠、产业保护、出口补贴等多个方面，确保其文化战略的实施，比如：美国的文化产业和文化贸易政策的目标是要打破垄断消除壁垒，为本国文化产业营造竞争环境的同时为其开拓国际市场保驾护航；法国是要维护其文化遗产和文化传统并将法国文化广为传播；等等。目前来看，我国的文化贸易政策扶持体系还不够健全，对不同产业的扶持方向和扶持力度还缺乏科学和系统的考量，政策之间难以形成合力，扶持上缺乏战略部署，且贸易手段的运用不够灵活，与欧美和日韩等文化产业强国尚有一定差距，专题报告中《中国对外文化贸易的政策体系》一文对此提供了建议。

二、中国对外文化贸易发展情况

目前世界各个国家和地区对文化产业的定义和统计标准尚不统一,比如英国称为创意产业,美国称为版权产业,欧盟和日本称为内容产业,我国台湾地区称为文化创意产业,我国大陆、韩国、芬兰等国则使用文化产业这个概念。世界知识产权组织、世界教科文组织、联合国贸易和发展会议等国际机构也都提出了不同的文化产业行业划分,从而形成了不同的统计标准。文化产业在范围界定和统计标准上的不统一,必然造成文化贸易在统计范围上难以一致。

为了能够比较全面地反映我国对外文化贸易的发展情况,本文采用了两个维度:第一个维度是以联合国贸易和发展会议的统计标准和数据库为依据,比较全面地反映我国文化产业在文化创意产品和服务以及相关产业的发展;第二个维度是以本研究中的行业报告部分为依托,以中国国家统计局、国家新闻出版广电总局等部门以及行业协会和知名咨询公司等机构公布的统计数据为依托,分析出版、影视、动漫等重点行业的核心文化产品和服务在2012—2013年的出口情况与趋势,反映我国核心文化产品和服务的国际竞争力和国际影响力。这两个维度相互补充,有助于我们更客观、更全面地分析我国对外文化贸易的发展情况。

(一)基于联合国贸发会议数据库的分析

根据联合国贸易和发展会议创意经济数据库的相关数据统计①,我国文化产品和服务的出口额从2003年的83.18亿美元增加到2012年的393.89亿美元,贸易额年均增长率达到20.67%,我国文化产品出口占全球文化贸易市场份额从2003年的4.76%稳步提升到2011年的7.2%,并在2011—2012年迅速增长到17.71%。但是,我国文化产品与服务的出口额占我国贸易出口总额的比重一直偏低,且我国文化产品贸易在世界文化产品贸易中的占比一直都远远高于文化服务贸易额的占比。

世界文化服务的贸易额在2011年以前一直高于文化商品的贸易额,与此趋势相反,我国文化产品的出口额远远高于文化服务的出口额,无论是根据联合国贸发会议数据库的数据进行统计,还是根据我国商务部公布的数据进行计算,我国文化服务的出口额在我国文化贸易出口总额的占比均不足30%,说明我国文化产业的核心竞争力不足。

具体到细分产业,我国文化产品的出口中,手工艺品、室内设计、玩具等依托于制造业的文化创意产品的国际市场占有率较高,占据相当大的比重;电影、图书、报纸等创意产品的出口比例极小;而新型媒介、视频游戏、雕塑的出口比例相对略高,但所占比重依然很小。

可见,我国文化贸易的竞争优势主要是依托于我国制造业的优势,体现在手工艺品、

① 具体数据请参见专题报告第二章《中国对外文化产品出口结构研究与调整策略》。

珠宝和玩具制造、视觉艺术品和游戏机等外围的文化产品中,但是这些外围的文化产品并不具有成本递减优势、环境保护优势、边际收益递增优势,具有这些优势的核心文化产品,比如影视、音乐、出版物的版权、文化休闲娱乐服务等,却是中国文化贸易的薄弱环节,比重低,竞争力弱。

(二)基于国家统计局等机构数据的重点行业研究

联合国贸易与发展会议创意经济数据库的数据反映了我国文化创意产品和服务的"量"的变化。但是,文化产品和服务的出口不仅关乎一个国家的外贸收入,还关系到国家形象的塑造、文化软实力的提升。影视、动漫、设计等产业的核心产品和服务是否具有国际市场竞争力,是否拥有国际性的品牌文化企业和文化项目,更能反映一个国家的文化产业的发展潜力和文化影响力。因此,我们还需要借用第二个维度,从文化产业的重点行业入手,分析我国对外文化贸易的发展和文化产业国际竞争力的变化。行业报告部分对演艺、出版、影视、动漫等核心产业进行了细致的分析,盘点各行业在2012—2013年度的发展、趋势、典型案例并提供了政策建议。

1. 演艺娱乐业:项目集中于杂技武术、戏曲歌舞,版权输出待突破

2012年经文化部审批的来华演出项目共计1140项,计22760人次;2012年,经文化部审批的"走出去"演出项目共计315项,团组人数9280人,海外观众人数1089万人,演出收入约8470万元①。《功夫传奇》《绛州鼓乐》《牡丹亭》等演艺项目走出国门,但从国家文化出口重点项目目录上看,我国演艺产业走向国际市场的项目大多仍然集中在杂技、武术等动作技巧类,以及戏曲和民族风情的歌舞,版权输出未有突破。演艺产业的出口模式从传统的劳务输出和项目参演,已经发展为整台剧目的输出、中外合制、剧院收购项目驻演等多种模式,取得了长足的进步,但也应看到我国演艺出口过程中在剧目创新、贸易融资和保险、演出经纪等方面的不足。此外,中国文化年等文化交流活动为演艺产业的贸易提供了重要的展示平台,但从长远来看,国际性交易平台的建设、国际表达与文化折扣的克服、重点项目的推介与品牌建设,都是中国演艺产业提升国际竞争力所需要努力的方向。

2. 新闻出版业:版权贸易逆差逐步改善,企业走出去由被动变主动

2013年,全国累计出口新闻出版物2387.4万册(份、盒、张),较2012年增长14.3%,金额为10462.4万美元,增长10.4%②,显示了中国出版业在出口上的稳步增长。版权输出与引进比从2011年的1:2.1提高到2012年的1:1.9,并在2013年达到1:1.7,贸易逆差进一步改善。美国、我国台湾和香港地区是我国图书、音像制品和电子出版物的重要出口目的地,对日本、韩国、英国、德国以及新加坡等国家的版权出口,也呈现喜人态势。

新闻出版业走出去的成绩得益于国家的六大出版工程的实施,同时与骨干企业积极

---

① 《2012年中国演出市场年度报告》,中国演出行业协会,http://www.capa.com.cn/news/showDetail?id=60342。

② 中国新闻出版研究院:《2013年新闻出版产业分析报告》,2014年7月9日。

参与国际性展会、拓展国际市场探索持久发展模式的努力密不可分，与企业由从被动走出去转向主动走进去的发展动力密不可分。中国出版产业在未来的持续性出口动力，在于如何调动民营出版机构的积极性，政府应在贸易平台建设、海外市场调研、品牌企业和知名作家营销等方面着力，优化资源配置，给予出版企业更大的支持。

3. 电影产业：华语片国际认可度有待提高，本土企业探索出海“淘金”

2013 年，国产电影在海外销售数量达到 45 部，共计 247 部次，累计票房和销售收入达到 14.14 亿元人民币，相比较 2012 年的 10.63 亿元，同比增长 33.02%。王家卫导演的《一代宗师》在 2013 年登陆北美院线，在强力推手韦恩斯坦的帮助下，两个月内斩获 659 万美元的票房，创造了近年来华语电影在北美的最好成绩，而位列北美票房第二、三位的华语影片则是《私人定制》和《毒战》，只分别获得 31.4 万美元和 12.82 万美元。2013 年内地国产片票房亚军，席卷超过 7 亿元人民币的《致我们终将逝去的青春》在北美仅获得了 6.7 万人民币(1.1 万美元)的票房，而陈凯歌的《搜索》更是惨淡到只收获了 1100 美元。华语片在北美的势头依旧整体低迷，成为不争的事实。[①] 由此可见，华语电影目标市场的研究迫在眉睫，对于文化折扣相对较低的东南亚和日韩市场、乐于采购艺术片的欧洲市场以及商业化程度最高的北美市场，产品策略、营销策略和渠道策略都应有所区别并更具针对性，通过联合制作和发行、聘用海外团队、海外参展等不同的手段来弥补目前产业链的短板。

随着中国电影产业的飞速发展，本土影视企业不再仅仅满足于内容的制作。2012 年，大连万达集团以 26 亿美元并购了美国的 AMC 影院公司，成为全球规模最大的电影院线运营商，拓宽了优秀国产电影的出口渠道，提高了国际市场竞争力，也标志着中国影视资本正逐步地向海外市场扩张。

4. 电视产业：出口以电视剧为主，远期有风险，纪录片出口创最好成绩

2012—2013 年，《中国好声音》《中国梦之声》《星跳水立方》《中国梦想秀》《爸爸去哪儿》等国际知名综艺节目的本土版引爆荧屏，让中国电视产业见识到了国外成熟节目模式的魅力，从而也看到了我国电视产业在版权输出上的不足。

相对于海外综艺节目“井喷式”的引进，2012 年到 2013 年中国电视节目出口亮点主要集中在纪录片，由中国国际电视总公司发行的纪录频道制作的节目达 25 部，累计签约节目 230 集，销售额超过 100 万美元，接近中央电视台纪录片海外发行总量的 50%，创造了历年来中国纪录片海外发行的历史最好成绩。纪录片《舌尖上的中国》第一季销售到了海外 20 多个国家和地区，创下了 4 万美元一集的纪录，成绩斐然。

2012—2013 年，无论是出口金额还是出口时长，电视剧始终是我国电视产业出口的绝对主力，占比超过 50%。但是值得注意的是，虽然我国出口的电视剧诞生了《甄嬛传》这样的佼佼者，但是从长远来看，市场空间却在逐渐变小：中国电视剧在欧美市场的影响依然有限，停留在华人观众圈和网络平台的人气；日韩市场设有审查壁垒，进入难度很

① 《2013 华语片在海外：票房依旧迷失，艺术佳作缺失》，电影网，http://www.m1905.com/news/20140123/726420.shtml。

大;东南亚市场被“韩流”所侵蚀;非洲市场虽有开拓空间,但是风险较大,尚处尝试阶段。在“韩流”再次席卷亚洲时,如何扭转我国电视产业的“跟风”风气,是我国电视产业亟需解决的问题,只有不断诞生原创精品,才有出口海外市场的潜力。

5. 动漫产业:出口逐年增加,总体规模及竞争力亟待提升

2013 年我国核心动漫产品出口额达 10.2 亿元,比 2012 年的 8.3 亿元增长 22.89%。同时,国际合作进一步加强,国际交流不断深入,涌现出一批在国际市场上成绩斐然的动漫作品。

从进口数量来看,美洲和亚洲是主要的电视动画进口区域,美国、日本是我国动画电视的主要进口对象,而对非洲和大洋洲没有进口;而亚洲是我国动画电视主要的出口地区,主要是东南亚各国和中国香港地区,对中国台湾、韩国和大洋洲有少量出口,而对日本和非洲则没有出口。

经过近年来的快速发展,中国动漫产业终于开始从“量”向“质”转变,诞生了一些初具知名度的品牌,比如:获得十多个国内外大奖并在戛纳电影节、柏林电影市场等多个电影节展创造中国动画出口销售奇迹的国产动画电影《兔侠传奇》,该片已销售至全世界 99 个国家和地区;在美国、加拿大等 37 个国家和地区播放的《秦时明月》;已被翻译成 52 种语言的《喜羊羊和灰太狼》。

虽然动漫产品的出口在逐年增加,个别产品成绩斐然,但总体的规模依然较小,动漫产品的出口价格普遍较低,产业总体竞争力依然薄弱。如何通过国际合作,进一步提升中国动画制作的技术水平,如何通过营销平台的建设,促进中国动漫企业与国际需求接轨,是中国动漫产业进军国际市场需要考虑的问题。

6. 游戏产业:出口持续稳增,本土企业抱团深耕海外市场

游戏产业是中国文化产业门类中海外拓展最成功的行业。经过多年的海外市场拓展,中国原创网游在 2012—2013 年的海外成绩仍然不俗。2012 年,中国自主研发网络游戏海外出口规模持续稳步增长,海外出口实际销售收入为 5.7 亿美元,较 2011 年增长 57.5%。而 2013 年,中国自主研发网络游戏海外市场销售收入攀升至 18.2 亿美元,比 2012 年增长了 219.3%。

一方面,中国游戏海外市场保持快速增长,出口企业持续增加,出口题材日渐多元,客户端网游、网页游戏、移动游戏均进入海外市场,出口范围持续扩大,已经出口到 100 多个国家和地区;另一方面,完美世界等一批中国自主研发网络游戏全球拓展企业,已经从单纯的依靠海外代理的出口初级阶段、成立海外子公司的第二阶段,进入到尝试整合全球知识产权,直接面向全球开发产品的全新阶段。

2012 年,在主管部门的大力支持下,中国游戏企业“抱团出海”开始有实质性进展,出口领军企业完美世界为网络游戏产品进出口而打造的完美世界海外进出口平台(PWIE)正式推出,腾讯收购欧美网络游戏站群 ZAM.com、收购新加坡 Level Up 49% 股权;畅游推出北美游戏平台 Gamefuse、为旗下产品公布新 LOGO 与规模宏大的全球运营计划;盛大加速全球战略;光宇华夏研发 3D 游戏引擎授权香港企业等。基于后发优势,中国游戏具有完善的收费机制、用户付费激励机制,在欧美等市场具有一定竞争力,并积

极开拓南美洲、非洲等新兴市场。

7. 艺术品产业:国际贸易额大幅提升,但占国际市场总成交额比例不高

2012年—2013年,我国艺术品市场出口额保持增长,尤其在2013年实现了较大增幅。根据文化部文化市场司发布的《2012年中国艺术品市场年度报告》,根据中国海关统计数据,2013年我国艺术品、收藏品及古董出口额由2012年的5.35亿美元增至10.41亿美元,增幅约为94.58%。2013年,北京、上海、广州三个主要口岸的艺术品、收藏品及古董出口总额达到2.53亿美元,占全国艺术品、收藏品及古董出口总额的24%,出口目的地主要集中在日本、香港、欧美等发达国家和地区。

虽然中国的艺术品进出口额增长迅速,但进出口额仅占市场总成交额的18.9%,中国市场目前还是以国内市场为主导的艺术品市场,离世界艺术品贸易中心还有很大差距,同时也存在赋税过高阻碍国际化发展、行业规范不健全、急需建立征信制度、缺乏专业艺术品国际贸易服务等亟待解决的问题。

8. 其他

设计、广告、音乐、非物质文化遗产等行业的对外文化贸易也取得了不少进展,但因数据的有限性,在此不做重点分析。

(三)中国文化产品与服务的国际出口区域研究

表1-1反映了2010至2012年我国核心文化产品出口地区结构的变化趋势,总体上来看,我国核心文化产品的出口贸易国虽有个别变化,但变化不大。其中,美国、我国香港、德国、英国和日本基本占据前五位的位置。而美国则始终是我国核心文化产品出口的最大贸易国;对香港地区的出口比重基本保持在第三、第四的位置;对德国和英国的出口情况相对比较稳定。

表1-1 2010—2012年核心文化产品前15位出口市场 单位:亿美元

位次	2010年		2011年		2012年	
	国家/地区	累计金额	国家/地区	累计金额	国家/地区	累计金额
1	美国	54.57	美国	63.94	美国	75.35
2	德国	13.5	德国	17.03	日本	19.37
3	中国香港	12.94	中国香港	12.96	德国	18.05
4	英国	8.29	英国	11.46	中国香港	14.69
5	日本	5.78	荷兰	7.6	英国	12.1
6	荷兰	5.25	日本	7.2	荷兰	10.83
7	阿联酋	3.02	阿联酋	3.92	韩国	8.83
8	意大利	2.9	澳大利亚	3.75	新加坡	5.73
9	澳大利亚	2.7	意大利	3.41	阿联酋	5.62
10	加拿大	2.57	加拿大	3.32	澳大利亚	4.9
11	法国	2.24	俄罗斯	2.87	马来西亚	4.45

（续表）

位次	2010 年		2011 年		2012 年	
	国家/地区	累计金额	国家/地区	累计金额	国家/地区	累计金额
12	俄罗斯	2.1	巴西	2.68	巴西	4.3
13	韩国	2.04	法国	2.6	加拿大	4.28
14	新加坡	1.85	西班牙	2.32	法国	3.35
15	西班牙	1.8	韩国	2.18	西班牙	3.34

数据来源：国家统计局社会科技和文化产业统计司、中宣部文化体制改革和发展办公室编：《2013中国文化及相关产业统计年鉴》，中国统计出版社 2013 年版，第 53 页①。

除此之外，荷兰、阿联酋、加拿大、澳大利亚、法国和韩国始终处于前十五位的位置，与我国的贸易关系较为稳定。在 2010 至 2011 年中位于出口市场的前十五位的意大利和俄罗斯，在 2012 年却并不在其中。西班牙、巴西、新加坡也是我国核心文化产品的主要出口市场，但并不稳定。对台湾地区的出口额始终在十五位之外，而马来西亚在 2012 年首次跻身前十五位的出口市场之列。

以 2012 年我国核心文化产品出口市场情况为例，从地区分布来看，我国的出口市场主要位于北美、西欧和东亚地区。从经济发展程度来看，我国的出口市场绝大部分是发达国家，仅巴西、马来西亚两个发展中国家。从贸易金额和所占比例来看，前五位的总的出口贸易金额占全部前十五位的 54%。其中美国是我国核心文化产品的最大出口市场，出口贸易额占前五位总体的一半以上，远远高于日本、德国等其他国家和地区。荷兰、韩国虽然分别排在第六、第七位、但所占比例并不是很大，而第八位之后的国家和地区的贸易额的所占比例更小，不足 2%。从贸易额的增长程度来看，虽然均有不同程度的增长，但程度各异。韩国、新加坡、马来西亚和日本的同比增长均超过 100%，四国与中国均同处亚洲，地理距离较近，文化折扣也相对较小。而德国、英国虽然位列出口市场的前五位，但出口贸易增长率仅为 6%、5.6%，发展较为缓慢。

文化贸易作为国际贸易的一部分，不仅符合国际贸易的一些普遍特征，也具有一些特性，比如文化折扣、具有产业内贸易的特点，等等。“文化折扣”是国际文化贸易中的普遍问题，日本采取出口区域选择策略，筛选出文化比较接近且市场潜力比较巨大的目标市场，包括美国、西欧、中国、韩国等 9 个国家，作为其对外文化贸易的重要目标市场。日本的这种对文化贸易目标市场的细致分析和长期追踪，很值得我国借鉴。对于文化折扣的原因和作用机制，专题报告《中国文化产品贸易的“文化折扣”问题研究》进行了深入分析，并提出了“构建文化折扣国别评估体系”“本土素材，国际化表达”“优先文化接近性市场，培育忠实顾客群”等建议。

“海外观察”部分继续关注我国重点的文化贸易伙伴的趋势和动态，《日本动漫产业与“酷日本”政策》《韩国对外文化贸易政策的演变和成效》两篇文章对日本和韩国的产

① 注：根据《中国文化及相关产业统计年鉴》的统计口径，核心文化产品主要包括以下类别：文化遗产、印刷品（图书、报纸和期刊、其他印刷品）、声像制品、视觉艺术品（绘画、其他视觉艺术品）、视听媒介（摄影、电影、新型媒介）、其他。

业政策进行了深入的分析，比如，对韩国政府构建“开辟国际市场的一站式支援体系，支持韩国企业参加海外展会，利用海外机构协助企业开拓市场，支援国际内容制作和提供金融扶持”等一系列战略措施的实施进行了解析，为我国政府部门制定文化贸易的扶持策略提供了借鉴。其余三篇分别探讨了我国文化产品和服务进入美国、澳大利亚和韩国市场的现状和策略，看出我国的文化产品和服务还需要在故事创意、表现形式、国际营销以及销售渠道等环节汲取经验和提升水平，才能更好地参与国际文化市场的竞争。

此外，专题报告《论当代文化格局下的中国传统价值观的海外认同》，对海外受众对中国传统价值观的认同情况进行了调研，根据五国受众对中国形象认知的调研，发现各个文化区的受众人群认同的中华传统价值观有着较大的差别，但对于中国传统的儒家价值观，各国的认可度普遍较高。该报告认为中国应寻找自己的文化定位，在文化产业上要努力创造民族品牌，培育文化精品，将传统价值观作为提升文化产业实力的内核，并通过文化贸易的发展来推动传统价值观的传播。

（四）中国文化产品与服务的国内出口区域研究

从区域报告部分可以看出，我国各省市文化贸易的发展状况仍然很不均衡，这与各区域经济发展情况有着密切的联系。中西部省市虽然拥有丰富的文化资源，但是这些文化资源目前还停留在元素和符号的层面，缺乏国际认可的创作形式，也缺乏国际通用的表达通路，所以这些资源在创意转化和国际营销方面存在短板。而东部沿海地区，凭借其经济、物流、信息等方面的优势，推动中高端文化要素的集聚和辐射，当务之急是如何形成外向型的文化产业集群，推动我国的文化贸易结构转型，向创意含量高、科技含量高的文化产品和服务领域调整，提高我国文化贸易的国际竞争力。专题报告中，《对外文化贸易发达省市的带动效应研究》和《中国对外文化贸易服务平台建设的模式选择》两篇文章，探讨了东部地区和三大文化贸易服务平台如何发挥带动效应，以及中西部和内陆地区应如何借助东部省份成熟的平台和渠道，逐步开拓出本地的文化贸易模式。

三、中国对外文化贸易的特点和趋势

基于上文中从两个维度对中国文化贸易现状的分析，可以发现目前中国的文化贸易具有以下几个特征：

第一，中国文化贸易发展迅速，但贸易规模依然较小，贸易结构不合理。

2013 年，我国文化产品出口 251.3 亿美元，是 2006 年的 2.6 倍，以视觉艺术品（工艺品等）、新媒体（游戏机等）、印刷品、乐器为主；出口文化服务 51.3 亿美元，是 2006 年的 3.2 倍，以广告宣传服务为主①。虽然文化产品和服务的出口不断扩大，但是在我国贸易进出口总额中的比例仍然很小。我国文化贸易的出口比较优势在于手工艺品、玩具、乐

① 商务部：《2013 年我国文化产品进出口总额 274.1 亿美元》，人民网北京 3 月 31 日电。

器等劳动密集型产业，处于产业链低端位置的创意产品加工制造行业的竞争力较强，而电影、动漫、报纸等核心创意产品的国际竞争力较弱，不利于我国文化软实力的提升。

第二，文化创意产品的国际出口地区相对集中，国内出口地区东西部不均衡。

中国创意产品的贸易伙伴主要集中在北美、欧盟、东亚等地区。文化贸易具有产业内贸易的特点，国际文化贸易的主要进口国同时也是出口国，贸易范围相对集中是正常的。但是由于我国文化产品与服务的贸易结构失衡，产品类型单一，缺乏品牌价值和口碑优势，如果出口市场再集中，必然造成同一区域中同类产品的恶性竞争，比如杂技项目。出口结构的调整比较复杂，是一个长期的过程，现阶段为了降低出口企业之间的过度竞争和分散出口风险，政府可有侧重点地予以引导，适当扩大出口范围和平衡出口区域。东部沿海地区的文化贸易发展水平明显高于内陆和西部省市，区域带动效应并不明显，如何发挥文化贸易保税区的作用，将文化资源转化为可出口的文化产品和文化服务，值得深入探讨和研究。

第三，民营企业"走出去"的能动性推动出口模式持续创新。

从天创收购白宫剧院驻演《功夫传奇》开创的"剧院收购"出口模式，到中国网游企业开创的"合作研发，联合运营"等模式，均体现了民营企业在文化产品和服务出口上的能动性。它们的商业嗅觉更加灵敏，相对国有企业来说，受到的体制束缚小，敢于尝试，敢于突破，推动我国文化贸易出口模式的持续创新。这些民营企业分布在产业链的各个环节，比如电影后期制作、数据库服务等，逐渐具备了一定的技术优势，如果可以为它们提供资金支持，通过并购整合资源，扩大规模和市场份额，将有助于它们将技术优势、成本优势转化为出口竞争力。

第四，中国市场潜力巨大，带来国际合作机会，但也为市场管理、扶持政策的制定提出挑战。

面对中国巨大的文化市场，很多国际文化企业都希望能分一杯羹。但目前中国的电影、动漫等产业，存在配额、播放时长等贸易壁垒，所以这些企业希望通过联合制作来规避这些限制。但是真正的跨国合制并不容易，两个团队语言、文化背景上存在差异而造成的沟通障碍，双方对产品诉求和期望的不同而造成的磨合，都会让时间、金钱和沟通成本增加。因此，"中国企业出钱，外国团队出力"的"贴拍片"就出现了，产品内容与中国文化关系不大，只有一些中国元素的浅层植入，中国企业虽然可以分享一部分投资利润，但是却无法通过合作来学习先进经验。这样的合作模式，造成了国产片投资的流失，并对国产片的市场空间形成挤占，得不偿失。如何减少这些"空子"，对政府政策的制定提出了新的挑战。

第五，影响和制约中国对外文化贸易的因素较多，法规不健全、复合型创意人才缺乏等产业短板的制约更加明显。

一国文化产业的发展，是其文化贸易的基础。目前我国文化产业的相关法律法规不健全、版权意识不强的整体社会环境，直接影响到文艺创作者、文化企业的创作和创新积极性，山寨作品层出不穷和购买海外版权来规避风险都说明我国在文化产业创新机制上存在问题，当资源、资金进入文化产业却不能产生创新时，文化产业和文化贸易的竞争力是无法提升的。此外，文化创意产业是资本、技术、知识密集型的产业，无论是故事创意，还是营销策划，以及海外渠道的培育与拓展，都需要一批具有国际视野、创新精神和产业经验的复合型创意人才，这也是我国一直存在的短板。

四、中国对外文化贸易的发展对策

1. 促进文化交流与文化贸易的创新融合，推动对外文化贸易的结构调整，关注文化软实力的提升

“中国热”持续升温，有利于我国更好地向国际社会推介和传播中华文化，提高中华文化在国际上的影响力。文化交流和文化贸易的根本目的都是推动中国文化的海外传播，应在部门机制的设置上进行战略调整，让文化传播和文化贸易相辅相成，融合发展。海外中国文化中心、海外中国年以及各种文化产业的相关展会，都是中国企业展示实力的渠道和平台。策划文化交流活动时，一定要有促进贸易的思维，利用各种机会展示推介全国和本地区的优秀文化产品和企业，注重海外新闻媒体的报道质量。而相对来说市场风险较大但非常有助于我国文化软实力提升的文化项目，可以通过文化交流来介绍给海外观众，在积累了一定的口碑和观众群后，再通过文化贸易的形式走出去。

2. 关注“中国声音”“中国意象”的传达，实施品牌战略

文化贸易不仅经济价值潜力巨大，具有强大的产业带动能力，而且有助于国家形象的塑造和文化影响力的提升。未来文化传播和文化贸易的一项共同的基础工作就是通过加强与国内外中华文化研究机构合作，加强人文思想对话，开展对中华文化的系统研究，找出可以跨文化传播的具有人文价值的中华文化内涵和与之对应的富有魅力的艺术表现形式，提升我国文化产品的艺术内涵和国际表达水平。

对文化产品和服务的扶持，无论是本土作品，还是中外合制，都应向能传达中国声音、中国意象的作品倾斜。对合拍片的限制不应还局限在“中外双方的人员比例、投资比例、是否在中国取景”，而应更关注其是否表现了优秀的中华文化，是否反映了中国的时代精神，是否体现了中国对世界乃至人类共同议题的不同视角和声音。

从国际文化贸易的实践来看，具有品牌优势的文化产品和服务无论是在营销推广，还是在渠道拓展上都具有显著优势。而且，具有品牌效应的文化产品和服务，对一国文化贸易的推动作用是巨大的。因此，一方面，我国应大力扶持获得国际知名艺术节、电影展等邀约的文化企业去海外参展，一旦它们获得奖项或国际权威机构的认可，就相当于赢得了国际市场的敲门砖，另一方面，对已经初具品牌效应或具有品牌潜力的项目也要给予扶持，为它们借助海外媒体和营销机构的宣传提供资助，帮其塑造品牌。

3. 建立文化产品和服务贸易相关的统计体系，全方位地构建对外文化贸易政策体系

联合国贸易与发展会议创意经济数据库主要来自我国海关的数据，分类较粗，只能反映我国文化产品与服务出口在“量”上的概况，且因数据的可得性而存在缺陷。我国也并无任何国家权威部门发布文化贸易统计数据——现有的文化贸易数据均是由国家统

计局、商务部等从国际贸易相关指标和数据中剥离、估算出的。由于各部门核算的方法不尽相同，现有的统计数据时有交叉时有分歧，影响了政策制定的科学性，从长远看不利于我国文化贸易的发展。

促进对外文化贸易的发展是一项系统性的工作，政策的制定也应统筹考虑。不仅需要财税方面的支持，通过专项资金、税收优惠等方式鼓励企业出口文化产品和服务，还应从信贷、保险、担保、外汇管理等方面加大对文化贸易企业的支持力度，不断进行金融创新，为文化贸易企业从事产品和服务出口、海外并购投资等业务拓展新的融资渠道，降低对外文化贸易的汇率风险，为对外文化贸易提供结算便利和资本支持。

4. 推动国际营销平台、国际市场信息平台的构建，为文化企业走出去搭建桥梁

目前我国还没有真正意义上的文化产品和服务的国际营销平台，中国的文化企业还是需要去海外参加其他国家的艺术节、展览会、交易会，去推介自己的文化产品和服务。我国应提升现有营销平台的质量和国际化程度，通过邀请知名的企业、经纪公司来参会，通过形式创新、内容安排，更好地将我国的文化企业展示和推介出去。此外，我国还应推动信息服务平台和中介机构的发展，为文化贸易企业提供帮助和咨询。通过建立政策咨询、投资信息、市场调研共享等平台，集中发布文化贸易方面的信息，比如东道国的政策取向、法律法规、经济情况、外汇管制情况、投资机会及其前景预测等情况；东道国文化产业动态以及企业发展状况，帮助我国文化企业开拓海外市场，规避经营风险。推动演艺娱乐经纪、艺术品拍卖、文化产权交易、版权代理等中介机构的改革和发展，选择知名度高、有影响力的、有合作意愿的境外文化中介机构进行合作，利用其营销网络，促进中国的文化产品和服务走向国际市场。

5. 推动科技与艺术的融合，为降低文化折扣提供新路径

在科技浪潮的冲击下，人们的审美习惯和偏好变得“速食”，能够沉下心来去体会和感悟沿着文本逻辑而行的传统表演艺术的观众越来越少，观众开始回归“视觉”的感性本源，艺术家们也开始通过视觉的表述逻辑来创作，满足观众的审美需求。无论是电影，还是演艺、动漫，高科技的运用已经成为国际大势，科技为文化的传达、艺术的传播带来了新的艺术语言和创作手段。在呈现视觉震撼的同时，通过视觉符号的有效运用来提升作品的沟通能力，可以帮助观众理解作品的内涵和意蕴，降低文化背景和语言所带来的文化折扣。

6. 开阔的研究视野与复合型文化贸易人才的培养

在经济全球化背景下，中国的对外文化贸易迎来了重要的战略机遇期。文化贸易作为国际贸易的重要组成部分，涉及货物贸易、服务贸易及知识产权贸易，不仅具有产业属性、市场属性，而且具有推动文化的多维、多样性发展以及跨界融合的特性①，这就要求文化贸易的学术研究需要开阔的研究视野，将艺术学、跨文化传播学、法学等相关领域的知识与经济学、国际贸易的理论相结合，从而更全面地思考文化贸易领域的课题。

通过在国内的大专院校和科研院所开设与文化产业、文化贸易相关的课程，开发有

① 李小牧、李嘉珊：《理性看待国际文化贸易的基本属性》，《北京日报》2015 年 1 月 12 日理论版。

效的教学模式和课程体系,理论与实践兼具,加快文化产业和文化贸易的人才培养。行业协会等机构要整合高校和产业资源,为在职人员提供实践性、操作性强的培训教育,不断提高行业人才的整体素质,提高我国文化贸易领域的人才整体水平。此外,还应注重文化贸易人才的国际交流与合作,不仅吸引来自世界各地的优秀的文化产业人才到中国的文化企业中来,还可以选派致力于文化产业和文化贸易的人才去文化产业发展相对较成熟的国家去学习,为增强我国文化产业国际竞争力储备人才。

专 题 报 告

第1章

中国对外文化贸易的政策体系*

回顾世界文化产业强国的发展历史,无论是欧美还是日韩,都对本国文化产品出口给予了极大的政策支持。早在20世纪第一个十年,美国便通过各种政策推动本国电影出口,并成立了电影出口的相关机构。亚洲金融危机后,"韩流"文化的风靡一定程度上也得益于韩国有关政策法规的大力推动。在《韩国文化产业振兴基本法》《游戏产业振兴法》《音乐产业振兴相关法》等文化产业相关政策法规中,都有对韩国文化产业对外交流和国际合作的相关支持条款。

对外文化贸易直接影响到一国文化产业的整体发展,文化出口的数量与质量也是综合国力的重要标志之一。对于一百多年来一直深受西方文化影响的中国而言,如何进一步推进文化产品出口、以市场的方式提升中华文化的国际影响力与竞争力,是摆在中国文化产业发展面前的一项严峻课题。

一、中国文化"走出去"支持政策发展脉络梳理

近年来,在党中央、国务院的大力支持下,中国文化产业的发展势头十分迅猛,对外文化贸易逆差逐渐缩小,文化产业的国际影响力和竞争力明显提高。在图书版权方面,我国图书版权的输出、引进比已经由2002年的1∶15提高到了目前的约1∶2.1。在电影方面,我国电影海外票房也从2002年的数亿元增加到2010年的35.17亿元,涨势十分明显(见图2-1-1)。中国文化"走出去"的发展与进步,既与中国文化产业整体实力的增长

* 李怀亮,中国传媒大学文法学部学部长、教授、博士生导师、国家对外文化贸易理论研究基地(北京)负责人;方英,中国传媒大学经济与管理学院教授。

密不可分,也得益于有关政策的大力推动。

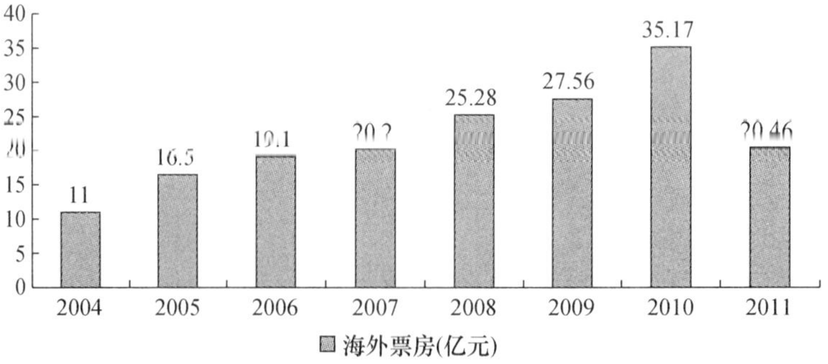

图 2-1-1　中国电影海外票房增长情况

(一) 2000 年以前:涉外文化事项的规制阶段

改革开放以来,党中央一直十分关注中国文化"走出去"的问题。但在 2000 年以前,我国文化"走出去"大多是以"交流"的方式主动"送出去",对以"产品"形式进行的对外文化贸易重视不足。即使有关部门的政策法规中涉及对外演出、展览、版权、合拍片等问题,其内容也基本是以"规制"为主,较少涉及政策支持与鼓励措施。

(二) 2000—2005 年:对外文化贸易政策的起步阶段

我国的文化产业起步较晚,即使是在 2000 年党中央明确提出大力发展文化产业之后的前几年里,我们的主要政策着力点仍然集中于文化产业概念梳理、统计等方面,对文化"走出去"问题的关注度和支持度都明显不足。

到 2004 年、2005 年,中国对外文化贸易逆差问题开始受到各界相关人士的重视,专门针对对外文化贸易的政策也开始出台。《关于加强文化产品进口管理的办法》(中宣发〔2005〕15 号)是针对文化产品进出口问题的较早的政策法规之一,《办法》从总量规模、结构以及行业分布等多个方面,对进口文化产品和服务进行了明确和细化,对文化主管部门的监管职能进行了界定,明确了网络游戏、音像制品、营业演出、境外影片等文化产品的进口管理办法,并提出实行文化产品进口经营许可证制度和年检制。

(三) 2006—2013 年:对外文化贸易政策的快速推进阶段

2006 年至今,是中国对外文化贸易政策的快速推进阶段,在大量相关政策开始出台的同时,政策的针对性、适用性、现实性也都明显提高。仅在 2006 年,国务院便连续颁布了包括《国家"十一五"时期文化发展规划纲要》在内的一系列政策法规,而在这些法规中,对外文化贸易所占的篇幅、表述的具体性都大有提高。2009 年 7 月,国务院常务会议审议通过了我国第一部文化产业专项规划——《文化产业振兴规划》,《规划》将"文化产品和服务出口进一步扩大"作为五个主要目标之一,显示了国家对文化产品和服务出口的重视。党的十七届六中全会通过的《中共中央关于深化文化体制改革推动社会主义文化大发展大繁荣若干重大问题的决定》及十八大报告提出把我国文化产业建为国民经济支柱性产业、进一步增强我国文化产业的国际竞争力,不断提高我国文化贸易的整体实力;十八届三中全会又通过了《中共中央关于全面深化改革若干重大问题的决定》再次强调了我国文化产品、产业及国际文化贸易发展的总体目标,要求进一步提高我国文化开放水平,重点扶持和培育外向型文化企业,支持文化企业到在境外开拓市场。

在这一阶段,中国文化"走出去"政策的主要特点可以被总结为为"三化"——政策推进密集化、支持措施具体化和支持部门联合化。

(四) 形成全面系统的对外文化贸易政策支持体系

在经历了上面几个阶段的探索,特别是第三个阶段之后,国务院于 2014 年 3 月专门印发《关于加快发展对外文化贸易的意见》(以下简称意见),对我国对外文化贸易发展的总体要求、政策措施及组织领导等方面进行了特别阐述,是对我国对外文化贸易的重大利好,标志着我国已经形成全面系统的对外文化贸易政策支持体系。

《意见》特别提出了要加快和发展我国传统文化产业和新兴文化产业,加大在文化领域的对外投资,不断扩大我国文化产品和服务的出口,培育出一批具有国际竞争力和影响力的外向型中国文化企业,形成一批具有核心竞争力的文化产品,打造一批具有国际影响力的文化品牌,搭建若干具有较强辐射力的国际文化交易平台,提高对外文化贸易额在对外贸易总额中的比重,扩大国际市场的我国文化产品和服务的份额,扭转我国核心文化产品和服务贸易逆差状况,争取在宏观上显著提升我国文化整体实力和竞争力,在 2020 年完成我国对外文化贸易的发展目标。[①]

《意见》强调了坚持"统筹发展、政策引导、企业主体、市场运作"四个基本原则。坚持政策引导,按照国务院的意见精神转变政府职能,不断总结这些年我国文化产业发展和对外文化贸易的经验和教训,减少对文化产业和对外文化贸易的行政干预,依法对文化产业和贸易进行监管,按照对外文化贸易发展规律推动对外文化贸易;坚持企业主体,鼓励和支持各类文化企业开展和从事国家法律法规允许经营的对外文化贸易业务,特别强调国有、民营、外资等各种所有制文化企业从事对外文化贸易业务时享有同等待遇;不断加大政府对外向型文化企业的培育和扶持力度;坚持统筹发展,将促进我国经济结构调整、产业结构优化升级和扩大内需、改善民生与发展文化产业和推动对外文化贸易相结合,不断拉动消费和投资增长,努力促进服务业发展;坚持市场运作,利用市场作用积极创新文化内容和文化走出去模式,不断优化文化资源配置,激发社会活力,努力打造出我国文化出口竞争新优势。

---

① 商务部服务贸易和商贸服务业司负责人就《国务院关于加快发展对外文化贸易的意见》进行解读,商务部网站,http://www.mofcom.gov.cn/article/ae/ai/201403/20140300521380.shtml。

二、中国文化产业政策的主要理念与支持重点

(一)积极打造品牌性文化企业和文化产品

品牌,是一种产品、一个企业乃至整个国家的产品进入国际市场的根本保证。

国际市场的普遍规律是:20%的强势品牌占据着80%的市场。好莱坞强大的电影品牌使得好莱坞大片主导国际电影市场;日本的动漫品牌使得世界动漫市场的60%被日本所占据。近年来,韩国文化产业的成功也得益于品牌战略的大力实施,《八月照相馆》《大长今》等名牌影视剧的打造,对推动"韩流"在中国乃至世界范围内的风行有着极为重要的作用。因此,对于中国文化产业"走出去"而言,如何改变中国在国际市场上"无品牌"的现状,是中国对外文化贸易的重点所在。商务部等十部门颁布的《关于进一步推进国家文化出口重点企业和项目目录相关工作的指导意见(商服贸发[2010]28号)》中,明确提出将"加快培育一批具有国际竞争力的文化贸易品牌"作为今后对外文化贸易工作的首要任务。针对电影产业国际竞争力提升的目标,《国务院办公厅关于促进电影产业繁荣发展的指导意见(国办发〔2010〕9号)》也提出了"培育有国际竞争力和影响力的电影国际传播企业,开发适应国际市场需求的国产影片"的要求。

(二)重点支持能够代表中国特色的原创性文化产品

原创性产品,是一国文化产业国际竞争力的重要衡量标准。由于缺乏有影响力的原创作品和自主品牌,我国的文化产业中存在着与传统制造业类似的"纽扣现象",企业收益率低,高附加值则被国外企业赚取。

目前,体现中国文化元素的文化原创产品匮乏,已经成为制约中国对外文化贸易进一步发展的瓶颈之一。2008年颁布的《文化部关于扶持我国动漫产业发展的若干意见》便重点针对国产原创动漫给予了支持。在《意见》提出的"国产动漫振兴工程"中,包括评选国家原创动漫大奖、扶持原创动漫创作人才等在内的四个着力点全部集中在了"原创"动漫产品上。

(三)重视海外营销渠道和营销能力建设

目前,国内文化产品出口主要有两种渠道:一是通过国内外文化产业博览会如深圳文博会、法兰克福书展等;一是通过外国发行公司代理。这两种渠道都有其局限性。博览会的经常性不足;而依托国外发行公司虽然成本低、市场风险小,但丰厚的发行利润却被国外公司赚取。因此,扩展文化产品发行网络和渠道,对中国文化出口的意义重大。而在中国对外文化贸易逆差不断缩小的情况下,如何构建稳定的海外营销渠道,确保中国文化产品"走出去"过程不受渠道制约,更是迫在眉睫。

（四）对新兴文化产业业态的支持力度明显增强

随着互联网、手机等新兴媒体用户的不断增加，动漫、网游、手机内容产业等新兴文化产业业态在中国文化产业发展整体中所占的比例不断提高，成为中国文化产业“走出去”增长最为迅速的部分。

在这种情况下，2009—2010 年我国针对动漫、网游等新兴文化产业的支持政策也大量出台，为新兴文化产业的健康发展和走出国门奠定了基础。《关于推动我国动漫产业发展的若干意见》《网络游戏管理暂行办法》等有关政策文件，在对新兴文化产业进行规范性管理和支持的同时，也对它们的对外贸易给出了一定的优惠性支持政策。由文化部对外文化联络局和北京大学文化产业研究院联合编著的《中国对外文化贸易年度报告(2012)》数据表明，近三年来，在政府财政资金、税收优惠等政策扶持下，动漫产业及网络游戏“走出去”成果明显，出口规模增幅领先于整体平均水平；国产游戏出口同比增长 76%，收入达 4.03 亿美元，超过电影产业成为中国对外文化贸易的领头羊（艺术品交易除外）。

（五）根据不同文化产品的特点，分类政策指导特点凸显

文化产品是一个集合性概念，其所包含的各种具体产品和服务之间存在着巨大的差异，因此，相应的支持政策也很难统一规划。近年来，文化部、广电总局、新闻出版总署等文化产业管理部门根据影视、动漫、图书、会展等不同文化产品的特点，有针对性地出台了一系列支持政策和推进计划。

例如在图书版权的对外贸易方面，在 2006 年推出“中国图书对外推广计划”之后，新闻出版总署又在 2009 年启动了“经典中国国际出版工程”，并计划制订国际畅销书计划，为可能成为国际畅销的图书项目提供包括政策、资金在内的积极扶持。

三、中国文化出口政策的问题与构建方向

就整体而言，中国文化“走出去”政策的支持体系尚未完全建构，与美、日、韩等世界文化产业强国相比仍有很大差距。由于条块分割等历史原因，我国文化“走出去”政策支持发展并不平衡，尤其是培训、会展、网络游戏等行业的法律法规数量还极为有限，所涉及的范围也有待扩展。因此，我国应加紧对外文化贸易法律法规的“立、改、废”工作，健全对外文化贸易的政策支持体系。我们认为，中国对外文化贸易支持政策体系的构建，应找准以下几个战略重点。

（一）以战略性贸易政策为出发点

战略性贸易政策理论最重要的政策主张是：一国政府在不完全竞争和规模经济条件下，通过关税、出口补贴和进口保护等措施，奖励出口限制进口，对现在的或潜在的战略

性产业进行支持和资助,增强其竞争能力,谋取规模经济和外部经济之类的额外收益,并借机占有他国的市场份额和利润,最终实现增加本国福利的目的。从这一角度来说,战略性贸易政策也可以理解为是“为促进贸易自由化而采取的贸易保护政策”。

一方面看来,中国加入世界贸易组织(WTO)后,按照 WTO 规则进行文化贸易政策制定从长远来看势在必行。2007 年 4 月爆发的中美文化产品贸易争端最终也是诉诸 WTO 规则进行解决的。今后,类似诉诸 WTO 的文化贸易争端仍将不断出现——尤其是在美国极力开拓中国文化市场和我国知识产权保护仍面临种种问题的双重压力下。因此,我们必须确立以 WTO 规则为主要国际文化贸易规范的意识,在有关政策制定方面以其为中长期目标。

另一方面,在我国文化产业、对外文化贸易仍处于起步阶段的情况下,如果我们立即遵循文化产品“自由贸易”原则,国外尤其是美国文化产品将对中国文化产业产生十分严重的冲击,中国文化安全也将处于十分危险的境地。因此,充分利用联合国教科文组织(UNESCO)对文化多样性的倡导也十分必要。由联合国教科文组织通过的《保护和促进文化表现形式多样性公约》中规定:“重申国家有保留、通过和实施他们认为对保护其境内文化表现形式多样性有益的政策和措施的主权权利。”其第六条更是明确规定了当事国为保护文化表现形式多样性可以采取的各项具体措施。《公约》以及其他一些联合国教科文组织的有关规定,为我国今后在 WTO 文化、服务贸易谈判中抵制美、日等国家对我国文化产品自由化的要价提供了有力的国际法依据,对此我们也应该充分利用。

(二) 进一步明确城市作为对外文化走出去的“中观”性主体的地位

过去,我们往往从宏观和微观角度关注文化“走出去”的主体问题。从宏观来说,我们关注国家政策对于一国文化贸易的推动或制约作用;从微观角度说,我们关注企业作为文化贸易主体所发挥的能动性作用。但这一政策逻辑却忽略了地方城市的“中观”的自主权——让城市在宏观的国家政策方针指导下,根据地方实际制定适合自身发展的、针对企业的鼓励性政策。

以动漫产业为例。动漫产业是国际公认的 21 世纪最具国际化特色的文化产业门类之一,动漫产品出口对美、日、韩等文化产业发达国家的对外文化贸易都贡献巨大。在这种情况下,城市(而不是企业和国家)作为国内动漫产业发展最主要的主体正在不断推动自身的动漫产业发展。据不完全统计,国内提出打造“动漫之都”的城市就多达数十个,在这些提出打造动漫之都的城市中,又往往存在着动漫产业“国际化”发展的盲目冲动。上海、杭州、长春、厦门、贵阳、常州等诸多国内城市纷纷高举“国际动漫节”的旗帜,大力推进动漫产业的“国际化经营”,力求通过动漫产业带动城市对外文化贸易。虽然宣传效果讲得天花乱坠,但作为动漫产业刚刚起步的中国来说,是否需要如此多的城市竞争性地投入动漫产业“国际化运营”仍是一个需要探讨的问题。类似活动的举办,对于中国对外文化贸易的提升和带动作用十分有限,但造成的重复建设和资源浪费却是惊人的。

在这种情况下,我们必须在对外文化贸易的过程中重视城市作为推动者和参与者的“中观”主体地位,在今后的对外文化贸易政策制定过程中,有必要重点选择一些城市,强化其在政策制定过程中的主体地位，统筹兼顾，避免资源浪费和重复建设。

（三）以开拓文化公共表达空间为关键点，加大内容注入力度

作为一种社会化、审美化的存在，文化产品与服务既具共通性特点又有种族/国家性差异。共通性特点决定了国外受众在接受中国文化产品时，期待看到反映人类共通性主题的、文化折扣度较低的文化产品；而差异性特点决定了他们期待看到能够表达中国特色的东方符号。

据《中国经营报》调查，海外观众对中国传统文化的兴趣高于现代题材。这表明我国悠久的历史和文化传统是我们提升文化服务国际竞争力的重要资源。但在现代传媒高度发达、国际文化竞争日渐激烈的今天，中国传统文化也会因为文化含量过高而产生一定的文化折扣。因此，在中国文化"走出去"参与国际竞争的过程中必须采取融合性策略，即以中国视角、中国立场介入全球普遍问题和人类共通性主题，通过对这类主题的差异化表达，积极构建中国的文化公共表达空间，传递中国声音。

但从目前情况看，我国能够"走出去"的文化产品和服务仍以"香蕉产品"和"动作产品"为主。所谓"香蕉产品"，是指以中国传统艺术形式表现西方文化内容的产品，如京剧《王子复仇记》等；而"动作产品"则是指以功夫、杂技为主要表现形式的系列演出产品，如《功夫传奇》《风中少林》等。这两种产品虽然符合我国文化资源的比较优势，也能在一定程度上降低文化折扣，但其软性文化内容含量较低，难以强化我国的文化话语权、开拓文化公共表达空间。

中国文化"走出去"的根本目的在于积极发声，提升中国文化软实力和中华文化的国际影响力，为我国崛起创造更为良好的国际环境。因此，我国文化"走出去"的过程中，既要强力推出具有比较优势的文化服务，如杂技、功夫等，也要关注相关文化服务的内容注入，积极拓展中国的文化公共表达空间，从而使我国文化"走出去"产生应后续带动作用。

四、WTO 框架内的文化贸易规则

《关税与贸易总协定》（简称 GATT1947）是一个由各缔约方政府签署的规范各国的关税与贸易政策的多边协定。一般而言，文化产品的贸易规则应同 GATT 的任何其他产品的多边贸易规则一致，但也一些"特殊"或"例外"的规定，例如第 20 条一般例外之 f 款为保护有艺术、历史或考古价值的国家宝藏等。

《服务贸易总协定》（简称 GATS）是多边国际贸易体制下第一个有关服务贸易的法律文件，其成立的目的是为了增加各国服务贸易制度的透明度并促进服务贸易的进一步发展以建立多边规则。同 GATT 不同，GATS 在音像产品的服务贸易方面，没有特别对文化和文化产品作出例外规定。但 GATS 对文化服务的某些规定却允许其成员保留与其给予最惠国待遇的基本承诺不一致的措施。

《与贸易有关的知识产权协议》(简称TRIPS)是与国际文化贸易包括国际版权贸易有关的十分重要的国际条约,它集中从四个方面规范了涉及知识产权的贸易规则:(1)规定了基本原则,如国民待遇,最惠国待遇,目标以及防止滥用知识产权等原则;(2)规定了每个成员必须提供的最低保护标准以及明确划定了保护的主要内容和最低保护期限;(3)对知识产权的执法作出了详细规定;(4)规定了争端解决机制。TRIPS协议把几乎所有有关知识产权的内容都纳入其保护范围,并且在权利范围、期限和其他作用上的规定都超过了现有的国际公约,但对于互联网上的版权保护问题等方面的探索仍不完善。

五、中国的文化贸易壁垒

(一)国际文化贸易壁垒

在国际文化贸易实践中,各国通常采取的贸易壁垒有进口关税、国产内容配额、文化生产或出口补贴、市场准入限制等等,各国通过运用这些贸易壁垒保护本国文化市场的发展。

1. 关税壁垒

在国际文化贸易实践中,主张保护本国文化产业的国家可以对外国的书刊、电影拷贝征税,也可以对预录了外国歌曲或影视节目的磁带、CD等征收进口关税,还可对文化产业外围领域的乐器、文具等产品征税。进口关税在抑制外国文化产品竞争力的同时,会降低文化资源配置的效率,对实施关税的国家不利。

2. 国产内容配额

与一般的商品贸易不同,国产内容配额是最具文化贸易特色的文化贸易壁垒。配额本来是各国海关限制商品进口的贸易手段,可分为绝对配额与关税配额。绝对配额是一定时期内对某些商品的进口数量或金额规定一个最高限额,超过这个数额后便不准进口。绝对配额在实践中又分为全球配额与国别配额,其中国别配额是一国规定在一定时期内,按国别或地区规定某种商品的最高进口限额。在国际文化贸易中,国别配额演化为国产内容配额,也称之为内容管理。国产内容配额主要针对国际视听节目贸易或印刷品贸易,通常要求进口的外国文化产品必须包含一定比例的本国内容,或者在外国文化企业在本国建立存在时,对其资本构成、雇员的国籍、采用的本土性文化生产要素进行管制。

3. 补贴

由于国际文化贸易具有一定的独特性,上述诸多新贸易保护手段并不都适用于文化贸易,比较而言,补贴措施更适合一些。WTO在其《补贴与反补贴措施协定》中,将补贴分为禁止性补贴、可诉性补贴和不可诉补贴三类。禁止性补贴是指世贸组织成员国不得使用或维持的补贴,如果某成员国发现其他成员国正在实施此类补贴,即可采取反补贴措施进行反制。目前文化贸易中的补贴与反补贴争端案例并不太多,但这并不排除补贴问题会成为未来国际文化贸易争端的主角。

4. 限制外资投资本国文化企业

例如在加拿大，广播领域的任何单个外国投资者，其对电台和电视台的所有权不得超过20%。在电影和录像领域，外资不得并购现有的加拿大发行商。

（二）中国文化贸易壁垒

1. 利用WTO条款构筑的壁垒

在2000年中美就中国加入世界贸易组织举行的最后阶段谈判中，我国在文化产品与服务市场准入上作出部分承诺，这些承诺基本上是按照“不开放上游内容生产领域，有条件地开放下游文化市场领域”的原则进行的。秉持了务实谨慎态度，我国并没有完全按照世贸组织的分类目录来开放文化产业，而是根据国情将可以开放的领域单列出来做出承诺，开放的领域是有限的，开放的幅度是可控的。比如，我国承诺允许外商从事图书、报刊和杂志的零售和批发业务，但只准许其经营通过我国合法渠道进口和出版的书报刊，而非对经营的品种和内容没有限制。

2. 利用繁琐的行政管制措施所构筑的壁垒

在中国，行政性的文化贸易壁垒主要针对出版单位和影视摄制单位，由于这些单位被视为“政府的喉舌”，不但具有娱乐大众的一般功能，还负有传达政府意志的宣教功能。为此，政府颁布了一系列事无巨细的规章制度，对国有传播机构的运作进行了严格的管制。这些管制措施客观起到了辅佐国有传媒机构发展壮大的作用，因此中国政府采取的传媒管制措施也被视为一种间接的文化贸易壁垒。

总体来看，我国对报刊图书、电影电视均采取了全方位监管，监管的执行者也组成了一个纵横交错的立体网络。但由于不同的传媒形式其管制也不完全相同，有关的政策制订权又归属多个部门，这其中难免存在职能交叉，甚至相互掣时的情况。而且，繁琐的行政管制所造就的过高的传媒准入阻止了外资和国内非公有资本的进入，传媒市场缺乏竞争，没有活力，产品同质化，这些都不利于文化资源的优化配置。

六、促进中国文化产品与服务“走出去”的政策建议

（一）设立专门委员会，对文化出口和文化企业对外投资进行统筹管理

目前，我国涉及文化产业管理的部门冗杂，随着近年来各部委纷纷出台政策支持文化产业发展，政策重复性高、操作性不强、多头分割管理等问题也逐渐凸显。在这方面，中国可以借鉴发达国家成功推动文化“走出去”的有益经验，整合商务部、文化部等文化产业相关部门，成立文化“走出去”专门委员会，针对文化“走出去”环节所涉及的政策、法规、税收、金融等内容进行统筹管理，形成合力，提高效率。

(二)正确处理政府主导的文化交流与市场导向的文化产品贸易间的关系

现阶段,各级政府部门主导的对外文化交流活动多数是以免费的方式输出文化产品和服务的。今后,在继续推进文化交流的同时,更应着重强化文化贸易建设,充分利用市场渠道推动中国文化"走出去",从而形成文化交流与文化贸易互相促进、互相协调的良性发展路径。例如,一些"非物质文化遗产",由于其存在的独特性和非流行性,不太适宜作为主打的走出去的文化产品,而是可以作为中国文化的艺术奇葩,借官方举办的系列中国年、中国文化节等文化交流活动的机会展示给各国的消费者,来展现中国艺术的魅力和多样性。而其他较适宜作为商品的文化产品,如图书、杂技、艺术品、影视节目等则相反。

(三)成立市场机制下的文化行业协会

行业协会发挥协调作用的基础是其行业服务能力,主要包括为国内企业打开市场,在国际上树立威信,制订行业标准,建立产业损害预警,协助开展保护文化行业安全的宣传、咨询培训工作等方面。今后应以市场机制为导向,促进体制外行业协会尤其是民间自治性协会的生成,淡出政府的管制,使行业协会实行自律管理,并向自治、产权结构多元化方向发展。

(四)设立文化"走出去"发展基金

文化走出去发展基金应包括文化企业海外投资基金和优秀文化产品和服务出口基金。

文化企业海外投资基金主要用于投资中国文化企业设立或并购国外文化企业或项目。投资方式可以根据投资企业和项目的不同情况,灵活采取多种投资方式或组合投资方式,从而鼓励和支持更多的中国文化企业到国外投资,促进我国对外文化贸易的发展。优秀文化产品和服务出口基金将对具备以下条件的文化产品和文化服务进行扶持:(1)具有一定的基础和海外影响力;(2)具有良好的市场发展前景;(3)内容能够体现中国特色或传统文化内涵;(4)对中国文化走去具有切实推动作用;(5)代表未来文化产品与服务出口的发展趋势。

(五)对文化出口重点企业和项目进行融资担保

此类融资担保由财政部联合大型国有企业联合发起,凡进入《国家文化出口重点企业目录》的企业和《国家文化出口重点项目目录》的项目依托企业均可申请,补贴办法则依据不同产品进行细化。

(六)针对中小文化企业制定专门扶持政策

中小企业是文化产业领域中最具活力的部分,国内外众多最具知名度的文化企业都是由中小企业抓住战略时机成长起来的。目前,财政部、商务部等部门针对中小文化企业出口的专门性政策、资金、信息服务等尚无统一管理机构。为激发中小文化企业“走出去”的动力与活力,可在商务部服务贸易司下设立“中小文化企业管理处”,对中小文化企业“走出去”进行专门管理。

根据《出口货物劳务增值税和消费税管理办法》,当前的出口免、减、退税主要是针对货物贸易相关企业,以服务贸易为主的文化企业很少可以享受到此类优惠。鉴于文化出口企业在海外参与各类展会、设立营销机构以及翻译工作的费用占比很大,针对文化企业的出口税收可在所得税环节设置相应减免,或者将参与各类展览的费用、为减少文化折扣所产生的费用等在应税所得中部分扣减。也可针对个人,划分重点出口地区,对在这些地区长期工作的中国员工减免个人所得税,以激励中国员工海外工作的积极性。

(七)演艺企业“走出去”中有出口道具、设备等的,给予相应退免税优惠

目前,随着我国文化产品和服务出口的步伐不断加快,海外商演也快速发展起来。建议海关对演艺项目“走出去”中所要运往国外的物资,在出口退(免)税方面比照对外承包工程项目的规定,实行免、抵、退税办法;凡属于国家明确规定不予退(免)税的货物,按现行规定予以征税;不属于上述两类货物范围的,如生活用品等,实行免税办法。

(八)建立文化企业海外投资信息平台

商务部可委托国内大学建立文化企业海外投资信息平台,对走出去的企业提供政策咨询服务,帮助企业了解国内外关于投资的政策措施,规避经营风险。该平台可依靠驻外使馆、商务机构获取各国有关外国投资的法律法规及其变动的最新信息,并由专家学者对此类信息进行分类整理,供国内投资者和研究人员查阅,向国内投资者提供信息服务。

(九)建立文化产品和服务贸易相关的统计体系

指标的建构有助于参政者达成共识,检测、评估其政策实施带来的影响,确定政策目标。而我国现在并无任何国家权威部门发布文化贸易统计数据——现有的文化贸易数据均是由国家统计局、商务部等从国际贸易相关指标和数据中剥离、估算出的。此外,由于各部门核算的方法不尽相同,现有的统计数据经常互相矛盾,这影响了政府的科学决策和对文化贸易发展的支撑力度。

(十)引导企业循序渐进,有针对性选择目标市场

中国文化产品的出口区域主要是亚洲部分国家和美国的华人圈,出口到欧洲和其他区域的文化产品极少。因此,针对出口区域过于狭窄的问题,在继续保持和开拓传统出口市场的同时,应积极实施区域多元化战略,加强对新兴市场的开拓,形成更加合理、有层次的多元格局。

亚洲是近十年来发展最快的区域,该地区的消费需求升级很快,对文化产品的消费需求增速明显。同时,亚洲的许多国家与中国同属于儒家文化圈,加上地理上的相近、人

口基数大，文化企业在取得国内市场份额之后，可以利用文化亲和力，辐射周围地区的华人文化圈、汉字文化圈，在这些国家和地区，中国的文化服务会遇到较小的“文化折扣”。

针对日益增多的中国的友好合作地区和国家（尤其是非洲），由于许多国家的人均收入不高，建议政府设立补贴，鼓励文化企业以低价的形式将我国文化产品输出到这些国家或地区，进一步促进这些国家或地区人民对中国文化了解的同时，积极培育这些国家对中国文化产品的消费需求，为以后更多中国文化产品高价输出奠定基础。

由于中美之间巨大的货物和服务贸易及广泛的文化交流合作，许多美国人开始了解中国文化。我们要充分利用我国部分文化产品在美国市场上已经形成的比较优势，围绕品牌或者形象开发上下游文化产品，同时，对美国消费者的需求偏好作深入细致的研究，拓展中国文化产品在美国的类别。而随着加拿大中国移民的增多，依仗其文化例外政策的实施，我们可以顺应加拿大对文化产品多样性的需要，扩大中国文化产品在加拿大的份额。

欧洲作为一人均月收入超过5000美元、有3亿多人口、文化消费支出很大的地区，是世界文化产品消费的重要部分。同时，面对美国文化产品在欧洲的垄断地位及对欧洲文化的影响，以法国为首的部分欧洲国家一直在试图降低美国文化产品在欧洲的市场份额。中国作为一个和法国一样有着悠久历史的文化大国，可以充分利用两国的共性，在文化产品生产和发行方面进行合作，利用相应的发行渠道，扩大中国文化产品在欧洲的市场份额。

由于历史原因，港澳地区在中国文化产业内外统筹中可以起到桥梁作用。2003年，中国政府与香港、澳门特别行政区政府分别签署了《关于建立更紧密经贸关系的安排》（CEPA），针对内地与港澳服务贸易制定了许多具体措施，提高了内地与港澳经济交流合作的水平。在实际操作中，可以利用香港大批的国际金融、管理服务中心，还可以利用譬如“优秀人才入境计划”等特区政策，为内地的文化创意人才提供一条国际化通道。

（十一）定期对文化企业开展进出口政策措施的培训

鉴于现在部分文化企业对于文化“走出去”工程及其内涵知之甚少，商务部可以与高校或相关职业教育学校联合，对文化企业的负责人和相关人员进行进出口政策、业务的培训，帮助他们提高工作水平，并得到行业准入资质。

培训可分为短期培训和长期培训。短期培训主要介绍国际文化贸易竞争环境、国际组织关于文化贸易的规则和政策（如：WTO框架内的文化贸易规则和政策体系等）、我国文化产品与服务贸易结构、对外文化贸易政策法规文件等，从而培育具有国际视野、跨界整合能力的文化企业人才。长期培训主要针对需要得到行业资质和证书的人士，提升其所需的专业技能与知识，培训涉及政策解读、实施、品牌营销、研发、谈判、无形资产评估等一系列专业内容，并建立文化创意人才培育信息整合平台，参考海外有关文创行业经纪人及证照制度，培养与国际接轨的文化经营人才。

（十二）鼓励对优秀影视剧重新编辑制作

文化产业走出去的首要条件是我国的文化产品定位准确，符合国外市场消费者的需求。为促进我国优秀影视作品通过国外主流渠道进入国外市场,鼓励对影视剧重新编辑制作,由于影视剧有很强的意识形态属性,因此我们出口影视剧到国外市场,除了成熟的运作理念和方法,要切实把握文化产品的内容导向,重新编辑后的作品版权应明晰,避免引起知识产权方面的官司。

(十三)政府促进文化企业对外投资的政策措施

随着中国企业的对外投资活动日益频繁,在促进我国企业"走出去"的过程中,政府应不断调整政策和策略,借鉴发达国家政府的经验,最终把我国对外投资中的政府角色定位在投资促进、投资保护和必要的投资管理上。

1. 加强境外投资的保护

一是建立和完善海外投资保险制度,由政府机构或公营公司承保,投资者投保后,若承保的政治风险发生,致投资者遭受损害,则由保险机构补偿损失,保险机构则可取得代位求偿权,依据与输入国签订的双边投资保护协定向东道国索赔。二是要建立和完善我国海外投资的法律体系,尽快制定《对外直接投资法》,对境外投资项目的审批、组织形式、资金筹集、税收制度、外汇管理、财务管理、投资保险制度进行明确规定。另外,进一步提高海外投资政策的透明度,有效地鼓励我国企业对外投资,保障企业投资者的合法权益。

2. 加强对境外投资的指导和协调

政府应建立一个专门机构负责研究制定境外投资发展规划和政策指导,协调境外投资的管理政策、审议海外投资总体规划、政策导向,通过制定有关规划政策,确定投资行业、投资地区、投资主体、投资方式、投资重点,引导企业进行正确选择,协调企业的境外投资行为,避免其在境外盲目投资、无序竞争。

3. 继续完善境外投资监管体系

随着中国走出去战略的实施,未来越来越多的中国公司会选择以海外直接投资的模式"走出去"。中国对外直接投资法规政策不仅应该鼓励企业走出去,还应该在对中国企业走出去后的发展状况给予积极关注。2002 年 10 月原外经贸部先后颁布的《境外投资联合年检暂行办法》和《境外投资综合绩效评价办法(试行)》,是目前中国正在实施的境外投资监管体系。自 2011 年 7 月开始,中国实施两项旨在加强境外国有资产监管的规章,分别为《中央企业境外国有资产监督管理暂行办法》和《中央企业境外国有产权管理暂行办法》,对中央企业境外国有资产和产权管理做出具体要求。未来中国对外直接投资的监管应针对不同的投资主体,采取相应的监管措施。

参考文献

[1] 李怀亮.:《当代国际文化贸易与文化竞争》,广东人民出版社 2005 年版。
[2] 李怀亮:《国际文化贸易新趋势下中国文化产品和服务出口》,《文化产业导刊》2010 年第 3 期。
[3] 曲慧敏:《中华文化走出去战略研究》,山东师范大学博士论文,2012 年。
[4] 佟家栋:《贸易自由化、贸易保护与经济利益》,经济科学出版社 2002 年版。
[5] 尹鸿、张建珍:《全球多远电影格局与中国电影的文化构建》,《浙江传媒学院学报》2010 年第 5 期。

[6] 刘鹏飞:《国际文化贸易争端解决机制研究——以〈保护和促进文化表现形式的多样性公约〉为视角》,《北方法学》2009年第3期。
[7] 曾令良:《世界贸易组织法》,武汉大学出版社1996年版,第6页。
[8] 张蹇:《国际文化产品贸易公法研究》,苏州大学博士论文,2010年。
[9] 沈明其:《WTO概论》,北京理工大学出版社2010年版。
[10] 张斌:《国际文化贸易壁垒研究》,山东大学博士论文,2010年。
[11] 梁昭:《构建我国文化贸易统计指标体系之研究》,《国际贸易》2010年第11期。
[12] 乔惠平:《中国企业海外投资中政府角色定位》,《亚太经济》2002年第1期。

附录1 中国服务贸易具体承诺减让表

服务提供方式 (1) 跨境交付 (2) 境外消费 (3) 商业存在 (4) 自然人流动			
部门或分部门	市场准入限制	国民待遇限制	其他承诺
一、水平承诺			
本减让表中包括所有的部门	(3) 在中国,外国投资企业包括外资企业(也称外商独资企业)和合资企业,合资企业有两种类型:股权式合资企业和契约式合资企业。股权式合资企业中的外资比例不得少于该合资企业注册资本的25%。	(3) 对于给予视听服务、空运服务和医疗服务部门中的国内服务提供者的所有现有补贴不作承诺。	
二、部门承诺			
1. 商业性服务			
——广告服务	(1) 仅限于通过在中国注册的、有权提供外国广告服务的广代理。 (2)仅限于通过在中国注册的、有权提供外国广告服务的广告告代理。 (3) 允许外国服务提供者仅限于以合资企业形式,在中国设立广告企业,外资不超过49%。中国加入后2年内,将允许外资拥有多数股权。中国加入后4年内,将允许设立外资独资子公司。 (4) 除水平承诺中内容外,不作承诺。	(1) 没有限制。 (2) 没有限制。 (3) 没有限制。 (4) 除水平承诺中内容外,不作承诺。	
——摄影服务	(1) 没有限制。 (2) 没有限制。 (3) 仅限于合资企业形势,允许外资拥有多数股权。 (4) 除水平承诺中内容外,不作承诺。	(1) 没有限制。 (2) 没有限制。 (3) 没有限制。 (4) 除水平承诺中内容外,不作承诺。	

（续表）

服务提供方式	（1）跨境交付　（2）境外消费　（3）商业存在　（4）自然人流动		
部门或分部门	市场准入限制	国民待遇限制	其他承诺
2. 视听服务			
——录像的分销服务，包括娱乐软件 ——录音制品分销服务	（1）没有限制制。 （2）没有限制制。 （3）自加入时起，在不损害中国审查音像制品内容的权利的情况下，允许外国服务提供者与中国合资伙伴设立合作企业，从事除电影外的音像制品的分销。 （4）除水平承诺中内容外，不作承诺。	（1）没有限制。 （2）没有限制。 （3）没有限制。 （4）除水平承诺中内容外，不作承诺。	在不损害与中国关于电影管理的法规的一致性的情况下，自加入时起，中国将允许以分账形式进进口电影用于影院放映，此类进口的数量应为每年20部。
——电影院服务	（1）没有限制制。 （2）没有限制制。 （3）自加入时起，将允许外国服务提供者建设和/或改造电影影院，外资不超过49%。 （4）除水平承诺中内容外，不作承诺。	（1）没有限制。 （2）没有限制。 （3）没有限制。 （4）除水平承诺中内容外，不作承诺。	
3. 分销服务			
——批发服务	（1）不作承诺。 （2）没有限制。 （3）允许外国提供者在中国加入WTO后3年内从事图书、报纸、杂志的分销；在中国加WTO一年以后，外国服务提供者可设立资企业，从事上述产品的批发业务；在中国加入两年内，将允许外资拥有多数股份，取消地域或数量限制；加入三年内，取消所有限制。 （4）除水平承诺中内容外，不作承诺。	（1）没有限制。 （2）没有限制。 （3）没有限制。 （4）除水平承诺中内容外，不作承诺。	
——零售服务	（1）除邮购外，不作承诺。 （2）没有限制制。 （3）中国加入WTO后1年内允许从事图书、报纸和杂志的零售，加入后3年内，取消限制，对于超过30家分店、销售来自多个供应商的不同种类和品牌商商的连锁店除外，并且这些连锁店不允许外资拥有多数股权。同时，外国服务提供者限于以合资企业形式在5个经济特区（深圳、珠海、汕头、厦门和海南）和6个城市（北京、上海、天津、广州、大连和青岛）提供服务，在北京和上海，允许的合资零售企业总数各不超过4家。在其他每一城市，将允许的合资零售企业各不超过2家。将在北京设立的4家合资零售企业中的2家可在同一城市（北京）设立其分支机构。自中国加入WTO时起，郑州和武汉将立即向合资零售企业开放。中国加入WTO后2年内，在合资零售企业中将允许外资持有多数股权，将向合资零售企业开放所有省会城市及重庆和宁波。 （4）除水平承诺中内容外，不作承诺。	（1）没有限制。 （2）没有限制。 （3）没有限制。 （4）除水平承诺中内容外，不作承诺。	

（续表）

服务提供方式　（1）跨境交付　（2）境外消费　（3）商业存在　（4）自然人流动			
部门或分部门	市场准入限制	国民待遇限制	其他承诺
4. 娱乐文化体育服务			
——体育和其他娱乐服务（高尔夫服除外）	（1）不作承诺。 （2）不作承诺。 （3）允许设立外资独资公司，需进行经济需求测试。 （4）除水平承诺中内容外，不作承诺。	（1）没有限制。 （2）没有限制。 （3）没有限制。 （4）除水平承诺中内容外，不作承诺。	
5. 旅游及与旅行相关的服务			
——饭店（包括公寓楼）和餐馆	（1）没有限制。 （2）没有限制。 （3）外国服务提供者可以合资企业形式在中国建设、改造和经营饭店及餐馆设施，允许外资拥有多数股权。中国加入后4年内，取消限制，将允许设立外资独资子公司。 （4）除水平承诺中内容和下列内容外，不作承诺：允许与在中国的合资饭店和餐馆签订合同的外国经理、专家包括厨师和高级管理人员在中国提供服务。	（1）没有限制。 （2）没有限制。 （3）没有限制。 （4）除水平承诺中内容外，不作承诺。	
——旅行社和旅游经营者	（1）没有限制 （2）没有限制 （3）满足下列条件的外国服务提供者可以自加入时起以合资旅行社和旅游经营者的形式在中国政府指定的旅游度假区及北京、上海、广州和西安提供服务。加入后6年内，将允许设立外资独资子公司，将取消地域限制。 a. 要求旅行社和旅游经营者主要从事旅游业务；b. 年全球收入超过4000万美元；c. 合资旅行社和旅游经营者的注册资本不得少于400万人民币；d. 中国加入3年内，注册资本不得少于250万人民币；e. 加入后3年内，将允许外资拥有多数股权。 （4）除水平承诺中内容外，不作承诺。	（1）没有限制。 （2）没有限制。 （3）合资或独资旅行社和旅游经营者不允许从事中国公民出境及赴中国香港、中国澳门和中国台北的旅游业务，除此之外没有限制。	

附录2　中国部分对外文化贸易政策法规、文件目录

序号	名称	发布机关	类别	发布日期
1	国务院办公厅关于促进电影产业繁荣发展的指导意见	国务院（国务院办公厅）	法规性文件	2010年1月21日
2	文化产业振兴规划	国务院（国务院办公厅）	法规性文件	2009年9月26日

（续表）

序号	名称	发布机关	类 别	发布日期
3	国务院关于修改《营业性演出管理条例》的决定(2008)	国务院	行政法规	2008 年 7 月 22 日
4	国家知识产权战略纲要	国务院	法规性文件	2008 年 6 月 5 日
5	关于鼓励和支持文化产品和服务出口的若干政策	国务院(国务院办公厅)	规范性文件	2006 年 11 月 5 日
6	国家“十一五”时期文化发展规划纲要	国务院(国务院办公厅)	规范行文件	2006 年 9 月 13 日
7	国务院关于同意建立扶持动漫产业发展部际联席会议制度的批复	国务院(国务院办公厅)	规范性文件	2006 年 7 月 19 日
8	2006—2020 年国家信息化发展战略	国务院(国务院办公厅)	规范性文件	2006 年 5 月 8 日
9	国务院办公厅转发财政部等部门关于推动我国动漫产业发展若干意见的通知	国务院(国务院办公厅)	规范性文件	2006 年 4 月 25 日
10	关于进一步加强和改进文化产品和服务出口工作的意见	国务院(国务院办公厅)	规范性文件	2005 年 7 月 10 日
11	营业性演出管理条例(2008 年修改)	国务院(国务院办公厅)	行政法规	2005 年 7 月 7 日
12	国务院关于非公有资本进入文化产业的若干决定	国务院(国务院办公厅)	行政法规	2005 年 4 月 20 日
13	国务院关于组建中国对外文化集团公司有关问题的批复	国务院(国务院办公厅)	规范性文件	2004 年 3 月 8 日
14	中华人民共和国知识产权海关保护条例	国务院(国务院办公厅)	行政法规	2003 年 12 月 2 日
15	出版管理条例	国务院(国务院办公厅)	行政法规	2001 年 12 月 25 日
16	电影管理条例	国务院	行政法规	2001 年 12 月 25 日
17	音像制品管理条例(2002)	国务院(国务院办公厅)	行政法规	2001 年 12 月 25 日
18	印刷业管理条例	国务院(国务院办公厅)	行政法规	2001 年 8 月 2 日
19	中华人民共和国政府和加拿大政府文化交流与合作谅解备忘录	国务院(国务院办公厅)	国际条约	1998 年 9 月 15 日
20	国务院关于进一步完善文化经济政策的若干规定	国务院(国务院办公厅)	规范性文件	1996 年 9 月 5 日
21	实施国际著作权条约的规定	国务院(国务院办公厅)	行政法规	1992 年 9 月 25 日
22	关于进一步推进国家文化出口重点企业和项目目录相关工作的指导意见	商务部、中共中央宣传部、财政部、文化部、中国人民银行、海关总署、税务总局、新闻出版总署、国家外汇管理局	规范性文件	2010 年 2 月 26 日

（续表）

序号	名称	发布机关	类别	发布日期
23	2009—2010年度国家文化出口重点企业目录	商务部	规范性文件	2009年11月30日
24	2009—2010年度国家文化出口重点项目目录	商务部	规范性文件	2009年11月30日
25	关于金融支持文化出口的指导意见	商务部、文化部、广电总局、新闻出版总署、中国出口银行	规范性文件	2009年4月27日
26	文化产品和服务出口指导目录	商务部	规范性文件	2007年4月11日
27	展会知识产权保护办法	商务部	行政规章	2006年1月10日
28	文化部办公厅关于推进文化产业投融资合作机制的通知	文化部	规范性文件	2010年6月1日
29	文化部、中国工商银行关于贯彻落实支持文化产业发展战略合作协议的通知	文化部	规范性文件	2010年5月7日
30	关于加快文化产业发展的指导意见	文化部	规范性文件	2009年9月10日
31	文化产业投资指导目录	文化部	规范性文件	2009年9月8日
32	营业性演出管理条例实施细则	文化部	行政法规	2009年8月28日
33	文化部、海关总署关于美术品进出口管理的公告	文化部	规范性文件	2009年6月22日
34	文化部办公厅关于奖励2007—2008年度优秀出口文化产品和服务项目的通知	文化部办公厅	规范性文件	2008年12月11日
35	文化部关于扶持我国动漫产业发展的若干意见	文化部	规范性文件	2008年8月13日
36	文化部关于加强涉外及涉港澳台营业性演出管理工作的通知	文化部	规范性文件	2008年7月14日
37	关于发布《2007—2008年度国家文化出口重点企业目录》和《2007—2008年度国家文化出口重点项目目录》的公告	文化部	规范性文件	2007年11月23日
38	文化部关于奖励出口文化企业、优秀出口文化产品和服务项目的通知	文化部	规范性文件	2007年11月21日
39	文化部外联局关于对出国参加国际艺术比赛的管理模式进行改革有关事项的补充通知	文化部	规范性文件	2007年2月12日
40	文化部关于公布《2007年文化部鼓励参加的国际艺术比赛项目》的通知	文化部	规范性文件	2006年10月11日

（续表）

序号	名称	发布机关	类 别	发布日期
41	文化部关于严厉打击违法进口音像制品的通知	文化部	规范性文件	2006 年 7 月 14 日
42	文化部关于对出国参加国际艺术比赛的管理模式进行改革的通知	文化部	规范性文件	2006 年 6 月 21 日
43	文化部关于开展国家文化产品出口示范基地认证工作的通知	文化部	规范性文件	2005 年 1 月 1 日
44	文化部关于促进商业演出展览文化产品出口的通知	文化部	规范性文件	2004 年 12 月 31 日
45	文化部、商务部、海关总署关于促进国产音像制品出口的通知	文化部、商务部、海关总署	规范性文件	2004 年 7 月 6 日
46	关于严厉打击刻录碟、烫码碟、无码碟和进口 MP3、MP4 等非法音像制品的通知	文化部	规范性文件	2003 年 9 月 22 日
47	文化部关于支持和促进文化产业发展的若干意见	文化部	规范性文件	2003 年 9 月 4 日
48	文化部、外交部关于切实做好中法互办文化年有关工作的通知	文化部、外交部	规范性文件	2003 年 1 月 30 日
49	音像制品进口管理办法	文化部、海关总署	行政规章	2002 年 4 月 17 日
50	文化部涉外文化艺术表演及展览管理规定（已修正）	文化部	行政规章	1997 年 6 月 27 日
51	文化部涉外文化艺术表演及展览管理规定（2004 年修正）	文化部	行政规章	1997 年 6 月 27 日
52	文化部关于授予“文化交流贡献奖的实施意见”	文化部	规范性文件	1996 年 6 月 4 日
53	文化艺术品出国和来华展览管理细则	文化部	行政规章	1993 年 10 月 12 日
54	广电总局关于加强电视动画片播出管理的通知	广播电影电视总局	规范性文件	2008 年 2 月 14 日
55	《外商投资电影院暂行规定》补充规定二	广播电影电视总局	规范性文件	2006 年 1 月 18 日
56	广电总局关于禁止以栏目形式播出境外动画片的紧急通知	广播电影电视总局	规范性文件	2005 年 9 月 13 日
57	《外商投资电影院线暂行规定》的补充规定	广播电影电视总局	行政规章	2005 年 4 月 8 日
58	关于实施《中外合资、合作广播电视节目制作经营企业管理暂行规定》有关事宜的通知	广播电影电视总局	规范性文件	2005 年 2 月 25 日
59	电影企业经营资格准入暂行规定	广播电影电视总局	行政规章	2004 年 10 月 10 日
60	境外电视节目引进、播出管理规定	广播电影电视总局	行政规章	2004 年 9 月 23 日

(续表)

序号	名称	发布机关	类别	发布日期
61	中外合作制作电视剧管理规定	广播电影电视总局	行政规章	2004 年 9 月 21 日
62	广电总局关于进一步加强广播影视走出去工程管理工作的通知	广播电影电视总局	规范性文件	2004 年 9 月 20 日
63	中外合作摄制电影片管理规定	广播电影电视总局	行政规章	2004 年 7 月 6 日
64	外商投资电影业暂行规定	广播电影电视总局	行政规章	2003 年 11 月 25 日
65	赴国外租买频道和设台管理暂行规定	广播电影电视总局	行政规章	2002 年 2 月 10 日
66	电视剧管理规定	广播电影电视总局	行政规章	2000 年 6 月 15 日
67	关于加强广播电视节目电影片紧扣管理的通知	广播电影电视总局	规范性文件	2000 年 2 月 24 日
68	关于进一步加强电视剧引进、合拍和播放管理的通知	广播电影电视总局	规范性文件	2000 年 1 月 4 日
69	关于进一步加强合拍电视剧管理的通知	广播电影电视总局	规范性文件	1999 年 8 月 18 日
70	广播电影电视部外事司、社会管理司《关于进一步加强中外合拍电视剧管理工作的通知》	广播电影电视部	规范性文件	1996 年 8 月 12 日
71	关于接受境外卫星电视节目管理的有关问题的通知	广播电影电视部	规范性文件	1995 年 11 月 23 日
72	广播电影电视部关于引进、播出境外电视节目的管理规定	广播电影电视部	规范性文件	1994 年 2 月 3 日
73	广播电影电视部关于同国外广播电视台建立业务合作关系的通知	广播电影电视部	规范性文件	1991 年 2 月 26 日
74	新闻出版总署关于加强对进口网络游戏审批管理的通知	新闻出版总署	规范性文件	2009 年 7 月 1 日
75	关于《外商投资图书、保质期看分销企业管理办法》的补充规定	新闻出版总署	行政规章	2007 年 4 月 2 日
76	订户订购进口出版物管理办法	新闻出版总署	行政规章	2004 年 12 月 31 日
77	关于加强对进口出版物内容审查工作的通知	新闻出版总署	规范性文件	2002 年 8 月 5 日
78	新闻出版总署、海关总署关于不得委托境外企业加工光盘的通知	新闻出版总署、海关总署	规范性文件	2001 年 10 月 26 日
79	关于加强对委托境外企业加工光盘管理的通知	新闻出版署	规范性文件	1998 年 6 月 8 日
80	关于引进版图书加强管理的通知	新闻出版署	规范性文件	1997 年 9 月 16 日
81	新闻出版署关于重新审定出版社出版进口文艺类音像制品资格的通知	新闻出版署	规范性文件	1997 年 4 月 3 日
82	关于禁止在我境内与外资合办报纸、期刊和出版社的通知	新闻出版署	规范性文件	1994 年 3 月 30 日

（续表）

序号	名称	发布机关	类 别	发布日期
83	著作权涉外代理机构管理暂行办法	国家版权局	行政规章	1996 年 4 月 15 日
84	关于对出版境外音像制品合同进行登记的通知	国家版权局	规范性文件	1995 年 1 月 15 日
85	关于进口图书应注意著作权问题的通知	国家版权局	规范性文件	1994 年 5 月 23 日
86	外商投资广告企业管理规定	国家工商总局	行政规章	2004 年 3 月 2 日

第2章

中国对外文化产品出口结构研究与调整策略*

随着经济增长和经济结构调整的需要,很多国家陆续将发展文化产业和文化贸易作为重要的国家战略。党的十六大以来,我国对外文化贸易规模不断扩大,贸易结构逐步优化①。十八届三中全会通过的《中共中央关于全面深化改革若干重大问题的决定》中进一步要求,提高文化开发水平,培育外向型文化企业,支持文化企业到境外开拓市场②。2014年3月国务院印发了《关于加快发展对外文化贸易的意见》,其中提到2020年我国对外文化贸易的发展目标:从微观看,要实现培育一批具有国际竞争力的外向型文化企业,形成一批具有核心竞争力的文化产品,打造一批具有国际影响力的文化品牌,搭建若干具有较强辐射力的国际文化交易平台的目标;从宏观看,要达到使我国核心文化产品和服务贸易逆差状况得以扭转,对外文化贸易额在对外贸易总额中的比重大幅提高,文化产品和服务在国际市场的份额进一步扩大,文化整体实力和竞争力显著提升的目标③。

商务部数据显示,2003年至2013年,中国文化产品进出口从60.9亿美元攀升至274.1亿美元,年均增长16.2%;文化服务进出口从10.5亿美元增长到95.6亿美元,年均增长24.7%。2013年,我国文化产品进出口总额达274.1亿美元。其中出口251.3亿美元,是2006年的2.6倍。文化产品出口主要以视觉艺术品(工艺品等)、新型媒介(游戏机等)、印刷品、乐器为主。2013年,我国文化服务进出口95.6亿美元,其中出口51.3

---

* 本研究成果受上海出版传媒研究院、上海出版印刷高等专科学校招标课题资助。朱文静,三江学院讲师,上海出版传媒研究院研究员,南京大学经济学博士,研究方向:文化贸易;张功翠,三江学院讲师,研究方向:文化产业统计。

① 商务部解读《关于加快发展对外文化贸易的意见》,《经济日报》2014-03-19。

② 同上。

③ 商务部解读《关于加快发展对外文化贸易的意见》,《经济日报》2014-03-19。

亿美元,是2006年的3.2倍。文化服务主要以广告宣传服务为主。① 由此可以看出对外文化贸易在我国对外贸易中的比重依然偏低,核心文化产品和服务贸易逆差仍然存在。

那么,我国近年来对外文化产品出口结构有着怎样的变化?与日本、韩国、美国等国相比较而言,差异在哪里?又有怎样的变化趋势?结合我国文化产业的发展战略来说,应在哪些方面做怎样的调整?本文试图通过这样的研究找到我国对外文化产品出口的竞争优势以及潜在的市场规模,为未来的文化产品出口提供建议参考。

由于文化贸易得到各国重视的时间较短,文化贸易流量的测度也较为困难,所以目前各国文化贸易系统性的统计数据并不完善。基于数据的可得性、系统性以及研究的需要,本文选取来自联合国贸易和发展会议创意经济数据库的相关数据,该数据库目前提供了2003—2012年世界主要国家创意产品贸易流的现价美元贸易额,统计数据包括工艺品、视听产品、设计、新媒体、表演艺术、出版物和视觉艺术等七大类。综合我国《文化及相关产业分类(2012)》的国标,本文在UNCTAD创意经济数据库的基础上,做了一些取舍安排,具体如表2-2-1的文化产品研究范围。当然即使如此,统计结果依然比国内统计发布数据要大,只能做到相应年份数据相当。

表2-2-1 文化商品研究范围

产品类型	UNCTAD数据库中的创意产品	本文研究对象
工艺品	地毯、庆祝用品、其他、纸制品、藤制品、纱制品	庆祝用品
视听产品	电影、CD、DVD、磁带	电影、CD、DVD、磁带
设计	建筑、时装、玻璃器具、室内、首饰、玩具	—
新媒体	数字录制、电子游戏	数字录制、电子游戏
表演艺术	音乐设备、音乐印刷物	音乐设备、音乐印刷物
出版物	书籍、报纸、其他出版物	书籍、报纸、其他出版物
视觉艺术	古董、绘画、摄影、雕塑	古董、绘画、摄影、雕塑

资料来源:UNCTAD. Creative economy report 2010. ISBN:978-0-9816619-0-2.423.p Available at:http//unctad.org/en/Docs/ditctab20103_en.pdf 以及作者加工整理。

另外,文化服务的数据采用UNCTAD的创意服务的数据,创意服务中的版权及许可费、计算机及信息服务两项是单列的,本文也将这两项单独考察。

一、我国文化产品出口贸易规模

1. 总体来看,十年来我国文化产品出口规模基本呈现增长趋势

2003—2012年,我国文化产品出口贸易额年均增长率达到20.67%,其中2008年全球金融危机的爆发对我国文化产品出口的影响在2009年表现得非常突出,首次出现负增长,出口水平与2007年相当,但从2009年至2012年出口规模恢复快速增长。出口额

① 商务部:2013年我国文化产品进出口总额274.1亿美元,人民网北京3月31日电。

从2003年的83.18亿美元增加到2012年的393.89亿美元（图2-2-1）。

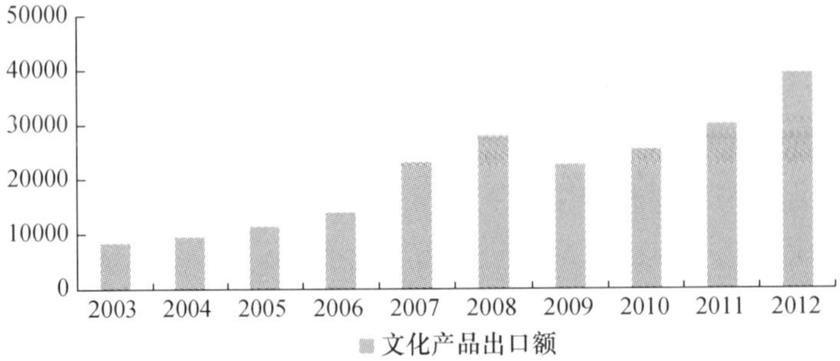

图2-2-1　2003—2012年中国文化产品出口贸易总额变化（单位：百万美元）

资料来源：UNCTAD创意经济数据库，经作者整理和计算。

我国文化产品出口贸易规模呈现快速增长的态势，有多方面的原因。首先，我国文化体制改革的深化加快了文化产业发展，党的十六大到十八大对于文化产业的发展给出了越来越多、越来越具体的政策，使得国内文化产业在发展初期快速扩张，短时间内得到了“铺场子”式的粗放式增长，所以在某种程度上为我们文化产品出口贸易提供了供给可能。其次，经济全球化带动了文化全球化，资本和劳动力的国际流动的加速深化了我国和其他国家之间的文化交融程度，增加了国际市场对我国文化产品的需求。再次，数字信息技术的快速发展，使得文化产品的储存形式和传输方式有了更多选择，进而促进文化产品的可贸易性。最后，全球化和区域一体化的不断深入使得贸易壁垒总体上程度在降低，并且随着各国经济发展，居民的生活水平不断提升，对文化产品的消费需求不断增加，新的发展中国家更多参与国际贸易也刺激了文化贸易的发展。

2. 十年来我国文化产品贸易出口占我国贸易出口总额的比重一直都处于低水平

但是，从图2-2-2可以看出，总体上在2003—2006年处于比重下滑状态，2010—2012年又逐步回升。比重一直偏低主要是因为目前我国仍是制造业大国，工业制成品出口在我国贸易总出口中占据主导地位，这一情况在未来相当长的时间内也不会改变。而总体曲线形的变化趋势应该是跟我国经济结构调整、国内开始对文化体制进行改革、对文化产业有所认识、相关的发展政策相继颁布，进而开始重视文化产业发展密切相关。其中

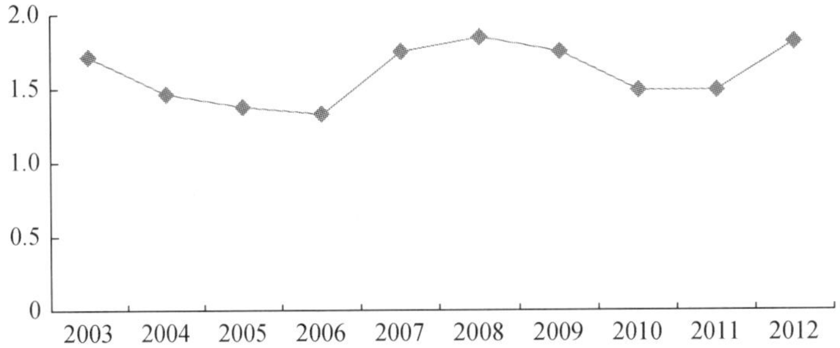

图2-2-2　2003—2012年中国文化产品出口贸易占总贸易出口额比重

资料来源：UNCTAD数据库，经作者整理和计算。

2007—2010 年期间，由于受国际金融危机的影响，文化产品出口贸易所占比重上升之后又微降，似乎与这几年我国对外贸易整体状况相一致，金融危机的爆发以及后期的国际经济形势的变化，我国制成品贸易受到的冲击更大，而对文化产品的影响相对小些，甚至是有正面效应的，这一点在其他多个国家的研究中也有相应的结论产生。

3. 我国文化产品在全球文化市场中的地位逐步提升

我国文化产品出口占全球文化贸易市场份额从 2003 年的 4.76% 稳步提升到 2011 年的 7.2%，2011—2012 年，占比迅速增长到 17.71%。从图 2-2-3 看出，我国文化商品贸易在世界文化商品贸易中的占比一直都远远高于文化服务贸易额的占比，但两者的变化趋势相当，基本处于稳步提升的状态，也都在 2011—2012 年有很大提升。可以看出我国文化产品在全球文化市场中的地位逐步提升，与我国文化软实力的逐步提升密切相关，特别是新的领导人上任以来，在国际上的作为所带来的中国对世界的影响力逐步提升，带来的间接结果之一就是国际文化市场对中国文化产品的需求扩大。

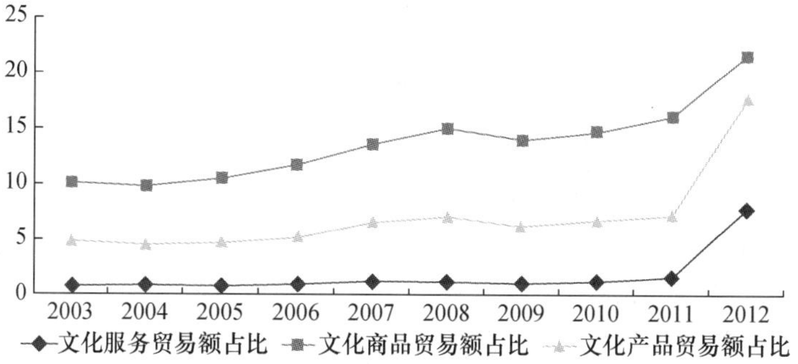

图 2-2-3　2003—2012 年中国文化产品出口贸易额占世界文化贸易额占比(%)

资料来源：UNCTAD 创意经济数据库，经作者整理和计算。

二、我国出口文化贸易产品结构

对外贸易商品结构是一国或地区经济技术发展水平、产业结构状况、商品国际竞争力、在国际分工和国际贸易中的地位等的综合反映。从国际贸易的历史来看，在很长时间里我国的对外贸易主要取决于比较优势以及国际市场的需求，我国的比较优势的状况及变化也同样反映在对外贸易商品结构上。然而，近些年来，传统贸易理论在解释北美、西欧等相似经济体之间的贸易时力不从心，特别是区域内、产业内贸易，规模经济、不完全竞争、产品差异等成为主导因素。我国今年来的贸易结构也发生了这样的变化。那么，在我国文化出口贸易中，产品结构有着怎样的变化？原因又是怎样的？

1. 近十年我国文化出口贸易产品品结构的纵向变化

首先，十年来我国文化出口贸易中，创意服务出口额一直都很低，处于稳步增长状态。这一点无论是 UNCTAD 的数据还是国内商务部的数据都显示这样的趋势。具体情况如图 2-2-4 所示，即使是 2008 年的国际金融危机爆发前后，我国的文化服务出口额相较于文化商品出口额都没有受到明显影响,特别是从2009年开始,文化商品出口额经过两年的时间才有所恢复。这可能也在某种程度上佐证了此次国际金融危机对实体经济的冲击力度更大的说法。

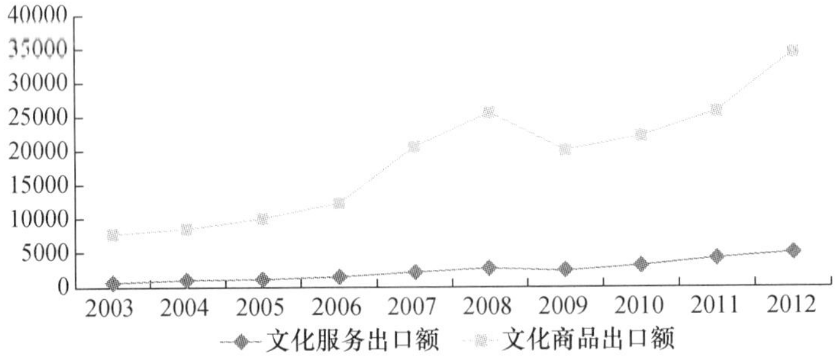

图 2-2-4　2003—2012年中国文化产品出口贸易额(百万美元)

资料来源:UNCTAD 创意经济数据库,经作者整理和计算。

当然,图2-2-4再经过计算,可以发现我国的文化服务出口占文化贸易出口额的比重从2003年到2012年是有所增加的,从6.25%涨到12.38%,这个数值和商务部的数据的计算结果有所出入,从前文商务部数据得到2006年我国文化服务出口占文化贸易出口额的比重为14.71%,而2013年比重上升为25.89%。这样的差异当然是由于两者统计体系的不同所造成的,但好在方向一致,两种结果都显示文化服务出口能力的欠缺,这又跟我国整体的贸易结构相吻合,作为一个工业制成品出口大国,我国产品出口贸易比重远远大于服务贸易的出口所占比重。在此背景下,由国内文化服务发展的水平所决定的文化服务出口贸易的低水平也是可以理解的,没有好的国内供给,不能形成本地市场效应,也就难以在国际市场上凸显异彩。

其次,在我国的文化商品出口贸易中,我们所考察的六类商品在十年变化各异。其中,工艺品、出版物、表演艺术和视听产品所占比重一直较低,在前期的短暂上升或下降之后,后面几年变化不大。而新媒体和视觉艺术都在2008年金融危机前后经历了较大的起伏,新媒体的出口额是明显的上升后回落,目前还看不出后期的变化趋势,就新媒体本身而言会有很好的市场发展,但我国的新媒体在技术进步日新月异的国际环境中,目

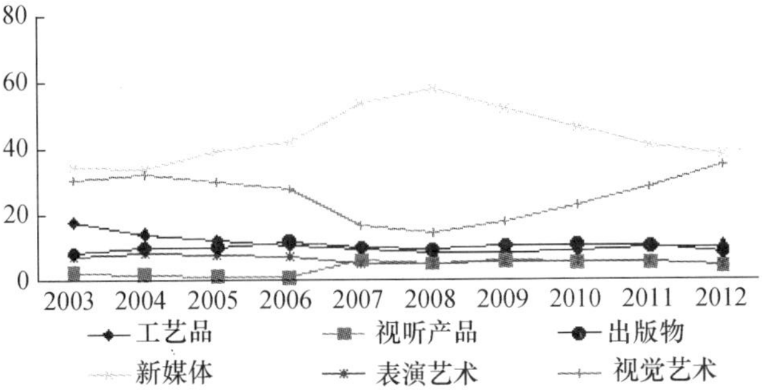

图 2-2-5　2003—2012年中国文化出口贸易商品结构(%)

资料来源:UNCTAD 创意经济数据库,经作者整理和计算。

前的创新力还不够，所带来的结果就是在国际市场上不具有竞争优势，当然这有赖于我们新媒体产业的核心竞争力提升，就目前而言，新媒体后期的出口竞争力如何还不好判断。视觉艺术与新媒体是相反的情况，经历下滑之后回弹，目前依然处于上升态势，这个可能主要得益于我国传统的视觉艺术产品在国际市场上所累积的持续市场需求，一是对中国文化产品本身文化内涵的向往，二是我国传统视觉艺术产品在价格上的优势。

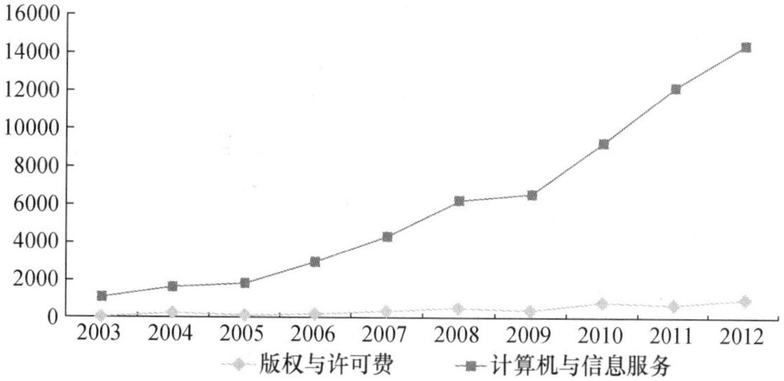

图 2-2-6　2003—2012 年中国相关文化服务出口贸易额（百万美元）

资料来源：UNCTAD 创意经济数据库，经作者整理。

再次，就版权和许可费的相关文化服务出口贸易而言（如图 2-2-6），十年间贸易额平均增速达到 38%，但因为基数太低，所以直到 2012 年，版权和许可费的相关文化服务出口贸易额依然在相当低的水平。而计算机与信息的相关文化服务出口贸易在十年间有较大增幅，特别是 2009 年之后，从 65.12 亿美元增长到 144.54 亿美元，从增速来看，2006 年到 2011 年都很高，每年超过 40% 的增长。我们从《信息化蓝皮书 2010》中看到，21 世纪的前十年是我国计算机产业突飞猛进的十年。1998 年全国计算机行业总产值只有 1650 亿元，到 2008 年规模以上计算机企业总销售收入已增加到 17134 亿元，十年增加 10 倍以上，平均年增长速度超过 25%。随着国内信息产业的快速发展，计算机和信息服务的出口能力也在同步增强。①

2. 我国出口文化产品结构的横向比较

（1）与世界同期平均水平相比

比较图 2-2-4 和图 2-2-7，发现世界文化服务贸易额，在 2011 年以前一直是高于文化商品贸易额的，而我国却与之刚好相反，说明我国的文化服务在国际文化产业市场上是不具备优势的，出口能力不强，国内的文化服务业的发展需要弥补与国际的差距，找准短板，比如创意力不足、与科技融合力度不够等，充分利用目前国家对于文化服务业发展的政策，加速提升产业竞争力。

而通过比较图 2-2-5 和图 2-2-8 发现，我国与世界平均水平的差距主要体现在出版物所占的比重，以及视听产品、新媒体贸易的变化趋势。首先，我国国内的出版业是传统的文化产业类别，但目前的出版集团的主营业务或者说盈利点很多都已经不在图书出版发

① 李国杰：《中国计算机技术与产业的现状与展望》，《信息化蓝皮书 2010》，社会科学文献出版社 2011 年版。

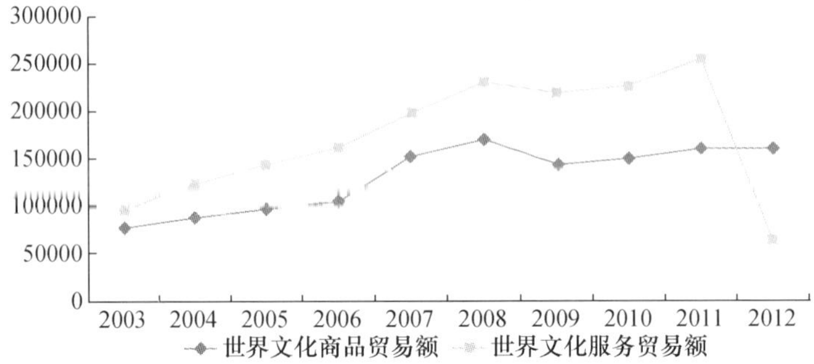

图 2-2-7　2003—2012 年世界文化产品出口贸易额(百万美元)

资料来源:UNCTAD 创意经济数据库,经作者整理和计算。

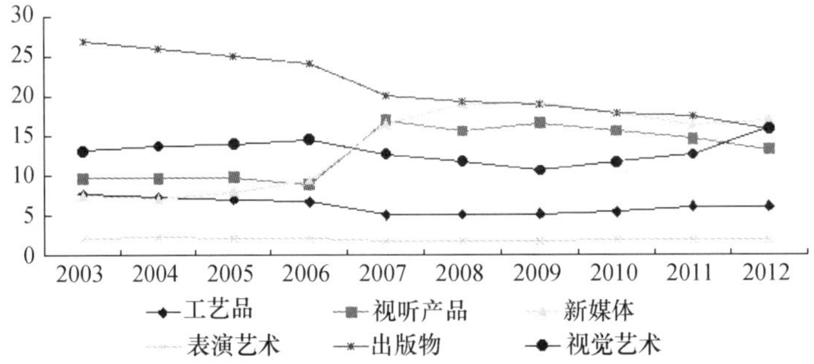

图 2-2-8　2003—2012 年世界文化出口贸易商品结构(%)

资料来源:UNCTAD 创意经济数据库,经作者整理和计算。

行上,即使是图书出版发行,主要内容或者说赢利点是在学生教材和辅导用书,那么这一类的图书出口能力几乎为零,所以我国出版业在文化商品出口贸易中的不佳表现也是国内出版业现状的反馈。其次,世界平均水平的视听产品和新媒体出口贸易都表现为平稳发展后增长的态势,特别是在 2006 年之后,一是新媒体中技术创新、创意创新的速度加快,二是视听产品借助新媒体的手段或者说载体,使其生命力得以复苏和延续,三是在互联网越来越便捷的条件下新媒体和视听产品的贸易壁垒容易回避,所以这两者在国际市场的发展态势必然是增长的。但在同期,我们的新媒体因为技术创新力、创意创新力的不足,还没有得到持续竞争力。

3. 与日本、韩国相比

日本、韩国与我国文化相近,在国际市场上受文化折扣的影响应该是相当的,那么在国际文化产业市场上的不同表现应该更多的是反映各国文化产业国际竞争力的不同。

比较图 2-2-4、图 2-2-5 和图 2-2-9、图 2-2-10,中韩两国在文化商品、文化服务两个出口贸易额的相对性来说,方向是一致的,都是文化商品贸易出口比重大,只是我国两者的差距较大,韩国这两者的差距正在逐步缩小,所占比重已经从 12∶1 缩小到 2∶1。文化商品出口贸易的商品结构相比较而言,两国的新媒体都有较好表现,差距表现在我国的视觉艺术的出口贸易在文化商品出口中占据较大比重,韩国在这方面似乎比我国要弱;而

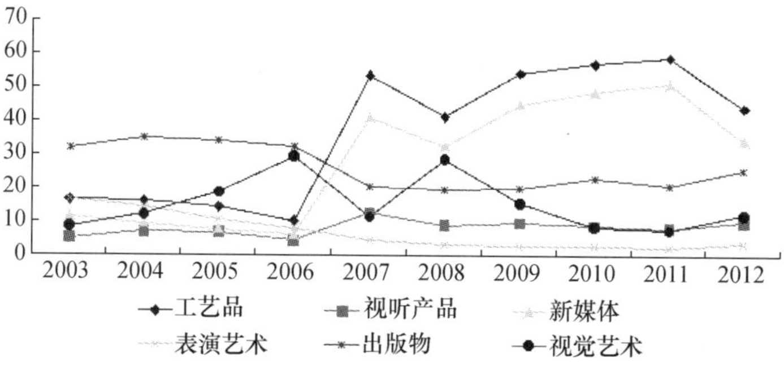

图 2-2-9　2003—2012 年韩国文化出口贸易商品结构(%)

资料来源:UNCTAD 创意经济数据库,经作者整理和计算。

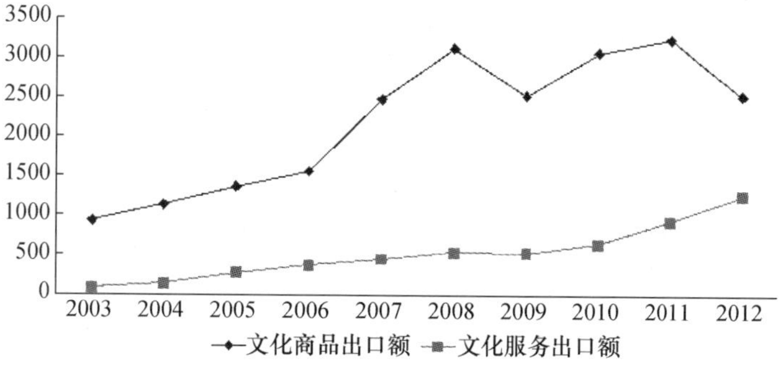

图 2-2-10　2003—2012 年韩国文化出口贸易额(百万美元)

资料来源:UNCTAD 创意经济数据库,经作者整理和计算。

在我们所选择分析的工艺品的出口贸易,韩国的工艺品出口更具市场竞争力。

那么比较图 2-2-4、图 2-2-5 和图 2-2-9、图 2-2-10,出乎意料的是中日两国在文化商品、文化服务两个出口贸易额的相对性不仅方向一致,两者比重也大致相当。至少能给我们这样的信息,就是我们以为的比我们文化产业发展得更好的国家,在它的对外文化贸易出口中也出现文化商品占比远远超过文化服务占比。但是在文化商品出口贸易的商品结构上,两国在新媒体和视听产品方面贸易比重变化趋势大致相似,都是经过

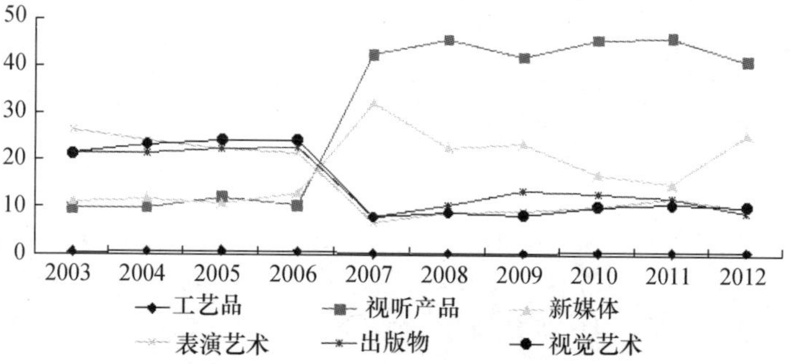

图 2-2-11　2003—2012 年日本文化出口贸易商品结构(%)

资料来源:UNCTAD 创意经济数据库,经作者整理和计算。

2006—2007 年度的快速增长之后比重大幅提高,增幅减缓。工艺品出口在日本的文化商品出口额中所占比重非常低,表演艺术、出版物和视觉艺术方面出口比重在 2006—2007 年度大幅降低之后,三者在日本文化商品贸易中的分量变得相近,且 2007 年之后变化甚微。

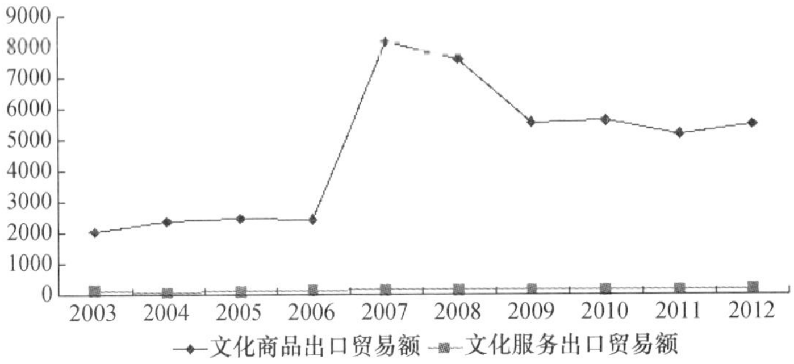

图 2-2-12　2003—2012 年日本文化出口贸易额(百万美元)

资料来源:UNCTAD 创意经济数据库,经作者整理和计算。

三、我国文化产品出口策略的调整建议

从前文分析,我们看到十年来我国文化产品出口的进展、在国际文化产业市场上的所占份额变化,以及与韩国、日本的文化产品出口结构的差异,看出我国文化产品出口贸易总体规模还是偏小,文化商品和文化服务的出口结构也不平衡,主要表现在文化出口以产品的形式为主,文化服务出口所占份额不足五分之一。要明确的一点是,并不是说我们要削弱文化商品的生产和出口,加大文化服务的生产和出口,对于目前的产业基础来说,我们的优势依然是在文化产品的生产上,在短期内依然会是我国文化产业的主要支撑点,一如联想集团的 PC 业务。

那么为了促进我国文化产品出口贸易,本文给出以下几点建议:

1. 规划建设更多的文化产业出口园区,或者是在原有的出口产业园区增加文化产业出口,给文化产业贸易提供更多的“自贸区”平台,在融资、税收、海关通关、资格审验、人才培养、境外投资等方面给予文化出口企业更多便利和优惠措施。支持文化企业参加境内外重要国际性文化展会;鼓励文化企业借助电子商务等新型交易模式拓展国际业务;加强对外文化贸易公共信息服务,及时发布国际文化市场动态和国际文化产业政策信息。

2. 实施差异化支持战略,提升各行业的竞争力。通过实施战略性贸易政策,鼓励和支持国有、民营、外资等各种所有制文化企业从事国家法律法规允许经营的对外文化贸易业务,引导文化企业加大内容创新力度,创造开发体现中国优秀文化、展示当代中国形象、面向国际市场的文化产品。同时,针对不同行业产品的出口的特征,采取差异化的支持措施。对于工艺品、新媒体和视觉艺术等产品出口,应当加以鼓励,并给予政策支持;对于视听产品和表演艺术等产品的出口,应该创造合适的制度环境加以支持,并配以相

应的政策加以鼓励。

3. 构建国际化的文化产业营销网络与平台，开发有针对性的文化产品满足。

国际文化产业市场需求。只有清楚海外消费者的文化产品消费偏好和消费需求，才能创作出符合市场需求的文化产品，才能吸引海外消费者增加对中国文化产品的购买。开发丰富的、有针对性的文化产品和传播平台，将真正反映当代中国精神风貌的代表性作品推介给世界民众，才能有效拓展我国文化产品的出口空间。

4. 积极拓展我国文化企业海外运营模式和渠道。比如万达集团在美国进行的院线并购，对于我国电影、演艺等输出美国将带来更多的便捷。或者在模仿中进行创新，形成自己的文化特色，其实相当于工业制造中的技术改造，对于企业来说也是很大的成长，比如江苏卫视的《非诚勿扰》开播之初受到抄袭的质疑，最终的结果是多年后《非诚勿扰》还在，甚至去年和今年《非诚勿扰》在新加坡、韩国等国落地，并以节目版权的形式被津巴布韦国家电视台引进。

第3章

论当代文化格局下中国传统价值观的海外认同*

任何文化产品都有其核心价值理念,这种价值理念能否被传播对象国所理解并接受,决定了一国文化产品能否顺利突破文化障碍,成功进入海外市场。中华文明有着五千多年的历史,中国人创造了丰富灿烂的文化,当今的中国文化是在吸收传统文化的基础上形成的,必然受到传统文化的巨大影响。在价值观方面,中国当代文化更是承袭了传统文化的核心内涵。因此,具有中国传统价值观的中国文化产品是否能得到海外受众的认同,对我国文化产品能够顺利在海外"落地"并"生根发芽"具有重要意义。

一、中国传统价值观

传统价值观是以广义的传统文化为基础的。广义的传统文化包括传统政治形态、传统经济模式、传统文化习俗(狭义上的传统文化)、传统民族精神。在这些方面,我们可以较容易地追寻一个国家的传统价值观。一国传承的传统价值观是通过历史的沉淀,保留至今的价值理念,是一个民族在繁衍生息的过程中对于事物的判断,其发展贯穿了政治、经济和文化层面。

(一)儒家主体的中国价值观

中国的传统价值观在五千年的历史中发展出了极为丰富的内涵,涵盖政治、社会、经

---

* 本文撰稿:王异虹,北京大学新闻与传播学院副教授;冯慧文、孔澜静,北京大学新闻与传播学院硕士研究生;宋子节,北京大学新闻与传播学院本科生。本调研曾得到国家社科基金的资助,资助号08&ZD057和11BXW024。

济和文化等多个方面。从价值观的来源看,中华价值观不仅源于中国传统文化、五四以来的新文化,同时也融和了外来文化,其内容丰富。其中,来自历史积淀的中国传统文化价值观是中国当前核心价值观的重要组成部分,它根植于中国儒家文化,即以儒家思想为指导。

儒家学说为春秋时期孔子所创,倡导血亲人伦、现世事功、修身存养、道德理性,其中心思想是孝、悌、忠、信、礼、义、廉、耻,儒学的核心是仁。仁,就是爱人,就是以"爱人"之心,推行仁政。"仁"的理念在推行后对中国以及周边国家都有着深远的影响。"孝""礼"等儒家文化中的精髓部分置于当今世界仍然有其现实意义。在笔者参与的德国、俄罗斯、美国、日本和印度五国文化软实力调研中①,将儒家文化和现实需求相结合,根据五国受众的理解和接受程度,总结出了当代中国传统价值观的主要内容:仁、恕、孝、礼、义、和而不同、天人合一以及和谐世界。

(二)中西价值观共享基础

中国传统文化价值观经过数千年的沉淀,已经形成数个特点:一是没有一个唯一宗教的主导;二是以家庭宗族为中心,延伸成家国天下的理念;三是以伦理治社会,以道德化天下。历史上形成的中华文化价值观,必须经过发掘和提炼,才能顺应时代前进的潮流。② 相比之下,首先,西方价值观以个人为本位,人道主义和人权思想是它发展的顶峰。其次,西方价值观提倡实证实验和科学精神;同时,西方价值观倡导以民主和法制来处理社会矛盾,来实现社会要求的公平和正义。③ 中西价值观体系基于各自的自然环境、社会制度以及文化发展水平,但其中不乏有可以共通和互相借鉴之处。例如,对父母之孝虽不是西方价值观的重要组成部分,但其对于家庭和谐和社会发展有着积极作用,便有可能成为双方的共享价值观。传播共享性中华核心价值观的作用优于传播共同价值观和外来共享价值观的作用,因为这样做不仅可以增强我国在国际文化中的影响力,有利于在海外弘扬中华文化,而且可以引领世界文化潮流,为构建新的世界新秩序提供精神支柱。

二、中国传统价值观的海外认同

(一)在世界文化格局下中国传统价值观的海外认同现状

中国传统价值观在海外认同的状况与世界文化格局具有一定的关系。世界文化格局,是指在一定时期内,世界上若干主要的、影响力较大的文化体系或文化区之间存在和发生各种关系的整体格局。我国有学者认为,④当代世界文化格局分为四大体系:一是中

① 国家社科基金重大项目"中国对外文化软实力传播研究",调研报告,内部提交国家哲学规划办,2013 年。
② 俞新天:《中国文化价值观的构建与传播》,《对外传播》2011 年第 11 期,第 10—11 页。
③ 同上。
④ 艾思同:《当代世界文化格局、态势与中国文化发展战略》,《理论学刊》2006 年第 3 期,第 99 页。

华文化体系,二是印度文化体系,三是阿拉伯文化体系,四是欧美文化体系。在这四大文化体系中,中华文化体系的地位可谓举足轻重。四大文化区呈现出交流紧密、相互靠近的趋向,互动是朝着对话、沟通、缓和的良性方向演进,体现了和平与发展的时代特征。从四大文化区近期的力量对比看,欧美文化区力量最强;盎格鲁撒克逊文化中的少数“精英”“智囊”们对中华文化持有猜忌、排斥甚或敌视之举。[①] 中国传统价值观作为中华文化体系中的重要部分,其在世界文化体系中的作用值得探究。同时,有学者认为目前中国价值观没有美国和西方所普遍具有的地位。俄罗斯学者亚历山大·卢金这样描述中国经济实力和软实力之间的反差:中国虽然已有物质基础,但其软实力有限,因为软实力需要有价值观的吸引力。[②]

(二)俄、德、美、日和印度五国受众调研分析

来自中国传统儒家文化的核心价值观主要有:仁、恕、孝、礼、义、和而不同、天人合一、和谐世界。根据笔者参与五国受众对中国形象认知的调研来看,各国文化区受众人群认同的中华传统价值观有着较大差别,但对于中国传统的儒家价值观,各国的认可度普遍较高。

在美国,有八项中华传统价值观选择比例超过50%,属于共享价值观,按照比例高低顺序排列是:义(78.9%)、仁(77.6%)、恕(72.4%)、孝(64.9%)、天人合一(57.6%)、和谐世界(55.4%)、和而不同(53.3%)、礼(51.6%)。在德国,有八项中华传统价值观选择比例超过50%,属于共享价值观,按照高低顺序排列是:孝(71.6%)、仁(71.3%)、礼(66.4%)、义(64.9%)、恕(61.5%)、天人合一(59.8%)、和谐世界(53.8%)、和而不同(50.9%)。在俄罗斯,有七项中华传统价值观选择比例超过50%,属于共享价值观,按照高低顺序排列是:礼(74.8%)、天人合一(67.6%)、孝(62.8%)、仁(62.4%)、义(61.3%)、恕(57.3%)、和谐世界(55.7%)。在日本,有四项中华传统价值观选择比例超过50%,属于共享价值观,按照高低顺序排列是:仁(64.5%)、礼(63.0%)、孝(53.5%)、义(50.0%)。在印度,有两项中华传统价值观选择频率超过50%,属于共享价值观,仁(64.9%)、义(53.1%)。

从以上数据可见,在个人主义主导的欧美文化圈,仍重视“孝”“和谐世界”等关注家庭乃至世界的价值观念。中西文化价值观在集体主义和个人主义的差异之中仍然具备同一性。这一类具备同一性的价值观是促进中华文化圈和欧美文化圈进一步交流的突破口。而印度受众对于中国传统价值观的大多数内容认同度不高,认同度稍高的为“仁”和“义”两项,这和印度文化本身的特性相关。首先,印度是一个多宗教的国家,被称为“宗教博物馆”。在印度本土,由于各种宗教教派林立,种姓制度复杂,宗教和种姓矛盾时有发生,其文化的扩张性不大,多样化程度高;但同时对于外来文化的抵触度相当高。“仁”“义”两项价值观和印度人的宗教哲学精神相关,印度人相信贫富为前世所定,今生

① 艾思同:《当代世界文化格局、态势与中国文化发展战略》,《理论学刊》2006年第3期,第99页。

② 亚历山大·卢金:《软实力和伪公共外交》,俄罗斯之声电台网站,2013-1-19。

认真修行、行善才能得到来世的幸福。这一价值观有助于形成一种稳定的社会结构和人际关系，[①]而“仁”“义”恰是儒家价值观中能够为这一价值观提供支撑，因此成为了印度人可接受的部分。对于印度文化、日本文化这一类有着鲜明宗教或民族色彩的文化，要取得其中受众的认同必须寻找中国传统价值观中与其契合的部分进行有针对性地传播。

五四运动以来，中国人民结合传统中国文化、历史和现状提炼出了“共同富裕”和“集体主义”两大核心价值观。这两大根植于中国传统家国文化特点的价值观属于不共享价值观，在所调查的五国当中的认可度都较低。在霍夫斯特德的调研中，中国和日本都是崇尚集体主义的社会，员工对组织有一种感情依赖，应该容易构建员工和管理者之间和谐的关系。而在实际的调查中，日本并不认同集体主义这种提法。这可能是由于日本受众对集体主义于中国、于日本的概念理解不同，[②]理解的偏差导致认知上的偏差(见表 2-3-1)。

表 2-3-1　五国受众对于“共同富裕”和“集体主义”的认可度

	美国	德国	俄罗斯	印度	日本
共同富裕	34.1%	33.7%	29.3%	25.4%	25.8%
集体主义	34.1%	15.6%	21.9%	23.0%	13.1%

总体而言，不论是出于文化的差异还是理解上的差异，“共同富裕”和“集体主义”这两大价值观都属于非共享的价值观，在欧美文化圈、印度文化圈和日本文化中的接受度都较低，是不适合直接在传播中进一步进行推广的价值观。但是如果能寻找到适当的转化方式，使之契合受众所在国所认同的价值观，也可以进行良好的沟通。

(三) 海外受众对中国文化产品形式的接触现状与喜好

文化产品是文化国际影响力的显性成分。尹鸿认为，只有通过市场传播的文化才最有效，中国文化产品有人消费才能说明弘扬了中华文化。[③] 中国的传统文化价值观必须依托优秀的文化产品，才能将其成功地传递给国际受众。

笔者通过五国受众调研结果，可以明显看出各国对中国的文化产品有着不同程度的喜好，这一类文化产品皆可成为传递中国传统价值观的平台。例如，德国受访者对中国的文化旅游(33.05%)以及艺术品(28.75%)、电影(26.76%)、绘画和书法(25.81%)这些中国文化产品非常感兴趣(括号中的百分比表示感兴趣的人群比例，下同)，而对表演艺术、电视片、教育和培训的兴趣一般，其中对期刊最不感兴趣(4.3%)。俄罗斯人对于中国的手工艺品(49%)、绘画(43%)、电影(40%)、文化旅游(34%)很感兴趣，对于网络游戏、卡通片图书和雕塑等态度一般，对于期刊最不感兴趣(4%)。相比之下，电影、文化旅游等就是良好的、可作为传递中国传统价值观的文化产品。

除了受众感兴趣的程度以外，文化产品的接触度也是在传播过程中应该考虑的。有

① 郭洪纪：《浅析印度式民主与印度价值观》，《社会科学研究》2009 年第 5 期，第 62 到 66 页。

② 集体主义之于日本：个人利益与群体利益发生冲突时，用自律而非命令来服从群体利益，并且能够努力为集体或群体利益有序地执行任务，使得团队合作能够实现。

③ 周南焱：《文化软实力需有优质文化产品》，《北京日报》2008 年 12 月 23 日。

些文化产品外国受众虽然感兴趣,但缺乏接触的渠道,不能达到预期的传播效果。例如,在对印尼的调查中,发现印尼受访者对文化产品品牌中的综艺舞台剧《少林雄风》和《四海同春》的知晓率超过 90%,对孔子学院的知晓率最低,但也接近 60%,同时,认为在生活中能接触到中华餐饮(76.37%)、中华医药(62.89%)、电影(49.51%)的受访者比例较高,而认为在生活中可以接触到文化展览(21.09%)、文化演出(20.80%)的受访者比例较低。在知晓率和喜好度的比较上,受访者对文化产品品牌中的中国文化年/月/周的喜好度排名领先于知晓率排名,也就是说,听说过的受访者相对较少,但听说过的喜好度相对较高。在可接触率和喜好度的排名上,对文化产品中的文化旅游、文化展览、文化演出的喜好度排名领先于可接触率排名,也就是说,受访者相对较喜欢,但是在生活中难以接触到。[①]

综合以上两部分可以看出,虽然我国的传统价值观的海外认同度在各个国家存在差异,但总体认同度较高。然而,如何通过不同形式的文化产品去承载这些价值观,仍是值得思考的命题。

三、促进我国传统价值观海外认同对文化产品关联的思考

随着我国与世界各国文化贸易往来越来越密切,文化产品和服务所承载的价值观也必将走向世界各地。在当代文化格局之下,如何让这种核心理念受到海外受众的认可,是我国文化贸易当中需要着重研究的命题。基于对海外受众的调研分析,和国外价值观海外传播和认同的经验,应着力从以下几个方面开展工作,促进我国传统价值观在海外得到广泛的认同。

(一)加强自身文化建设,积极挖掘和整合传统优秀文化,提升我国文化的丰富性和先进性

历史上,中华文明之所以能够在世界各地广泛而持久地传播,并对世界文化的发展产生重大影响,根本原因在于它的丰富性和先进性。[②] 反观现当代在世界大行其道的西方价值观,也无不是因其本身具有丰富的内涵,符合现代社会发展的趋势和方向,能够解决现代社会所遇到的问题。因此,要想让中国传统价值观在世界上获得广泛的认同,首先需要加强自身的文化建设。如果这些传统的价值观在中国都已经成为“沉没的版块”和抢救的对象,连中国人自己都无法分辨哪些是传统价值观当中恒久的、优秀的、对现代有启发意义的部分,谈何获得他人的认同?因此,我们需要加强文化建设,积极整合和挖掘我国传统文化的精髓。

这种整合和挖掘的过程,就是辨清传统文化中的糟粕,在传播过程中予以扬弃。日本价值观在传播过程中,为了能够增加别国对于本国的好感度,日本人保留了日本的礼

① 韩晓梅:《中国文化对印尼的影响力——基于网络调查数据分析》,北京大学 2014 年硕士学位论文。
② 邱凌:《软实力背景下的中国国际传播战略研究》,复旦大学 2009 年博士学位论文,第 87 页。

仪、文化,摒弃了武士道精神。因为好斗、暴力的精神并非当下世界所宣扬的主流文化,所以抑制争斗,宣扬民主。例如在世界范围内广泛受到欢迎的宫崎骏工作室的作品《千与千寻》《天空之城》等,皆以反对战争、爱好和平为主要题材。

由此可见,中国价值观在对外传播的过程中,首先也要完善本国的价值观念和传统文化,并在此基础上融合为人类社会所共同认可精神,形成新型中国传统价值观。面对传统文化中的消极观念,比如君君臣臣、愚忠愚孝、官本商末等,都是不符合现代社会生活以及价值观念的负面观点,是应被剔除的糟粕。此外,我们也应该看到,中国传统价值观具有两面性,如儒家所提出的"天人合一"的精神中,既有与自然和谐相处的一面,也有畏天知命的一面。由此可见,对待传统价值观要批判地继承,既要取其精华,又要去其糟粕,这样才能使蕴藏着丰富价值理念的中国传统文化价值观的充分发挥积极作用。

具体说来,优秀的、值得保留和继承并有所发展的价值观应当符合以下三项原则:

第一,优秀的传统价值观,应该是基本的、持久的价值观。价值观应该有长期性,而不能是临时性的。例如,在美国文化的建构过程中,不断吸收其他各国的文化精华,为己所用,形成了稳定的美国价值观——民主、自由、平等和个人主义等立国精神,且从建国开始一直推行,跨越了几百年的历史而无所动摇。

如何树立和维持价值观是一个国家的长期问题。中国传统文化中以特定的规范行为构筑整个社会生活的共同体,为个人以及社会管理者提供一套行为模式。中国传统价值观来源于几千年历史中创造的灿烂文化,其中包含着社会各阶层广泛认同的共同价值取向,具有稳定的价值。例如"仁"的思想,包含了中国传统的家庭伦理、道德观念和价值观念等,对于维系人际关系、维护社会稳定起重要作用,且在今天依旧具有顽强的生命力。一个国家所要传递的价值观应该是坚定而稳固的,不会因为科技手段、经济形态、社会思潮等因素的影响而改变。

第二,优秀的传统价值观,应该是理念性、普遍性的价值观,不仅仅是一般的行为策略。任何一种传统文化都有它自身独特的文化价值观念,正是这种价值观念所创造的社会文化环境,决定着生活于其中的人们的行为取向以及心理特征等。而这些具体的行为取向和心理特征是特定自然环境和历史文化因素作用的结果,与产生它的特定条件联系非常紧密,很可能不能直接转移到另一种条件之下,不利于在不同的环境当中进行传播。而要想让中国传统的价值观走出去,就必须世界上形形色色、多种多样的区域,适应不同的历史传统、文化环境和自然条件的地区。因而,优秀的传统价值观不可是支离破碎的细节,而应当是一种抽象的核心理念和精神内涵,是普遍体现在具体社会生活的诸多方面的深层次逻辑。因此,在中国价值观对外宣传的过程中,应当抽象出一套真正理念性和普适性的价值观体系,使其能够代表一个国家的核心价值,而不是零散的品牌和习惯的集合。第三,优秀的传统价值观,应当是能够搭载现代理念的价值观。例如,中国哲学中"天人合一""万物并育而不害"的智慧,为人与自然和谐相处、整治现代化工业社会的弊端提供了重要的启示;"和而不同""仁政""睦邻友好""共同发展"等中国文化的精髓,可建立中国的"温和形象",在国际关系中起到润滑剂的作用,使中国"和平崛起"具有更强的“亲和力”。[①] 这些传统的价值观，虽然产生于传统中国社会当中，然而对看待和处理当代全人类共同面临的问题具有深远的意义，容易在世界上获得理解和认可。

（二）结合世界文化格局现状，侧重与当地“共享”的文化价值观

跨文化心理学研究表明，尽管不同的民族及其文化存在着显著差异，但文化集群间也有一些通约因素，即存在民族间的“内在一致性”。[②] 北京大学新闻与传播学院的关世杰教授将不同文化之间价值观上的这种“通约性”定义为“共享价值观”，即在当今两种文化中或两国民众中都接受或追求的价值观，就是大家在精神上都得到满足的原则和信念。[③] 中华文化中的共享性价值观在他国更容易得到理解和认同。但是，依前文所述，目前世界文化格局下，四大文化体系的文化传统和发展路径差异很大，中华传统价值观在不同的文化区域当中具有不同的共享性。因此，要想获得别国民众中国传统价值观的认同，需要在不同的文化区域传播当中有所侧重。

1. 与中华文化体系的共识

中华文化体系中包括周边的东亚和东南亚地区在历史上受中国传统文化的影响较深，中华传统的价值观已经融入其本国的文化当中，在价值观的理解和认同方面障碍较小。当然，这些国家和地区对中华传统价值观具体内涵的认同度也是有差别的，比如，对印尼、越南和日本三国的调研显示，“孝”“礼”这两项价值观最受认同。

需要注意的是，价值观相近并不代表容易亲近，不会产生矛盾。调研显示，印尼人和越南人都认为中国人对这些传统价值观的认同度低于他们自己对这些价值观的认同度。也就是说，印度人虽然认同孝、认同礼，但他们并不认为中国人也像他们一样认同。分析认为，这可能是因为中国经历了“文化大革命”，传统文化遭受了很大破坏，导致中华文化体系中的其他国家认为自己才是儒家文化的正统继承者，他们对传统文化保持得更好。[④] 由此看来，在对中华文化体系国家的传播当中加强对传统价值观认同，应强调求同存异，表现出中国人对传统的认可和回归，从而与其产生共鸣。

2. 与印度文化体系的低认同

印度文化体系和中华文化体系的关系相对密切，对中国影响深远的佛教文化正是从印度传来。然而，当今印度与中国传统文化的共享度却非常低，在所调研的美国、德国、俄罗斯、日本及印度五国当中排名最后，仅对“仁”和“义”这两项中国传统价值观的认同度超过50%。

3. 与阿拉伯文化体系的差异

阿拉伯文化体系覆盖了中东、北非的大部分国家，也是世界重要的文明发源地之一。虽自古与中华文明就有交往，但是仍形成了截然不同的文化。然而，阿拉伯文化中的许多部分与中华文化具有共通之处，整体上对中华传统价值观的认同度较高。一项针对受

---

① 邱凌：《软实力背景下的中国国际传播战略研究》，复旦大学2009年博士学位论文，第89页。

② 王沛、胡发稳：《民族文化认同：内涵与结构》，《上海师范大学学报（哲学社会科学版）》2011年第1期。

③ 关世杰：《对外传播中的共享性中华核心价值观》，《学术前沿》2012年第11期。

④ 徐畅：《关于越南人对中国文化印象的调查报告》，北京大学2014年硕士学位论文，第31—33页。

阿拉伯文化影响较深的埃及大学生和中国的维吾尔族大学生的调查显示,他们对"天人合一""和而不同"的认同度最高,几乎是100%,仁、恕、孝、礼、义等中国传统价值观的认同度都在80%以上,是双方高度共享的价值观。①

同时,虽然受访者对这些观点的认同度很高,但是在对这些价值观的理解上却存在偏差。比如在"孝"这一点上,虽然双方都很认同要孝敬父母,但在孝敬的具体方式上有所差异。中国人认为"孝"的一个重要方面就是要陪伴父母,"父母在,不远游",重视家庭的团聚。埃及人却由于宗教的影响,邻里关系更加紧密,再加上一个家庭有多个子女,许多在外国工作,因此埃及大学生在陪伴父母方面的认同度较低。这种差异还表现在对"礼"的理解上,虽然双方都强调要懂礼貌,但是两个社会所遵循的礼仪规范却是不同的。

价值观是一种隐性的文化内核,必须通过文化产品和服务来承载,两种价值观在具体表现上的不同就可能会造成一定的认同障碍。因此,在与我国差异较大的文化区域寻求文化认同时,应当注意文化表现方式的"本土化",要以对方可以理解和接受的方式传达出核心的价值观。

4. 与欧美文化体系的融通

欧美文化体系是当今世界上诸多文化体系中实力居上。虽然与中国文化差异巨大,但是在传统价值观方面还是有很多共通之处。中国的儒家文化当中有一部分与欧美的宗教文化是相通的,比如中国强调对父母的孝、对兄长的悌、对幼儿的护,美国文化强调家庭,是可融通的一种价值体现。

(三) 培育文化品牌,以文化产业的国际竞争力推动价值观在海外得到认同

培养文化品牌对建构一国有影响力的文化产业至关重要,而文化产业国际竞争力的增强可搭载一国价值观在海外的传播。生产具有中国传统文化特色的文化产品,使文化产品与文化价值观共生共赢,才能引导市场建立起向传统文化价值内核靠拢的品牌。

纵观属于同一儒学文化的东亚地区:冷战后的日本通过"价值观外交"一步步推进自己的国际影响力,试图与拥有相同价值观的国家进行合作,通过协调贸易投资共同实现自由与繁荣的社会。② 韩国同样在20世纪末开始推动"文化产业振兴",推动"韩流"在东亚至世界的推广。2012年7月红极一时的"江南style"在Billboard、法国SNEP单曲排行榜、德国Media Control排行榜、卢森堡数字歌曲榜等诸多国家音乐榜上遥遥领先。这首歌不仅将"骑马舞"带到世界各地,也让各国受众通过MV了解到韩国江南区的情景,以及当地人的生活状态。③ 韩国电视剧强调家庭伦理和家庭和谐的传统儒家文化价值观,在东亚以及东南亚地区受到广泛欢迎,其电视产品居中国海外引进电视剧最高消费文化产品,韩剧成为韩国对外传播的文化品牌之一。

中国在文化产业上要努力创造民族品牌,培育文化产业的国际竞争力,利用文化产业在海外的繁荣和发展,提升中国传统价值观在海外的认同度。目前,中国亟需跟进媒

---

① 李雨竹:《儒家价值观在当今穆斯林中的共享性研究》,北京大学2014年硕士学位论文,第90—93页。

② 黄大慧:《冷战后日本的"价值观外交"与中国》,《现代国际关系》2007年第5期,第43—47页。

③ 穆宝江:《韩国文化产业发展与中韩文化产业合作》,吉林大学2012年博士学位论文,第58—59页。

休融合建设、构建文化产业网络,包括软件开发、创意设计、图书出版、影视娱乐、文化旅游等现代都市文化产业以及具有民族特色的传统文学、音乐、艺术品等文化产品的乡村文化产业。将传统价值观作为提升文化产业实力的内核,文化产业的丰富化反过来成为推动传统价值观走向世界的引擎,两者相辅相成,将更好地发挥中国传统价值观的长处,形成具有中国文化价值认同特色的世界文化品牌。

第 4 章

中国文化产品贸易的“文化折扣”问题研究*

在经济和信息全球化的推动下,全球文化贸易的总额在过去数年间一直在持续增长,文化贸易已经成为国际贸易的重要组成部分。文化贸易对于一个国家而言,不仅具有经济意义,更承担着塑造国家形象、提升国家“软实力”的重要使命。中国在当前的对外文化贸易中,存在着严重的贸易逆差,这已经成为国内有关人士的普遍共识。文化产品不同于一般产品,在走向国际市场过程中,面临不同于一般产品的障碍和困难,尤其是“文化折扣”问题,始终是中国发展对外文化贸易绕不过去的一个“坎儿”,本文着重讨论文化产品在开拓海外市场过程中的“文化折扣”问题,并在此基础上探讨中国文化产品出口克服“文化折扣”的应对之策。

一、“文化折扣”的由来

“文化折扣”(cultural discount)的概念是希尔曼·埃格伯特(Seelmann Eggebert)首次使用,用于表示少数派语言和文化版图,借此来说明这些少数派语言和文化版图应该得到更多的关注,以保护其文化特性。此外,文化折扣的概念也可见诸于普通经济学中,指在确定娱乐产品交易的经济价值时, 必须要考虑到文化差异因素的影响。1988 年,霍斯金斯和米卢斯将文化折扣应用于影视产品的跨文化传播领域。他们认为:植根于一种文化的电视、电影、纪录片等影像作品,在其相同的文化氛围内的市场具有很大的影响力,因为它们具有相同的文化背景和生活方式,但在其他地方,这种影响力就会明显缩减,因

* 本文撰稿:魏婷,中国传媒大学经济与管理学院,副教授,硕士生导师。

为那里的受众不能理解这种价值观、信仰、历史、神话、社会制度、自然环境和行为模式。如果影视作品是用其他语言制作的,那么引进的时候就需要配音或者添加字幕,此时的吸引力就大大降低。即使是使用相同的语言,其口音、方言等也会影响接受的效果。[①] 受众在消费一种文化作品时,在认知能力、理解程度和吸引力等方面的效果都会大打折扣,这就是“文化折扣”,文化折扣是国际文化贸易区别于其他贸易类型的特点之一。

文化产品的内容来自于某种文化,每一种文化产品都是某种文化的载体。由于文化背景和文化审美存在差异,中国文化产品海外推广过程中,“文化折扣”的影响日益突显,尤其在影视产品的贸易领域,比如中美电影贸易的格局严重失衡,文化折扣正是影响这种不平衡的重要因素之一。

二、中国文化产品出口遭遇“文化折扣”的原因

从原因来看,很多因素都可以导致文化折扣的产生。对于中国文化产品在出口过程中所遭遇的“文化折扣”,笔者认为主要有以下几种原因:

(一)语言

语言是文化产品接受过程中的第一道屏障。作为使用“世界语言”的英语的文化产品在走向世界时面临着很少的文化折扣,这是美国文化产品能够雄霸全球的原因之一:“美国电视生产出的是英语产品这一事实是个对美国供应商先天有利的条件,包括英国、加拿大和爱尔兰在内的其他英语国家也具有同样的先天优势。”[②]柯林斯(Collins)在分析不同形式的文化折扣时进一步分析指出:视听产品可能比书面作品的文化折扣要低,而在视听产品当中,几乎不含语言成分的作品的文化折扣比语言占重要成分的作品要少。

在某些以传统的语言、文字类作为表现形式的文化产品中,语言就是文化产品的全部。不懂汉语,就不能欣赏书法,不能欣赏评书、相声等中国传统艺术。不懂英语,就不可能看懂英美文学著作,尤其是在影视等当代文化产品中喜剧类的作品,语言的作用更加重要,甚至同种语言下的口音都会给观众带来不同的感受,在影视等文化产品中,即使为消减语言的影响添加字幕,但依然会导致文化折扣的产生。有研究显示,美国观众不喜欢看带有字幕的影视节目,当 BBC 把节目卖给美国的时候,美国也必须找一个有美国口音很重的人做主持。法国在进口加拿大电影和电视节目时,也要为这些影视节目配音,使它成为巴黎腔的法语。而中国的文化产品进入国际市场,消减语言文化折扣的翻译环节恰恰是软肋。赵薇主演的电视剧《京华烟云》在泰国放映时,片名被翻译为《烟云中的大家庭》,这种翻译让观众有点丈二和尚摸不着头脑,因此不能被当地观众所理解。

① 考林 · 霍斯金斯:《全球电视和电影》,刘丰海等译,新华出版社 2004 年版。
② 吉莉安·道尔:《理解传媒经济学》,李颖译,清华大学出版社 2004 年版,第 70 页。

再比如我们文化作品中经常出现的"兵马俑"，凡是稍有历史知识的中国人都能理解，但外国人却理解不了，除非我们将其翻译为"国王的地下军队"。还有在影视作品中我们常常采用直译的方式，打上字幕，而且还由中国人自己来担当翻译，这必然带来语言上的"文化折扣"。

（二）悠久的历史文化传统

不可否认，外国消费者在消费外国的文化产品时，很大程度上归因于对外国的文化感兴趣，对于中国来说，他们可能更感兴趣的恰是中国的悠久的历史文化传统所孕育出来的独特的中国文化。然而，目前国内业界学界经常谈论的一个话题则是：中国作为一个拥有5000年悠久文化传统的文明古国，具有文化资源的绝对优势，却为何在文化贸易方面面临严重逆差，难以成为真正的文化贸易大国？事实上，经验表明，文化历史越悠久，对理解能力的要求也就越高。我们所认为的很多富含中国传统文化精髓的文化产品，由于其所表达的内涵需要具备一定的知识底蕴才能够理解，所以并不能为国外消费者所理解和接受。在这种情况下，历史和文明的悠久、文化资源的丰富反过来成为国外受众接受中国文化产品的包袱，产生巨大的文化折扣。特别是一些历史题材的影片或电视剧在国内热播不断，在国外却无人问津。如在国内热播的宫廷题材电视剧《甄嬛传》，在我国年轻受众群中产生巨大影响，网络上至今还流传各种语境下的"甄嬛体"，但是国外受众却连最基本的人物关系也理解不了。

（三）中国文化产品的"高语境文化"背景

美国人类学家爱德华・霍尔（E. T. Hall）在文化价值维度研究方面提出了"高语境文化"（High context culture）和"低语境文化"（Low context culture）的概念。"高语境文化的社会成员由于历史、传统、民俗风土等高度的重叠性，绝大部分信息都已储存于既成的语境中，成为全体成员共享的资源，因此更擅长借助共有的'语境'进行交流；而低语境文化的成员由于缺少共同的历史文化背景，很难形成非语言的心灵感应，他们在交往中必须更多地借助直接的、清晰的符号编码信息。"[①]日本、中国等东方的"同质社会"多属于高语境传播社会，高语境文化的成员在表达感情和传递信息方面，喜好用含蓄间接隐晦的方式，并且内向羞涩，不擅长自我表现；美国等西方的"异质社会"多属于低语境传播社会，低语境文化所属成员则喜好用坦率直白的方式进行沟通，并且外向，热衷自我表现。最重要的一点是，语境越低的国家在跨文化传播中的文化折扣方面越占有优势。[②] 而中国文化属于典型的高语境文化，文化产品所传递的信息间接且隐晦，难以让消费者领悟所表达的内涵，难以体会其中的文化韵味，因而造成较大的文化折扣。

---

① 高峰、赵建国：《中国纪录片跨文化传播的障碍与超越》，《现代传播》2009年第3期。

② 曹畅：《跨文化视角下中国人文纪录片的符号分析——以〈故宫〉和〈解密紫禁城〉为例》，《社会科学论坛》，2013年第4期。

(四)根深蒂固的刻板印象难以扭转

多年来,以美国为代表的西方文化对中国民众具有无形的影响力,在交通通讯技术如此便捷的今天,中国民众对西方国家的了解程度应该说是空前的,但是西方国家的消费者对于中国依然感到陌生,外国人对中国的印象更多地是出于想象,想象的基础往往在于媒介的塑造。由于意识形态的不同,且西方国家的媒体、电影和出版物等文化产品在国际文化市场占据主导地位,在内容上,在人物塑造上,它们有选择性地、重复地呈现某些不利于,甚至诋毁中国形象的内容,长期以来,这些经过蓄意加工的内容及画面经过传播媒介的反复强化刺激,很容易被国外受众打上所谓的"中国特征"的标签,逐渐固化为"中国形象"的符号,进而拼接出中国文化的"主要内容和特征"①。外国受众对中国形成的根深蒂固的这种刻板印象短时期内很难改变,往往排斥或者带着有色眼镜去审视中国的文化产品,使其在消费反映客观真实情况的中国文化产品时大打折扣。例如,美国人对于中国的刻板印象会导致他们倾向于认知中国电影文本中他们所熟悉的文化符号,就像美国人所认定的中国餐馆必须有饺子和菠萝咕老肉一样。同时,美国人对中国的片面认识也会使得他们对中国电影中文化内涵的理解出现误读。

(五)价值观或宗教信仰差异

文化差异最根本的就是价值观和宗教信仰的差异,文化冲突的核心是价值观和宗教信仰的冲突,价值观决定了人们的思想体系和行为模式。而一味弘扬本国、本民族的价值观和宗教信仰的文化折扣往往会遭遇更大的"文化折扣"。文化传播最大的奥秘便是寻找不同文化体系之间的最大公约数,*Discovery* 最大的成功便是涉足那些中性的、没有意识形态色彩的领域,同样,好莱坞总是选择那些具有普适价值的主题进行挖掘,比如正义、战争、自由、平等、博爱等宏大主题,由于这些主题本身的普适性,很容易引起不同文化体系的观众共鸣。

而中国大多数的文化产品常年受到现实主义文艺思潮和集体主义价值观的深层次制约,难以从普世价值中去寻找立足之地,往往选题范围狭窄,而且内容充满说教、趣味性不够,易与国外观众的价值观产生冲突,令国际观众难以理解和接受,降低了国际市场消费者的消费欲望。比如少儿读物《小兵张嘎》主题是描写嘎子抗击日本帝国主义,行为当然是正义的,但从现实角度看,国际上普遍认为儿童参与战争是不人道的,不值得宣扬。

(六)表达主题和表现方式不同

尽管中国有如此众多的文化素材供选择,但由于西方观众生活在与中国观众完全不同的文化语境之中,因此他们的关注点和兴奋点有着很大的区别,即使面对同一个题材,因观众不同,也必须进行取舍,选择不同的切入点。以 *Discovery* 在中国制作的《新少林

① 陈力丹、潘怡:《外国人眼中的中国形象微探》,《人民论坛》2013 年第 18 期,第 24—26 页。

方丈》为例,如果中国来制作,会着重去介绍佛教的历史,介绍历史悠久的少林功夫和少林文化。然而,*Discovery* 制作的《新少林方丈》以方丈一天的活动为主,正像 *Discovery* 亚洲网络总监维克然・昌纳所介绍的:《新少林方丈》以方丈一天的活动为主,舍弃其他的内容,这就是我把新闻、信息拍成故事片的方式,从故事片的空间进入纪录片的空间,在两个空间来回打转。人们喜欢故事,需要讲故事的能力,我尽力创造新的东西进去,观众在片中看到的方丈要赚钱,有手机、有汽车,像生意人,这就是故事。[①] *Discovery* 选择的主题,使节目具有了很强的悬念和可看性,从一定程度上颠覆了人们心目中的少林方丈的形象。而中国的纪录片则受到新闻片和专题片的影响,很容易将故事做成新闻,即使讲述故事,也由于受到中国评书、戏曲叙述方式的影响,喜欢从根源讲起,然后再慢慢进入正题,喜欢将故事的前因后果交代得清清楚楚,同时也喜欢采取单线索的叙述方式,即使是双线索,也采“花开两朵,各表一枝”,因缺乏悬念,故事讲述娓娓道来,容易使节奏变得拖沓。此外,中国纪录片中解说词总是主角,总在一定程度上去拔高主题,而不是推动情节发展,一般也不注重解说者与纪录片之间的内在关联。而西方,记录后的叙述方式则不同,比如美国一档关于癌症的纪录片,便是由一个丈夫死于癌症的妇女做解说,这些解说者更像观众身边的邻居、叔叔或阿姨,而不是权威人士或者一个局外人,这样无形中就增加了节目的亲和力与可信度。[②]

三、《解密紫禁城》的成功之道[③]

《故宫》(*The Forbidden City*)是中央电视台历时两年摄制的大型历史文献纪录片,运用三维动画、演员扮演等真实再现手段,从宫殿建筑艺术、馆藏文物、故宫历史沿革诸方面,艺术地再现了故宫长达六百年的沧桑历史,全景展现了故宫的真实面貌,宣扬了中国悠久的历史文化,是一部投资巨大、制作精良的“国家级”纪录片,出品精华版十二集,另有一套百集系列。

《解密紫禁城》(*Inside the Forbidden City*),由美国国家地理频道在《故宫》基础上编辑而成,压缩成两个小时,分上下集,剪辑为一个发生在古老皇宫的各色人等的戏剧性故事。除了内容删减外,《解密紫禁城》针对非华语受众添加了历史背景介绍,以增强解说与受众的母语表达、文化观念之间的关联度。另外,为了让西方观众更为理解中国历史事件的发生时间,大量使用西方同期事件做平行说明,如,“1407 年,欧洲正是瘟疫肆虐之后的恢复时期,在墨西哥阿兹特克人正在建造他们的帝国,而在北京,紫禁城的建设也拉开了序幕”。这些改变有效地增强了《解密紫禁城》的传播效果。

---

① 《探索世界 讲好故事——访探索频道亚洲网络节目总监维克然・昌纳》,《中国广播电视学刊》2004 年第 3 期。

② 何建平、赵毅岗:《中西方纪录片的“文化折扣”现象研究》,《现代传播》2007 年第 3 期。

③ 曹畅:《跨文化视角下中国人文纪录片的符号分析——以〈故宫〉和〈解密紫禁城〉为例》,《社会科学论坛》2013 年第 4 期。

不论是真实记录还是情景再现或者三维动画,这两部影片拥有相同的影像素材,但针对不同受众对材料进行了取舍和编排。《故宫》是因博大的中华文化内涵在纪录片中的显著表达而在华语世界获得了巨大的反响,而《解密紫禁城》则以探究中国宫廷往事秘事来吸引西方人的眼球。以下为《解密紫禁城》的克服文化折扣的成功之道。

(一)摒弃大段解说词,克服语言文化折扣

中国纪录片多沿用"画面 + 解说词"的创作传统,这也是源于汉语文字的强大表意功能以及中国文化的博大精深。《故宫》中的解说大气磅礴、纵横捭阖,但由于翻译的局限性,解说词中的精华和含义却无法转换到《解密紫禁城》中。西方观众并不喜欢富有内涵的大段解说,讲求用画面直观地承载意义,《解密紫禁城》再创作的首要问题就是对解说所构成的语言文字符号的跨文化处理,所以那些体现历史厚重感的铺垫、陈述和细节描写被大幅删减。

(二)筛选画面符号,克服文化折扣

从中国古代灿烂的文学艺术成就中,可以看到我们国家咏物言志、借景抒情的文学传统。当代中国电视艺术也善于运用景物镜头来表现和升华主题,如电视片中常用的青松屹立象征革命烈士精神永垂不朽。这些约定俗成的象征符号使影像的表意流畅清晰,中国的观众自然可以心领神会。比如《故宫》第一集《肇建紫禁城》的开场画面:夜空中流星划过,然后急速俯冲东亚大陆、华北平原,再通过古地图上依次叠现历代北京城的位置和轮廓,镜头随之俯冲到清北京城中轴线,掠过前门、穿过现代场景的天安门广场,再飞入故宫的刹那,画面闪现出古代的过年景象。华语受众很能理解这一段三维特效所体现的古都千年更替的历史恢弘之感。但在《解密紫禁城》中,辉煌威严的紫禁城、冉冉升起的红日,这种象征至高无上神圣皇权的画面却仅在《解密紫禁城》中出现了一次,仅是为了展现整个宫殿建筑群的全景。《故宫》中春天紫禁城完工,皇帝减赋免役大赦天下,画面展现出一派繁花似锦的美景,隐喻君臣子民都迎来了生活的春天。而在《解密紫禁城》中这几个画面被挪到了溥仪结婚的场景,画面的隐喻功能转换为叙事功能。

(三)同一题材展示不同视角克服文化折扣

《故宫》描绘了辉煌灿烂的古代文明、封建帝制的瓦解、列强入侵的屈辱史以及中华民族重获新生的骄傲与自豪。而重新编辑的《解密紫禁城》,却展示了古老神秘的东方大国、残害人权的极权统治、西方先进科技的"拯救"角色,体现了西方以自我为中心审视他国文化的文明优越感。

《故宫》提及太监时,讲的是明朝司礼监的运作和明末的宦官干政,而《解密紫禁城》则强调他们未成年被强行净身,还添加了一段太监用其特有的尖细嗓音说的话。因为对于西方观众来说,他们并不关心宦官在中国历史上的政治地位,只是带着一种文化优越感,好奇地审视中国极权统治下的这类不正常人群。

在紫禁城与西方的关系上,《故宫》一方面讲述了八国联军对紫禁城的破坏,另一方

面也讲述了外国文物修复专家在故宫修缮工程中的积极作用,还描述了皇帝对于西方先进科学的喜爱。而《解密紫禁城》对西方列强侵略中国只字不提,只讲西方技术帮助故宫修缮,还着重笔墨讲述钟表、电话等西洋发明是如何改变了皇帝的宫廷生活。比之较客观公正的《故宫》而言,《解密紫禁城》的材料选择明显存在引导受众肯定西方文化,并潜在否定其他文化的倾向。

四、中国文化产品“走出去”克服文化折扣的对策建议

文化折扣是我国文化产品“走出去”的瓶颈,并将长期影响中国文化企业海外经营绩效。但文化折扣是在漫长历史发展过程中逐渐积累形成的,因此降低其在中国文化产品“走出去”中的不良影响也是一个逐渐累积的过程,绝非一朝一夕可以完成的。笔者认为需要在以下方面加大力度,采取措施。

1. 构建文化折扣国别评估体系

尽管我们当前已经充分意识到“文化折扣”的存在已经成为制约中国文化产品“走出去”的重要因素,但由于世界各国文化的多样性,各国文化特征、主要价值观念和欣赏习惯等各有不同,即使同属某一文明类型的国家在文化上也存在多诸多差异,因此笼统的、猜测性的以所谓某种文化类型指导文化产品“走出去”往往收不到预期效果。因而在掌握和甄别各国文化观念、文化信仰、欣赏兴趣等的差异,并根据各因素的重要程度合理确定指标权数,构建文化折扣评估体系,量化评估中国文化产品在海外市场遭遇的文化折扣影响程度,并建立较为科学的文化折扣评估体系,从而有针对性地依据评估的结果对目标市场进行分类,并针对不同国家市场制定不同的“走出去”的策略,以有效降低文化折扣。

2. 选择文化折扣度较低的文化产品类型

文化产品遭遇“文化折扣”的程度因产品类型不同而有所不同。考林 · 霍斯金斯等人认为,这也是为什么国际文化贸易仅仅集中在少数几个产品类型上的原因。在对外文化贸易过程中,中国也应该选择文化贸易折扣度较低的文化产品类型,将之作为中国文化产品走出去的主打产品。长期以来,“中国功夫”在国际上享有盛誉,中国文化产品最早在商业上取得成功的也是动作类电影。在戛纳电视节上,中国销售得比较好的电视剧都是武打题材,很多国外买家到中国展台都指定要“Chinakungfu”(中国功夫)。俏佳人文化传播有限公司依靠一部《中国武术》的武术教学片成功进入国际市场,现在,《中国武术》已经成为法国3000多个武术俱乐部、24万习武之人的教材。之后,俏佳人公司才开始涉足电视剧、电影、纪录片等的海外版权代理和销售,而国外买家向俏佳人公司购买的也多为20世纪90年代以后拍摄的功夫片。演出方面,中国演出团体的海外演出在节目类型上主要以杂技等动作类为主,杂技约占据了我国所有对外演出项目的30%以上,经济效益也远超其他艺术种类海外商演。因此,鉴于动作片、杂技、武术表演、中国舞蹈等动作类文化产品在国际市场上已经具有了一定的知名度,所以在文化产品出口方面,我

们应以动作片、武侠片为龙头,重点扶持一批中国动作类文化产品的世界品牌,带动其他动作类产品"走出去"。

3. 本土素材,国际化表达

毋庸置疑,民族化、个性化是一国文化保持恒久生命力的根本所在。然而,在本国文化不被国外消费者深入了解的情况下,只有坚持本土化与国际化结合的文化产品生产策略才能吸引国外观众。在中国文化产品"走出去"的初期,我们可以利用西方消费者对中国文化的兴趣,采用本土故事国际表达的策略。以本土文化为"原点",选取本土故事,兼纳国际化元素,生产出既具有本土化内容又与国际化接轨的文化产品。以电影为例,《英雄》《十面埋伏》《神话》《功夫》《无极》等近年来较为成功的影片无一不是本土化与国际化相结合的产物。通过将和平、统一、魔幻等国际化元素与中国功夫这一中国本土化元素的结合,在国际市场上收获了不俗的票房成绩。

在文化产品生产方面,我们应该借用和平、爱情、平等、奋斗等人类共有的元素,以此处理传统文化资源,沟通中西文化的巨大差异。可以借鉴美国商业电视网普遍信奉的"最低公分母原则"和"最少抵制原则",即寻找文化认同的最大公分母,坚持让每一个节目尽可能地满足最大多数人的需要,尽可能得到最大多数人的喜爱,同时不会引起任何人的反感。比如探索频道通过"日常生活满足的利益冲动、世俗存在的现实意义、更加贴近观众的生活和日常经验,肯定了感性快乐的合力性价值"[①]的主张和实践,实现了全球畅销。来自不同种族、肤色、国度的人们在领略节目的快感中认同了这种文化形态本身,甚至收看行为也象征了一种高层次文化追求,变成一种通用的语言,代表了通行的意义。

此外,还可以借鉴在文化贸易发展上卓有成效的韩国在生产电影产品上的经验,采取以下两种做法:第一,用东方人物、情感改写西方故事,制造"熟悉而又陌生"的观影效果。例如2012年进入美国外国影片票房前10名的翻拍美国大片的《狼族少年》,影片既展现了"狼孩"传奇、道德批判等西方熟悉的内容,也有含蓄、忠贞、隽永等东方元素;第二,取材本民族的历史和政治事件,但突出表现西方价值观,以西方价值观获得普遍性,从而回避情色与暴力的极端表现,赢得东西方市场。2012年的《双面君王》即是成功的范本。一方面它叙述了一个底层贱民与光海王的历史故事,具有鲜明的民族特色,在国内票房取得较大成功;另一方面,它站在人性立场、平民立场批判了贵族的政治权力斗争,更多体现了美好的人性价值,又与好莱坞电影宣扬的普适性价值极为相似,因此,在北美市场上创造近5年来最佳的票房成绩(排在第4位)[②]。

4. 优先文化接近性市场,培育忠实顾客群

我们在文化产品"走出去"工程中,往往对欧美发达国家市场过于重视,认为只有得到西方的欢迎和承认才是"走出去",这种观点需要调整。欧美发达国家跟中国的生活和文化距离较远,其文化市场对中国文化产品兼容度较差。

---

① 陈刚等:《Discovery解密——美国探索频道节目研究》,中国国际广播出版社2008年版。

② 陈林侠、杜颖:《韩国电影的艺术形态、国家形象及其文化折扣现象——基于北美电影市场的实证研究》,《文艺理论研究》2013年第6期。

美国学者Straubhaar曾提出过“文化接近”(Cultural proximity)的概念,他指出,受众会在本国、区域和国际层面游移,原因主要在于外国节目也具有不同的“文化接近性”。他认为,全球媒介体系都在全球商业媒介模式、文化模式和类型的复杂纠葛中逐步调适,外来的大众文化要和既有文化契合,得先具有“文化挪用性”(Cultural appropriateness),即节目受欢迎必须先与当地文化兼容。因此具有文化接近性的节目,往往比一般国际电视节目更受欢迎。例如,巴西电视连续剧在拉美地区受到青睐,而日本电视节目则在亚洲受到欢迎,均是通过全球化过程而产生的“区域化”现象。[①] 对于中国对外文化贸易的文化亲近性市场,我们应该从语言与地理两个维度考虑:从文化语言维度看,新加坡等以汉语为官方语言的国家以及世界华文地区都应该作为我们的文化亲缘性市场;从地理维度看,东亚、东南亚等与我国接壤的地区也应该是我们的文化亲缘性市场。由于历史、地理和语言等方面的原因,文化亲缘性市场与中国文化有着天然亲和力,中国的文化产品在这些地区遭受的文化折扣程度较低。

中国文学作品在东南亚广为流传,并被翻译成多国语言,中国的电视剧在东南亚地区大受欢迎。但随着民族融合进程的加快,华人华侨已越来越深刻地融入当地社会之中。在东南亚各国华人青年中进行的问卷调查显示,被询问者中大多数在东南亚国家出生和成长,在当地接受教育,98%的人的家庭在东南亚居住的时间超过两代,这种情况在东南亚国家的华人华侨中有一定的代表性和典型性,它向中国电视剧产业提出一个很现实的问题,那就是以往我们所认为的以语言上的共通性,甚至是文化传统上的亲缘性来推进华语电视剧在东南亚的销售并非长久之计。近些年,东南亚电视市场对中国的时装剧、偶像剧、青春剧等现实题材电视剧也有需求,甚至是一些反映中国普通老百姓日常生活的现实题材电视剧,像《渴望》《空镜子》《婆婆》《粉红女郎》和《摇摆女郎》等电视剧,也能够在东南亚地区的一些国家的电视频道热播。

文化产品是一种极为特殊的文化消费品,其价值不会随着消费次数的增多而递减,相反,它会随着消费群体的增多而递增。当文化消费达到一定积累程度时,文化产品的价值也就由此而生,文化产品的品牌随之确立。中国文化产品在东南亚地区要重在培养自己的消费群体,一旦拥有固定的消费群体之后,中国电视剧的“马太效应”也就形成了。

5. 制定并实施文化产品国际制作标准

很多中国的节目出品人、制片人只看重国内市场,忽视国际市场,因此制作的节目不符合国际市场规范,很难在国际上销售。例如纪录片是中国电视节目在欧美主流市场销售的重要类型,但是大量的纪录片都普遍存在不符合国际市场规范的问题,比如欧美地区的主流市场在采购电视节目时,对于签约的法律细节和节目的技术标准(时长标准、形态规格、字幕应用、译制要求、附带文本等)要求严格。如:(1) 时间长度。在欧美市场上,纪录片的长度标准通常是52分钟或者30分钟,而中国的纪录片在时间长度上各不相

① 刘海宁:《文化接近和文化折扣——从美国电视剧〈疯狂主妇〉在中国的传播说起》,《新闻爱好者》2006年6月。

同,缺乏统一规范。(2) 技术标准,包括影像标准、音响标准等。(3) 国际声道、字幕的国际版、解说词等等。

综艺娱乐类节目虽然在中国电视节目出口类型中所占比例较少,但是也具备一定的市场潜力,同样是因为高清、字幕问题导致一些好节目出口受阻。

因此,有关部门和企业应该充分重视此类问题,充分熟悉国际市场行业技术标准和惯例,并在国内制定统一标准和规范,在行业内颁布并指导企业予以实施。

6. 加大国际合作力度

高品质的国际合作无疑是提升节目质量和实现跨文化传播有效性的一条捷径。单纯通过直接出口的文化贸易方式,非常容易遭遇到各国设立的文化贸易壁垒,意味着进入目标市场的难度更大,同时囿于对目标国市场的了解不足,文化产品也容易遭受较大的"文化折扣"。而通过采用合拍片和其他国际合作方式,借助于外方的帮助,中国的文化产品更容易进入海外主流市场。如中国与日本合拍的电视剧《苍穹之昴》,历史性地成为 NHK 卫星高清频道的开年大戏,收视率超过由日本著名演员福山雅治和广末凉子主演的日本历史剧《龙马传》;2005 年 7 月,中国国际电视总公司与韩国的电视节目机构签订了对等贸易合作协议,该机构引进 108 小时的中国电视剧进入韩国市场;央视纪录频道与各大国际电视机构先后启动了 12 部、30 余集的国际联合摄制纪录片项目,其中包括:《秘境中国之天坑》(与美国国家地理频道联合摄制、英国独立电视台承制)、《喜马拉雅大淘金》(与法国宽扎公司联合摄制)、《China 瓷》(与英国国家博物馆联合摄制)、《云与梦之间》(与英国纪录片导演菲尔·阿格兰联合摄制)和纪录片《春晚》国际版(与美国国家地理频道合作)等①;2008 年的《木乃伊 3》和 2010 年的《功夫梦》,已将深入合作的触手伸到了 A 级好莱坞制作领域;美国创新艺人经纪公司(CAA)2005 年进驻中国,成为中美合作的重要契机之一。

通过国际合作,这些打着"中国制造"标签的文化产品不仅在主题选择上符合国际受众的需求,而且在表达方式上也易于为他们所理解,能较有效克服"文化折扣"问题,取得较好的传播效果。不过,目前的国际合作多数情况下流于形式,随着海外投资方的加入,文化产品生产过程的经营管理权、文化产品的版权也进行了分割,绝大多数合作产品海外发行利润大多数与中国制片方无关。未来合拍片的发展方向应该是加强中方的主导地位,使中方能够获得更多的海外市场利润以及获取更多的制作经验及技巧。

参考文献

1. 张颐武:《文化走出去如何少打"折扣"》,《商周刊》2013-10-14。
2. 崔莉:《中国纪录片国际传播的观念与策略》,《中国电视(记录)》2012 年第 9 期。
3. 李舫:《"文化折扣"折射电视剧输出困局 "三角债"阻碍发展》,《人民日报》2012 年 3 月 16 日。
4. 〔美〕考林·霍斯金斯等:《全球电视和电影:产业经济学导论》,新华出版社 2004 年版。
5. 李法宝:《从文化认同看中国电视剧在越南的传播》,《当代电视》2013 年第 4 期。
6. 梁悦悦:《中国电视剧在菲律宾:播出历史与现状》,《电视研究》2011 年第 9 期。

① 李宇:《"文化中国"视角下的电视对外传播——以中央电视台纪录频道为例》,《对外传播》2013 年第 4 期。

7. 杜桦:《中国现实题材电视剧东南亚销售策略分析》,《中国电视》2003 年第 11 期。
8. 何建平,赵毅岗:《中西方纪录片的“文化折扣”现象研究》,《现代传播》2007 年第 3 期。
9. 闫玉刚:《“文化折扣”与中国对外文化贸易的产品策略》,《现代经济探讨》2008 年第 2 期。
10. 闫伟娜:《影视产品跨文化传播中的“文化折扣”现象研究》,《西部学刊》2013 年第 11 期。

第5章

中国对外文化贸易服务平台建设的模式选择*

一、问题的提出

2014年3月,国务院印发《关于加快发展对外文化贸易的意见》,从总体要求、政策措施、组织领导等方面做出全局性部署,从而将推动中国对外文化贸易上升到国家战略层面。在上述背景下,国家相关部委、企事业单位积极行动起来,提出了具体实施意见和行动方案,其中打造对外文化贸易服务平台受到广泛的关注和重视。事实上,在推进中华文化"走出去"及文化贸易繁荣的过程中,平台和渠道一直是极为薄弱的环节和发展的瓶颈所在。有鉴于此,本文以中国对外文化贸易服务平台建设为研究对外对象,重点探讨服务平台的模式选择问题,以进一步深化对文化贸易服务平台建设的认识。

二、国内外对外文化贸易服务平台建设的状况

依据当前中国实践,对外文化贸易服务平台指的是为了推进文化贸易的发展而建立起来的集信息提供、政策扶持、业务推动、经营管理等多种功能于一体的综合性服务机构

---

* 本文撰稿:王海文,北京第二外国语学院经贸与会展学院副教授,国家文化发展国际战略研究院研究员,国际文化贸易系主任,京剧传承与发展(国际)研究中心副主任,北京经贸专业群建设协作委员会委员,硕士生导师。本论文为李小牧教授主持的2014年北京市哲学社会科学规划项目"首都国家对外文化贸易基地运行机制创新研究"及北京第二外国语学院会展与高端服务业科研基地的研究成果。

或管理部门。它依托具体条件设立,呈现出公司、基地、保税区、自由港等空间实体与虚拟平台演进交织的形式,其内涵和外延伴随文化贸易的发展不断变化拓展。对外文化贸易服务平台在沟通、展示、促进中国对外文化贸易、加强其与世界的联系等方面具有极为重要的作用。

(一) 国内对外文化贸易服务平台发展状况

随着文化经济全球化以及近年来中国文化产业、文化贸易的快速发展,对外文化贸易服务平台也应运而生、顺势发展。总体来看,发达都市圈、一线城市不仅在对外文化贸易领域走在了全国的前列,而且率先探索推进对外文化贸易服务平台建设,为其他地区的发展树立了榜样。

1. 上海对外文化贸易服务平台

上海当是最早开拓对外文化贸易发展平台的城市,在政策机制创新、业务推进等方面紧随实践不断探索,取得了不俗的成绩。其平台建设主要经历三个发展阶段,具体运营环境也在发生积极的变化。

(1) 第一发展阶段(2007—2011 年)。

这一阶段,平台建立,拥有良好的组织架构和运作机制,定位清晰,优势突出。始建于 2007 年的上海对外文化贸易服务平台,确切的名称是上海对外文化服务贸易平台。该平台运营实体——上海东方汇文国际文化服务贸易有限公司同时正式揭牌,上海国际文化服务贸易平台促进委员会也正式成立并入驻平台。

上海东方汇文国际文化服务贸易有限公司(以下简称汇文公司)由上海精文投资有限公司和上海外高桥(集团)有限公司共同出资组建。上海国际文化服务贸易平台促进委员会则由上海市委宣传部、上海浦东新区人民政府、上海市商务委、上海市文广局等有关部门组成。上海对外文化服务贸易平台由上海国际文化服务贸易平台促进委员会领导,汇文公司同时是上海国际文化服务贸易平台促进委员会的秘书长单位。

该平台地处上海外高桥保税区,具有得天独厚的政策、组织和地理优势。从建立伊始就明确五大定位,即文化"走出去"渠道功能、公共服务平台功能、展示交易中心功能、国际贸易基地功能以及国际文化交流载体功能,并且充分利用上海建设国际经济、金融、贸易、航运中心以及文化大都市的有利条件,利用浦东新区综合配套改革时机和外高桥保税区"境内关外"特殊功能与政策,着力打造全方位支持国内文化企业、文化产品以及文化项目走向国际市场,及中外文化企业交流、展示和贸易的综合性、功能性服务平台。

(2) 第二发展阶段(2011—2013 年)。

这一时期,平台迎来了新的发展机遇。2011 年平台被正式命名为国家对外文化贸易基地。作为中国首个国家级对外文化贸易基地,受到了社会各界的广泛关注。其业务围绕文化产品进出口贸易、文化品牌企业集聚、文化贸易金融政策试验、文化产品展览展示推介、文化贸易经营人才培训等展开,提供保税仓储、进出口代理、保税展示交易及拍卖等服务。由此平台的功能进一步提升,集聚效应愈加显著,越来越多的文化企业选择入驻基地。它们可以利用保税区作为海关特殊监管区域,实行进口货物进区保税的特殊政策，实现“文化保税”。

（3）第三发展阶段（2013 年至今）。

2013 年国务院正式批复建设中国（上海）自由贸易试验区，这一战略决策，为上海对外文化贸易服务平台向更高水平发展提供了千载难逢的政策创新空间和有利条件。基地充分利用自贸区的开放政策和功能优势，建设打造对外文化贸易服务创新平台、信息咨询平台、展示推介平台、人才培训平台及政策试验平台等五大功能，为国内外文化企业提供国际展销、国际采购、国际结算、进出口代理、保税展示、保税租赁、保税仓储、金融投资、商贸咨询、政策研究、人才培训等全方位的服务和支持。截至目前，基地共聚集了 200 多家文化企业入驻，注册资本累计已超过 35 亿人民币，文化市场会员总数已过百家，年税收贡献已超过亿元；2013 年度基地全年文化贸易新增总量已超过 70 亿元人民币。①

2. 北京对外文化贸易服务平台

作为全国文化中心首都北京，近年来大力推动文化创意产业和对外文化贸易的发展。虽然相关服务平台建设起步没有上海早，但是发展迅速、有声有色。其平台建设除了功能拓展外，区域扩张是一大特点。

（1）北京国际文化贸易服务中心。

2011 年，北京国际文化贸易服务中心开建，该中心是由北京歌华文化发展集团与北京天竺综合保税区管委会合作，在天竺综合保税区内以园中园形式建立的“文化保税专区”，并由文化部正式授牌为“国家对外文化贸易基地”。它处于中国开放层次最高、政策最优惠、功能最齐全、最接近于自由贸易区的综合保税区内，将有效利用保税区政策，为国内外文化产品和文化项目提供生产、展示、推介、交易、仓储、物流等综合服务。

天竺文化保税区建成之后，将成为绘画、雕塑、图书、影视产品、设计产品、动漫网游、舞台设备等展示交易中心，成为国际文化商品的体验中心以及以文化商品交易所的身份为中国资本参与国际文化产品的大宗交易提供便利。同时，保税区将成为落实保税政策的实体服务平台，文化企业及其产品在这里能够享受免进出口许可证的待遇，节省一部分报关环节，提高文化产品的国际转运效率。另外，在保税区内发生的企业间交易，还可免征交易税。此外，在保税区内，进口货物不征税，出口货物可退税，企业同时还可享受国内唯一空港保税区的特殊政策。这一文化保税区将成为未来亚洲规模最大的文化产品集散中心。

（2）大山子文化保税中心。

大山子文化保税中心则是继天竺保税区之后，在文化保税区区位选址和功能延伸方面的又一次可贵尝试。2012 年 11 月北京大山子文化保税中心成立，范围包括以 798 艺术区为核心的约 6 平方公里面积。该中心同样由北京歌华文化发展集团筹备建设。保税中心一期建设以文化公共保税仓库和保税展厅为主，可以为区内创意生产、贸易企业提供仓储、中转、物流、保管等系列保税服务；二期将推动建设物理围网和电子管理的海

① 彭勇、扶庆：《上海自贸区一年新增文化贸易 70 亿元》，新华网 http://news.xinhuanet.com/fortune/2014-05/17/c_1110736059.htm。

关监管区域，增强区域内生产、加工、展示、交易、金融服务保税功能；三期建设将积极拓展对整个大山子艺术区及全市文化创意产业提供文化保税服务，从而带动北京文化进出口贸易发展。

3. 深圳对外文化贸易服务平台

作为中国首个获得“设计之都”以及首个国家创新型城市称号的深圳，其文化产业与对外文化贸易的发展可谓如火如荼，也成为华南地区文化经济的排头兵。目前深圳对外文化贸易服务平台已经初步建立起较为完整的体系，涉及中国（深圳）国际文化产业博览交易会（国际文化贸易展示交易平台）、创意城市网络文化交流合作平台、深圳文化产权交易所（国际版权交易中心）、中国文化产业投资基金（文化创意产业国际投融资服务中心）等四大功能平台，是深圳市已在运作的成熟平台资源。

2013 年 12 月，文化部下发《文化部关于同意将深圳创意信息港命名为国家对外文化贸易基地的批复》，明确“同意将深圳报业集团在前海深港现代化服务业合作区第九功能单元区对外文化贸易服务平台（深圳创意信息港）命名为国家对外文化贸易基地”。深圳由此成为继北京、上海之后，中国第三个拥有对外文化贸易基地的城市。

基地的成立，不仅进一步夯实而且提升了深圳对外文化贸易服务平台，使其能够处于前海大发展的战略机遇制高点上，获得了广阔的发展空间。基地的运营采用“部省市合作”架构下的“平台 + 园区”模式，广义上的基地运营依靠文博会、文交所等 9 个平台加上深圳的 54 个现有园区（基地）以及将来增加的园区。狭义上的基地运营依靠一个市场化运营机构，这个运营机构主要运作一个核心平台和两个园区，即为文化产品从创意设计到国外销售提供全链条服务的对外文化贸易服务平台，以及深圳创意信息港、深圳保税文化贸易园。①

（二）国外对外文化贸易服务平台建设经验

发达文化经济体通常在完善的市场机制、成熟的产业政策和开放的经济环境下形成面向大多数商品和服务的统一的管理体制和相关激励政策措施，因而无论对于一般商品还是文化产品，普遍享有在世界贸易规则和国内产业扶持政策框架下的各种优惠条件。从这个意义上讲，发达文化经济国家和地区已经形成国家或区域宏观层面上较为成熟的促进对外文化贸易发展的机制和服务平台，这是一个大的前提和环境。

在这样的背景下，深入研究发现，国外对外文化贸易服务平台以市场化为基础，充分发挥协会、基金会等机构的作用，以多样化的贸易模式，重点通过法制、税收等途径对文化企业进行引导和激励，产业集聚区、对外贸易区、保税区是政策实施的重要指向区域。如瑞士、伦敦、纽约、新加坡都已建设了一定规模的文化艺术品的保税区，实行高度开放的政策，为本国家和地区的对外文化贸易提供高效的服务平台。相比国内政府的高度介入和专门的机构进行运营推动，其有着自身独特的发展模式和特色。

以美国为例，许多州出台了区域性税收政策，文化艺术产业在指定的文化产业区域

---

① 苏兵：《国家级文化贸易平台落户深圳》，《深圳商报》2014 年 1 月 20 日第 A05 版。

内可以充分享受特定的优惠政策。如马里兰州是第一个对文化艺术产业区给予税收优惠的州,在这里从事出版、艺术表演的艺术工作者的总收入,均可减免所得税,对认定的历史建筑,其30%的修复费用可以抵扣所得税,在指定文化艺术产业区内的文化企业和艺术家可以免征娱乐税,把工业、商业建筑修复成供文化企业和艺术家用作工作场所的发展商最多可以免征9年的财产税。罗德岛州则通过各种激励措施吸引其他州的创意产业和艺术家迁移到该州工作,规定只要艺术工作者在文化艺术产业区的陈列室销售原创艺术作品的,一律免缴州销售税,销售收入免征州个人所得税。

此外,美国还选择一些有一定文化基础和文化沉淀较深的地区,如传统文化区、世界文化遗产所在地、大城市废弃的工业区及文化产业初具规模的区域建立文化园区。在文化园区内赋予地方政府一定地方税收减免权限,扶持文化产业发展,调动地方政府积极性,本身已经达到了境内"保税"的实际效果,加之对外贸易区的运作,形成全面的"文化保税"服务格局。

三、中国对外文化贸易服务平台建设模式选择的影响因素及特点

服务平台既可以是单独的经济发展的实体和重要参与者,更应该以聚合体、多样化的体系等呈现出来,因此,它的发展模式自然也应该多样化而富于变化。基于当前中国对外文化服务平台建设状况,我们不难看出,其不断推进是紧随形势发展、因地制宜、探索创新的产物,而相应的发展模式选择同样体现出中国国情和中国特色。

(一)中国对外文化贸易服务平台建设模式选择的影响因素

1. 区域和城市经济发展及管理水平

目前,中国对外文化贸易服务平台从空间上呈现城市化发展、区域化推进的格局,与全国经济发展的整体布局高度一致,是经济非均衡在对外文化贸易领域的体现。因此,经济发达区域和城市成为平台首先指向的区位,其建设和发展模式也必然打上区域经济和城市发展特色的烙印。

比较影响对外文化贸易服务平台建设模式选择的多重因素,经济发展和管理水平当居首位。经济发展水平包含着产业结构、贸易结构、消费结构、就业结构等高度化和合理化,并不断寻求优化状态。处于较高水平的区域和城市经济,将在资源汇聚、要素流动、信息共享等方面为服务平台的建设提供可能和奠定基础,且经济发展模式的惯性和学习效应将波及平台建设,特别是产业集聚、园区建设、展会水平等往往成为服务平台建设的着力点。而对于文化贸易服务平台,除受经济因素影响外,更加体现文化的特色和文化发展的规律,其中的承继性对平台建设模式的影响愈加明显。此外区域和城市经济管理水平和特点将直接影响平台的推进方式,如市场化、政府及第三方机构介入的力度、引导调控的方向等等。

2. 区域和城市经济地理和腹地空间

区域和城市经济地理特征直接影响着对外文化服务贸易平台的地缘优势和建设路

径。沿海城市和内陆城市两样,边境城市和非边境城市不同,中心枢纽城市与非中心枢纽城市各异,而其所在的都市经济圈对平台地缘特征同样有着深远影响。所谓的因地制宜,其中就包含着地理、地缘的含义在内。如保税港、保税区的存在将成为服务平台建设的有利条件,地处交通、物流、金融等枢纽地带必然容易形成平台内在生成的动力。而对于对外文化贸易而言,文化与地理紧密相伴,形成独特的文化地缘,而区域经济的拓展,尤其是腹地空间的存在和规模特征,将为对外文化贸易服务平台提供更多可依托、可支配的资源,也容易形成平台发展建设中的协同和扩散效应。

3. 区域和城市政策创新力度和优势

服务平台是市场化的产物。对外文化贸易的发展,需要获得强大的发展动力和顺畅的上升通道,因而与其相关各个层面及各方面因素都被纳入到促进自身发展的体系中。中国对外文化贸易在目前发展阶段,虽以市场为基础,然而政府的作用绝不容忽视,其中政策的导向、创新力度以及形成的政策优势无疑将成为多因素体系中的重要一环,深刻影响着服务平台建设的模式和发展的轨迹。美国、欧洲国家、日韩在文化产业及对外文化贸易发展中的政策取向不同,甚而迥异就是明证。当然,从区域特别是城市的视角看,每个城市都是独特的文化存在和经济个体,理应形成别具一格的对外文化贸易服务平台。进一步来讲,相关文化企业以及已经建成的对外文化贸易服务平台同样应该大胆进行政策措施创新,着眼于错位发展,充分体现差异性和优势,由此从国家、区域、城市、企业及平台等多层面达到政策创新共振的目的和效果,为对外文化贸易服务平台模式选择开辟道路。

4. 区域和城市文化经济规模和行业竞争力

文化产业和对外文化贸易的规模和发展水平将直接影响相关服务平台的建设和发展模式的选择。在拥有较好产业及贸易基础,尤其是将文化产业视为支柱产业的区域和城市,对外文化贸易服务平台可谓呼之欲出、水到渠成。规模经济、范围经济、产业集聚等经济现象将有助于推动服务平台建设。当然,对外文化贸易服务平台虽不一定非要有厚实的产业基础,但是需要拥有独特的汇聚相关资源、推动文化贸易发展的优势和条件,比如科技力量、区位优势、政策创新等等。此外,区域和城市特定文化行业具有较强竞争力,比其他行业优先发展都将对服务平台的建设和模式选择产生影响。如动漫、游戏、广播影视等行业的版权贸易与跨境交付模式、艺术品贸易方式等可能将最大程度体现在服务平台发展模式上。

(二)中国对外文化贸易服务平台建设模式选择的特点

从当前中国主要对外文化贸易服务平台的建设上看,虽模式选择有差异,但也有很多共性。

1. 均面临产业升级转型以及保税区升级的客观要求

作为全国经济、文化发达城市,北京、上海、深圳均面临产业升级转型的重任和压力,服务业、服务贸易,文化产业、文化贸易均成为三市产业调整和发展的重点,从而能顺应全球经济发展趋势,推动城市经济发展和对外开放水平的进一步提升。不仅如此,三地均有保税区,且同样面临升级压力。双重压力的合力成为三地文化保税区的探索和对外文化贸易服务平台建设的动因。平台既有政府的参与和助力,更有新建公司的专业经营。而国家对外文化贸易基地的挂牌是在国家层面上对其升级和创新客观要求的一种回应。可见,拓展功能、促进升级既是推进对外文化贸易服务平台建设的动力,又是其模式选择的出发点和切入点。

2. 均依托和发挥现有经济地理优势

北京、上海、深圳三市对外文化贸易服务平台的建设充分考虑了其地理、地缘优势。北京地处京津冀都市圈,上海地处长三角都市圈,深圳地处珠三角都市圈,并与香港毗邻。三市不仅腹地经济广阔,在产业分工和价值链上处于高端,而且均是交通、物流的枢纽。北京临空经济为其优势,上海和深圳则可以充分发挥港口经济。就是像后来发展文化保税的舟山、厦门以及成都等沿海和内陆城市,同样利用和发挥自身有利的地理优势。可见,目前中国对外文化贸易服务平台有着鲜明的空间区位指向,其模式选择也同样突出空间特色。

3. 均主要指向保税政策的创新上

因保税区之缘,北京、上海、深圳三地在对外文化贸易服务平台的探索方面,均集中指向保税政策的创新上。事实上,税收政策的调整和优惠是各国促进产业、贸易发展的重要手段。而将对外文化贸易的探索首先置于保税区,恰是因为在保税政策的实践创新上保税区有着天然的优势和有利条件。不仅如此,在保税区内,还可以享有相关基础设施、配套服务,可以高效便利推进文化产品和文化服务的对外进出口,有更大的空间推进对外文化贸易服务平台的建设。

4. 均与集聚经济、产业园区紧密结合在一起

目前对外文化贸易服务平台几乎都与集聚经济、产业园区紧密相连,这为平台功能的强化、拓展提供了条件和可能。作为普遍经济现象的产业集聚不仅对一般企业和产品的生产与对外贸易具有重要意义,对于文化企业和文化产品而言,同样发挥着重要作用,因而现实中对外文化贸易服务平台往往与以集聚为特征的产业园区相伴,从而使平台功能与产业园区功能相互叠加、互相促进,形成功能的放大效应。但是文化产品和服务的生产和提供毕竟有着自身的特殊规律,如何促进对外文化服务贸易,将是未来服务平台发展需要关注的重点。

四、中国对外文化贸易服务平台建设模式选择未来发展方向

归纳起来,目前中国对外文化贸易服务平台的建设主要借助保税区的地理和政策优势,由专业公司运营,同时发挥已有产业园区的优势,推动对外文化贸易的发展。这种模式已经取得了良好的效果,不仅顺应了经济社会发展趋势,而且有力地推动了贸易结构和保税区功能升级。但是,与未来文化贸易发展的水平和高度相比,中国对外文化贸易服务平台依然处于发展的初期阶段,是货物贸易平台的拓展和延伸,还未形成体现自身

发展规律,空间覆盖广阔,尤其是以对外文化服务贸易促进为特色的高端服务平台。未来中国对外文化服务平台模式选择需要关注以下几个方面:

第一,布局规划国内对外文化贸易服务平台建设,形成空间区域、规模功能协调发展的平台建设格局

中国对外文化贸易服务平台建设模式的选择受制于经济发展水平和经济地理特征。从当前情况看,除北京、上海、深圳外,全国各地均有较强动力探索文化保税,这对于提升竞争力、促进平台建设模式多元化、特色化发展无疑有益。然而,未来服务平台建设更要注意依据发展水平和地理特征做好布局规划,防止过度、无效竞争,要鼓励不同地域发挥自身优势,建设除综合性服务平台外的涉及对外文化产品和服务研发、创意设计、生产营销、交易扶持等不同环节的专业服务平台,并加强在空间布局、功能定位方面的引导。

第二,整合现有对外文化贸易资源,充分发挥社会文化组织、展会的平台功能

目前中国对外文化贸易存在资源分散、竞争力弱的问题,因此急需动员尽可能多的力量形成合力以推动对外文化贸易的发展。而对外文化贸易服务平台显然在汇聚包括信息、政策、资金、人才等相关资源方面具有独特优势,其建设模式也要依据资源汇聚优势酌情推进。此外,要高度重视发挥除市场、政府外的社会文化组织在促进对外文化贸易中的重要作用,发挥展会的平台功能,形成多样化的平台建设基础。

第三,打造有国际竞争力的文化经纪公司,推动对外文化贸易行业专业服务平台建设

国外对外文化贸易的发展极为依赖专业文化经纪公司。未来我国对外文化贸易服务平台同样要强化市场化的发展路径,着力打造具有国际竞争力的文化经纪公司,形成经纪公司为支撑的平台建设模式,推动对外文化贸易服务平台市场化运作的水平。同时,要加大对外文化服务贸易,如广播影视、演艺娱乐、动漫网游等行业专业服务平台建设,形成“综合 + 专业,产品 + 服务”的多层次对外文化贸易服务平台体系。

第四,强化文化与科技融合,促进对外文化贸易不同贸易模式依托的信息化服务平台

未来中国对外文化贸易平台建设模式要充分考虑文化与科技的融合。利用现代科技创新服务平台建设模式,提升平台服务效率。重点工作体现在,对外文化贸易拥有不同的贸易模式,涉及跨境交付、境外消费、商业存在以及自然人流动,而平台建设要适应贸易模式的要求,不仅关注国内出口环节,同时要将平台服务进行信息化、科技化改造和创新,拓展其服务前端和服务形式,形成“国内 + 国外”共同推进的模式。

第6章

中国影视企业海外并购和内容输出探析*

目前,中国影视业作为支柱性的文化产业的地位已经确立。随着中国政府的扶持政策的陆续出台,一些优秀的中国影视企业纷纷“走出去”,积极开拓着海外市场。总体而言,影视企业进入海外市场的方式多种多样,其中并购是一种资源承诺水平高、风险偏大和回报较多的方式。

企业的海外并购是一种重要的对外直接投资的方式,通过兼并与收购,使得一国企业对另一国企业的经营管理实施不同程度的控制。影视业具备并购创造价值的基础。通过并购这种方式整合资源,影视企业可以获得融资、无形资产和核心技术,甚至完善产业链。

一、中国影视企业海外并购的现状

2013年,中国影视企业的资本整合的案例频频出现,一方面国内企业的并购蓬勃开展,另一方面中国影视企业并购海外影视资产的热情也在不断地升温。

(一)广播电视方面的并购

中国影视企业的海外文化资产并购早在2005年就开始了。随着海外并购的速度加快,2009年,中国的民间资本已经进驻到欧美等发达国家,例如天星传媒和松联传媒联手收购了美国天下卫视电视台;温州人叶茂西旗下的西京集团全资收购了英国PROPEL-

* 王娟,北京工业大学耿丹学院,讲师;中国人民大学经济学院博士生。

LER 卫星电视台等。

（二）电影方面的并购

2012 年，大连万达集团以 26 亿美元并购了美国的 AMC 影院公司，成为全球规模最大的电影院线运营商，拓宽了优秀国产电影的出口渠道，提高了国际市场竞争力。通过此次并购，万达集团收获了 AMC 旗下的资源，包括 346 家影院，5028 块银幕，其中 IMAX 银幕 120 块，3D 银幕 2170 块，成为了全球最大的 IMAX 和 3D 屏幕运营商。① 万达集团并购美国 AMC 院线具有一定的示范效应，今后可能会有更多的影视企业考虑收购北美、欧洲、东南亚和日韩等院线。

2012 年，小马奔腾联合印度媒体巨头信实传媒以 3020 万美元收购了美国顶级特效公司“数字王国”的核心资产，两家公司分别拥有“数字王国”70% 和 30% 的股份。② 收购后，小马奔腾在北京组建合资公司，将全球顶尖的电影特效技术引入中国，这就意味着今后小马奔腾不仅服务于华语影片的特效制作，而且也可以在北京承接好莱坞大片的重要部分的特效制作。

事实上，现阶段中国影视企业海外并购的主体大多数是大型国有影视企业或者民营企业。海外并购的重点领域主要集中在产业链的下游，涉及后期制作、院线公司和放映公司等。比较而言，海外并购涉及产业链的上游领域则不多。产业链上游的合作，例如电影项目的研发制作等往往采用合拍、合资等方式。海外并购的地区主要集中在欧美等发达国家，而发展中国家则较少。

总之，由于存在资本、投资风险、文化差异和地理距离等客观限制因素，中国影视企业海外并购还在不断摸索和前进之中，未来的国际市场扩张还存在较大的成长空间。

二、中国影视企业海外并购的必要性

在目前全球经济形势相对低迷的情况下，一些发达国家的影视企业对中国巨大的影视市场比较渴求，有被收购的需要。

另外，中国影视业正处于成长期，客观上存在着贸易逆差严重、国际营销网络不畅、管理人才匮乏、目标国市场相对单一和原创不足等问题，期待通过海外并购的方式，引进国外优秀的影视企业和团队，释放或者缓解一些负面的压力。

（一）海外并购可以对企业的资产进行有益补充和调整

中国影视企业的蓬勃发展面临着一些需要解决的棘手问题。通过并购海外成熟的影视企业，资本起到了沟通、整合资源的作用，帮助国内本土企业不断提高制作水平，丰

---

① 《万达收购 AMC 成为全球最大影院运营商》，http://ent. sina. com. cn/c/2012-05-22/09243636470. shtml。
② 《小马奔腾收购美国“数字王国”》，http://ent. sina. com. cn/c/2012-09-27/16193754427. shtml。

富文化创意,快速拥有海外核心资产,从而提升电影内容的品质。

2009 年,美国迪士尼公司以 42.4 亿美元收购了奇迹娱乐公司,其主要目的就是取得蜘蛛侠、钢铁侠等 5000 多个著名卡通角色的版权无形资产。大连万达集团并购美国 AMC,所看中的就是对方的品牌价值和管理体系。这些并购活动的效果都是对企业现有资产做出有益的补充和调整。

(二) 海外并购可以实现规模经济

对于影视企业而言,通过兼并重组迅速扩大了经营规模,企业规模的扩大为企业内部的分工与协作提供了条件。伴随着企业专业化分工与协作程度的不断提高,生产效率得到有效的提高,达到节约成本、分摊风险、扩大收益的目的,从而增强了国际竞争优势。另外,在影片放映方面,对并购的院线安排统一的放映时间、方式,从而获得规模经济效应。

(三) 海外并购有利于企业提高核心技术

由于起步较晚,虽然国内影视企业不断尝试着提高各个环节的科技含量,但是依然存在诸多的不足。以电影为例,当国外的 3D 技术已经很成熟的时候,中国影视企业才刚刚接触,如果盲目地照搬是不能完全掌握其内在的关键技术的。通过并购的方式,中国企业可以吸收、消化其核心技术。现代影视企业之间的竞争在很大程度上表现为技术进步的竞争。只有不断推出新技术,影视企业才能迅速扩张的市场,保持稳定的国际市场占有率。

(四) 海外并购有利于企业绕开文化贸易壁垒

大部分发达国家都对本国影视市场设置了不同形式的贸易壁垒,例如某些国家就设立了数量限制、进口许可证和歧视性税收等。按照法国的规定:公营电视台播出的节目中 60% 应为欧洲视听节目,40% 必须为原版法语视听节目。如果中国影视企业对国际惯例、目标国影视的运作方式等不熟悉,可以尝试着通过并购的方式进入目标国市场,借助当地熟悉国际运作规律的企业共同合作,有效绕开影视文化贸易壁垒。

(五) 国内竞争的加剧使得海外并购成为一种趋势

以中国电影市场为例,2012 年,中国已经成为仅次于美国的全球第二大电影市场。2013 年,中国电影票房的收入达到 217.69 亿元,其中国产片的票房收入是 127.69 亿元,占比为 58.65%;进口片的票房收入为 90.02 亿元,占比 41.35%。2011 年 2012 年与 2013 年的情况类似,从表中我们看到:国产片的票房收入占中国国内总票房收入的比重均未超过 60%,而进口片的战绩始终良好,保持着强劲的竞争态势。

2011—2013 年中国电影票房收入一览表 单位:亿元

年份	2011	2012	2013
全国总票房收入	131.15	170.73	217.69
国产片票房收入（占比）	70.31（53.61%）	82.73（48.46%）	127.67（58.65%）
进口片票房收入（占比）	60.84（46.39%）	88.00（51.54%）	90.02（41.35%）

资料来源:笔者根据《中国电影报》等整理而得。

进口片与国产片拼抢国内市场的份额,客观上已将中国的影视企业推向了国际市场,本土企业面对的不再是单纯的国内市场,而是更为复杂的国际市场,这就使得中国影视企业的海外并购成为一种潮流或者趋势。中国影视企业应该采取有效的措施去迎接这种挑战,以谋求更大的发展空间。

总之,中国影视企业的海外并购存在着机遇与挑战。通过海外并购,中国影视企业扩大了经营规模,获得更多的技术支持,完善后期制作,拓宽发行、放映渠道,开发潜在的商业价值,实现企业的外部增长,提高了国际市场占有率,有利于中国文化的国际交流与传播。

三、中国影视企业的内容输出

中国影视企业的海外并购为影视产品的国际化传播铺平了前进的道路。影视企业海外并购,资本先行,要开辟多种渠道;当渠道畅通了才有利于影视产品的输出。

微观层面上,中国影视企业不能盲目行事,要找到适合的运作模式再进行并购。海外并购的核心是并购方与被并购方利益的平衡。当双方期望值不同时,资本在中间起到协调的作用,通过多层次的交易模式来间接实现交易双方的最大利益。企业要冷静处理并购事宜,尽量将风险降到最低。

通过海外并购,整合双方影视剧版权资源、制作资源、渠道资源和数据库资源等。万达集团收购 AMC 院线后,要求 AMC 公司每年必须引进 3—5 部中国电影。在美国推出的第一部中国影片是《泰囧》。但是,该影片没有在美国所有的 AMC 影院都放映,也没有在主流社会发布广告,观众群主要是华人,放映的效果不太理想。

那么,并购后如何整合资源,实现优势互补;如何推动影视生产模式的升级,提高影视内容的创作质量是值得深思的问题。

(一) 输出的文化内容要适当

中国拥有丰富的影视文化资源。由于影视文化消费弹性比较大,中国影视企业海外并购后,输出影视产品时要重视“内容为王”,尽量降低文化折扣。

1. 选取适合输出的影视题材

影视题材的选取很重要。并购后,中国输出的影视产品可以尝试着选取蕴含普世价值的题材。这类题材往往体现着人类共有的情感和信念,这样可以更好地被广大观众所接受,引发强烈的共鸣,例如对家庭温暖亲情的眷恋、对美好生活的向往、对战争的控诉与反思等。

好莱坞电影《阿凡达》不仅采用的电影技术效果好,而且故事情节清晰,许多不同文化背景的观众都能够欣赏,不需要完全理解影片背后的文化背景、历史渊源等,赢得了很好的全球票房收入。

相比之下,中国电影的剧情相对复杂,加之错综的人际关系和特殊的时代背景,导致一些在国内热映的影视产品到了目标国后受到了冷遇。《一九四二》在中国是比较受欢迎的影片,但是却让美国观众很难看懂,在美国的票房收入不佳。与此类似,中国国产电视剧也难以进入欧美等主流电视台,很大的原因是文化折扣现象比较严重。

2. 要注重中国的文化价值

发达国家影视文化消费呈现出层次多样性、多变求新等特征。并购后,中国影视企业要以影视产品为媒介,输出中国的文化价值等。中国影视产品通过选取具有典型中国文化特色的符号,例如喜庆的剪纸、中国的国画和美食等增加影片的神秘色彩,吸引当地观众对异国情调的关注,满足观众的猎奇心理。

如果以具有人性之美的普世价值观作为叙事的载体,再加上独特的中国元素,也就是将中国特色的文化价值、意识形态和生活方式等渗透到影视产品中,向海外观众展示独具韵味的东方奇观,一方面可以获得更大的商业利益,另一方面可以传播和弘扬中国的文化。

除此之外,影视企业还可以选取目标国的神话、民间传说和经典故事等作为题材,便于拉近与当地观众的文化距离。通过适当改编、创意故事情节,再加上中国的文化元素,弘扬中国的文化价值观念和意识形态等。

美国版的《花木兰》就值得我们学习和借鉴。花木兰在中国经典故事中是"忠孝"人文价值的代表人物。但是,在美国版的动画片中,由于加入了美国的文化意识形态,花木兰被重新塑造成了身处逆境而努力实现自我的英雄人物。通过这部影片,宣扬了美国的文化价值。

海外并购后,中国影视企业在整合资源的基础上开拓思路,尝试多途径输出中国优秀的文化。

3. 要满足当地观众的需求偏好

中国影视企业海外并购要考虑文化因素和地缘关系。一般而言,开拓海外市场,都有"水土不服"期,这就要求企业对海外各个细分市场做好充分的调研,做好基础工作。企业要深入了解北美、欧洲、南美、非洲和东南亚等地区的文化背景,要对当地观众的年龄、职业、收入和受教育程度等进行深入细致地调研,熟知当地不同阶层、不同年龄段观众的需求偏好、欣赏口味和文化消费习惯,从而深度领会国际影视市场的需求变化。海外并购后,中国企业要充分利用当地的发行、放映渠道,针对不同的海外市场,推广不同的影视产品。

以电视剧为例。美国观众比较偏好幽默的喜剧。中美两国观众的需求、偏好是有差异的。所以,中国影视企业可以按照美国观众的偏好,适当参考美国的价值观念选取故事题材,修改剧本,然后重新制作播出。

非洲是电视剧新兴市场之一,但是一些非洲国家电视剧的自制能力较弱,必须依靠从中国等国家进口来满足本国观众的文化娱乐需求。这种情况就为中国影视企业进行海外并购提供了巨大的商机。于是,国内电视剧制作方可以选取非常贴近非洲人们生活的题材拍摄作品并大力发行,使用非洲当地的语言播放。

(二)输出的内容构成要合理

中国影视企业要以版权为核心,充分整合资源,积极推动影视产品及其衍生品的输出。

1. 影视版权的输出

影视版权包括影视剧产品、综艺类节目、音像产品和电影发行等。

并购后,除了影视剧输出外,综艺类节目的输出已成为新的潮流和趋势。近几年,中国各个主要电视台加大了对综艺类节目的投入,诞生了一批收视率颇高的品牌节目。这类优秀的文化资源输出,为今后的长期发展抢占空间。

音像制品具有生产和消费的可分离性,可以通过承载着服务内容的有形产品表现出来。针对这一特点,中国的音像制品可以通过被并购的海外影视企业的成熟的发行渠道进入目标国市场。并购后,发行渠道最好尽量再拓宽。由于发达国家的消费者有网上阅读、观看影视节目的习惯,除了采用传统的渠道外,建议通过网络为消费者提供观看、欣赏和下载视听服务。

2. 新媒体版权的输出

微电影、网络剧以网络为媒介,播放准入的门槛偏低,对节目的内容选择、时间选择和互动选择等都与传统内容形式不同。以网络电视为例,由于网络电视是一个独立的领域,越来越多的影视企业开始重视这项业务。海外并购后,中国影视企业可将具体的业务细分为三个方面:节目输出,海外观众付费点播;频道输出,将中国某些卫视频道或综艺频道的信号直接通过网络端口连接的方式传输给国外的被并购的分支机构,解码后传输给订阅的观众;频道落地,即在海外平台上建立新的频道。

3. 衍生产品的输出

影视产品具有较强的带动能力,不仅可以带动图书出版、演艺、游戏、动漫等核心产业的发展,还可以带动外围产业和衍生品的发展。发达国家的影视产品具有较强的产业带动能力,电影放映带动衍生品的热卖,有时电影的大部分收入都来自于非银幕营销。

在美国,一部影片的收入来自影院的只有20%—30%,更多的收入来自所谓的"后电影产品",也就是电影版权的转让和形象产品的开发等。例如电影《星球大战》三部曲全部票房收入为18亿美元,其衍生品创造的收入超过45亿美元。动画片《狮子王》前期投资仅4500万美元，却收获了7.8亿美元票房收入，衍生品收入更是高达20亿美元。[①] 动画片《米老鼠和唐老鸭》带动了图书的出版，游乐园的建设，卡通服装服饰、儿童玩具的热卖等。英国影视产品也存在类似的现象。BBC的《天线宝宝》节目成功播出后，许多版本的“天线宝宝”被企业开发了出来，并且获得了市场的热销。

比较而言，中国电影的海外收入的很大一部分仅仅来自于票房的收入，没有形成品牌优势，对衍生品、相关产业的发展带动不足。借鉴发达国家影视企业的做法，中国影视企业并购后，要注重衍生品的输出。企业要重视产业链的延伸，深度开发和挖掘“后电影产品”，创造更多的价值，获得更好的收益。影视企业将与相关的产品例如玩具、影片音乐和电子游戏等一同推出，这样便于电影与相关产品在销售中相互促进，既创造了影视产品的品牌，又带动外围产业的发展，提高了社会和经济效益。

四、结论与启示

（一）中国政府要进一步加大政策扶持力度

目前，中国政府陆续出台了一些政策，《关于促进电影产业繁荣发展的指导意见》《关于印发〈广播影视知识产权战略实施意见〉的通知》等文件已经将促进影视产业对外文化贸易的发展提高到了国家战略的高度。

中国政府要进一步创新有利于影视贸易发展的机制，兼顾内需、外需两个市场，通过政策扶持、文化创新和资源整合，提升中国影视产品的国际竞争力。

但是，现有立法存在质量不高等问题，法律法规的规定过于宽泛含糊等。政府要根据国际市场的不断变化，及时完善相关政策法规，鼓励影视企业进行海外并购，鼓励影视产品“走出去”，为开拓国际市场创造条件。

另外，政府应该出台新政策鼓励影视企业在国内的兼并重组，打破区域、行业、所有制的限制，形成若干个跨媒介跨行业的大型影视集团；国内的并购为企业海外并购提供参考经验和其他多方面的支持。

（二）企业明确具体需求后再并购

海外并购意味着国内外企业一起把影视事业做大做强。海外并购的目的是获得核心价值，提高企业的经营能力，增强国际竞争力等。并购前，中国企业一定要明确自己的具体需求，例如是否需要有效、灵活多样的发行渠道；或者是新颖的创意等。

万达集团海外并购的目标明确，需要的是AMC院线的高水平的成功经营管理理念。小马奔腾收购“数字王国”主要是为了收购包括视觉特效在内的多项核心技术，提升制作水准，学习好莱坞的优秀的经营经验，进行渠道合作等。

---

① 《电影衍生品收入惊人，国内市场谁来承包》，http://et.21cn.com/movie/roll/a/2014/0713/08/27798791.shtml。

除此之外，企业要在投资环节做好国际市场调研工作，要有完整的整合计划，绝对不能盲目行动。

（三）并购时选择合理的目标市场

影视企业选择合理目标市场的标准是该市场具有高度战略重要性和高度开发潜力。由于中国影视企业海外并购的经验并不太丰富，海外并购适合采取渐进的方式：首先，企业在国际竞争程度不断增强的国内市场站稳脚跟，做大做强；然后再以滚雪球的方式逐步向海外扩张。

中国影视企业选择目标市场需要考虑诸多因素，包括文化距离、地理距离、目标国经济发展水平和投资环境等。不同的影视项目选择的目标市场不同。由于文化差异的客观存在，一般可以考虑就近扩展的道路，但仍应以适合为原则，以市场需求为导向，采取"循序渐进、先易后难"的策略。

（四）并购时要找到合适的切入点

在海外并购过程中，由于合作双方不仅存在文化差异，而且思维方式也不同，会碰到很多的问题。从经验来看，外国资本进入美国好莱坞获得成功的案例不多。因此，对于中国影视企业在进入目标国之前，找到一个适合自己的切入点就非常关键了。

以华人文化产业投资基金为例，出于降低风险的目的，该企业选择以动画片作为切入点，与梦工厂共同进行产品开发。通过合作，学习美国好莱坞如何把艺术与工业相结合，学习全球化的讲故事的方式，同时引进美国的创意流程、制作技术及其规范，建立起属于中国的人才培养体系。

（五）积极应对并购后的挑战

由于海外市场的环境发生了变化，适用的法律、游戏规则等不同于国内的情形，海外并购后，中国影视企业会面临诸多的问题和挑战，其中较大的挑战就是文化融合。那么，融合不同国家之间员工的价值观念，从根本上要做到对大多数员工的利益进行最大限度的保护，减少利益分歧与冲突，减少企业整合中的阻力。这就需要双方管理层全力以赴，建立起相互之间的信任、尊重和默契，消除冲突和矛盾。

（六）尝试并购产业链上游的企业

中国影视企业海外并购的重点领域大多数集中在产业链的下游，而产业链的上游领域涉及不多，例如影视项目中赋予创意的研发制作核心环节等仍然停留在合拍等方式上。对于正在成长的中国影视企业而言，可以从产业链的下游切入，逐步过渡到并购海外上游的影视企业，深入掌握核心技术和无形资产，也就是逐步进入产业链的核心领域，为国产电影的制作积蓄力量。

（七）积极规避各种风险

中国影视企业的海外并购会面临诸多的风险，例如目标国宏观经济环境波动的风险;政治风险;企业因不了解对方的资信而产生的风险;资产减值等等。针对存在的风险,一方面,管理层要提高驾驭能力和执行能力;另一方面通过出口风险防范和制度激励等,尽量将风险降到最低。

(八)推广科技的应用

《阿凡达》上映后,标志着电影 3D 时代的到来。好莱坞的一些影片推出了 3D 版和 IMAX 版,这对中国影视企业来说是一个机遇。海外并购后,在制作影视产品时,中国企业要积极吸取先进的技术,赋予影片强烈的吸引力,从而提高国际竞争力。

新媒体、云计算的应用使得每个人都能在较短的时间内接触、获取和发布信息。大数据技术被影视企业灵活应用,可以从影视产品的制作公司、放映渠道和收视率等海量数据中提取有价值的数据,分析各个关键指标之间的关系,判断并预测有关事项的未来走势,对分析、决策提供可靠地数据支持,从而创作出更符合目标国市场需求的产品。例如大数据技术对目标国观众的特点做调查;分析同档期的国际竞争对手情况、同类型的影视发行等。

采用大数据技术分析,海外并购的中国企业一方面可以及时了解下游企业及用户需求情况;另一方面为"数据云"节点上的用户提供丰富多彩的视听多媒体服务。

(九)提高影视产品的制作水平

中国的影视企业应该树立国际化竞争意识,注重影视产品的语言锤炼,提高字幕、配音的质量。由于缺乏参与全球市场竞争的准备,一些国产影视产品没有国际声道,没有准确的字幕和本土化的优秀配音,结果难以吸引海外的观众,在目标国市场的收益甚微。

美国影片则非常注重各个目标国的独特的国情。针对中国观众,迪士尼公司推出的许多动画片的中文版配音人员、主题曲演唱者,几乎都是中国著名歌星、影星。这样既拉近了文化距离,又加强了影片的本土化,提高了影片的内容质量。

鉴于此,根据海外目标国市场,中国影视企业需要选择几种主要语言进行本土化配音。例如,在北美市场,发行英文版影视产品。在欧洲市场,发行法文、德文、西班牙文和英文影视产品等。

针对国产影视产品而言,通过海外并购的方式"走出去",除了文化内容上要深深触动外国观众的"神经"外,"面子工程"也同样重要,例如服饰、化妆、置景和镜头运用等要十分讲究和到位。很多国产影视产品制作粗糙,演员的服装缺乏历史、审美的考究,穿帮镜头偏多,成为走出国门的障碍,这些问题有待进一步改善。

中国影视企业在海外并购过程中要平衡商业与艺术之间的关系,制作出带有娱乐性、艺术性的产品。

综上所述,中国影视企业要充分熟悉 WTO 等国际规则和国际惯例,借助着资本市场,海外并购从单一到多元化,从区域走向全球。同时,企业要借助中国政府提供的多项财税、金融和影视专项基金等扶持政策,打造出优质的品牌产品。在此基础上,企业要正确处理好海外并购与内容输出的关系。海外并购首先要立足于具有竞争力的内容运营,输出高质量、具有创意的影视产品;其次运用资本的力量整合产业链的上下游;最后实现跨行业的并购。

参考文献

[1] 祁建:《影视并购:“相爱总是简单相处太难”》,《声屏世界》2013 年,第 11 期,50—51 页。
[2] 李怀亮,万兴伟:《中国影视文化产品“走出去”的问题与对策》,《现代传播》2011 年第 11 期,13—18 页。
[3] 仇圆圆、李琦、肖祥:《影视文化产业走出去研究——以江苏广电总台为例》,《淮阴师范学院学报(哲学社会科学版)》,2011 年第 4 期,554—558 页。

第7章

对外文化贸易发达省市的带动效应研究*

经济全球化时代,文化贸易已经成为国际贸易的重要组成部分,发展本国的文化贸易可以获取利润,可以巩固和提升国家的文化影响力。怎样搭建具有较强辐射力的文化交易平台,打造具有国际影响力的文化品牌,加快发展传统文化产业和新兴文化产业,扩大文化产品和服务出口,本章重点论述北京、上海、广东等对外文化贸易发达省市的带动效应,并提出中国发展对外文化贸易的建议和策略。

一、中国对外文化贸易的发展及现状

(一)中国对外文化贸易的发展状况

文化贸易在经济全球化的今天已经成为国际贸易的重要组成部分,各国都在积极发展本国的文化贸易以获取利润,并以此来巩固和提升本国的文化影响力。

中国是一个拥有五千年悠久历史的文明古国,有绵亘数千年的古老文化和取之不尽的文化资源,曾对世界文化的发展产生过深远的影响。改革开放以来,中国经济的飞速发展,特别是进入21世纪,中国对外贸易取得举世瞩目的成就,中国已成为世界经济体系的一个日益重要的组成部分。2006年中国进出口总额达到17607亿美元,世界排名第三,仅次于美国和德国, 2008年中国对外贸易进出口总值达25616.3亿美元,比上年增长17.8%。其中出口14285.5亿美元,增长17.2%;进口11330.8亿美元,增长18.5%。

---

* 本文撰稿:李剑玲,高级经济师,北京联合大学商务学院。

贸易顺差 2954.7 亿美元，比上年增长 12.5%，净增加 328.3 亿美元。文化贸易，作为中国对外贸易的重要组成部分，近年来也取得长足的进步。商务部服务贸易司发布《中国文化产品及服务进出口状况年度报告(2009)》，根据统计，2008 年中国核心文化产品进出口总额 158.4 亿美元，比上年同期增长 22.6%。在出现金融危机的情况下，文化产业和文化贸易呈现出逆势增长的势头。但中国对外文化产业只占据文化产业整体相当小的部分，而且在中国对外贸易体系中，文化产品及服务的贸易额虽逐年递增，但在进出口总额中仍显得微不足道。中国文化贸易发展结构也是不平衡的"硬强软弱"。中国出口的文化产品 50% 以上是游戏、文教娱乐和体育设备及器材等硬件，占居该类贸易的世界第二位，仅次于美国；而文化内容和文化服务的软件贸易，还是中国对外贸易的薄弱环节。[①]

(二) 中国对外文化贸易的现状及问题

中国核心文化产品出口除声像制品外均实现增长。视觉艺术品出口增速最高，当年实现口总额 93.3 亿美元，同比增长 36.4%，占中国核心文化产品出口总额的半数比重，实现贸易顺差 92.2 亿美元。印刷品出口 26.5 亿美元，同比增长 15%，占比为 14.2%。以宣纸、毛笔、乐器为主要内容的中国传统特色文化产品出口 14.2 亿美元，同比增长 10.9%，占比为 7.6%，见图 2-7-1 所示。[②]

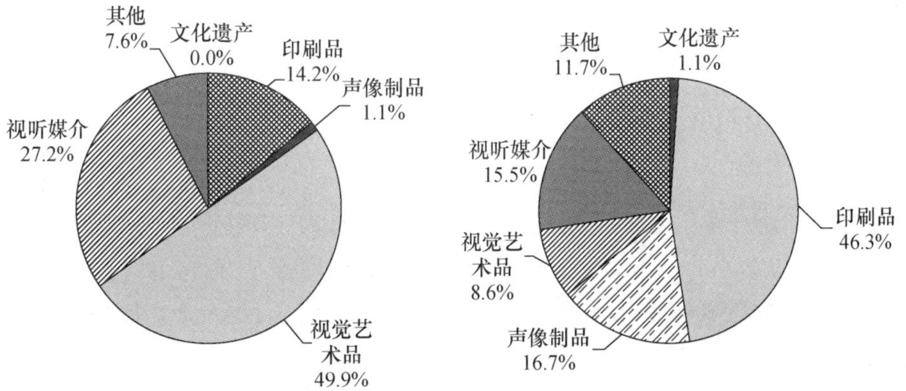

图 2-7-1　2011 年中国核心文化产品出口和进口产品构成

近年来，随着改革开放的持续推进，中国对外文化贸易的规模不断扩大、结构逐步优化，但核心文化产品和服务贸易逆差仍然存在，对外文化贸易占对外贸易总额的比重还较低，有待进一步加强。加快发展对外文化贸易，对于拓展中国文化发展空间、提高对外贸易发展质量，对于继续扩大改革开放、转变经济发展方式，对于稳增长促就业惠民生、提升国家软实力、全面建成小康社会具有重要意义。

国发〔2014〕13 号文件指出，中国发展对外文化贸易的指导思想是立足当前，着眼长

① 王莉：《中国对外文化贸易发展状况及国际竞争力分析》，载《广东财经职业学院学报》2009 年第 8 期，第 12 页。
② 复旦大学新闻学院课题组：《上海发挥国家对外文化贸易基地作用对策研究》，载《科学发展》2013 年 9 月。

远,改革创新,完善机制,统筹国际国内两个市场、两种资源,加强政策引导,优化市场环境,壮大市场主体,改善贸易结构,加快发展对外文化贸易,在更大范围、更广领域和更高层次上参与国际文化合作和竞争,把更多具有中国特色的优秀文化产品推向世界。基本原则是坚持统筹发展、坚持政策引导、坚持企业主体、坚持市场运作。发展目标是加快发展传统文化产业和新兴文化产业,扩大文化产品和服务出口,加大文化领域对外投资,力争到2020年,培育一批具有国际竞争力的外向型文化企业,形成一批具有核心竞争力的文化产品,打造一批具有国际影响力的文化品牌,搭建若干具有较强辐射力的国际文化交易平台,使核心文化产品和服务贸易逆差状况得以扭转,对外文化贸易额在对外贸易总额中的比重大幅提高,中国文化产品和服务在国际市场的份额进一步扩大,中国文化整体实力和竞争力显著提升。

在政府的大力扶持下,中国文化产品及服务的对外贸易额虽然逐年增长,但在中国的进出口贸易总额中所占的比重仍然很低。长期以来,中国对外文化贸易存在着巨大逆差,与世界的逆差是10:1,与欧美的逆差甚至达到100:1以上。中国对外文化贸易存在严重的贸易逆差,具体表现为文化生产总量不足、质量偏低;文化产品出口单一且地区过于集中;文化企业规模小、底子薄,还没有足够的资金和经验去运作文化产品和服务的整体营销。究其原因,主要有文化企业基础弱、营业额小,不易成政绩工程,不被重视,扶持政策虚浮;融资难、税赋过重;创意文化产业风险高、中小企业往往追求短期利益等,在这种环境中的文化企业要在国际文化市场中左右逢源是非常困难的。

二、中国发展对外文化贸易的意义

把握文化产业全球化发展趋势,加快发展对外文化贸易,扩大文化产品与服务进入国际市场,是贯彻党的十七届六中全会决定的具体实践,是实施文化走出去、提升文化软实力和国际影响力的重要途径,也是推动文化产业成为国民经济支柱性产业的重要手段。

(一)有利于促进中国第三产业的发展,增加国民财富的积累

第三产业总量不足是中国宏观经济的一个突出问题。欧美发达国家的第三产业对GDP的贡献率已达到70%以上,而2013年中国的第三产业对GDP的贡献率仅有46.1%。由此可见,文化贸易作为第三产业的重要组成部分,在中国具有巨大的发展潜力。

(二)有利于传播中国文化,增进世界对中国的了解

文化产品具有经济属性和意识形态的属性。文化贸易具有对外宣传、传播其意识形态和价值观念的功能。美国文化产业在世界上的霸权地位,不仅给其带来了巨大的贸易收入,而且也把美国的意识形态和生活方式推向全球。文化贸易的发展有利于增加进口

国对输出国文化的亲近感和认同感,提升本国的文化形象。

(三)有利于开发文化产品的附加值,减少国际贸易摩擦

中国已经成为世界加工厂,每年为全球提供大量的廉价优质的产品,但是,由于中国产品极具价格优势,尤其在经济危机期间,国外频频发起针对中国产品的反倾销、反补贴等明显带有贸易保护性质的调查,严重影响中国外贸出口的发展。因此,提高文化贸易在中国对外贸易中的比重,既可改善外贸结构,又可减少贸易摩擦。[①]

三、对外文化贸易的带动效应

(一)北京

2012 年北京 GDP 增速 7.7%,第三产业对 GDP 贡献率接近 80%。作为全国文化中心,首都北京将考虑向国家争取更多政策,以国家对外文化贸易基地(北京)为重要平台,加快发展对外文化贸易。

2012 年 3 月国家对外文化贸易基地揭牌暨北京国际文化贸易服务中心奠基仪式在北京天竺综合保税区举行。文化部副部长赵少华,北京市委常委、宣传部部长、副市长鲁炜出席仪式并讲话,副市长程红出席仪式。作为文化部和北京市共同建设的国家级对外文化贸易基地,北京国际文化贸易服务中心由歌华集团与天竺综保区管委会联合运作,并得到顺义区委区政府的大力支持。北京国际文化贸易服务中心的奠基,是中国首个依托空港保税区建设的"文化保税区",也是文化部确定的首批国家对外文化贸易基地之一。"文化保税区"由北京歌华文化发展集团与天竺综合保税区管委会合作建立。"保税区"将国际贸易中针对普通商品的保税政策及通行做法运用在文化贸易领域,并根据文化产品的特点进行创新,形成适应文化产品和文化对外贸易的专门保税形态。北京国际文化贸易服务中心将集成国家支持中国文化产品和服务的政策资源体系、北京市发展文化创意产业的政策支持体系、天竺综合保税区的政策法规体系,成为推动中国对外文化贸易发展的重要平台。中心在保税区内以园中园的形式建立,将为国内外文化产品、文化项目提供展示、推介、交易、仓储、物流等综合服务。整个项目规划用地 260 亩,建筑面积 50 万平方米,预计将于 2015 年全部建成并运营。届时,它将成为世界上建筑规模最大、服务功能最完善、市场辐射力最强的文化保税区,为北京发挥全国文化中心示范作用、推动中国对外文化贸易发展提供重要平台。赵少华说,国家对外文化贸易基地落户北京,是基于北京作为全国社会主义精神文明建设的首善之区,具有政策、市场、产业条件优越,区位、功能、人才优势明显,文化资源丰富和市委市政府高度重视等有利基础,基于这一北京国际文化贸易的服务支持体系,必将有力助推北京发展文化创意产业,建设中国特色世界城市和全国文化中心的战略目标。鲁炜在讲话中要求,北京国际文化贸易

① 李方杰:《我国对外文化贸易思考》,《合作经济与科技》2010 年第 12 期。

服务中心建设要充分利用国家对外文化贸易基地的政策资源和品牌优势,要坚持高起点规划、高质量建设、高水平运作、高效率服务,以世界一流标准统筹文化贸易服务中心的建设发展,使其能够代表首都水平、体现国家水平、引领世界水平。

基地的建设对歌华有线(600037)、空港股份(600463)等公司将带来直接利好。未来在推动文化企业走出去方面,华谊兄弟(300027)、光线传媒(300251)、华录百纳(300291)等总部设在北京的企业有望迎来政策支持。文化部将以基地挂牌为契机,与北京市委市政府携手努力,从政策扶持、机制保障、信息咨询、人才培养、渠道搭建和加强服务等多方面入手,积极支持和指导基地的建设和运营,推动其早日成为中国文化走出去的桥头堡和示范区。

(二)上海

上海 2012 年 GDP 增 7.5%,第三产业占比首次达到 60%。在全球贸易大格局中,作为国际大都市的上海,应该充分发挥国际金融、经济、贸易、航运中心的优势,降低对外贸易的成本,利用航运之便,把产业集群和消费市场结合起来。上海国家对外文化贸易基地功能定位应包含两个层面:第一层面致力于在国际贸易环节扶持企业"走出去";第二层面致力于优化国内文化产业市场结构,带动产业要素合理流动。目前的功能定位主要集中于第一层面,即政府如何致力于外贸环节的补贴支持以及国际贸易壁垒的突破等。第二层面的定位主要集中于形成依托长三角地区,辐射全国的文化产业资源聚合高地,带动资源突破地域与行业的限制,发挥中国超大国内市场规模的天然优势。由于中国区域分割造成行业垄断,文化资源无法在一个全国性统一市场中得到配置,实际上表现出"大国市场规模、小国经济实现方式"的"诸侯经济"格局,使得中国超大规模国内市场这一天然优势无法成为文化产业国际贸易中不可替代的资源。因此,上海对外文化贸易基地的一个重要使命是如何通过基地对外贸易平台聚合产业资源,促进资源集聚,以推动上海乃至全国形成统一开放的市场,为中国文化"走出去"优化产业结构基础。

2011 年 11 月,上海市进行了首个国家级对外文化贸易基地揭牌仪式。文化部党组书记、部长蔡武在揭牌仪式上指出,将"上海国际文化服务贸易平台"命名为"国家对外文化贸易基地"是文化部和上海市委、市政府认真学习贯彻党的十七届六中全会精神,积极落实中央关于推动中华文化"走出去"指示精神的重大举措,是在部市合作框架下,进一步加大国家政策引导和扶持力度,提升服务水平,推动国内文化产业发展和开拓国际文化市场的最新体现。今后,各有关部门将充分领会上级精神,切实努力建设这个基地,充分打造这个平台。国家对外文化贸易基地的前身是 2007 年 9 月 28 日由上海市委宣传部和浦东新区人民政府发起成立的上海国际文化服务贸易平台,基地运营公司为上海东方汇文国际文化服务贸易有限公司(简称"东方汇文")。其成立初衷旨在利用上海建设国际经济、金融、贸易、航运中心的有利条件,利用浦东新区综合配套政策和外高桥保税区"境内关外"特殊优势,通过提供资金支持、资源整合、平台搭建等措施,为中华文化"走出去"、国外优秀文化"引进来"提供传输中转的通道。据东方汇文相关人士介绍,东方汇文由上海精文投资有限公司与上海外高桥(集团)有限公司共同出资 7 亿元人民币,按照中共上海市委宣传部和浦东新区政府 2007 年 4 月 29 日共同签署的“关于共同推进外高桥保税区文化服务贸易平台建设的备忘录”成立。上海市首个国家对外文化贸易基地坐落于中国(上海)自由贸易试验区内,充分利用自贸区的开放政策和功能优势,利用上海建设国际经济、金融、贸易、航运中心以及浦东综合配套改革试点政策的有利契机,通过扩大政策、功能和服务等综合优势,为全国文化企业提供国际展示销售、进出口代理、保税展示、设备租赁、商贸咨询、版权交易、人才培训等全方位的服务和支持。可以预见,和保税区的全国性布局相仿,国家级对外文化贸易基地的建设也将在今后 5—10 年内全面铺开。因此,留给上海基地率先形成竞争优势的时间仅有 3—5 年。2013 年 9 月,中国(上海)自由贸易试验区已正式揭牌,入驻自由贸易试验区内的文化企业除可以享受到海关、外汇、工商、金融等诸多方面的特殊监管政策、财政补贴及上海文化“走出去”专项扶持资金等多方位支持外,更能享受自贸区各类最新出台的政策。

国家对外文化贸易基地目前已聚集了上海文化产权交易所有限公司、北京星空联合华文传媒咨询有限公司、上海品藏文化艺术股份有限公司、上海印刷集团国际贸易有限公司等近 80 家文化龙头骨干企业,注册资本近 9 亿元,形成税收贡献近亿元。除了打造成文化产品进出口贸易基地,国家对外文化贸易基地还将以文化品牌企业集聚地、文化贸易金融政策试验基地、文化产品展览展示推介基地、文化贸易经营人才培训基地作为将来战略发展方向。蔡武同时透露,文化部将在首个国家级对外文化贸易基地基础上,不断积累和总结成功经验,并根据各地文化产业的发展实际,逐步在全国建立一批国家级对外文化贸易基地。此次上海的对外文化贸易基地的成立,即将带动全国范围内其他地区的基地设立,同时也将推动全国文化事业的发展。

(三)广东

广东 2012 年 GDP 增长 8.2% ,2012 年广东省第三产业对 GDP 的贡献率为 50.7% ,2012 年深圳市第三产业对 GDP 贡献率达 65% 。

广东省以对外文化贸易为加快转变文化发展方式、推动文化产业快速发展的重要抓手,大力实施文化“走出去”战略,取得了显著成效。据商务部统计,2013 年,广东核心文化产品进出口总额为 86.63 亿美元,其中出口总额 82.24 亿美元,占全国总量近 1/3,位居全国各省市首位。发展的决定性因素是整合、统筹、兼顾而形成的规模优势。广州作为广东的省会、全省的政治、经济、文化中心,也是中国南方的金融、贸易、经济、航运、物流、政治、军事、文化、科教中心、国家交通枢纽,其独特的区位为广州自身的发展带来了必然的优势。文化贸易在广州的经济发展和文化建设格局中并不是一个孤立的存在,其发展的速度、规模、效益并不仅仅取决于自身,如高新技术产业、城市基础设施建设、交通运输、环境治理、电子信息产业等产业都对文化贸易的发展有着一定程度上的制约作用。

党的十八届三中全会提出要“培育外向型文化企业,支持文化企业到境外开拓市场”,国务院发布的《关于加快发展对外文化贸易的意见》要求“加强政策引导,优化市场环境,壮大市场主体,改善贸易结构”。在新形势下,广东将进一步创新文化贸易模式,完善相关政策措施,争当中国文化“走出去”的生力军:健全文化贸易政策,强化政策保障;推动文化与科技、金融、旅游深度融合,努力形成以技术、品牌等为核心的文化出口竞争新优势;尽快形成各种所有制文化企业竞相参与的文化出口新局面,支持更多民营企业从事文化贸易;重点培育一批外向型文化出口企业和产业基地,强化“走出去”的内容创意生产;加大文化贸易人才的培养和引进力度,建设一支精通国际文化贸易运行规则和模式的复合型文化出口人才队伍。

近年来,广东逐步形成全方位、多层次、宽领域的文化贸易格局。一是文化对外贸易种类齐全,涵盖了文化产品和服务的各个领域,出口产品科技含量和附加值不断提高,市场竞争力和国际影响力不断增强。二是出口市场实现多元化,覆盖近150个国家和地区,其中美国、欧盟、香港前三大出口市场合计约占广东文化产品出口总值的80%。三是出口方式日趋多样化,除传统的实物贸易、加工贸易出口外,还发展出版权输出、联合制作、投资办企业等多种方式。近年来,广东以网络游戏、动漫等为代表的文化新型业态产品和服务成为出口市场的一大亮点。广东网络游戏企业通过成立海外运营部门,吸引海外开发、运营人才,开展自主研发,目前,全省网络游戏海外营业额超过100亿元。广东培育了一批重点文化出口企业和文化品牌,文化出口产品科技含量和附加值不断提高。深圳华强文化科技集团股份有限公司向伊朗、南非、乌克兰等国家成套出口大型文化科技主题公园,公司研制的环幕4D电影系统输出到美国、加拿大等40多个国家和地区。广东省出版集团有限公司从单一的版权转让发展为联合出版、成品出口、渠道共享、股权合作、印刷、复制服务、数字出版等多形态、多领域的深层次合作,每年进出口贸易总额超过2亿元,年均实物出口销售实洋超过100万美元,连年实现版权贸易顺差。广州珠江钢琴集团公司累计出口钢琴达120万架,占全球市场份额20%,成为全球最大的钢琴制造商。广东文化设备制造企业勇于与国际同行同场竞技,2013年广东有122家企业到德国法兰克福国际乐器、舞台灯光及音响展览会参展。目前,广东聚集了全国70%以上的演艺设备生产企业,在企业数量、就业人数、生产产值等方面均居世界前列,2013年,广东演艺设备行业出口总额约为22亿元,约占全国同行业出口额的70%。同时,广东的游戏游艺设备生产在全球市场份额超过1/5,2013年,中山市的游戏游艺设备产品出口总额约为2.46亿美元,占该市销售总额的56%。①

深圳成为华南首个、中国第三个对外文化贸易基地。2013年12月25日,文化部下发《文化部关于同意将深圳创意信息港命名为国家对外文化贸易基地的批复》(文外函[2013]1737号),明确“同意将深圳报业集团在前海深港现代化服务业合作区第九功能单元区对外文化贸易服务平台(深圳创意信息港)命名为国家对外文化贸易基地”。深圳由此成为继北京、上海之后,中国第三个拥有对外文化贸易基地的城市。2013年,在一场简朴的揭牌仪式之后,深圳拥有了继文博会、深圳文交所、中国文化产业投资基金后的第四个国家级文化平台——深圳国家对外文化贸易基地(以下简称基地)。该基地的成立,使深圳成为北京、上海之后,中国第三个、华南地区唯一获得基地授牌的城市。成功申办

① 中国文化产业网。

基地,是深圳贯彻落实习近平总书记2012年8月19日全国宣传思想工作会议上的讲话精神,开创中华文化“走出去”新局面的重要举措。比较如表2-7-1。

表2-7-1 北京、上海、广东的对外文化贸易比较

地区	2012年GDP增长	2012年第三产业对GDP的贡献率	对外文化贸易基地	带动效应
北京	7.7%	接近80%	2012年3月国家对外文化贸易基地揭牌暨北京国际文化贸易服务中心奠基仪式在北京天竺综合保税区举行	作为全国文化中心,以国家对外文化贸易基地(北京)为重要平台,加快发展对外文化贸易,从政策扶持、机制保障、信息咨询、人才培养、渠道搭建和加强服务等多方面入手,积极支持和指导基地的建设和运营,推动其早日成为中国文化走出去的桥头堡和示范区
上海	7.5%	60%	2011年11月上海市进行了首个国家级对外文化贸易基地揭牌仪式	作为国际大都市的上海,应该充分发挥国际金融、经济、贸易、航运中心的优势,降低对外贸易的成本,利用航运之便,把产业集群和消费市场结合起来,将带动全国范围内其他地区的基地设立,同时也将推动全国文化事业的发展
广东	8.2%	50.7%	2013年12月深圳成为中国第三个对外文化贸易基地	广东逐步形成全方位、多层次、宽领域的文化贸易格局,以对外文化贸易为加快转变文化发展方式、推动文化产业快速发展的重要抓手,大力实施文化“走出去”战略,取得了显著成效

四、中国发展对外文化贸易的策略

我们要通过鼓励出口、通关便利、财税扶持、保税租赁、出口退税、建立海外基地等,创新中国对外文化贸易的制度和机制,发展和促进中国的对外文化贸易。如图2-7-2①:

(一)强化市场观念和竞争意识

在经济全球化的今天,很多优秀的文化已经超越国界,成为人类共有的遗产,如果我们不加以充分利用和市场化开发,就会被他人占尽先机。因此,中国应在大力挖掘本国文化的同时,着眼于西方人熟悉的欧美古典文化,开发西方文化题材作品,为中西方观众提供丰富的文化艺术大餐。

① 花建:《中国对外文化贸易体系构建研究》,载《学习与探索》2013年7月。

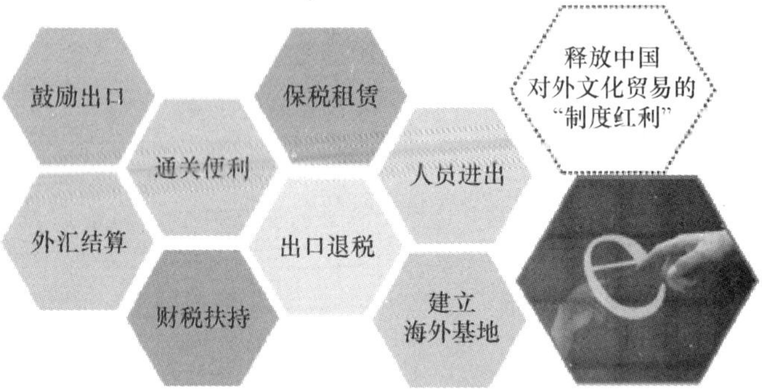

图 2-7-2 创新中国对外文化贸易的制度和机制

(二) 充分发挥区域带动作用

1. 发挥北京首都文化中心的带动作用

北京国际文化贸易服务中心的奠基,成为推动中国对外文化贸易发展的重要平台。充分发挥中心在保税区内以园中园的形式建立,为国内外文化产品、文化项目提供展示、推介、交易、仓储、物流等综合服务。发展成为世界上建筑规模最大、服务功能最完善、市场辐射力最强的文化保税区,为北京发挥全国文化中心示范作用,推动中国对外文化贸易发展提供重要平台。

2. 发挥上海国际大都市的带动作用

充分发挥上海国际金融、经济、贸易、航运中心的优势,降低对外贸易的成本,利用航运之便,把产业集群和消费市场结合起来。通过上海国家对外文化贸易基地,在国际贸易环节扶持企业“走出去”;优化国内文化产业市场结构,形成依托长三角地区,辐射全国的文化产业资源聚合高地,带动资源突破地域与行业的限制,发挥中国超大国内市场规模的天然优势,带动产业要素合理流动,推动中国文化“走出去”。

3. 发挥广东深圳华南首个的带动作用

广东省以对外文化贸易为加快转变文化发展方式、推动文化产业快速发展的重要抓手,大力实施文化“走出去”战略,取得了显著成效。广州作为广东的省会、全省的政治、经济、文化中心,也是中国南方的金融、贸易、经济、航运、物流、政治、军事、文化、科教中心、国家交通枢纽,其独特的区位为广州自身的发展带来了必然的优势。深圳成为继北京、上海之后,中国第三个对外文化贸易基地的城市。通过进一步创新文化贸易模式,完善相关政策措施,争当中国文化“走出去”的生力军,发挥深圳是华南地区首个且唯一拥有对外文化贸易基地的城市,带动周边整个华南地区乃至全国,开创中国文化“走出去”新局面。

(三) 拓展海外营销渠道

由文化企业组建自己的海外发行公司,或收购外国现有的发行企业,鼓励有条件的企业加盟海外中介协会。注重人才培养,可以在高校开设国际文化贸易、文化国际营销等专业课程。目前,中国传媒大学、第二外国语学院等已经做了很多有益的尝试,培养既了解中国文化,又熟悉国际文化市场运行规则,同时懂得国际融资和海外营销等专业知识的全方位文化贸易人才。

（四）利用文化折扣和文化亲近发展文化贸易

文化产品通常植根于特定的文化背景,将某种文化背景下的文化产品放在其他的文化背景中,吸引力一般会下降,因为一种文化背景中的消费者很难认同其他文化背景下的文化产品所体现出来的风格、价值、信仰、风俗和行为模式。因此,文化产品通常被语言、历史、传统、道德等文化元素自然保护。这种因文化的原因而导致文化产品价值降低的现象就是所谓的文化折扣。相反,国家与国家之间的文化越相近,就越趋向于文化产品的交换,这是文化亲近所产生的贸易增强效果。因此,中国应充分利用文化贸易的上述特点,通过区域贸易协定、合作生产协议等方式大力发展中华文化圈内的文化贸易,这是扩大中国文化贸易的有效途径。

当今时代,我们要重视发展对外文化贸易,充分发挥北京、上海、广东等对外文化贸易比较发达的省市对周边区域文化贸易的带动效应,搭建具有较强辐射力的文化交易平台,打造具有国际影响力的文化品牌,加快发展传统文化产业和新兴文化产业,扩大文化产品和服务出口,提升中国文化整体实力和竞争力。

第8章

新媒体对演艺产品创作和传播的影响*

舞台表演艺术源远流长,作为一种面对面的传播方式,"在场性"和"光晕"曾是其区别于机械复制技术的重要边界——电视转播或影碟无法还原现场演出所带给受众的美感与感动。

然而,这个边界在新媒体技术的冲击下正在消弭:周杰伦与邓丽君隔空对唱,虚拟偶像初音未来在世界各地召开演唱会,《雀之灵》利用3D投影"还原"了深山幽谷的效果,音乐剧《战马》实现了舞台与荧屏同时演播……当表演艺术与新媒体联姻后,表演主体"人"变成了"人与数字形象"甚至全部虚拟化,舞台空间通过数字技术营造出虚拟、抽象的多重空间,线上的观众可以跟现场的观众同时观看一场表演。新媒体技术在模糊了表演艺术的界限的同时,不仅大大提升了舞台氛围和演艺产品的表现力,改变了观演关系,而且解放了艺术家们的思维与创意,用新的艺术语言以及多元化的审美特征迎合了当代观众的情感需求,为表演艺术的创作和传播带来了新的生机。

科技的进步往往会带来艺术载体、表现形式和产业链的改变,比如复制技术使艺术品走入千家万户,完成了膜拜价值到展示价值的转化,颠覆了原有的产业链并加入艺术策展、艺术品授权等环节。那么,新媒体为表演艺术带来了哪些冲击,对演艺产业链的影响体现在哪里,这条科技与艺术的共谋之路指向怎样的未来,值得我们探讨和展望。

一、概念界定与辨析

"新媒体是基于计算机技术、通信技术、数字广播等技术,通过互联网、无线通信网、

---

* 本文为2012年度国家社科基金艺术学项目"我国艺术产品的国际传播与国际贸易研究"(课题编号:12BH065)之阶段性成果。范颖,北京大学艺术学院2011级博士生,研究方向:文化产业、跨文化传播、文化贸易。

数字广播电视网和卫星等渠道，以电脑、手机、电视、个人数字助理（PDA）、音频音乐播放器（MP4）等设备为终端的媒体。能够实现个性化、互动化、细分化的传播方式，部分新媒体在传播属性上能够实现精准投放、点对点的传播，如新媒体博客、电子杂志等。”①这是互联网实验室（chinalabs. com）对“新媒体”的定义。

而当身体捕捉技术、及时成像技术、虚拟投影技术等新媒体计算机技术与表演艺术相结合时，新媒体表演艺术应运而生，指的是“利用新技术/新手段，在各种新奇想法、观念或者创意的引导下，通过对现有素材，包括与肢体相关的活动、科学技术和表演艺术等的组合、拼接或糅合，创作出的带有主观的、个性化的表演行为，它天生带有科技和跨界的属性，注重‘行为活动’的过程而非结果。”②

可见，当我们谈到“新媒体”时，更多是在关注数字技术、互联网技术等新兴媒体形态对信息传播系统的革命性颠覆，属于传播媒介的范畴；而当我们谈到“新媒体表演艺术”时，则更看重新媒体计算机技术为表演艺术的创作和制作所带来的影响，属于艺术形态的范畴。

二、新媒体对演艺作品层次结构的影响

关于艺术作品的层次结构，法国美学家杜夫海纳将其分为艺术质料、主题和表现性，我国美学家叶朗认为可分成材料层、形式层和意蕴层。表演艺术不同于绘画、雕塑等依托于物质材料为载体的艺术品，它主要借助演员的语言与非语言要素来塑造形象和传达情感，所以它既是艺术作品，也是一种具有传播通路的交流方式，我们可用图 2-8-1 来表示。

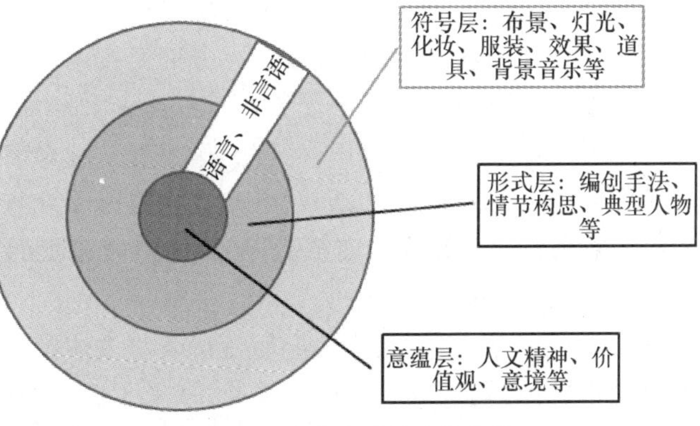

图 2-8-1　演艺作品的文化层次

符号层主要包括布景、灯光、化妆、效果、道具、背景音乐等舞台美术要素，是直观的，通过感官可以直接感受到的；形式层主要包括编创手法、情节构思、典型人物等，是塑造

① 《互联网实验室：中国新媒体发展研究报告（2006—2007）》，2007 年。

② 李芝：《新媒体表演艺术的创意表现》，北京服装学院 2012 年硕士学位论文。

艺术形象的手段,通过它们,艺术作品超越了符号层,而达到形式美,它是非直观的,隐藏在符号层背后;意蕴层包括艺术作品所体现的人文精神、价值观和意境等,是艺术作品带给观众思考和感悟、具有不朽魅力的根本原因,往往具有一定的哲学意味,只可意会不可言传。语言和非言语是观众理解表演艺术作品文化内涵的主要通路,语言包括台词、唱词等,非言语要素则范围较广,不仅包括演员的动作、眼神、手势等,还包括鼓点、服饰、脸谱等具有表意功能、有助于观众理解艺术作品的元素。

新媒体对演艺作品的影响,已经从符号层逐渐深入到意蕴层,影响着作品的观感、表达方式和内涵,并且大大提升了非言语要素的传播效果。

(1) 新媒体对符号层的影响

新媒体对演艺作品符号层的影响,主要体现在舞台投影和全息技术的大量应用上。影像合成技术、动画技术、全息投影技术等大大提升了戏剧、舞蹈等艺术类型的舞美效果,风花雪月、历史古迹、背景时空等都可以通过图片或者视频投影来呈现,通过“屏幕化”的手段,达到“奇观化”效果。这种新奇、震撼的感官刺激是以往的舞美技术很难实现的。声光电特效、舞台装置、空间再造等技术已频频应用于当代演艺产品中。

拉斯维加斯上演的各种秀,充分体现了包括新媒体在内的各种舞台技术对演艺产品符号层的影响,比如太阳马戏团的《KA Show》,舞台背景可以在波涛、沙滩、热带雨林和战场间自由变换;中国风情秀《Panda!》,通过投影技术展现了竹林、兵马俑、少林寺等中国风情,三维立体视频、独特的升降投影纱筒幕、绚丽多彩的舞美灯光构成震撼的视觉效果,与中国杂技的出神入化达到了完美融合。在这些演出中,巨大的 LED 屏幕给人以强烈的视觉冲击,三维立体的视频画面和演员的表演形成良好的互动,使人感觉就像在观看一场精彩的 3D 巨幕电影。

(2) 新媒体对形式层的影响

在新媒体技术的影响下,表演艺术出现了很多形式创新,打破了“三一律”等规定,具有了更开阔的视野和更自由的表达空间。形式创新一方面由技术推动,另一方面则是为了迎合当代受众的审美需求,主要体现在以下三个方面:

第一,内容碎片化。在传统的表演艺术中,内容和形式处于相对平衡的状态,或更重视内容。过于注重形式和技巧的表演,比如杂技,必然在内容的丰度与深度上有所欠缺。当新媒体为表演艺术带来视觉冲击和编创变革后,形式的新颖被提到了凸显的位置,内容的连贯性减弱。

第二,人物虚拟化。全息投影、动画技术的应用使得表演主体不再局限于人,变成了“人与数字形象”甚至全部虚拟化,突破了人体的限制,带来了更大的创作空间。比如虚拟偶像初音未来——日本克里普顿未来媒体公司推出的具有动漫美少女的外貌和声音合成器的软件,可将人类的声音转录合成为虚拟歌手的声音,其在动作、服饰、歌曲量等方面拥有女歌手无法匹敌的优势。短短几年内,初音未来在世界范围内积累了极高的人气,在东京、香港、台湾、洛杉矶等地以全息投影的形式举办演唱会。

第三,表演互动化。演员与虚拟形象在舞台上追逐、打斗和共舞等互动表演在新媒体表演艺术中屡见不鲜,比如 2012 年春晚上韩庚与《除夕的传说》中水墨动画的打斗表演。艺术家在创作时遵循“演员为第一主角、投影为第二主角”的原则去构思故事、编排动作，但创作的重点和观众的关注点都已经转移到了演员和虚拟形象的互动关系上，为观众带来新鲜与刺激的同时，对编创提出了新的需求。

（3）新媒体对意蕴层的影响

新媒体技术对表演艺术意蕴的影响，主要有两个方面：一方面，是通过“烘托”来凸显作品的意蕴。新媒体技术为演艺作品的背景切换、画面构图和舞美效果等方面带来突破和提升，与演员的表演相得益彰，增强了作品的表现力、渲染力以及意蕴的传达。比如云门舞集的《水月》，舞台水面反射出天幕的点点灯光和舞者的倒影，舞台上方的镜面将水影和舞者造型反射出多层幻影，真实与虚幻之间的界限变得模糊，镜中月、水中影、镜中水月，巧妙地道出了佛家的色与空。

另一方面，新媒体表演艺术“表演奇观化、内容碎片化和人物虚拟化”的特点使其在表现幻境、灵异、虚无等较为抽象的意蕴时，拥有天然的优势。比如梅田宏明的舞蹈所营造出来的数字幻境，“舞台上电子声音和光影看似无序的组合，给表演带来了一种脱离时空的虚幻感。身体语言加上抽象的影像和声音，传达着一种被现代科技侵染的人类身体与心理的状态。”

（4）新媒体对非言语通路的影响

非言语通路在表演艺术内涵与意蕴的传达过程中，作用是巨大的。比如京剧，手眼身法步以及脸谱、服装、锣鼓节奏都属于非言语要素，辅助观众对剧情的理解，是创作者与观众沟通的重要桥梁。

但是，因为舞台空间、人体能力的有限性以及文化背景的差异，传统的非言语通路的传达效果经常受到限制。多媒体技术介入表演艺术后，人物的动作表情通过投影更清晰地展示，非言语要素的表意能力上了新的台阶。比如云门舞集的《行草》，将书法图案打在底幕上，与舞者的服饰、动作交相辉映，形成强烈的对比和参照，用现代舞和投影向观众生动地传达出中国书法的风采和气韵生动的精髓，这是单纯依靠语言和动作而无法达到的阐释效果。

（5）小结

表演艺术对新媒体技术的运用，已经从追求创造前所未有的视觉、听觉等感官体验，发展为对观演关系、主题阐释的探索和实践。一方面，芭蕾、歌剧、京剧等传统表演艺术仍然高高在上，作为各国表演艺术的传统与经典，延续表演艺术的膜拜价值；另一方面，新媒体为现当代表演艺术带来了新的视觉形态、表演语汇和表演方式，将表演艺术的展示价值和体验价值发扬光大，为表演艺术带来了新的生命与活力。

三、新媒体对演艺产业链及其环境的影响

熊澄宇和顾江、郭新茹认为，文化产业价值链由创意内容的策划、文化产品的设计和生产制作、市场推广和消费者服务环节构成（图 2-8-2），并可向上游的原料供应、下游的

终端加工以及横向的相关产品开发进行拓展。具体到演艺产业,曹晋彰认为“演艺产业链是指整合创作、剧团、剧场、经纪等演艺资源而形成的,集剧本创作、演出策划、剧场经营、市场营销、演艺产品开发等多个环节的,紧密衔接、相互协作的产业链条。”①

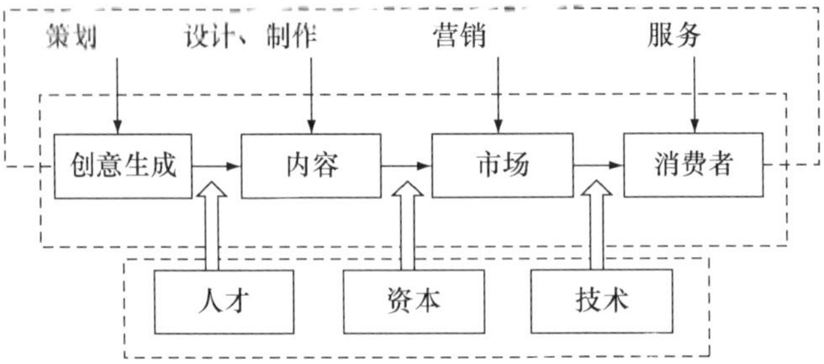

图 2-8-2　文化产业基本价值链②

结合上述研究以及 James F. Moore 的“商业生态系统”圈层构造③,笔者将演艺产业环境及价值链构造用图 2-8-3 表示,并分析新媒体对演艺产业的具体影响。

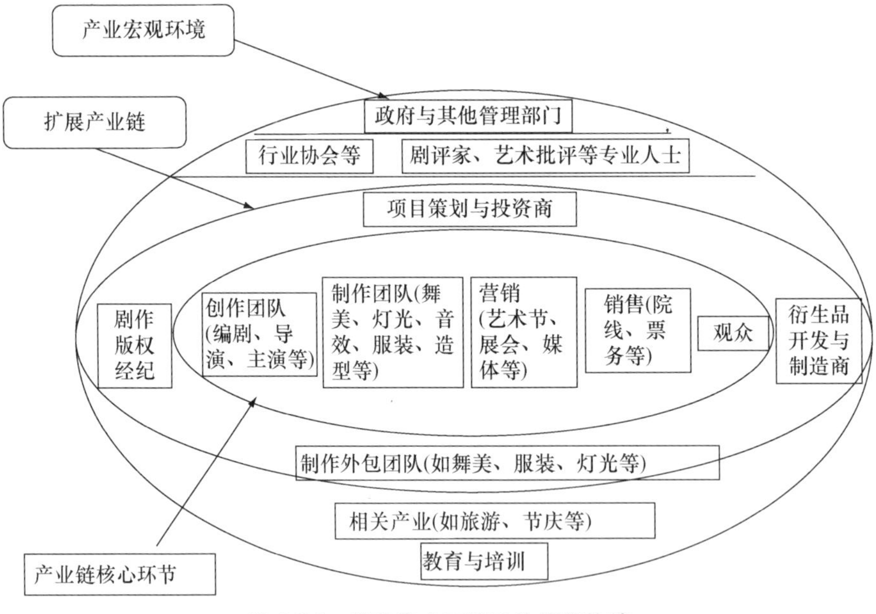

图 2-8-3　演艺产业环境及价值链构造

1. 对创作和制作的影响

首先,多媒体技术的介入使得单一学科背景的艺术家很难独立完成作品的创作,跨界协作成为必需,很多曾经处于外围的创意或制作团队开始进入核心产业链环节。

比如舞蹈影像这一诞生在影视与舞蹈交叉领域的新的艺术类型,其发展和变革可以

① 曹晋彰:《演艺产业链的构建研究》,山东大学 2012 年硕士论文,第 12 页。

② 熊澄宇:《高新科技与文化产业——从新媒体技术的视角》,载于《国家文化产业 2007 年度课题研究报告》。

③ James F. Moore 定义“商业生态系统(Business Ecosystem)”的概念为“由相互支持的组织构成的延伸的系统,是消费者、供应商、主要生产者、其他的风险承担者、金融机构、贸易团体、工会、政府以及类似政府的组织等的集合”。

概括为三个阶段:单纯的舞蹈拍摄记录,不对舞蹈本身以及编舞进行改变,保持记录的原汁原味;镜头改编,为了适合镜头的角度,而对原有的舞蹈作品进行改编及删减;为录影而编舞,专门为拍摄而设计构思而编排舞蹈,用镜头语言的思维角度以及互动的交流为主。最初,摄像团队只是为艺术家"掌镜",随着影像技术与舞蹈艺术的交织与融合,媒体艺术家与技术工程师逐步靠近创作核心,直到与舞蹈家共同创作难分仲伯,携手拓宽了舞蹈艺术的创作空间,提升了舞蹈的表现力。

其次,新媒体将表演艺术的创作和制作推向两级。一方面,高端的数字化技术需要耗费大量的财力、物力和人力,向大制作发展,连京剧传统的"一桌二椅"也在向宏大的背景特效转型。这时,表演艺术的创作与制作越来越需要专业的技术人员参与,其过程更像是某种大型的工业化流程和项目制度,需要精心的策划和熟练的操作,导演不仅要把握作品的艺术本质,还要对整个项目的实施进行监控和督导。另一方面,由于网络计算机技术的成熟和普遍应用,普通大众也可以借助视频、远程教学等方式来学习表演,并将自己的创作通过 Flash、Shockwave 等软件或者模拟摄像机、数字 DV 等制作出来。

2. 对营销和销售的影响

除了艺术节的展映、政府资助的文化交流以及节庆上的助兴演出,大部分演艺产品还是在营销宣传后通过商业渠道在剧院等舞台与观众见面。本文以营销、销售作为演艺产业链的中后端,分析新媒体技术对其造成的影响。

在营销上,新媒体的传播广度和速度远非传统媒体可比,尤其是各种视频网站、社交网站的兴起,传播速度以几何级数递增,网络营销变得愈加重要。韩国歌手 PSY(绰号"鸟叔")自创的"骑马舞"之所以能风靡全球,跟其选择在 YouTube 上首发《江南 Style》MV 有很大关系。Youtube 这一全球性的网络营销平台直接将其呈现于全世界的观众面前,迅速积攒起第一波人气。随后 YouTube 上的《江南 Style》MV 视频被转载于各大社交网站及其他视频网站,热潮范围持续扩大。更重要的是,《江南 Style》选择放弃了 MV 的版权,任何人都可以制作相关的 MV 上传网络。于是,无论是明星精英还是无名小卒,都可以根据自己的想法和创意录一段属于自己的"江南 Style"与别人分享,《江南 Style》在全球范围内掀起了一场模仿盛宴,骑马舞红遍全球。新媒体的传播效果让人不可小觑,不仅视频网站、社交网络进入营销环节,而且诞生了一批专门提供新媒体营销的广告公司。此外,社交网络和自媒体的发展,使得观众对作品的改编、名人对作品的点评的传播效力大大提升,甚至超过传统媒体的正规宣传。

在销售环节,新媒体带来的最大影响在于实现了演播同步、细分销售。比如音乐剧《战马》就实现了剧场演出的电视直播,汪峰在 2014 年的演唱会也在乐视网同期播映,观众可以以较低的费用在家观看演出。新媒体技术的发展将表演艺术的线下传播不再局限于录影带、光碟等复制品形式,而是通过同步传输技术归还了舞台艺术的部分光晕。

3. 对其他环节的影响

新媒体为表演艺术的创作和制作带来了新手段和新方法,为表演艺术的传播带来了新媒介和新通路,同时也影响了扩展产业链中的其他环节以及演艺产业的大环境,比如舞台特效等团队的加入,实景演出的大放异彩,支持新媒体表演艺术的艺术节事活动、专门研发新媒体表演软件应用的专业实验室和推广新媒体表演艺术的高等院校。演艺产业链及其环境处在新媒体技术的影响下,有些新成员加入了进来,有些成员从外围层进入了核心层,也有些成员从核心层退到了外围层,这些变动为演艺产业的发展带来了更多的可能性。

三、新媒体为演艺产品的跨文化传播带来机遇

目前,全世界的表演艺术家都在学习运用新媒体技术,美国、英国、澳大利亚等国家均成立了新媒体表演艺术实验室,艺术与技术的联姻不仅大大拓宽了表演艺术的边界,而且为演艺产品的跨文化传播提供了机遇。

首先,观众审美偏好的改变和视觉逻辑的回归,使得演艺产品可以借助新媒体降低文化折扣,为其跨文化传播奠定了基础。在科技浪潮的冲击下,人们的审美习惯和偏好变得"速食",能够沉下心来去体会和感悟沿着文本逻辑而行的传统表演艺术的观众越来越少,观众开始回归"视觉"的感性本源,艺术家们也开始通过视觉的表述逻辑来创作,满足观众的审美需求。新媒体技术的灵活性和无边界性,为艺术家们提供了新的艺术语言和创作手法,在呈现视觉震撼的同时,通过视觉符号的有效运用来提升非语言要素的沟通能力,能指和所指的含义得到统一,帮助观众理解作品的内涵和意蕴,降低文化背景和语言所带来的文化折扣。

其次,后现代主义的艺术美学观呼唤艺术形式上的多元整合,全球化带来的新的人类命题也期待着艺术上的探索和回响。传统表演形式,不能满足现代人的时空交错、抽象叛逆的审美习惯,而新媒体善于表现后现代主义美学,通过不同艺术的方式和手法、素材和技巧通过拼贴与融合呈现出新的观赏空间和审美意象。此外,新媒体表演艺术善于表现科技革命、环境保护、经济危机等当代全球性的人类议题,构筑起不同文化背景的艺术家与观众之间的表达与沟通的动力场。

再次,新媒体演艺作品往往需要跨界合作,甚至由不同国家和地区的艺术家和技术专家来联手创作,各取所长的同时完成不同文化之间的沟通与融合。而在传播过程中,不同文化背景的观众对同一作品的改编与再创作,也在无意识中帮助了演艺作品的全球传播。

目前我国演艺产品走出去主要停留在杂技、武术等动作技巧型产品,或是依靠文化交流形式"送"出国门的传统戏曲。前者在文化内涵、价值观上的承载能力较弱,后者因文化折扣而曲高和寡,故而我国虽然拥有悠久的演艺历史和丰富的演艺资源,但演艺产业的国际影响力和国际竞争力却是很弱的。新媒体与表演艺术的结合,为我国演艺产业的出口提供了新的思路和模式,它不仅能在感官层面引起观众的兴趣,而且在表达方式、艺术语言上能进行跨文化交流,并在很多全球共同关注的议题上,比如人与自然的关系、幻境与虚无、人的异化等等,具有独特的表现力并能引起不同文化背景的观众的共鸣,为表演艺术的跨文化传播搭建桥梁。

行业报告及案例研究

第1章

演艺产业对外文化贸易年度报告*

近年来,在全球文化产业和服务贸易发展的宏观背景下,国际演出市场竞争要素流动性加速,跨国演出活动和剧目版权贸易日趋频繁。为了实现文化大发展、大繁荣的战略目标,党的十七届六中全会、十八大都明确强调实施文化走出去战略,不断增强中华文化国际竞争力和影响力。作为文化产业的重要子行业,演艺产业对外贸易成为了文化"走出去"战略的重要组成部分。

2012—2013年间,在政府利好产业政策、行业规范和配套服务平台不断健全的影响下,依托国内演艺产业的规模性发展,对外演出在剧目数量、巡演场次、观演人次及演出贸易额等方面继续呈现了稳步增长的态势。国有、民营院团及其他演出经营主体参与对外演出积极性空前提高,对外演出服务交易平台不断完善,演出贸易形式从剧目跨境演出的传统单一型向剧目版权贸易、院线联盟代理、中外合资制作等多元化方向过度发展。然而,相比较于发达国家的对外演出贸易,我国演艺产业在对外演出剧目创新、贸易融资和保险、国际演出经纪推介、院线代理营销、贸易法律咨询及贸易规范统计等诸多方面还需不断努力,减小相对贸易差额,提升演出经营主体单位的国际竞争优势。

一、演艺产业宏观环境

2012—2013年,伴随着文化体制改革阶段性任务的基本完成,演艺产业在国有院团"转企改制"、激活民营院团、拓展演出观众、吸引社会资本及演出贸易等方面均取得较为

---

* 本文撰稿:马明,北京舞蹈学院艺术传播系教师,中国传媒大学传媒经济学博士,美国辛辛那提大学访问学者,研究方向集中于文化产业投融资和艺术管理领域。本文案例编写者为阮嵘,北京大学艺术学院文化产业硕士毕业生;范颖,北京大学艺术学院文化产业博士生。

理想的成绩。这一阶段，各项文化政策继续助力演艺产业发展，政府文化管理职能转变初显效应，行业规范和院线联盟建设有效催发了演艺产业链关联资源要素。特别是2013年，中央出台的一系列“节俭令”使得演出票价虚高、演艺产业虚荣泡沫破灭，进一步提升了市场配置演出资源的效率，有利于演出经营主体提升内在竞争力，整个产业迈入了阶段性调整期。

（一）宏观政策继续保持较强推动力

党的十八大确定的扎实推进社会主义文化强国建设的指导思想、目标任务、重要方针和政策措施，以及十八届三中全会所提出的完善文化管理体制，建立健全现代文化市场体系，构建现代公共文化服务体系，提高文化开放水平等要求推动了文化政策的继续深化调整和变革。中央和各级地方政府文化主管部门紧紧围绕建设社会主义核心价值体系、社会主义文化强国的改革目标，出台了一系列推动和扶持文化产业发展的政策。

2012年2月，文化部正式向社会发布《文化部“十二五”时期文化产业倍增计划》，提出了“十二五”期间文化部门管理的文化产业增加值年平均现价增长速度高于20%。其中对于演艺产业明确提出，“加快剧院、剧场、电子票务等演艺基础设施建设，为扩大演艺消费创造条件。建立演艺产品创作生产补贴机制，扩大原创性演出产品的生产。加快演艺与旅游等相关产业的融合，培育旅游演艺市场，丰富旅游演艺产品，避免同质化。设计开发演艺衍生产品，延伸演艺产业链”。“十二五”期间，建设10家左右覆盖全国主要城市的全国性或跨区域的文艺演出院线，打造一批深受人民群众喜爱、久演不衰的精品剧目，形成1—2个国际知名的演艺产业集聚区，大力拓展农村演艺市场，基本满足城乡居民对演艺的消费需求，为实现从演艺大国到演艺强国的跨越奠定基础。

2012年5月，文化部发布《“十二五”时期文化改革发展规划》。该规划中明确强调了实施演艺精品战略，全力打造国家艺术创作引导扶持工程、国家艺术基金两个重点项目。

2012年7月，文化部发布了《文化统计管理办法》。该《办法》的出台，有利于进一步推进文化统计工作法制化、规范化及质量化，为我国文化统计工作提供强有力的制度保障。

2013年3月1日，《演出经纪人员管理办法》正式实施。该办法规定由文化部指导监督、中国演出行业协会组织实施演出经纪人员资格认定工作，旨在依法规范演出经纪活动，加强演出经纪人员队伍建设和管理，明确演出经纪活动当事人的权利与义务，保障演出市场健康发展，。

2013年6月，文化部、宣传部及财政部等单位出台《关于支持转企改制国有文艺院团改革发展的指导意见》。该意见重点强调提升自我发展能力、强化政策扶持及相关体系建设是解决转制院团发展问题的核心。

（二）行业协会规范、院线联盟建设步入正轨

党的十六大以来，伴随着文化体改革的深入，演艺产业经历了长达十年的规模性增

长,国有文艺院团改制任务已基本完成,各类演出经营主体不断成熟,初步形成了统一开放、竞争有序的现代演出市场体系。2012 年开始,全国性演出行业协会的设立和院线联盟的建设有利于进一步优化配置演艺产业上下游链资源,也标志着演艺产业进入了全产业链转型升级,不断完善配套机制的深化改革阶段。目前,国内演出院线主要有北京保利院线、中演院线、国话院线、大隐院线、苏演院线、丑小鸭儿童剧院线等。

2012 年 7 月 24 日,中国演出行业协会揭牌仪式在北京举行,标志着文化部系统第一家行业协会的正式成立。中国演出行业协会由原中国演出家协会更名而建。协会建设的目标是以行业自律为核心,以行业的规范化、标准化建设为主要工作,并建立与行业需求相适应的服务体系。

2012 年 3 月,广东首个本土演艺院线联盟——星海演出院线在广州成立,院线首批成员涵盖了广东知名演出场所、演出团体及演出经纪机构,并将和港澳演出市场进行深度对接。7 月,中国演出行业协会和台北演艺经纪人协会共同签署《两岸演艺协会联盟议定书》。9 月,中国国际演出剧院联盟在北京成立。该联盟是文化部网络演出的试点单位,也是国内首个演出经营以及剧院管理的专业性联盟组织合作体,当前联盟成员单位超过 800 家。

当前院线建设仍处于区域联合、剧目合作的初级阶段,院线联盟的建设有助于各类院团在剧目制作、资金筹措、票房营销、剧场管理及观众教育等诸多方面共享优势资源、提升市场竞争力。

(三) 转变政府管理职能,激发市场竞争活力

党的十八大以来,新一届政府将深化审批制度改革、减少行政审批事项作为政府职能转变的突破口。2013 年 6 月,文化部下发《关于做好取消和下放营业性演出审批项目工作的通知》,规定了自 2013 年 7 月 1 日起,外国文艺表演团体、个人来华在非歌舞娱乐场所进行营业性演出的审批,由省级文化主管部门负责受理,文化部不再受理相关审批项目。《通知》还取消了文化主管部门对演出经营主体变更的审批。演出审批权下放体现了文化管理部门简政放权的决心,加大了市场开放的力度,激发了市场活力。

2013 年,由于中央出台"八项规定"反对奢侈浪费之风,反对公款消费;五部委联合发布通知,要求严格控制各种庆典活动,节俭办晚会和节庆活动;《旅游法》颁布实施,禁止安排另行付费旅游项目,旅游演出门票销售渠道受限。对于传统依靠政府投入、购买演出服务的经营团体提出了较高的挑战,有利于整体演艺产业的结构调整和资源优化配置。

2013 年 9 月,文化部发布《文化部关于实施中国(上海)自由贸易试验区文化市场管理政策的通知》,《通知》允许在试验区内设立外资经营的演出经纪机构、演出场所经营单位及娱乐场所等。2014 年 2 月,文化部网站发布《关于公开文化部目前保留的行政审批事项的通知》,据《通知》显示文化部目前仅保留 4 个行政审批事项。近年各级政府文化管理部门加快职能转变,向市场放权,激发市场活力,进而更好地承担的宏观调控、市场监管、提供公共服务等。

二、演艺产业发展现状

2012年我国演艺产业在文化产业繁荣发展的宏观背景下，无论是演出场次、票房及观众人数等市场规模指标，还是艺术表演团体、剧目原创等微观主体内在要素，都呈现出了稳步上升的趋势。2013年，受到中央出台“八项规定”及相关控制庆典晚会等政策影响，中国演出市场的整体规模、票房收入、演出场次及观演人次等指标均受到了一定的冲击，尤其是过去长期依赖政府包办购买和投入的演出经营主体。相关“限奢令”的出台，不但挤出了演出市场的泡沫，让演艺产业回归市场理性，有利于整个健康可持续发展。

(一) 演艺产业规模持续增长

演出场次方面，2012年，我国演出市场继续保持增长态势，全年演出总场次200.9万场，比2011年增长10%，其中专业剧场演出35.1万场，占总场次的17.5 %；演艺场馆演出52.3万场，旅游演出8.9万场，乡村演出95.1万场，公共服务演出9.5万场(参见图3-1-1)①。由于乡村演出活动统计基数较大，演出场次比重居首；依托一、二线城市剧场院线建设加速、观众文化消费提升等因素，演艺场馆演出场次比重居第二位；定点旅游演出和公共文化服务类的演出场次比重相对偏低。2013年，旅游演出共9.6万场，演艺场馆演出54.9万场，大型演唱会、音乐节演出0.14万场，乡村演出99.3万场(含送戏下乡演出5.34万场和农村商业性演出93.96万场)②，各类演出场次较2012年均出现了增长。此外，借助互联网、移动网络等新媒体为媒介的网络演出也较为活跃。

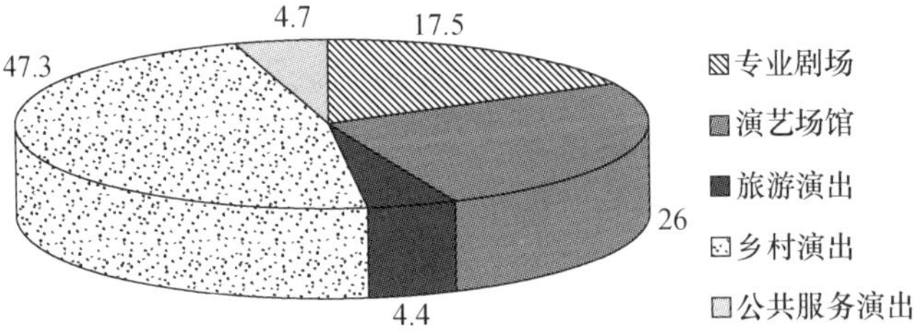

图3-1-1 2012年全国演出市场各类演出场次比重图(%)

演出收入方面，2012演出总收入③355.9亿元，其中票房总收入约135亿元，比2011年增长11.7%。各类演出票房收入分别为：专业剧场演出61.2亿元，演艺场馆演出27.8亿元，旅游演出32.7亿元，演唱会演出13.3亿元(参见图3-1-2)④。2013年演出市场总经济规模为463亿元，其中演出市场总收入323.74亿元，剧场全年补贴收入44.76亿元，

---

① 数据来源：中国演出行业协会，《2012中国演出市场年度报告》，http://www.capa.com.cn/。

② 数据来源：中国演出行业协会，《2013中国演出市场年度报告》，http://www.capa.com.cn/。

③ 注：演出总收入包括票房收入、企事业单位演出服务采购、演出团体和演员出场费、演出经纪机构艺人广告代言等与演出活动相关的收入。

④ 数据来源：中国演出行业协会，《2012中国演出市场年度报告》，http://www.capa.com.cn/。

娱乐演出收入 94.5 亿元。演出市场总总收入同比下降 9%，演出票房收入为 131.08 亿元，同比下降 2.9%。

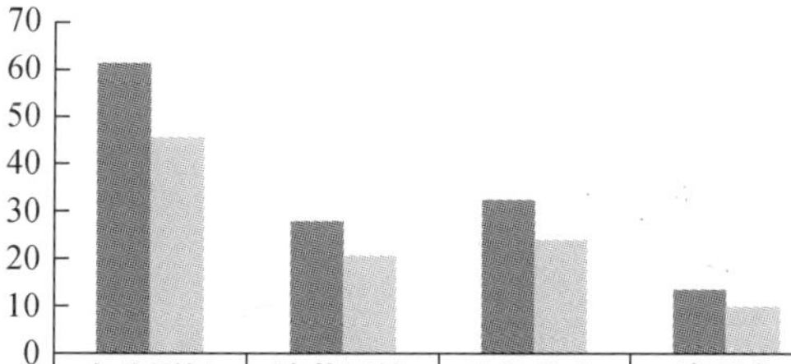

	专业剧场	演艺场馆	旅游演出	演唱会
票房收入(亿元)	61.2	27.8	32.7	13.3
收入比重(%)	45.33	20.59	24.22	9.85

图 3-1-2　2012 年全国演出市场票房收入分类比重图

演出经营主体方面，根据文化部及国家统计局相关官方数据可见，近年来我国营业性演出经营主体（包括艺术表演团体[①]、演出经纪机构、演出场所经营单位、演出票务及舞美工程相关机构等）的数量、规模、从业人员等都保持着稳步的增长。2012 年全国各类演出经营机构总计约 18000 家，其中国有演出团体近 2700 家，民营演出团体 10000 余家，演出经纪机构 3059 家，专业演出场所 1966 家，其他票务、舞美等中介服务机构约 300 多家[②]。相比较于往年同期统计指标，均出现了较为明显的增长趋势。

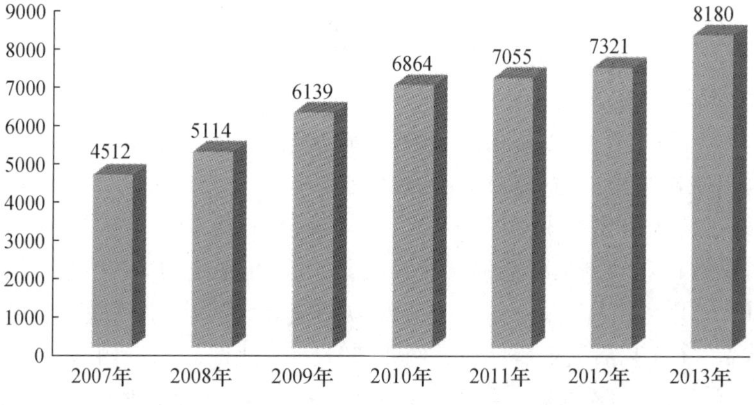

图 3-1-3　2007—2013 年艺术表演团体机构数增长图

以艺术表演团体为例，2007—2013 年间，团体数由 4512 增加至 8180 家，年均增长率为 8.9%（参见图 3-1-3[③]）。根据《文化部 2013 年文化发展统计公报》数据，相比较于 2012 年，2013 年艺术表演团体从业人员数量、演出场次、观众观演数量、演出收入分别增长 7.8%、22.3%、8.8%、14.7%（参见下表 3-1-1）。需要说明的是，由于该统计公报的艺

① 艺术表演团体指由文化部门主办或实行行业管理（经文化行政部门审批或已申报登记并领取相关许可证），专门从事表演艺术等活动的各类专业艺术表演团体，含民间职业剧团，不包括群众业余文艺表演团体。

② 数据来源：中国演出行业协会，《2012 中国演出市场年度报告》，http://www.capa.com.cn/。

③ 数据来源：中国统计局网站，http://data.stats.gov.cn/。

术表演团体不包含大量社会民营院团、演出经纪企业、演出制作机构等其他演出经营主体,故其2013年演出收入较2012年呈增长态势,而由于受到"限奢令"、产业升级转型等影响全国2013年整体演出总收入较2012年有所下降。

表3-1-1 2011—2013年全国艺术表演团体基本情况

年份	机构数(个)	从业人员数(个)	演出场次(万场)	国内演出观众数(万人次)	总收入(万元)	演出收入(万元)
2011	7 055	226 599	154.7	74 585.1	1 540 263	526 745
2012	7 321	242 047	135.0	82 805.1	1 968 802	641 480
2013	8 180	260 865	165.1	90 064.3	2 800 266	735 532

其中,艺术表演团体的所有制方面,伴随着文化体制改革的继续深入,截至2012年底,全国2103家承担改革任务的文化系统国有文艺院团(不含未承担改革任务保留事业编制院团共139家),已有2100家完成和基本完成转企改制、撤销或划转等改革任务,占总数的99.86%,其中转企改制达61%。[①] 全国国有文艺表演团体共为1422家,这标志着以国有、民营各类演出企业为主体、事业为补充,面向市场的新型演艺体制格局已经形成。

2012年全国经文化主管部门登记注册的演出经纪机构共3059家,经中国演出行业协会核发《演出经纪人资格证》的演出经纪人约34270人(不包括以从事营业性演出的居间、代理活动为职业的个体演出经纪人)。2013年全国演出经纪机构总数仍保持增长态势,为4046家,其中国有演出机构591家,民营演出机构3455家。2013年全国演出经纪机构总收入为113.49亿元。[②]

2012年以来,演出经营主体开始呈现了专业化、规模化、网络化的特点。以具体剧场为辐射点,演出制作策划机构、营销单位、票务服务等中介相结盟的形式开始出现。剧场联盟机构打破了传统演艺产业资源条块分割、产业链分散,提升了演出经营主体的专业化服务水平、贴近市场和剧场观众的文化消费需求。同时,近年演艺产业中出现的O2O(online to offline)票务销售模式改变了传统的观演模式,观众借助互联网实现了在线剧目咨询、支付购票、在线观演及观后反馈。例如,2013年,北演与乐视网共同主办了"降噪"摇滚不插电音乐会六场演出采用了网络现场直播的方式,甚至有些演出经营主体正在尝试网络付费直播演唱会的形式。此外,众筹模式与演出营销的结合开始出现,演出经营主体开始尝试借助互联网向观众筹集演出资金,拓展融资渠道,提升剧目营销力。

演出剧场、场馆建设如火如荼。全国剧场总数为2132个,其中以艺术类演出为主的专业剧场1279个,约占剧场总数的60%,其余约40%的剧场中约20%改为旅游演出剧场或娱乐演艺场馆,20%转作其他用途或闲置。在全国1279家专业剧场中,2003年之后新建或改建的约占46%[③]。2013年,全国新建、改建及在建的演出场所不低于40个,共

① 数据来源:人民网,http://politics.people.com.cn/n/2012/1105/c1026-19496446.html。
② 数据来源:中国演出行业协会,《2013中国演出市场年度报告》,http://www.capa.com.cn/。
③ 同上。

投资逾60亿元,有力地带动相关舞台设计、音响、灯光及建筑等相关行业。

二、2012—2013年演出贸易发展概况

2012年经文化部审批的来华演出项目共计1140项,计22760人次;经文化部审批的"走出去"演出项目共计315项,团组人数9280人,海外观众人数1089万人,演出收入约8470万元。①。然而,近年来由于剧目创意、演艺人才及资本等相关演出市场要素在全球化背景下跨国、跨区域流动明显加速,演出贸易形式从剧目跨境演出的传统单一型向剧目版权贸易、院线联盟代理、中外合资制作等多元化方向过度发展。演出贸易在整体演出市场中的比重持续呈现增长态势。

(一)演艺产业出口特征

1. 国有院团重对外交流,民营院团重对外贸易

中国演艺公司对外演出贸易的主体可以分为以对外演出集团为代表的国有演艺院团和以天创国际演艺公司为代表的民营演艺剧团两大类。其中国有院团的对外演出活动多偏于促进文化交流和提升文化影响力(见表3-1-2),而民营演艺院团则以对外演出赢利为主要目的。以中国对外文化集团公司(CAEG)为例,其是在原中国对外演出公司(CPAA)和中国对外艺术展览中心(CIEA)的基础上组建而成,旗下拥有19家全资境内外企业以及多家控股、参股企业。截至2010年,对外演出集团共向海外派出各类艺术团组就达216个,在世界80个国家和地区的210座城市演出19700场,现场观众超过了3750万人次,海外演出场次和现场观众分别占集团海内外演出总场次和总观众量的88.1%和94.1%。在2011年对外文化集团共举办了6000余场大中小型各类海外演出,其中商业演出项目占60%以上,演出遍及世界五大洲近50个国家和地区的370多座城市,观众总量超过1000万人次。

表3-1-2 2012—2013年部分国有院团对外演出主要剧目

剧目名称	演出机构	演出国家	演出时间
《多彩贵州风》	贵州民族歌舞剧院	澳大利亚	2012.02
《逐梦天涯》	广西南宁市艺术剧院	美国	2012.06
京剧《赤壁》	北京京剧院	奥地利、匈牙利	2012.06
《阿依达》	中国国家大剧院(联合)	日本	2012.07
英版《天鹅湖》	上海芭蕾舞团	日本	2012.11
歌剧《图兰朵》	中央歌剧院	意大利	2012.09

① 数据来源:中国演出行业协会,《2012中国演出市场年度报告》,http://www.capa.com.cn/。

（续表）

剧目名称	演出机构	演出国家	演出时间
《大红灯笼高高挂》	中央芭蕾舞团	加拿大	2013.02
《丝路花雨》	甘肃省歌舞剧院		
美国	2013.02		
《红娘》《白蛇传》	北京京剧院	荷兰、奥地利、意大利	2013.05
《梁山伯与祝英台》《仙女》	上海芭蕾舞团	加拿大、美国	2013.10

民营院团在对外演出贸易中更为艰辛，以天创演艺为例，其自成立起便专注于大型演艺项目策划制作与国际演艺项目经纪，先后曾制作了《天幻》《梦幻漓江》《功夫传奇》等七大常态品牌剧目。《功夫传奇》是其对外演出的首部剧目，于 2005 年在北美进行了长达 5 个月的巡演，共计 150 场，观众人数达 11 万人次，票房总收入 300 万美元。2009 年，《功夫传奇》进入英国伦敦大剧院，连续演出 27 场，观众上座率为 60%。2009 年底，天创国际投资 354 万美元在美国密苏里州布兰森市收购了“白宫剧院”。2012 年 1 月至 4 月《功夫传奇》在西班牙、葡萄牙两国巡演 112 场。对于大部分的民营剧团而言，现在依旧处于探路和积累经验的阶段，对外演出贸易整体实力依旧非常弱。

目前，对外演出的民营院团多集中在上海、北京及广州等文化市场较具规模的一线城市。以上海市为例，在政府的大力支持与重点推介下，上海民营院团不仅承担了部分国家级对外文化交流活动，还主动开拓海外商演市场并取得了卓著的成绩。2013 年，上海东绛州鼓乐团发布了赴美巡演 7 个月计划，上海张军昆曲艺术中心发布了实景园林版昆曲《牡丹亭》赴法国、德国巡演计划，上海现代人剧社发布了剧社联营的星光影艺苑与国外演出商双向交流合作计划，上海大众交响乐团赴意大利演出清唱剧《徐光启》、上海星光杂技团赴美国巡演等对外演出活动均受到高度关注。

2. 民族演艺产品表现突出，以剧目输出贸易为主导

中国对外演出贸易目前依旧以杂技、功夫剧和民族舞台剧为主，国际演出市场主流的音乐剧和歌舞剧演出则显得较为缺乏。国家文化部外联局数据显示，以杂技为主的民族演艺产品的对外演出创汇额比重达到了 80%，表现极其突出。2002 年赴美商演的 14 个团组中 11 个为杂技团。从中国对外演出的剧目类型看，普遍性地集中在杂技和功夫剧方面。以杂技综艺舞台剧《龙狮》为例，1997 年由中国对外演出公司和加拿大太阳马戏共同投资的剧目，在长达 10 年零 9 个月的首轮世界巡演中，《龙狮》足迹遍布全球 60 多个城市，共演出 3843 场，上座率保持在 90% 以上。观众人数累计约 900 万人次，票房收入约 9 亿美元，年平均票房为 6000 万美元。[①] 但是，在过去的 5 年间，杂技和功夫剧的海外市场逐渐萎缩。大部分专家认为，这是由于中国杂技团体在海外市场繁杂，彼此之间恶性竞争，缺乏影响力的剧目，加之国际经济形势的原因致使杂技、功夫剧的海外订单锐减。在继续保持民族歌舞和杂技类剧目比较优势和品牌影响力的基础上，最近两年部

① 数据来源：求是理论网，http://www.qstheory.cn。

分对外演出机构开始逐渐向多元化类型剧目拓展。例如,有着“可移动的敦煌”之称的舞剧《大梦敦煌》,是兰州歌舞剧院出品的中国国家舞台艺术精品剧目。截至2011年9月底,《大梦敦煌》已在全国32个城市与欧美多个国家演出920场,观众逾百万人次,累计票房收入近亿元,成为中国舞剧“多演出、多产出”最为成功的典范。①

同时,无论是对于国有或民营演艺院团,大部分对外演出都是通过剧目跨国演出的形式完成的(见表3-1-3)。演出公司在对外演出中依旧以单纯的剧目贸易为主,演出版权贸易的比重依旧较低。剧目输出贸易的形式使得国内演出公司除了获得演出合同所议定收益外,无法分享更多的演出收益,更重要的是相比较于版权贸易输出,剧目输出无法在海外市场形成规模演出场次,市场影响力低。并且中国演艺公司的海外活动基本为单次演出项目业务,与院团、院线联盟相关的对外合作、兼并及收购等业务寥寥无几。

表3-1-3　2011—2013年度国家文化出口重点项目目录(演出)②

项目名称	项目单位	区域
美国布兰森白宫剧院经营管理项目	天创国际演艺制作交流有限公司	北京
当代芭蕾舞剧《霾》	北京当代芭蕾舞团	
“中国杂技走出去”世界巡演项目	中国杂技团有限公司	
沧州杂技团杂技表演	沧州杂技团	河北
冰上杂技《幻境极光》巡演项目	黑龙江冰尚杂技舞蹈演艺制作有限公司	黑龙江
原生态阿希达组合	内蒙古新思路文化艺术发展有限公司	内蒙古
中国昆曲海外演出	苏州昆剧院	江苏
安徽省杂技团赴美定点演出	安徽演艺集团有限责任公司	安徽
民族歌舞剧《槟榔・古韵》	甘什岭槟榔谷原生态黎苗文化旅游区	海南
藏族原生态歌舞乐《藏谜》	九寨沟县容中尔甲文化传播有限公司	四川
杂技剧《花木兰》	重庆杂技艺术团有限责任公司	重庆
民族歌舞《多彩贵州风》	多彩贵州文化艺术有限公司	贵州
大型舞剧《孔雀》海外巡演	云南杨丽萍文化传播有限公司	云南

3. 缺乏规模推介平台,对外演出各自为营

中国现在还没有真正意义上的对外演出推介平台,每年举办的诸如中国国际演出交易会基本上还是仅限于国内院团、经纪公司以及剧场。尤其是缺乏一个由具有国际影响力的,能够邀请国外知名院团、演出商及经纪公司为主的对外演出交易会。目前,国内各个演出经营主体基本处于各自为营的状态,没有统一性的对外推介平台,甚至导致了院团在国际演出市场中的恶性竞争。以杂技对外演出为例,20世纪八九十年代,各个省(直辖市、自治区)的近200多个杂技团都参与了对外交流演出,一时间在国外引起了较强的

---

① 《〈大梦敦煌〉发挥海外演出经验推动中国文化走出去》,中国新闻网,http://www.chinanews.coml。

② 引自国家商务部,http://www.mofcom.gov.cn/。

演出规模。但是,由于各个团体之间为了争夺国外演出市场,恶意压低演出费用,缩小演出规模,使得杂技对外演出从2000年之后完全陷入了低潮。随后出现了演出场次越多,平均收益越低的恶性循环。

近年来,政府职能部门、研究机构及演出市场经营主体一致认为构建具有较强海外影响力的演出贸易中介平台是中国演艺产业贸易战略发展的必要途径,出现了一批初具规模的国际性演出服务交易展会和演出经纪服务公司,如中国国际演出交易会、国家艺术院团演出推广交易会、上海国际艺术节演出交易会和广州国际演艺交易会等(见表3-1-4)。同时,国内有较强竞争力的演出经营主体也通过合资公司、业务并购等形式积极拓展国际演出经纪业务。例如,2013年11月中国对外文化集团公司与美国国际管理艺术集团(IMG)共同投资成立的中美环球演艺股份有限公司在纽约举行启动仪式。

表3-1-4　2012年—2013年中国主要对外演出交易服务平台

时间	平台名称	主办机构	备注
2012年4月	中国(济南)国际演出交易会	中国演出家协会、山东省文化厅、济南市人民政府	会议包含演艺设备、演出场所及优秀演出剧目三大展示区,设有国际演艺交流、演出项目推介交易、演出高层论坛等活动
2012年9月	国家艺术院团演出推广交易会	文化部及直属院团	直属9个院团分别与相关单位签约各类演出共800场,签约金额1.4224亿元
2013年6月	中国(兰州)国际演出交易会	中国演出行业协会、甘肃省委宣传部、甘肃省文化厅、兰州市人民政府	共吸引了来自国内30多个省、直辖市、自治区和海外部分国家及地区的416家文化单位、演出商、演出经纪机构及代表参会,其中海外演出机构4家,参会代表及专家800余人
2013年9月	广州国际演艺交易会	文化部、广东省人民政府	共吸引20多个国家与地区的60多家国际演艺机构,以及近300家中国各省份的演艺机构参展
2013年10月	上海国际艺术节演出交易会	文化部、上海市人民政府	共有来自38个国家和地区,290家机构(国外105家),约500位代表参会,其中国外参会机构包括爱丁堡艺术节、维也纳艺术节、新加坡艺术节、美国奥普斯经纪公司等

可见,相比较于国际性知名演艺贸易交易平台,上述国内对外演出交易会在参展剧目类型、创新剧目、签约剧目数量及场次、剧目版权贸易比重等方面差距依旧较为明显,还需要依托不断发展国内演出市场规模进而提升对外贸易动力。由市场主体合作催发而出现的大量对外演出推介营销、法律咨询、融资贸易等服务平台将是中国对外演出"走出去"下一阶段需要完成的重要任务。

三、中国演出贸易面临的竞争挑战

从20世纪80年代开始，各国文化产业开始了持续繁荣的发展，文化贸易比重不断提升。联合国教科文组织(下文简称UNESCO)在其出版的《文化、贸易和全球化:问题与答案》一书中指出，在过去20多年中，文化商品的国际贸易额呈几何级数增长，世界50家跨国媒体娱乐公司占据了当今世界95%以上的文化市场份额。

虽然中国在对外演出及其他文化贸易方面也实现了稳步持续增长，然而，不可否认的是与美国、欧盟及日本这些传统的文化经济强国相比，我国演艺产业的对外演出竞争力却令人担忧。例如，我国具有国际水平的演出团体对外演出收入平均每场不到4000美元，在海外演出价最高的芭蕾舞剧《天鹅湖》，每场也只有约3万美元的收入，而海外著名乐团在上海的单场演出价就高达33万欧元。中国杂技在海外的每场演出价格只有1000—6000美元不等，且多数只是简单的劳务输出，缺乏具有自主知识产权和品牌的演出剧目。

（一）国际对外演出市场的格局

作为文化市场中表现最为活跃的演艺产业，和图书、电视、电影及网络等文化产品一样，在跨国化的运动中也面领着对外贸易和竞争的议题。在2000年后，西方发达国家为了产业升级和稳固对外文化贸易的优势，纷纷加速了对外演出活动的频率。从国际演出市场的宏观格局可见，英国、美国及日本等国依旧是引导欧洲、北美和亚洲演出市场的中坚力量。这一时期，发达国家的对外演出活动主要突出的表现在以下三点。

第一，大型音乐剧和歌舞剧成为国际演出市场的核心产品。各个国家的演出制作公司、艺术教育机构及文化主管部门积极投身于大型剧目的创作，寄希望于成为国际演出市场中的流行指标。例如，《大河之舞》自1995年2月在都柏林首演以来，已经在全世界演出超过1.2万场，现场观众达到了2500万人，《大河之舞》的DVD录影在全球销售超过1500万张。2009年12月到2010年2月，在长达两个半月的时间里，《大河之舞》的热浪席卷中国的13个城市，连续演出60场。《大河之舞》所到之处，场均上座率达九成以上，很多场次更是满场，甚至出现了加座。

第二，大型传媒集团纷纷涉足演出领域。演艺产品和传媒产品之间的渗透趋势加速，演出市场的传统剧场媒介开始出现了数字化和网络化的创新探路。这种竞争趋势也促使各国的文化、艺术研究者开始对于演出市场话语权以及文化主权都提出了诸多的不同看法。

第三，对外演出贸易方式开始趋于多元化。对外演出贸易不再依靠单纯的剧目输出，更多的对外演出机构开始通过版权贸易、对外直接投资剧院和剧场以及本土化合资经营等方式开拓国际演出市场，从而推动了演出市场相关的剧目、人才及资金等竞争要素的跨国化流动。例如，2006年，美国百老汇音乐剧《狮子王》就曾在中国演出101场，吸引16万观众,获得7200万元的总票房收入。2011年,上海亚洲联创文化发展有限公司通过版权引进制作的中文版音乐剧《妈妈咪呀!》仅首轮北京巡演就达到了112场,吸引14万名观众走进剧院,取得4500万元的票房佳绩。2012年,音乐剧《猫》中文版在上海站的第50场演出后,票房也已突破了3000万元大关。纵观当前中国演艺产业在全球文化舞台上的现状,既要面对海外演出市场的激烈挑战,又得不断地在文化体制改革的背景下,发展和提升本土演艺企业的竞争力,可谓是任重而道远。

(二)国际对外演出市场的贸易竞争

英国、美国和日本三国是欧洲、北美和亚洲演出市场中的中坚代表者,尤其是美、英两国凭借着大型音乐剧和歌舞剧在对外演出贸易中的突出贡献,成为了国际演出市场中的主要贸易出口国。在2009年金融危机的影响下,英美两国的国内演出市场开始出现疲态,这就更进一步加快了对外演出贸易和跨国经营的脚步。下文将从英国、美国、日本及中国演出市场的核心特色、演出市场规模及对外演出贸易方式等方面比较和阐述国际演出市场的竞争。

1. 对外演出贸易的核心特色

纵观美国、英国、日本及中国对外演出市场,在演出规模和演出特色方面彼此差异明显,笔者将演出规模和演出影响两项指标作为对比要素进而分析四个国家的对外演出贸易的核心特色(见图3-1-4)。

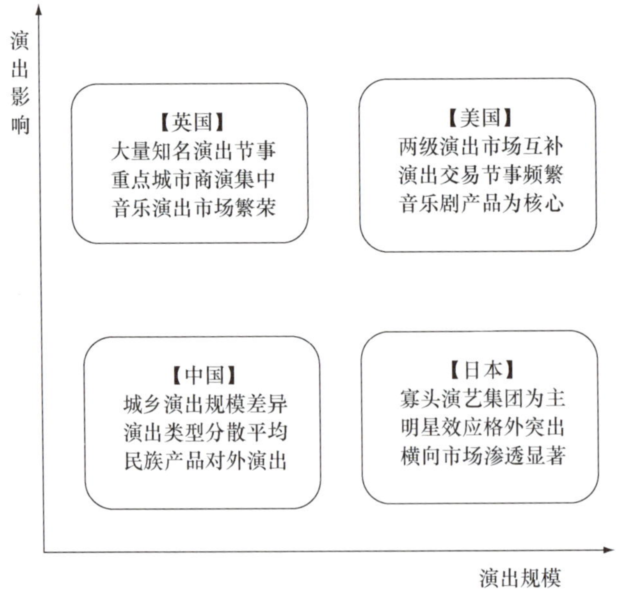

图3-1-4 美国、英国、日本及中国演出市场核心特色比较

美国对外演出无论在规模,还是在影响力方面都表现出了极其明显的优势。例如,巡演和驻演的两级市场互补力非常强,拥有极强影响力的对外演出交易节事,音乐剧是其对外演出的核心竞争产品。英国商业性演出较为集中,主要分布在伦敦、伯明翰和曼彻斯特大型城市。音乐剧和音乐类演唱会成为英国对外演出的主要内容。日本的商业

性演出的7成收入都集中在宝冢、四季等四大演艺集团手中,形成了非常明显的寡头竞争的局面。日本的演出明星制度使得其在舞台剧和音乐会对外演出方面优势明显。中国对外演出市场的主力军是民族性的演艺产品,其中80%是杂技和民族歌舞类剧目,特别是以功夫类、技艺类和传统民族歌舞类的演出为主。

2. 对外演出配套机制比较

演出配套机制主要包括演出经纪、房销售以及辅助其他中介机构。演出经纪服务包括专业性的演出经纪和综合性的演出经纪,专业性的演出经纪专注于剧目的版权授权、演出协会合同以及巡演事宜等,综合性的演出经纪还包括和演出相关的保险、担保以及抵押等一系列的中介服务。演出经纪的成熟从侧面反映了演出市场机制的完善。此外,除了大量的演出经纪实体机构外,还有一大批组织比较松散的个体经纪人在整个演出市场中提供中介服务。

通过整理各国演出经纪机构的统计数据可知,美国和中国的演出经纪公司总体数较多,其中美国的国际性演出经纪公司的优势非常明显。美国专业演出经纪公司达到了约1500家,国际知名大型演出经纪公司8家(如CAA、ICM、WMA)。英国的专业演出经纪公司达到了610家,其经纪服务专业细分比较完善。日本方面由于目前的统计数据的限制,大约有1000多家服务演出市场的经纪公司。2012年中国演出经纪机构共3059家,经中国演出行业协会核发的演出经纪人员约34270人。

在票务销售方面,美国和英国已经建成了全国性票务系统,美国演出市场的票务公司有综合性的票务公司和专业性的票务公司,综合性的票务公司的业务还涉及体育、电影以及其他节事活动等,专业性的票务公司主要是演艺机构的联盟下设的票务销售公司。目前,美国的大部分城市已经实现了网络票务销售和电话预约售票等业务,英国和日本的商业性演出已经实现了覆盖全国的网络票务,此外在地铁站、旅店及商场等公共场所都拥有里票务代理。中国的网络票务销售主要集中都在北京、上海及广州等一线城市,二、三线城市依旧是传统售票方式。

3. 对外演出贸易方式比较

在对外演出贸易方面,美国和英国以版权输出和境外合资公司演出为主,而日本和中国则仍然是以剧目输出为主。其中英国通过版权输出实现了剧目的本土化演出,从2002年到2010年之间,仅英国音乐剧《妈妈咪呀》就出现了韩国版本、瑞士版本及中国版本。中国版的《妈妈咪呀》在2011年缔造了8500万票房佳绩。日本四季剧团从2004年至2009年演出英国音乐剧《猫》共1563场公演,吸引了177万观众。

从2004年开始,英、美两国加速了在中国和印度等国家演出市场设立合资演出公司和共同经营剧院的步伐。例如,2007年,百老汇倪德伦集团在中国建立新纪元倪德伦公司"中国百老汇院线",后又涉足上海戏剧谷演艺集聚区合作。2008年,中国对外文化集团与英国卡麦隆·麦金托什公司正式对外宣布,将联合投资成立音乐剧制作合资公司。2012年由"音乐剧之父"安德鲁·韦伯创立的英国真正好公司和中国亚洲联创公司正式结盟,在《妈妈咪呀》中文版成功运营的基础上规划继续推出《猫》和《歌剧魅影》。

四、中国对外演出贸易的战略措施

国际演出市场竞争的议题是以多元文化发展为背书，即不以单纯的经济性表现作为竞争优势的衡量标准，更应该强调创新、开放和包容。纵观自二战之后的国际演出市场，以美国和英国为首的传统经济强国不断致力于拓展国内演出市场，提升对外演出贸易，从而赢得国际演出市场的话语权。美、英两国通过打造纽约百老汇、伦敦西区以及大型演出节事活动，将更多西方经典演出剧目推向了其他国家。在获得巨额票房的同时，对于当地演出市场及文化领域都形成了一定的同质化影响。对于正在培育和发展中的中国演出市场而言，在经历体制改革阵痛的同时，必须直面海外演出市场的冲击和挑战。

（一）对外演出剧目内容方面

1. 创作和生产符合国际演出市场观众的剧目

从对于英国和美国对外演出市场的剧目内容优势中看到，其投身海外演出的演艺产品以音乐剧和大型舞剧为主。这两种剧目类型在降低“内容折扣”和迎合观众需求方面确实具有一定的优势。然而，当前国际演出市场的观众对于包含多种艺术元素音乐剧和歌舞剧表现出了空前热情，这就给准备或正在“走出去”的中国演艺企业提出了要求。面对国际演出市场的竞争，需要更为理性和宽容的开放态度，既能让别人的剧目在中国找到舞台，更重要的是让本土演艺产品能够被国际市场中的观众所接纳。不能一味地专注于杂技和民族歌舞剧目，必须创作和生产符合国际演出市场观众的剧目。这就需要重新梳理不同演艺产品的国际观众群，观众普遍需求较高的演艺产品应该作为目前对外演出中的重点，观众需求较低的可以作为对外交流中的重点，让演出市场和演出交流合理分工，充分利用好国内外的演出资源。

2. 利用核心演艺精品提升国际演出市场竞争优势

在对外演出市场上，各国都是围绕着核心演艺产品来展开贸易竞争。美国音乐剧对外演出占到了其对外演出贸易的一半以上。而反观国内演出市场，各类的演艺产品均衡分布，缺乏核心的竞争产品。中国目前可利用演出资源依旧比较分散，必须集中力量在核心演艺精品的创作、开发上，也就是说在演艺产业“走出去”的战略上必须首先进行排位。对于承载中国文化的演艺精品必须进行重点投入，对于国际演出市场能够容易接纳的剧目应该进行重点推介。

（二）对外演出机制方面

1. 梳理国有和民营对外演出机构的职能

国有和民营对外演出机构在演出市场资源方面呈现了明显的不均衡状态。国有对外演出公司的首要职能应该是完成具有公共性的对外交流，故政府直接或间接扶持的对外演出公司和组织应该集中精力在拓展文化演出交流、提升演出剧目影响等领域。而实现对外演出贸易的目标则更多的应该以商业型的民营演出机构为主，让民营对外演出机构在夯实自我的前提下，努力尝试走出去。

2. 举办对外演出国际交易会和设立演出贸易协会

目前，国内对外演出的交易平台是由中国演出家协会主办的年度中国国际演出交易会和中国上海国际演出交易会。但是这些交易会的主要参与者基本上是以国内的演出商和院团为主，能够在这些交易会上达成或签约的对外演出合同则是寥寥无几。对于中国演出企业的“走出去”战略，必须建立一个有着国际影响力的专业性演出交易会，邀请各国主要的演出经纪公司和表演团队参与，提供给中国及国外演艺企业展示的平台，只有这样才能出现更多如天创、云南印象等对外演出成功的案例。按照市场经济发展规律，加快培育以演出公司为主体的对外演出贸易行业协会，整合行业力量，树立出口品牌。充当政府和企业之间沟通的桥梁、企业参与国际合作的纽带。

3. 利用财政杠杆扶持对外演出贸易

针对当前中国对外演出规模不大、剧目种类分散的现状，为了提升在国际演出市场中的竞争优势，应该对于涉及对外演出业务和剧目的公司给予税收优惠政策或者演出补贴。可以每年从国内演出市场税收收入中按照一定比例建立对外演出专项发展基金，由文化部或直属机构运营该项基金。明确给予能够在海外演出超过规模场次的（如 50 场）公司或团体资金补贴，从而鼓励推动更多的演出公司进入国际演出市场进行竞争。同时，可以尝试进出口银行在出口信贷额度方面对于对外演出予以适当倾斜，积极为对外演出贸易出口项目提供保险支持。

4. 推动以版权输出为主导的对外演出贸易模式

当前中国剧目输出型的对外演出贸易，虽然演出风险相对较低，但是对外演出票房相对较为低廉，无法与剧目实际收益相挂钩。版权输出型的对外演出贸易模式，避免了剧目输出中的繁冗复杂的演出流程，降低了贸易壁垒，加快了资金回收。在积极创作和生产出优秀的剧目基础上，应该积极鼓励对外演出公司输出剧目版权，提升对外演出的贸易收入，拓展海外演出市场。

（三）对外演出相关内容方面

1. 建立健全演出市场数据监测和贸易统计

当前，我国文化主管部门和演出行业协会在演出数据和演出贸易统计方面依旧处于非规范的状态，也凸显了对外演出贸易监管的缺位。这就导致我们无法较为精确地判断对外演出的市场规模、剧目类型、观众票房以及社会影响力等。国内各级省市没有实时票房统计制度，行业年度报告统计口径差异较大，故可以借鉴百老汇联盟的周票房制：首先，应该在上海、北京及广州一线演出市场建立数据统计收集和监测试点平台，为分析和判断演出市场提供有力的论据保证。其次，统筹各级文化主管部门和统计局，逐渐完善对外演出剧目的类型、主创团队、演出票房及演出影响力等要素的备案和数据统计。

2. 深化和旅游节事市场的有机整合

国内目前的旅游演出产值已经占据了整个演出行业三分之一的比重，其中除了部分实景演出之外,大部分的旅游演出中旅游和演出比重极其不协调,使得演出活动只是旅游消费中的附带品,这对于演出市场的长线发展极其不利。特别是对于演出艺术节事活动,没有固定的场所和运营团队,经常游离于各个城市,不但未能推动地方经济发展,在巩固演出市场基础和培养观众方面亦没有明显的推动作用。参考爱丁堡演出艺术节,稳定的长效机制是其国际竞争优势的基础,在此基础上才能够推动整个演出市场的繁荣。

总而言之,在21世纪国际演出市场活动将更加频繁,各国拓展对外演出贸易和推动演艺公司跨国化经营也已成为默而不宣的共识,在宏观文化竞争的背景下,面对西方国家大型演出剧目在国内市场的票房佳绩,中国对外演出贸易则显得疲乏无力。从演出资源大国蜕变为演出市场强国方面,中国演艺产业依旧有很漫长的奋斗路程要走,需要推出一大批国际观众认可的演艺精品,需要更多能够肩负对外演出竞争的大型演艺集团。应在推动核心演艺产品和对外演出贸易的过程中不断提升市场竞争力,进而实现提升文化贸易和文化影响力。

参考文献

1. 李怀亮:《当代国际文化贸易与文化竞争》,广州:广东人民出版社2005年版。
2. 韩骏伟、胡晓明:《国际文化贸易》,广州:中山大学出版社2009年版。
3. 欧阳坚、于平等:《文化部组团赴日考察演艺产业报告》,《艺术百家》2010年。
4. 文化部对外联络局:《国际文化发展报告》,北京:商务印书馆2005年版。
5. 马明:《全球化背景下国际演出市场竞争优势》,知识产权出版社2012年版。
6. *Economic Impact Study of UK Theatre*, Dominic Shellard, University of Sheffield, April 2004.
7. DCMS: *Creative Industries Economic Estimates*,2010,9,pp. 4—8.
8. Tania Voon, *Culture Products and World Trade Organization*, Oxford University Press, 2006.
9. Tim Donahue and Jim Patterson: *Stage Money*: *The Business of the Professional Theater*, The University of Southern Carolina Press, 2010.

案例一

大型中国风情秀《PANDA!》

近些年,中国不乏走出国门的演出,特别是中国功夫、杂技,可以说是目前中国演出走出去的主流形式。但是这些演出因其"大篷车"式的性质,往往走的是低端市场,经济收益非常低、可持续性差,很难走入商业演出的主流市场。同时,随着市场的不断饱和,中国功夫、杂技演出同质化竞争的越发严重,有的地方甚至出现了恶性竞争的情况,走出去总体形势不容看好。

登上拉斯维加斯?! 能演多久?

世界著名的体验之都——拉斯维加斯是世界三大秀场之一,每年大大小小各种演出云集。据统计，每天都有60余台秀在拉斯维加斯上演，这些秀里面不乏中国功夫、杂技等元素，但大都是中国演员给外国制作打工，缺乏真正的中国品牌。赵安说："我在拉斯维加斯看了很多演出，得到许多启示——要想让中国的文化登上世界的舞台，而又不靠政府买单，那只有做市场，只有靠票房来与国际接轨。"正是带着这样的认知，大型中国风情秀《PANDA！》从企划之初就定下了"中国元素、国际理念、时尚表现"的制作宗旨，誓要与传统功夫、杂技秀做出差别。

2013年末，北京京文唱片和美国金莎集团签约，确定《PANDA！》将成为拉斯维加斯宫殿剧院唯一一个中国驻场秀。今年1月3日，《PANDA！》在拉斯维加斯拉开了序幕，据《洛杉矶时报》统计报道，《PANDA！》首演80分钟内观众鼓掌100多次，谢幕达到5分钟。自此，《PANDA！》开始了自己的驻场生涯，并逐渐在拉斯维加斯积累了良好的口碑，保持着高上座率，吸引了世界各地游客的目光。

自《PANDA！》首演以来，不少西方观众和华人华侨都对《PANDA！》到底能演多久产生疑虑。因为过去的经验是中国演出一般也就能演一二场，而且大多都是免费赠票的。但是当2014年9月20日，《PANDA！》迎来其第200场驻场演出时，我们真的是由衷地为《PANDA！》叫好！有韩国观众表示：《PANDA！》这么受西方观众的欢迎，这不仅仅是中国文化的成功，也是亚洲文化的成功。

故事，是世界的

《PANDA！》主要故事线索是：一只懦弱而又可爱的熊猫娶了美丽的孔雀公主，但是新婚之时，恶魔抢走了他的妻子。为了报仇，熊猫拜师学艺，历经艰辛，最终打败了恶魔夺回了公主。

没有什么出人意料的迂回曲折，就是这么一个简单的故事，但是其背后却有着大来头。这个故事抓住的是世界观众普遍接受的"英雄梦"叙事，是很多经典的童话故事和流行的美国大片都会使用的"老套"结构。同时，事实证明通过全新包装，"英雄梦"故事往往能在世界范围内取得成功。可以说，这是一种最为浅显、保险的叙事结构，之前在全球颇受欢迎的同样是熊猫主题的美国制作的动画片《功夫熊猫》可以说也是同样的主题。当大家反思为什么中国国宝能为他人用得如此之好时，我们可以看到其实内容制作上的道理就是对于普世价值——英雄梦的把握。

中华五千年文化博大精深，在对外讲故事时未免有些顾虑和骄傲，中国的讲述者总是试图在故事里尽显中国文化的精华和积淀，寄希望于通过文艺作品能够让世人了解中国，其言行总带着点"教育"的意味。这个交流的欲望和文化立国的想法固然没有错，但是在现阶段，厚重的历史包袱带来的往往不是世界观众对中国的深度理解，而是惨淡的票房和浓浓的文化折扣。

其实，简单的"英雄"故事就很好，放下历史的包袱，用通俗的语言，我们才能更好地和世界沟通，顺其自然地将中国文化外溢。尤其需要指出的是，《PANDA！》作为换了外观的中国功夫、杂技秀，简单的故事往往能够方便其更好地将内容和形式融合，有利于观众的观赏注意力的集中。

元素,是本土的

《PANDA!》讲世界的故事,但是不忘走出去的初心,对于艺术品类丰富、人才辈出的中国,中国演出最好的元素无疑是本土的。中国功夫、杂技、熊猫显然是已经世界闻名的中国元素。由这些元素带领,加入更多中国传统元素是《PANDA!》作为大型“中国风情”秀的本质内容和诉求。《PANDA!》很好地做到了这一点,在形式上它融合了中国特色的杂技、武术、魔术、戏曲、舞蹈等,在内容上更是如此。

在此,我们用更加详实的文字复述《PANDA!》的故事:熊猫龙龙爱上了美丽的孔雀公主,在热闹的婚礼上遭到了妒火中烧的恶魔秃鹫的袭击,恶魔毁灭了美好的家园还抢走了龙龙心爱的孔雀公主,龙龙悲痛欲绝却无力反抗,神秘的武林仙人指点龙龙只有强大自己才能打败对手,龙龙踏上了学武复仇之路。一路上,龙龙被可爱的猴子们百般捉弄、向少林武僧拜师学习、冲破水底蛇妖的百般诱惑、感受到兵马俑的精神气概后,终于成为了武林高手,打败了恶魔,夺回了心爱的孔雀公主,恢复了美丽的家园。正当人们赞美龙龙是英雄时,龙龙折断了神剑化作翠绿的竹笛,吹奏出和平的声音。

这是一个有关“英雄”和“和平”的普世故事,剧情中出现“武林”概念,“花果山”“少林寺”“西湖”等地标,“蛇妖”“猴王”“秃鹫”“仙人”“兵马俑”等形象无疑是中国元素的集中表达,真正做到了用“全球通”的故事展现“本土文化”。

团队,中西合璧

在主创阵容方面,《PANDA!》无疑是亮眼的。《PANDA!》的演出团队共 49 人,都来自于中国杂技团、少林武僧团等中国名门,他们是《PANDA!》能够精彩演绎的基础。另外,阎肃、谷建芬、韩美林、冯小刚担任艺术顾问;姜昆、徐沛东、杨丽萍、杨澜、崔永元任策划;赵安任总导演。一个个响当当的名字,集中的都是国内一流的圈内人士。如此强大的团队的助力,《PANDA!》成功走出去可谓是众望所归。

《PANDA!》的成功也在于其国际化运营管理。为了避免水土不服,《PANDA!》在美国当地的营销都是与美国的专业团队合作,票务公司、宣传公司用的都是美国公司,管理公司的工作人员也基本上都是美国人,这使得《PANDA!》的运作很好地融入了美国本土的模式。值得特别注意的是,《PANDA!》在宣传上真是下足了本钱,从 2013 年 9 月开始,在美国主流媒体上做广告,拉斯维加斯的大街小巷都能见到《PANDA!》的广告,做到了真正的国际排场。

当然,作为一个成功的中国风情秀,《PANDA!》还有“大型”这个特征。舞台上,有三位动画视频背景、独特的升降投影纱筒幕、环绕立体声的线阵音响、层次透亮的灯光以及绚丽多彩的服装造型,场面宏伟气派,是当之无愧的国际制作。

《PANDA!》的成功可以说是对中国原始功夫、杂技秀的全面升级,可以说从此中国在国际上有了自己的功夫、杂技品牌。

案例二

武·蹈《门》

2013年6月，功夫舞剧《门》(武·蹈《门》)在北京大学百周年纪念讲堂首演，大获好评，也由此打开了它通往人心、走向世界的大门。在接下来的时间里，武·蹈《门》不仅在国内演出，更应邀在海外多国舞蹈节上进行表演。2014年4月，武·蹈《门》登陆2014年美国休斯敦沙拉国际舞蹈节，震撼了大洋彼岸的观众，获得了一致认可。这一年里，武·蹈《门》甚至得到了"中西方舞台艺术独一无二的融合与创新之作"的赞誉。2014年9月6日，武·蹈《门》作为2014俄罗斯"中国文化节"开幕演出在莫斯科斯坦尼斯拉夫斯基和涅米罗维奇·丹钦科音乐剧院上演，给在场观众留下了深刻印象，成为中国文化艺术交流的一张新名片。

源起——当舞者遇见武者

武·蹈《门》的诞生是一个心怀理想的舞者遇见一群身怀绝技的武者的故事。武·蹈《门》导演刘璐1991年毕业于北京舞蹈学院古典舞系，1996年加入刚刚创台的凤凰卫视担任大型晚会导演，是凤凰卫视资历最老的员工之一，十几年来执导的晚会作品涉及电影、武术、杂技、慈善等多个领域，在业内小有名气。但是舞者出身的她在这些年里内心总有一丝遗憾，自我创作的理想从未泯灭。

2006年，中国政府欲将武术申请为奥运常规比赛项目，在"武术热"的大背景下，国际功夫巨星成龙发起组建了"中华龙韵功夫表演团"，成员主要来自少林寺武僧团、神武功夫表演团等知名武术团体，均具有深厚的武术功底。在接下来的数年里，"中华龙韵功夫表演团"参加了不少大型文艺汇演，积累了丰富的表演经验。但是，随着年龄的增大，孩子们精湛但单纯的武术虽然为他们赢得了不少掌声，却也成为他们演艺事业的瓶颈。

艺术语言——"舞"与"武"的交融

一个有创作理想的舞者和一群寻求转变的武者相遇，促成了"舞"与"武"一次深度对话和融合，孕育出"武·蹈"这样一个新形式，完成了《门》这样一个优秀的舞台艺术作品。

从形式上来说，武·蹈《门》这个作品希望将功夫和舞蹈的元素彻底打散再加以融合，从而创作出一种全新的表演形式。这是一种实验性的创作，无范本可循，少年武者需要颠覆他们多年来形成的肢体语言，塑造出属于"武·蹈"的全新形式。为此，刘璐在身兼导演、编舞等数职的同时，还作为少年们的舞蹈启蒙老师和大家一起探索着。在经历一年多的闭关修炼后，少年们已经能把武术的刚和舞蹈的柔很好地结合起来，使表演兼具力量和唯美，给观者强烈的视觉冲击。此时的武术少年们就像破茧成蝶的蝴蝶，心灵与身体似乎都充满了力量。

形式与内容——《门》与生命体验

不仅在艺术语言上创新、吸引人眼球,武·蹈《门》在其他形式和内容上也是匠心独具。美国作家克里斯托弗·莫利在散文《门》中写道:"开门和关门是人生中含义最深的动作。在一扇扇门内,隐藏着何等的奥秘!我们之中谁不曾坐在某一个接待室里,注视着一扇门的迷一般意味深长的镶板?"刘璐从这段话得到了灵感,让生命体验在"武·蹈"中迸发。

武·蹈《门》讲述一个关于生命与成长的故事。故事中将"门"设定为人们的游戏,五种通关宝物就藏在五扇门后的情境里,由观众选择开始之门,进入不同的寻宝路线。这是隐喻生命的过程——我们凭直觉"闯入"那道属于自己的大门,开始了各有心得的成长之路。游戏中会经历"石头让时间发声""树木让生命流动""光影让意念恍惚""火焰让憧憬现身""栅栏让自我解放"的场景,聚齐宝物的观众将获得年轻快乐的生命活力,完成关于成长的体验。武·蹈《门》五个主要章节的内容设置富含深刻的文化意涵和生命体悟,导演试图让观者不仅惊叹于视觉的效果,同时也在故事中感到共鸣。

同时,武·蹈《门》的舞台设计和服装道具都相对简单,但情景和情节的设置往往能够很好地反映所要表达的内容,例如在"光影让意念恍惚"一章中仅利用灯光和影子以及作为假想的承载的镜子,舞台表现中最终以演员将镜子打破象征人能够看清自己的道路从而掌握自己的命运。另外值得提出的是,作为导演刘璐的挚交,武·蹈《门》的音乐制作人新生代作曲家邹航能够充分理解导演的意图,为五个门后分别制作了五种风格的音乐以配合不同主题,富有多元性,为整个演出添色不少。

现在和未来——《门》的成功与探索

之前讲述了种种武·蹈《门》外和《门》内的故事,同时也是关于武·蹈《门》之所以成功的描述性解答。总的来看,武·蹈《门》之所以成功,归功于对艺术语言的大胆创新,也归功于内容和形式的精心编排。但是从创意产生的源头来看,心怀艺术理想并且有想法敢实践的文化创意管理者——这个案例中的刘璐导演与有才干的文化艺术从业者——"中华龙韵功夫表演团"的功夫小子们的相遇才是这一奇迹的起点,加之找到了其他合适的团队成员,武·蹈《门》才能顺利运行。

武·蹈《门》现阶段在现象层面是成功的。但同时,应当注意到的是在世界范围内让观众惊叹的主要还是演出中武与舞的结合带来的视觉震撼。这固然是中国舞台艺术对外传播中的一件值得骄傲的事情。但是文化艺术传播的效果向来除了看作品带来的一夜轰动和话题外,还需要从长久看看作品内容打动和深入人心的程度,也就是作品内容的影响力和观众对作品内容的接受度。在这点上,武·蹈《门》在文化传播中到底有没有将其所要表达的生命感悟有效地传达给世界观众还需要观察。

最后,仍然还有一个议题需要提出思考,武·蹈《门》能演多久?武·蹈《门》所创造出的艺术语言"武·蹈"能否顺利用来开发其他演出项目?新的项目能否复制此刻武·蹈《门》成功?这归根结底将是关于"武·蹈"这种艺术语言存在的合理性的探讨。

第2章

新闻出版产业对外文化贸易年度报告*

一、宏观环境和产业基础

(一) 政策环境

1. 国家政策法规

2012年2月15日,中共中央办公厅、国务院办公厅印发了《国家“十二五”时期文化改革发展规划纲要》。《纲要》指出,要促进我国对外文化交流与合作,就要推动文化产品和服务的出口,打造文化交流平台和知名品牌,并通过政策支持鼓励国内文化企业对外投资和跨国经营。10月30日,新闻出版总署公布了《中华人民共和国著作权法》(修改草案第三稿),修改了包括著作权内容、视听作品著作权保护、著作权“合理使用”制度等在内的多项内容。

2013年3月1日,经国务院修改后的《计算机软件保护条例》《中华人民共和国著作权法实施条例》和《信息网络传播权保护条例》正式实施。11月12日,中国共产党第十八届三中全会通过了《中共中央关于全面深化改革若干重大问题的决定》。《决定》认为,我国文化产业的发展要在坚持社会效益和经济效益统一的前提下,从文化管理体制、文化市场体系、文化服务体系和文化对外开放等方面着手进行。在文化对外开放方面,《决定》强调了文化企业、文化人才在促进中国文化“走出去”、提高文化影响力方面至关

* 本文撰稿:鞠高雅,北京大学艺术学院艺术管理与文化产业方向博士研究生。

重要的作用。

2. 部门规章

(1) 整体发展

2012 年 1 月 9 日,国家新闻出版总署发布了一号文件《关于加快我国新闻出版业走出去的若干意见》,从宏观布局、版权、数字与实物产品、印刷服务、人才体系等多方面对新闻出版业“走出去”进行规划,力求通过政府补贴、专项资金支持、人才培养、信息服务等扶持政策鼓励企业“走出去”,从而打造出有国际影响力和竞争力的中国文化品牌,提升中国文化的国际传播力。

2013 年 3 月 22 日,国家新闻出版总署与国家广播电影电视总局正式合并为国家新闻出版广电总局。作为我国文化产业转型,尤其是政府职能部门转型的一部分,国家新闻出版广电总局的设立意味着之前中国文化产业管理条块化、部门分割严重的状态被打破,新闻、出版、广播、电影、电视等领域的资源将被统一管理和整合。

(2) 具体内容

2012 年 2 月 1 日,商务部、中宣部等十部委共同修订了《文化产品和服务出口指导目录》;2 月 26 日,新闻出版总署下发《关于加快出版传媒集团改革发展的指导意见》;6 月 28 日,新闻出版总署发布《关于支持民间资本参与出版经营活动的实施细则》;9 月 18 日,商务部、中宣部等六部委颁发《2011—2012 年度国家文化出口重点企业和重点项目目录》。

2013 年 9 月 23 日,国家版权局在其官网上公布《使用文字作品支付报酬办法(修订征求意见稿)》;10 月 30 日,国家版权局与国家发改委联合通过《教科书法定许可使用作品支付报酬办法》;12 月 25 日,财政部、国家税务总局发出《关于延续宣传文化增值税和营业税优惠政策的通知》。

值得注意的是,2012 年 12 月,国家新闻出版总署就《网络出版服务管理办法》《网络出版服务管理办法》和《境外新闻出版机构在中国境内设立办事机构管理办法》的修订稿公开征求意见。数字出版类管理规章的密集出台不仅表明了国家新闻出版相关部门对数字出版和网络出版业的重视,也显示出我国现行数字出版管理制度与其发展水平严重不符、急需修改的现状。

(二) 产业概况

1. 全行业状况

2012 年,全国出版、印刷和发行服务实现营业收入 16635.3 亿元,增长 14.2%;利润总额 1317.4 亿元,增长 16.8%;不包括数字出版的资产总额为 15729.6 亿元,增长 9.1%;所有者权益(净资产)为 8164.2 亿元,增长 11.2%。①

2013 年,全国出版、印刷和发行服务实现营业收入 18246.4 亿元,增长 9.7%;利润总额 1440.2 亿元,增长 9.3%;不包括数字出版的资产总额为 17207.7 亿元,增长 9.4%;所

① 国家新闻出版广电总局:《2012 年新闻出版产业分析报告》,2013 年 7 月 9 日。

有者权益(净资产)为 9023.2 亿元,增长 10.5% 。①

图 3-2-1 是 2010—2013 年新闻出版业总收入和利润总额的比较。由图 3-2-1 可见,近两年来,我国新闻出版行业发展稳中有进,虽然利润增速有所放缓,但行业整体的发展趋势良好。

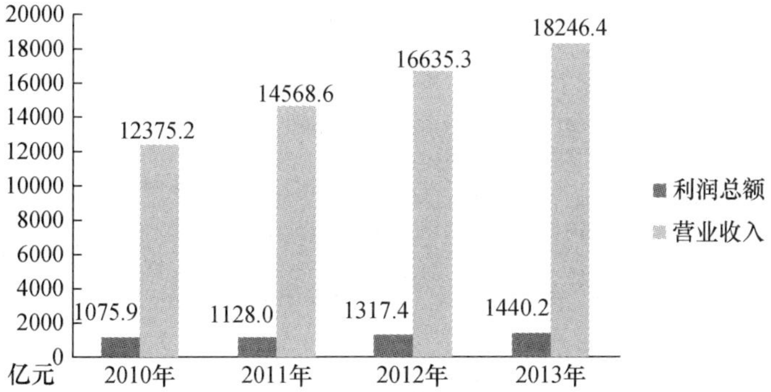

图 3-2-1 2010—2013 年中国新闻出版产业增长情况

(数据来自:中国新闻出版研究院:《2013 年新闻出版产业分析报告》,2014 年 7 月 9 日。)

2. 分门类状况

新闻出版行业主要包括六大门类,表 3-2-1 和表 3-2-2 分别显示了 2010—2013 年行业内各门类的利润总额和利润增长率的变化情况。

表 3-2-1 2010—2013 年新闻出版各门类产品的利润总额 单位:亿元

新闻出版门类	2010 年	2011 年	2012 年	2013 年
图书	77.2	94.2	115.22	118.58
期刊	18.5	22.9	25.28	28.59
报纸	100.8	98.6	99.24	87.67
音像制品	2.4	2.8	3.44	3.35
电子出版物	1	1.3	2.27	2.77
数字出版物	89.1	106.7	151.95	199.42

(数据来自:新闻出版总署:《2010 年新闻出版产业分析报告(摘要)》,2011 年 7 月 22 日;《2011 年新闻出版产业分析报告》,2012 年 7 月 12 日。国家新闻出版广电总局:《2012 年新闻出版产业分析报告》,2013 年 7 月 9 日。中国新闻出版研究院:《2013 年新闻出版产业分析报告》,2014 年 7 月 9 日。)

① 中国新闻出版研究院:《2013 年新闻出版产业分析报告》,2014 年 7 月 9 日。

表 3-2-2 2010—2013 年新闻出版各门类产品的利润增长率 单位:%

新闻出版门类	2010 年	2011 年	2012 年	2013 年
图书	3.10	22.20	22.26	2.91
期刊	49.40	23.80	10.31	13.08
报纸	43.20	-2.20	0.64	-11.66
音像制品	3.50	15.60	25.33	-2.76
电子出版物	66.70	28.00	76.77	21.74
数字出版物	39.50	19.10	42.44	31.24

(数据来自:新闻出版总署:《2010 年新闻出版产业分析报告(摘要)》,2011 年 7 月 22 日;《2011 年新闻出版产业分析报告》,2012 年 7 月 12 日。国家新闻出版广电总局:《2012 年新闻出版产业分析报告》,2013 年 7 月 9 日。中国新闻出版研究院:《2013 年新闻出版产业分析报告》,2014 年 7 月 9 日。)

由表 3-2-1 可知,整体看来,2012—2013 年新闻出版业各门类的发展仍旧延续了往年的特点:一方面,除报纸以外的各类产品的利润额均有所增长;另一方面,数字出版、图书和报纸三项的利润额远超于其他门类。表 3-2-2 的统计数据显示,近年来,新闻出版各门类的利润增速都有所放缓,其中报纸和音像类制品的利润缩减率较高,呈现出负增长态势。此外,电子和数字出版业的发展势头迅猛。尤其是数字出版业:由于基数大、增速快,它与图书和报纸门类的利润差距进一步拉大,维持了多年的图书、报纸、数字出版三分天下的局面或将被打破。

(三)科技水平

随着近年来数字化媒体的发展,我国对数字出版技术的重视度也有所提高。2012 年 9 月,首届中国国际新闻出版技术装备博览会在津举办,展会将数字出版、印刷技术与文化创意、新媒体阅读体验结合起来,体现了未来中国新闻出版技术的发展趋势。

出版技术方面,自天津国家数字出版基地云计算中心正式运营以来,“跨平台阅读技术、结构化版式技术、MPR(多媒体印刷读物技术)技术、数字版权保护技术、内容加工技术、云出版服务技术、电子纸显示屏技术等数字出版关键技术都加大了研发力度,并取得了显著进展,对产业升级起到强有力的推动作用”①。在平台建设方面,随着我国移动终端技术的普及和发展,数字出版内容投送平台的建设也更加完善,“基本形成了运营商型内容投送平台、文学创作型内容投送平台、技术服务型内容投送平台、互联网门户或信息服务型内容投送平台和电子商务型内容投送平台等五大类别,呈现出多元化的发展态势”②。

(四)国际合作

随着新闻出版业国际交流方式的多样化、国内外出版企业合作的增多,我国新闻出

① 柳斌杰:《中国出版业的数字化转型之路》,《中国出版》2012 年 9 月上期。

② 2012—2013 中国数字出版产业年度报告课题组:《中国数字出版产业发展的规模、态势及趋势分析》,《出版发行研究》2013 年第 7 期。

版"走出去"的脚步越发稳健。"在对外合作交流中,中外出版业合作模式不断创新,如与法国拉加代尔集团签署了国际销售服务协议,与亚马逊网站合作开设了基于网络的'中国书店'等,合作渠道不断拓展。目前,世界主要出版集团纷纷在华设立分公司和办事机构,中国也有一批出版企业在国外设立分支机构,双方在版权贸易、合作出版、实物进出口、出版物印刷与发行等领域的合作越来越多。"①此外,通过各种国际书展、会展、漫画展"走出去"的新闻出版产品日益增多,中国出版业"走出去"的通道拓宽、产品和服务的覆盖更全面。但与此同时,以博览会和合作出版为代表的我国现存的"走出去"模式,其效果并不能完全达到预期,新闻出版业"走出去"的平台和渠道依然有限。②

二、贸易概况

2012 年,新闻出版业进出口总额 56281.7 万美元。出版物进出口实现营业收入 86.5 亿元,增加值 5.8 亿元,增长 17.8%;利润总额 2.1 亿元,增长 21.1%。2013 年,新闻出版业进出口总额 58533.4 万美元,贸易逆差较 2012 年进一步缩小。③

(一)进口情况

1. 产品

2012 年,全国累计进口新闻出版物数量 3156.63 万册(份、盒、张),增长 4.5%;金额 46807.6 万美元,增长 10.1%。④ 2013 年,全国累计进口新闻出版物数量 2390 万册(份、盒、张),下降 24.3%;金额 48071 万美元,增长 2.7%。⑤

由图 3-2-2 可知,虽然图书、报纸、期刊类产品的进口金额数有所下降,但其仍占据我国出版物进口额的大半以上;音像制品、电子出版物与数字出版物的进口金额则持续上升,增速很快。

另外,2013 年公布的《2012 年全国新闻出版业基本情况》首次在出版物进出口部分将数字出版物作为单独门类划分出来。且数据显示,我国数字出版物的年进口额很大,几乎独占音像、电子、数字类产品的全部进口额度。2012 年,数字出版物进口额 16433.12 万美元,占音像、电子、数字出版物进口金额的 98.48%;2013 年 19806.29 万美元,占音像、电子、数字出版物进口金额的 98.92%。⑥ 由此可见,我国国内对数字出版类产品的需求很大,数字出版市场亟待开拓。

---

① 柳斌杰:《中国出版业的新发展与国际合作新机遇》,《中国新闻出版报》2012 年 4 月 19 日。

② 张梅芳、刘海贵:《基于"博览会模式"的我国出版业"走出去"政策反思与优化》,《新闻大学》2014 年第 2 期。

③ 国家新闻出版广电总局:《2012 年新闻出版产业分析报告》,2013 年 7 月 9 日。中国新闻出版研究院:《2013 年新闻出版产业分析报告》,2014 年 7 月 9 日。

④ 国家新闻出版广电总局:《2012 年新闻出版产业分析报告》,2013 年 7 月 9 日。

⑤ 中国新闻出版研究院:《2013 年新闻出版产业分析报告》,2014 年 7 月 9 日。

⑥ 国家新闻出版广电总局出版产业发展司:《2012 年全国新闻出版业基本情况》,2013 年 7 月 31 日;国家新闻出版广电总局规划发展司:《2013 年全国新闻出版业基本情况》,2014 年 8 月 12 日。

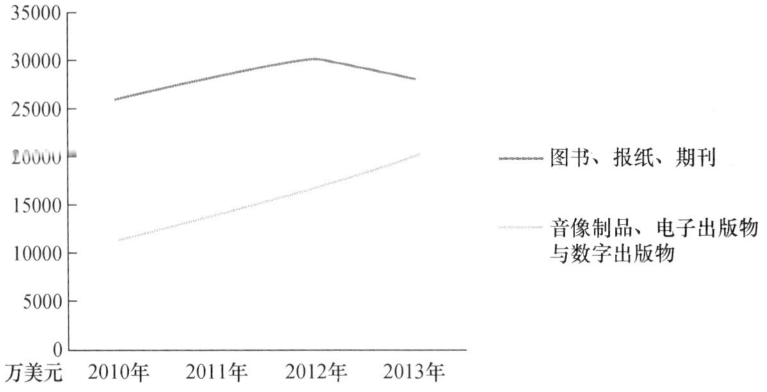

图 3-2-2　2010—2013 年新闻出版业产品年进口总值变化

(数据来自:新闻出版总署:《2010 年全国新闻出版业基本情况》,2011 年 9 月 7 日;《2010 年全国新闻出版业基本情况》,2012 年 8 月 9 日。国家新闻出版广电总局出版产业发展司:《2012 年全国新闻出版业基本情况》,2013 年 7 月 31 日。国家新闻出版广电总局规划发展司:《2013 年全国新闻出版业基本情况》,2014 年 8 月 12 日。)

2. 版权

2012 年,全国共引进出版物版权 17193 种,较 2011 年增长 10.3%。① 2013 年,全国共引进出版物版权 17613 种,增长 2.4%。②整体看来,2012—2013 年,我国出版物版权进口数目增加,增速平缓。

(二) 出口情况

1. 劳务

根据《中国印刷业对外加工贸易发展报告(2013)》的数据,2012 年,中国印刷业对外加工贸易实现了逆势增长:在全国加工贸易出口增速有所回落的情况下,印刷业以高于全国加工贸易 10 个百分点的增速实现了贸易额 772.04 亿元,增长 13.5%。

与此呼应,我国印刷业对外加工贸易的质量也有所提升:在环境保护部和国家新闻出版广电总局的联合推动下,绿色印刷标准的推广落到实处,越来越多的企业获得绿色印刷认证,印刷产业国际化进程加快。此外,随着长三角地区印刷业对外加工贸易的发展和中部地区承接印刷业对外加工贸易能力的提高,我国印刷产业带的分布开始分散化、合理化。越来越多地区和企业的加入,为我国印刷业对外加工贸易的发展注入了更多活力。③

2. 产品

2012 年,我国累计出口图书、报纸、期刊、音像制品、电子出版物、数字出版物 2087.9

① 国家新闻出版广电总局:《2012 年新闻出版产业分析报告》,2013 年 7 月 9 日。

② 中国新闻出版研究院:《2013 年新闻出版产业分析报告》,2014 年 7 月 9 日。

③ 国家新闻出版广电总局印刷发行管理司:《中国印刷业对外加工贸易发展报告(2013)》,2013 年 7 月。

万册(份、盒、张),增长 34.1%;金额 9474.1 万美元,增长 28.1%。[1] 2013 年,全国累计出口新闻出版物 2387.4 万册(份、盒、张),较 2012 年增长 14.3%;金额 10462.4 万美元,增长 10.4%。[2]

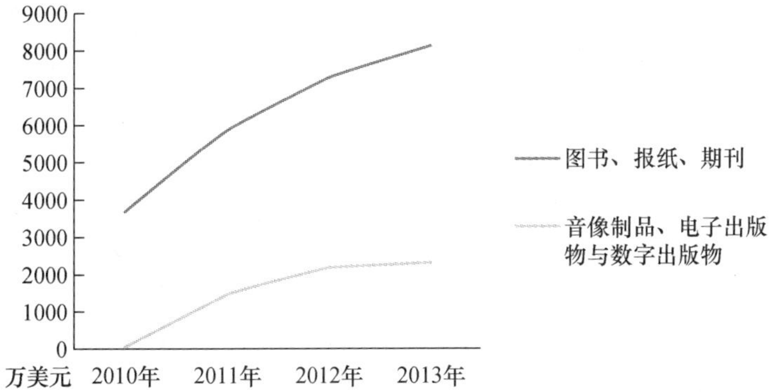

图 3-2-3 2010—2013 年新闻出版业产品年出口总值变化

(数据来自:新闻出版总署:《2010 年全国新闻出版业基本情况》,2011 年 9 月 7 日;《2010 年全国新闻出版业基本情况》,2012 年 8 月 9 日。国家新闻出版广电总局出版产业发展司:《2012 年全国新闻出版业基本情况》,2013 年 7 月 31 日。国家新闻出版广电总局规划发展司:《2013 年全国新闻出版业基本情况》,2014 年 8 月 12 日。)

根据图 3-2-3 的数据,2012—2013 年,我国图书、报纸、期刊类产品的出口规模较大,增速也较快。而音像制品、电子和数字出版物的出口规模小,虽然整体呈现出上升的趋势,但其增长速度缓慢、增长速率并不稳定。我国新闻出版产品出口贸易以图书、报纸、期刊为主的现象一方面体现出国外市场对中国文化产品的迫切需求,另一方面却显示出我国新闻出版产品出口贸易中产品结构不合理、品种单一及数字类产品缺失的问题。

3. 版权

2012 年,我国共输出版权 9365 种,增长 20.3%(其中输出出版物版权增长 26.4%),其中图书 7568 种,录音制品 97 种,录像制品 51 种,电子出版物 115 种。版权输出与引进比由 2011 年的 1:2.1 提高到 1:1.9。版权输出地情况如下:美国 1259 种,英国 606 种,德国 354 种,法国 130 种,俄罗斯 104 种,加拿大 122 种,新加坡 292 种,日本 405 种,韩国 310 种,香港地区 511 种,澳门地区 1 种,台湾地区 1796 种,其他地区 3475 种。[3]

2013 年,全国共输出版权 10401 种,增长 11.1%(其中输出出版物版权增长 7.8%),其中图书 7305 种,录音制品 300 种,录像制品 193 种,电子出版物 646 种。版权输出与引进比达到 1:1.7。版权输出地情况如下:美国 1266 种,英国 731 种,德国 452 种,法国 243 种,俄罗斯 125 种,加拿大 157 种,新加坡 532 种,日本 388 种,韩国 695 种,

---

① 国家新闻出版广电总局:《2012 年新闻出版产业分析报告》,2013 年 7 月 9 日。

② 中国新闻出版研究院:《2013 年新闻出版产业分析报告》,2014 年 7 月 9 日。

③ 国家新闻出版广电总局:《2012 年新闻出版产业分析报告》,2013 年 7 月 9 日。国家新闻出版广电总局出版产业发展司:《2012 年全国新闻出版业基本情况》,2013 年 7 月 31 日。

香港地区1051种,澳门地区143种,台湾地区1899种,其他地区2719种。[①]

全国出版物版权的对外输出增长迅速,版权输出引进比达到1∶2以上,虽然图书类版权的输出仍占总输出量的绝大部分,但电子出版物版权输出增速极快,整体版权输出结构有望向合理化均衡化发展。但也需注意到,我国新闻出版类产品的版权输出地分布极不平衡,主要集中在几个特定的发达国家和地区内,对其他地区的版权输出亟待优化。

(三)"走出去"工程

我国新闻出版业的"走出去"战略与国家政策支持下的六大工程的实施密不可分。自经典中国国际出版工程实施以来,共有571个项目、2100种外向型图书获得了资助,累计资助金额超过1亿元。中国出版物国际营销渠道拓展工程实施至今,数十万册中文图书在全球100多家华文书店销售,亚马逊"中国书店"中的中国图书达到22万种。2012年,重点新闻出版企业海外发展扶持工程为13个重点企业"走出去"的项目争取到9650万元专项资金。截至2012年年底,中国图书对外推广计划共与61个国家的486家出版机构签署了1095项资助协议,涉及38个语种的共2201种图书。此外,中外经典互译出版项目已经启动了与俄罗斯、印度、沙特阿拉伯等国家的合作,边疆新闻出版业走出去扶持计划也取得了显著成效。[②]

(四)国际活动与合作

2012—2013年,中国积极参加和举办各类新闻出版国际活动,其中比较重要的有以下一些:

1. 国际书展

除了以主宾国身份参加了2012伦敦书展和第32届伊斯坦布尔国际书展外,中国展团还参加了第64、65届法兰克福书展,第42届伦敦书展,2012、2013年香港书展等。此外,中国还主持举办了第19、20届北京国际图书博览会以及首届中国上海国际童书展,收效良好。

2. 国际合作

在政府合作方面,主要的有:2012年2月,中国新闻出版研究院与德国法兰克福书展组委会在京签署战略合作框架协议;11月,中华人民共和国新闻出版总署与乌克兰国家广播电视委员会在乌克兰签署合作协议。2013年5月,中国国家新闻出版广电总局与印度外交部签署"中印经典和当代作品互译出版项目"合作备忘录;6月,中国新闻出版传媒集团与韩国游戏产业协会签署战略合作协议等。

在企业(组织)合作方面,主要的有:2012年4月,凤凰出版传媒集团在伦敦建立凤凰传媒国际伦敦(有限)公司。2013年2月,中文天地出版传媒股份有限公司与泰国中央中

---

① 中国新闻出版研究院:《2013年新闻出版产业分析报告》,2014年7月9日。国家新闻出版广电总局规划发展司:《2013年全国新闻出版业基本情况》,2014年8月12日。

② 新华社:《讲述好中国故事,传播好中国声音——我国新闻出版"走出去"成果综述》,2013年11月1日:http://news.xinhuanet.com/newmedia/2013-11/02/c_132852821.htm。

文电视台(TCCTV)签订了《合作意向书》,收购其49%股权;5月,中国化学会、北京大学、中科院上海有机化学研究所与英国皇家化学会签约,决定合作出版《无机化学前沿》和《有机化学前沿》共两本国际学术期刊等。

3. 其他重要事件

(1) 2012年8月28日,第六届中华图书特殊贡献奖颁奖仪式在北京举办。

(2) 2012年10月11日,中国作家莫言获得诺贝尔文学奖。

(3) 2013年8月27日,第七届中华图书特殊贡献奖颁奖仪式举行。

(4) 2013年8月13日,首届中国学术出版"走出去"高端论坛在上海举行。

(四) 整体评价

2012—2013年,我国新闻出版业对外贸易整体呈现出稳步发展的趋势:新闻出版产品进出口贸易逆差稳步缩小,版权输出品种与引进品种的比例有所提高。此外,经过多年的探索,我国新闻出版业对外贸易渠道的建设以及资本、劳务输出模式在近年来逐步成熟,新闻出版业已经开始形成了一套自己特色的"走出去"方案。从合作出版、海外投资和并购,到参加国际书展、"借船出海"建构海外传播渠道,我国新闻出版与国外企业、机构的合作方式逐渐多元化,"走出去"战略步入正轨。

然而,尽管总体发展态势良好,"走出去"战略仍面临着许多问题:新闻出版产品贸易逆差仍旧存在且数额不小,产品出口贸易结构不合理,世界知名的中国出版品牌和企业依然有限,政府政策影响力过大而市场主体——尤其是中小新闻出版企业——自主参与"走出去"的积极性不高,这些都对我国新闻出版"走出去"的持续稳定发展提出了更大的挑战。

三、发展特点

(一) 稳中有进的整体发展

2013年7月发布的《2012—2013中国出版业发展报告》将近两年来中国出版业发展的整体特点概括为"稳中求进、稳中有进"。2012—2013年,中国新闻出版产品、版权、印刷业对外加工贸易各方面皆呈现出稳步上升的局面,新闻出版业对外合作各项目展开顺利,成效显著。此外,新闻出版业"走出去"亮点频现:产品、版权出口贸易结构不断优化,数字出版产品对外输出速度加快,实物与版权出口数量提前超出"十二五"规划预期,版权输出引进比进一步提高,印刷业对外加工贸易逆势增长且布局更加合理化。

(二) 逐渐发展完善的扶持政策

由于政府部门对"走出去"战略的大力支持,与"走出去"项目相关的直接和间接扶持政策日趋完善、政策及时性提高、覆盖范围扩大、内容更加全面。例如,2012年7月,国家新闻出版总署与中国进出口银行签署了《关于扶持培育新闻出版业走出去重点企业、重点项目的合作协议》,为未来五年内走出去的新闻出版企业争取到最低200亿人民币的融资支持;2013年5月开评的经典国际出版工程放宽了对申报单位的限制,并且增加了对科技出版和对外汉语教材等类别的评比,工程总资助额从1500万元增加到3500万元,等。

此外,近年来政府对版权问题,尤其是数字出版业及其版权的关注度前所未有地提高。除起草和出台各类数字版权法律法规外,相关部门还出台了一系列政策鼓励数字出版业"走出去",如2012年商务部等10部门修改发布的《文化产品和服务出口指导目录》就将从事期刊数据库服务、电子书出口、版权输出代理服务、新闻出版产品营销服务的企业纳入年度国家文化出口重点奖励企业的范围。

(三)机会与挑战并存的数字出版业

近年来,我国数字出版产业发展迅速。2012年,我国数字出版产业总收入额达到1935.49亿元,同比增长40.47%,较2010年相比,数字出版年收益在两年内翻了一番。[①]在这种情况下,数字出版业海外贸易额不断攀升,数字出版"走出去"成效显著。2012年,我国期刊数据库的海外付费下载收入超过千万美元,电子书海外销售收入近500万美元[②],"中国知网"系列数字出版产品已被42个国家和地区的1245家海外机构使用,海外机构用户数量是"十一五"同期的两倍多。网络游戏出口额达到5.67亿美元,产品的境外收益率不断提高。[③]但随着期刊数据库、网络游戏类产品这两大"走出去"先锋的发展,数字出版产业自身的一系列问题也开始显现。针对数字出版业版权保护不到位、盗版频出的问题,国家出台了多项政策规范完善相关的版权登记制度和监管体系。此外,"走出去"的数字产品还存在着形态单一、内容重复、生产与市场需求之间差距较大、投入产出比较低等问题[④],如何才能在促进数字出版产业"走出去"的同时应对这些挑战,将是未来我国将要面对的一大难题。

(四)持续拓宽的"走出去"渠道平台

2012—2013年,以北京国际图书博览会和中国上海国际童书展为代表的会展平台建设工作卓有成效,以中国主题图书、文学作品、汉语教材、少儿出版、传统文化为代表的几类中国图书在海外市场的占有率不断提升,图书对外输出的产品格局不断完善。重点新闻出版企业海外发展扶持工程等六大工程的带动作用明显,出版企业以"借船出海"等方式与国外发行商、批发零售商建立业务往来的积极性日益提高,很多有实力的企业开始在国外设立分部以加快产品本土化的进程。此外,越来越多立志于传播中国文化的写作、翻译、出版人才得到了政府的奖励和认可,而以国际出版交流合作为目的的专业研讨

---

① 中国新闻出版研究院中国数字出版产业年度报告课题组:《2012—2013中国数字出版产业年度报告(摘要)》,《出版参考》2013年7月下旬刊。

② 新华社:《讲述好中国故事,传播好中国声音——我国新闻出版"走出去"成果综述》,2013年11月1日:http://news.xinhuanet.com/newmedia/2013-11/02/c_132852821.htm。

③ 王珺:《"十二五"上半期新闻出版走出去成就与思考》,《中国出版》2014年6月下。

④ 孙寿山:《数字出版产业的新业绩、新挑战、新举措》,《现代出版》2012年9月刊。

会、洽谈会也不断增多,国内外专家学者的交流互动日益频繁。除了对实体出版物“走出去”的渠道的建设,国家也开始着力构筑数字出版物“走出去”的网络平台。随着我国数字出版、云出版服务技术、电子纸显示屏等技术的日臻完善,以网络为主要传播渠道的数字出版物出口贸易也将获得更快的发展速度。

四、问题与对策

(一)企业作为市场主体的积极性有待提高

文化部在2012年颁布的《文化部“十二五”时期文化产业倍增计划》中强调,要依据“政府引导、企业主体、市场化运作”的原则推动文化企业和产品“走出去”,提高我国的文化软实力。企业是市场的主体,也是市场活力的关键所在,因此要开拓国际市场,就要鼓励企业主体“走出去”。基于这种考虑,2012年1月由新闻出版总署发布的《关于加快我国新闻出版业走出去的若干意见》提出,若要推动我国新闻出版企业走出去,可以“重点扶持一批外向型骨干企业,通过独资、合资、合作等方式,到境外建社建站、办报办刊、开厂开店。鼓励有条件的新闻出版企业通过上市、参股、控股等多种方式,扩大境外投资,参与国际资本运营和国际企业管理”。《意见》提出的方针在一定程度上解决了“走出去”海外企业主体缺乏的问题,扩大了新闻出版业海外投资的规模,但同时也带来了一定问题,即在由政府力量推动的新闻出版集团“走出去”的战略中,企业自身的力量和内在动力不足,“走出去”的积极性不高。

迈克尔·波特的钻石模型认为,企业的国际竞争优势是其国内竞争力优势的延伸,因此企业走向海外市场的主要动力应首先是内在的,而外在的政府政策鼓励只能起到辅助和强化的作用。但在我国新闻出版集团“走出去”战略的实施过程中,行政力量的推动起到了核心作用,加之当前我国支持新闻出版业“走出去”的政策大多是直接且快速有效的,企业在“走出去”的过程中极易因为缺乏经验、资本的积累而沦落到相对被动的位置,企业参与竞争的积极性降低,内容创新的活力不足。

针对这种情况,政府可以从多个角度对现有的“走出去”政策进行优化。一方面,在扶持集团化的大型出版企业的同时创造更多机会推动中小型企业“走出去”,丰富我国海外新闻出版市场主体的结构构成,促进行业内部的良性竞争;另一方面,联系国家对内的新闻出版政策,在分别针对国内和国外的出版业发展政策之间找到平衡点,通过资源整合促进各企业对内和对外竞争优势的互相补充和转化。

(二)注重出版物的内容创新

正如韩国政府称本国的文化产业为内容产业(Content Industry)一样,文化产品的本质是文化内容。新闻出版产品要赢得市场、获得良好收益,就需要提高产品内容的质量。近年来,我国出版业对外贸易以图书为主,虽然一些特定门类的出版物在国外市场的反应良好,但需要注意的是,我国图书对外出口贸易的产品类别非常集中,不仅产品出口结构不合理,内容的同质度也较高。因此,如何拓展全门类图书的海外市场,实现新闻出版对外贸易的均衡化发展,是一直以来各界都在关注的问题。而要提高国外消费者对中国新闻出版产品的接受程度,“内容为王”是解决问题的根本保证。

以内容取胜,要坚持几个原则。首先,政府要加大对人才培养的投入力度,鼓励更多优秀的作者、翻译者投入到出版内容的创作上来,保证丰富的出版内容来源。其次,企业要随时关注国际市场变化,熟悉各地海外市场的需求差异,因地制宜地制定不同的产品输出方针和策略,对症下药,提高中国新闻出版产品的海外本土化水平。最后,政府各职能部门、行业内协会或基金会组织要建立完整的海内外市场信息分享平台,为更多的有志于探寻海外市场的企业和作家个人提供行业信息咨询服务,使其尽可能地回避文化折扣所造成的经济、资源损失。

(三) 市场化运作有助于完善“走出去”渠道

当前,我国新闻出版类产品“走出去”的主要方式有以下几种:参加和举办各类图书博览会,参与各类国家“走出去”的项目工程,通过出版集团建立的海外分部进行分销,与各海外出版机构合作“借船出海”等。但从长远来讲,以上这些“走出去”的渠道方式各有弊端。首先,图书博览会机动性差,时间固定,空间有限,表现出版物的方式方法单一;其次,目前国内的几大“走出去”项目都由政府操办,但行政审核往往有其滞后性,操作的不灵活、法律规范不完善等问题都很有可能导致新闻出版企业错失商机,从而损失人力和财力;再次,并不是所有出版企业都有实力开设海外公司或者驻外机构,而且出版集团海外分部往往对供货、物流和仓储服务有严格的要求,其上下游服务链的完善程度直接影响着出版物在海外销售的经济效益;最后,我国目前最常用的合作出版方式是中方参与前期编辑、翻译等工作,而国外出版商负责营销和发售等后期工作,这种模式不但不利于中方了解国际市场,而且所获利润的大部分都被国外出版商攫取,国内出版商只能“赔钱赚吆喝”。

若要完善现存的产品渠道、让中国的新闻出版物真正“走出去”“走进去”,通过市场手段进行适当的调节是有必要的。我国目前的“走出去”工作在市场化运作方面还有待完善,而促使企业以市场化的目光进行市场调研分析、产品规划生产、品牌和形象塑造将有利于企业构建灵活、完整且适合自身定位的个性化海外营销渠道,此外,市场“看不见的手”的加入也将自动优化一部分资源配置,为政府节约成本。

(四) 形成完整的产业链结构

当前,尽管国家出台了一些政策鼓励各类服务、辅助类的企业和机构参与到“走出去”战略中来,但我国新闻出版业“走出去”的产业链条并不完整,咨询、中介、科研机构的参与仍旧较少。一方面,由于各项指标和具体数据的缺乏,新闻出版“走出去”的“产、学、研相结合”的发展模式并不成熟,相关科研工作的展开面临困难:新闻出版广电总局发布的新闻出版业年度报告对进出口贸易的着墨过少,数据比较笼统;而目前政府常用的数据考察指标偏向量化,对一些工程项目——尤其是难以用数字明确概括效果的项目——

的考察指标的设置比较模糊，考量并不精确。另一方面，目前，新闻出版“走出去”的产业结构呈扁平化分布，中介机构和其他各类营利、非营利性组织在“走出去”产业链中的作用并不明显。此外，对产品附加值的开发力度不足、上下游产业不发达等问题也影响着“走出去”战略的可持续发展。因此，新闻出版业要“加强‘走出去’的信息平台建设，加快培育和发展‘走出去’的中介机构、强化新闻出版业‘走出去’人才培养力度，确保沟通、交流通畅，为最终实现‘走出去’的目标、任务打下坚实的基础”①。

论莫言获诺奖为中国出版“走出去”带来的机遇和挑战

诺贝尔文学奖概况

诺贝尔文学奖最早是由瑞典化学家、发明家及商人阿尔弗雷德·诺贝尔在其遗嘱中提及并设立的。在奖项评比上，诺奖有非常详细的规则：首先，根据诺贝尔的遗嘱，诺贝尔文学奖的获奖人需要“在最近一年里，在文学方面创作出具有理想倾向的最佳作品”；其次，诺奖评比委员会在授奖时还需要考虑到奖项对“文学发展的推动作用”及能否“促进优秀的文学家为全世界所接受”②。正因如此，除了得到全世界的关注和认可外，诺奖也成为当今世界上获奖人最为多样化的文学奖项。

莫言获奖

2012 年 10 月 11 日，作家莫言被授予诺贝尔文学奖，这是自 1901 年诺奖开设以来的第一个获奖的中国作家。

莫言，原名管谟业，1955 年 2 月 17 日生，山东高密人。1985 年，莫言在《中国作家》杂志上发表了成名作《透明的红萝卜》，从而引起了国内文坛的广泛关注。作为中国当代最知名的作家之一，莫言曾获得包括茅盾文学奖、福冈亚洲文化奖在内的各项国内外大奖。他的作品“早期描写童年记忆的乡村世界，表现独特的生命体验。中期受拉美魔幻现实主义的影响，构造独特的主观感觉世界，塑造神秘的超验的对象世界，给人以“先锋”色彩。而后进入新的探索期，激情勃发，画面五彩斑斓，语言充满进攻型的反叛语言”③。诺贝尔文学奖评审委员会将莫言的文学贡献概括为“将现实和幻想、历史和社会角度结合在一起。他创作中的世界令人联想起福克纳和马尔克斯作品的融合，同时又在中国传统文学和口头文学中寻找到一个出发点”。

在莫言获得诺贝尔文学奖之后，10 月 12 日，中国 A 股出版传媒板块一路看涨，多支传媒类股票开盘涨停；莫言所著图书销售火爆，各大网站的相关书籍几乎在一夜间被抢购一空；多家影视公司开始关注莫言小说的影视改版权问题；莫言故乡高密的文化旅游

---

① 康存辉、操菊华：《基于共生理论的新闻出版业“走出去”研究》，《出版发行研究》2012 年第 8 期。

② 高建平：《诺贝尔文学奖的性质与评选过程》，《文艺争鸣》2011 年 5 月。

③ 唐毅：《浅论莫言的创作特色》，《魅力中国》2009 年 5 月（上）。

业迅速发展,政府决定拟投资6.7亿元建设莫言文化体验区,打造当地的红高粱文化。可以看到,莫言获奖对中国文化产业和新闻出版产业的推动作用很大。

莫言获奖带来的"走出去"机遇

我国自"十一五"以来开始重点扶持新闻出版产业"走出去",收效良好。2013年,我国新闻出版实物产品的出口总额达到10462.4万美元,其中图书出口占一半以上,文学艺术类作品占图书出口总金额的17.1%①。在促进新闻出版产业"走出去"的政策规划中,政府相关部门不止一次提出要建立国际知名的中国文化产品品牌,树立中国新闻出版产品在海外市场中的口碑,提高中国文化的国际影响力。

作为改革开放后最先"走出去"的中国作家之一,莫言的作品早在1988年就登陆海外市场,随后出版的《红高粱家族》在日、法、德等国也反映良好。2000年之后,随着莫言及其代表作《酒国》《生死疲劳》等在世界各地斩获多项大奖,越来越多的莫言作品被翻译成各种语言输出到海外市场。

2012年10月,在得知莫言获得诺贝尔奖的消息之后,很多外国图书商都找到当时正在参加法兰克福书展的中国展团,希望与中国出版社进行合作,向本国引进更多的中国小说。而在莫言获奖事件被国内外各大媒体刊登、播出之后,随着作家本人在国际上的声名鹊起,其作品在海外的销量和订货量也大幅提升,海外读者在对莫言作品好奇的同时,也开始关注中国其他的文化产品。"莫言获得诺贝尔文学奖,对于全中国人来说是一个振奋人心的好消息,莫言获奖让全世界读者进一步深入理解中国文学。同时,莫言获奖为中国出版业走出国门带来良好契机,促进了中国纯文学图书版权的输出。莫言获奖,图书市场上掀起'莫言效应',使他原来出版的所有图书出现销售空潮……而莫言图书的热卖,带动了更多中国纯文学作家图书热卖,会鼓舞更多人从事文学创作"②。

泰戈尔与印度文化"走出去"

以获得诺贝尔文学奖为契机"走出去"的文化概念和产业并不少见,其中一个比较有代表性的例子是泰戈尔及其故乡印度的文化产业。1913年,瑞典文学院为泰戈尔授予诺贝尔文学奖,其授奖评语——"由于他那至为敏锐、清新与优美的诗;这诗出之以高超的技巧,并由他自己用英文表达出来,使他那充满诗意的思想业已成为西方文学的一部分"——因为在一定程度上符合了当时西方对神秘的东方文化的想象,所以引发了一波西方大众了解印度文化的浪潮。

1913年以前的泰戈尔只是个有深厚英文功底的年轻的孟加拉诗人,当时的他只在很小的范围内略有名气;甚至在他刚刚获奖的时候,许多西方媒体还认为他是名不副实的,因为他的作品"在美国很少为人所知,承认那样一个人有资格享受这一崇高荣誉的人则

---

① 中国新闻出版研究院:《2013年新闻出版产业分析报告》,2014年7月9日。

② 张晔:《加快中国图书版权输出步伐的对策研究》,辽宁大学,2013年硕士学位论文。

更是廖若星辰"①。但随着他声名日渐显赫,不仅他自己的诗集得到了关注,他所宣扬的"印度古代精神"也逐渐为西方读者所知。即便是现在,作为世界上首位亚裔诺贝尔文学奖的获得者,泰戈尔的文学作品也依然对印度文化的对外推广至关重要。通过与其他国家合作建立"泰戈尔学术研究中心",印度政府已经在20多个国家设立了对外的文化交流据点,这些文化中心不仅有利于继续延伸泰戈尔文学作品的生命力,更有利于印度政府对外推广本国的其他文化产品。

机遇与挑战

以上这类将诺奖获奖人及其作品当做一种文化品牌对外传播、促进本国文化产业"走出去"的方式,对我国的文化出版业有一定的借鉴意义。但与此同时,需要注意的是,莫言的作品要达到类似于泰戈尔诗集的国际影响力还有很长一段路要走。首先,如何将文学作品尽可能原汁原味地翻译出来是摆在当前各出版社面前的一大难题。众所周知,泰戈尔的《吉檀迦利》是由其本人修改后翻译成英文的,也正因如此,他的作品能够在保有自身精髓的同时尽量减少文化折扣。但至今为止,国内译者翻译的莫言作品在国际市场上往往收效不佳,而由国外译者翻译的版本却被很多人认为是丧失了原著的部分精华所在。翻译的背后是文化,如何能在保持作品原汁原味的同时克服文化折扣、将语言这一文化屏障的影响力降到最小,是我们在未来很长一段时间内需要探索的。其次,从更广泛的角度来看,促进出版业"走出去"仅有一个契机还不够。莫言获奖的确在一定程度上为中国的文学作品打开了销路,但正如英文版《红高粱家族》的翻译者葛浩文(Howard Goldblatt)先生所说,很多中国的现当代小说在内容上并不能引起外国读者的共鸣,因为中国作者所习惯的叙事手法、故事布局与西方作品截然不同,加之文化背景的差异,使得很多西方读者难以理解中国小说所要表达的意境。莫言的作品之所以能得到很多外国学者的认可,部分也要归功于其在文学叙事中穿插的、有强烈魔幻现实主义风格的叙事手法,而这些手法恰好是外国读者们熟悉且了解的。当然,能吸引外国读者的叙事手法绝不仅仅是莫言式的。文学作品"走出去"的方式有很多种,作品在内容上的优化是需要作者们自己去不断尝试和挑战的。最后,优秀的出版物离不开优秀的出版从业者,培养更多有"走出去"意识和经验的外文编辑是中国出版业"走出去"的前提保障。

① 吴秀明、董雪:《诺贝尔文学奖与文学语言翻译——兼谈中国文学"走向世界"的文化应对策略》,《文化理论研究》2009年第5期。

第3章

电影产业对外文化贸易年度报告*

一、宏观环境与产业基础

(一)政策环境

2012年和2013年分别作为中国电影产业化改革第一个十年的结束和第二个十年的开始,中国电影的对外贸易迎来了新的转折点。

2012年2月18日,中美双方就解决WTO电影相关问题的谅解备忘录达成协议,协议内容主要包括:中国将在原每年引进美国电影配额约20部的基础上增加14部仅支持3D或IMAX放映方式的特种片电影;美方票房分账比例从13%提高至25%;中国的民营企业将得到发行进口片的机会,过去国有公司垄断进口片发行的局面将被打破等。此次双方的协议虽然会对国产电影的生存空间带来一定程度的挤压,但在优秀进口影片的刺激下,大陆的整体票房将进一步提升,有良好内容制作能力的电影制片商也将快速成长。

面对进口大片压力的同时,国家也颁布了相应的对策助拳国产片。比如:

2012年11月22日,国家电影事业发展专项资金管理委员会发布《关于对国产高新技术格式影片创作生产进行补贴的通知》《关于"对新建影院实行先征后返政策"的补充

* 作者简介:崔颖婕、朱婷婷、涂蕊玲、薛玉瑾,中国传媒大学经济与管理学院。案例"万达收购AMC案例"的作者:刘春,中国传媒大学文化发展研究院博士生。指导人:方英,中国传媒大学经济与管理学院教授;鲜佳,上海大学影视艺术技术学院博士生。

通知》《关于返还放映国产影片上缴电影专项资金的通知》和《关于对安装数字放映设备补贴的补充通知》四项扶持通知，分别对制片方、影院进行了返还已上缴专项资金、按票房比例予以资金奖励等形式的资金补贴。

2012 年 12 月初，国家广电总局电影管理局颁布了《关于加强海峡两岸电影合作管理的现行办法》，其中规定了台湾影片进入大陆不受进口配额限制、增加引进台湾电影的数量、内地与台湾合拍电影的优惠政策、发行方法等一系列有关政策，加大两岸片源输送，促进两岸间电影的交流合作，丰富国产电影的类型和产量，实现共赢。

2013 年 3 月 18 日，国家将原来的“国家新闻出版总署”和“国家广播电影电视总局”撤销，成立新的国务院直属的“国家新闻出版广电总局”，职能的强化和统一将加快文化产业的整体发展。两部委的整合，预示着文化领域的行业分割问题将显著弱化，有利于统筹新闻出版广播影视资源，促进新闻出版广播影视业繁荣发展；综合性跨行业的文化集团或将出现，有利于加快构建现代传播体系，提高文化传播能力。

2013 年 5 月 24 日，财政部、国家税务总局印发《交通运输业和部分现代服务业营业税改征增值税试点实施办法》，自 2013 年 8 月 1 日起，交通运输业和部分现代服务业“营改增”（营业税改增值税）试点将在全国范围内推开，广播影视作品的制作、播映、发行等纳入试点。

2013 年 7 月 17 日，《国家新闻出版广电总局主要职责内设机构和人员编制规定》正式下发。其中“取消一般题材电影剧本审查，实行梗概公示”及“明确取消书号总量调控”两项备受关注。此次文件中涉及的“取消一般题材电影剧本审查”是对 2006 年管理规定的重新明确。电影创作内容自由度加大。

2013 年 11 月 12 日，中国共产党第十八届中央委员会第三次全体会议《中共中央关于全面深化改革若干重大问题的决定》，全面深化改革的号角由此吹响。

（二）产业概况

2012 年中国文化产业进入关键的新时期，国家颁布诸多方针政策深化文化体制改革，推动文化产业大发展大繁荣，也使得中国电影产业得以飞速发展。2012 年全国电影产业总收入达到 209 亿元，增长率为 18%。其中票房收入 170.73 亿元，同比增长 30.18%，非票房收入 29 亿元。但海外收入进一步缩水，仅为 10.6 亿元。2012 年我国生产各类电影总产量达到 893 部，其中故事片产量高达 745 部，创历史新高；全国院线范围内新建影城 880 家，总影院数 3680 家；新增银幕数为 3832 块，平均每日新增 10.5 块银幕，总银幕数达到 13118 块；[①]全国电影市场放映将近 2000 万场，激增 65% 以上；另一方面，全年观影总人次为 4.6 亿人次，涨幅 24%。[②]

2013 年中国电影产业呈现出飞跃式的发展态势，全国电影产业总收入达到 276.8 亿元，同比增长 18%。其中票房收入 217.7 亿元，同比增长 27.5%。非票房收入 45 亿元，

① 艺恩咨询：《2012—2013 年中国电影产业研究报告》。
② 《“数”说 2012 电影产业：170 亿背后的真相》，搜狐网，http://yule.sohu.com/20130110/n363081571.shtml。

海外收入同比小幅上涨,达到 14.1 亿元。全年票房达 217.7 亿元人民币,国产片票房总和 127.67 亿元,同比增长 54.3%,占总票房的 58.6%。全年共计生产故事影片 638 部,比 2012 年减少 107 部。国内观影人次达到 6.12 亿,相较去年同比增长 32%。电影院发展持续高速增长,全国院线范围内新建影院 903 家,总影院数达 4583 家。新增银幕数为 5077 块,平均每日新增 13.9 块银幕,总银幕数达到 18195 块。①

1. 投融资

2012 年中国电影投资主体继续丰富,行业内部资本、金融资本等良性资本的理性投资趋势已经较为明显地表现出来。影视产业投资逐渐降温、趋于理性,中低成本电影越来越吸引投资者的目光。

2013 年,影视企业并购频繁,资本整合密度较高。除传统投融资渠道外,众筹等新方式的出现引起关注,而金融机构也不断探索新模式。

2. 制片业

2012—2013 年,我国电影生产蓬勃发展。

(1) 国产片强势爆发,中小成本影片收益颇丰。

2012 年是中美就解决 WTO 电影相关问题谅解备忘录达成协议,进口分账片配额增加,国产影片市场受到前所未有的压力,国产片票房在院线制改革以来首次占比低于 50%。2013 年,在国产故事片相较去年减少 107 部的情况下,票房却实现大幅度增长,占总票房的 58.65%,同比增长 54.32%,扭转颓势,再次超过进口片。

对于国产大片来说,由于高投入的制作成本,通常回报率也较有风险。而中小成本的电影,如《人再囧途之泰囧》《失恋 33 天》《致我们终将逝去的青春》和《北京遇上西雅图》则用实际的票房收入证明了其"以小搏大"的能力。

(2) 国产大片与话题性影片齐发展,类型片票房成绩亮眼

一方面,《一代宗师》《西游降魔篇》及《狄仁杰之神都龙王》,在电影叙事、工业水准等方面集中体现了国产影片的较高水准,对产业资源的整合、潜在市场的开掘和对整个行业的示范作用都不容小觑。另一方面,一批具有社会话题效应的中等成本、现实题材国产影片如《北京遇上西雅图》《致我们终将逝去的青春》《中国合伙人》等影片表现尤为突出,较高的影片质量和巨大的话题效应不仅带动了票房的走高,也使国产电影的品牌效应得到进一步巩固,有效增强了观众与优质国产影片的观影黏度,为提升未来一个时期国产影片在市场上的号召力打下了基础。②

3. 发行与营销

2012 年和 2013 年,电影发行进一步发展。除去中影和华夏两大国有公司,2013 年,华谊兄弟、光线传媒和乐视影业三家公司总计贡献票房 63.3 亿元,占全国总票房约 54%,牢牢占据前三甲的位置。其中,华谊兄弟地位稳固,再夺华语电影年度第一,光线传媒紧随其后,乐视影业则异军突起,后来居上。国内电影市场三足鼎立格局基本形

① 艺恩咨询:《2013—2014 中国电影产业研究报告》。

② 《中国电影走向主动升级》,人民网,http://culture.people.com.cn/n/2013/1024/c87423-23309014.html。

成。[①] 但发行公司两级分化趋势明显，发行主导权掌握在少数大发行公司手上，中小发行公司有较大的生存压力。

目前中国的电影产业链逐渐从制作—发行—放映到制作—发行—营销—放映转变，这两年营销力度进一步加大。2012 年的《人再囧途之泰囧》创下了国产影片票房的新记录，其总成本约 5000 万元，营销成本约 2500 万元，[②]占总投资额度的一半。2013 年的《致青春》的官方微博在一年两个月的运营时间里，总共发了微博 2409 条，几乎记录了电影筹拍、开机、制作、上线的全过程。[③] 其 7.2 亿的票房成绩也证明了网络已经成为电影营销的兵家必争之地。

4. 放映业

2013 年中国电影院发展持续高速增长，全国院线范围内总影院数达 4583 家。2013 年城市院线票房为 214.52 亿元。全年国内 46 条院线中过亿院线达 29 条，同比增长 4 条，数量占总体城市院线数的 63%。2013 年票房突破 10 亿院线共有 6 家，主力院线规模进一步扩大，其中，万达院线以年总票房突破 30 元大关继续领军全国院线，立足于二、三线城市，呈现出“一超多强”的局面，院线两级分化趋势明显。

城市院线票房集中度较高，中小院线将进入被兼并收购的阶段。随着影院建造成本的逐步增加，扩张院线或者建立品牌影院的方式已由单一的新建影城向收购、兼并等多元方式过渡。[④]

（三）技术条件

随着中国电影市场的迅速发展，人们对观影的要求已不仅仅满足所谓“大片”，IMAX 和 3D 等高技术规格的电影受到热捧，也带动了票房的大幅度增长。

2012 年全年 3D 电影一共 36 部，仅占全年上映电影数的 11%，其票房份额却占比高达 40%，前五部 3D 电影占整个 3D 电影收入的四分之一以上。而华语 3D 电影在这 36 部 3D 电影里占有 28% 的份额。[⑤]

2013 年，IMAX 全球收入增长了 1.8%，升至 2.88 亿美元，中国市场的 IMAX 收入达到 5650 万美元，较 2012 年增长 26%。目前，北美地区 IMAX 银幕数量约为 340 块，而中国国内支持 IMAX 的银幕数量为 173 块。如果 IMAX 的中国子公司运营顺利，今后几年，中国影院的 IMAX 银幕数量有望赶超北美。[⑥]

---

① 卢扬：《国产电影市场进入三国杀时代》，《北京商报》2014 年 1 月 10 日。

② 《电影网络营销启示》，腾讯科技，http://tech.qq.com/a/20130516/004385.htm。

③ 《〈致青春〉引爆社交网络的路径分析》，广告门网，http://www.adquan.com/post-13-17331.html。

④ 艺恩咨询：《2013—2014 中国电影产业研究报告》。

⑤ 《哪些 3D 电影票房收入好》，中国产业洞察网，http://www.51report.com/free/3020729.html。

⑥ 《IMAX 布局在华本土化 中国巨幕数量将超北美》，参考消息，http://finance.cankaoxiaoxi.com/2014/0417/376580.shtml。

二、贸易状况

(一) 进出口和合拍片

1. 进口情况

自2008年以来,进口片在中国电影市场总票房占比呈稳定增长之势。2012年进口片成绩斐然,年度票房前30的影片中,进口片有19部,2012年中国内地上映的进口影片共产生票房88亿元,比2011年增加27亿元,占比突破50%,达到51.5%,近9年来占比首次超国产片。在各类进口影片分类中,分账大片依然占据票房的主体份额,全年该种类影片合计票房占进口票房的83.5%,由于2012年初实行的"中美电影新政",3D/IMAX等影片的增多推动进口分账片的数量和票房的增幅。

进口片在2013年就表现得有些差强人意,不仅在整体票房上落后2012年同期,单片上也较以往大幅退步,全年仅两部电影票房超过5亿元。在单周票房冠军方面,在一年52周中,虽然进口片最终以26周单周票房冠军打平国产电影,但占比却远不及以往。2013年进口分账大片34部(包括20部普通分账片和14部IMAX与3D特种分账片),加上以国内电影公司买断版权形式进入26部国外电影,即所谓的"批片",共有60部进口片在中国放映。2013年,进口片共有28部票房过亿,总数比2012年多了五部,但在最高票房上却差了近3亿元。2012年《泰坦尼克号3D》(Titanic 3D)重映版以9.47亿元票房问鼎2012年冠军,2013年的票房冠军《钢铁侠3》则只有7.5523亿元。同时,2013年全年进口片票房共计约91亿元,比起2012年的88亿元只有略微增长,相比前几年进口片以年均30%以上的速度高速增长,2013年的进口片基本是原地踏步。①

2. 出口情况

2012年共有31家制片单位的75部国产影片(199部次)销售到海外80个国家和地区,海外票房与销售收入共10.63亿元,比2011年的海外票房收入减少了48%。② 2012年华语电影在北美共上映电影21部,较2011年多了5部,但票房总计约262万美元,几乎与2011年持平,华语电影在北美的边缘地位并没有改变。《一九四二》在最后一刻以票房312954美元超过《金陵十三钗》③成为冠军,成绩不错。作为国内在美国注册的电影发行公司"华狮公司"虽然有博纳和华谊巨资注入,发行了11部电影,但依然摆脱不了惨淡收场的结局。著名电影网站Box Office Mojo的一项统计结果显示,2012年中国电影在北美地区的小规模上映总票房突破了200万美元,比2011年整体提高了近50%,《LOVE》以30.92万美元的成绩,位列票房第一位,但不少在国内卖座的大片如《画皮2》《让子弹飞》等在北美的销售情况并不如预期,其中《让子弹飞》在2012年登陆北美市场

---

① 《2013—2014中国电影产业研究报告》,艺恩咨询,http://www.entgroup.cn/report/f/0318120.shtml。

② 黄会林:《银皮书:2012中国电影国际传播年度报告》,北京师范大学出版社2013年版。

③ 张艺谋的《金陵十三钗》虽说在2011年年底在北美试映,但正式公映时间为2012年1月20日,北美票房统计权威网站Boxoffcemojo仍然认定该片为2012年首映华语电影。

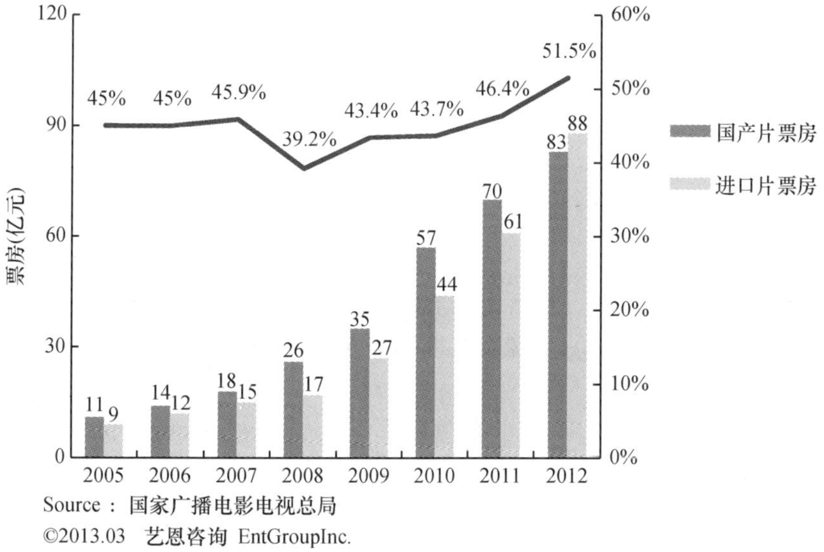

图 3-3-1 2005—2012 年国产片与进口片票房对比

后仅收获 6.3 万美元,占其全球票房的 0.1% 。而《太极:从零开始》《春娇与志明》等在国内遭遇票房滑铁卢的作品,在北美市场则获得不错的成绩。相比以前《卧虎藏龙》《英雄》等电影在北美电影市场上的风光,2012 年华语电影逊色不少。中国电影已经远远被印度电影、韩国电影甩开,单片票房成绩无法入围北美年度外语片三十强。①

在海外销售方面,2013 年中国海外销售国产影片共 45 部、247 部次,累计票房和销售收入 14.14 亿元人民币。虽然收入相较 2012 年的 10.63 亿元同比增长 33.02% ,但中国电影的海外发行收入增长与国内电影票房增长的速度有不少差距。

表 3-3-1 2013 年国产影片境外票房和销售总收入前十名② (单位:千万元)

排名	影片名	票房和销售收入	主要出品方	合拍地区/国家	出口国家数(含港台)
1	大闹天宫(3D)	34.2	星皓娱乐	中/港/美	大于 49
2	十二生肖(3D)	27.1	华谊兄弟	中/港	18
3	一代宗师	15.1	银都机构	中/港	19
4	西游:降魔篇(3D)	7.6	华谊兄弟	中/港	7
5	激战	7.6	保利博纳	中/港	6
6	大明猩(3D)	5.5	华谊兄弟	中/韩	6
7	扫毒	5.0	保利博纳	中/港	4
8	特殊身份	3.6	中影集团	中国大陆	5
9	逃出生天(3D)	3.3	保利博纳	中/港	4
10	我爱 hk 恭喜发财	2.6	银都机构	中/港	2

① 《华语电影 2012 北美票房榜》,热线电影网,http://film. szonline. net/article/720714. html。

② 数据来源:由中国电影海外推广公司根据各制片单位报表汇总制成。本统计中的票房含与香港合拍片在香港、澳门、台湾地区的票房收入,统计截至 2013 年 12 月 31 日。

在2013年境外票房和销售收入前十名中,排名第一的《大闹天宫(3D)》于2014年1月31日在内地上映,但早在2013年,其海外版权预售已经有了不错的进展。而2013年中国电影在北美地区票房上涨主要是由于《一代宗师》。它在北美电影市场创下年度外语片票房第三名(659.5万美元)的好成绩,更名列北美市场的外语片票房影史上第45名。《一代宗师》北美版删减了20分钟,并增加了对中国文化和对梁朝伟的介绍,其成绩与积极的营销有密切关系。

3. 合拍片

在我国的电影生产格局中,在市场上有反响的影片多数都是合拍片,这两年合拍片保持了良好的发展势头,合作的内容和范围不断扩大,合作的国家和地区包括了港、澳、台、英、美、日、韩等。

2012年中国电影合作制片公司共受理合拍片申请88部,66部通过立项;其中,内地与香港合拍立项作品为39部,大陆与台湾合拍影片14部,中美合拍2部。全年共审查合拍片、协拍片47部。中国与加拿大、意大利、澳大利亚、英国、法国、新西兰、新加坡、比利时等国家签署了合拍协议。[①] 2012年度,产出1000万以上票房的合拍影片共29部,其中8部票房过亿,合拍片创造的票房总和占国产片总票房的约42%。虽然内地、香港合拍的票房号召力近年来有所降低,但仍然具有较强的市场竞争力。其中内地与香港合拍的《十二生肖》累计票房8.6375亿,在当年内地票房排行榜上排名第三,《画皮2》累计票房7.264亿,排名第四,《听风者》《四大名捕》等票房均过亿。特别值得一提的是,大陆与台湾电影的合拍在2012年也取得了明显突破。全年共有10部台湾电影进入内地放映,2部与大陆合拍。合拍片《LOVE》突破了1.5亿票房。

2013年合拍片基本保持了稳定走势,中国电影合拍公司共立项电影55部,涉及香港、台湾、法国、美国、英国、韩国、日本等国家和地区。其中内地与香港合拍片立项占比62%,大陆与台湾占比20%,与其他国家合拍占比为18%。同时,合拍公司共审查通过合拍片41部,内地香港合拍片28部,占比62%;大陆台湾合拍片8部,占比20%,中国与美国、英国、韩国合拍片为5部,占比为18%。

表3-3-2　2011—2013年合拍片通过立项及通过审查情况表　(单位:部)

年份	通过立项影片数量	审查通过影片数量
2011	73	57
2012	66	47
2013	55	42

2013年与香港合拍影片仍然占据整个合拍片市场主流,与台湾合拍部分也有所起色。就内地与香港合拍片来说,虽然在数量上较2012年有所下降,但是单从票房反应来看还是成绩喜人,2013年国产票房前十位的影片中有八位都属于内地与香港合拍范畴。在电影创作方面,内地与香港合拍片的类型呈现出多元化等特点,其中类型涉及魔幻、喜

① 《2012年中国电影产业发展概要》,豆丁网,http://www.docin.com/p-764361038.html。

剧、动作、悬疑、爱情、古装等多个方面,创作上也多为几种类型杂糅兼顾。从票房上来看,排位靠前的两部内地与香港合拍片《西游降魔篇》和《狄仁杰之神都龙王》都表现不俗,相对于无法掌控的内地现实主义题材,走魔幻类型的非现实题材影片依旧是香港导演的拿手好戏。而随着近几年台湾本土电影显现的复兴势头,大陆与台湾合拍片在大陆市场有了更多的可能性, 2013 年台湾音乐人跨界做导演也成为一大现象,其中周杰伦再度回归导演身份的电影作品《天台爱情》不仅票房过亿,也填补了近年来我国电影市场上歌舞类型片的空白。

(二) 港资、外资的制片和放映业

港资和外资通过不同渠道不同方式,注入中国电影制片业和放映业,为国内电影业的发展提供了先进的管理理念和发展范式,对于中国电影进入国际市场,参与国际竞争创造了有利条件,也为我国未来电影产业发展带来了机遇。

1. 港资、外资与制片

我国电影产业环境的利好局面,对国际电影资本有较大的吸引力,特别是引起了国际电影大型公司和优秀的产业资本对中国电影产业的频频关注,如香港英皇、迪斯尼、20世纪福克斯、时代华纳、美国 MPA 电影协会等,都通过不同的渠道介入中国电影业。

近两年有一系列中国企业并购好莱坞公司的事件。比如 2012 年,大连万达集团收购美国 AMC 院线,成为全球规模最大的电影院线运营商;华人文化产业投资基金与好莱坞梦工厂设立上海东方梦工厂,进行动画技术研发和动画制作;华谊收购国际领先的数字放映公司 GDC 等。2013 年则有合润传媒与洛杉矶娱乐营销公司"好莱坞品牌(Hollywood Branded Inc.)"成立联合办公机构;《华夏时报》与北美最大的电影广告运营商 NCM 达成合作协议等。

一系列中外合拍大片也相继展开,如中韩合拍片《分手合约》,撬走了 1.92 亿元的票房,成为最卖座的中韩合拍片,令好莱坞的导演们眼红。又如迈克尔・贝执导的《变形金刚 4》。准确地说,《变 4》不仅是中美合拍片,还在中国举办了大规模的选秀和各种造势活动,其票房仰仗中国市场的程度,可见一斑。除了商业巨制,在奥斯卡级别的影片中也出现了中国片商的身影。由布拉德・皮特、希亚・拉博夫主演,大卫・阿耶执导的二战动作片《狂怒》也成为华谊兄弟和美国著名独立厂牌 QED 合作的第一部电影。[①] 虽然《狂怒》依旧是部彻头彻尾的美国电影,或难以拿到合拍片的身份,但这种国内资本走出去的实例,似乎在向我们表明,中国电影已经从资本和商业上站了起来。

2. 港资、外资与发行营销

中国电影在海外的销售业务,目前主要依靠中影集团、上影集团、华狮公司、华谊兄弟、保利华纳、橙天嘉禾这几家实力强劲的国企和民营公司。

作为中国电影走出去的一股合力和中国电影通向海外市场的国家层面的"宣传、推广、服务和销售"平台,中国电影海外推广公司恰如美国电影协会和法国联盟等其他电影

---

① 《土豪联手"西方和尚"合拍片的 2.0 时代》,腾讯娱乐,http://ent.qq.com/a/20131219/011379.htm。

大国都有的类似机构,旨在整合中国电影的总体资源,建立中国电影通向海外的统一话语平台和统一输出路径,在中国电影与各国片商之间搭建起一座沟通的桥梁,喊出中国电影在海外的声音。中国电影海外推广公司以"捕捉中国梦,向世界展示"为口号,秉承着"最大限度地扩大中国电影的海外影响,力图使中国电影在政治、经济和文化的利益层面上实现名副其实的'走出去',让中国电影通过各种载体而辉映全球"的业务宗旨,在以下三个层面开展工作:一是通过国际电影节和国际电影市场等既有平台充分拓展中国电影的能见度和知名度。二是通过与国外官方或非官方机构的合作,在目标市场举办中国电影节展,充分拓展中国电影的能见度,并以此为跳板,跳向目标市场,实现实际的商业销售。三是实际的日常销售。

2010 年成立的华狮电影发行有限公司,可能是目前唯一一家在海外市场专门从事华语片发行的中国公司。这家企业由内地电影技术领域的蒋燕鸣发起,成立一年多以来已经在北美、澳洲等地发行了近 20 部华语影片。公司在北京、洛杉矶、多伦多,悉尼和奥克兰等地均设有分支机构。华狮的模式和实践代表了一个趋势:在海外发行这一专业领域,中国电影的长远发展需要中国企业更直接、更持续的参与和投入。

3. 港资、外资与放映

中国香港地区和国外的电影工业起步较早,终端放映业成熟,拥有较为规范的管理模式,先进的技术设备和以人为本的服务意识。与上游制片产业相比,放映业可有效规避投资风险,是不熟悉中国大陆电影市场的港资、外资电影公司的首选。2012 年和 2013 年位于全国影院票房前列的北京 UME 华星国际影城由香港 UME 影院投资公司于 2002 年建成,自开业起就成为了国内影院发展的标杆。UME 影院用先进的管理理念创造品牌,稳步前行,是全国唯一一个旗下所有影院都是以五星级的影院投资公司。而韩国 CGV 影院的母公司 CJ 集团是韩国著名的十大财团之一,也是三星集团和新世界集团的母公司。CGV 影院目前在我国已有 28 家,除了硬件设施堪称一流之外,影城在经营和服务上更引入 CJ CGV 的全新服务理念,使得观众在电影城内的娱乐和享受不只停留于单纯的观影体验,在影城的特别场馆、特色活动、小卖部的特色主题食品、会员积分礼品回报等方面都能使观众得到与众不同的新型体验,力争通过硬件设施与软件服务相结合为中国的广大消费者提供"超越电影的感动"。

同时,基于国内电影市场的飞速发展以及对提升文化软实力的渴望,在中国政府大力推动下,近年一些电影公司也开始加速将中国电影推往海外的进程。2012 年 5 月,万达集团宣布以 26 亿美元收购全球第二大院线集团、美国 AMC 影院公司,成为迄今为止中国在美国娱乐业最大的一起并购案。并购完成后,万达集团同时拥有全球排名第二的 AMC 院线和亚洲排名第一的万达院线,成为全球规模最大的电影院线运营商。①

① 《万达宣布 26 亿美元收购全球第二大院线集团 AMC》,新浪财经,http://finance.sina.com.cn/chanjing/gsnews/20120521/091112107826.shtml。

三、国际交流

近两年中国电影积极参加各类国际影展百余次，不少影片获得奖项，对于国产电影无疑是一种鼓励。同时，以上海国际电影节、北京国际电影节为代表的国内A级电影节的成功举办，不仅为国内外电影同仁提供了交流的机会，也向世界证明中国电影的潜力。

（一）境外电影节获奖情况

2012年，中国共有390部影片参加了32个国家及港澳台地区的77个电影节，其中有55部影片在21个电影节上获得73个奖项，其中《团圆》《观音山》《钢的琴》等影片在国际A类电影节获得重要奖项。2013年，全年有57部影片在32个电影节上获得95个奖项，其中获得国际A类电影节奖项的影片有《一代宗师》《1942》和《郊游》等。2012—2013年，华人电影工作者也在国际电影节喜获佳绩。2012年，卢茨凭借《白鹿原》获第62届柏林国际电影节最佳摄影银熊奖，王兵凭借《三姊妹》获第69届威尼斯电影节地平线单元大奖。2013年，第26届东京国际电影节王景春凭借《警察日记》获得最佳男演员奖，第66届戛纳国际电影节贾樟柯的《天注定》获得最佳编剧奖，第85届奥斯卡金像奖李安的《少年派的奇幻漂流》获得最佳导演、最佳摄影、最佳视觉效果、最佳配乐四项大奖，演员章子怡成为戛纳国际电影节官方三大竞赛单元的评委。

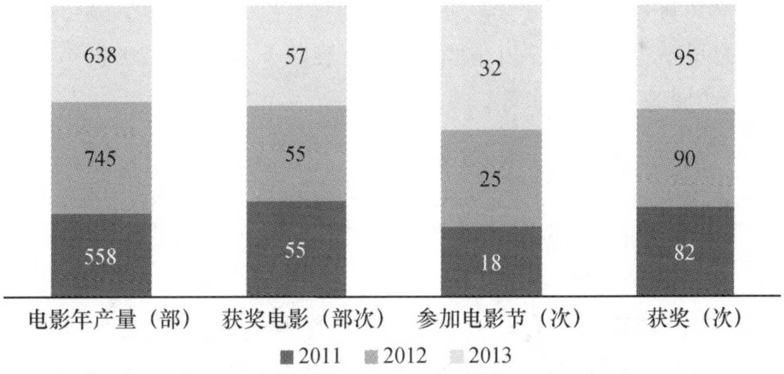

图3-3-2　中国内地电影海外获奖情况一览（2010—2013）

资料来源：根据艺恩咨询《中国电影产业研究报告》及相关资料整理而成。

但中国电影的未来发展形势依然严峻——长期与奥斯卡金像奖无缘，而在以柏林、戛纳、威尼斯三大电影节为代表的世界重要电影节的领奖台上，也越来越难见到中国电影人的身影。中国虽然步入了电影大国行列，但要成为电影强国还有很长的路要走。

（二）国内、国际电影节交流情况

2012年，第15届上海国际电影节“电影市场”首次以“电影交易市场”与“电影项目市场（合并中国电影项目创投与合拍片项目创投）”的结构崭新亮相。电影交易市场一共有超过100个国家和地区的807家电影机构参展,海外展商的比例达到50%,创下新纪录;而首次亮相的电影项目市场,共收到206个项目报名,24个入围"合拍项目"。2013年第16届上海国际电影节电影交易市场有819家参展商,达成交易向750多项,海外展商比例占42%。[①] 电影项目市场则收到224个报名项目,8个项目入围"中国电影项目创投",21个入围"合拍项目"。市场规模的扩大和交易双方规模的增加,标志着电影交易市场已经进入了快速成长时期,正日益走向繁荣。

而2012年第2届北京国际电影节,有国内外54个国家和地区的260部影片在北京20家影院集中展映,放映381场,包括第84届奥斯卡提名及获奖影片《艺术家》《后人》《生命之树》《雨果》,北美票房大热片《高楼大劫案》《布偶大电影》和亚洲首映的《复仇者联盟》等。

(三)其他展映活动

我国已与一些国家相关机构建立了长效交流机制,在法国巴黎、美国洛杉矶、纽约、日本东京、加拿大蒙特利尔等城市实现了每年固定举办一次中国电影节展的目标,在俄罗斯、新西兰、韩国实现了两年举办一次中国电影展的目标。2012年,共有614部次国产电影在境外40个国家和港澳台地区,举办了118次中国电影展映活动。[②] 如于2月在美国洛杉矶举办第二届"中外合拍电影展映",展映6部国产影片;5月戛纳电影节"中国之夜",展映2部国产电影预告片等。而2013年,参加展映的地区和影片数量均大幅增加,共参加影展136次,展映国产影片743部次,如2013年4月在联合国日内瓦办事处举行的第四届联合国中文日主题活动——"中国电影108年"展览,展映影片5部;2013年6月在印度首都新德里举办的"2013中国电影周",展映5部影片;2013年7月在委内瑞拉举办的中国电影节,展映电影4部等。

四、问题与措施

2013年共有17家制片单位在海外销售45部影片,其中33部为合拍片,销往49个国家和地区,共计247部次,中国电影海外票房及销售总额为14.14亿元。与2012年的10.63亿元相比,同期增幅达到33%。虽然中国电影的海外发行量有所增长,但海外发行收入增长相较国内电影票房增长严重滞后:2013年,中国电影票房历史性地达到217亿元,许多国产影片相继过5亿元票房大关,中国电影的强国梦虽然叫得响亮,但国际认可度却有待提高;海外票房和销售收入仅有14亿元人民币,不到国内票房的7%,也与电影大国的地位严重不符。

---

① 《第16届上海国际电影节达成交易意向750多项》,中国经济网—《经济日报》,http://www.ce.cn/culture/gd/201306/24/t20130624_24505179.shtml。

② 《2012年中国电影对外交流综述》,中国电影报,http://www.dmcc.gov.cn/publish/main/175/2013/20130123172841012678245/20130123172841012678245_.html。

“生产的影片数量多,实现出口的少;参加公益性对外交流的影片多,实现商业性海外销售的少;国产片在海外艺术院线发行和华语电影频道播出的多,进入外国商业院线和主流电视频道的少。”北京师范大学中国文化国际传播研究院院长黄会林教授分析说,除了在国际传播中的“三多三少”问题,在创作方面,中国电影创作的主体性以及艺术的创新力,已经被一种“吸金”的思维定势所代替,黄会林概括为“薄了创作厚了制作”“薄了艺术厚了技术”“薄了人文情怀厚了商业利益”。因此,中国电影当下最缺的是创意和人才等“软件”。①

具体而言,存在的问题及相应的应对措施如下:

(一)“文化折扣”,需从内外融合做起

在“文化折扣”和文化壁垒下,很多国产影片不能被海外接受,与内容狭隘、类型单一有很大关系,具体表现就是功夫(武侠)片仍占首要份额、语言和译制成为主要障碍、新兴明星号召力不足等。

因此,本土化与国际化的结合仍需予以强调,既要在文化内涵上寻求共识,在题材选取上求同存异,寻找跨种族、跨语言、跨地域的人性共鸣的元素,用全世界都能接受的叙事方式和普世价值观呈现,也要挖掘具有本土特色的中国元素,以民族气质和民族特色取胜,将“文化折扣”变成文化优势。

(二)“走出去”,要靠政府继续助推

针对我国电影出口财税机制、宏观布局机制不完善的情况,政府应从以下几几方面助推国产电影“走出去”。

完善的法律体系可有效地保护知识产权,打击盗版,维护公平竞争的市场秩序;建立电影分级制度;参加举办有影响的国际影展可与各国政府机构和专业机构建立合作机制扩大话语权,培育海外电影观众。

还要加大资金扶持、税收减免力度和培育专业机构(如海推公司)的能力,即为电影企业的境外投资审批、购汇等事宜开辟绿色通道,又可以在已有基础上搭建专业的中国电影海外营销平台,以疏通海外发行不畅的瓶颈。

(三)谋事在人,队伍建设很重要

管理人才的培养及制片、发行队伍的建设直接关系到中国电影打入全球市场的成败。可是,当今中国缺乏的不仅是有力的国际商业运营人才及专业机构组织,还有高水平的电影译制人才。人才培养机制存在的问题,在现实面前急剧凸显。

因此我国需要大力培养专业化高素质人才去掌握世界重量级电影制作发行的流程:(1)聘用好莱坞海外销售人员,组建国际版权队伍;(2)培育一批高质量人才,建立海外

① 《中国电影海外受冷遇去年无一影片票房过亿》,新浪新闻,http://news.sina.com.cn/m/2013-06-23/045927473284.shtml。

中国电影鳢,做到“师夷长技以治夷”。

(四)定位不明,何不细分市场

华语片要有明确的市场定位。目前,华语片在海外主要有三大市场,即亚洲市场,欧洲市场,还有北美、澳洲和新西兰市场。依据播映渠道的不同,又可以分为主流院线、外语片院线、音像租赁和电视播放四块。其中,第一大市场覆盖东南亚和日韩,大量的华语片都能在这里找到买家;第二大市场——欧洲的买家乐于采购艺术片,用于当地艺术院线的放映;而北美、澳洲和新西兰则青睐于合拍大片。

如果能通过细分市场策略提供差异化和不同类型的文化产品,满足不同的观影习惯和审美趣味,打造不同的国际影响力的导演和演员,相信华语片的海外推广前景将会焕然一新。

(五)“市场化”,要走跨国合作之路

随着国际影视产品竞争日趋激烈,各国电影业为了规避贸易壁垒,扩大国际市场份额,利用国际联合制片和国际合作发行来开展多种形式的跨国合作。但中国电影产业在投资、外向型资本运作、制片以及市场份额方面国际化的程度仍然偏低。

中国政府应建立市场为导向的多元投资主体的融资体系和电影产业风险投资管理制度,解决中国资金不足的问题;在经营规模方面,应组成企业集团,增强制片集团整体实力;在市场化程度方面,电影产品的运作需实行开放的全球资源配置、全球市场营销的发展战略,利用国际电影业巨头的广泛受众面和影响力,让中国影片、电影人和电影资本打入国际市场。

一句话,当务之急是着力建立与完善多层次、多渠道和国际化、信息化、网络化的现代综合电影市场体系。

(六)营销不畅,借船就可出海

中国电影“走出去”历来存在发行不畅、营销单一、缺乏主动、盗版严重、档期不同步、分账体系不明,缺乏专业化、规模化的国外发行网络和营销人员,被动地依靠海外发行公司努力等问题,所以要探索合理的营销策略和发行渠道。除了进一步健全海外推广营销体系外,还需从三方面借船出海:一是探索新的发行模式。在海外购片方一次性支付版权费用基础上细分市场分别定价销售、保底分账等,可能收到更好的发行效果。二是合理利用电影节和影展促销,借此平台拓展能见度和知名度。三是利用新媒体和网络平台,开发电影相应周边产业市场和衍生品,建设海外推广官方网站和中国电影网上交易平台。

案例一

《一代宗师》美国行

近几年海外市场上的中国电影，在合拍片《功夫梦》掀起了破十亿的票房狂潮之后就再无票房破亿影片，中国电影的出国之旅举步维艰。在一片低靡中，《一代宗师》以北美票房累计659万美元的成绩成为闪光点，首周上映就在美国上映的所有新片中取得票房排名第四的好成绩，打破了近3年来华语片在美国点映的票房纪录。《一代宗师》在美国初战告捷的原因，大概可归结为“三股力”的推动——

第一，“国际章”和“墨镜王”的高名气

《一代宗师》的北美宣传海报将章子怡和梁朝伟作为主角，并给予“国际章”充分的正脸形象作为卖点，利用明星的国际效应为电影造势。中国女星章子怡主演的《卧虎藏龙》收获4项奥斯卡奖，她参演或配音的《尖峰时刻2》《英雄》《忍者神龟》等也先后夺得过北美票房冠军，她也曾经被提名为金球奖剧情类影后和演员工会奖影后，斩获过独立精神奖并作为嘉宾颁发过奥斯卡奖等。作为《一代宗师》女主角，章子怡带来的市场吸引力显然不俗。

海报上方则标明“王家卫新作”字样。王家卫自身在美国很有号召力,曾被美国《纽约时报》形容为“可能是香港最权威和特别的导演”。电影宣传期间,奥斯卡组委会在萨缪尔·高德温剧院举行“致敬王家卫·《一代宗师》特别放映活动”,门票在发售当日就被王家卫的影迷一抢而空。

第二,电影发行推广的高度契合,北美剪辑版锦上添花

负责该影片北美发行和公关的是曾发行《艺术家》《国王的演讲》等奥斯卡最佳影片的韦恩斯坦影业。作为好莱坞的“金牌推手”,韦恩斯坦的策划对《一代宗师》北美公映的贡献不小,他们在《一代宗师》的首款北美海报上,打上了“王家卫新作”和“柏林电影节开幕电影”的字眼。

据悉,韦恩斯坦安排剧组从半个月前就开始在北美跑宣传。王家卫不但携几位主创参加多档美国访谈节目,还亲自设计美版海报、剪辑新版预告,并在英文媒体上撰稿,介绍《一代宗师》美国版的由来和幕后。此外,韦恩斯坦请到大腕塞缪尔·杰克逊为首映礼助阵,大导演马丁·斯科塞斯也被拉来作影片推介,起到推波助澜的作用。

事实上,《一代宗师》在2010年赴美国电影市场交易大会卖片时就已被看好。虽然美国媒体对影片的评价呈两极化,对其票房却一致看好。与此同时,同期上映的电影《致命契约》《世界尽头》等的整体竞争力都不算太强,有助于《一代宗师》的脱颖而出。

北京电影学院电影学系副研究员李彬认为,《一代宗师》的发行推广为国产电影走出去提供了参考:“据我所知,美国版《一代宗师》增强了故事性,有助于外国观众‘看懂’。不少国产片在开拍时的市场定位就是国内观众,没有考虑到国外受众,往外推的时候就比较困难。因此,电影走出去,先期国际化视野的设计、发行渠道上的匹配非常重要。”

不光是发行和推广的契合,《一代宗师》还为北美观众定制北美版本,也是重要的原因。

影片女主角章子怡曾经在微博上评论导演重新剪辑的北美版中,宫二与叶问的情愫摇曳出更动人的脉络。从中国版的125分钟到北美版的108分钟,本片的重新剪辑有删有增,顺序有很大幅度的调整,使影片故事性更强,却都本着加强西方人的理解这一个目的。叶问在本片中的台词都以粤语呈现,应该是梁朝伟原声,有多处不同角色的戏或旁白都融入到叶问的旁白里,交代出整个故事的脉络,并添加了不少说明性字幕。

北美剪辑版与大陆公映版十分钟的不同,以及翻译对中国传统文化的表达,说明性字幕的增加等,都是为了适应国外市场而做出的调整。

第三,“经典”功夫元素经久不衰

最为西方观众所熟悉的中国电影题材是功夫片,这保证了《一代宗师》在北美市场的高关注度。北美版电影海报上演员均摆出中国功夫的不同架势,并在中下方以鲜明红色字体注明“风靡了一个时代的功夫”字样,利用国外观众普遍认可和感兴趣的功夫元素,使观众在潜意识里形成此片为“经典”的意识。该片的武术指导袁和平因《卧虎藏龙》《骇客帝国》的精彩设计闻名美国,也成为一大卖点。绝大多数美国媒体和影评人对片中的唯美画面和武打给予高度肯定,认为该片无论打斗、摄影还是音乐编排都极具爆发力,新颖的打斗场面、爱情故事与功夫内涵的完美结合也令人赞叹,称其是"继张艺谋的《英雄》之后视觉效果最好的武侠电影,也是继李安的《卧虎藏龙》之后将武侠与浪漫主义结合得最为成功的电影"。

总之,《一代宗师》从各方面都努力扩展其海外知名度:在欧洲预热,将北美作为主战场,在柏林、戛纳、奥斯卡三大电影节上齐齐亮相等。在口碑宣传方面,美国脱口秀老将奥普拉·温弗里在个人社交网站中大力推荐这部影片,知名导演马丁·斯科塞斯的盛赞也瞬间提升了《一代宗师》的热度:"王家卫将武术片变成了一场现代舞,每一个瞬间都打造得精准无误,每一个情绪都饱含着敬意。《一代宗师》的优雅与狂暴使我着迷。"

案例二

万达并购美国 AMC 院线

一、并购背景

2012 年 9 月 4 日,大连万达集团收购美国第二大院线 AMC 娱乐公司交割仪式在美国洛杉矶的世纪城影院举行。这笔总交易额 26 亿美元的中国文化产业最大一起海外并购案前后历时两年,最终完美落幕。AMC 并购成功实践了文化与金融、文化与科技的融合,推动中美两个文化市场和两种文化资源的对接。AMC 并购案也许无法复制,但作为世界文化产业的经典案例值得认真研究。

AMC 公司与万达正式接触始于 2010 年上半年。在此之前,他们每年都要接触大量的意向投资人。这使他们人心涣散,完全无法专注经营,长期处于亏损状态。万达的强势介入使得这家美国传统企业吃下了定心丸。

万达收购 AMC 一开始并不被业界看好,美国电影业界和投资界几乎一边倒地给予负面评价。2008 年全球金融危机以来,AMC 基本处于亏损状态,对于这样一家成长性不被看好的企业,万达内部也有不同声音。收购谈判多次因双方无法达成一致而中断。万达曾一度出价 10 亿美元但遭拒绝。拖了一年多之后,AMC 的经营业绩下滑,原始股东面临到期退出的巨大压力。在这一背景下,万达以 7 亿美元收购 100% 股权并承担 19 亿美元债务,总计 26 亿美元的价格最终拿下这家全球第二大的院线公司。有报道称,万达并购 AMC 是"蛇吞象"。其实,作为收购主体的万达集团 2012 年的营业额已超过 1400 亿人民币,业务覆盖商业地产、文化旅游、高端酒店和连锁百货四大领域。而 AMC 同期收入约 152 亿人民币。从这个角度看,万达对 AMC 的并购绝不仅仅是"合并同类项",而是一次大的战略布局。万达中美院线整合后所产生的溢出效应更是无法估量。

万达并购 AMC 需要获得中美两国相关部门的审批,对于这起审批,外界有许多担忧。美国许多人担心万达通过并购输出中国影片和中国文化,而中国不少专家学者则猜测美国政府会找各种理由拖延甚至阻拦。但审批程序出乎意料的顺利,中美双方两个月左右完成所有审批。并购完成后,万达并未直接插手经营管理,仅委派一名联络员负责协调工作。与此同时,万达通过强大的信息化系统对 AMC 的经营情况进行远程实时监控,通过模块化管控确保预算目标的实现。

二、并购效益

AMC 并购加强了中美两个最大票房市场的交流与合作,形成了较为显著的聚合效应。

(一)推动人才和信息交流

2012 年 9 月,王健林在 AMC 总部参加员工见面会时便表示,万达院线和 AMC 可定期互派人员进行交流学习,互通有无,取长补短。此后,双方已开展多次短期交流实习计划。双方的人才和信息交流势必推动院线业的进一步创新和发展。两个院线的整合占据全球票房 10% 的份额,也势必成为行业的龙头和引领者。

(二)提升院线的整合效应

随着中美电影产业的深度融合,越来越多的美国大片进入中国市场,不少具有中国元素的影片也尝试在国际市场崭露头角。AMC 和万达院线的联手会在电影产业国际化进程中发挥整合效应,有助于推动中美电影产业的交流融合与良性互动。

(三)推动万达影视制作水平的提升

万达影视传媒虽是行业后起之秀,但借助院线优势和万达的资金实力,一举推出《警察故事 2013》《同桌的你》《催眠大师》等票房大片。联手 AMC 之后,万达影视传媒可借助院线优势,加强与好莱坞的合作,提升制作水平,有望对中国影视产业发展和国际化进程产生重要影响。

(四)提升万达的国际影响力

AMC 并购在美国娱乐界反响巨大,也受到国际媒体的广泛关注。并购后一个月内,全世界有 518 家媒体报道,其中海外媒体 209 家,涵盖了全球所有主要媒体,报道总体积极正面。万达借助并购做了一次很好的形象宣传和媒体公关,引发多国政府、企业和金融机构主动寻求合作,为其国际化战略开了个好头。作为万达海外投资的第一笔大单,AMC 的成功并购增强了万达国际化的信心,拓展了其获得高质量海外投资信息的渠道,有利于降低国内外融资和人力资源成本。

(五)进一步夯实 AMC 的优势地位

对于 AMC 而言,万达的进入和支持为 AMC 的经营和发展无疑也是利好。AMC 通过设备升级和财务结构调整已基本回归到良性经营状态。AMC 首席执行官洛佩兹更是雄心勃勃的表示,AMC 下一步将继续寻求收购其他院线,进一步扩大市场份额。

三、案例启示

AMC 并购案有许多可圈可点的地方,总结起来有几点值得借鉴:

(一)首先练好"内功"

万达集团是国内顶尖的民营企业,现代企业制度健全,市场化程度高,其营业额、资产规模都远远超过AMC,现金流状况好,且拥有约200亿美元的授信额度,对AMC进行收购可谓游刃有余。万达海外并购的核心策略是:任何一项并购不能对企业产生颠覆性冲击。在AMC并购后,万达持续的海外投资也映证了其雄厚的实力,实现整合优势。

(二)尊重市场规律。

在海外进行并购投资时,中方与外方有各自的顾虑与缺陷。万达在介入AMC之初就充分考虑了这些困难,始终保持低调接触,充分利用国际化团队提供法律、财务、公关的全方位服务,找出了AMC的症结所在,并对其进行了准确估价。

(三)用好"两种资源"

中国文化产业的发展存在一定程度的政策依赖性。政府为促进文化产业发展相继出台一系列扶持政策,虽然也发挥了积极作用,但难免出现厚此薄彼的情况,也导致了部分企业因长期处在政策保护下而丧失了市场竞争力。中国企业要"走出去"进行文化投资,首先应吃透国际市场规律,遵守国际游戏规则,并参与国际竞争;在此基础上,充分利用和发挥两种资源的互补优势。

(四)贯通"两个市场"

中国文化资本"走出去"绝不仅仅是机械的物理整合,而应充分利用好两种资源,打通两个市场,实现价值"发酵"。单从收益而言,国内的投资回报远高于欧美成熟市场。因此,对欧美的文化投资更看重的是利用国外的经验、科技和渠道,快速提升国内文化产业的创新能力、生产水平和市场竞争力,并将中国优秀的文化元素按市场化原则与世界分享。

第4章

电视产业对外文化贸易年度报告*

电视剧作为一种有重大社会影响力的大众传播事业,在世界各国都受到广泛的关注。在2012—2013年,我国电视产业出口力度加强,无论是出口节目的数量还是电视剧在海外播出的时长,均有所增长,且以集群方式发力创造了历年来中国纪录片海外发行的历史最好成绩。此前,中国电视剧、纪录片出口对象主要集中在欧美国家的华人聚集区、日韩、东南亚和港澳台这类华语观众集中和受汉文化影响较深的国家和地区,而《甄嬛传》《舌尖上的中国》(第一季)则是在欧美主流电视台而非华语电视台播放,可以说是国产剧走向海外的一大进步,然而我国的综艺类节目还没有跟上这个步伐,这仍需我国的电视节目制作者继续努力。鉴此,我国在电视剧对外出口上还应加强内容建设,避免出口题材单一重复,在如何打造本土品牌文化栏目、如何细分使用于全国性的服务功能以贴合市场机遇等问题上多下功夫,以期间我国电视剧在国际市场上"走得更远"。

一、宏观环境与产业基础

(一)政策情况

2012年2月1日,由商务部、中宣部、外交部、财政部、文化部、海关总署、税务总局、

---

* 本文撰稿:晏思雨、赵计慧、龙桂荻、马静、张扬、张珊、孔乃玉,中国传媒大学经济与管理学院国际文化贸易专业2011级本科生。案例《才下舌尖,又上心尖》的作者为董馨蔚,北京大学艺术学院MFA毕业生。指导人:方英,中国传媒大学经济与管理学院教授。

广电总局、新闻出版总署、国务院新闻办共同修订的《文化产品和服务出口指导目录》予以公布。其中明确规定了电视产品、广播电视节目境外落地的集成、广播影视对外工程承包服务、广播影视对外设计、咨询、勘察、监理服务等类型的重点出口企业标准。

2012年2月,中国电子视像行业协会颁布实施了《智能网络电视售后服务规范》及《平板电视名词术语规范》,这两个规范为网络电视售后服务提供了标准,旨在贯彻落实国家关于平板电视机三包政策,维护消费者合法权益,同时为平板电视机的售后服务商和网络环境、内容服务商划清产品售后服务责任与义务。

2012年2月15日,《国家"十二五"时期文化改革发展规划纲要》发布,提出加快构建公共文化服务体系、加快发展文化产业、加快文化体制机制改革创新、加强传播体系建设、加强对外文化交流与合作等要求。随后,工信部公布了《电子信息制造业"十二五"发展规划》,在其子规划《数字电视与数字家庭产业"十二五"规划》中表示,预计到2015年视听产业销售产值达2万亿元,比2010年翻番,同时平板电视占彩电产量比重达到95%以上。

2013年10月29日,国家新闻出版广电总局发出《关于进一步加强卫视频道播出电视购物短片广告管理工作的通知》,要求各级电视台按照《广告法》和总局61号令、66号令要求,强化广告播前审查把关,认真纠正违法违规行为,治理卫视频道电视购物短片广告违规等问题。

2014年3月24日,广电总局发布了针对强化网络剧、微电影等视听节目的内容审核以及节目播出机构的新规章,并在其中提出了对于违规单位以及出资者,视情节予以警告、罚款直至五年内不得投资和从事互联网视听服务的处罚,情节严重者可予以没收违法活动设备、没收违法所得、吊销许可证等处罚。该新规定给在中国热播的美剧带来了重大打击,而该项规定也引发了对网络电视剧审查尺度问题的热议。

(二)产业概况

近几年来,在广电总局的督促和支持下,现在广播影视传播体系加快升级,2013年全国广播电视向数字化、网络化、融合化加速演进,成为国内国外相结合、无线有线互联网多种手段并用、监管等日益完善的传输覆盖体系。到2013年底,广播电视综合人口覆盖率达到97.79%和98.42%,广播影视数字化水平明显提升,有线广播电视用户2.29亿,入户率达到54.14%,数字电视用户1.72亿户,占有线广播电视用户的74.95%。截至2013年底,全国共设播出机构2568座,公开开办6113套,其中广播电视节目2863套,电视节目3250套,央、省、地三级广播电视播出机构批准开办的高清电视频道达到50个。全国范围内高清节目播出规模扩大,惠民工程扎实推进,推进了广播服务均等化标准化进程。①

① 国家新闻出版广电总局发展研究中心:《中国广播电影电视发展报告(2014)》,社会科学文献出版社2014年版。

表 3-4-1　2010—2012 年全国电视节目套数统计状况

	2010	2011	2012	2013
电视节目套数(套)	3350	3370	3353	—
公共电视(套)	3272	3274	3273	3250[①]
付费电视(套)	78	96	80	—

数据来源:《中国统计年鉴》。

(三) 技术条件

数据显示,2013 年全社会固定资产投资中用于科学研究和技术服务业的投资为 3194 亿元,比 2012 年增加 27.2%[②],而 2014 年上季度的信息传输、软件和信息技术服务投资额为 10.03 亿元,比上年增长 5.5%[③]。得益于科学技术的大量投入,我国广播电视行业从创作、生产到传播、消费的各个环节都汲取了高新技术的有利成果,技术已经成为广播电视行业的重要支撑点,且具体发展情况和问题体现在以下两个方面:

(1) 三网融合进入全面实现时期。

2013 年至 2015 年正值全面实现三网融合时期,根据广电总局规划,预计到 2015 年,数字化改造将全部完成,届时双向化覆盖率有望达到 80%,双向互动电视渗透率预计将从 2011 年底的 7% 上升到 40%;2013 年我国三网融合试点城市增加到 54 个;广电总局牵头组建的中国广播电视网络公司于 2014 年 4 月 17 日注册成立[④]。但是与美国、欧洲、日本和韩国等信息网络发达、信息化水平高的国家和地区相比,我国三网融合发展还有很大差距。根据全球最大的 CDN 服务商美国 Akamai 公司 2013 年数据报告,称全球平均网络连接速已达 3.1Mbps,而中国大陆地区仅为 1.7Mbps[⑤],而 2014 年 7 月 1 日公布的最新数据显示,第一位的韩国全球平均连接速度(23.6 Mbps),上升了 8%,较第二位的日本(14.6 Mbps)已领先 9 Mbps[⑥],而中国大陆的平均网络连接速度虽有增幅,但依然落后于大多数国家。

(2) NGB 建设标准化发展迅速。

据 2014 年 7 月 6 日下午消息,由 NGB 总体专家委员会编制的《中国下一代广播电视网(NGB)自主创新战略研究报告》(下称《报告》)已正式发布,《报告》数据显示,中国广

---

① 国家广播电影电视总局统计信息,http://gdtj.chinasarft.gov.cn/showtiaomu.aspx? ID = 43a1f7c3-1d45-4ab5-b381-edeebfac5c46。

② 中商情报网:《2013 年分行业固定资产投资及其增速表》,http://www.askci.com/news/201402/24/24110384770.shtml。

③ 上海市统计局:《2014 年全社会固定投资总额表》,http://www.stats-sh.gov.cn/sjfb/201403/268035.html。

④ OFweek 光通讯网:《2014 年广电总局三网融合规划》,http://fiber.ofweek.com/2014-05/ART-210001-8420-28805383.html.

⑤ 比特网:《Akamai 全球 2013 年第一季度互联网发展状况报告》,http://net.chinabyte.com/124/12671624.shtml。

⑥ 比特网:《Akamai 全球 2014 年第一季互联网发展状况报告》,http://network.chinabyte.com/205/13002205.shtml。

播电视综合覆盖率已经超过 96.95%①,成为世界上覆盖人口最多,公众信息传送量最大,有线、无线、卫星等多种现代技术手段并用的广播电视网络。目前,我国有线广播电视网已有 333 万公里光缆线路、1000 万公里同轴电缆线路,能提供视音频等多种业务,服务 1.75 亿户用户,是全球用户规模最大的有线广播电视网络②。可见,有线广播电视网络的技术水平和服务竞争实力大大提升,地位显著增强。但基于高新技术的电视成本较高和关于数字电视技术的行业标准尚不完善,所带来的高新技术在电视行业方面应用的瓶颈依旧存在,各级有线电视网络技术人员缺乏广播电视技术理论基础,只熟悉传统的模拟电视技术和设备,对新技术和设备的应用不够专业化等不足也是造成我国电视行业与国际水准存在差距的原因。

二、贸易概况

随着中国文化产品制作、发行水平的提高,中国文化产业进入世界文化市场的进程较之前大大加快。其中,中国电视产业国际贸易的情况正随着中国电视节目制作、发行水平的提高而得到明显改善。以下将从产品、服务和版权三方面来详细介绍中国电视产业国际贸易的发展状况。

(一) 电视节目的进出口总额情况

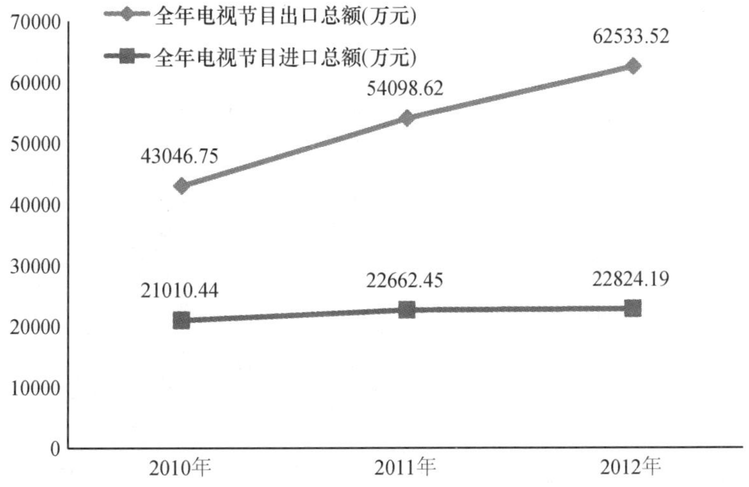

图 3-4-1 2010—2012 电视节目进出口总额③

2012 年电视节目出口额相较 2010 年和 2011 年而言,增长幅度很小;而 2012 年的进

① 慧聪广电网:《中国下一代广播电视网(NGB)自主创新战略研究报告》http://www.broadcast.hc360.com/。
② 同上。
③ 中国人民共和国统计局:《中国统计年鉴》(2011—2013 年),www.stats.gov.cn/tjsj/ndsj/。

口额总体呈逐年上升趋势,比2010年和2011年有大幅提高,增长幅度分别为45.27%和15.59%。

随着知识产权保护意识的增强和一系列版权纠纷的出现及其解决,电视台对模式节目逐渐认可,纷纷开始进行综艺节目版权贸易。2012年夏,浙江卫视打造的《中国好声音》收视火爆,让国内电视从业者认识到了国外成熟节目模式的魅力。不少卫视纷纷效仿,湖南卫视引进了英国真人秀节目模式《X-factor》,打造了《中国最强音》;东方卫视的《中国梦之声》来自于瑞典选秀节目《Idol》;江苏卫视引进了德国节目《临危不惧》的模式,制作了《星跳水立方》。加上《中国星跳跃》《中国梦想秀》《舞林争霸》等节目,短短一年时间,中国就引进了近20档来源于欧美节目模式的综艺节目。不过,这个热潮很快在2013年年初被韩国节目模式取代,国内各大电视台转而把目光投向了韩国的节目模式。像观众所熟知的《爸爸去哪儿》《我是歌手》《中国星力量》等节目均来源于韩国节目模式。

(二)电视节目的出口情况

表3-4-2　2012年中国电视节目出口时长与出口额①

	出口时长		出口金额(万人民币)	
	出口时长	占总时长比例	出口金额	占总金额比例
电视剧	15329(集)	>50%	15019	65%
纪录片	2369(时)	6%	3226	14%
总计	37573(时)	100%	22824	100%

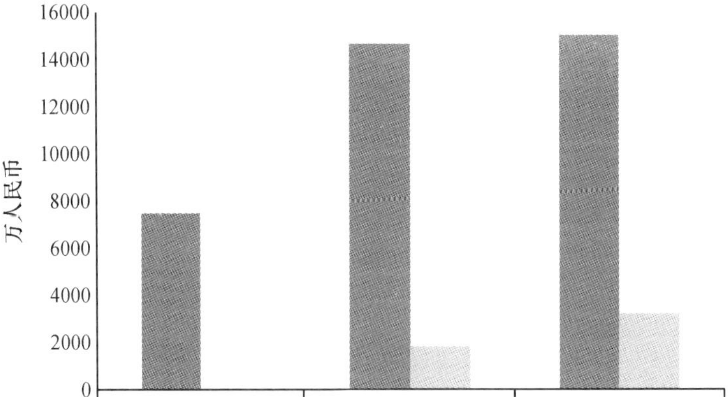

	2010	2011	2012
电视剧	7484	14649	15019
纪录片	—	1833	3226

图3-4-2　2010—2012年中国电视剧、纪录片出口总额

2012年,中国电视节目的出口总时长约为37573小时,其中电视剧出口集约为15329

① 中国人民共和国统计局:《中国统计年鉴》2013年、2012年、2011年。

集,所占份额超过总时长的 50%,纪录片以 2369 小时占据 6%,出口量较 2011 年有大幅提升。2012 年,中国电视的出口总金额约为 22824 万元,其中电视剧的出口金额为 15019 万元,占总金额的 65%,而纪录片以 3226 万元占据了总金额的 14%。

从以上数据可以看出,电视剧的出口始终占据我国电视节目的大部分份额,平均每集的出口价格为 9797.76 元;纪录片出口市场的比例虽小,但平均每小时的出口价格却高达 13617.56 元。

(三)电视节目的版权进出口情况

表 3-4-3　2012 年电视节目版权进出口数量(项)①

	2012 年输出电视节目版权总数	2012 年引入电视节目版权总数
美国	192	42
英国	—	73
德国	1	2
法国	—	2
俄罗斯	—	—
加拿大	3	—
新加坡	101	26
日本	1	1
韩国	—	4
香港地区	66	24
澳门地区	—	—
台湾地区	3	—
其他地区	1164	16
总计	1531	190

由上表可知,2012 年中国电视节目版权进出口总数分别为 190 项和 1531 项,出口总数远远多于进口总数。其中,电视节目版权的主要出口国家和地区包括美国、新加坡及香港地区;而版权的进口国家和地区包括美国、英国、新加坡及香港地区。总体上看,美国、新加坡和香港地区是中国电视节目版权进出口贸易的交易大国(地区),而且出口量远远大于出口量,顺差优势非常明显。对"其他地区"的版权出口量从 2012 年的 318 项增长到 2012 年的 1164 项,可见我国版权出口规模在扩大,而进口量基本保持不变。

自 2010 年以《裸婚时代》《媳妇的美好时代》《新三国》等为代表的中国本土电视剧纷纷走向国际市场,并大受好评和欢迎之后,中国电视剧借着这股逐渐在世界市场刮起的中国风更加强势地进军海外。中国古装电视剧《甄嬛传》可谓成功走向海外的佼佼者,不仅在日本、美国、东南亚国家大受欢迎,还获得了如艾美奖等海外奖项,可谓名利双收。2012 年不仅是电视剧红火的一年,也是纪录片大力发展的一年,其中的翘楚《舌尖上的中

① 中国人民共和国统计局:《中国统计年鉴》2013 年,http://www.stats.gov.cn/tjsj/ndsj/2013/indexcl.htm。

国》第一季销售到了海外20多个国家和地区,创下了4万美元一集的纪录。①

《舌尖上的中国》第一季于CCTV-1首播,其后央视安排在2012年5月23日和2012年8月23日分别在CCTV-9和CCTV-高清重播该剧,其后也分别在台湾的公共电视主频道,香港无线收费电视卫视台、无线电视翡翠台和高清翡翠台播出。海外方面,《舌尖上的中国》第一季在2013年,在马来西亚Astro华丽台、新加坡新传媒8频道、比利时国家电视台一套等电视频道首播。②

(四)国际交流和国际合作

自2011年以来,央视纪录频道启动了20余部、70余小时的国际联合摄制项目,成功探索了多种合作模式,与世界各地的纪录片制作机构建立了良好合作关系。央视纪录频道与英国广播公司、美国国家地理频道、法国国家电视集团合作摄制的三部纪录片《秘境中国·天坑》《非洲》《生命的奇迹》于2013年起陆续在央视综合频道晚间《魅力纪录》栏目和央视纪录频道黄金时段播出。

《秘境中国·天坑》由央视纪录频道与美国国家地理频道联合摄制,讲述洞穴地质学家达里尔·格兰杰教授,为解开中国西南地区存在大量天坑这一奇特地质景观背后的谜团,带领一支国际探险队深入广西凤山天坑内部展开的一段奇妙探险旅程。《非洲》由央视纪录频道、英国广播公司、美国探索频道、法国国家电视集团联合摄制,通过一系列世界最新的拍摄技术和手段,带领观众到达以往纪录片未曾探秘的非洲角落,记录下非洲不同地域多姿多彩的生物故事。该片由英国广播公司经典自然地理类纪录片《生命》原班人马打造,近百人的摄制团队,跨越了27个国家、10万英里的路程,历时4年摄制完成。《生命的奇迹》由央视纪录频道、英国广播公司联合摄制,通过观察、分析地球上多种生物的生长与进化过程,从生物学的角度,探寻光、地球引力、时间等物质能量与生物生命结构的关系,展示自然法则如何支配与管理生物的多样性与适应力。

自2011年起,央视纪录频道启动了20余部、70余小时的国际联合摄制项目,成功探索了多种合作模式,与世界各地的纪录片制作机构建立了良好合作关系,已播出的这三部纪录片就是初步的合作成果。③

(五)整体评价

近几年我国电视行业出口力度加强,在对外广播节目播出时间逐年上升,对外电视节目播出套数和播出时间也逐年增多的同时,我国电视节目在2010年至2012年间的出口总额都在2亿元人民币以上,都为2009年出口总额(9173万人民币)的2倍。由此,我国广播电视产业的走出去力度会逐年加强。

电视剧对外输出增长的原因主要有两点:(1)广电总局此前颁布的禁止黄金档播出

---

① 数据来源:http://finance.cf8.com.cn/news/20140423/382261.shtml。

② 参考资料:维基百科 http://zh.wikipedia.org/wiki/%E8%88%8C%E5%B0%96%E4%B8%8A%E7%9A%84%E4%B8%AD%E5%9B%BD#cite_note-42。

③ 资料来源:新华网 http://news.xinhuanet.com/world/2013-08/15/c_116957311.htm。

引进剧政策的影响仍在持续;(2)以《甄嬛传》为代表的国产剧因制作水平显著的提高而继续强化海外发行、获奖的良好势头,国内外的大受好评无疑是对国产剧的肯定。

此前,中国电视剧、纪录片出口对象主要集中在欧美国家的华人聚集区、日韩、东南亚和港澳台这类华语观众集中和受汉文化影响较深的国家和地区,而《甄嬛传》《舌尖上的中国》(第一季)则是在欧美主流电视台而非华语电视台播放,可以说是国产剧走向海外的一大进步,然而我国的综艺类节目还没有跟上这个步伐,这仍需我国的电视节目制作者继续努力。

三、发展特点

相比于海外综艺节目“井喷式”的引进,2012 年到 2013 年的电视节目的海外推广类型主要集中在纪录片。2012 年至 2013 年的两年间,由中国国际电视总公司发行的纪录频道制作的节目达 25 部,累计签约节目 230 集,销售额超过 100 万美元,接近中央电视台纪录片海外发行总量的 50%。以集群方式发力,创造了历年来中国纪录片海外发行的历史最好成绩。其中,2013 年 CCTV-9 海外发行总额最高的节目依次为《超级工程》《舌尖上的中国》《丝路》《园林》。[①]

国内电视剧由于《甄嬛传》等电视剧的热播,在海外特别是欧美地区受到了越来越多人的关注。然而与韩剧、日剧、美剧等进口电视剧在国内网络上大行其道形成鲜明对比的是,国产电视剧能够称得上真正成功走出去的却是凤毛麟角。中国电视剧的海外销售额仅占总额的 5% 左右,且销售面很小,销售价格也不高,并且走出去的市场格局还存在盲区。国产电视剧的主要对外输出地是我国港澳台地区和东南亚,约占总量的 2/3,这两个区域庞大的华人群体构成了我国电视剧的主要海外受众群,而欧美等主流市场则几乎成为国产电视剧的“禁区”。[②]

(一)欧美地区影响力有限

近两年来,我国从欧美引进的电视节目版权逐渐减少,一是由于国家的限制,造成从海外引进的电视节目版权整体减少,二是由于欧美经典的电视节目是经过多年塑造形成,数量有限,不敌国内长期的大量引进消耗,三是由于受到韩国新兴真人秀节目的影响,扩大了从韩国的进口。而出口方面,中国的电视节目由于近两年来模仿和本土化改造海外经典节目,其质量提升的效果明显,然而由于风险等许多问题亟待解决,因此国内电视剧在欧美地区的发行仍举步维艰。[③]

另外,随着我国纪录片行业的不断发展,近两年我国的纪录片出口数量不断增长,同时我国制作的纪录片作品也开始在美国、英国等主流频道播出。对于影视剧而言,虽然

① 数据来源:张同道,胡智锋主编:《中国纪录片发展研究报告(2014)》,科学文献出版社 2014 年版。
② 蒋梦惟、卢扬、吴园园、李建彬:中国电视剧如何摆脱“净进口”,《北京商报》2013 年 4 月 2 日。
③ 同上。

主流电视台引进的数量非常少,但在网络上却受到大量欧美观众的喜爱,从而在欧美获得一定的市场。其中,古装剧是在欧美最受欢迎的类型,《步步惊心》《还珠格格》《仙剑奇侠传》《倾世皇妃》《天外飞仙》等以及金庸武侠剧的人气都很高。此外,琼瑶剧也收获了不少忠实的欧美粉丝。

目前来看,一方面由于将中文台词翻译为英文难度较大等问题,国内电视剧受到欧美地区的主流媒体关注少;另一方面虽然国内电视剧在网络上拥有较高的人气,然而由于为国内电视剧提供在欧美地区播放渠道的论坛缺乏专业的翻译团队,因而国内的影视剧在整个欧美地区的影响力还是非常有限的。

(二)日韩市场困难重重

作为文化折扣相对较小的两个国家,日韩在电视产业上特别是在综艺节目和电视剧两个方面,在近两年一直通过网络对中国市场大量输出,冲击国内电视剧市场。

综艺节目方面,仅 2013 年,韩国的真人秀节目被引进数量超过欧美,一跃成为 2013 年海外版权被引进中国最多的国家。而纵观中国电视节目对日韩的输出,其数量却是相去甚远。目前看来,中国在近两年大量引进韩国电视节目的原因在于欧美节目沿用多年,而韩国新兴的真人秀节目在网上大获好评,受到年轻人的大力追捧。由于国内制作水平有限和不断地恶性竞争造成我国大部分引进的综艺节目平均寿命很短,因此大部分节目总是处于不断的引进—淘汰—引进的低水平重复中,造成了电视节目资源的浪费。虽然目前韩国综艺节目模式在中国市场上受到热烈追捧,但是电视台缺少创新,导致各节目同质化严重,难以确保这股新兴的"韩流"不会随欧美模式的大潮淹没在大众审美疲劳中。而海外的经典综艺节目有限,若继续恶性循环下去,最终将会造成综艺节目的"死亡"。

电视剧方面,国内输出的电视剧数量不但没有增长,甚至还在萎缩。目前看来,日本的引进方向是深具中国特色的武侠剧,尤其是金庸同名小说改编的作品。而历史剧,如《三国演义》《水浒传》《大明王朝》《孙子兵法》等也因为拥有稳定的观众群而成为日本引进的另一方向。而在韩国,最近两年,古装剧大受欢迎,《新三国》和《步步惊心》都获得了不错的收视率。[1] 即使这样,但由于近两年我国受到韩流文化影响较深,而韩国、日本在文化产业上的保护一直很强,对于中国电视剧进口更是严格把关,因此电视剧的海外发行仍旧困难重重。

(三)东南亚和非洲市场广阔

东南亚被称为是华语剧最大的海外市场,而非洲则被指出其市场非常巨大。近两年来,和以前只有古装剧在这些地区受认可不同,现代都市剧也逐渐展现出其后来居上的

---

① 张颐武:《中国电视剧 在韩国受追捧》,http://cqrbepaper.cqnews.net/cqrb/html/2013-07/31/content_1662490.htm。

气势。

目前,向东南亚地区输出的古装剧仍然是当地最受欢迎的类型,因此贸易量比较稳定。而在非洲,反而是反映中国现代人日常生活的都市剧掀起了热播的新高潮,从而增加了这类剧在非洲的销量。据国际台影视译制中心透露,其预计今后 3 到 5 年内,将把优秀的国产电视剧逐步推向非洲。2013 年,范围首先定为 15 国,明年计划达到 30 国,直到遍及与我国建交的所有非洲国家,在初期这些电视剧都将以免费形式播出,用来培育市场。①

(四) 网络追剧是热潮

虽然世界各地都有众多华语剧观众,但是真正作为文化输出,被国外电视台正规引进的华语剧数量还是偏少的。

近两年,互联网视频发展异常迅速。网络作为这个时代强大的载体,超越了国家,使很多不能在海外的主流媒体上面播放的国内电视剧被搬上了海外各国有名的论坛,由于国内电视剧更新速度相对于海外国家特别是欧美国家电视剧的更新速度更快,因此国内电视剧吸引了一大批追捧者。这些论坛上的翻译和更新均来自网友自愿服务,由于国家间文化差异仍然存在,所以非华人在理解起来仍会存在一些困难。但是通过这个渠道,确实为国内电视剧在海外收获了一群稳定的收视群体。

(五) 海外版权价格不高

由于目前中国电视剧还没有形成自己的特色,许多题材受到限制,而可行的题材很多时候并不太容易被国外认同,而且跟风雷同的情况太多,很多电视剧甚至电影都有抄袭、克隆的影子,这就造成了目前国内电视剧在海外难以卖出高价的尴尬现状。

四、发展面临问题与对策

电视剧行业在现阶段的社会发展和世界形态中都面临巨大的挑战,现在存在于电视剧行业的一些显著和重要的问题如下:

(一) 实行自由贸易政策,搭建宽松市场环境

我国现在的电视剧大多数都是进行出口贸易,出口大于进口,而且随着电视剧质量的提高,也开始逐渐打开了欧美市场,拥有一定的收视群体。而综艺节目的贸易状况则不容乐观,近几年许多电视台为了追求高收视率大量引进国外经典的综艺节目,而国内

① 《"媳妇"在非意外走红 国产剧欲"抱团"闯非洲》,中国新闻网,http://www.chinanews.com/yl/2013/05-27/4861192.shtml。

原创的节目鲜有。实行自由贸易政策,使进口和出口反映真实的市场。放宽电视节目审查制度,为电视产业搭建一个环境宽松、各方利益公平竞争的市场大舞台,从而促进了电视节目渠道的多样化竞争。

(二)引进先进技术,培养创新型技术人才

我国在高新技术的掌握和应用方面与其他发达国家或者是掌握高新技术的国家之间还是存在一定差距的。从国外引进先进技术和先进设备,在硬件设施配备充分的同时,要注重软件的配备,尤其是人才的配备。注重高校电视创新人型人才的培养。树立教育创新观念,要从传授知识为中心的传统观念转变到既传授知识又加强培养学生创新精神和创新能力的教育观念上来,尤其是在富有活力的影视传媒创新型人才的培养上。由于影视传媒专业的院校,是一类设备、经费投入需要量大的专业,高校一定要在资源分配集中、经济条件充足的状况下,开设相关专业,并强调重点突破,力求独辟蹊径,出奇制胜。避免盲目跟风,造成资源的浪费。通过这些方面的改善来逐渐缩小国家之间的差距。

(三)针对"三不格局",加强行业自我完善

针对电视产业发展的不对称、不均衡、不稳定因素"三不"格局,本研究提出如下建议:

(1)"不对称"是指政策约束、资源能力不对称。这要求放宽政策约束,提供宽松的市场竞争环境。与此同时,对电视产业机构进行合理的引导。不能只强调资源的公平分配,而是应引导其合理利用自身优势资源,形成自身的比较优势,打造特点,出奇制胜。

(2)不均衡是指电视产业竞争格局、市场发展不均衡。由于地理区位和政策环境,造成资源配置不对称性。市场趋于两级分化,强者试图垄断,弱者则试图守护仅存的区域市场。并且由于网络的兴起,使其守住最后防线的难度更大。这要求企业拓宽渠道,可以利用新媒体以及智能终端,吸引广大活跃的用户,提供良好的用户体验和互动感受锁定用户,增加用户粘性。这些有利于传统电视台稳定自己的市场,把新媒体技术变成电视台开发的新价值。

(3)不稳定是指新媒体对传统电视的影响不稳定。目前新媒体对电视的影响刚刚处于一个不断加强的过程中,正处于不稳定的状态,但是对电视的冲击已经非常明显。市场会通过资本和技术手段使电视媒体既有的优势向新媒体转移,但是转移的速度和程度取决于政府的政策保护,也取决于自身融入新媒体的速度。电视媒体与多媒体的结合需要政府积极引导,传统电视媒体同样要加快进入速度,同时提高质量。

(四)内容为王,打造精品

"内容为王"要从三方面体现:一是"符合",内容要符合满足或引领观众的需求、激发认同或讨论,体现观众本位的重要。这一点可以学习西方、韩国以及香港的做法,采取边拍边播,利用随时更新的市场调查,还可以利用目前非常热门的大数据,根据观众的主题需求拍摄电视剧。二是“适位”,要和频道自身的资源、品牌相结合,传播内容应与传播平台相契合。三是“超越”,也就是集成精品、引领创新,成为模式示范的内容基地。

(五) 重视版权保护,强化版权资本经营

我国在对外引进电视节目的时候往往会忽略版权问题,这也使得双方在以后的合作中矛盾不断产生,也为以后电视剧的发展埋下了隐患。

(1) 重视版权保护,加强数字权益管理(DRM)。特别是对大量原创的电视剧的保护,可以提高其竞争优势,从而形成正向反馈。完善相应的版权法律,提高版权保护的意识。

(2) 围绕电视剧的版权,加大产业链或衍生产品的开发。延伸产业链,实现全产业链条开发,是文化创意产业实现高附加价值的主要手段。而电视剧产业链条开发是获得高利润、拓展盈利模式的重要手段。提高激励,促进优秀电视产品的生产。

(3) 强化电视剧版权的资本经营,完善金融市场。运用产权经营,实现利润最大化和资本的保值增值。由于版权的市场价值不一定,金融市场要提供相应的产品和服务转移分散风险,实现知识产权资本化,特别是版权的资本化。通过将其作为资产实现证券化,可以实现生产方、版权出售方和投资者的共赢,也起到预期市场的作用。

(4) 维护电视剧的品牌形象,严厉打击盗版侵权行为。一定要尽快完善相关的法律法规,健全版权登记制度,实现版权登记制度与电视剧交易体系的有效对接。否则,盗版会严重侵犯创作者的创作热情,造成电视剧的粗制滥造。

才下舌尖,又上心尖

——以《舌尖上的中国》为例

2012 年,一部《舌尖上的中国》,从中国火遍了全世界。以吃闻名的中国,用一个不具新意的内容征服了国内国外的人们。美食之于中国,就好比香水之于法国,足球之于巴西。以美食为题的电视栏目在国内几乎是每个地方频道的必要设置,尤其是以美食为招牌的地区。由中央电视台纪录频道制作、中央电视台播出的纪录片《舌尖上的中国》一经播出,便引起了广泛的社会关注,收视率赶超黄金档电视剧。

与早期在海外获得一定反响的国产纪录片对比,《舌尖上的中国》摒弃了内容的猎奇因素,不再追求心理距离的遥远,而是从认同感出发,寻找跨文化中的相同点,来加入民俗的特色成分,来吸引海外观众。与《藏北人家》《最后的山神》以异文化异民族为卖点不同,《舌尖上的中国》从最具有生理吸引力的食物出发,从最基础的食物讲出人与自然的故事与情感,在叙述中也不再是长篇累牍的模式,而是符合现当今世界上碎片式信息的读取模式,一个食物引出一段人与自然和谐共存的故事,前后故事可单独存在,也可联系起来读解,并不再是一个人或一件事成一篇。以受众的欣赏需求来调整国产纪录片的

创作模式，是海外成功的关键所在。2012 年 4 月 2 日，戛纳电影节期间，央视纪录频道的主题推介会上播放了《舌尖上的中国》，受到了一致好评，也真正完成了海外推广的历史性突破，这也让我国的纪录片人看到了希望，终于在世界的大舞台上找到了自己的席位。客观上，第 65 届戛纳电视节也为《舌尖上的中国》提供了良好的推广平台，使其成为中国所有参展纪录片中问询量位居第二的片子（位居第一位的是《超级工程》，是一部反映当代中国国计民生的特大超常规工程的纪录片），最终获得了 226 万美金的海外销售额。通过该片，外国观众越来越了解中国饮食中所蕴含的烹饪手法、食材选择、饮食礼仪和传统文化，《舌尖上的中国 2》未拍先红，单集预售价格超过了 4 万美金。《舌尖上的中国》系列为中国国产纪录片的海外销售开了一个好头，其成功之处可以归为以下几点。

一、符合西方理念的叙事方式

美食不仅和生态、物种等自然因素相关，还和民族的情怀情感相关。《舌尖上的中国》传递了同样的理念，没有简单地停留在人与美食的关系的层面，而注重挖掘人与美食的故事、人与美食的情感。从每一个人物出发，最终回到对人的关注，才是每一部伟大作品的共性。与其说《舌尖上的中国》是一部美食纪录片，不如说是披着美食的外衣，讲述了当下中国人的生活的纪录片。

纪录片面对的受众通常文化水平较高，他们的知识架构相对完整，很难被传教式的表述左右。但是人类的情感是共同的，即使是以理性主导的高素质人群，也会被人们最朴素的笑容、最真实的故事所打动。《舌尖上的中国》的内在逻辑是通过一个个鲜活的故事串联的，一个个故事传递着一个个朴素的道理，展现了中华文化负载在美食上的哲学思想。

二、国际化的制作水准

《舌尖上的中国》大量采用了特写镜头和微距拍摄手法，这与其美食纪录片的性质密不可分。在拍摄一种食材或是一种菜肴的制作方式时，制作团队采用了微距的手法，精致地呈现出食物的质感。本片中摒弃了传统纪录片连续的纪实拍摄手法，在不违背"真实"原则的基础上，进行了布光和摆拍的方式。第四集《时间的味道》中，对腊味进行了全方位各个细节的呈现。切肉、绞馅、灌肠、分扎、上挂、烘干，一组腊肠的制作过程的特写镜头让腊肠的咸香之味透过镜头直达观众味蕾。和兴腊味店开在临街的闹市，在昏黄的灯光照射下，一挂挂腊肠冒着油光，而镜头聚焦在腊肠的同时，观众也能看到店外大街上以虚影快速闪过的人流，这正与"时间的味道"暗合。国产纪录片常常因为制作经费局促而在技术上不占优势，但是《舌尖上的中国》运用了国际先进的高清拍摄设备，以微观视角，大量运用浅景深镜头，展现独特精致的中华美食。

《舌尖上的中国》还学习了国外同行快节奏的剪辑方式，每一集都包含 1000 多个镜头，大大增加了片子的信息量，令观众应接不暇却又意犹未尽。第四集《时间的味道》中，黑龙江的泡菜、广州的腊味、云南的腌鱼、安徽的臭鳜鱼、浙江的金华火腿，讲述了不同地域保存食物的不同方式。9 个地域的菜式压缩在一集 50 分钟的片子中，其场景的变换并不令人觉得生硬，它们彼此呼应、转换自如、首尾相连，民间在保存食物的方式中孕育了中华民族的智慧，同时也传递了中华民族对滋味和某种世道人心的不同感触，正可谓是“才下舌尖，又上心头”。

三、全球视野下受众需求的满足

在庞大的海外受众中，可分为两类受众：一类是生活在海外，但是曾在中国成长或者生活过一段时间，具备一定中华文化知识的华人或华裔；一类是主要生活在海外，对中华文化了解甚少的外国观众。两类观众有着不同的文化背景，对《舌尖上的中国》接受和欣赏也经历了不同的过程，但本片最终获得了两类观众的共同认可。“从小吃惯什么东西，你会一直留在你身体里面，觉得这个东西一吃就是那个味，”第二集《主食的故事》中，最后编导选择了中国最具代表性的主食饺子收尾，几句简单的画外音直接戳中了异乡游子的泪点。第一类受众通过网络看到这部纪录片后，纷纷表示自己是含着口水和泪水看完的。身处异国他乡的华人常常会产生强烈的不安全感，他们无法获得身份上的认同，也无法找到心理上的归属感。《舌尖上的中国》一夜走红，在看到家乡的美食如此诱人，家乡的景物如此壮丽的时候，每个海外华人的民族自豪感油然而生。而对于第二类观众，《舌尖上的中国》摆脱了以往宏大叙事题材的纪录片的弊病，并没有憋着劲儿想要证明什么，而是将视角聚焦普通百姓和他们的日常生活，中国各地饮食各显神通，既准又狠地戳在了外国观众的神经上。一位外国观众最喜欢的是藏族女孩卓玛的故事，深深被这个住在偏远山区、生活靠运气维系的少数民族女孩的故事所吸引，这是超出他想象范围却又真实存在的一群人的生活。

《舌尖上的中国》从舌尖到心尖，从美食到生活，从生活到国家，润物细无声，不仅介绍了饮食文化，还通过鲜活的小人物的故事，串联出了中华民族厚重与质朴的情感，讲述了变化中的中国和幸福的中国人，使观众重新认识了这个古老国度在当下所拥有的魅力与活力，看到了这个国家中普通人的归属感与幸福感。

第5章

动漫产业对外文化贸易年度报告*

2012—2013年,在政府良好的政策支持和国内经济、技术环境的支撑下,我国动漫产品的对外出口规模稳步增长,中国动漫"走出去"效果显著。从出口来看,2013年我国核心动漫产品出口额达10.2亿元,比2012年的8.3亿元增长22.89%。同时,国际合作进一步加强,国际交流不断深入,涌现出一批在国际市场上成绩斐然的动漫作品。但是,中国动漫产业的对外贸易仍在存在一些问题亟待解决,如所占海外市场份额较小,与美国、日本等动漫强国相比,产业竞争力依然较弱等等。

一、宏观环境与产业基础

(一)政策环境

从发展文化产业的全局视角来看,国家各部委以实施《文化产业振兴规划》为契机,为进一步贯彻落实党的十七届五中、六中全会精神,提高文化产业发展水平,2012—2013年间制定发布了多个促进文化产业发展的重要政策文件并积极落实。2012年2月,文化部出台了《文化部"十二五"时期文化产业倍增计划》(文产发〔2012〕7号),确定了"十二五"时期文化产业增加值至少翻一番的目标,并在推动文化产业"走出去"以及促进动漫产业发展等方面提出了具体的发展目标和主要政策措施。2012年6月,文化部制定了《文化部关于鼓励和引导民间资本进入文化领域的实施意见》(文产发〔2012〕17号),鼓

* 本文作者:安铮,北京大学艺术学院艺术管理与文化产业硕士研究生。

励民间资本投资文化产业发展，积极倡导“以政府为主导、民间为主体、市场化运作为主要方式”的方针，鼓励民间资本以资助、投资、捐赠等多种形式参与对外文化交流和对外文化贸易。而在对外文化贸易领域，2012 年 2 月，商务部等十部委共同修订了《文化产品和服务出口指导目录》，进一步明确了文化对外投资和出口的行业范围。

而针对动漫产业这一具体的行业领域，为了推进动漫产业的发展，增强动漫产业的自主创新能力，国家各部委也积极推动了有关政策的出台。首先，从发展动漫产业的总体指导方针来看，2012 年 7 月，经扶持动漫产业发展部际联席会议审定，《“十二五”时期国家动漫产业发展规划》（以下称《规划》）正式对外发布。《规划》明确“十二五”时期动漫产业发展的主要目标是推动我国从动漫大国向动漫强国跨越发展，并提出 7 项主要任务和 5 项保障措施，对“十二五”期间我国动漫产业的发展具有积极的指导意义。其中关于动漫对外贸易的部分，《规划》提出，推动动漫产业走出去，要充分利用国内国外两个市场，通过信息共享、政策咨询、宣传推广、境内外参展、表彰鼓励等方式，推动动漫企业、产品和服务走向国际市场，全面提高我国动漫产业国际化水平，并从“促进动漫产品和服务出口”“支持动漫企业走出去”“加强国际动漫产业交流合作”等方面提出了总体的指导思想和发展规划。

其次，税收政策仍然是我国促进动漫对外贸易发展的主要手段。2012 年 1 月，为促进我国动漫产业健康快速发展，增强动漫产业的自主创新能力，财政部颁发了《关于扶持动漫产业发展的增值税、营业税政策的通知》（以下称《通知》），《通知》规定，对属于增值税一般纳税人的动漫企业销售其自主开发生产的动漫软件，按 17% 的税率征收增值税后，对其增值税实际税负超过 3% 的部分，实行即征即退政策，并且规定动漫软件出口免征增值税。2011 年 5 月，财政部、海关总署、国家税务总局会同文化部共同制定颁布了《动漫企业进口动漫开发生产用品免征进口税收的暂行规定》（以下简称《规定》），规定自 2011 年 1 月 1 日至 2015 年 12 月 31 日，对经国务院有关部门认定的动漫企业自主开发、生产动漫直接产品而确需进口的商品，免征关税和进口环节增值税。2012 年 3 月，海关总署发布《关于执行动漫企业进口动漫开发、生产用品税收优惠政策有关问题的通知》，就上述《规定》中涉及的问题，如动漫企业如何获得免税资格以及免税资格的有效期、主管海关如何受理审批申请等问题进行了进一步详细的说明。而每年下发的《关于公布 2012/2013 年通过认定的动漫企业和重点动漫企业名单的通知》，则进一步确保相关的税收优惠政策惠及符合条件的动漫企业。

最后，在国内市场方面，国家也加大了对进口动漫产品的监管。2012 年 4 月，文化部、工商总局、国家版权局等国家机关联合颁发《关于开展动漫市场专项整治行动的通知》，进一步规范动漫市场经营秩序。在“加强动漫市场内容监管”方面，特别指出加强对国外动漫产品进口的监管，查处违法从事动漫产品进口的单位和个人。2013 年 10 月，国家新闻出版广电总局向各卫视下发通知，确定了 2014 年节目播出的相关调控政策，其中规定各卫视平均每天早上 8 时到晚上 21 时 30 分要播放不少于 30 分钟的国产动画片。国家对国产动画的保护扶持也在一定程度上将影响对外国动漫产品的进口。

(二) 产业概况

近年来,中国动漫产业快速发展,动漫产业总产值从“十五”时期末的不足100亿元,到2010年达470.84亿元,年均增长率超过30%;2010年至2013年,动漫产业总产值持续增长,但增长率呈逐年下降趋势。其中,2012年我国动漫产业总产值达759.94亿元,较2011年621.72亿元同比增长22.23%;而2013年我国动漫产业总产值达870.85亿元,增长率为15.99%。

表3-5-1　2010—2013年中国动漫产业总产值

年份	总产值(亿元)	增长率(%)
2010年	470.84	—
2011年	621.72	32.04
2012年	759.94	22.23
2013年	870.85	15.99

数据来源:中华人民共和国文化部网站,http://www.mcprc.gov.cn。

在电视动画片方面,新世纪以来,我国国产电视动画制作量出现了持续的增长态势。直至2012年,国产动画制作量首次出现了负增长,制作量为222938分钟,较2011年的261224分钟,增长率为-14.67%。2013年的国产动画制作量进一步下降,为204732分钟,增长率为-8.2%,表明中国国产电视动画片的生产状态有回归理性的迹象。

在动画电影方面,2012年,国内近百个从事动画电影制作的企业和机构共制作完成并获得公映许可的影片有35部(其中《我爱灰太狼》和《巴拉拉小魔仙》是两部真人饰演、动画风格的影片),比2011年的24部增加了11部,动画电影票房共计约14.47亿元。2013年内地院线共上映33部动画电影,产出票房约为16.4亿元,相比2012年增长21%。

在动漫衍生品方面,衍生品市场规模稳步增长,动漫玩具为主要产品类型。根据前瞻产业研究院发布的《2014—2018年中国动漫衍生品行业深度调研与投资战略规划分析报告》数据显示,2009—2013年中国动漫衍生品市场规模逐年增加,2013年约为264亿元。2015年,中国动漫衍生品市场规模有望达到380亿元左右。从细分市场来看,目前中国动漫衍生品主要包括动漫玩具、动漫服装和动漫出版物。其中,动漫玩具为占比最大的动漫衍生品产品类型,其市场规模占到了中国动漫衍生品整体市场的一半以上;动漫服装和动漫出版则分别占据动漫衍生品市场的16%和4%。①

总之,近两年间我国动漫产业持续快速发展,动漫产业总产值稳步增加。国产动画电视产量虽然连续两年下降,但生产数量依然巨大。国内动画电影市场规模持续扩大,进口动画电影在国内市场依然强势。此外,我国发挥制造业传统大国优势,在动漫衍生品的生产和市场规模也稳步增加。

---

① 张媛:《中国动漫衍生品市场规模稳步增长,发展前景广阔》,http://www.qianzhan.com/analyst/detail/220/140711-a4fa7803.html。

（三）技术条件

手机、网络等新媒体技术的发展助推动漫产业的提速。中国网络电视台、爱奇艺、土豆等视频网站大力拓展动画视频业务，国产动漫新媒体联播平台揭牌成立，酷米网的动画节目储备超过50万分钟，优酷推出了《泡芙小姐》《BB象》等一批原创动画，而《十万个冷笑话》《尸兄》等国产动画影片也同样火爆网络。新媒体技术一方面克服了动漫产品在电视网络和电影院线等传统发行渠道的不足，创新了动画产品的发行方式；另一方面，也进一步拓宽了动漫产品的受众市场规模，也使目标受众拥有更加自由的自主选择权。而新浪、腾讯等门户网站也大举进军在线漫画阅读业务，推出了微漫画等网络漫画发布平台，微漫画除了借助新浪微博平台发展之外，还与中国移动飞信同窗、UC浏览器等达成战略合作，开展嵌入式插件推广应用服务。此外，随着Pad和智能手机的广泛应用，在iOS、安卓、WP平台上运行的动漫应用软件与日俱增，苹果商店、安卓商店中的动漫应用软件均已达上千款。

而从动画影片本身的制作技术而言，近年来，3D动画电影热映中国电影银幕，3D动画影片成为目前世界动画市场的主流。因此，3D技术的应用在动画制作中扮演的角色也越来越重要。其中，云计算技术的介入激励着中国动漫产业与世界动漫产业接轨。2009年12月，东莞市科技馆发起"科教动漫创意产业联盟"，25家企业于12月30日签订协议，共同推进"云计算"在动漫产业中的应用。2012年中国国际动漫节上，中南卡通与阿里云正式对外发布消息，杭州中南卡通影视有限公司采用云计算渲染比传统电脑渲染提高了40倍效率，并降低了40%的成本，阿里云渲染4天就可以完成普通专业电脑2年10个月的工作量。可以预见，随着越来越多的各地计算中心的出现，云计算产业生态的完善，越来越多的动漫公司会采用云计算的方式，改善动漫企业的经营，提高动漫企业的竞争力，为中国动漫"走出去"提供技术保障。①

二、文化贸易发展情况

（一）进口情况

1. 动画电视

2012年，我国动画电视进口额共计1489万元，占电视节目进口额的2.38%，较2011年动画电视进口总额的702万元，增加103.56%，占电视节目进口总额的比重增加1.08个百分点，2011年至2012年的动画电视的进口额增长基本平稳。2012年，我国动画电视进口384小时，占全年全年电视节目进口量的2.93%，可见，相较于电视剧和纪录片的进口额和进口量而言，我国动画电视的进口额和进口量所占比重均较低，这与近年来我国实行的一系列保护国产动画的政策有一定的关系。

① 苏锋：《中国对外动漫产品贸易年度发展研究》，《湖南社会科学》2014年第3期，第239页。

表 3-5-2　2011—2012 年中国动画电视进口额　　(单位:万元)

年份	电视节目进口额	动画电视进口额	比重
2011	54099	702	1.3%
2012	62534	1489	2.38%

数据来源:国家统计局社会科技和文化产业统计司、中宣部文化体制改革和发展办公室编:《2013 中国文化及相关产业统计年鉴》,中国统计出版社 2013 年版,第 140 页。

表 3-5-3　2012 年中国动画电视进口情况

指标	合计	欧洲	非洲	美洲		亚洲	大洋洲
					美国		
全年动画电视进口总额(单位:万元)	1489	111.4	0	410.9	410.9	966.6	0
全年动画电视进口量(单位:小时)	385	17	0	294	294	74	0

数据来源:国家统计局社会科技和文化产业统计司、中宣部文化体制改革和发展办公室编:《2013 中国文化及相关产业统计年鉴》,中国统计出版社 2013 年版,第 140 页。

从我国动画电视的进口来源区域看,美洲和亚洲是我国动画电视进口的主要来源地,其中在美洲的主要进口国为美国,对欧洲动画电视有少量进口,而在非洲和大洋洲没有进口。从进口动画电视的每小时价格来看,欧洲的进口价格要远远高于美洲的进口价格。

表 3-5-4　2012 年中国动画电视进口亚洲区域情况

指标	亚洲	日本	韩国	东南亚	中国香港	中国台湾
全年动画电视进口总额(单位:万元)	967	821	0	107	38	0
全年动画电视进口量(单位:小时)	74	45	0	14	15	0

数据来源:国家统计局社会科技和文化产业统计司、中宣部文化体制改革和发展办公室编:《2013 中国文化及相关产业统计年鉴》,中国统计出版社 2013 年版,第 140 页。

从亚洲区域来看,动画大国日本是我国动画电视的主要进口对象,对东南亚各国和中国香港有少量进口,而对韩国和中国台湾没有进口。从进口动画电视的每小时价格来看,日本的进口价格远远高于东南亚和中国香港,也高于欧洲、美洲地区。而东南亚的进口价格也同样偏高,中国香港的进口价格较低。

表 3-5-5　2012 年全国各地区动画电视进口情况　　(单位:万元)

地区	全年电视节目进口总额	动画电视进口总额
全国	62534	1489
总局直属	24484	536
上海	2143	38
广东	1857	28
陕西	7845	887

数据来源:国家统计局社会科技和文化产业统计司、中宣部文化体制改革和发展办公室编:《2013 中国文化及相关产业统计年鉴》,中国统计出版社 2013 年版,第 141 页。

从全国各地区的动画电视进口情况来看,2012 年,总局直属单位和陕西是我国动画电视进口的主要单位和地区,而上海、广东等经济发达地区也有少量进口,而其他地区则没有进口。

表 3-5-6 2012 年全国各地区进口动画电视播出情况 (单位:小时)

地区	动画电视播出时间	进口动画电视播出时间	比重	地区	动画电视播出时间	进口动画电视播出时间	比重
全国	304877	12062	3.96%	总局直属	6203	1237	19.94%
北京	5544	80	1.44%	重庆	6538	547	8.4%
天津	3363	501	14.9%	四川	16534	1054	6.4%
河北	7435	541	7.28%	云南	9319	243	2.61%
山西	8381	312	3.72%	辽宁	7212	468	6.49%
内蒙古	13304	108	0.81%	黑龙江	2267	750	33.08%
河南	6311	500	7.92%	上海	15362	698	4.54%
湖北	9855	98	0.99%	江苏	16996	122	0.72%
湖南	21145	883	4.17%	浙江	20215	201	0.99%
广东	26264	285	1.1%	安徽	7774	365	4.69%
广西	7329	182	2.48%	福建	6957	185	2.66%
海南	2443	323	2.93%	江西	17564	746	4.24%
甘肃	11038	72	0.65%	山东	13465	156	1.16%
新疆	18669	1397	7.48%				

数据来源:国家统计局社会科技和文化产业统计司、中宣部文化体制改革和发展办公室编:《2013 中国文化及相关产业统计年鉴》,中国统计出版社 2013 年版,第 132 页。

从全国动画电视播出的总体情况来看,进口动画电视占动画电视播出的时间极少,与近年来我国的"限播令"等一系列的国产动画保护政策有关。而从各地区的情况来看,除黑龙江省之外,其他各省的进口动画电视的播出量同样极少。而与表 6 的情况相对照可以发现,个别省区虽并没有电视动画进口,却存在进口电视动画播出的情况,原因可能有二:其一,进口电视动画由进口省份引进后,再向其他省份输出;其二,对进口动画的严格限制使得国内播放市场无法满足其播出需求,为了弥补市场空白,而重复播出相同内容的电视动画。

2. *动画电影*

2012 年,国内近百个从事动画电影制作的企业和机构共制作完成并获得公映许可的影片 35 部(其中《我爱灰太狼》和《巴拉拉小魔仙》是两部真人饰演、动画风格的影片),比 2011 年的 24 部增加了 11 部。2013 年,内地院线共上映 33 部动画电影,国产动画电影 24 部(包含 2 部合拍),进口动画电影 9 部(好莱坞动画电影 6 部)。

从国产动画电影与进口动画电影的票房比重变化来看,2011 年以来,进口动画电影票房在动画电影总票房中的比重有持续减少。2012 年动画电影总票房 14.47 亿元,其中进口动画电影票房 9.65 亿元,占比 66.69%。而 2013 年动画电影总票房为 16.4 亿元,进口动画电影约为 10.12 亿元,占 61.71%,下降约 5 个百分点,其中好莱坞动画电影约

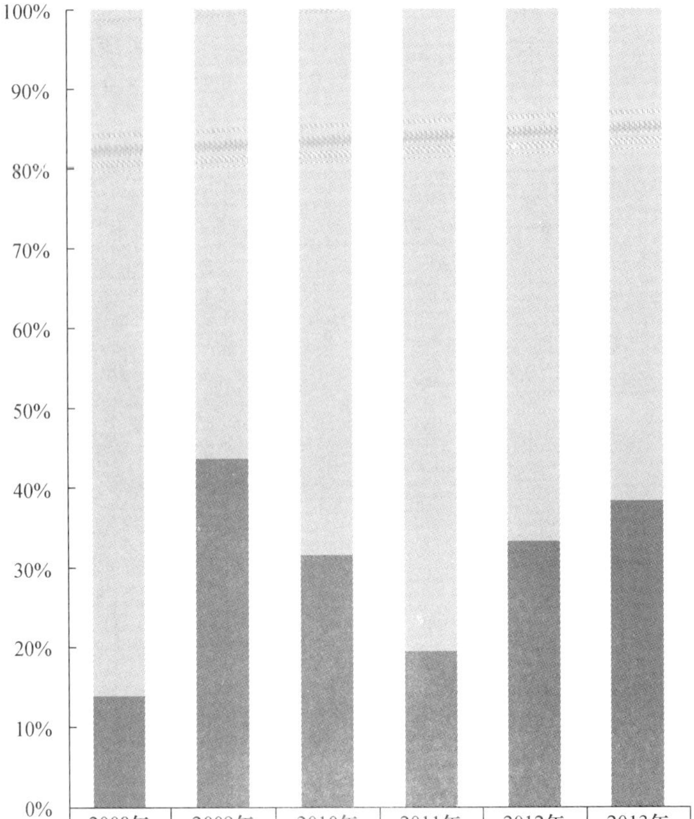

	2008年	2009年	2010年	2011年	2012年	2013年
进口动画电影票房(万元)	25780	33827	37077	135968	96497	1011200
国产画电影票房(万元)	4220	26030	17192	32686	48182	62800

图 3-5-1　2008—2013 年动画电影票房情况

数据来源：根据相关资料汇编而成。

为 9.28 亿元，占 57%，其他进口动画电影约为 0.84 亿元，占 5%。可见，进口动画电影票房在我国动画电影总票房中的比重有下降趋势，但占比仍高于国产动画电影，而在 2013 年票房排名前 5 位的影片中，仅《喜羊羊与灰太狼之喜气羊羊过蛇年》一部国产动画电影位列其中且排名第 4，表明与进口动画电影相比，中国国产动画电影在国内市场中的竞争力依然薄弱。

（二）出口情况

从 2008 年起，我国核心动漫产品出口保持持续增长的态势。2012 年，我国核心动漫产品出口额为 8.3 亿元，比 2011 年增长 16.25%。2013 年，我国核心动漫产品出口额达 10.2 亿元，同比增长 22.89%。

表 3-5-7 2009—2013 年中国核心动漫产品出口情况 (单位:万元)

年度	2009	2010	2011	2012	2013
出口额	3.19	5.1	7.14	8.3	10.2

数据来源:根据相关资料汇编而成。

1. 电视动画片

表 3-5-8 2011—2012 年中国动画电视出口额 (单位:万元)

年份	电视节目出口额	动画电视出口额	比重(%)
2011	22662	3662	16.16
2012	22824	3105	13.6

数据来源:国家统计局社会科技和文化产业统计司、中宣部文化体制改革和发展办公室编:《2013 中国文化及相关产业统计年鉴》,中国统计出版社 2013 年版,第 140 页。

2012 年我国动画电视的出口额较往年有所下降,动画电视出口额共计 3105 万元,占电视节目出口额的 13.6%,较 2011 年动画电视出口总额的 3662 万元,下降 15.21%,占电视节目出口总额的比重下降 2.56 个百分点。

表 3-5-9 2012 年中国动画电视出口情况

指标	合计	欧洲	非洲	美洲		亚洲	大洋洲
					美国		
全年动画电视出口总额(单位:万元)	3105	379	0	678	396	2009	39
全年动画电视出口量(单位:小时)	1678	239	0	449	383	961	28

数据来源:国家统计局社会科技和文化产业统计司、中宣部文化体制改革和发展办公室编:《2013 中国文化及相关产业统计年鉴》,中国统计出版社 2013 年版,第 140 页。

表 3-5-10 2012 年中国动画电视出口亚洲区域情况

指标	亚洲	日本	韩国	东南亚	中国香港	中国台湾
全年动画电视出口总额(单位:万元)	2009	13	840	317	597	204
全年动画电视出口量(单位:小时)	961	0	53	325	306	199

数据来源:国家统计局社会科技和文化产业统计司、中宣部文化体制改革和发展办公室编:《2013 中国文化及相关产业统计年鉴》,中国统计出版社 2013 年版,第 140 页。

由表 3-5-10 可以看出,亚洲是我国电视动画的主要出口区域,原因在于亚洲各国和地区的文化与中国文化相近,且地理位置相邻,文化折扣相对较少,是我国文化产品的传统目标市场。其中,韩国是我国动画电视出口的第一大市场,约占动画电视出口总额的 27%,远高于其他国家和地区,并且近年来出口额保持着持续增长的态势,在价格上也远远高于其他国家和地区,表明我国动画产品在韩国市场已经有了较为稳定的信誉。① 但是,对日本的出口极少,原因在于日本是传统的动画生产和消费大国,一方面,本国的产品基本可以满足本国市场的消费需求,另一方面,本国的动漫产品的质量高于我国动漫

① 苏锋:《中国对外动漫产品贸易年度发展研究》,《湖南社会科学》2014 年第 3 期,第 237 页。

产品,以我国电视动画的制作水平,在日本市场并不具有竞争优势。与日本情况相似,我国对大洋洲的出口量同样较少,且对非洲没有出口,但原因却与日本不同。就欧洲和美洲市场而言,虽也有一定数量的出口,但是从近四年的出口金额来看,波动较大,表明我国电视动画在这些市场还没有建立稳定的市场地位。此外,从表3 5-10可以看出,除韩国之外,我国的动画电视出口的平均价格普遍较低,说明我国的电视动画在国际市场上仍处于低端位置,提高产品质量、走精品化路线是当务之急。

表3-5-11 2012年全国各地区动画电视出口情况 (单位:万元)

地区	全年电视节目出口总额	动画电视出口总额
全国	22824	3105
总局直属	6332	143
北京	4181	110
上海	1186	105
江苏	825	825
浙江	6403	1064
福建	41	41
山东	300	300
广东	2483	518

数据来源:国家统计局社会科技和文化产业统计司、中宣部文化体制改革和发展办公室编:《2013中国文化及相关产业统计年鉴》,中国统计出版社2013年版,第141页。

从表3-5-11可以看出,我国的出口动画电视主要来自于浙江、江苏、广东、山东、北京、上海、福建。这与我国国产电视动画片的主要生产区域基本相符,根据国家广电总局公布的相关数据,2012年,我国动画片创作生产数量位列前六位的省份是广东、江苏、浙江、福建、安徽、北京。

除官方的统计数据以外,一些实例也说明了近年来我国动漫产业在国际市场上取得的一些成果。在2012年10月的戛纳秋季电视节上,一部由杭州本土出品的木偶定格动画《木木部落》获得了来自西班牙、瑞典、芬兰等十多个欧洲国家参展商的青睐,如今已在全世界100多个国家和地区播出。《秦时明月》的电视版已经发行到美国、加拿大、意大利等37个国家和地区,创造了上百万美元的海外发行销售数字。而被人们熟知的《喜羊羊与灰太狼》截至到目前已经翻译成52种语言在很多国家播出。此外,动画片《兔子帮》《中华小子》等被迪斯尼频道购买了亚洲版权;动画片《美人鱼》也已将版权输出到德国、法国和澳大利亚。

2. *动画电影*

在动画电影方面,目前国内没有相关的统计数据,从相关报道可以看出,中国的动画电影在国际市场上也取得了一些不俗的成绩。河马动画的动画电影《超蛙战士之初露锋芒》在俄罗斯、德国、泰国、土耳其等国成功进入院线播放;《我爱灰太狼2》也于2013年7月在中国内地、新加坡、马来西亚同步上映;2012年年底,《熊出没》《熊出没之环球大冒险》被迪斯尼儿童频道购买播出,而2013年8月,《熊出没》出品方深圳华强数字动漫有限公司与迪斯尼再度签约,购买了电视电影《熊出没之过年》的播映版权。迪斯尼还将

《熊出没》中的许多剧集编排在其特色栏目《动物也疯狂》中播出,并通过频道中栏目预告、片花等形式,进行持续的品牌推广。而国产动画电影《兔侠传奇》同样取得了不错的成绩,除了13个国内外大奖之外,在柏林电影市场、戛纳电影节、香港电影市场等多个电影节展上接连创造出中国动画的销售奇迹。截至目前,该片已销售至全世界99个国家和地区,创造了近30年来中国电影出口的最好成绩,获广电总局电影"走出去"突出贡献表彰,《兔侠传奇》已成为国际性的动画电影品牌。根据《兔侠传奇》制作经验和成功启示所创作的《兔侠传奇2》目前正在紧张制作中,而《兔侠2》仅凭片花就与俄罗斯、伊朗、中东等国家和地区签订了发行协议,还有二十多个国家也表示出购买意向。①

三、发展特点

(一)动画出口量稳步增长,个别动漫产品成绩斐然,但所占市场规模依然较小,产业总体竞争力依然薄弱

从统计数据可以看出,2012年,我国全年动画电视进口总额为1489万元,进口量为385小时,出口总额为3105万元,出口量为1678小时,出口远远大于进口。尽管这与近年来我国对进口动画实行严格的管制措施有关,但从具体的产业实践中,依然有许多优秀的动漫产品走出国门,个别产品也正在逐步打造自己的品牌,提高国际市场影响力。如上文提到的《秦时明月》《兔侠传奇》等,再如漫画家夏达一系列古风大作风靡日本等等。

但是我们也应该清醒地认识到,虽然动漫产品的出口在逐年增加,个别产品成绩斐然,但总体的规模依然较小,产业总体竞争力依然薄弱。从上文中动漫产品的进出口地区的分析中可以发现,与美国、日本等动漫强国相比,我国仍属于贸易逆差,我国动漫产品在其市场中的地位尚不稳定,并且从动漫产品的出口平均价格可以看出,我国动漫产品的出口价格普遍较低,表明我国尚处于市场的低端位置,市场竞争力依然薄弱,在国际范围内的影响力依然较小。

(二)国际展会等交流活动成为国产动漫产品"走出去"的重要平台

在"走出去"战略的指导下,国家相关部门积极组织国内动漫企业参与国际交流活动,引导国内产品走向国际市场。从2008年开始,文化部多次组织国内动画企业参加一系列国际性会展,如东京国际动漫展、韩国富川漫画节、法国安纳西国际动画节、加拿大渥太华动画节等,而新闻出版总署多次组织动画企业参加法兰克福书展等国际重要行业展会,广电总局多次组织参加法国戛纳电视节,这些都为国内的动画企业进入国际市场起到了极大的推动作用。在2013年的法国戛纳动漫展上,大拇哥的《小瑞与大魔王》、翔通动漫的绿豆蛙、酷巴熊等吸引着不少国内外动漫业者的目光。2013年4月,应波兰文

① 中国动漫产业网:《中国动画电影如何"走出去"?》,http://www.cccnews.com.cn/2013/1029/39102.shtml。

化与民族遗产部的邀请,中国文化部组织的动漫产业代表团对波兰进行了友好访问,双方就文化产业和创意文化发展交流经验,并探讨动漫领域的合作可能。2013 年 6 月,莫斯科中国文化中心举办了国产动画影片展映活动,放映影片包括《麋鹿王》《风云决》和 26 集系列动画片《海贝贝》等近年来的优秀国产动画片。

(三)国际合作进一步加强,国际动漫巨头大举进军中国,中外合拍成为中国动画“走出去”的一条有效途径

近年来,中外合拍动画在范围、数量、形式和成熟度等方面又有了新的发展。2011 年,中国幸星数字娱乐科技公司与新西兰电影制片人签署协议,双方将共同投资 1500 万美元制作中英双语动画电影《地下城传奇》;2012 年,美国梦工厂动画公司表示将与中国合拍《功夫熊猫 3》,并将在上海建立梦工厂主题乐园;2013 年年初,中韩合作、投资近亿元人民币打造的 3D 动画大片《波鲁鲁冰雪大冒险》在国内院线公映;3 月,来自西班牙的加泰罗尼亚 TV3 电视台、Neptuno Films 动画公司等与中国香港的安高影业有限公司达成协议,合拍动画系列片《故事还没有结束》;4 月,由日本知名玩具厂商 Takara Tomy 与江苏卡龙动漫合作的动画《高铁英雄》在东京电视台开播,其电影版也将于 2014 年内在中国上映。

此外,随着中国文化产业的发展和文化贸易的开展,国际动漫巨头试图以各种方式进入国内。美国梦工厂动画公司创始人兼首席执行官卡森博格频频到访中国,拜会文化部、广电总局、国新办等行业主管部门,最终促成东方梦工厂项目,除影视内容及其衍生产品开发外,还将涉足版权发行、衍生消费品、网络游戏、音乐剧等领域,形成以动画为核心的完整的家庭娱乐产业链。日本讲谈社与广西出版传媒集团有限公司共同出资创办《劲漫画》杂志,华特·迪士尼与中国动漫集团和腾讯公司就动漫创意研发平台达成合作,美国孩之宝与奥飞动漫在广州成立一家合资公司,开发、设计动漫玩具和相关衍生产品。

通过国际合作,将有利于进一步提升中国动画制作的技术水平,也促进了中国动画与国际的接轨,为国产动画进入国际市场奠定坚实的基础。

(四)依托制造业优势,国内企业与国际一线品牌的版权交流进一步加强,但仍需提高原创能力,推动原创品牌走出去

我国是世界上最大的玩具制造国和服装生产国,国内企业依托这一优势,积极寻求国际合作。作为青少年儿童动漫家具的首创者,自 2008 年成立以来,广州酷漫居动漫科技有限公司先后取得迪斯尼、时代华纳、哆啦 A 梦等全球顶级动漫品牌在中国儿童家具领域的正式授权,并巧妙融合儿童产业、动漫产业、家居产业、互联网产业,发展成为用动漫创意文化整合提升传统制造业,打造 O2O 模式的动漫品牌运营商和电子商务企业。2013 年 6 月初,广州酷漫居动漫科技有限公司成功签约并获得“樱桃小丸子、名侦探柯南、奥特曼”系列三大动漫形象在中国家居业生产、销售等的正式授权。这对我国动漫产业的走出去具有积极的借鉴意义,对于国内动漫企业而言,如何培育知名的动漫形象,用“品牌授权”的方式,加速资源整合、拓展产业链,充分发挥我国的生产优势,实现动漫企业和玩具、服装制造业的双赢是今后业内需要关注和探索的问题。

四、问题和对策建议

尽管我国动漫"走出去"战略效果初显，但仍然存在诸多问题，如动漫出口总体规模较小，产业国际竞争力不强，品牌影响力较弱等等，针对我国动漫出口面临的问题，建议可以从内容、技术、市场、平台等四个方面着手：

第一，以培养复合型创意人才为中心，增强原创能力，提高产品内容质量。

人才问题仍然是产业高速发展背后的一项顽疾，尽管目前开设动漫游戏专业的学校日益增多，但依然不能满足产业发展的需求。无论学界还是业界都亟需大胆创新人才培养模式。学校将理论与实践相结合，提高学生产业实践能力，企业提高内部培训水平，扶持社会培训机构的发展，积极拓展向国外先进机构学习的渠道，以内容创意和市场开发为中心，以培养复合型的创意人才为目标，增强企业的原创能力，提高产品的质量。

第二，依靠内容创意和科技创新的双轮驱动，促进协同创新，开发先进技术，提高制作技术水平。

目前，3D 动画风靡全球，中国亟需在这一浪潮中加强技术研发和利用水平，积极参与国际竞争。但是动画电脑技术的开发，不纯粹是技术性，也必须与艺术相结合，同时也需要资本、信息等多种要素的共同协作。因此，促进动漫对外贸易发展需要加快建立协同创新体系，通过突破创新主体间的壁垒，充分释放彼此间"人才、资本、信息、技术"等创新要素的活力而实现深度合作。

第三，加强对海外市场和受众群体的研究，以市场为导向，降低文化折扣的影响。

中国动漫产品若要在国际市场发挥持久的品牌影响力，需要政府和企业对海外市场和受众群体具有充分的了解和认知，研究国外观众对动漫产品的选择偏好和对中国文化的兴趣点，在严密的市场调研的基础之上，开发具有中国文化特色的动漫产品，增加产品内容对国外观众的吸引力，培养观众与产品之间的黏着度，增强我国动漫产品在国际市场上的竞争力和影响力。

第四，除国际展会等国际交流活动外，还需整合利用各方资源，创新平台建设，为动漫产品"走出去"提供更为广阔的空间。

借助中国移动音乐基地，民族音乐已经进入国际市场，我国动漫产业可以参照这种模式加强渠道建设。作为一种重要的文化产品，动漫产品走出去需整合利用海外各方资源，例如海外中国文化中心、孔子学院和提供海外网络通信服务的企业等，建立立体式多层次的对外展示平台。同时基于新型互联网和手机（移动终端）等新媒体技术，搭建国际交流平台，拓宽渠道建设。

案例

国际动画电影市场上的中国味儿

——《兔侠传奇》走向世界

国产动画电影《兔侠传奇》由北京电影学院和天津北方电影集团共同出品,由北京电影学院动画电影学院院长孙立军担任导演,著名编剧作家邹静之担任编剧。《兔侠传奇》讲述了一个关于信守并履行承诺的中华美德故事:京城的武林盟主老馆主被徒弟熊天霸暗算,老馆主逃亡到乡下,临终前把毕生武功传授给纯朴的炸饼厨师兔二,并将统领武林的令牌交给兔二,请他一定要把令牌亲手交给女儿牡丹,不能落在坏人手里。诚实守信的兔二唯有答应。到了京城后,武林已经被熊天霸操控,唯独令牌还在兔二手上。在京城兔二一路寻找牡丹,遇上重重危险并在日常劳作中悟得绝世武功,最终打败熊天霸,拯救了武林,并将令牌交还给牡丹,实现了对老馆主的承诺。《兔侠传奇》的形象取材于从明代至今京津地区最有神话色彩的儿童玩偶——兔儿爷。兔侠形象具有浓郁的中国味道,造型滑稽喜兴,有着新鲜的动画形象感。《兔侠传奇》的故事来自于邹静之对于中华传统美德的传承,讲述的是一个信守承诺的故事。透过当下世界流行的中国元素,更为准确地诠释了中国从古至今伟大的哲思,向世界传达了我们对美好、和谐的向往。①

《兔侠传奇》于2011年7月11日在全国公映,最终收获票房1580万元。尽管该片在国内市场表现平平,但在国际市场却成绩斐然。截至2013年10月,《兔侠传奇》已销售至全世界99个国家和地区,创造了近30年来中国电影出口的最好成绩。《兔侠传奇》是目前在韩国发行规模最大的中国动画电影,超过了120个拷贝。在俄罗斯上映时超过了250个拷贝,是当时发行规模最大的一部中国动画片。此外,《兔侠传奇2》也已经预售签约39个国家和地区,其中有6个亚洲国家(地区),11个中东国家(地区),还有12个欧洲的国家(地区)。《兔侠传奇》在海外市场的成功为我国动漫产品走出去提供了以下启示:

第一,产品开发充分利用中国文化元素,突出中国式的艺术风格。

据该片导演孙立军介绍,《兔侠传奇》的美术风格源自传统民俗,主人公原型取材于京津地区的最有神化色彩的儿童玩偶——兔儿爷。兔儿爷形象,从明代至今,是京津乃至北方地区最有神化色彩的玩偶,具有浓郁的中国特色,其造型滑稽可爱,具有极强的亲和力。在美术设计方面,创作团队选择了旧时京津地区常见的古典风筝、民间空竹、传统戏曲、集市庙会、美食厨艺等一系列生动形象作为原型。剧中场景处处苍松古柏、竹林绿野,还有各种飞禽走兽,景色怡人、生态丰富,城墙、门楼、雕梁画栋也取材于中国古建筑园林,这些有源可依的美术设计充满生活质感,强烈体现了中国气派和中国特色。影片中中国传统文化元素的融入还集中体现在场景中一些道具的设计上,装饰品、工具、桌椅板凳等道具都属于场景气氛的细节内容,在处理这些道具时,创作团队参考了大量的相关书籍和作品,在相关资料的基础上进行创作。如斩天的虎式座椅和桌子都是参考了明

① 中国传媒大学动画与数字艺术学院、数字内容产业研究中心、《中国动画年鉴》编辑部:《中国动画年鉴(2011)》,中国传媒大学出版社2012年版,第241页。

清时期的许多介绍红木家具的书籍资料，在此基础上融入了商朝时期青铜器上较硬的文案和图腾的造型，且承用了武馆整体的配色，在材质上也参考了漆木材质。①

第二，故事内涵挖掘中国传统文化，突出人文情感，与时代价值观相结合。

《兔侠传奇》讲述了一个信守并履行承诺的故事，诠释中国从古至今的重要哲学思想，如兼爱、非攻、天人合一、阴阳平衡等学说。其中，仁学是儒家思想中最重要的哲学观念，也是中国传统文化的宝贵财富。在孔子的仁学思想中，仁学是关于为人之本和理想人格的概念，是关于人格或人生价值实现的问题。主要包括以“爱”为仁的人际道德交往关系；以“诚”为仁的自我修养与升华；以“克己”“忠恕”为仁，克己就是约束和修养自己，忠恕强调宽恕待人。儒家仁学是我国人文哲学的精髓，是电影艺术依附的根本，影视角色呈现的“诚实”“仁爱”“克己”“忠恕”就是民族性格的标签，它有别于美国人的“冒险”“自由”“梦想”，也有别于法国人的“浪漫”“优雅”。而《兔侠传奇》的故事也传承着这样一种仁学意涵。例如，剧中师傅拒绝将令牌传给徒弟熊天霸，因为熊天霸没有“仁爱”之心，传给一个没有“仁爱”之心的人，会引导更多的不仁之人前来投奔，最终危害整个社会的“仁爱”价值观。②

第三，与艺术创作相结合，注重制作技术的自主创新。

《兔侠传奇》首次在国内采用了三大技术，即三维毛发技术、人脸捕捉技术及动作捕捉技术。并且这些技术拥有完全自主知识产权，所有主创均为国内业界人员。人脸捕捉技术和动作捕捉技术有力地辅助了动画的制作。以这些捕捉来的动作和表情为基础，通过一帧帧细致的调整，最后得到的动作既保留了真实感，又去掉了生硬与刻板的部分，看上去流畅、圆滑又带有幽默感。而三维毛发技术则是《兔侠传奇》制作技术的另一大亮点，动画电影多以动物为主角，毛发的表现对于画面效果和真实度而言至关重要。因此毛发特效已经日趋成熟并成为动画电影的一个流行趋势，越发受到市场、制片、观众等多方面的关注。在《兔侠传奇》中，毛发的制作备受重视。当微风拂过老师傅的面颊时，可以看到这里的毛发不再是简单生硬的一层，而是由表至里带有着变化和通透感。③

第四，产学研相结合，各专业人士跨界合作，共同打造动漫精品。

该片由北京电影学院和天津北方电影集团共同出品，而导演则由北京电影学院动画电影学院院长孙立军担任，是产学研合作的成果，有利于各生产要素的有效结合。而该片编剧是有着丰富业内经验的著名作家邹静之，该片配音也由范伟、闫妮、张丰毅、濮存昕、张一山等一众著名演员担纲。此外，《兔侠传奇》还是目前中国动画电影聘请武术指导第一片，并运用动作捕捉技术将虚拟世界和现实功夫结合在一起。影片导演特聘当今太极大师——陈式太极拳正宗传人、国际太极拳文化传播大使、陈式太极研究会副会长景建军先生担任武术指导。可以说，各专业人士的通力合作，是保证该片质量的一大因素。

---

① 孙立军:《用一份坚持来传承中国人自己的文化——中国首部 3D 动画电影〈兔侠传奇〉之背后故事》,《北京电影学院学报》2012 年第 1 期,第 67—68 页。

② 李宪广、孙立军:《〈兔侠传奇〉的文化承载与儒家仁学意涵》,《成都大学学报(社科版)》2014 年第 3 期,第 96—99 页。

③ 孙立军:《用一份坚持来传承中国人自己的文化——中国首部 3D 动画电影〈兔侠传奇〉之背后故事》,《北京电影学院学报》2012 年第 1 期,第 70 页。

第6章

游戏产业对外文化贸易年度报告*

作为一种新兴的文化创意产业,游戏产业凭借其高度市场化和极快的出口增速,已经成为中国文化出口收获最多的行业,也是提升中国文化全球影响力的重要途径之一。近两年以来,中国游戏产业的出口规模持续增大,出口增速持续提高,还拓展了俄罗斯、南美等地区的"蓝海"市场。一些业内领头企业,如完美世界、搜狐畅游等还建设了游戏产业进出口平台,推动国内游戏产业,尤其是中小型游戏产业进一步"走出去"。但是,同时,中国游戏产业的对外贸易仍然存在一些亟待解决的问题,如产品同质化严重、精品数量不足、对海外用户差异缺乏应对措施、海外竞争压力增大、企业出口依然各自为战等,这需要政府和企业正视问题,加强相应的政策制定以及海外调研,以相应的方法解决问题,在拓展海外市场规模的同时,也能深耕海外市场,积蓄游戏产业对外贸易的后劲。

一、宏观环境和产业基础

(一)政策环境

2012—2013年,在十七大和十八大大力发展文化产业精神的指引下,"文化强国"的概念被一再强调,游戏产业更加受到重视,政府的宏观政策持续对游戏产业产生利好,政府积极扶持游戏项目,鼓励民间资本的进入,并且进一步加大保护游戏行业版权的力度。

2012年游戏审批效率显著提高,共审批游戏超过580款,比前一年增加了127款,审批效率的提升为产业发展提供了良好的政策环境。新闻出版总署的"中国民族网络游戏

---

* 本文作者:田文聪,北京大学艺术学院艺术管理与文化产业硕士研究生。本文案例撰稿人为鞠高雅,北京大学艺术学院艺术管理与文化产业方向博士生。

出版工程”的选题总量达到了118种，为中国的原创网游争取相关政策和资金支持。

2012年，中国游戏版权保护工作进一步加强。根据国家版权局的数据，2012年2月我国软件著作权登记量首次突破10万大关，这反映了包括游戏在内的中国软件企业知识产权保护意识的增强和自主创新能力的提高。同时，新闻出版总署和国家版权局继续与公安部、工信部等部门联合实行“剑网”等行动，专项治理“私服”“外挂”等行为，保持对盗版侵权行为的高压态势，切实保护游戏出版企业的创新成果。

2012年，根据《国务院办公厅关于鼓励和引导民间投资健康发展的若干意见》，新闻出版总署结合出版行业的特点，采取了具体措施以支持民间资本参与出版经营活动，充分调动民间资本参与文化建设，推动社会主义文化大发展大繁荣，促进包括游戏出版产业在内的出版行业繁荣健康发展。在政策的支持下，民营企业已经成为中国游戏产业发展中的重要组成部分。①

虽然2013年没有关于游戏产业的专项政策出台，但是宏观的政策以及大部制的调整都对游戏产业产生了积极影响。2013年3月22日，根据《国务院机构改革和智能转变方案》，国家新闻出版广电总局挂牌成立。大部制的合并调整之后，新的国家级管理部门的出现有利于减少职能重复交叉、产业链管理的人为切割现象，提高管理工作的效率，有利于国家文化产业战略的制定和实施，有利于产业融合发展，有利于企业集团的成立和做大做强，有利于规范文化市场。作为新闻出版广电领域的重要组成部分的动漫游戏产业也将获得更大的扶持力度和发展空间。2013年7月，国务院办公厅日前发布《国务院办公厅关于印发国家新闻出版广电总局主要职责内设机构和人员编制规定的通知》（以下称“三定方案”）。“三定方案”取消和下放了国家新闻出版广电总局的27项审批权限，进一步明确和加强了在提供公共服务、著作权保护等方面的职责，积极推动数字出版，三网融合，新媒体、文化与科技融合方面的发展。这些举措对于动漫游戏产业的产业链整合、多元化经营等方面带来积极影响。2013年8月，国务院印发《关于促进信息消费扩大内需的若干意见》明确提出要大力发展数字出版、互动新媒体、移动多媒体等新兴文化产业。2013年11月，中国共产党十八届三中全会继续强调“文化强国”的概念，并指出将完善文化市场体系，提高文化开发度。在这样的大方向下，我国游戏产业势必迎来好的发展时机。

（二）产业概况

2012—2013年，我国游戏产业整体发展态势良好，增长速度虽然比前两年有所减缓但依然显著。中国游戏市场（包括网络游戏市场、移动游戏市场、单机游戏市场等）2012、2013两年的实际销售收入分别为602.8亿元、831.7亿元人民币，同比增长率分别为35.1%、38.0%，比前两年年均40%以上的增长率有所放缓，但仍然属于高速发展的行业。（见图3-6-1）

---

① 中国版协游戏工委（GPC）、国际数据公司（IDC）、中新游戏（伽玛新媒CNG）联合编纂：《2012中国游戏产业报告（摘要版）》，http://www.cgigc.com.cn/201301/151659133828.html。

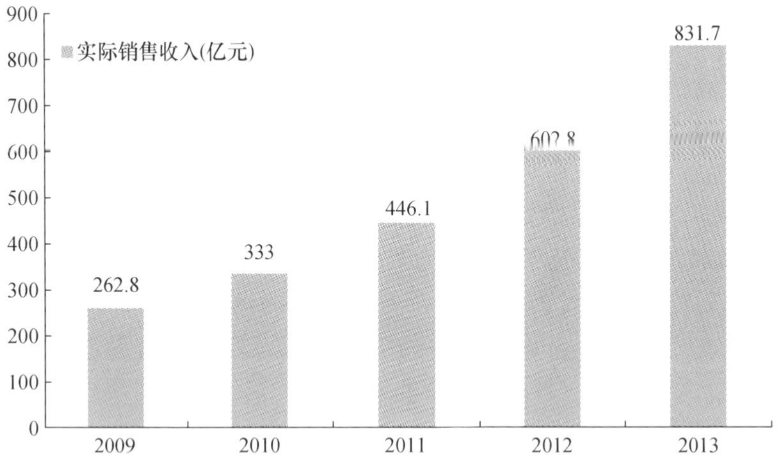

图 3-6-1　中国游戏市场实际销售收入趋势图

数据来源:中国版协游戏工委(GPC)、国际数据公司(IDC)、中新游戏(伽玛新媒 CNG)联合编纂:《2012 中国游戏产业报告(摘要版)》。

游戏产业核心产品各种细分类型的实际销售收入比之上一年均有一定增幅,但是增长幅度却各不相同,这也反映了游戏产业市场格局的变化。2013 年,客户端游戏市场实际销售收入 536.6 亿元,比 2012 年增长了 18.9%;网页游戏市场的实际销售收入 127.7 亿元,比 2012 年增长了 57.5%;移动游戏市场实际销售收入 112.4 亿元,比 2012 年增长了 249.9%;社交游戏市场实际销售收入 54.1 亿元,比 2012 年增长了 45.0%;单机游戏市场实际销售收入 0.9 亿元,比 2012 年增长了 20.0%。与此同时,2013 年各类型游戏市场占有率状况分别为:客户端游戏为 64.5%,同比下降 10.4%;网页游戏为 15.4%,同比上升 1.9%;移动游戏为 13.5,同比上升 8.1%;社交游戏为 6.5%,同比上升 0.4%;单机游戏为 0.1%,与 2012 年持平。由以上数据可见,所有领域整体均呈现不错的增长势头,但客户端游戏增长速度进一步放缓,网页游戏和移动游戏增长强劲,尤其是移动游戏,在 2013 年出现了爆发式的增长;单机游戏市场有所回暖。

游戏机虽然并非游戏产业核心产品,但却是游戏产业最早的游戏种类,并且也是游戏产业中最大的种类,包括家用游戏、掌机游戏、大型游戏 3 大类游戏机产品。2011 年我国的游戏机行业经营收入曾高达 642 亿元,占据我国游戏产业的 55.4%,超过了当年的网游收入。由于受到 2012 年市场的影响,2013 年游戏机产业发展势头有所减缓,但文化部、公安部等主管部门为此采取和制定了一些发展产业的积极措施, 2014 年游戏机产业或有较大的好转。[①]

由以上数据可见,游戏产业的产值基数增大导致增长率稍有减缓,但绝对数量仍然保持大幅度增长。由于移动网络技术的不断提高以及移动客户端设备的普及,游戏产业各细分类型中,移动游戏是未来增长的爆发点,就目前而言,客户端游戏市场份额虽大幅

① 中国软件行业协会:《2013 中国游戏行业工作报告》,http://game.163.com/13/1207/15/9FGJC4ET00314K8I.html。

度下降,却依然占据整个游戏产业的龙头地位,有绝对的优势,而且,由于客户端游戏市场已经非常成熟,玩家相对稳定,在未来几年,客户端游戏依然会保持其优势。

二、贸易概况

(一)进口情况

2012 年文化部共通过了 53 款进口网络游戏(包括网络游戏资料片)的审批,较 2011 年增加了 11 款。其中,由韩国公司所开发的网络游戏共 27 款,占总数的 50.9%;由日本公司所开发的共 9 款,占总数的 17%;由美国公司所开发的共有 8 款,占总数的 15.1%;由中国台湾公司所开发的共 4 款,占总数的 7.5%。其余由白俄罗斯、俄罗斯、法国、芬兰、瑞典开发的各一款(如图 3-6-2)。从所进口的网络游戏产品细分市场来看,客户端游戏有 40 款,网页游戏有 6 款,移动网游有 7 款;从游戏类型上看,角色扮演类共 30 款,射击类 8 款,休闲类 6 款,社交类 6 款,战争策略类 4 款,体育类 1 款。

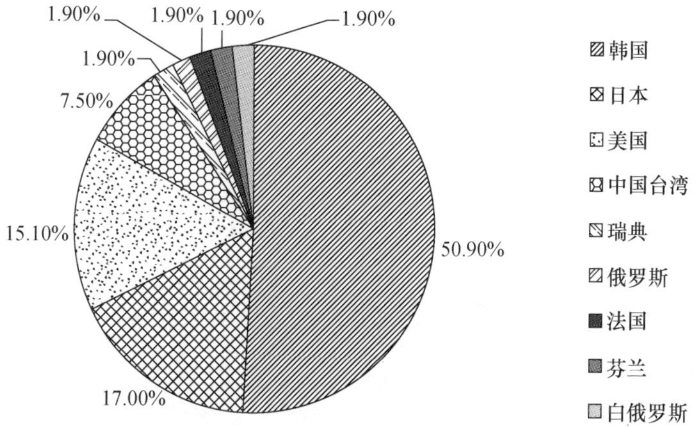

图 3-6-2 2012 年进口网络游戏产品生产国家国地区分布

数据来源:根据相关数据整理。

整体而言,2012 年我国所进口的网络游戏产品中依然以韩国、美国等地区制作的 3D 画面的角色扮演类客户游戏为主,运营进口的公司也依然以腾讯、盛大等一线大公司为主。相较 2011 年,移动网络游戏产品数量有所增加,游戏的类型也更加多样。①

具体到业界和公司而言,2012 年,完美世界获得了美国游戏公司 Valve 旗下作品《刀塔 2》在中国大陆地区的独家运营代理权,这是一款在中国玩家中期待度非常高的网络游戏,其前作《刀塔》在国内拥有百万以上的同时在线人数,并在网吧游戏排名中,从未跌出过前三甲。另一家网游行业的后起之秀空中网,获得了《激战 2》的国内运营权,这是一

① 17173 网:《2012 网游市场报告:网游市场进口状况一览》,http://news.17173.com/content/2013-06-13/20130613000545144.shtml。

款在国外媒体中口碑评价极高的网络游戏，空中网也被认为极有可能藉此跻身一线运营商之列。除欧美网游，韩国网游一直是我国网游进口的主要来源国，腾讯接连签下《剑灵》《上古世纪》等韩国次世代大作。而且腾讯 2012 年正在运营的游戏中，DNF、CF 等韩国游戏也是表现最好的几个。[①]

虽然进口网游来势汹汹，但根据 2012—2013 年进口网游的状况来看，国内网游的自主研发产品更加受到重视，国外进口产品的市场表现越来越差，消费者已经不再关注产品的来源，而更看重产品的内在品质。

（二）出口情况

2012 年，中国自主研发网络游戏海外出口规模持续稳步增长，海外出口实际销售收入为 5.7 亿美元，较 2011 年增长 57.5%。而 2013 年，中国自主研发网络游戏海外市场销售收入攀升至 18.2 亿美元，比 2012 年增长了 219.3%。可见 2013 年原创游戏的海外出口高速增长。（如图 3-6-3）

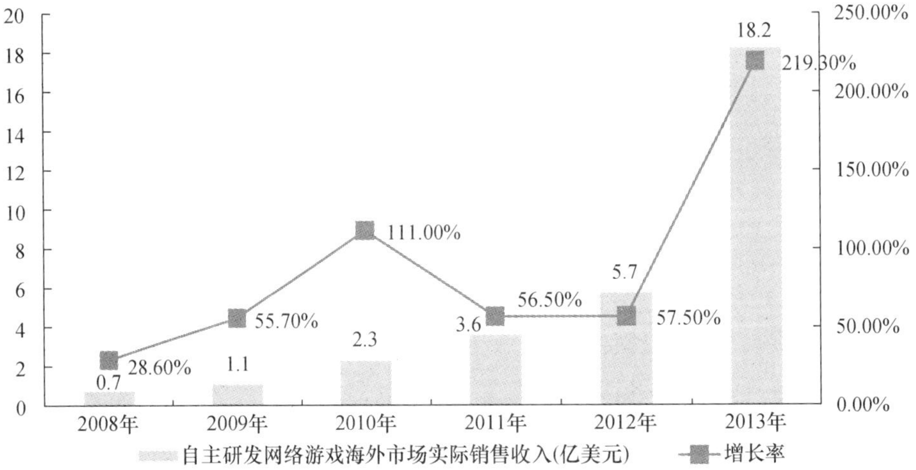

图 3-6-3　2008—2013 年中国网络游戏产品海外市场收入

数据来源：中国版协游戏工委（GPC）、国际数据公司（IDC）和中新游戏（伽玛新媒 CNG）。

2012 年，中国总计有 40 家中国网络游戏企业原创的 177 款国产自主研发网络游戏进入海外市场，出口至海外 100 多个国家和地区，其中出口至港、澳、台地区 113 款，东南亚地区 110 款，东亚的日本、韩国地区 79 款，欧洲地区 50 款，北美地区 37 款，南美地区 11 款。根据以上数据，在全部 177 款出口游戏中，共有 169 款出口至亚洲地区，由此可见，2012 年亚洲地区依然是中国自主研发网络游戏出口的主要地区。与此同时，中国原创网络游戏对包括巴西、俄罗斯、土耳其在内的新兴市场出口力度也在不断加强，2012

① 《进口网游来势汹汹，国产网游 10 年最难困境》，http://news.17173.com/content/2012-10-26/20121026103746765.shtml。

年,共有33款游戏出口至俄罗斯,21款出口至土耳其,11款出口至巴西。[①]

就游戏细分市场而言,2012年中国自主研发网络游戏海外出口实际销售收入中,客户端网络游戏为3.31亿美元,同比增长46.5%;网页游戏为2.28亿美元,同比增长79.5%;移动游戏为0.08亿美元,同比增长33.3%。各细分市场海外销售收入都持续增长,但是网页游戏增长更加迅速。因此,中小型的网络游戏企业,尤其是网页游戏企业和移动网络游戏企业都在积极开拓海外市场,而行业中的龙头企业则通过投资、并购等方式开拓海外市场,比如完美世界和腾讯都在北美参与了大量网络游戏相关项目和企业的投资。2012年中国网络游戏出口企业数较2011年增加了17.6%,除了完美世界、盛大、腾讯、畅游等传统大型企业外,一些新锐企业如趣游、炎龙科技、凯特乐游等也积极进行海外拓展。越来越多的网游企业出口使"抱团出海"模式逐渐成为共识。2012年,完美世界打造了国内首家网络游戏进出口的"国际平台"——PWIE(Perfect World Import & Export Platform),旨在提供中国网络游戏出口一站式服务,带领中国网游企业及工作室,进军海外网络游戏市场,截至2012年底,入驻PWIE平台的产品超过180款。另外,搜狐畅游推出北美游戏运营平台Gamefuse.com,同时公布新LOGO与规模宏大的全球运营计划。腾讯收购欧美网络游戏站群ZAM.com和新加坡Level up 49%的股权。在这些运营平台上,各家游戏企业可以共享资源,更多实力和经验不足、在海外没有建立成熟渠道的网络游戏企业可以藉此得到更多走出去的计划,这无疑推动了中国网络游戏海外的加速发展。[②]

在对外出口地区方面,中国自主研发网络游戏出口地区持续增加,除了亚洲、欧洲、非洲、北美洲之外,对俄罗斯等国家以及南美洲地区的市场开发力度也不断加强。完美世界、蜗牛、盛大和腾讯等企业都在增强拓展俄罗斯市场的力度,也取得了成效,中国游戏在俄罗斯游戏市场上的占比逐年提高,《完美世界》《神鬼传奇》《天空》《功夫传奇》都出现在俄罗斯游戏市场上。对于南美市场,完美世界、昆仑在线、蓝港在线等也有所动作,推广了诸多业务。其中,完美世界实际与巴西网络游戏运营商签订了授权代理协议,将《神魔大陆》推向了巴西和南美洲西班牙语国家,使其在当地十多个国家和地区运营。

(三)国际投资和国际交流

近几年来,世界经济形势整体上不太乐观,投资市场活跃度不高。中国游戏产业的投融资行为也更加谨慎。2012年,在全球游戏行业合并及收购交易额超过2011年总和的情况下,游戏产业的投融资总额却不及2011年的水平。随着盛大网络退出纳斯达克,联游被纳斯达克摘牌,游戏企业等概念股在美品牌受损,这使中国网络海外上市的脚步越加缓慢,道路更加艰难,融资金额呈现下滑状态,不少游戏企业开始考虑在国内A股市场上市。2013年,在美上市的中国游戏企业股价虽然略有复苏,但与其实际创造的利润

---

① 中国版协游戏工委(GPC)、国际数据公司(IDC)、中新游戏(伽玛新媒CNG)联合编纂:《2012中国游戏产业海外市场报告(摘要版)》,http://www.cgigc.com.cn/201301/151661652421.html。

② 同上。

相比,其价值仍旧被严重低估,市盈率多在10倍以下,因此,更多游戏企业选择寻求其他地方上市,避开美国股票市场,如2013年有3家游戏企业均选择在香港股市上市。这种状况,会持续对未来试图在美国上市的中国游戏企业产生消极影响。[①]

中国的游戏企业通过参加国内外的游戏展会以及国际经济合作会议,增加产品宣传力度,进行自我推广。2012年中,6月在文化部和国家对外文化贸易基地的共同组织下,7家中国游戏企业参加了有世界电玩“奥斯卡”之称的洛杉矶电子娱乐博览会,并举办了“中国游戏,全球共享”的推介会;8月,新闻出版总署组织首批中国游戏企业展团参加德国科隆游戏展,开展了一系列参观交流和商务洽谈等业务活动,既学习了德国游戏产业的先进经验,又展示了中国游戏产业所取得的成就,促进中国游戏进一步走出国门;11月,中国游戏厂商参加了韩国G Star游戏展,进行学习交流和推广。2013年,更多游戏企业开始利用国家政治经济交流机会拓展全球市场。3月,完美世界的CEO萧泓以首位游戏公司代表的身份,随国家领导人访问美洲;10月,部分中国游戏企业代表参与在印尼举行的亚太经合组织峰会,成为我国海外出口的新现象。

(四)整体评价

2012—2013年,中国游戏产业进口数量以及进口来源国趋于稳定,且由于消费者相较于游戏产品来源,更看重游戏本身的品质,因此中国本土游戏产品的市场表现向好。在出口方面,中国本土游戏企业积极拓展海外市场,完美世界和搜狐畅游等行业大公司还积极打造游戏出口运营平台,将自身经验和海外渠道整合,与其他游戏企业尤其是中小型游戏企业共享,为其游戏出口提供一站式服务和更加通畅的路径,这使得我国自主原创游戏海外出口继续保持高速增长。而中国游戏产业的快速发展也得到了海外公司的认可,在欧美市场有着巨大的竞争优势,但是南美洲和非洲等具备一定网络基础设施等硬件基础和具有一定消费能力的国家,对我国游戏产业而言,仍旧属于“蓝海”市场,虽然已经有所涉及,但仍旧需要进一步拓展。

三、发展特点

(一)海外出口持续保持快速增长,移动游戏和网页游戏表现尤其突出

2012年与2013年我国自主研发网络游戏海外出口均保持高速增长并呈现整体规模化增长趋势。主要表现在:出口总额有较大提高;出口的产品数量有较大增长;走向海外的企业越来越多;新开拓市场有所增加,出口范围进一步扩大;由于海外出口平台的打造,产品批量化出口也渐渐成为趋势之一。而在2013年自主原创游戏出口中,移动游戏

① 中国版协游戏工委(GPC)、国际数据公司(IDC)、中新游戏(伽玛新媒CNG)联合编纂:《2012中国游戏产业报告(摘要版)》,http://www.cgigc.com.cn/201301/151659133828.html;

中国版协游戏工委(GPC)、国际数据公司(IDC)、中新游戏(伽玛新媒CNG)联合编纂:《2013中国游戏产业报告(摘要版)》,http://www.cgigc.com.cn/d/report.zip。

和网页游戏的市场表现最为抢眼，网页游戏在借鉴客户端网络游戏的出口经验的基础上，结合自身优势进行成功推广；而移动游戏因智能手机和其他智能终端的普及而发展迅猛，中国原创移动游戏又在此基础上发挥把握用户心理和引导消费的明显优势，开发出多样化的盈利模式；类似于苹果 App 这一类全球化平台的发展也为移动游戏和网页游戏的海外推广增加动力。未来几年我国游戏产业海外的这种快速增长势头有望继续保持，而其主要支撑点就是移动游戏的发展优势和巨大的全球市场前景。

（二）出口运营模式多样化；并购成为海外拓展的重要手段

中国网络游戏出口海外的运营模式主要有以下五种："产品授权，代理运营"模式、"自建公司，独立运营"模式、"合作研发，联合运营"模式、"海外研发，全球运营"模式以及"联合发行，平台运营"模式①。虽然海外授权代理运营是四种模式中最简单易行、风险最小的模式，但是近两年，中国游戏海外出口的企业，多选择建立海外子公司直接运营。这种选择的益处是：第一，企业可以完全掌握当地市场的数据，及时并真正深入了解当地用户的行为习惯及需要，有利于未来进一步深度发掘当地市场；第二，企业可以获得更多的海外收益；第三，企业有更大的自主权和灵活性，有助于执行力和控制力的增强；第四，便于企业与当地合作伙伴建立长期稳定的关系。因此，未来几年将会有更多的游戏企业在海外出口时选择建立海外子公司。五种模式中前三种运营模式较为常见，但目前有些公司已经开始采用后两种模式并初见成效。"海外研发，全球运营"模式能够将全球游戏产业设计、研发、生产、运营和发行资源进行整合，使整个产业链更加高效，并在产品设计研发之处就将全球市场纳入视野之中。2013 年公测的《圣斗士星矢 Online》就是通过这一模式，漫画版权购自日本，集公司海内外研发力量开发出产品，再向包括原漫画版权所在地日本在内的世界各国进行推广，充分利用了产业链各环节中海内外的资源。"联合发行，平台运营"模式是指实力雄厚且熟悉海外市场的国内游戏企业自主搭建起游戏海外出口开放平台，支持其他研发企业发行和拓展游戏产品，连接海外优质用户数据和市场资源②。上文中所提到的完美世界打造的国内首家网络游戏进出口的"国际平台"PWIE，以及搜狐畅游推出的北美游戏运营平台 Gamefuse. com 就是这一模式的充分运用，为我国游戏企业，特别是中小企业的出口增添动力。

在海外拓展方面，由于《英雄联盟》全球的成功，以及《火炬之光 2》击败《暗黑 3》获得海外媒体大奖，充分显现了中国游戏企业海外并购的效果，这使得海外并购引起了众多游戏海外出口企业的关注，并有大量企业利用海外并购拓展海外业务。③

（三）网络游戏的海外出口拓展受到官方鼓励，政府和媒体等各方面加大支持力度

在"文化强国"发展战略下，包括新闻出版总署在内的国家主管部门加大了相关的政

---

① 中国版协游戏工委（GPC）、国际数据公司（IDC）、中新游戏（伽玛新媒 CNG）联合编纂：《2013 中国游戏产业报告（摘要版）》，http://www. cgigc. com. cn/d/report. zip。

② 同上。

③ 同上。

策力度,大力推动网络游戏等文化产业“走出去”。2012 年,通过继续推进“中国民族网络游戏出版工程”的实施,和完善“中国民族网络游戏出版工程”的评选标准,增加对游戏精品和游戏企业的扶持。而随着中央电视台等媒体对网络游戏关注度的日益提升,社会舆论对其的评价也逐渐发生着变化。2012 年,在中央电视台为迎接十八大而推出的系列专题报道中,《新闻联播》介绍了 10 年来中国游戏产业的发展变化,并对其海外发展的成就予以肯定。《新闻联播》也对完美世界、游族网络等游戏企业进行过积极报道。其他的许多主流平媒、网媒乃至海外媒体也对中国网络游戏在海外的成绩进行了多方报道,对其在提升中国文化全球影响力方面的积极作用给予了肯定。另外,国家主管部门组织游戏企业参加国际游戏展会进行参观学习和推广;完美世界的 CEO 萧泓也以首位游戏公司代表的身份,随国家领导人访问了美洲;中国驻新加坡大使、中国驻韩国大使等会见了中国游戏企业代表萧泓,表达了对中国游戏产业海外出口拓展的支持。

(四) 中国网络游戏在海外口碑良好,海外用户持续增加

随着中国游戏在全球出口规模的不断扩大以及质量的不断提升,其影响力也不断增强。海外用户对中国游戏的认可度不断提升,2012 年在美国 E3 展以及德国科隆游戏展上,包括《笑傲江湖》《九阴真经》等中国网络游戏受到国外用户的广泛好评,对中国游戏在内容、动作以及引擎技术创新方面都给与了高度认可[①]。而且,中国网络游戏首创的免费推广方式也受到了海外用户以及海外游戏公司的认可,在欧美已经逐渐流行起来,也使得中国游戏的海外用户规模越来越大。

四、问题与对策

(一) 提高创新能力,打造自主原创游戏精品,避免产品同质化,加强深耕国际市场的能力

近几年我国企业在游戏的技术方面取得了显著的成就,在许多核心技术领域已经可以和欧美游戏媲美,但是国产游戏在设计、体验、操控、内容方面的创新,以及表现水平上的感染力仍旧与国外游戏的大制作存在差距。而创新不足又急于占领市场导致了游戏题材、内容和手法的雷同,甚至出现了直接抄袭的现象,同质化严重,真正可以推广至全球的原创精品大作相对缺乏,这严重影响了中国游戏产业深耕海外市场的能力。

所以,中国市场如果想再扩展国际市场规模的同时加深对国际市场的深入发掘能力,并立于不败之地,必须要提高创新能力,避免急功近利,打造具有差异性的游戏产品和国际水准的游戏精品。政府也应对企业产品的标准做出统一规定,并在这方面加大扶持力度。

---

① 中国版协游戏工委(GPC)、国际数据公司(IDC)、中新游戏(伽玛新媒 CNG)联合编纂:《2012 中国游戏产业海外市场报告(摘要版)》,http://www.cgigc.com.cn/201301/151661652421.html。

(二)直面多方面差异因素,降低文化折扣,因地制宜拓展海外发展

虽然相较于书籍出版、电影电视等行业,游戏产业的产业标准和产品类型相对统一,在出口过程中文化折扣较低,但是,毕竟中国和其他国家和地区存在着包括文化在内的诸多差异,每一个差异都会对游戏产品的出口造成影响。比如精品的国产游戏通常承载着中国厚重的历史文化因素,这些扎根于文化基因中的概念未必能够被海外用户所了解。另外,游戏习惯、对游戏的需求也不尽相同,海外营销策略对于不同地域的消费者也不能一以概之。

为了突破差异因素所造成的出口障碍,不能将游戏简单移植到海外市场,而应该对目标市场进行有计划地考察调研,分析目标市场在文化、游戏习惯和需求以及市场营销方面的特性,根据这些特性来进行出口游戏的选择以及本地化改造,制定符合当地用户需求的营销传播模式,将我国游戏产品出口的效率最优化。对目标市场的调研,可以由中国政府、游戏行业协会以及大学等科研机构进行,同时,具有海外推广经验的公司也应注重积累相关数据,分析目标区域消费群,根据消费群的特性量身打造出口游戏产品。

(三)海外市场本土企业崛起,竞争压力增大

由于近两年,出口目标地区本土游戏企业实力逐渐提升,中国游戏出口企业所面对的竞争愈加激烈。自 2011 年开始,中国网络游戏占据优势的东南亚市场的本土游戏企业开始崛起,尤其是越南市场,基本是本土几大运营商独大的局面,造成了中国游戏在当地推广的困难。而在游戏产业本来就发达的欧美和日韩等市场,中国网络游戏业往往面对更为强大的本土企业竞争。

针对这一点,中国游戏企业不能只以免费的策略进行推广,而应该将眼光放宽,整合全球优质游戏资源发展全球化企业,形成全球化研发、推广能力。在整合全球资源的过程中,包括完美、盛大、九城在内的中国网络游戏企业都借助并购这一手段开辟海外市场,凭借资本化的运作,整合全球设计、生产、运营、人才等资源,构建全球化产业链条,以全球化研发方式进行产业发展,①增强企业实力,对抗海外崛起的本土企业。

(四)加强企业间合作,提升游戏品质

虽然中国游戏产业海外出口已经有了“抱团出海”的概念,并且完美世界和搜狐畅游等业内领头企业也打造了进出口平台,但是我国游戏产业海外出口企业依然存在各自为战的问题,这不符合了游戏领域产业链条全球化的趋势,也令各企业进行海外拓展的时间成本增加,风险增大,难以形成成本和渠道优势,也无法分享海外运营的经验。

因此,企业之间应该加强合作,进行包括研发和渠道在内的协调,令更多资源在全球范围内流通,形成良性的游戏产业全球生态链,有利于丰富中国海外出口游戏产品的类

① 中国版协游戏工委(GPC)、国际数据公司(IDC)、中新游戏(伽玛新媒 CNG)联合编纂:《2012 中国游戏产业海外市场报告(摘要版)》,http://www.cgigc.com.cn/201301/151661652421.html。

型和数量,填补海外细分市场,进一步提高中国游戏在海外市场的核心竞争力。

以海外收购为契机的游戏产业“走出去”

——以完美世界公司的出口运营模式为例

完美世界公司

完美世界(北京)网络技术有限公司成立于2004年,是中国领先的网络游戏开发商和运营商之一。多年来,完美世界旗下的网络游戏以其先进的科技水平、富有趣味性和创造力的游戏设计而闻名。基于其自主研发的Angelica 3D游戏引擎、Cube引擎以及Eparch 2D引擎平台,完美世界至今已开发出包括《武林外传》《完美世界》《笑傲江湖OL》《神魔大陆》在内的十几款各有特色的网络游戏,市场收益良好。据完美世界公司于2014年3月发布的2013年第四季度及全年未经审计财报显示,2013年,完美世界的年营业收入达30.53亿元,同比增长10.2%;年度毛利为23.41亿元人民币,增长约4.9%;在线游戏年收入28亿元,增长12%。①

2007年,完美世界首次登上美国纳斯达克股票市场,2009年成功登陆纳斯达克全球精选市场挂牌交易。截至2013年底,完美世界已经连续七年蝉联中国游戏出口第一名,公司旗下的海外业务收入占总收入的比重达到30%,占中国网游出口总收入的40%。②作为最早尝试开拓海外市场的中国游戏公司之一,完美世界已经成为当前中国游戏产业“走出去”的领头羊。

完美世界的游戏出口模式

近年来,游戏已经成为我国文化产业“走出去”的领先产业。2012年,中国原创网络游戏海外出口持续增长,共有由40家中国网络游戏企业原创的177款国产原创网络游戏进入海外市场,海外出口实际销售额达到5.7亿美元,较上年增长57.5%。③ 得益于相关政府政策的支持以及网游市场的不断扩大,目前,我国游戏产业对外贸易的主要模式不断翻新,“走出去”的方式越发多样化。

据《2013年中国游戏产业报告》显示,当前中国网络游戏出口的主要模式包括以下几种:“产品授权,代理运营”模式、“自建公司,独立运营”模式、“合作研发,联合运营”模式、“海外研发,全球运营”模式以及“联合发行,平台运营”模式。除前三种较常见的出口模式外,完美世界目前已转向后两种模式的实践。

---

① 《完美世界公布四季度财报:净利同比增143%》,http://tech.sina.com.cn/i/2014-03-11/05409229624.shtml

② 《完美世界6年蝉联中国游戏出口第一》,http://www.ce.cn/culture/gd/201305/17/t20130517_24392895.shtml。

③ 中国音像与数字出版协会游戏工委、国际数据公司、CNG中新游戏研究(伽马数据):《2012年中国游戏产业海外市场报告》,2013年1月8日。

“海外研发,全球运营”模式是指国内游戏企业通过并购海外游戏工作室或收购海外公司股权的方式,获得并购或收购对象持有的全套研发技术和人员配置,从而取得实际经营控制权,并将其构成海外研发体系的中坚力量。[①] 采取“海外研发,全球运营”模式的企业通过并购当地本土化的人力、物力资源,可以极大地提高自身的海外运营、研发、营销能力,从而迅速融入当地市场。完美世界公司作为这一模式的首先践行者,提出了“整合全球资源,服务全世界”的战略。而“全球资源”的涵盖范围包括:全球知名游戏企业及其科研技术、游戏开发团队、各类知名知识产权与国家文化要素以及现存的优秀产品渠道等。例如,2013 年公测的《圣斗士星矢 Online》就是完美世界通过“文化整合再输出”的方式生产并推出的一大力作。完美世界首先向日本 SEGA 世嘉公司购买版权,而后整合公司海内外的研发力量将漫画《圣斗士星矢》改编成网络游戏,再向包括其原著所在地日本在内的其他各个国家进行推广。完美世界副总裁兼官方发言人王雨云女士称其为“真正意义上全球化网游精品的尝试”。

“联合发行,平台运营”模式是指实力雄厚且熟悉海外市场的国内游戏企业自主搭建起游戏海外出口开放平台,支持其他研发企业发行和拓展游戏产品,连接海外优质用户数据和市场资源。[②] “联合发行,平台运营”模式可以整合行业领导企业的经验与成果,为其他新兴的游戏企业“走出去”提供借鉴与帮助。早在 2008 年,时任完美时空董事长兼 CEO 的池宇峰先生就提出了“抱团出海”的概念。经过多年的摸索,2012 年 4 月,中国首家开放性的海外网游进出口平台——PWIE(Perfect World Import & Export Platform)正式上线。“总体来看,PWIE 平台将向国内游戏同行开放产品品控管理体系、运营经验和客户资源,提供‘网游代理一站式’服务。在研发商方面,PWIE 平台服务涉及产品销售、包装、开发定制等方面,能帮助其找到实力雄厚、适于其产品市场需求的当地运营伙伴,并定期为其提供全球网游市场需求的产品开发建议及终端用户反馈;运营商方面,PWIE 平台则提供了产品采购、评估及投资顾问等服务,在降低运营风险前提下,协助运营商推进产品上线并实现商业化运营。”[③]截至 2012 年底,仅上线半年的时间,PWIE 就收集整理了约 249 款产品,为 180 多项产品进行了测评,并且为数十款游戏产品签约海外提供了平台,“抱团出海”的战略初见成效。

收购为开拓国际市场铺路

2010—2011 年,完美世界收购了三家知名国外游戏运营、开发商,以此为分水岭,2012 年开始,完美世界公司开始积极践行全球化战略,开始全球化、平台化的运营模式,海外出口能力不断提升、出口平台不断扩展。在这个过程中,公司对海外企业的收购起到了基础性的作用。

---

① 中国音像与数字出版协会游戏工委、国际数据公司、CNG 中新游戏研究(伽马数据):《2013 年中国游戏产业报告》,2013 年 12 月 28 日。

② 同上。

③ 《发展轨迹缘何如此“完美”——完美世界网络技术有限公司发展纪实》,《光明日报》2013 年 5 月 17 日第 012 版。

首先,海外收购大大提升了企业的产品研发能力。一直以来,由于我国的游戏产业起步晚、基础差,国内企业在游戏自主研发和技术水平方面都较为落后。近年来,随着国际游戏市场的竞争加剧,用户对网络游戏的各方面要求也越发苛刻,因此,如何保证产品的研发能力是提升中国游戏企业海外竞争力的最重要的一环。完美世界通过收购,为公司整体的研发水平提供了保障和源源不断地创新力,比如其整合海外研发技术开发的《笑傲江湖 OL》在推出之前就广受期待,仅公测首日的平均同时在线玩家人数(ACU)就突破了30万人,市场收效良好。

其次,被收购的海外本土游戏公司可以为中国游戏产品的海外推广提供更完善、更成熟的营销渠道。国内企业在收购海外企业的有形资产的同时,也接收了其运作多年维护下的上下游产业链关系和营销渠道,尤其当被收购公司的大部分人员结构都被保留下来的时候,这些无形资产将会在未来为企业节省一笔很大的人力、物力开支。

再次,海外收购有利于国内游戏产品的海外本土化,可以极大提高产品的海外接受度,拓宽企业的海外目标市场,从而让企业不仅“走出去”,而且能够“走进去”。

目前,国内已经有越来越多的游戏企业开始尝试以海外收购的方式“走出去”。例如,盛大游戏于2010年全资收购《龙之谷》的开发商 Eyedentity Games;九城于2010年收购美国网游开发商 Red 5 Studios;腾讯在2011年以约4亿美元的金额收购了美国在线游戏公司 Riot Games,2012年又收购了欧洲知名游戏网络社区 ZAM。因此,如何利用好海外收购所带来的人力、产业资源和国际平台,为国内的网游企业增加海外收入并树立品牌,将是未来我国游戏产业的又一关注点所在。

第7章

艺术品产业对外文化贸易年度报告*

2012年全球经济仍然居于危机之后的缓慢复苏阶段,受经济环境影响,我国艺术品市场整体遭受下挫,艺术品进出口贸易也呈现小幅下跌。2013年,中国艺术品市场显示了市场复苏的迹象,艺术品进出口贸易额呈现快速上涨。目前,中国艺术品产业对外贸易呈现进出口额增长迅速、中国买家开始走向国际艺术品市场、国内市场国际化多元化发展的特点。同时也存在赋税过高阻碍国际化发展、行业规范不健全、急需建立征信制度、缺乏专业艺术品国际贸易服务等亟待解决的问题。

一、宏观环境和产业基础

(一)政策环境

2012年,我国对艺术品进口关税进行了下调。国务院关税税则委员会公布的《关于2012年关税实施方案的通知》明确:自2012年起将油画、粉画及其他手绘画原件,雕版画、印制画、石印画的原本,各种材料制的雕塑品原件的进口关税税率由12%降至6%,进口增值税则不变,征收17%的税率,这是近几年来我国对艺术品进口关税最大的一次调整。这对缓解我国艺术品高关税问题起到了一定的帮助。然而,我国现行艺术品进口关税与美国、英国、中国香港等发达国家和地区相比依旧偏高,这成为阻碍我国艺术品市场

* 本文作者:杨欣欣,北京大学艺术学院文化产业与艺术管理硕士研究生。指导人:张慧,北京歌华文化研究发展中心研究主管。

国际化发展的重要因素。

2012年5月,文化部印发了《文化部"十二五"时期文化改革发展规划》,规划强调了艺术品行业在我国文化产业发展中的重要地位,并提出了对艺术品行业发展的要求和政策保障。在"推动文化产业重点领域发展"部分中,将工艺美术确定为需要重点改造提升的重点传统文化产业。在"健全文化市场体系"部分中,提出要"发展人才、技术、鉴定、经纪、评估、拍卖等文化中介服务,规范艺术品交易、文化会展等行业发展,逐步将中国建设成为世界艺术品重要交易中心"。在"健全文化产业投融资体系"部分中,强调"加强对文化产权交易的管理,引导文化产权交易机构健康有序发展"。[①]

同年,文化部又颁布了《文化部"十二五"文化科技发展规划》,其中针对文化艺术产品创作生产领域做了专项规划。指出要"综合利用高新技术,创新各类文化内容和艺术的表现形式和表现手段;丰富文化艺术创作的体裁与手段;增强文化艺术产品的表现力、感染力与时代感;开展针对提升文艺作品创作、创意协同、内容编排、活动策划、艺术表现、受众互动和展演展映展播展览等效能的关键技术研究;开展针对版权保护及协同化服务的集成技术研究"。[②]

2013年12月30日,经国务院批准,国家艺术基金正式成立。国家艺术基金是由国家设立,旨在繁荣艺术创作、打造和推广原创精品力作、培养艺术创作人才、推进国家艺术事业健康发展的公益性基金。国家艺术基金的资金,主要来自中央财政拨款,同时依法接受国内外自然人、法人或者其他组织的捐赠。国家艺术基金重点围绕创作生产、宣传推广、征集收藏和人才培养四大方向进行资助,其中艺术创作是基金支持的重点。可以预见,国家艺术基金的成立将对我国艺术创作领域、艺术推广、艺术收藏及艺术人才培养提供资金支持和政策引导,促进我国艺术事业和产业的健康发展。

(二)产业概况

根据文化部文化市场司发布的2011—2012年《中国艺术品市场年度报告》显示,2012年我国艺术品市场整体发展降速,总交易额为1784亿元,同比下滑15%进入调整期。据《中国艺术品市场白皮书(2013年)》数据分析,2013年中国艺术品市场交易的总规模已经达到了3800亿元。[③] 根据雅昌艺术市场检测中心(AMMA)公布的调查结果显示,2013年中国艺术品拍卖市场全年总成交额为643.24亿元。[④] (见图3-7-1)

根据欧洲艺术品基金会发布的《TEFAF全球艺术品市场报告2014》,2013年中国占全球艺术品市场销售总额的24%,位列世界第二,美国占38%位列第一,英国占20%位

---

① 文化部印发《文化部"十二五"时期文化改革发展规划》,http://www.cnci.gov.cn/content%5C2012511/news_72675_p4.shtml。

② 文化部办公厅关于印发《文化部"十二五"文化科技发展规划》的通知,http://www.cnci.gov.cn/content%5C2012914/news_78873_p4.shtml。

③ 西沐:《2014年中国艺术品市场六大趋势》,《中国文化报》2014年2月23日,http://epaper.ccdy.cn/html/2014-02/23/content_118745.htm。

④ 《2013年中国艺术品拍卖成交逾640亿同比增16.45%》,http://finance.sina.com.cn/money/roll/20140224/133118311062.shtml。

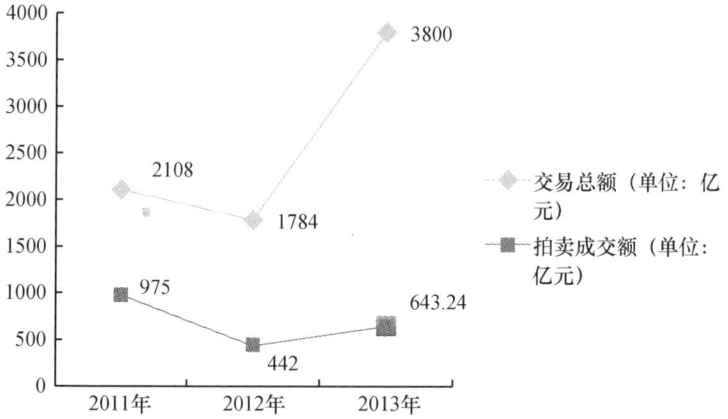

图 3-7-1 2011—2013 年中国艺术品市场交易总额及拍卖市场交易额变化趋势图

数据来源：2011、2012 年数据来自文化部文化市场司 2011、2012 年《中国艺术品市场年度报告》，2013 年交易总额数据来自《中国艺术品市场白皮书(2013 年)》，拍卖成交额数据来自雅昌艺术市场检测中心。

列第三。①

一级市场方面，2012 年我国画廊业行业专业化程度提高，政策扶持及地区性行业协会的建立并逐步发挥作用，对行业发展给予有力的支持。2012 年，我国画廊市场规模进一步扩大并保持了一定的活跃度，画廊总数达到 3106 家，市场交易量超过 40000 笔。2012 年我国画廊、艺术经纪和艺术品博览会的交易额为 460 亿元，同比增长了 31.05%。② 画廊业、艺术品经纪和艺术品博览会交易的活跃，体现了我国艺术品一级市场积极的发展态势。

二级市场方面，2012 年国内艺术品拍卖市场中共有 300 家拍卖企业举行了 576 场拍卖会，设立专场数量达到 2205 个，成交总额 442 亿元，其中绘画、装置、雕塑、素描、摄影、版画等纯美术品拍卖总金额为 303 亿元，同比 2011 年下降 54%。③ 但在我国艺术品拍卖业市场成交业绩回落的整体环境下，拍卖行业出现区域格局上的调整，正逐步实现行业资源的优化配置和行业的规范化发展。2013 年，中国艺术品市场表现较为平稳，从拍卖市场的表现来看，拍卖场次、拍卖作品数量、成交数量、成交额等较 2012 年均有所增加，但增速较为平缓。(见表 3-7-1)同时，市场关注度已经不仅仅聚焦在高端精品，而是普遍分布于各个价格区间。

① 赵宣：《全球视野下的中国艺术品市场》，《收藏家》2014 年第 5 期。
② 同上。
③ 《2012 中国艺术品市场年度报告》(市场概况)，http://www.sncaee.com/news/722.jhtml。

表 3-7-1　2013 年度中国艺术品拍卖公司成交额总排名

排名	拍卖公司	场次	总成交额(亿元)	同比增幅(%)
1	北京保利	156	65.54	7.54
2	中国嘉德(不含香港)	145	[illegible]	[illegible]
3	香港佳士得	27	56.02	29.70
4	香港苏富比	38	54.07	44.59
5	北京匡时	58	34.98	58.38
6	北京瀚海	66	16.96	-5.23
7	西泠拍卖	50	15.01	—
8	保利香港	22	13.51	223.06
9	上海朵云轩	45	10.91	-9.65
10	上海嘉禾	23	9.68	77.51

数据来源:雅昌艺术市场检测中心(AMMA),统计时间 2014 年 1 月 5 日。

根据 ARTPRICE 网站的统计的 2012 年全球艺术品拍卖数据,在全球十大艺术品拍卖公司中,有六家是中国公司,可见中国艺术品拍卖公司在全球艺术品拍卖公司的竞争中表现优异。中国艺术品拍卖公司在全球艺术品拍卖公司竞争中比重的上升充分反映出我国艺术品市场在国际上的地位越来越重要,中国艺术品拍卖公司的集团化优势无疑给中国的艺术品市场带来更大的话语权,在国际艺术品市场上拥有话语权和定价权至关重要。经过近 30 年的发展,中国艺术品的定价权正在由中国市场所主导。①

表 3-7-2　2012 年全球十大艺术品拍卖公司成交额排名(纯艺术品)

排名	公司名称	成交金额(亿美元)
1	佳士得	27.29
2	苏富比	24.9
3	北京保利	5.49
4	中国嘉德	5.02
5	菲利普斯	2.73
6	北京匡时	2.05
7	上海朵云轩	1.51
8	北京瀚海	1.21
9	西泠拍卖	1.2
10	邦瀚斯	1.08

数据来源:转引自《2012 中国艺术品市场年度报告》,中央美术学院艺术市场分析研究中心。

2012 年我国艺术品购买力整体水平的增速略有放缓,其主要原因是占艺术品购买力总量较大份额的艺术投资的减速。而艺术收藏与艺术消费则稳步增长。2012 年我国的企业收藏发展速度较快,资金规模继续增长,大约有 450 亿元,企业收藏成为艺术市场中

① 文化部文化市场司:《2012 中国艺术品市场年度报告》,人民美术出版社 2013 年版。

越来越重要的参与力量。同时单价10万以下的限量版艺术品、艺术复制品及艺术衍生品也逐渐走进中产阶级消费者,艺术品消费成为艺术市场新的增长点。

二、贸易概况

近两年,我国艺术品市场国际贸易受全球经济影响,经历了短暂的调整期,依然实现了巨大的增幅。根据中国海关数据,2011—2013年,我国艺术品、收藏品及古董(海关商品代码:97)的进出口总额分别为43亿元、39.5亿元和110.3亿元,2012年略有下降,但2013年实现了大幅度提升(见图3-7-2)。

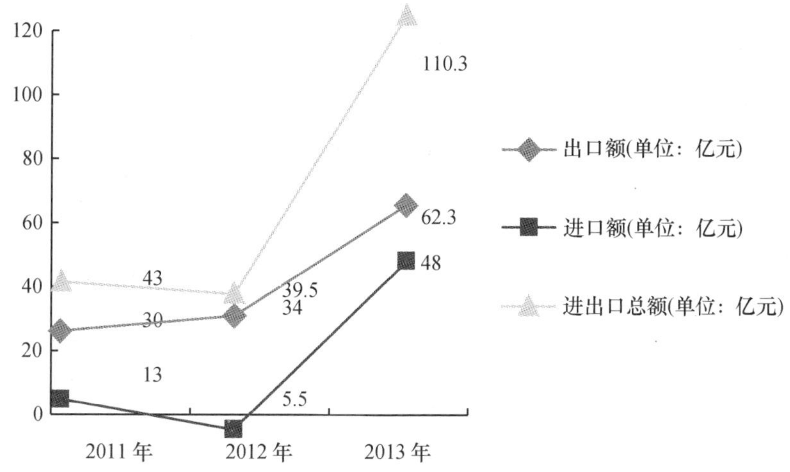

图3-7-2　2011—2013年中国艺术品出口额变化趋势图

数据来源:海关信息网,http://www.haiguan.info/(原数据为美元,已换算为人民币)。

(一)进口情况

受2012年经济因素影响,我国艺术品市场进口额出现了较大降幅,但经过短暂调整,加之艺术品关税下调的政策利好,于2013年实现了大幅度上升。根据文化部文化市场司发布的《2012年中国艺术品市场年度报告》,2012年我国艺术品的进口额为5.5亿元,较2011年下降57.7%。根据中国海关数据,2013年我国艺术品、收藏品及古董进口额由2012年的8766.48万美元增至7.71亿美元①,同比增长778.35%。北京、上海、广州三个主要口岸的艺术品、收藏品及古董进口额共达到3.16亿美元②,占全国进口总额的41%。

由于我国艺术品被列为奢侈品,艺术品进口时需申报缴纳进口关税和进口环节增值税,征收关税比例相对较高,因此多种形式的低报瞒报等逃税手段屡见不鲜,同时,较高的艺术品进出口关税也不利于中国艺术市场与国际市场接轨。2012年起纯艺术品类进

① 根据海关信息网贸易统计数据库的数据计算而得,http://www.haiguan.info/。
② 同上。

口关税下调,海关加强对此类避税行为的监察,充分显示出我国对艺术品市场规范化的决心。同时,纯艺术品进口关税下调,从一定程度上降低了艺术品进口的税收门槛,有利于推动中国艺术市场国际化发展的步伐。

(二)出口情况

2012—2013 年,我国艺术品市场出口额保持增长,尤其在 2013 年实现了较大增幅。根据文化部文化市场司发布的《2012 年中国艺术品市场年度报告》,2012 年中国艺术品出口额为 34 亿元,较 2011 年上升 13.3%。[①] 根据中国海关统计数据,2013 年我国艺术品、收藏品及古董出口额由 2012 年的 5.35 亿美元增至 10.41 亿美元[②],增幅约为 94.58%。2013 年北京、上海、广州三个主要口岸的艺术品、收藏品及古董出口总额达到 2.53 亿美元[③],占全国艺术品、收藏品及古董出口总额的 24%。

2013 年,我国的艺术品出口目的地主要集中在日本、香港、欧美等发达国家和地区。其中日本是我国最大的出口国,其次为香港和美国(见表 3-7-3)。

表 3-7-3　2013 年艺术品、收藏品及古董国别出口额

排名	国家/地区	出口额(美元)
1	日本	515 220 042
2	香港	191 198 986
3	美国	116 724 562
4	瑞士	46 215 400
5	英国	20 183 023
6	加拿大	19 978 300
7	荷兰	14 681 191
8	德国	12 896 247
9	法国	10 544 310
10	澳大利亚	7 461 748
11	马来西亚	6 681 404
12	阿联酋	6 579 951
13	伊朗	5 636 910
14	新加坡	5 476 243
15	西班牙	4 812 590
16	印度	4 659 632
17	意大利	4 138 512
18	比利时	4 064 045
19	南非	3 976 986
20	印度尼西亚	3 469 752

数据来源:海关信息网,http://www.haiguan.info/。

---

① 文化部文化市场司主编,《2011 中国艺术品市场年度报告》,人民艺术出版社 2012 年版。

② 根据海关信息网贸易统计数据库的数据计算而得,http://www.haiguan.info/。

③ 同上。

（三）中国艺术品国际展示概况

在展示交流方面，中国当代艺术以更自信的姿态、以更大的规模、以更加多样化的形式展现于国际顶级艺术博览会及博物馆中。

2013年第55届威尼斯双年展中国国家馆的策展人王春辰带领七位中国艺术家赶赴威尼斯。此次展览的主题是"变位"，是一次中国当代艺术及其文化表达的地理旅行：由中国移向欧洲，出现在文艺复兴的意大利，与世界各国同台展示当代世界文化与思想的多样性。此次展览共有七位艺术家参加，他们分别是缪晓春、童红生、王庆松、张小涛、何云昌、舒勇和胡曜麟。这七位艺术家以不同的艺术形式和艺术语言表达了各自的艺术理念，体现了我国当代艺术的多样化发展。

与此同时，2013威尼斯双年展大型平行展《中国独立艺术展：未曾呈现的声音》邀请了100多位中国艺术家，涉及的媒介包括绘画、雕塑、装置、影像、行为以及文献，该平行展是2013威尼斯双年展大型平行展中规模最大的一个，是中国当代艺术在国外的一次大规模的集体亮相。

水墨艺术作为植根于中国文化传统的独特的艺术形式，得到了越来越多的国际关注。2013年12月11日，"水墨艺术：当代中国艺术的古为今用"在纽约大都会艺术博物馆拉开帷幕。这是大都会博物馆首次推出大型中国当代水墨艺术展览，由大都会博物馆亚洲部主任何慕文主持策划，经五年筹备，展出35位中国当代艺术家在近30年间创作的70件作品，涉及绘画、书法、版画、摄影、录像、雕塑与装置等多种艺术形式。何慕文在策展前言中谈及，这个展览具有里程碑意义，将非西方的当代艺术置于百科全书式的博物馆之中。此外，2013年年底，佳士得和苏富比均在纽约推出了中国当代水墨的展览或者展售会。国内关于当代水墨的展览更是层出不穷，据雅昌艺术网搜索结果，以"水墨"为主题词的展览数量在2013年多达243个。可见，当代水墨越来越成为国际级国内艺术品行业的热点。然而，在市场热捧之外，当代水墨展的学术性急需深化，在国际化视野下建构和发展水墨理论。

三、发展特点

（一）艺术品进出口额增长迅速，但进出口额在交易总额中占比很小，艺术品市场以国内市场为主导

根据中国海关信息网发布的数据，2013年我国的艺术品进出口总额实现了大幅度增长，然而我国艺术品市场的国际贸易额占比较小，国内市场依旧是主导。根据《2014 TEFAF艺术品市场报告》公布的数据，2012年中国艺术品跨境贸易仅占世界跨境进口的6%，出口的4%。根据Artprice公布的数据，2013年中国艺术品交易总额为40.78亿美元，艺术品进出口额占市场总成交额的18.9%（在经济学上通常被称为对外贸易依存度，体现市场的开放程度），这与美国和英国相差悬殊，2011年美国艺术品市场的对外贸易依

存度是74%,英国是84%[①]。显然,中国市场目前还是以国内市场为主导的艺术品市场,离世界艺术品贸易中心还有很大差距。

(二)中国买家开始走向国际艺术品市场,但交易类型较为单一,依然集中于中国艺术品

尽管大部分的中国买家的关注点只在国内市场,但中国收藏家正在逐年增大他们在国际市场的参与度。根据苏富比2010年以来的统计显示,中国买家竞拍国外艺术品的次数增加了54%,已经有530位来自中国大陆的收藏家花费共计3.78亿美元购买西方艺术作品。在佳士得所登记参与伦敦和香港拍卖会的中国大陆收藏家数量翻了一倍。[②]中国收藏家大量走出国门,进入海外拍场,有些甚至参与到海外二级拍卖行的竞拍中。据统计,中国籍的买家分别购买了欧洲及美国二级拍卖行13%和19%的拍品;而在海外一级拍卖行,中国买家则成功竞拍了20%的拍品。但是成功竞拍的拍品主要集中在中国艺术品,其中大部分为中国古董。[③]

(三)国际化趋势的加强带动中国艺术品市场的多元化发展

根据雅昌艺术市场监测中心发布的《2013年中国艺术品拍卖市场调查报告》,中国艺术品市场国际化成为2012—2013年的重要看点,这也是中国艺术品市场未来的发展趋势。国际化包括两个方面:一是国内艺术机构和作品走出去,二是国外的艺术机构和作品引进来。国内一些大型拍卖公司,如嘉德、保利已经开始走出去,在香港成立分公司。与此同时,国际著名拍卖行也开始进入中国,如苏富比集团与北京歌华文化发展集团成立合资公司苏富比(北京)拍卖有限公司,佳士得以独资身份进驻中国自贸区(上海);此外,如Artprice、Artnet等国外艺术品信息公司以及法国的艺术基金等也都已经通过各种各样的形式进入中国艺术品市场。无论是中国的拍卖公司走出去,还是国际大机构走进来,给中国艺术品市场带来的效应都是双面的——短期内会给本土拍卖企业一定的冲击,但从长远来看,国外机构的发展理念、运营模式以及精细化的管理理念等都会给中国艺术品市场的发展带来新的启发、视角和机制性的推动。在国际拍卖行的引领和推动下,未来中国艺术品拍卖将会呈现以中国书画和瓷器杂项为主导拍卖,中国油画及当代艺术、西方艺术、东南亚艺术等多元化的拍品架构。同时,国际拍卖行的入驻,也将会为国内拍卖行带来新的服务标准和交易理念的改变,其百年老店的服务品质和艺术品交易中的诚信代理这种职业精神的体现,可以有效地规避中国的假拍拍假、迟付拒付、关联交易等种种痼疾。

---

① 《2013年中国艺术品进出口概况》,http://shoucang.dahe.cn/c/2014/05/17337.shtml。

② 《聚焦中国艺术品市场的14个数字和三大发展趋势》,http://collection.sina.com.cn/yjjj/20140423/0940149892.shtml。

③ 《从〈全球艺术品市场报告〉看中国艺术品市场》,http://news.artxun.com/hualang-1741-8704649.shtml。

四、问题及对策

（一）高额赋税影响艺术品市场国际化发展，不利于鼓励海外文物回流，艺术品税收制度需进一步改革

虽然我国于2012年将艺术品进口关税降至6%，但进口艺术品还需缴纳17%的增值税，如果产生交易，还需缴纳12%的消费税，因此艺术品进口的综合税率实则超过了30%，个别情况的税率甚至超过40%。这与美国、英国、中国香港等地的艺术品零关税相比显然存在很高的关税壁垒。高税率极大地阻碍了国外艺术品交易机构进入中国或来华参加博览会。与此同时，众多海外流失文物的回流也受到高税收的很大影响，迫于高额的税收压力，很多藏家选择不把回流文物运回国内。更重要的是，高税率导致低税收，艺术品市场存在大量、普遍的走私行为，严重影响了我国艺术品市场的健康有序发展。

艺术品行业有其自身的特点，中国的关税应该对艺术品有一个比较合理的归类，对进口税的征收也不应采取一刀切的办法。对于海外回流文物，需要各级政府部门从政策法规上给予优惠和特殊照顾，从而保证珍贵文物无后顾之忧地回到祖国，对中国文化的传承起到保护作用。我们可以借鉴国外经验并结合我国实际情况，加快完善我国艺术品税收制，提高艺术品市场交易水平，建立和巩固中国艺术品全球领先的市场地位。

（二）艺术品行业规范尚未与国际接轨，急需引进国际先进经验

我国艺术品行业尚未形成成熟的行业规范，在艺术品鉴定、定价、交易方面存在诸多问题，阻碍了我国艺术品行业参与国际市场竞争。

艺术品的价值问题及诚信制度的建立是关系艺术品市场发展的重要问题。由于我国艺术品市场发展的不尽完善，艺术品价值的形成机制受到很多不良因素的影响。人情鉴定、权利制衡、人为造势炒作、假拍、拍假现象、交易信息不透明等都成为现今干扰艺术品价值评估的因素。在艺术品市场中，除拍卖市场有相对较大的信息透明度之外，一级市场与博览会市场、公私收藏、艺术品投资等环节信息高度不透明，也没有健全的征信制度和监管体系，对艺术市场发展有较大制约。

征信体系的建立也是突破艺术品市场发展瓶颈的重要举措。反观欧美艺术品市场，由于征信业已经发展得十分成熟，也形成了较为完备的运作和法律体系，在此基础上，欧美的艺术品评估、鉴定、保险等有条不紊地运行，成为艺术品市场健康稳定发展的保障。对比之下，在中国建立艺术品征信体系的必要性和迫切性不言而喻。[①] 建立艺术品从生产到流通、收藏环节的信息认证，利于艺术品的跟踪和环节监管，在一定程度上也能增加艺术品的真实性和附加值。[②] 这需要政府、艺术品鉴定行业、艺术家、艺术品经纪人、艺术

① 《诚信缺失困扰艺术品市场》，http://www.longwan.gov.cn/art/2014/7/9/art_163_93085.html。

② 《艺术品也需要一张唯一的身份证》，http://collection.sina.com.cn/plfx/20140904/1009163566.shtml。

批评家及媒体等社会各方力量的共同努力才能实现。此外,引进国际先进拍卖行和艺术交易机构,促使国内艺术品市场吸收和学习国际先进经验和行业规范,也有助于我国艺术品行业的健康发展,助推我国艺术品行业的国际化发展。更重要的是,征信体系的建立离不开国家法制建设的保驾护航,应加快征信体系建设立法的进程,加强政府的对征信行业的监管。

(三)缺乏专业艺术品国际贸易服务,急需引进先进的专业服务

我国艺术品市场的国际化发展缺乏专业国际文化贸易服务的支撑,尚未形成包括通关、仓储、物流、专业包装、鉴定评估、检测修复、信息服务、担保、保险、交割、结算在内的专业服务体系。一般的文化贸易企业自身缺乏相关的国际贸易专业人才,需要将一些相关工作外包给专业服务机构。然而一般性贸易流程服务提供商也缺乏适合艺术品贸易市场的专业的技术、设备和人员。因此,建立专业的艺术品国际贸易服务体系至关重要。目前,我国艺术品贸易服务业的发展还处于初级阶段,需要积极引进国际先进的专业化公司,吸取其先进经验和服务专业力,带动国内相关企业的快速发展。

案例

苏富比进驻中国内陆,助力北京构建"全球艺术品交易中心"

中国艺术品产业发展迅速,在国际市场中占据了越来越重要的角色,国际拍卖行自然不能忽视开拓中国市场。苏富比专注于亚洲市场四十年,不仅参与和促成了香港本地艺术市场的兴起,也在中国艺术市场的崛起中扮演了重要角色。2012 年,苏富比集团与北京歌华文化发展集团成立合资公司——苏富比(北京)拍卖有限公司,正式进驻中国内陆市场,成为第一个拿到中国拍卖牌照的中外合资拍卖公司,并入驻位于北京天竺综合保税区的国家对外文化贸易基地(北京)暨天竺文化保税园。2012 年 9 月 27 日,苏富比(北京)拍卖有限公司在北京中华世纪坛举行了落户北京后的首场象征性拍卖,落下历史性的第一槌。

2013 年 11 月 28 日至 12 月 1 日,由歌华集团和苏富比集团联合主办的苏富比"北京艺术周"在北京国贸三期国贸大酒店举行,这是苏富比集团进入中国内地后精心筹备的首次重量级活动。活动期间举办了一系列拍卖、巡展、私人洽购展及专家讲座与艺术论坛,涵盖中西方经典与当代多种艺术形式,其中包括以"现当代中国艺术"为主题的拍卖活动;以"现代艺术巨匠展:从伦勃朗到毕加索——西洋艺术的人物表现""花样年华——十九世纪欧洲油画、家具及工艺品"为主题的私人洽购展与海外精品巡展;还有相关专题讲座和艺术论坛。

在 12 月 1 日压轴的"现当代中国艺术拍卖"中,共上拍拍品 141 件,成交率 79.5%,

总成交额为2.27亿元,并有6件拍品打破了艺术家的拍卖纪录①。当天的最大焦点,当属赵无极的经典作品《抽象》,该作品以2200万元起拍,最终以7600万元落槌,刷新了赵无极画作此前5674万元的最高成交金额②。

此次苏富比"北京艺术周"是苏富比进入内地市场的重要一步,同时也是国家对外文化贸易基地(北京)及天竺文化保税园保税拍卖业务运营的开始,标志着北京朝"全球艺术品交易中心"的目标又迈进了一步。因此苏富比"北京艺术周"的举办具有重要的实验创新意义。

一、借助苏富比"北京艺术周",国家对外文化贸易基地(北京)实现综合性文化保税服务的首次实验

2010年10月,北京歌华文化发展集团与北京天竺综合保税区管理委员会签署战略协议,在北京天竺综合保税区共同建设"北京国际文化贸易服务中心",并于2012年3月11日由文化部授牌"国家对外文化贸易基地"。基地的发展目标是建设成为立足北京、服务全国、在国际文化竞争与合作格局中发挥重要引领作用的综合型文化贸易服务平台和国际口岸型产品市场、要素市场,成为集文化贸易口岸、协同创新平台、企业集群式发展于一体的国家级文化贸易示范区。根据总体规划,基地由国际文化贸易企业集聚中心、国际文化产品展览展示及仓储物流中心、国际文化商品交易服务中心三个功能区组成。三个功能区相互依托,互为补充,通过有效利用保税区政策,为文化创意产业的创意制作、仓储物流、展示交易提供全产业链服务。

保税拍卖是国家对外文化贸易基地(北京)重点推出的创新服务模式。保税拍卖是指以天竺文化保税园为基地,拍品以保税状态,在海关监管下运至区外拍卖场进行拍卖。若拍品未成交,可返回文化保税园并按原路径离境;若拍品成交,则可以在文化保税园内的艺术品精品仓库内进行保税状态下的存储,暂缓缴纳各种进口税费,若要将成交拍品从保税园运至别国,则要根据各个国家的关税管理办法交纳进口税费。保税模式能够大大降低拍卖行操作境外拍品的资金成本,解决了拍卖行操作境外拍品时由于拍品未成交所带来的关税损失和繁杂手续瓶颈。

本次苏富比"北京艺术周"的"现当代中国艺术拍卖"中有9件保税拍品。通过这次拍卖,国家对外文化贸易基地(北京)对保税拍卖业务进行了全流程的操作,完成了文化组合保税服务的首次实验,从艺术品的报关、仓储、物流到交易、结算、离境、托管等各个环节,进行了大体量的模式测试。

在海关监管方面,本次保税拍卖将国家对外文化贸易基地(北京)的政策平移到活动场馆(国贸大酒店),并由北京海关在保税区外提供监管服务。歌华集团、苏富比(北京)拍卖有限公司与北京海关进行了多次业务对接,制定了针对本活动的报关、通关、担保、

---

① 黄茜:《苏富比的"北京战略"》,《中国文化报》2013年12月8日,http://epaper.ccdy.cn/html/2013-12/08/content_113061.htm。

② 陈涛:《苏富比北京艺术周落幕112件当代中国艺术品拍出2.27亿》,《北京日报》2013年12月2日,http://bjrb.bjd.com.cn/html/2013-12/02/content_130281.htm。

物流、留购等诸多环节的监管服务流程。北京海关领导亲自主抓此次业务流程的制定,进行了多项业务创新和贸易便利化的关务流程实验,实现了促进贸易便利化的关务流程。

本次保税拍卖还进行了海关监管技术创新。在北京海关及北京市科委的支持下,由歌华集团与北科院联合研制的全程定位物联网监管系统在此次艺术周活动中试运行。本次活动中,艺术品上载有标志艺术品唯一身份的 RFID 芯片,并与 GPS 定位绑定,同时视频记录现场景象并实时传输。这种远程监管的方式在保证海关严格监管的条件下,能为企业在北京任何场馆举办保税的艺术品拍卖展览活动提供服务,降低了企业运营成本。

此外,本次拍卖在金融服务创新方面也进行了有意义的尝试。苏富比(北京)拍卖有限公司属于轻资产企业,非常需要银行提供无质押担保业务。中国建设银行针对该需求进行了业务创新,通过海外银行信用担保的方式为参加北京艺术周的艺术品进行担保,极大地减轻了本次活动的担保成本。另外,建设银行还在外汇结算方面提供了便捷、优惠的服务。

二、苏富比为中国艺术品拍卖市场树立行业新标杆,加快中国艺术品市场国际化发展

此次苏富比"北京艺术周"所呈献的艺术品,均由苏富比全球网络征集而得,着眼现当代中国艺术的同时亦引进西方艺术。当然,这场拍卖也是基于对中国现当代艺术的学术判断进行的拍品征集。从拍品及展品种类以至不同的销售模式,都是根据中国广大资深及新进藏家的收藏兴趣而量身打造的。

此次活动所有艺术品价值超过 13 亿元人民币,其中拍卖部分的作品为现当代中国艺术作品 140 余件。私人洽购和巡展的作品逾 90 件,涵盖了西方古典油画、古典家具及苏富比钻石,其中包括荷兰古典巨匠伦勃朗的油画《双手叉腰男子像》等国际重量级艺术作品。从它的艺术水准、藏品的价值,包括艺术教育的普及性、公益性,艺术讲堂、展览等环节,苏富比这次活动在整个行业确定了质量水准、操作规范的标杆地位。

这次艺术周极大地体现了苏富比的国际特色:第一,整个艺术周的设计和布展一丝不苟、精益求精,延续了苏富比国际风范和专业性的一面,让人眼前一亮。第二,艺术周带来了许多博物馆级的艺术品,不仅有芝加哥艺术学院收藏的赵无极作品,还包括古典绘画大师伦勃朗的作品和中国人熟知的毕加索的作品。不论是买家还是参观者,能如此近距离地欣赏到这样的稀有名作,都不是易事。第三,苏富比的艺术品导览环节非常专业,导览者从艺术欣赏和知识普及的角度,对西方艺术品和中国当代艺术品展开指导,以帮助观众更好地欣赏画作。此外,活动期间有 60 多位专家和同事从伦敦、纽约和香港来到北京参与这次盛会。苏富比开设的讲座根据内地藏家的需求而制定,专家既有理论知识,也有实战经验。[①]

① 黄辉:《国际拍卖行初尝内地"甜头"》,《中国文化报》,2013 年 12 月 7 日,http://epaper.ccdy.cn/html/2013-12/07/content_113088.htm。

这次苏富比在北京的活动，秉承它在全球对于收藏者的承诺，严格遵循苏富比全球规范和标准。从标的物、购买者到交易的规则都是国际化的，将为确立北京作为全球艺术品交易中心的市场地位发挥积极作用。

苏富比“北京艺术周”配合2013年北京拍卖季活动，对拉动内需、繁荣市场、确立北京文化艺术市场地位，更好地满足人民精神需求都具有重要意义。通过苏富比在中国举办的艺术盛会和艺术讲座普及活动，为中国收藏者及群众呈献一次全面的国际级艺术体验。

苏富比“北京艺术周”的成功举办在国际艺术品市场和行业内产生了重大影响，也给北京的拍卖市场带来全新的竞争格局，国际化已成为北京拍卖行业发展的明显趋势，国家对外文化贸易基地（北京）也将为北京吸引更多的国际目光。随着中国在世界艺术市场的崛起，苏富比将为中国引进顶级艺术资源、高水准客户服务与营运规范，为推动北京文化产业迈向国际舞台做出贡献，助力北京成为“全球艺术品交易中心”。

第8章

设计业对外文化贸易年度报告*

设计产业是典型的知识密集型创意产业,是新世纪全球最具有发展前景的产业之一,也是我国应该重点发展的文化创意产业门类之一。设计产业链条由设计政策、设计市场、设计体制、设计研究、设计批评、设计教育、设计实务、设计管理、设计推广等一系列环节结合而成;设计产业应用十分广泛,涵盖商务、应用、工业、科学等诸多大类学科和产业,细分可达几十个门类。提高设计素质是许多发达国家提升本国产品质量和竞争力从而占领市场份额的重要手段。现代设计已成为促进经济增长的重要因素,越来越得到国家的重视和政策支持,并伴随市场经济的发展,通过竞争调节逐渐走向相对成熟的阶段。但是总体而言,中国设计产业与发达国家相比还有较大差距,企业和公众对设计的创新价值意识认知不足,产权意识薄弱,设计企业普遍规模较小,风险抗击能力差,高端设计人才缺乏,教育与市场的衔接程度不高,中国设计产业化的总体进程还较为缓慢。

一、宏观环境与产业基础

(一)宏观政策

2008年3月13日,国务院办公厅出台了国办发〔2008〕11号文《国务院办公厅关于加快发展服务业若干政策措施的实施意见》,其中,"工业设计"作为一种业态,被清晰地纳入现代服务业中。这是在中国的国家级政策中,第一次提到"设计"。相较于日本提出

---

* 本文撰稿:王欣怡,北京大学艺术学院文化产业与艺术管理专业硕士研究生。本文案例摘自《百年文创力:文化创意产业案例集(第一辑)》,由深圳大学传播学院陈振旺副教授,深圳大学管理学院硕士研究生李楚斌依据公开信息与嘉兰图公司提供的相关资料撰写而成。

“工业设计立国”的口号已经晚了 50 多年，相较韩国 1988 年提出“设计立国”的国家战略也已有整整 20 年时间的差距。

其实早在 2004 年，在国家发改委的牵头下，我国就开始了《工业设计产业政策》的制定，然而由于设计产业的概念范畴界定极其模糊，绝大多数企业没有设计部门和专业设计师，设计带来的产值增效在各个企业和生产部门中无法以具体数值体现，重要性难以明确导致了政策制定的难产。几经周折，2007 年，国家发改委根据温家宝总理“要高度重视工业设计”和曾培炎副总理“工业设计也是服务业中的一个重要门类”的批示精神，在《国务院关于加快发展服务业的若干意见》（国发［2007］7 号文件）定稿时，多处强调了支持和鼓励发展工业设计的内容。2008 年 3 月 13 日，国务院办公厅又出台了国办发〔2008〕11 号文《国务院办公厅关于加快发展服务业若干政策措施的实施意见》。这是与 2007 年国发〔2007〕7 号文配套的文件。这两个文件所指的服务业，包括现代服务业，工程设计作为一种业态，被清晰地纳入现代服务业。①

2010 年和 2011 年，政府在多个国家级产业规划中对设计产业的作用和地位给予了明确的肯定。2010 年 3 月，在温家宝总理向十一届全国人大三次会议所做的报告中，“工业设计”被列入需要大力发展的七项生产性服务业之一，这是工业设计首次在政府工作报告中出现，表明工业设计上升为国家战略。同年，国家《十二五规划》首次提出“加快发展研发设计业，促进工业设计从外观设计向高端综合设计服务转变”，明确了研发设计业对产业结构调整的促进作用。

在战略上得到重视之后，设计产业的细则性支持政策也不断出台。2010 年到 2011 年，工业与信息化部产业政策司联合科技部、财政部、知识产权局、证监会、银监会等部门，先后印发了发了《关于促进工业设计发展的若干指导意见》《关于加快推进信息化与工业化深度融合的若干意见》等文件，以信息化作为工业设计发展的契机为出发点，明确了今后工业设计行业信息化产业结构升级以及整体结构优化的具体方法。

2014 年 1 月，国务院总理李克强主持召开国务院常务会议，决定改革中央财政科研项目和资金管理办法，部署推进文化创意和设计服务与相关产业融合发展，会议确定了推进文化创意和设计服务与相关产业融合发展的政策五大措施。政府加大创意、设计等版权的保护，引导创意、设计类小微企业发展的产业环境，发展产业集聚的孵化基地，加强政府的采购力度，同时引导产业文化发展基金的投向等政府对设计产业的支持政策被明确提出。2014 年 8 月，国家发展改革委员会发布了国务院印发的《关于加快发展生产性服务业，促进产业结构调整升级的指导意见》（以下简称《意见》）。《意见》明确现阶段我国生产性服务业重点发展的 11 个重点领域，研发设计就是其中之一。《意见》还指出，研发设计、检验检测认证、节能环保等科技型、创新型生产性服务业企业，可申请认定为高新技术企业，享受 15% 的企业所得税优惠税率，税收政策优惠的明确为设计企业带来福音。

---

① 《中国设计，政策饥渴》，http://www.dolcn.com/data/cns_1/article_31/essay_312/eind_3121/2008-07/1214986769.html。

(二)宏观环境

设计产业起源于西方国家,因为其在国家建设与提升国家竞争实力方面发挥的重要作用而受到国家政府的高度重视,英国是欧洲最重视设计的国家之一,前首相撒切尔夫人曾表示“英国可以没有政府,但不能没有工业设计”。设计产业在中国形成概念较晚,工业设计概念上世纪 80 年代才进入中国大陆,但伴随国家工业化和信息化进程的加快,产业形态不断完善,产业实力不断增加。特别是在建设创新型国家和发展文化创意产业的大背景下,设计产业在我国得到空前重视,越来越多的企业认可并运用设计手段服务于创新过程。我国自 1985 年创立第一家专业设计公司以来,目前已约有十万家设计公司,主要集中在以北京为中心的环渤海地区、以上海为中心的长三角地区和广东周边的珠三角地区等。海尔集团在全球建有 18 个设计中心,平均每天申请 2-6 项专利,外观设计近 2000 件。联想在美国、日本和国内设立 3 个设计中心,负责产品设计、架构设计,设计团队人数 5 年间实现成倍增长。①

同时,越来越多的城市将发展设计产业作为“立市之本”。继上海和深圳之后,北京也在 2012 年成功被联合国教科文组织授予“设计之都”称号,正式加入联合国教科文组织创意城市网络。目前,北京拥有各类设计企业 2 万余家,设计从业人员近 25 万人,拥有 798 艺术区、二通厂动漫游戏城等 30 个设计产业集聚区,涌现出绿色制版印刷、北京牌电动汽车等一系列重大科技成果。自 2009 年起,北京成功举办了北京国际设计周、设计之旅、北京服装周等设计活动,吸引了大批市民参与。

国家对设计产业的重视重点体现于政府的宏观支撑和扶持,建立相关国家部门进行统筹规划必不可少。日本以经济产业省设计机构为载体,形成国家推进体系,每年设计开发资金投入占国民生产总值的比例高达 2.8%,居世界首位。② 1988 年韩国借汉城奥运会提出“设计立国”的口号,其后 20 年间以三星、LG 等企业为代表的韩国设计强势崛起,韩国中央政府下属的韩国设计振兴院功不可没,其任务不只是推动产业的设计,而是要向所有韩国百姓灌输设计意识,最终以提高人们的生活质量为目标。而中国迟迟没有属于设计产业的专属中央职能部门,使得具体的政策在制定和执行时面临多部门资源协调、责任推诿的现象存在。在《工业设计产业政策》意见稿中,曾经明确提出:“设立部际联席会议和专门办公机构——负责国家重大工业设计项目计划的制定和国家工业设计专项资金的监管。”然而,遗憾的是专业的设计主管部门由于种种原因至今未能设立,也阻碍了设计产业的政策制定和执行力度,不利于我国设计产业的良性发展。我们寄希望于以“大部制”为核心理念的部委机构改革环境能够为设计产业的主管部门建立提供新的思路和希望。

---

① 《工业设计政策法规体系》,http://www.docin.com/p-333728724.html。

② 同上。

二、文化贸易发展情况

（一）全球设计贸易发展概况

十年内文化产业国际贸易均保持较快的发展，即使是在受金融危机影响而经济低迷的2008年，国际文化贸易也保持了较好的增长势头，而其中增长最快、占总量最大的就是设计产业。

根据联合国贸易和发展组织公布的数据，2003年至2012年十年期间，设计产业保持着所有文化产品类别中第二名的增长速度，进口增长速度近年来受到2008经济危机影响，比起2003年到2012年平均增速6.51%有所下降，但仍保持在4.5%左右（2008—2012年平均增长率），而出口增长速度则十年一直稳定在9.0%—9.1%之间，增速仅次于视觉艺术，而稳定程度远超其他文化贸易产业。2013年的国际统计数据尚未公布，但从2012年往前的数据可以看出，设计产业的出口贸易量最高达到2982.2亿美元，进口量最高达到2616.4亿美元，曲折的发展态势并不影响其一路上升的总体趋势。设计产业占全球文化产品贸易总量的百分比一直保持在极其突出的50%以上水平，最高水平的2011年设计产品出口占比已达到60.9%，进口占比在2012年也升至59.1%，设计产业不仅成为发达国家输出知识密集型产业及其背后的文化理念、获取高额附加值的强大载体，也越来越被发展中国家所重视，成为其产业转型升级、经济增长突破的有效途径。

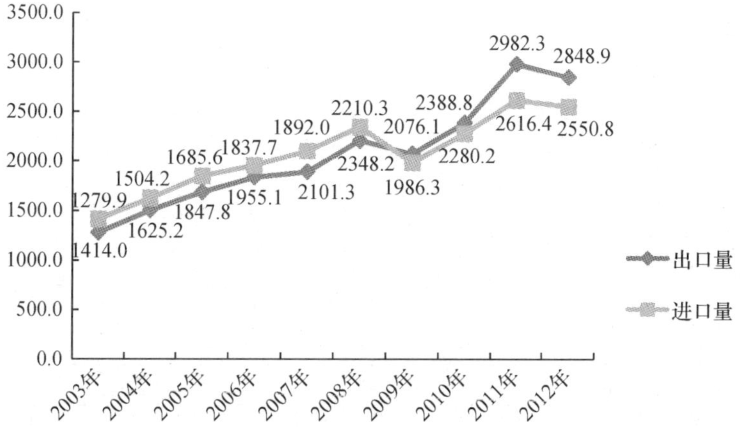

图3-8-1 2003—2012年全球设计产业国际贸易进出口总量趋势（单位：亿美元）

数据来源：联合国贸易与发展会议创意经济数据库，本文整理绘图。

根据联合国贸易和发展组织的分类，设计产业之下又分为建筑设计、时尚设计、玻璃工艺品、室内设计、珠宝设计和玩具六个细分行业。其中珠宝设计进出口贸易量最大，2012年出口量达到1012亿美元，占到整个设计产业的35.52%。在瞬息万变的时尚潮流中，珠宝饰品的生命周期相对较长，时尚流行基本元素大概每十年一换，对于珠宝设计，20世纪90年代时尚界的某些元素在今后的5年内仍将流行，然后回归最初的潮流，如此

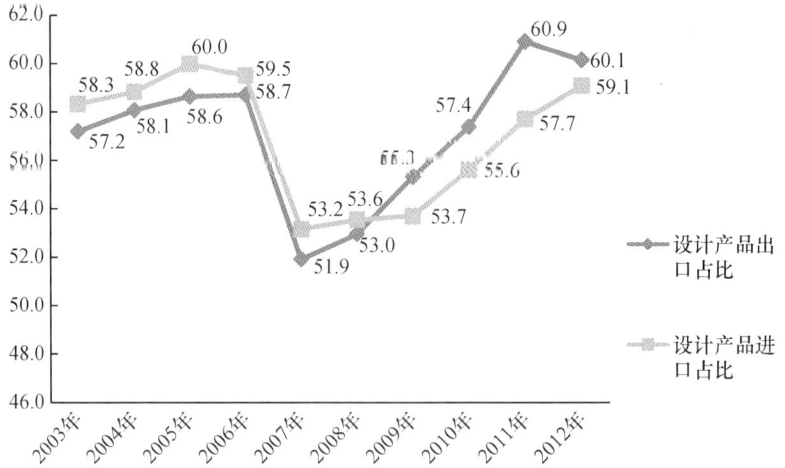

图 3-8-2　2003—2012 年设计产品进出口量占全球文化产品贸易总量百分比(单位:%)

数据来源:联合国贸易与发展会议创意经济数据库,本文整理绘图。

循环。珠宝设计出口优势集中于发达国家,意大利、法国等文化底蕴丰厚的欧洲国家产生了一大批世界顶级的珠宝设计大师。

设计产业进口量则以时尚设计居首,711.4 亿美元的进口额占据了设计产业进口总量的 27.89%。世界四大时尚之都——巴黎、米兰、伦敦和纽约——之中有三个位于欧洲,其中巴黎是高级时装的发源地,国际时尚设计和信息发布中心,代表品牌 Chanel;米兰是高级成衣发源地,世界一流的面料制造基地,代表品牌 Prada;伦敦的纺织业具有悠久传统,是经典男装的制作中心,代表品牌 Burberry。再加上美国的经济中心纽约,其休闲装、高级成衣、运动装品牌居全球领导地位,代表品牌 Calvin Klein。对应于四大时尚之都的便是坐落于这四座城市的全球四大时装设计学院:巴黎的 ESMOD 高级时装学院、米兰的马兰欧尼设计学院、伦敦的中央圣马丁艺术学院,以及纽约的帕森斯设计学院。[①]

表 3-8-1　2012 年设计产业细分类别进出口量　　单位:亿美元

	出口	进口
设计	2848.88	2550.77
建筑设计	2.26	1.52
时尚设计	721.42	711.37
玻璃工艺品	28.27	10.46
室内设计	711.55	692.74
珠宝设计	1011.99	645.69
玩具	373.40	489.00

数据来源:联合国贸易与发展会议创意经济数据库。本文整理制表。

① 《全球四大时尚之都和四大时装设计学院》,http://www.caotianmiao.com/news20130421001.html。

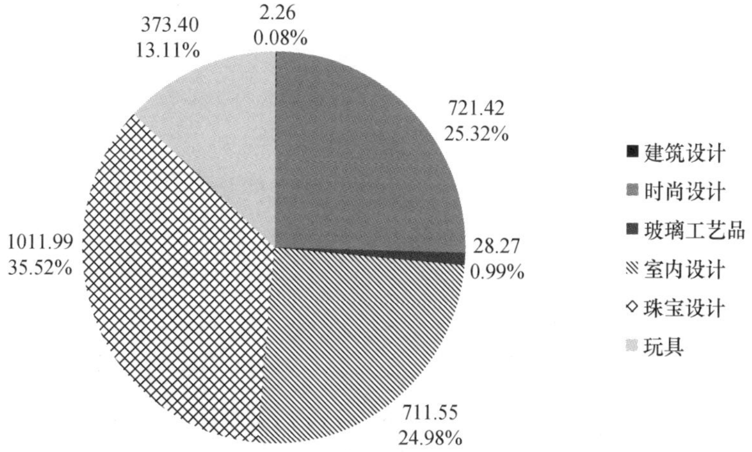

图 3-8-3　2012 年设计产业细分类别出口量及占比(单位:亿美元)

数据来源:联合国贸易与发展会议创意经济数据库,本文整理绘图。

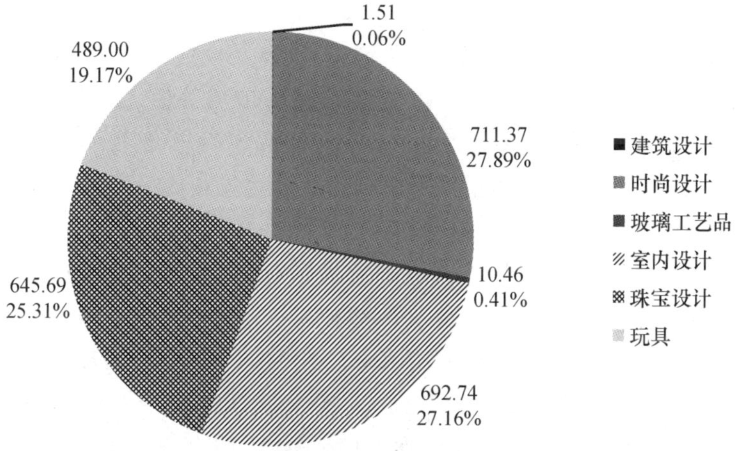

图 3-8-4　2012 年设计产业细分类别进口量及占比(单位:亿美元)

数据来源:联合国贸易与发展会议创意经济数据库,本文整理绘图。

(二) 中国设计对外贸易发展概况

在国际设计产业贸易发展势头良好的大环境下,中国的设计产业从无到有,蒸蒸日上,30 年间取得了巨大的发展成就。2012 年,中国设计产业进口量达到 44.4 亿美元,比十年前的 10.9 亿美元(单位:百万美元)增长了四倍,出口量则由 2003 年的 273.6 亿美元迅速增长到了 2012 年的 1054.7 亿美元,由下图可以看出,中国设计产业出口量远远高于进口量,设计产业处于出超地位。

步入"十二五"时期,我国经济面临的三大重点是经济结构调整、产业转型升级和节能减排。设计作为支撑制造业自主创新和产业升级的生产性服务业,已经作为着力发展的新兴服务业受到政府和企业的高度重视。经济增长形势的放缓是后金融时代包括中

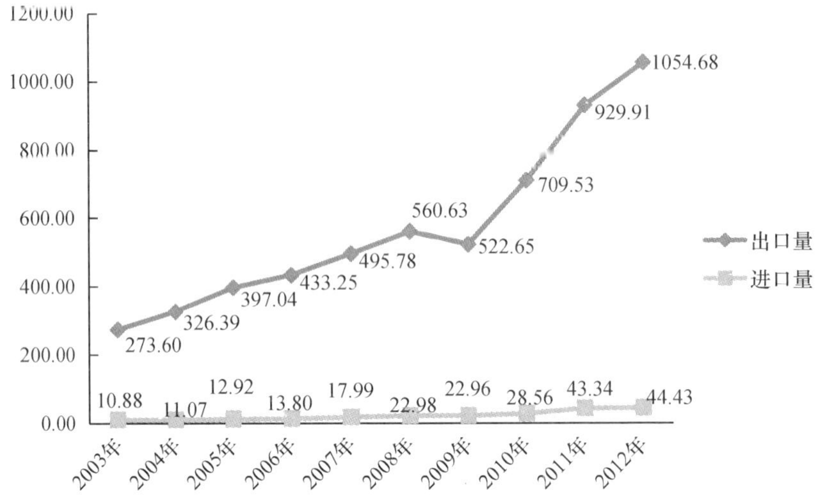

图 3-8-5 2003—2012 年中国设计产品进出口量增长趋势及对比(单位:亿美元)

数据来源:联合国贸易与发展会议创意经济数据库,本文整理绘图。

国在内所有国家需要共同面对的困境,科技创新、设计是企业持续创新能力的有力保证。设计如何帮助企业创造市场和用户需求,提高产品的市场价值,实现从加工制造到自主品牌的转型,由制造型企业向服务型企业的转型;如何为用户设计一种新的生活架构,引导一种新的生活方式等等,都成为设计所肩负的社会责任和历史使命。

中国的文化产品贸易相比于全球水平一直有增长速度领先的特点,由下面两张表可以看出,在全球文化产品对外贸易受到金融危机影响,从急速下滑再到缓慢复苏的几年时间里,中国文化产业对外贸易发展势头依然较好,在设计产业全球对外贸易下滑的环境下,中国设计产业进出口贸易增长速度不降反升,近十年平均增速达到 15%(出口)和 18.46(进口),近五年平均增速更是上升到 20.20%(出口)和 21.58%(进口),中国设计产业进出口增长速度在所有文化产品类别中排名第二,仅次于视觉艺术,发展前景良好,发展潜力巨大。

表 2 2003—2012 年全球文化产品贸易不同分类产业增长速度对比 单位(%)

	2003—2012 年		2008—2012 年	
	出口增长率	进口增长率	出口增长率	进口增长率
艺术品和手工艺品	4.87	1.66	5.64	2.29
视听产品	14.28	12.14	-3.15	-5.91
设计产品	**9.03**	**6.15**	**9.09**	**4.51**
新媒体	21.20	21.50	-2.55	-3.72
表演艺术	6.02	4.05	5.03	1.08
视觉艺术	7.16	4.90	9.24	5.35
出版	1.36	1.26	-3.47	-2.97
平均	8.68	6.60	5.34	1.74

数据来源:联合国贸易与发展会议创意经济数据库,本文整理制表。

表3　2003—2012年中国文化产品对外贸易不同分类产业增长速度对比　　单位(%)

	2003—2012年		2008—2012年	
	出口增长率	进口增长率	出口增长率	进口增长率
艺术品和手工艺品	13.40	7.88	10.40	8.20
视听产品	36.37	24.19	4.24	9.60
设计产品	**15.00**	**18.46**	**20.20**	**21.58**
新媒体	20.33	50.58	-2.41	4.51
表演艺术	11.16	20.89	5.94	20.65
视觉艺术	15.75	20.88	35.59	30.58
出版	17.80	14.93	6.27	17.84
平均	15.48	21.79	16.33	12.01

数据来源:联合国贸易与发展会议创意经济数据库,本文整理绘图。

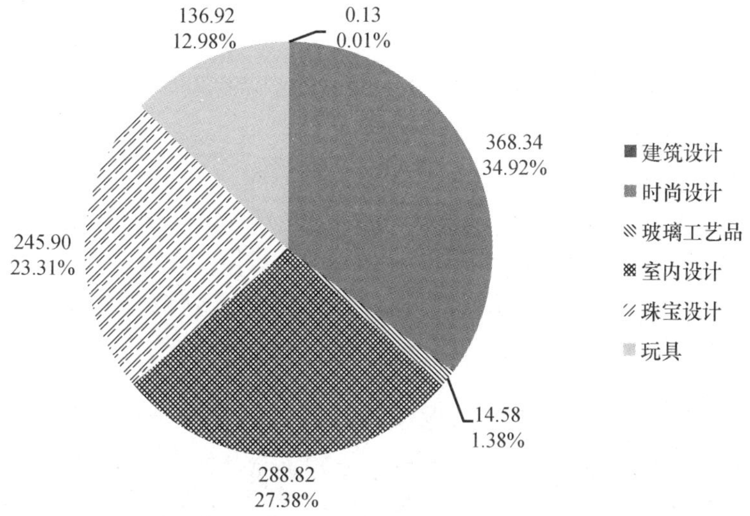

图3-8-6　2012年中国设计产品细分类别出口量及占比(单位:亿美元)

数据来源:联合国贸易与发展会议创意经济数据库,本文整理绘图。

在细分类别上,中国设计产业对外贸易呈现出与世界设计产业大体类似、细节有异的特点,时尚设计进出口在中国设计产业对外贸易上都当仁不让占据首位,分别达到了34.92%(出口)和49.65%(出口),体现出我国时尚设计的对外出口实力和前沿强烈需求,"中国元素"越来越多地出现在国际舞台上,将属于东方古老而典雅的美感传播向全世界。

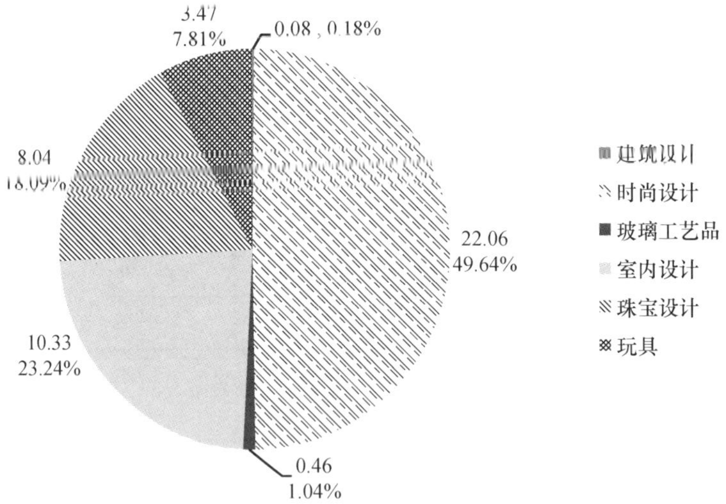

图 3-8-7 2012 年中国设计产品细分类别进口量及占比(单位:亿美元)

数据来源:联合国贸易与发展会议创意经济数据库,本文整理绘图。

三、发展特点

2008 年,在德国汉诺威举行的国际信息及通信技术博览会—CeBIT 大展上,来自中国厂商魅族的 M8 手机一度受到热烈追捧。然而,在 M8 亮相的第二天,魅族就因涉嫌抄袭苹果 iPhone 的触摸屏设计而被德国警方撤柜,2007 年华旗等国内一线厂商在 CeBIT 上的遭遇再次上演。这些境况相似的案例可以说明中国设计产业对外贸易发展的基本特点,那就是,发展势头迅猛,发展过程中暴露出诸多问题。

(一)中国设计产业对外贸易增长迅速,初成规模,但仍然未达到国际先进水平

从国际贸易与发展组织的数据分析看出,中国的设计产业对外贸易发展势头良好,增长速度快,出口总量远超进口总量,实现了设计产业的从无到有,由小做大,中国设计也走出了国门。然而现实情况中,中国的设计产业整体情况却不像数据所显示的那样完全乐观,中国设计企业大部分都是为国外企业服务的代工生产(OEM)现象不容忽视。大量 OEM 虽然使我国产品出口总量大幅度上升,GDP 迅速增长,但同时也使我国企业在产品核心价值上形成对国外的依赖,企业的自主创新能力反而下降甚至丧失。目前我国的工业化水平已经完成由工业化初期向工业化中期的历史性跨越,工业生产规模位居世界前列,技术水平也在不断提升,但是服务业占比只有 40%(世界平均水平是 69%,发达国家是 77%)。在一些产品中,即便是我国拥有自主知识产权,但仍然不能形成自主品牌在国际上立足,这在汽车、机械以及计算机等高新技术产业很普遍。许多大企业对设计缺乏专门的资金投入,更缺乏自己的设计师队伍。这也是我国制造业一直没有走出引进—

模仿—生产—再引进—再模仿的怪圈的原因。①

（二）设计缺乏影响中国品牌对外贸易发展

我国许多设计品牌虽然拥有自主知识产权，但是实际独立自主能力缺乏，因为我国知识产权申请体系存在不合理与不完善之处，许多中国公司以“借鉴”为名，对国外设计略加改动或仅改换外观，就可以申请到专利，拥有“自主设计品牌”。然而这种实质近乎山寨的做法现在在国际上已经越来越难以打开市场，比如在照明灯领域，设计潮流一直由意大利、法国等设计大国引领，中国处于追随和模仿地位，为了让自己的产品畅销，有些中国企业动机不良地抄袭国外品牌设计，抄袭又使得中国设计企业的自主创新能力和品牌影响力进一步减弱，形成恶性循环。

仅在2012年，美国针对儿童服装共发起20次召回，产地涉及我国的为12起。我国童装被召回的主要问题是儿童穿着存在的安全隐患，比如产品绳结设计不合理，可能引起勒颈引起窒息风险、服装纽扣等小零部件易脱落或过小，存在儿童吞咽形成窒息的风险等。“中国出口童装屡遭通报和召回已不再是单纯的质量安全问题或技术问题，症结多出在信息沟通不畅和信息不同步层面。”在广交会上，来自第三方检测认证机构SGS的业内人士分析说，“造成童装安全性不符合要求的原因很多是由于的产品设计存在缺陷，抑或是企业出于成本考虑而指定强度等物理指标不足的面辅料等。另外，国内企业对国外技术法规缺乏了解，只知按客户要求生产，对设计方案是否符合国外技术法规缺乏足够的辨识能力，在与客户签订合同时大多未对产品设计的符合性作出规定。”②

四、问题和对策建议

（一）国家尊重原创价值，培养公众版权意识

对于原创价值的尊重和保护意识在中国企业和公众心目中重视程度都不够，客户拿到初步方案就毁约另找设计公司模仿设计的案例比比皆是，客户和模仿抄袭的设计企业两面夹击，一再压低价格，让坚持做自主原创的设计企业生存举步维艰。洛可可工业设计公司设计总监贾伟认为，设计行业缺乏准入门槛，鱼龙混杂，设计专利又没有法律保护，堪称血腥的价格战和恶性竞争只能愈演愈烈。

中国设计企业规模普遍较小，不能形成规模化发展，再加上原创设计能力不足，其价值创造不足以吸引投资，抗风险能力极差，往往设计公司的生存就掌握在一两个客户手里。再加上惨烈的价格战，设计公司只能通过提高工作效率、增加供稿数量、降低价格这

① 《中国服务贸易大会“设计创新服务贸易分会”召开》，http://www.visionunion.com/article.jsp? code=201106030015。

② 《为什么出口需要设计》，http://www.tradetree.cn/content/2967/20.html。

样的非良性工作方式来吸引客户，将巨大的工作量和压力都压在了设计师肩头，又没有与之匹配的薪水，利润微薄的行业和工资低廉又得不到尊重的工作，使得设计师工作动力不足，最终的结局还是陷入模仿和抄袭的泥潭。

鉴于提高国民对于知识产权重要性意识和认可的重要性，从国家和政府的角度出发，制定相关法律法规保护原创设计价值知识产权迫在眉睫。我国公众对于工业设计的认识仍然低得惊人。1999 年，广州市各区居民中进行的抽样调查表明，对工业设计有一般性了解的只占被调查人数的不足 10%，而对工业设计完全不知或认识错误的达 50% 以上。[①] 知识产权保护的界限模糊，模仿和抄袭的界限难以确定，制定法律法规难度大，实际应用中判断不易，所以紧抓法律建设的同时，更要从国民意识上加以宣传，加大教育和知识普及力度，从根源上增强国民对知识产权保护的概念。

（二）企业强化管理，积极参与国际竞争

据不完全统计，广东省大约有 30 多家面向社会、以产品设计为主要工作内容的工业设计公司，其中广州约 20 家，深圳约 8 家。就全国范围来看，广东以外的产品设计公司主要分布于北京、上海、无锡、天津、南京等沿海城市。初步的统计资料表明，其总数不足 40 家（不包含以广告设计为主，少量参与产品设计的公司）。作为对照，我们看到产品设计公司在台湾约有 200 多家，日本在其经济高速成长期间，产品设计公司曾有上千家之多，现在大约有 200 多家，香港目前有产品设计公司数十家；美国、日本等国的一些大公司还在境外开设计了多家分公司。国内产品设计公司的数量之少，不仅与国外发达国家和地区设计公司的数量形成鲜明的对比，而且也与国内上万家广告及平面设计、包装装潢公司的数量形成了鲜明的对比。

就国内各产品设计公司的近三年年均营业额而言，统计资料表明，很少超过 250 万元人民币。许多设计公司在当前市场不景气的状况下，常常为生计犯愁，尽管四处寻找订单，但仍然是举步维艰。而在国外，仅以一般中小型的设计公司为例子，平均营业额都达到了 200 万元美金。

另就设计公司的规模而言，我国的产品设计公司最大的不超过 30 人，多数是以作坊式的模式运作，着重以完成产品外型设计为主。而在国外，稍有影响的公司，其员工人数都在 50 人以上，一些大的公司员工达 500 多人，设备条件先进，并且在国内外拥有稳定的客户。[②] 许多公司已发展到将产品设计与相关的学科和技术领域紧密结合的水平，可以为客户提供从市场调研、产品设计、工程设计、人机分析、生产技术、产品开发及产业策略顾问等到一系列完善的服务。

中国设计企业的管理者大多设计专业出身，艺术才华出众的同时，难免理性不足，在企业的运营管理上大多随性而为，缺乏系统的管理技能，企业组织不够清晰有条理。稍

---

① 《面临国际竞争的中国设计业》，http://www.dolcn.com/data/cns_1/article_31/paper_311/pind_3111/2001-08/998471303.html。

② 同上。

有管理的公司，也大都采用或借鉴传统企业的管理模式，但传统企业以物质生产为基础，也就是以生产场所和机器为生产力进行产出，而设计企业作为典型的知识密集型企业，“人”，也就是设计师，是最重要的生产力基础，因为恶劣竞争环境造成的工作时间长和工作压力大使得设计师的创造能力受到遏制，生产者和经营者之间矛盾激化，设计创意无法在最佳水平和条件下得到实现。

加强企业正规化管理，进行品牌建设，积极参与国际竞争，是设计企业做大做强自身，走出国门，积极参与国际竞争，发展对外贸易，增加设计产业出口的必由途径。一个设计企业所需要的有条理的、安静的、优雅的、舒适的工作环境需要企业经营者用科学的方法进行营造，首先企业经营者需要制定合理的工作规划和薪酬条件，完善培训制度和福利制度，为设计人才创造可持续发展的工作环境和创造条件，同时，中国设计企业和设计人才不应局限于国门之内，应该开拓国际视野，积极参与国际竞争，国外设计企业不仅在资金、设备等硬件条件上具有优势，更重要的是其自身规范的管理经验、快捷准确的市场信息，综合实力强的相关技术，素质优秀的设计人员等，都是中国设计企业应该学习和借鉴的。

（三）教育培养设计后备力量，行业对接人才

中国设计产业的竞争归根到底是人才的竞争，中国设计教育从20世纪70年代末就开始出现，20世纪90年代末期以来，在国家“高等教育产业化”政策的引导下，在制造业迅速发展后对设计人才需求大增的就业市场驱动下，高等艺术设计教育迅速扩张。在进入21世纪后的今天，中国已经成为全球规模最大的高等艺术设计教育大国。2008年，中国设有设计专业（包括艺术设计、工业设计、建筑设计、服装设计等）的高校（包括高职高专）超过一千所，保守一点估计每年招生人数已达数十万人，设计类专业已经成为中国高校发展最热门的专业之一。但中国现在设计产业教育培训和市场需求的衔接不强，各大高校设计学院、美术学院培养的设计人才没有针对性，不了解设计市场状况，理论教学落后于市场实践，导致设计专业培养出的毕业生在工作岗位上无法适应，甚至无法从事设计行业工作，只能转行。

目前中国设计专业教育的师资力量不能适应市场需求，要随市场和产业的变化随机而变。国外延请设计生产一线专家作为兼职教师在学校内授课的方式值得我国借鉴学习，这种方式能够让学校的学生接触到一线最先进的设计理念和生产实践经验，让设计教育理论与市场需求紧密接轨，让设计专业的学生走上社会参加工作时不致跟不上时代潮流。各个院校应在在自己力所能及的范围内进行不声张的试验，按照本校、本地区的实际情况对教学体系进行调整和改革，从适应于自己面对的就业市场入手，与本地的企业建立合作关系，让设计教育院校培养出最适合中国设计产业发展的人才。

案例

嘉兰图:模式创新引领设计前沿

大脑不是一个被填满的容器,而是一把需要点燃的火把——普罗塔戈(希腊)

经过11年的发展,总部位于深圳南山区的嘉兰图已经是国内规模最大的工业设计企业,拥有430名员工,其中包括230名设计师,年营业额超过1.7个亿,并先后在北京、太仓、顺德和成都成立了分公司,业务范围包括策划设计、产品设计、制造工程服务和供应链服务,目前设计范围覆盖医疗器械、消费电子、家用电器、通讯设备与终端、商业终端、安防和玩具等领域。嘉兰图拥有国际工业设计协会(ICSID)团体会员、美国设计师协会(IDSA)国际会员、中国工业设计协会团体会员、中国机械工程学会工业设计分会理事单位和深圳市高新技术企业及重点文化企业等多项资格,并且获得多项行业荣誉(见附录表1)。

(一) 嘉兰图发展历程:经营理念的转变

2000年,在洞察到中国工业设计产业巨大的商业潜力之后,丁长胜毅然决然地辞去了中兴通讯公司研发部结构部长的职务,与另一合伙人——设计师王永才,在深圳南山创立了嘉兰图。创业初期工业设计在国内还得不到足够的重视,经过两人的再三斟酌,决定将公司命名为“嘉兰图产品设计有限公司”,从产品设计业务开始,逐步发展并不断探索需求为客户提供产品设计方案,再收取项目费用。2008年以前,嘉兰图也是一直延续着这种模式,但是这种模式存在很多弊端,不仅束缚了设计师创作的积极性,也局限了公司的发展和盈利空间。2008年,通过对这一现状的深思及对各种可行模式的探索,嘉兰图最后在商业模式上做出了突破性的创新。在业务模式上,嘉兰图业模式的改革,同时培养了一支优秀的设计师队伍,为日后企业的飞速发展打下了坚实基础。

企业设址于南海大道百盈医疗器械园,借助地源优势,嘉兰图最早做的就是医疗器械行业的设计业务。凭借出色的设计,认真用心的态度,嘉兰图很快就赢得了客户的信任,业务量逐渐增大,业务范围也不断扩展,开始向消费电子类产品设计领域发展。

经过三年的高速发展,截止到2003年,嘉兰图已经成为国内拥有设计师数量最多和设计业务量最大的公司之一,其营业额也一直保持在业内领先水平。但是嘉兰图并不满足于此。随着社会经济的高速发展,“工业设计”这一概念也慢慢地被人们所接受。凭借对这一社会趋势的敏锐洞察,为了更好地顺应市场潮流的转变,2005年,丁长胜决定将公司更名为“嘉兰图工业设计有限公司”。

工业设计企业传统的盈利模式是:接受客户的委托服务,根据要明确工业设计为主营业务,但是在此基础上,其购置了自己的模具制造和激光快速成型等配套设备并组建了经验丰富的工程技术团队。嘉兰图逐步探索发展出一种新的“供应链模式”,这种新的模式可以为客户提供从产品规划、产品设计到制造工程、供应链集成的一体化解决方案，并根据客户的特定需求进行服务组合。这样，嘉兰图不仅设计产品外观，还设计产品相关的品牌形象、包装、销售服务等。在盈利模式上，嘉兰图颠覆传统收取一次性项目款项的做法，创造性地将服务提成与客户的销售额挂钩，这样充分保证了设计价值与经济效益的一致性，极大地调动了团队的积极性。嘉兰图提出了"风险共担，利润共献"的模式，前期只向客户收取最基本的服务费用，并且主动地帮助客户进行产品的设计构想，而不是被动地接受客户提出的产品设计建议。为了提高产品设计的市场回报率，嘉兰图甚至会介入产品的形象策划、品牌设计等领域，通过对目标市场进行系统的了解和分析，使产品更具市场竞争力。这样，客户的销售提高了，嘉兰图从中获得的利润分成也随之提高，设计所产生的回报也就越高。另外嘉兰图也自己开发产品，并寻找合作商，为合作商提供包括原料采集、整合生产组装等供应链服务。最后的利润包括原料成本、供应链服务费和知识产权费。嘉兰图持有自己所设计产品的知识产权，合作商每卖出一个产品，嘉兰图都可以从中得到知识产权费，这样设计的价值就大大提高。当然，这种全新的模式必须建立在设计公司和合作商之间有足够的相互信任之上。这一做法在国内也是开辟了先河，也正是做出了这样的改革，嘉兰图也逐渐发觉公司名称再次具有局限性，并在同年更名为"嘉兰图设计有限公司"。

商业模式确定之后就是企业版图地扩张，2008 年初嘉兰图在北京设立了第一家分公司，这表明了嘉兰图的业务范围开始走向全国，接着在 2009 年陆续设立了顺德、成都和太仓分公司，这样嘉兰图的业务范围便迅速地扩展开来。经过这 11 年的长足发展，今天嘉兰图已业务范围遍布广东、北京、浙江、四川等地，有效地整合开发了南北方的设计资源。

（二）组织结构创新：模式转变的组织基础

嘉兰图的组织框架有别于其他的工业设计企业（见附录图 2），为了使自主设计的产品能够实现产业化，他们设立了产业化事业部。这个部门主要服务于嘉兰图的自主产品，从产品设计立项、市场调查、产品成型到招商合作，最后实现产业化，这个部门可谓是嘉兰图业务转型的司令部。

为了更好地监控产品质量，维护自主品牌的基础，同时为客户提供更完善的供应链服务，2005 年嘉兰图全资组建了自己的生产加工企业，深圳奥塞尔精密制品有限公司。经过 5 年的发展，奥塞尔已经成为一家具备精密模具制造、注塑成型、喷涂及产品组装服务的现代化制造企业。立足珠三角的制造业资源并借助母公司丰富的质量把控经验，奥塞尔将为客户提供高品质、经济的模具制造一体化服务。

为了更好地发展企业，嘉兰图率先在国内建立独立的研究发展部门——设计研究中心，这也是中国唯一一家成立基础研究部门的工业设计企业。该部门主要研究消费者特征和主要服务领域的产品发展动态及趋势，它们的具体工作包括对消费者心理、消费习惯、新材料、新工艺、色彩配搭以及市场的发展趋势等方面的进行研究。

同时为了更好地开发老年人用品这块市场，设计研究中心还专门成立了一个研究老年人市场的小组，分析老年人的生理、心理和行为习惯的特点，深度开发挖掘老年人用品这片蓝海。随着中国社会人口老龄化问题的日益突出，老年人群体占据消费者群体的份额逐渐加大，老年人同样有对各式产品的消费需求，市场上暂时较少有专门针对老年人特点的消费产品投入，这个领域存在着巨大的商机。正是看到了这一未经充分开发的市场，嘉兰图迅速成立了这一老年人用品研究小组，除了目前销量喜人的老年人手机外，研究中心正在研究更多的适合老年人的产品，志在占领这一块业务领域，打造自己的品牌。

（三）独特的经营理念：嘉兰图成功的秘诀

从创业初始，嘉兰图就一直秉持“客户为先、责任为重、创新为本、精益求精、热诚奉献、携手共赢”的经营理念。正是这军规般的信条指引嘉兰图走过这十年来的风风雨雨，从一个两人公司成长为今天的行业老大，使它在面对社会、客户、员工和股东时都从容不迫，同时这一理念也深刻地影响着企业经营中的各个环节。嘉兰图的经营理念可以从以下几方面进行具体的阐析。

1．责任感。

作为行业的龙头，嘉兰图一直是一家富有责任感的企业。它的责任感主要体现在以下五个方面：一是要对消费者负责，产品设计时不仅要满足消费者的消费需要，而且要考虑消费者的健康因素，对消费者的生理安全负责。二是要对客户负责，客户导向的市场趋势必然要求企业为客户的效益负责，致力于为客户创造最大的附加价值。而且嘉兰图还会帮助客户建立自己的品牌，完成一些与品牌建设相关的服务，使客户真正得到最大价值。三是要对员工负责，员工是企业的根本，企业是员工的家，企业必须为员工提供愉快的工作氛围和可供其大展拳脚的平台。嘉兰图的工作气氛十分轻松，不给设计师束缚，使他们能放开手去创作。四是要对社会及环境负责，面对全球污染严重，绿色经济诉求日益增强的宏观环境，企业必须尽到一个地球好公民的责任，嘉兰图在设计产品时都是尽量遵循节能和环保理念，减少对环境的污染。五是对股东负责，企业良好的业绩就是对股东最好的回报，嘉兰图一直是行业的领头羊，企业每年的利润都以较高的速率增长，这都无不使股东感到满意。对这五个层面责任的不懈坚持，正是嘉兰图的核心价值观的体现。

2．品牌承诺。

嘉兰图的成功得益于其以心为理念的品牌承诺。设计从心开始，这是嘉兰图品牌承诺的核心。具体来说，就是：“专心、创新、放心、贴心，设计从心开始”。专心是指不管是做企业还是做设计，嘉兰图都会保持一种认真负责、用心做事的态度，绝不会容忍任何“妥协”；创新是嘉兰图贯彻的基本设计标准，一个没有创新能力的企业是没有活力的，创新更是一个设计企业的命脉，所以嘉兰图把创新作为设计的基准，每一个产品都是设计师创新制作的结晶；放心是指企业对客户做出的承诺，必定会保质保量的完成，不会使客户有受欺骗的感觉,让客户更放心、得到更多的利益;而贴心指的是无微不至的服务,嘉兰图致力于解决客户提出的各种问题,积极与客户交流,及时发现客户在业务上存在的问题并且主动服务。理念的东西再好,如果不认真地贯彻执行,就一切都是空话。嘉兰图用实实在在的行动来证明了它做出的品牌承诺,一项项让客户满意的项目成果便是最好的例子。

正是以上的经营理念和企业文化,使嘉兰图在行业内始终保持卓越。

附录1 嘉兰图所获得的部分荣誉

嘉兰图获得的荣誉

时间	具体内容
2011年	工信部首批认定的"国家中小企业公共服务示范平台"
2010年	雅器S738获得全球设计大奖红点(Red Dot)"产品设计大奖"
2010年	获得由德国汉诺威工业设计论坛举办"2010年度IF产品设计大奖"
2009年	以"finger coffee"的创意,第三度荣获"红点至尊奖"
2008年	再次获得全球设计大奖红点(Red Dot)"至尊奖"
2008年	被深圳市人民政府评为文化产业基地
2008年	在第四届广东工业设计活动周获评为"广东十佳设计机构"
2007年	公司设计总监刘斌被评为"金羊奖——2007年度十大设计师"
2007年	获得2007年广州国际设计周"红棉奖——年度创新设计大奖"
2007年	获得"2007年中国创意产业100强"
2007年	获得第三届文博会"百盈杯"的金奖和银奖
2007年	获得2007年深圳手机产业全球竞争企业"金都奖"的"最具全球竞争力手机工业设计企业奖"
2007年	获得第二届中国户外金犀牛奖的"最佳装备自主设计奖"
2006年	被评为"广东省中小企业技术服务机构示范单位"
2006年	公司副总裁王永才被评为"2006中国设计业十大杰出青年"
2006年	被评为"2006中国创意产业领军企业"
2006年	获得全球设计大奖红点(Red Dot)"至尊奖"
2005年	获得国际消费电子展CES 2005"设计与工程奖"
2005年	获得Asia Mobile News"最佳3G手机奖"
2004年	获得国际消费电子展CES 2004"最佳创新奖"

附录2 嘉兰图组织框架图

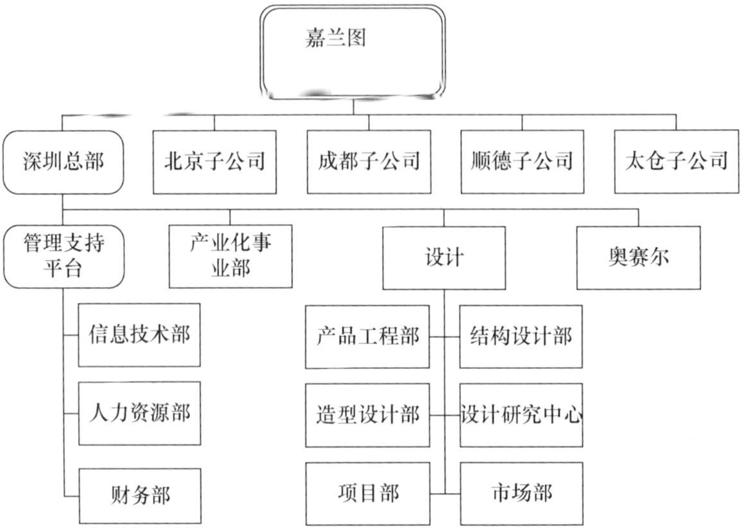

第9章

音乐产业对外文化贸易年度报告*

近年来,中国音乐产业在政府的大力扶持下稳步向前发展,国际间交流合作不断加深,2012 年中国音乐出版物出口取得明显提升。在全球化背景下,中外音乐贸易加速发展,国际间互动频繁,对外贸易面临新的契机和新的挑战。中国音乐产业需要在国际市场上打造自己的品牌,抓住当前的机遇,不断变革、创新,才能在竞争激烈的国际音乐市场开拓出一片新天地。

一、宏观环境和产业基础

(一) 政策环境

党的十八届三中全会提出的"推进文化体制机制创新"给音像业带来更新气象,"坚持精品战略,在艺术性、市场性和导向性方面精益求精,研发和推出具有鲜活生命力和艺术感染力的文化产品"成为业界共识。"音像业从业者要正视音像业面临的传统发行渠道萎缩、互联网和移动通讯带来的音乐消费方式改变的现状,积极探索、开拓思路,抓紧时间做出切实成效。"中国唱片总公司总编室副主任杨倩认为,中央提出"健全文化产品评价体系,推出更多文化精品",对于受众和市场逐渐缩小的传统音像业来说尤应如此①。

在 2012—2013 年间,国家不断加大对音乐产业的支持力度,净化音乐产业发展环境,规范产业健康有序发展。市场管理力度加强,版权执法取得显著成效。为贯彻党的

---

* 作者简介:夏菁、李名帝、张宇、任北宁、喻昕淅,中国传媒大学经济与管理学院本科生。指导人:方英,中国传媒大学经济与管理学院教授。

① 孙海悦:《2014 音像业:开启属于自己的网络时代》,载《中国新闻出版报》2014 年 1 月 15 日第 001 版。

十八大精神,国家新闻出版广电总局提出《"十二五"国家重点图书、音像、电子出版物出版规划》,加强对精品作品的宣传力度,以期扩大影响力。

2013年3月,《国务院机构改革和职能转变方案》公布,将原国家新闻出版总署和原国家广播电影电视总局的职责整合,组建国家新闻出版广电总局,国家新闻出版广电总局加挂国家版权局牌子。这意味着文化产业管理口径进一步统一、管理力度进一步加强,而受益最多的将是网络视听产业和包含数字音像在内的数字出版产业。在新成立的总局中,并列设立了网络视听节目管理司和数字出版司,二司的管理职能都涉及数字音像产业。

(二)产业概况

2012年我国数字音乐整体市场规模高达到48.3亿元。中国录音制品出版种类约9591种,出版总量22789.81万张,发行总量为23248.17万张。与上一年相比,种类减少3.4%,出版总量下降7.3%,发行总量减少10.77%[①]。在进出口方面,中国录音制品合计出口25766张,出口贸易总金额15.59万美元;而进口录音制品总量达到123396张,进口贸易总额为103.73万美金[②]。

音乐演出方面,2013年国内音乐类演出总场次1.65万场,票房总收入达43.06亿元,占演出市场票房总收入的32.8%,居各类型演出票房收入首位。其中在专业剧场内举办的音乐类演出共1.51万场,票房总收入21.7亿元;大型户外演唱会1250余场,票房总收入16.86亿元;大型音乐节约150场,票房总收入4.5亿元[③]。

中国音乐产业的发展正在政府的引导与支持下稳步向前发展。国家已经开始着手加强音乐产业园区建设,在现有的三个挂牌的国家级音乐产业园区:上海国家音乐创意产业基地、国家音乐创意产业基地(深圳园区)和北京国家音乐产业基地三足鼎立的基础上,在其他大中型城市发展音乐产业集群,如哈尔滨沿江音乐主题公园、成都东区音乐公园等。

(三)技术条件和版权环境

2013年是三网融合工作按照国家部署进入推广阶段(2013—2015)的开局之年,广播电视由传统媒体向数字媒体的转变全面提速,三网融合、多屏合一的时代即刻开启。4G牌照在2013年底终于下发,2013年因此成为国内4G大规模建设时期。

近几年数字音乐和数字视频行业持续发展,一些传统骨干音像出版单位积极向数字化转型,我国数字音像的产值已经突破600亿元;2013年国家出台了促进信息消费和"宽带中国"战略实施意见,随着4G牌照的发放、4K高清电视的推出以及"三网合一"的加快,特别是原新闻出版总署和原广播电影电视总局的合并,为音像业的发展创造了极佳

---

① 中华人民共和国国家统计局:《中国统计年鉴(2013)》http://www.stats.gov.cn/tjsj/ndsj/2013/indexch.htm。

② 中华人民共和国国家统计局,年度数据,http://data.stats.gov.cn/workspace/index? a = q&type = global&dbcode = hgnd&m = hgnd&dimension = zb&code = A0Q0T01&region = 000000&time = 2011,2011。

③ 中国演出行业协会《2013年中国演出市场年度报告》http://www.ca001.com/article-492404-1.html。

的环境。就在这一年,阿里巴巴收购虾米音乐,网易发布“网易云音乐”,IT 行业一线巨头携带强大资本力量强势进入数字音响产业给音乐产业发展带来了相当大的动力。

在版权方面,国家加大了对数字音像版权的保护力度,数字音乐、数字视频开启了付费商业模式,非法传播和非法下载得到有效遏制。2012 年全国共登记音像制品版权合同 319 份,引进录音制品版权 475 种,输出录音制品版权 97 种①。同时政府也进一步加大对于盗版音乐、侵犯音乐人著作权行为进行打击,2013 年全年各地方版权行政管理机关共收缴盗版音像制品 992.1 万余盒(张)。

中国音乐著作权协会 2013 年音乐著作权许可收入达 1.21 亿元,其中已有 82.23% 为著作权人进行了分配。随着《著作权法》的实施,著作权法律制度与著作权集体管理制度的逐步完善与国民版权保护意识的增强,音乐著作权许可收入也在逐年增长,特别是近 5 年来呈现出“井喷式”增长:从 2009 年的 4253.7 万元、2010 年的 6801.86 万元、2011 年的 8889.31 万元,到 2012 年突破亿元大关(1.099 亿元)②。

(四)国际交流形式

近年来,我国音乐产业与国际间的交流程度进一步加深,交流范围进一步扩大,交流人员不断增多。

2012 年 10 月,“第五届北京国际音乐比赛——长笛比赛”在北京隆重开幕,评委阵容强大,赛事规模创下历届之最。同年,紫禁城室内乐团与新西兰弦乐四重奏乐团启动联合创排计划,两支乐团于 12 月在北京中山音乐堂首演即大获成功,2013 年 3 月紫禁城室内乐团应邀参加新西兰国际艺术节并与新西兰弦乐四重奏乐团在惠灵顿、汉密尔顿等地联袂推出《紫禁城故事》音乐会,获得不少赞誉。无论是国外的艺术家来华还是本土艺术家走出国门,都为中国文化的对外推广做出了贡献。

二、文化贸易发展概况

(一)进口概况

2012 年,我国进口音乐出版物数量达 185646(盒、张),总计金额 16685.95 万美元,其中录音数量合计为 123396(盒、张),总计金额 103.73 万美元,主要以激光唱片为主。录像合计进口 62093(盒、张),总计金额 42.37 万美元。电子出版物数量为 157(盒、张),总金额为 106.73 万美元。进口数字出版物的总金额为 16433.12(万美元)。③

2012 年,我国录音制品版权引进 475 种,只占全年版权引入项总数的 2.7% 左右,其

① 中华人民共和国国家版权局:《2012 年全国版权统计》http://www.ncac.gov.cn/chinacopyright/contents/4386/194421.html

② 中华人民共和国国家版权局:《新闻—版权工作》,http://www.ncac.gov.cn/chinacopyright/contents/518/188196.html。

③ 中华人民共和国国家统计局:《中国统计年鉴(2013)》,http://www.stats.gov.cn/tjsj/ndsj/2013/indexch.htm。

中版权引进地以美国、英国、日本为主。①

(二)出口情况

2012年,我国音乐出版物的出口数量达261539(盒、张),总金额约为2191.50万美元,其中录音合计数量为25766(盒、张),总金额为15.59万美元,主要以激光唱片为主。录像合计数量为214165(盒、张),总金额为135.93万美元,主要以DVD-V为主。电子出版物的数量为21608(盒、张),总金额为98.86万美元。出口数字出版物的总金额为1941.12万美元。②

2012年,我国输出录音制品版权97种,只占所有版权输出总量的1.03%左右,其中以美国和我国港台地区对我国版权的引进为主。③

(三)整体评价

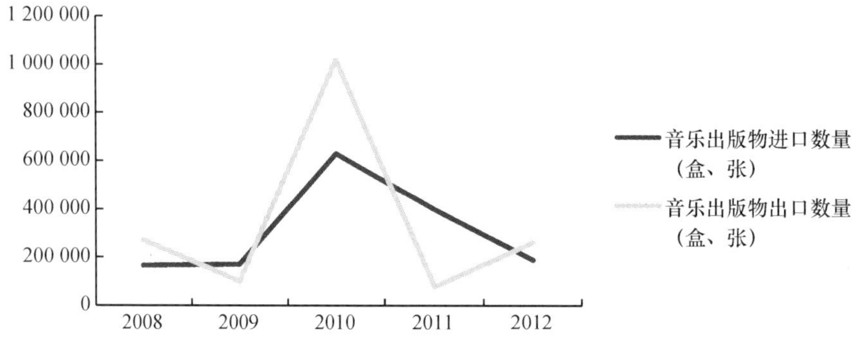

图3-9-1　2008—2012年中国音乐出版物进出口数量统计情况

数据来源:中华人民共和国国家统计局:http://data.stats.gov.cn/workspace/index? m = hgnd。

通过分析近五年音乐出版物进出口数据可以看出,我国在国际音乐市场的竞争中占明显弱势,因为在音乐产品和版权的国际贸易上存在明显的贸易逆差,表现在:(1)音乐产品出口总金额连续五年大幅度低于进口金额;(2)即使在音乐产品进口总数量低于出口总数量的情况下,出口所得仍然大幅度低于进口花销。

但在2012年我国出口所得较上年有明显提升,这都得力于目前两岸积极合力开拓国际市场、政策的大力扶持、中外音乐节互动频繁和在线数字音乐的蓬勃发展。相信随着中国音乐"走出去"步伐的加快,会有越来越多的西方人对历史悠久、音色独特、含蓄内敛的中国音乐产生浓厚的兴趣。蕴藏着巨大音乐财富的中国音乐无疑有着巨大的产业开发潜力。

中国音乐在"走出去"的道路上仍有很长的路要走。主要表现在:(1)国际市场上能

① 中华人民共和国国家版税局:《2013年全国版税统计》,http://www.ncac.gov.cn/chinacopyright/contents/4386/194421.html。

② 中华人民共和国国家统计局:《中国统计年鉴(2013)》,http://www.stats.gov.cn/tjsj/ndsj/2013/indexch.htm。

③ 中华人民共和国国家版税局:《2013年全国版税统计》,http://www.ncac.gov.cn/chinacopyright/contents/4386/194421.html。

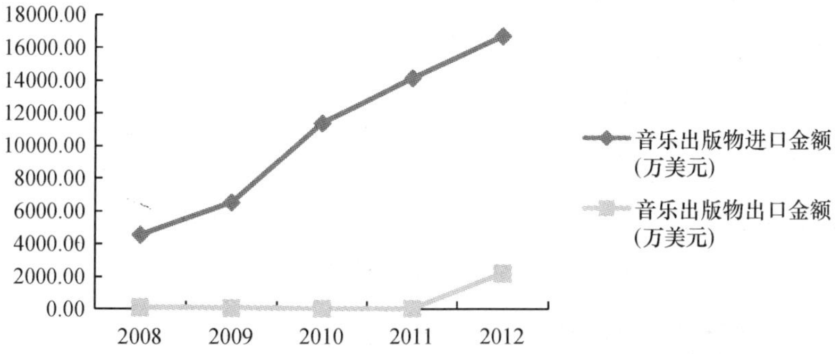

图 3-9-2　2008—2012 年中国音乐出版物进出口金额统计情况

数据来源：中华人民共和国国家统计局：http://data. stats. gov. cn/workspace/index? m = hgnd。

获得认可的中国音乐作品太少；(2) 当前不够系统化、科学化的音乐教育提高了外国人学习中国音乐演奏的难度；(3) 中国作曲家相对忽视对中国音乐传统素材的深入挖掘；(4) 对外音乐交流的形式较为单一。(5) 中国音乐在出口定价上不占话语权，严重影响了出口所得。

三、发展特点

(一) 大陆和台湾，通力合作，将华人音乐推向国际市场

随着两岸文化交流的日渐频密，如今不仅越来越多的台湾艺人和唱片公司来大陆发展事业，大陆唱片业也正在以各种形式进入台湾，初步形成两岸携手共同为华语音乐打拼的新局面。

大陆和台湾的合作，一方面表现在台湾流行音乐进入大陆算作台湾对大陆的出口，大陆为台湾音乐产品的销售提供广阔的市场。另一方面两岸的交流使得台湾的创意和大陆的市场协同发力，逐步提升华语音乐的影响力。

台湾流行音乐通过进入大陆获利巨丰。据台湾相关部门统计，台湾歌手在大陆举办的演唱会每场平均收入约为 300 万元人民币。每场收益超过 3000 万元新台币（约合 630 万元人民币）的台湾歌手有周华健、周杰伦、五月天、张惠妹、蔡依林等人，仅这些知名歌手创造的总产值即已高达新台币 7.1271 亿元（约合 1.5 亿元人民币）。①

“客观地讲，目前两岸流行音乐的交流并不平衡，台湾进入大陆的多，而大陆进入台湾的少，这是双方实力的客观体现。”②从台湾到大陆，有早期的邓丽君、罗大佑、李宗盛、周华健，到近些年的周杰伦、五月天、王力宏、苏打绿。而大陆输入台湾的音乐力量相比

① 《中国音像与数字出版协会：两岸流行音乐界，谋合作，求共赢》，http://www.chinaav.org/web/Articles.aspx?ArtID = 0000009040&CateID = N05。

② 中国音像与数字出版协会：两岸携手，共创华语音乐新辉煌，http://www.chinaav.org/web/Articles.aspx?ArtID = 0000009039&CateID = N05。

甚少,主要是老一辈的刘欢、那英、韩红等实力唱将,而新生代歌手更少,知名度更小,近年来,只有丁当、超级女声系列有一定的活跃度。

在大陆和台湾传统唱片都不景气的情境下,一种新的支撑音乐产业的形式——现场演出,为华语音乐增添了活力。演唱会已成为两岸歌手和唱片公司维持生计的重要形式,而大陆强劲的经济增长和广阔的国内市场使其成为兵家必争之地。近几年,大陆举办的各种音乐节如迷笛音乐节、摩登天空草莓音乐节、张北草原音乐节等发展迅猛,规模和影响力不断扩大,成为台湾歌手大显身手、开拓市场的新阵地。

(二)音乐盗版形势严峻,政府在音乐产品走出去过程中发挥重要作用

伴随着计算机、多媒体的普及,一时之间,数字音乐成为了业界谈论的焦点,免费成了它的代名词,其在中国的发展备受争议,音乐人以及上游内容制作部门并不能从中国广阔的数字音乐需求中获取应得利益,音乐版权问题随之被推上风口浪尖。

一方面,政府作用表现在打击盗版上。从 2005 年到 2011 年,政府相关部门陆续颁布了《互联网著作权行政保护办法》《信息网络传播权保护条例》《国家知识产权战略纲要》《文化部关于加强和改进网络音乐内容审查工作的通知》《中国互联网企业版权自律宣言》,为音乐发展创造良好的网络环境。2011 年 3 月,中国文化部又再次重拳出击,对违规网络音乐产品进行了集中查处和清理。

另一方面,政府推动国内音乐产品走出国门,提高国内音乐产品的竞争力。中国音像与数字出版协会每年都组团参加“国际音乐博览会”(MIDEM),租用相对固定的展位,租用设备会议室、聘用翻译人员、印制产品手册、召开新闻发布会,举办各种活动,极大地减轻了企业参展的成本,使企业更积极地参加到“走出去”的行列里来,参展的效果也越来越好。2013 年国际音乐博览会(MIDEM)于 2013 年 1 月 26 日上午在戛纳电影宫展览大厅开幕,受新闻出版总署委托,中国音像协会第五次次组织中国音像代表团赴法参加了该展会。中国钢琴家郎朗作为嘉宾参加 Visionary Monday 系列会议活动,发表了长达半小时的演讲,并受邀参加 MIDEM VIP 晚宴,进行了精彩的钢琴表演。郎朗被法国文化部长授予法兰西艺术与文学骑士勋章。

(三)中外音乐交流进一步加深,互动更加频繁

由于政府政策的支持以及民间音乐交流的需要,中外音乐交流进一步加深,形式多样,各种音乐形式、风格深入人心。2013 年的上海迷笛音乐节在上海隆重开演,有十余支来自欧美的知名乐队倾力助阵,音乐风格囊括流行摇滚、独立摇滚、硬摇滚、金属、硬核、电子等。2013 上海草莓音乐节近百组海内外艺人助阵,掀起沪上音乐狂欢。2013 年 6 月 8 日“财富之夜——格莱美巨星音乐会”在中国成都体育中心隆重举行。在这次音乐会中,格莱美主席尼尔—波特诺先生率领四位副主席以及 9 位格莱美巨星集体亮相,架起中外音乐交流桥梁。

(四)音乐行业处于重新洗牌阶段,对外贸易面临新的契机

进入 21 世纪,传统唱片业开始衰退,一方面数字音乐如火如荼地在世界各地得到发展,但是在中国的发展却受到市场环境、消费习惯等瓶颈的制约。另一方面由于国内仍旧存在广大的音乐受众,加之政府不断强调提升国家的“软实力”,为音乐产业的发展和“走出去”提供了契机。

首先,随着计算机、多媒体的出现带来了消费者偏好和习惯的改变,现在消费者由原来的成年男性为主变为年轻女性为主,消费行为由理性消费(歌曲)变为非理性痴迷性消费(偶像艺人)。近几年,国内唱片公司开始尝试日韩艺人模式,偶像组合。例如至上励合、MIC、Miss-A、爱朵女孩等偶像组合。这样的方式,势必迎合国内多数受众的需求,更有利于进军韩国、日本以及整个东南亚市场。①

其次,在线音乐正版化的契机。从 2011 年开始,政府已经开始介入网络音乐版权。对于唱片公司来说,在音乐版权上终于能够分到一杯羹,虽然初期这种利益分配可能刺激作用不是很强,但是这毕竟是一个良性循环的开端。这将逐步提高唱片公司的运营信心,制作更好的歌曲,依靠版权来盈利,这将在一定程度上鼓励优秀作品的出口,同时也有利于唱片界开展国际交流与合作。

(五)中国音乐演出向国际市场发展

中国当代音乐曾被质疑只有“中国制造”,没有“中国创造”,中国原创音乐作品缺乏世界级精品。但随着中国音乐产业的不断发展,中国音乐作品与演出不断提高品质与艺术品位,开始在国际市场赢得赞誉,有如下两方面趋势:

首先,以西方音乐形式展现中国音乐。2012 年,谭盾携《女书》亮相上海国际艺术推介会,随后在美国、荷兰、日本产生了很大反响。2013 年,《女书》亚洲首演由日本 NHK 交响乐团奏响,在东京首演六次返场谢幕。谭盾以音乐的形式记录这些目前世界现存唯一的女性文字,将中国地域文化、传统民间音乐与西方交响乐相结合。作曲家叶小纲以同样的方式赋予中国音乐吸引力。2013 年,他的“中国故事——大地之歌”音乐会在美国林肯中心由美国底特律交响乐团奏响,歌词是李白、钱起、孟浩然和王伟的七首古诗。尽管内容为古典中国文化,但为求更好的推广,叶小纲选用甚少在纽约表演的黑人歌唱家米莎·布鲁格戈斯曼参与,引起纽约观众的市场期待。

其次,中国音乐剧以高品质在亚洲文化圈发展。中国音乐剧《蝶》和《爱上邓丽君》在韩国公演取得轰动,并摘得两届大邱国际音乐剧节组委会特别大奖后,《妈妈再爱我一次》又一次获得此殊荣,而且该剧同时担纲大邱音乐剧节开幕剧。2014 年,原创音乐剧《妈妈再爱我一次》在有着韩国“音乐剧之都”的大邱市上演,完成了公演以来的第 100 场演出。华夏乐章音乐剧团所创作的《昆仑神话》以及《纳斯尔丁·阿凡提》受邀前往新加坡与马来西亚演出。中国音乐剧之所以在东南亚演出市场受到欢迎,是因为亚洲国家之间有共通的文化心理,他们对以中国传统文化为背景的音乐剧有着浓厚的兴趣。

---

① 《中国音像与数字出版协会:2011 年音乐产业的机会》,http://www. chinaav. org/web/Articles. aspx? ArtID = 0000008996&CateID = T01。

四、问题和对策

(一)加强行业自主创新能力,打造自己的品牌

首先,由于历史和现实的原因,在我国当前环境下,国内流行音乐市场的无序状态依然存在,一些必要的行业规范、运行机制和市场秩序尚未完善,缺乏有效的法治,盗版现象普遍。其次,深层次的理论研究依然薄弱。由于音乐长时间受制于传统体制,几乎不具备自由发展和创造的空间。虽然新产品层出不穷,但大多都质量低或千篇一律。国内流行音乐创作深受港台影响,加之欧美强势文化的渗透影响,窃用与拷贝旋律或节奏的现象普遍,原创精神缺失,理论研究依然薄弱。在网络传媒推动下流行音乐创作泛化,大多数网络歌手、网络词曲作者并不具备扎实的专业演唱技能和词曲创作基本功,加之制作设备简陋,在歌词、曲调以及音乐制作、录音合成上都非常不成熟,在内容上泛化和平面化,对音乐的艺术内涵缺乏进一步挖掘,甚至有哗众取宠的趋势,也导致了各种网络"神曲"的走红,这对我国音乐走出国门有着很大的限制。

增强自主创新能力是我国的基本国策之一,也是社会经济可持续发展的主要途径,对于音乐这类创造性产业来说,自主创新能力则是产业发展的基础。我国拥有得天独厚的文化资源,并且近年来大力支持文化产业发展,在发展音乐文化的时不仅要将这个优势充分利用,还要不断创新,将时代的新元素融入到音乐中,不断适应市场需求,将音乐创意品牌与科技、经济相融合,创建出具有独立知识产权的品牌,为自己的品牌走进国际市场打下牢固的基础。

(二)培养创新型国际型音乐人才,为音乐创作注入原动力

人才是音乐产业发展的核心资源,尽管目前我国音乐产业中原创型歌手数量逐渐增加,但受原有教育培训机制的制约,我国音乐产业人才总量、结构、素质还不能适应音乐产业对外发展的要求,特别是缺乏既懂音乐又懂营销、经济的国际型人才,导致音乐创作原动力不足,制约我国的音乐产业走出国门。

当前音乐产业发展与其他产业一样,呈现产业融合的态势,这是一种不可逆转的全球性趋势,因此我们在人才培养方面应调整人才教育结构,加强对音乐产业人才特别是国际型人才、复合型人才、营销人才的培养。从高校角度看,应开设交叉型专业,例如音乐经济、音乐管理、艺术管理和娱乐营销等,培养高层次复合型音乐专业人才。从音乐企业角度看,应借鉴国外成功经验,给员工的全方位发展创造良好的平台,加速员工专业能力的提升。从社会角度看,应该培育浓厚的文化氛围。推进举办音乐产业论坛,打造音乐专业人才互相交流、碰撞的平台,为音乐创作和音乐专业人才发展提供更好的环境和机会,激发创意人才创造原创文化产品的激情和动力,为本土音乐走出国门注入原动力。

（三）把握数字化时代的发展机遇，提高国际数字音乐产业的运作水平

数字音乐在我国已经有了将数十年的发展历史，也是未来音乐产业发展的趋势。我国的数字音乐基本上保持了与国际同步的发展速度，也同样经历了世界数字音乐发展史上的几个重要阶段。2004 年前后，数字音乐在我国进入了产业化发展阶段。目前，我国的数字音乐市场仍然处在发展的初期，虽然发展数字音乐产业的市场条件仍不完善，在销售额上尚不能与美国等发达国家相比较，但中国庞大的潜在市场、宽带的高速普及及与世界同步的移动通讯基础设施建设却为这一产业的发展奠定了一个稳固的基础。目前，数字音乐产业已经确立了它在我国数字内容产业中的重要地位，传统音乐产业、电信运营企业和数字技术新贵们争相进入这一领域，一批具有一定规模、拥有各自竞争优势的代表性企业相继涌现，对在中国市场条件下发展数字音乐产业进行了大量的探索和尝试。中国产业洞察网统计数据显示，2013 年中国移动音乐市场规模为 31.2 亿元，较 2012 年增长 14.6%。根据中国产业洞察网的统计预测，2014 年中国移动音乐市场规模将达到 35.2 亿元，实现 13.1% 的增长率。[①]

音乐产业商业模式因数字化得以创新，有音乐社交、与电子商务相联系以及借助移动互联网打通多终端等多种创新方式。我国数字音乐市场虽未形成一个成熟的商业模式，伴随网络音乐新的服务模式和新的应用的不断涌现，以及各种音乐类产品发展迅速，运营商数字音乐市场总收入已实现质的飞跃。智能手机、平板电脑等移动终端设备的逐步普及，使用移动终端的用户持续增长，这也带动了数字音乐整体市场规模的增长。差异化的路线开辟出新的商业机会，也让数字音乐有可能走向海外、走得更远。

（四）国家加大扶持力度，完善相关法律法规。

音乐文化的版权维护问题是也是我国文化产业所面临的重要问题之一。近年来，虽然国家投入了大量资金扶持音乐产业，但由于盗版等问题，严重损害了音乐产业的生态环境，能够出口的原创内容微乎其微。

因此，政府应制定并落实扶持音乐产业加快发展的政策措施。对于各地设立的音乐产业园区，应施行一定的优惠政策，搭建文化创意产业的大平台，支持音乐和相关文化创意产业的聚集、融合、协调发展。我国的音乐文化企业还未形成集群式发展，在创作、生产与营销等环节缺乏密切的协同与合作，本土企业的产品与服务更难以融入到全球文化产业的价值链运行当中。因此，未来应依托自由贸易园（港）区和海关特殊监管区建设，积极打造一批音乐文化产品出口园区，在融资、税收、海关通关、资格审验、人才培养、境外投资等方面给予文化出口企业更多便利和优惠措施。

最后，政府需加快落实对音乐文化出口企业的政策支持措施。加大产业发展专项资金等支持力度，实行出口营业税免税，对纳入增值税征收范围的文化出口实行增值税零税率或免税。相关主管部门应尽快出台与之相配套的操作细则与具体政策，开展针对音

---

① 参见 http://www.51report.com/free/3044671.html。

乐出口贸易领域的融资、信贷、保险和担保服务业务,同时推进音乐文化对外贸易与投资的外汇管理及海关便利化措施,使对音乐出口企业的支持政策落到实处,激励更多音乐公司开拓海外市场。

五、案例分析

案例一

"影响城市之声":促进中国音乐市场化

自2000年"迷笛"音乐节开启中国音乐节历史以来,中国大大小小的音乐节遍地开花。中国音乐节经过14年的发展,生长出"迷笛"的摇滚、"草莓"的文艺、"恒大"的流行三种模式。但是在2012年,影响城市之声的建立开发了中国音乐节的新模式:将音乐节与产业论坛结合,运用市场化手段推动中国音乐文化走向全球。

"影响城市之声"(简称影响,英文名为Sound of the Xity)创立于2011年,由北京视袭联合音乐文化传播有限公司主办,是每年发生在中国的国际音乐产业交流交易平台。由影响博览会(SOTX EXPO)和影响音乐节(SOTX FEST)构成。影响城市之声为中国音乐进入国际音乐市场搭建桥梁,同时为全球音乐产业了解发掘中国音乐提供了最直观的窗口。

2013年4月3日至5日,影响博览会和影响音乐节分别举办,以各自的方式推进中国音乐对外发展。作为中国本土唯一实现运用市场化手段推动中国音乐文化走向全球的音乐项目,影响博览会邀请近70位国际知名音乐节主办方、运营商作为发言嘉宾参与,百位音乐人与各行业知名人士,品牌商家,百余家媒体和跨行业机构参加,除了对音乐市场议题进行讨论,促成中西方音乐市场对接交流,还使国内外多方机构达成项目合作意向。

同时影响音乐节上来自5大洲15个国家的55组独特艺人为广大音乐消费者提供最前沿的音乐消费体验,同时将中国音乐人推向国际市场。通过影响音乐节,杭盖、山人、龙神道等10余组中国艺人被成功输送至Glastonbury,WOMAD,World Village等世界各大知名音乐节,并成功促成音乐人多次海外巡演。

"影响城市之声"强调以国际化、前沿化和市场化的操作推动中国音乐融入世界舞台,从市场需要出发,开创全新模式给予国内外音乐行业从业者一个交流对话的平台。影响城市之声成功并发展从以下两个方面可窥见一斑:

(一) 创新音乐节模式,商业与音乐并行

"影响城市之声"的音乐产业论坛主题由2012年的"中西方音乐文化的互亲与互侵"到2013年的"中外音乐产业潜规则",始终围绕促进中外市场互信了解的目的开展交流。

数十位中外演出商、音乐节负责人、媒体在影响博览会上互通规则,交流讨论,在活动期间也可到达演出现场观看乐队演出,并挑选最具有市场价值的乐队赴各自项目演出。

这种集合商品交易会、演出、论坛、电影纪录片项目为一体的模式借鉴了创办自1994年的世界音乐博览会(World Music Expo, WOMEX)。视袭音乐与WOMEX签订了三年战略合作协议,WOMEX将“影响城市之声”定为WOMEX全球音乐市场Roadshow中固定的一站(其他的站有法国的Midem,美国的SXSW和APAP,非洲的AME以及英国的Showcase Scotland)。而影响城市之声通过加入具有本土特色与节奏的形式与内容,将世界顶级音乐博览会模式更好地移植到中国,搭建一个能与全球音乐产业对接的泛音乐产业资源整合平台。

(二)促进跨行业交流,科技改变音乐

除了艺术家、各国际知名音乐节主办方、演出商和版权及版权分销公司等,影响城市之声还邀请了36氪——中国最具影响力的互联网创业服务提供商以及上百位来自各个领域的代表参与音乐博览会,通过跨界的思想碰撞,激发新的灵感和创意。影响城市之声将互联网思维带入音乐行业,从新技术体验、产品互动、设计作品欣赏等角度延伸出“音乐+科技”互动展,让音乐的价值无限拓展。

在网络下载对实体唱片业构成严重威胁的同时,拓展音乐产业外延,加强音乐与跨界行业产生联系和合作成为中国,以及世界音乐人的选择。影响城市之声通过“音乐+”系列模块活动呈现音乐的无限可能性,为音乐产业发展寻找更多的灵感和创意。

以最市场化的方式让中国音乐文化走向世界,影响城市之声准确定位了自己在国内音乐产业链条中的位置和目标。中西方音乐产业人士通过它跨越海洋,进行对话,交换意见和资源,中西方音乐人通过它飞越苍穹,前往更广阔的舞台表演。对于国内第一个音乐产业交流交易平台,影响城市之声牢牢把握住了时代所赋予的机遇。在不断完善发展平台的过程中,影响城市之声将助力中国音乐产业加速融入世界舞台。

第10章

广告业对外文化贸易年度报告*

2012—2013年,随着国家对于广告业发展的日益重视以及相关支持政策的出台,中国广告对外文化贸易继续呈现稳定增长之势,仍然保持顺差局面,尤其是电视媒体,增速不减,户外媒体也增幅巨大,潜力无限。中国对外文化贸易的稳定发展离不开中国元素的恰当运用,这使得中国在国际广告节上赢得了很多荣誉。然而,在创意运用方面,中国本土广告公司仍显稚嫩,与跨国公司仍有不小差距,但这也为中国广告业的发展留下了广阔的发展空间:中国需通过吸引创意人才、借鉴他国经验、进行颠覆思维等各种方式来加强广告创新,充分了解当地市场,继续发挥中国元素的优势作用,有效维护客户关系,为中国的广告对外文化贸易健康发展注入源源不断的动力。

一、宏观环境和产业基础

(一) 政策环境

2010年国家"十二五"规划首次提出"促进广告业健康发展",在此基础上,2012年国家各相关部门出台了针对广告产业的鼓励政策,引领广告产业发展创新。

2012年4月11日,国家工商行政管理总局在《推进广告战略实施的意见》中提出,到2020年把中国建设成为广告创意、策划、设计、制作、发布、管理水平达到或接近国际先进水平的国家。在同年5月29日印发的《广告产业发展"十二五"规划》中制定了降低市场准入标准、增加财政投入、鼓励广告产业的投融资、加大税收优惠等相关政策,为广告产

* 作者简介:田鸽、黄莉媛、李苑平,中国传媒大学经济与管理学院本科生。

业的发展创造了良好的政策环境。

此外，财政部、工商总局于2012年7月26日联合印发了《关于开展2012年现代服务业试点支持广告业发展有关问题的通知》，开展中央财政重点支持广告产业园区建设试点工作。工商总局分别同天津市人民政府、湖南省人民政府及江苏省人民政府等签署了推进当地广告业发展战略合作协议。这些举措将促进广告产业发展创新的政策落到实处。

（二）产业概况

2013年中国经济形势依然严峻，宏观经济增速放缓。但是随着中国城乡家庭收入稳定增长，中国消费者信心指数持续上升，拉动全国消费水平的持续走高；再加上中国城市化进程加速，汽车、楼房等大宗消费品仍然拥有广阔的发展空间。在上述因素的带动下，2013年上半年全国广告市场增幅9.5%，远远超出去年同期4.8%的增长，呈现出平稳的增长势头。[①] CTR发布的数据显示，2013年前三季度，传统媒体的广告刊例收入同比增长6.5%，在发展态势不甚明朗的传统广告市场中，电视媒体可谓一枝独秀，前三季度持续增长，增幅为10%。2013年中国广告市场生态调研数据显示[②]，相较于2012年，2013年71.9%的被访电视媒体广告刊例价呈现增长态势，平均增幅为14.5%。平面媒体广告收入全面缩减，报纸和杂志同比减幅分别达6.1%和8.2%，远低于整体市场增幅。广播媒体2013年增速继续减慢，仅为2.7%。互联网(不包括搜索类)广告市场进入平缓增长期，增幅为14%。总之，在媒体领域，2013年广告发展的整体状况是：电视媒体表现强势，增势不减；广播媒体增幅放缓；报刊媒体广告持续下滑，以多元化经营弥补广告收入下滑，依托地域品牌优势向地区营销服务商转型。互联网广告增幅放缓，技术进步助推互联网广告价值提升和广告模式演进；[③]户外广告大幅增长，未来发展潜力巨大。

二、国际广告业发展形势

（一）全球广告业的发展形势

全球公告市场稳步增长。根据eMarketer的报告显示，2012年全球媒体的广告支出为5190亿，增长了5.4%，高于2011年3.6%的增长率[④]，而这一数字在2013年仍然比较平稳，虽较2012年有所下降，但依然维持了3.6% [⑤]的水平。

从各类媒体广告市场来看，随着多屏幕、跨网络和移动等更多方式的呈现，互联网广

① 昌荣传播。

② 陈永、丁俊杰、黄升民、杜国清、邵华冬、陈怡、杨懿、王向曼等：《2013—2014年中国广告生态调研》，《现代广告》2014年第2期。

③ 杜国清、黄升民、陈怡：《2013—2014年中国媒体广告市场现状与趋势》，《新闻与写作》，2014年第2期。

④ eMarketer：《2016年全球广告支出将达到6280亿美元》，www.199it.com/archives/87890.html。

⑤ 实力传播：《2013年Q4全球广告市场预测报告》，http://www.damndigital.com/archives/111346。

告市场的强势地位正日益凸显,互联网广告市场的增速很快。市场研究机构尼尔森发布了一份全球广告市场调研报告,报告称,在2013年全球广告市场,全球互联网广告市场(涵盖网络、移动互联网和应用内广告)支出增长32.4%,相比之下,电视广告支出仅增长了4.3%。在互联网广告中,社交网络的规模超过90亿美元,增幅为58%。在社交媒体的推动下,移动广告业务实现了跳跃式增长,收入几乎翻番,达160亿美元,占互联网广告的14%[①]。然而,尽管互联网成为增长最快媒体,但其在整个广告市场的份额仍然很小,仅占4.5%,而电视广告支出在整个广告市场的份额达到58%。可见电视广告仍然地位稳固,市场平稳,互联网广告仍有很大的市场空间。相信凭借其强劲的增长势头,互联网广告的市场份额也一定会越来越大。报告显示,在“其他”领域广告市场,包括广播、报纸、杂志和电影广告等在内,2013年的支出都有所下降,而户外广告则成为“其他”类别广告唯一的增长领域,2013年该领域支出增长为5.1%。[②]

(二)国内广告业贸易发展概况

1. 广告服务贸易进出口额逐年增长,前景稳定

从广告宣传服务贸易的总差额情况来看,近年来我国逐渐由逆差迅速转变成为顺差,说明我国的广告宣传服务的国际竞争力显著增强。根据商务部发布的《中国服务贸易发展报告2012》,2012年中国已变成全球第二大的广告市场,作为高附加值服务贸易中的重要组成部分,2012年,中国广告宣传服务出口快速增长,全年出口金额达47.5亿美元,比2011年增长18.2%;占服务全部出口总额比重为2.5%;全年进口总额为27.7亿美元,比2011年下降了0.3%,占服务全部出口总额比重为1%。2013年,中国广告宣传服务贸易出口额为49亿美元,比2012年增长2.1%,占服务全部出口总额比重为2.38%。进口额为31亿美元,比上年增长10.7%,占服务全部进口总额比重为0.94%。从2012和2013两年的数据可以看出,中国广告宣传服务贸易的出口仍在稳定增长,尽管速度略有放缓,而进口有了大幅增加,一改2012年的进口增长率下降之势,但仍维持了18亿美元的贸易顺差额,中国广告服务贸易的前景较为稳定。

2. 国际活动

2012年国际广告节上出现更多中国元素,中国广告的影响力不断提升。如戛纳国际创意节,它被誉为广告界的奥斯卡,是全球广告和创意界最具影响力的年度盛事。随着中国经济持续发展,中国的市场空间逐年增长,中国广告与创意在国际上的影响力变得更加强大。2013年,60周年的戛纳国际创意节再次迎来吉祥的“中国狮”。在广告奖的评选中,中国大陆区获得4个金奖、7个银奖及15个铜奖。而获奖广告中中国元素的体现也越来越多,通过广告的形式向世人展现中国文化、中国元素、中国创意。而由中国广

① Domarketing:《MAGNA Global发布2014全球广告花费预测报告》,http://www.domarketing.org/html/2013/report_1210/11009.html? nrixbtkuotmfiqei。

② 凤凰科技:《尼尔森:2013年互联网广告支出增长32%》,http://tech.ifeng.com/internet/detail_2014_01/27/33424099_0.shtml。

表 3-10-1　2006—2013 年中国广告宣传服务贸易国际竞争力数据

年份	中国广告宣传服务贸易出口额(单位:亿美元)	国际市场占有率(%)	TC 指数①	RCA 指数②
2006	14.45	0.86	0.20	0.26
2007	19.12	0.84	0.18	0.23
2008	22.00	N/A	N/A	N/A
2009	23.10	N/A	N/A	N/A
2010	28.90	N/A	N/A	N/A
2011	40	N/A	0.21	N/A
2012	48	N/A	0.26	N/A
2013	49	N/A	0.23	N/A

数据来源:国家外汇管理局,《2006—2013 年中国广告宣传服务贸易国际竞争力》,2014 年。

告协会主办的戛纳·魅力中国周活动是中国广告协会与戛纳创意节合作多年来组织的规模最大、规格最高的交流展示活动,以“国家日”命名的中国日主题论坛在戛纳创意节历史上尚属首次。中国由过去简单参与到现在成为广告节的主角,运用影像向世界展示了中国的创意。可见中国的广告业影响力正日益提升。在 2013 年的釜山广告节上举办了首届中国专题,中国元素、中国创意正在被全球所关注;然而在 2013 年的纽约电影节上中国的表现却并没有那么乐观。2013 年 5 月 2 日,纽约广告节在纽约公共图书馆宣布了 2013 年纽约广告节“世界最佳广告”获奖名单。中国大陆的成绩只是 2 铜 4 入围(2013 纽约广告节执行评审团共评选出:51 座金奖、89 座银奖、122 座铜奖,788 件入围奖),与其他国家相比,广告创意和执行上还有不小的差距。③

3. 跨国广告公司优势明显,本土广告公司蓄力追赶

纵观中国广告业的发展,跨国广告公司无疑是一道靓丽的风景线。由于本土广告公司起步晚,全球市场占有率较低,因此中国整体广告业的快速发展离不开跨国广告公司对于中国广告业的带动作用。根据 2013 年法国巴黎权威媒介研究中心 Recma 的数据,GroupM 中国在 2013 年度的媒介承揽额超过 400 亿人民币,而拥有实力传播和星传媒体两大媒介公司的阳狮集团 Vivaki 紧随其后约 300 亿元左右,电通与安吉斯合并之后相加也有 200 亿元左右的盘子,OMD 与 PHD 浩腾媒体 OMG 排在第四。

表 3-10-2 为由中国商务广告协会、北京大学新闻传播学院、《21 世纪营销》数字跨媒体平台联合主办的“中国创意 50 强榜单”。该榜单以中国广告长城奖、亚太广告奖、戛纳广告奖、克里奥广告奖、伦敦广告奖、纽约广告奖、金铅笔广告奖以及 D&AD 等业内公认的权威性八大广告奖项当年度获奖数目为评选标准。从表中可以看出,2012—2013 年,

① TC 指数即竞争优势指数,也叫贸易竞争力指数,是指一国进出口贸易的差额占其进出口贸易总额的比重。TC 指数 =(出口 - 进口)/(出口 + 进口)。

② RCA 指数即显示性比较优势指数,反映一个国家某一产业的出口与世界平均出口水平比较来看的相对优势。计算公式是:RCAij =(Xij/Xtj)÷(XiW/XtW)。其中,Xij 表示国家 j 出口产品 i 的出口值,Xtj 表示国家 j 的总出口值;XiW 表示世界出口产品 i 的出口值,XtW 表示世界总出口值。

③ 中国电子银行网:《2013 纽约广告节颁奖典礼举行 中国大陆 2 铜 4 入围》,http://www.cebnet.com.cn/2013/0510/136817.shtml。

连续两年中跨国公司都占据“中国创意50强榜单”前十名的绝大部分席位,本土广告公司只有两家列入前十,中国本土广告公司在创意与创新方面,依然落后于跨国公司。

表 3-10-2　2012—2013 中国创意 50 强榜单(部分)①

排名\年份	2012	2013
	公司	
第一名	JWT 智威汤逊	智威汤逊
第二名	DDBchina group	扬罗必凯
第三名	长沙盛美	奥美广告
第四名	麦肯光明	广东省广告股份有限公司
第五名	香港 DDB	睿狮广告
第六名	北京杰尔思行	阳狮广告
第七名	奥美广告	天联广告
第八名	阳狮广告	北京 Cheil 杰尔
第九名	广东省广告股份有限公司	长沙盛美
第十名	李奥贝纳	北京电通

但是如果单看营业额,本土广告公司的实力在逐渐增强。以中国广告协会 2013 年 9 月公布的“2012 年度中国广告企业(非媒体服务类)广告营业额排序”(表六)来看,与往年相比,虽然跨国广告公司仍然占据着排行榜的前列,但中国本土广告公司的排名也在逐年上升,前十名中入围 4 家,分别是广东省广告股份有限公司,北京太阳圣火国际传媒有限公司,北京广告有限公司,上海广告有限公司。其中广东省广告股份有限公司更是跻身前五名。

表 3-10-3　2012 年度中国广告企业(非媒体服务类)广告营业额排序

序号	单位全称	广告营业额(万元)
1	上海李奥贝纳广告有限公司	744840
2	北京恒美广告有限公司上海分公司	597175
3	盛世长城国际广告有限公司	559830
4	北京电通广告有限公司	512496
5	广东省广告股份有限公司	462664
6	北京杰尔思行广告有限公司	283822
7	北京太阳圣火国际传媒有限公司	206130
8	北京广告有限公司	178727
9	上海广告有限公司	151618
10	南京银都奥美广告有限公司	150000

数据来源:中国广告协会,《2012 年度中国媒体单位广告营业额前 100 名排序》,http://www.cnad-top.com/tongji.html。

① 数据来源:《2012 中国创意 50 强榜单隆重揭晓》,http://www.21ad.org.cn/news_view.asp? id = 1836;《全球广告创意界的中国集团军排名出炉——2013 中国创意 50 强榜单发布》,http://www.21ad.org.cn/news_view.asp? id = 4958。

三、发展特点

（一）中国元素助力广告服务贸易，创意仍需提升

2012—2013年，中国广告宣传服务贸易无论从进口量还是从出口量上来看都在持续增长，并且仍然维持近年来才出现的顺差局面，可见中国的广告服务贸易发展势头强劲，综合实力不断巩固。而对这一现象具有重要贡献意义的便是中国元素的巧妙运用，尤其是在各类广告节上，中国广告日益焕发光彩，很多国际品牌都在积极利用中国文化的一些元素进行广告创意，赢得了很多消费者。然而单单靠中国元素的运用并不能保证中国广告生命力的长盛不衰，中国广告创意与美国等很多国家之间还有着很大差距，还需要进行多方面的创新，而广阔的创意提升空间也预示着中国未来的广告市场前景无限。

（二）跨国广告公司本土化，本土广告公司在压力中前进

中国经济的快速增长吸引了大量国际4A广告公司纷纷进军中国内地，如阳狮锐奇、奥美、智威汤逊等的入驻。自2003年以来，这些跨国广告公司除据守京、沪、穗三地，进一步觊觎二线城市的广阔市场，通过与业外企业或本土广告公司结成区域联盟或并购，从而以较低的成本进入京、沪、穗之外的二线城市。2002年美国WPP集团入股上海广告公司标志着跨国广告公司拉开了收购本土广告公司的序幕。跨国广告公司具备的充足完备的资金链、管理制度、商业运作模式和文化冲击，利用母公司在国际广告业界的影响力，获得大型跨国公司世界范围内的全案代理，由中国国内的合资广告公司进行本土化执行和中国市场的策划，逐步抢占了中国广告市场的主导权，本土广告公司的地位岌岌可危。本土广告企业在五年内甚至十年内都无法超越跨国公司。因为除了国际性的品牌和专业以外，更重要的是这些外资公司中超过50%以上的收入是来自它们的全球性的品牌客户，这些基础的量已经让它们有一个规模效应。①

当然跨国广告公司的本土化也不是无懈可击的。例如，2004年11月，耐克广告片“恐惧斗室”因其广告创意对“龙、道教、飞天”等元素的误用涉嫌侮辱中国民族风俗，12月3日被责令停播。2003年，丰田汽车在第12期《汽车之友》杂志上刊登的“陆地巡航舰”和“霸道”广告中，有石狮子伸出右爪向“霸道”车行军礼状，被疑对象征中国意味、代表权力和尊严的石狮子极不严肃不尊重的利用，引起中国民众的不满而遭遇传播失误。跨国广告公司对中国传统文化元素的误用或创意设计涉及中国敏感历史事件而导致的本土化传播失误，为本土广告公司扬长避短、奋起直追创造了机会。

而本土广告公司也恰恰就是利用对于中国文化的深刻理解，对中国元素的巧妙运用以及管理创新能力的不断提高，整体实力在日渐提升。在中国广告企业（非媒体服务类）广告营业额排序中，每年跻身前十的本土广告公司的排名总是忽高忽低，上榜公司的名

① 贺欣浩：《2013年的思考以及中国广告的未来》，《中国广告》2014年第2期。

单也不确定,可见本土广告公司正处于激烈竞争阶段,整体实力也在激烈竞争的过程中提升了。

(三)围绕大数据的广告产业链正在形成,为本土广告公司提供新的发展机遇

首先,在广告产业链的上游催生了一批数据服务公司和以数据计算、存储、分析为主营业务,为广告业提供大数据技术支持的服务型机构。前者包括专注 SNS 的数据服务公司、地理位置的数据服务公司,专门从事社交电视评论信息采集、分析的数据服务公司。后者主要是搭建广告交易平台的平台技术服务商和效果优化技术服务商。其次,在大数据产业链核心,聚集了一批新型数字广告公司,如“悠易互通”“易传媒”。与传统广告公司不同的是,这些新型广告公司的策划、投放、效果监测都基于海量样本的数据系统为支撑,利用定向技术、搜索引擎营销、口碑营销等技术定位目标受众。再次,大数据广告产业链下游,数字电视运营商、移动媒体服务商、网站运营商等众多新媒体在运营过程中产生了海量用户数据,成为大数据的主要来源。目前,国内围绕大数据所形成的广告产业链尚处于形成期,但其出现为广告产业提供了新的价值增长点,标志着一些以数据采集起家的小型本土广告公司将有机会和大型广告集团站到同一起跑线上,从而改变广告产业结构长期处于低级水平,低集中度与泛专业化并存,本土广告公司高度分散、高度弱小的现状①。

四、问题与对策

在当前本土广告企业国际化的过程中,我们还有很多地方需要继续完善。

(一)着力提高本土广告公司的创新能力以形成核心竞争力

我们从前面“2012—2013 中国创意 50 强榜单”中不难看出,中国本土广告企业在创意方面与国际水平还存在着明显差距,而创意无疑是一个企业区别于别的企业的核心竞争优势,并且它往往是无法被复制的垄断性优势。因此,着力提高本土广告公司的创新能力是本土广告公司在未来很长一段时间内必须去重点落实的事情。至于如何创新,笔者认为非常重要的是创意理念的形成,而如何保证创意理念的形成,则可以从以下三方面着手。

1. 吸引创意人才,建设团队

“人是最活跃的先进生产力”,因此未来的竞争说到底就是人才的竞争,人才是创意理念的主体。本土广告公司一定要充分认识到这一点,提高整个创意团队的质量:通过与高等院校对接、在人才市场高质量招聘等方式尽全力挖掘高端创新性人才,建立一支实力雄厚的创新团队;实施先进的人才培养计划,加快培育具有国际视野、多方面知识的

---

① 张金海、刘芳:《中国广告产业“低集中度”与“泛专业化”两大核心问题的检视》,《现代广告》2009 第 4 期。

复合型创新人才;健全创新人才激励机制,以充分调动人才的创新能力。

2. 借鉴国际广告创新经验,结合本土特色进行个性化创新

通过充分学习国际知名广告企业的创新经验,成功广告案例,总结其中的规律,提取创新的精髓,将之运用到自己的创新实践中,融入中国元素,形成自己独特的创新模式。自己也要不断反思失败的创新经历以避免重蹈覆辙。

3. 善于进行颠覆性的逆惯性思维

作为全球最大的传播集团 Omnicom 的子公司,世界上排名前五位的广告组织,TBWA 就非常擅长颠覆性思维的运用。TBWA 运用自己独特的创意方法,即 Disruption,来颠覆市场上束缚我们的惯性思维,然后与客户一起去开发未来成功的宏伟蓝图。最后,应用扩展性的创意思维,采用颠覆手册中的工具,来开启颠覆策略,并且主动推翻惯性思维,创造递增的发展机会。

颠覆是一种重要的创新思路,它能够使企业在受惯性思维影响下的众公司中脱颖而出,开拓属于自己的一片蓝海。

(二)充分了解并适应于当地市场以降低文化折扣

既然是要国际化,那就一定要充分了解目标市场的习惯、制度,甚至在其内部对自己进行适应性宣传,这样才能有效减弱文化折扣,针对当地的消费者习惯因地制宜生产出最适销对路的广告产品。目前中国企业在走出去的过程中显得比较盲目,没有做到市场细分,甚至会出现一些有悖当地风土人情、制度规定的情况而给企业带来巨额损失。因此针对每个市场,一定要充分了解当地的消费习惯、制度政策,这是产品能够突破文化折扣,成功走出国门的重要保证。一个广告公司要成功地对外宣传自己,就要使自己与当地的文化环境相吻合,并且要根据当地的消费习惯进行产品的生产,只有这样才能"按需生产",增强自己在当地的吸引力。

(三)合理运用中国元素以形成自己的文化品牌

在 2013 年戛纳国际创意节上获奖的作品大都有一个共性,那就是对于中国元素的巧妙运用,这是值得本土广告公司大力学习的地方。

中国元素的运用之所以会发挥如此重要作用,主要源于以下三点:第一,中国元素可以赋予一个广告文化气质,形成自己独特的文化品牌,而相较于其他特质,通过文化符号来进行宣传无疑更具有"润物无声"的效果;第二,随着中国国际地位的提升、中国政府在海外大量的形象宣传,"汉语热""孔子热"等在国外成为一种潮流,这就为包含中国元素的广告走出国门做了很好的前期铺垫;第三,从资源储备上来看,中华民族上下五千年的历史文化无疑是一笔无可撼动、无可取代的宝贵财富,它为运用中国元素进行创新提供了取之不尽用之不竭的文化资源。因此无论是从广告效果还是从客观条件上来看,合理运用中国元素进行广告创作都具有非常广阔的前景。

(四)有效维护客户关系以稳定竞争优势

营销大师菲利普 · 科特勒认为,客户生涯价值是在维持客户的条件下,企业从该客

户持续购买所获得的利润流的现值,是客户边际效益在时间上的累计效果。客户关系维持的时间越长,那么给广告公司贡献的利润越高,客户对广告公司服务所收取的价格就越不敏感。从中可以看出,维护好客户关系对于公司发展至关重要,正如奥格威所说:赢得客户以及所有商业团体的尊敬是奥美最宝贵的资产。中国目前在这方面仍存在着诸如客户与广告公司之间存在着较大的"认知"鸿沟、本土广告公司往往通过给客户公司或者个人高额的回扣争取广告业务,靠回扣拉客户的现象,因此如何实施有效的客户管理提升竞争力的关键。

维护客户关系首先就是要不断改善专业化经营管理,提高公司的经营业绩,创造良好的品牌效应;其次要一切从客户需要出发,精细化管理,人性化、个性化服务的理念,这是成功进行客户管理的关键;此外,要善于借鉴大型跨国公司的成功经验,很多跨国公司就凭借着杰出的客户管理能力而与大品牌保持长期的合作关系,如 1992 年,旁氏成为奥美的客户之后,奥美至今仍负责该品牌在全球 50 个国家的广告代理;BBDO 也与百事可乐保持了长达 50 余年的合作关系。① 这都是值得本土广告公司认真学习与研究的。

---

① 苏茜倩:《本土广告公司与跨国广告公司文化核心竞争力比较研究》,上海外国语大学 2013 年硕士学位论文。

第11章

非物质文化遗产与手工艺品产业对外文化贸易年度报告*

近年,我国在非物质文化遗产领域与联合国教科文组织保持密切配合,加强合作,在广度和深度上都进入了新阶段。作为《保护非物质文化遗产公约》的缔约国,我国秉承《公约》精神,不仅继续积极申报代表作名录、急需保护名录和优秀实践名册,还在国际层面开展了多层次的地区、国际非物质文化遗产保护的交流与合作,探索与周边国家联合保护与联合申报的创新模式。在此基础上,我国的非物质文化遗产保护和交流推广工作取得了显著的成绩。

2013年12月4日,联合国教科文组织保护非物质文化遗产政府间委员会第八次会议在阿塞拜疆巴库通过决议,正式将中国珠算项目列入教科文组织人类非物质文化遗产名录。至此,中国的世界非物质文化遗产代表作名录达到30项,急需保护名录7项,优秀实践名册1项。

一、宏观环境及政策条件

党中央、国务院一直高度重视非遗保护工作,我国在以往传统文化保护工作的基础上,在国际社会推行《保护非物质文化遗产公约》的背景下,积极履行加入《公约》的义务和承诺,加强对非遗保护工作的总体思考和顶层设计,初步建立了符合中国国情的保护制度,保护工作取得了显著成果。除此以外,中国文化走出去在众多领域取得了突破性

* 唐璐璐,北京大学艺术学院2012级艺术学(文化产业研究方向)博士研究生。

进展，越来越多的中国手工艺作品、民俗非遗走出国门，活跃在世界各地。①

1. 政策环境：法律与制度不断完善

对于非物质文化遗产保护与传承，我国政府从建章立制、总体规划、设立机构、提供经费、组织协调、表彰奖励等各方面，加强制度建设，全面推进。确立了由文化部牵头，发改委、财政部、教育部、国家民委等14个部委参加的非遗保护工作部际联席会议制度，在文化部设立非物质文化遗产司，在中国艺术研究院成立中国非物质文化遗产保护中心。《中华人民共和国非物质文化遗产法》颁布施行后，更意味着非遗保护由政府工作上升为国家意志。该法的出台对保障我国非遗健康持续发展发挥了重要作用。截至2013年底，已有浙江、江苏、新疆、山西、河南等13个省区市颁布出台了地方非物质文化遗产保护条例，各级政府都从贯彻《非物质文化遗产法》的角度推进保护工作，保护措施也越来越得力。②

此外，国家还设立了非遗保护工作专项资金，不断加大对保护工作的财政支持力度。截至2013年，中央财政共计投入专项资金28.04亿元。地方也加强了非遗保护机构队伍建设，全国31个省区市均成立了省级非遗保护中心，22个省区市在文化厅局单独成立了非物质文化遗产处（室）。③

2. 保护名录与传承人体系建设

文化部部署了我国大规模的非物质文化遗产全面普查工作。2006年、2008年和2011年，国务院先后批准公布了三批1219项国家级非物质文化遗产名录项目。截至2012年，各省区市公布了8566项省级非物质文化遗产名录项目，地市级非物质文化遗产名录项目18186项，县级非物质文化遗产名录项目53776项。国家、省、市、县四级名录体系初步形成。2012年，文化部对105个国家级非遗代表性项目保护单位作出了调整、撤销的决定，在国家级非遗代表性项目的动态管理上迈出了重要一步。④

在传承人保护和培养方面，截至2013年底，文化部已命名公布了四批国家级非遗项目代表性传承人共1986名。财政部专门设立了国家级代表性传承人传习活动经费，资助每位国家级传承人每年1万元传习经费，支持他们开展传承活动。各地也陆续开展了省、市、县级非遗项目代表性传承人的认定和命名工作，截至2013年，全国省级非遗项目代表性传承人共9564名。各地文化部门通过记录整理技艺资料、提供传习场所、资助他们开展传习活动、组织宣传与交流、征集并保管代表作品、建立档案等方式，积极帮助代表性传承人开展授徒传艺等传承活动。值得一提的是，2013年，具有创新性的非物质文化遗产人才培养方式开始付诸实践。2013年6月，中国艺术研究院研究生院增设“传统技艺”和“非物质文化遗产保护实践研究”方向，招收国家级非遗名录中18个传统技艺项目的艺术硕士研究生。9月9日，中国艺术研究院研究生院举行导师聘任仪式，共有18

---

① 政策内容主要参考和引用《文化部近年来非遗保护工作回顾》，详见 http://www.mcprc.gov.cn/whzx/whyw/201403/t20140310_430597.html。

② 参见《文化部近年来非遗保护工作回顾》，http://www.mcprc.gov.cn/whzx/whyw/201403/t20140310_430597.html。

③ 同上。

④ 同上。

名国家级非遗项目代表性传承人和工艺美术大师被聘为研究生导师，既满足了当代教育实践型人才培养的需要，也是培养非物质文化遗产高层次传承人的创举。①

3. 多管齐下，创新保护手段

根据非物质文化遗产自身传承、衍变的规律，我国逐渐探索出了非物质文化遗产保护的多种方式。对濒危的非物质文化遗产项目和年老体弱的代表性传承人遵循抢救第一的原则，通过数字化信息采集记录，使濒危的项目和代表性传承人掌握的丰富知识和精湛技艺转化为有形的信息形式，为后人留下珍贵的文化基因。对传统美术、传统技艺、传统医药炮制和饮食文化类非遗项目进行合理的生产、开发，增强自身造血机能，促进传统技艺的传承、利用和发展。以设立文化生态保护区的方式推动非遗的整体性保护，是我国非遗保护实践的一大重要创举。截至 2013 年底，我国相继设立了 15 个国家级文化生态保护实验区。保护区既对区域内民间文学、传统音乐、传统戏剧、曲艺、传统美术、手工技艺、民俗活动等非遗进行有效保护，也重视民居、古建筑、历史街区和村镇、重要文物等相关物质文化遗产的保护，还兼顾到了自然和文化生态环境。②

此外，文化部积极推进非遗的数字化保护工作，专门设立了中国非物质文化遗产数字化保护中心，建设开通了“中国非物质文化遗产网”，开展了“非物质文化遗产数字化保护工程（一期）”项目建设，制定了数字化保护的业务标准和技术规范，为非遗资源数据库的建设与丰富搭建了重要框架与模型。③

4. 国内外交流与合作不断增强

为提升全社会的遗产意识，我国专门设立了“文化遗产日”。近年来，文化部和各地文化部门利用“文化遗产日”和民族传统节日，组织举办了如中国非物质文化遗产传统技艺大展、生产性保护成果大展、珍稀剧种展演、百名工艺美术大师展示、中国成都国际非物质文化遗产节、中国非物质文化遗产博览会等许多重大宣传展示活动，让更多的人特别是年轻人认识、了解和喜爱我国优秀的传统文化。

在国际交流方面，我国是《保护非物质文化遗产公约》制定的主要推动者，是认真履行缔约国义务、积极推动公约实施的主要国家。近年来，在法国巴黎成功举办了“中国非物质文化遗产艺术节”，在四川成都举办了 4 届“中国成都国际非物质文化遗产节”，发布了《成都宣言》《成都共识》《成都倡议》《成都展望》，在香港成功举办了保护非物质文化遗产“亚洲合作论坛”。与蒙古国联合申报蒙古族长调民歌为“人类非物质文化遗产代表作名录”项目，合作开展蒙古族长调民歌的田野调查和保护。在联合国教科文组织的大力支持下，在中国艺术研究院成立了“亚太地区非物质文化遗产国际培训中心”。④

---

① 参见《文化部近年来非遗保护工作回顾》，http://www.mcprc.gov.cn/whzx/whyw/201403/t20140310_430597.html。

② 同上。

③ 同上。

④ 同上。

二、非物质文化遗产与手工艺品产业发展概况

1. 平台搭建

根据中国政府与联合国教科文组织签署的协议,2012 年 2 月 22 日,联合国教科文组织亚太地区非物质文化遗产国际培训中心(下文简称"亚太中心")在北京成立。"作为联合国教科文组织支持下的非物质文化遗产领域的区域性和国际性组织与协调机构,亚太中心通过开展非物质文化遗产领域的国际培训,积极搭建区域性及国际性交流与合作平台,参与实施联合国教科文组织针对《保护非物质文化遗产公约》缔约国开展的履约能力建设战略,为亚太地区乃至全球的非物质文化遗产保护事业做出贡献。"①

亚太中心成立后,组织和承办了一系列非物质文化遗产领域重要会议和平台建设工作。2012 年 2 月 23 日组织召开"保护非物质文化遗产国际信息交流会",初步搭建全球性非物质文化遗产交流平台;2012 年 8 月 29 日,组织召开中国—东盟保护非物质文化遗产研讨会,初步搭建区域性非物质文化遗产交流平台,拓展区域性合作网络;2012 年 11 月 7 日至 10 日,承办联合国教科文组织保护非物质文化遗产能力建设战略评估会,就联合国教科文组织保护非物质文化遗产全球能力建设战略的实施工作予以评估,并就该战略今后发展方向展开探讨并形成建议;2013 年 4 月 7 日至 10 日,派员赴蒙古国参加"中蒙联合保护非遗合作机制第三次工作小组会议",深度参与中蒙双边非物质文化遗产领域交流与合作情况,并为制定相关的双边机制奠定基础。②

2013 年 6 月 14—16 日,为庆祝联合国教科文组织《保护非物质文化遗产公约》通过 10 周年,由中华人民共和国文化部、四川省人民政府、中国联合国教科文组织全国委员会与联合国教科文组织共同主办的"中国成都国际非物质文化遗产大会暨庆祝《保护非物质文化遗产公约》通过 10 周年纪念大会"召开。《保护非物质文化遗产公约》各缔约国代表、参加《公约》起草的主要专家学者、为推动《公约》通过和实施做出重要贡献的联合国教科文组织高官及秘书处官员、中国的相关专家和学者以及中国各省(区)、直辖市主管非物质文化遗产保护工作的官员等,共计 300 人参加了此次会议。此次大会通过回顾《公约》产生的历程,总结履约经验,探讨各国非物质文化遗产保护所面临的困难、挑战和机遇等,对提升国际社会对《公约》意义、价值等方面的认识和理论水平,为推动全球非物质文化遗产保护工作沿着正确的方向健康发展做出了重要的贡献。会议最终形成题为《成都展望》的成果文件。此次会议成为《公约》发展史上具有里程碑意义的重要会议和节点。③

2013 年 11 月,亚太地区传统手工艺的保护与可持续发展研修班在浙江杭州举办。此次研修班由亚太中心主办,由浙江省非物质文化遗产保护中心协办。来自联合国教科

---

① 参见 http://www.chinadaily.com.cn/cnculture/crihap2014/2014-07/02/content_17637033.htm。

② 参见 http://www.chinadaily.com.cn/cnculture/crihap2014/2014-07/02/content_17637029.htm。

③ 参见 http://www.chinadaily.com.cn/cnculture/crihap2014/2014-07/02/content_17637475.htm。

文组织地区办事处和联合国教科文组织非物质文化遗产地区中心，以及日本、缅甸、尼泊尔、菲律宾、斯里兰卡、汤加、马绍尔群岛、吉尔吉斯斯坦、阿富汗、美国等17个亚太地区国家和其他地区国家从事传统手工艺研究与保护工作的专家、工艺大师和相关机构负责人等30余位参加了研修活动。活动包括围绕“传统手工艺在生态文明中的优势”“《保护非物质文化遗产公约》框架下的传统手工艺”“传统手工艺的保护与传承”“传统手工艺的创新与可持续发展”4个议题进行的主旨发言。中外方代表也积极参与各主旨单元的发言与互动，并根据本国传统手工艺的传承和保护情况，进行经验介绍和保护实例分析。①

亚太中心的建立，成为加强我国在亚太地区乃至世界非物质文化遗产保护领域发挥影响力的重要平台，为我国开展非物质文化遗产区域与国际合作开拓了新的阵地。

2. 国内展会

现阶段，各层次的博览会是我国非物质文化遗产与手工艺品开展和实现对外贸易的主要场所。

2012年8月22日，第五届昆明泛亚国际民族民间工艺品博览会在昆明国际会展中心开幕。会期共五天，参展范围包括雕刻雕塑、编织刺绣、服饰染装、民间陶瓷暨茶文化、民族民间器乐、旅游纪念品和礼品、民间藏品、奇石玉器、仿古家具、玻璃制品、新型工艺品和其他工艺美术品等12个门类。此次博览会的主题是：壮大工艺美术产业，要按照专业化、规范化、标准化和国际化的要求，力争在组织力度、规模档次、社会影响、经济效益等方面取得新突破，把昆明泛亚国际民族民间工艺品博览会打造成为西南地区乃至国内外极具民族特色和区域影响的特色文化产业博览会。据统计，2008年开始举办的民族民间工艺品博览会取得了较好的经济效益和社会效益，在国内外拥有了一定知名度。2011年的工艺品博览会累计吸引了10万余人次前往参观。经过几年培育，博览会整逐渐成为国内规模较大的工艺美术行业专业展会，成为展示云南民族民间文化遗产动人风貌和近年来文化事业、文化产业发展成果的高端平台。② 此次博览会，民族民间工艺品现场成交额约达5000万元，订货合同金额达到7000多万元，显示了民族民间工艺品蕴含的巨大市场潜能。③

2012年11月3日，第五届非物质文化遗产手工艺品交易博览会在北京潘家园旧货市场举行。此次非遗手工艺品交易博览会也是第七届北京文博会的分会场之一。借助北京文博会的平台与影响力，希望推动非物质文化遗产手工艺品的保护与传承；同时，展现民间非遗工艺精华，丰富文化产业多样性，为非遗手工艺传承搭建良好的展示、交易、交流平台。本次交易博览会共9天，整体活动主要包括两部分：第一部分为交易区，弓箭制作、东阳木雕、皮影、毛猴、手工剪纸、葫芦烫画、金漆镶嵌、京剧脸谱等44项非物质文

① 参见《为传统手工艺保护提供借鉴》，http://culture. ifeng. com/gundong/detail_2013_11/06/30984481_0. shtml。

② 参见《第五届昆明泛亚国际民族民间工艺品博览会22日开幕》，http://www. yn. gov. cn/yn_ynyw/201208/t20120817_6515. html。

③ 参见《民族民间工艺品前景广阔》，http://www. mzb. com. cn/html/Home/report/329975-1. htm。

化遗产传承人参与,集合了非遗手工艺品数百件;第二部分为精品展览表演区,面人彭、风筝、内画、剪纸、脸谱、毛猴、鸽哨、料器、皮影周、景泰蓝、等国家级非遗项目齐聚于此,呈现了大师级传承人亲手制作的手工艺品及现场制作表演过程。①

2013 年 1 月 19 日—2 月 5 日举办的深圳年博会,组委会特邀到许多已经濒临失传的传统手工艺人来到年博会现场,带来的多款传统手工艺品包括:用焦糖画出十二生肖的糖画、用面捏出活灵活现的卡通造型,还有拉洋片的曲艺人生动地讲述西游记的故事。传统手工艺展示成为本届年博会的一大亮点。②

2013 年 11 月 2 日至 10 日,北京潘家园举办第六届非物质文化遗产手工艺品交易博览会,此次博览会仍是“北京第八届文博会”的分会场。在民俗文化的主题下,交易会以推广非遗产品为主,旨在促进文化产业发展。参加本届交易会的非遗项目有近 20 项,如聚元号弓箭、景泰蓝传统工艺、山西漆器、苗族刺绣、葫芦烫画、皮影等。“非物质文化遗产手工艺品交易博览会”为手工艺者和大众提供了一个交流平台,可以促进非遗手工艺的传播与传承。③

2013 年 7 月 23 日,2013 中国(贵州)国际民间工艺品博览会在凯里市会展中心正式开展。来自斯里兰卡、泰国、越南、巴基斯坦、肯尼亚等国家及台湾、香港的嘉宾和四川、重庆、山东、安徽、云南、陕西、西藏、江苏、湖南、湖北、浙江、广东、广西、北京、福建等 15 个省市的 51 支参展代表团参加开展仪式。本届博览会以促进民族民间工艺品发展作为首要目标,以展会促招商,以招商促展会,聚集更多的人流、物流、信息流。通过举办高层论坛、项目洽谈和产销对接等活动,立足贵州、辐射全国,为民族民间工艺品发展搭建经贸平台。此次博览会的举办,为黔东南、贵州省、全国乃至海内外客商搭建起一个民间手工艺品贸易洽谈、行业交流、合作发展的平台,在促进民族文化交流,推进民族文化产品走向海内外市场,做大做强民族文化产业方面发挥重要作用。④

2013 年 10 月 18 日,2013 中国(烟台)民间工艺品博览会在烟台国际博览中心开幕。该博览会吸引了中国 26 个省、自治区、直辖市以及巴基斯坦、缅甸、越南等 11 个国家和地区的参展商参展。扬州工美集团、北京象牙雕刻厂、北京珐琅厂、东阳木雕等中国民间工艺知名企业的作品纷纷亮相。前来参展的工艺美术大师、陶瓷艺术大师、雕刻艺术大师、刺绣艺术大师、非遗传承人、“山花奖”得主逾 140 人;而且此次民间工艺品博览会作品更多呈现了青年新秀的作品。⑤

2013 年 10 月 17—20 日,浙江省杭州市白马湖国际会展中心举行了首届中国杭州亚太传统手工艺博览会。本届“亚博会”秉承“立足中国,服务亚太,面向世界”的宗旨,以

---

① 参见《非物质文化遗产手工艺品交易博览会举行》,http://collection. sina. com. cn/yjjj/20121105/135190926. shtml。

② 参见《2013 深圳年博会 濒临失传的传统手工艺成亮点》,http://expo. gongchang. com/report/spyl—2013-01-24-481052. html。

③ 参见《第六届非遗手工艺品交易博览会开幕》,http://sdjsb. bjd. com. cn/html/2013-11/06/content_122897. htm。

④ 参见《2013 中国(贵州)国际民间工艺品博览会开展仪式举行》,http://news. online. qh. cn/gedixinwen/2013/0724/43969. html。

⑤ 参见《中国民间工艺品博览会在烟台开幕》,http://www. chinanews. com/cul/2013/10-18/5399104. shtml。

“美好生活手上来”为主题,以保护和发展亚太地区传统手工艺为目标,重点展示亚太地区传统手工艺保护成果。同时积极推介传统手工艺保护的“中国经验”,展示中国传统手工艺的保护成果和“中国特色”,并藉此增进亚太国际间文化多样性与创造性的相互了解,推动传统手工艺领域的资源共享和非遗保护经验的交流,搭建起亚太地区传统手工艺交流与合作平台。据统计,“亚博会”共有 582 个项目,661 人参展参演,其中亚太及世界相关地区共有 41 个国家(地区)102 个项目,112 人参展;国内共有 480 个项目,549 人参展参演,其中省外 82 个项目 174 人,省内 398 个项目共 375 人参展参演。“亚博会”4 天会展期间,共有 20 万人参观展览,成交额达 700 万元。①

3. 国外参展

除了在国内举办国际性展会,吸引世界各地的手工艺者和消费者,我国的优秀非物质文化遗产与手工艺精品也积极走出国门,在世界各地推动文化交流与传播。

2012 年 11 月,安徽省阜阳民间艺术家、程氏剪纸第二代传人、国家级非物质文化遗传项目代表性传承人程兴红随团赴德国汉诺威参加中国民间艺术展览活动,并为德国观众现场展示其民间手艺绝活——程氏剪纸。②

2013 年 1 月 30 日,世界第二大旅游业盛会——西班牙国际旅游博览会在西班牙首都马德里开幕。浙江省推选出 12 位大师的作品参加在马德里中国文化中心举办的“欢乐春节·天工遗风——浙江传统手工艺精品展”。婺州窑陶瓷大放异彩。精美的手工艺品吸引了西班牙王室贵宾,王储夫妇仔细欣赏了婺州窑、黄杨木雕、王星记扇艺等作品。③

2013 年 6 月,应尼日利亚国家文化艺术委员会邀请,包括南京 4 名非遗传人在内的南京工艺品参展团赴尼日利亚首都阿布贾参加 “非洲工艺品博览会”,这也是中国首次组团参加这一展会。作为交流和展示非洲特色手工艺品的最大平台之一,在阿布贾举行的“非洲工艺品博览会”每年都会吸引上百个参展方,除尼日利亚本地的参展方外,还有巴基斯坦、日本、韩国、菲律宾、加纳、贝宁、尼日尔、马里、塞内加尔等多个亚非国家。博览会上展示代表各民族文化的手工艺品、珠宝首饰、瓷器、铜像以及当地的部族舞蹈等。南京的参展团中包括颜蕾、何斌、曹红、张钧 4 名非遗传人,分别带去脸谱、泥人、灯彩、剪纸四种颇具南京特色的手工艺品。南京一些经营工艺品的企业还带去云锦、中国结、丝巾、折扇、团扇、风筝等手工艺成品,约有 20 余种南京特色工艺品参展。④

2013 年 7 月 11—16 日,中国工艺美术协会共组织了来自浙江、贵州、广西、云南、蒙古、北京等地区曾经获得过联合国教科文组织杰出手工艺品徽章的作品参加了在美国新墨西哥州圣达菲举办的圣达菲国际民间手工艺展。此行,他们带着中国得到联合国教科

① 参见《首届中国杭州亚太传统手工艺博览会圆满落幕》,http://www.zjwh.gov.cn/dtxx/zjwh/2013-10-21/154044.htm。

② 参见《颍东区民间艺术家赴德国展示程氏剪纸艺术》,http://www.fy.gov.cn/DocHtml/1/2012/11/7/5656522436186.html。

③ 参见《婺州窑传统手工艺品亮相西班牙国际旅游博览会》,http://www.jhnews.com.cn/jhrb/2013-02/04/content_2656225.htm。

④ 参见《中国派团参加非洲工艺品博览会 南京手工艺品将参展》,http://www.njdaily.cn/2013/0606/436956.shtml。

文组织杰出手工艺品徽章认证的产品在美国圣达菲进行展售活动，硖石灯彩《花瓶灯》《茶壶灯》等20多件作品亮相。圣达菲国际民间手工艺展是世界最知名的以民族手工艺品为主的展销会之一，来自51个国家和地区的180名艺术家参加了本次展会。中国工艺美术协会参加了联合国教科文组织东南亚展位的展览，包括硖石灯彩在内的中国工艺品深受当地人民欢迎，销售成绩喜人。①

2013年10月17日，包括少数民族服饰、少数民族绣片、地戏面具等100余件贵州民族民间工艺精品赴马来西亚，亮相“2013马中民族文化艺术节”，展示贵州少数民族工艺。配合“民族民间工艺展”美丽、精细的展出要求，贵州省民族文化宫准备了精美的苗族、侗族、布依族服饰作为主体展示内容。②

三、发展特点

众多传统手工艺品作为非物质文化遗产的组成部分，是传统文化的重要表现形式。它们是集体智慧与个人才能的结晶，通常都兼具艺术价值、文化价值与经济价值。推广优秀非物质文化遗产与手工艺品的传播，促进其国内外交流，是文化传播与交流的重要方面；同时，手工艺品的制作与传播也蕴涵推动经济发展的巨大潜力，具有重要的社会效益。从非物质文化遗产与手工艺品行业发展的现状来看，主要呈现三个特点。

（一）以传承与发展为宗旨

当前我国对于非物质文化遗产的展示交流以传承与发展为宗旨，向国内外推介优秀的传统手工艺技巧与手工艺品。这一方面增强了对本国和世界各地文化多样性与创造性的认识；另一方面也推动和促进了非物质文化遗产保护经验的交流，传统手工艺领域的资源共享以及手工艺者之间的对话。借助博览会的交流平台，吸引和培养年轻的传承人，为非物质文化遗产的薪火相传做铺垫。

（二）活动内容与形式丰富

从我国承办的非物质文化遗产与手工艺品的各类博览会与交易会来看，展会邀请到了来自世界各地的精品项目共同呈现。参展项目数量众多，表现内容丰富、形式多样。尤其是通过非物质文化遗产传承人和其他优秀手工艺者的现场演示，使非物质文化遗产的活态性得到体现。展示模块与交易模块相结合，推进了优秀手工艺品交易数量与规模。

---

① 参见《硖石灯彩亮相圣达菲国际民间手工艺展》，http://www.zjfeiyi.cn/news/detail/31-3949.html。

② 参见《百余件贵州民族民间工艺品赴马来西亚展出》，http://www.chinanews.com/cul/2013/10-17/5393800.shtml。

（三）文化特色与国际化结合

非物质文化遗产本源于生活，是传统文化的一部分；对其保护和传承的最佳方式就是回到生活，保持本色。传统手工艺作为其中重要的一个门类，是各地人民生活智慧的结晶，蕴含着各国、各民族特有的思维方式、想象力与创造力，体现了他们的生活经验和审美趣味。传统手工艺在历史上不论是为生活提供器物，还是作为一种休闲方式，都丰富了人类生活；而流传到现在，它们又有了沟通古今生活的意义。从各地非物质文化遗产和手工艺品博览会举办的情况来看，展品都充满生活气息，体现各自的文化特色。例如变脸、耍牙、皮影戏、木偶戏、民间绝活等非物质文化遗产的绝技绝活现场表演，既是对传统文化记忆的唤醒，能推进非遗融入生活、融入百姓；又能对外展现中华文化精彩丰富的内容，弘扬中华文化。同时，参加博览会的各国嘉宾和代表汇集起来也集中体现了世界文化的多样性，增强中外对话。博览会逐渐成为国际性的交流平台。

四、问题和对策

（一）存在问题

在国家平台搭建和博览会不断发展的同时，我们也可以看到，在工业化大规模、高密度的生产方式冲击下，非物质遗产与传统手工艺品的发展仍然面临诸多困难，突显出存在的问题。

首先，众多非物质文化遗产和手工艺品仍处于展示和交流阶段，未能真正面向市场。在工业化大生产的背景下，手工产品出口企业大多采用人工生产模式，产业聚集化、规模化程度不高，慢工细活的精湛手工艺品生产并没有优势；而且许多手工艺产品出口企业布局分散，生产方式较为落后，缺乏创新，以致生产效益和经济效益都不高；规模手工作业或家庭作坊生产式的企业在产品设计上投入不多，在产品品种、数量、质量上都处于初级阶段；产品之间模仿程度较高，有大量粗糙的复制；缺乏区域特色的规模企业或产业园。这都导致了产品后续发展潜力不足。大部分企业贸易模式较为单一，对新兴出现的商务模式应用较少，影响了参与国际贸易的机会。

其次，为了迎合市场的需求，尤其是有些手工艺品企业为了追求更高的经济利益，割裂了非物质文化遗产及手工艺产品自身与背后传统文化的联系，破坏了原有的审美价值；将经济、实用的产品打造成“奢侈品”，脱离了更广大的消费群体。

再次，部分非物质文化遗产和手工艺品生产处于“抢救性保护”局面，被欣赏、被竞拍，但因为难度大而鲜有学习与传承发展者，濒临断裂的危险。

（二）发展策略

针对以上问题，在非物质文化遗产与手工艺品行业的发展中应该注重以下几方面工作的改进：

首先,企业可以根据自身情况,调整传统的生产方式,吸收科技发展的成果,逐步降低人工生产的比例。在可以运用自动化生产的环节统一产品规格,提高生产效率,节约人力成本。同时,可以借鉴现代企业管理制度,转变传统的管理方式,促进企业现代转型,增强对产品开发、生产、销售与服务各个环节的把控,有效降低生产成本,提升利润。可以借助国际博览会的平台,加强产品的推广与销售,增强对电子商务的应用,摆脱地域限制,吸引更广泛的消费群体。

其次,应该注重产品的设计与创新,提升产品品质。既要保持原有的文化底蕴,又应该不断推陈出新,使之符合现代人的生活方式和审美趣味。历史积淀与现代要素合理组合,才能加强产品的市场竞争力。

再次,应该继续努力推动传承人的培养工作,培育特色手工艺企业。"一是对传承人普遍培训,同时依据非遗门类和项目进行重点培训;二是促进非遗保护与现代教育的紧密结合;三是探索拓展非遗保护的中国经验——'生产性保护'的范畴;四是注重传承群体的保护。"①只有建立完善的传承人体系,带动地方整体发展,非物质文化遗产才能真正"活"起来。

① 《文化部非物质文化遗产司副司长王福州:非遗传承当随时代》,http://www.kaixian.tv/gd/2014/0710/7055383.html。

区域报告

近年来,我国对外文化贸易发展势头迅猛,在规模和方式上都呈现活跃局面。由于我国是一个发展中大国,加之国内各区域间在资源禀赋及发展基础等方面还存在着差异,因而国内各区域的对外文化贸易发展便存在着各自特点。根据我国各区域对外文化贸易发展现状,我们简单将之概括为三类五个区域以供考察(如下表示)。

我国对外文化贸易国内区域类型与特征

区域		主要特征	涵盖省、市
一类	环渤海地区	北京为龙头,文化、政治优势地位;区域网络尚待建设。	北京、天津、河北、山东
	“泛长三角”地区	上海为龙头,国际化程度较高; 区域支持网络建设逐步发挥巨大的“集聚效应”。	上海、浙江、江苏、安徽、湖南、湖北
	“泛珠三角”地区	传统制造业重镇,商业传统与国际渠道资源优势; 亮点:“中国—东盟”自由贸易区,海西经济特区。	广东、广西、海南、云南、贵州、福建、江西
二类	沿边地区	陆路边贸特征,文化贸易相对初级。	辽宁、吉林、黑龙江、西藏、新疆、内蒙古
三类	内陆地区	文化资源丰厚,对外文化贸易日益受重视但尚起步。	陕西、四川、重庆、甘肃、青海、宁夏、山西、河南

资料来源:根据相关资料整理汇编。

第一类,沿海地区的对外文化贸易。沿海地区是我国对外文化贸易发展的先进地区,主要包括环渤海、“泛长三角”和“泛珠三角”三个区域,区域内对外文化贸易涉及行业范围较广泛,是国际文化市场渠道通路建设的先锋。

其中,环渤海地区以首都北京为龙头,这一特色是其他地区所不能比拟的,也造就了该区域在政治、文化等方面的极大优势。但是,环渤海地区的整体支撑网络建设还处于不断完善的阶段,北京市与天津、河北等周边地区的联系尚不够紧密,相互支撑、带动的作用还没有发挥到极致。

“泛长三角”地区最大的优势是国际化程度高、区域资本雄厚,并以此为基础形成了该区域独特的文化资源特色,区域整体基础建设与功能定位明晰。与环渤海地区相比,该区域以上海为龙头,杭州、苏、锡、常为支撑的区域网络已见雏形,整体区域“集聚”效应蔚为可观。

自中国—东盟自由贸易区全面建成后,“泛珠三角”地区与东南亚国家的联系尤为紧密,对外贸易额也有大幅增长。特别是海西经济区注重与台湾地区的全方位合作,加速整体产业结构转型,成为该区域文化产业发展和对外文化贸易的新亮点。

第二类,延边地区的对外文化贸易。东北等沿边地区的文化产业发展和文化对外贸易发展都非常有地区特色,这些地区与韩朝及俄罗斯等国的对外文化贸易相对较多,但是由于这些地区的文化产业发展相对比较缓慢,因此其对外文化贸易总额不高,且存在严重的文化贸易逆差现象。

第三类,内陆地区的对外文化贸易。黄河中游和西部等内陆地区都是文化、历史资源极为丰富的地区,近年来,随着文化产业的大发展和文化体制改革的大力推行,这些地区有规划地将本地特有的文化资源逐渐开发成发展文化产业所需要的文化资本,在更好地保护历史文化资源的前提下,加快了本地区文化产业和经济的发展。

第1章

环渤海地区对外文化贸易年度报告*

环渤海地区又被称为环渤海经济圈，指辽东半岛、山东半岛、环渤海滨海经济带，同时延伸辐射到山西、辽宁、山东以及内蒙古中东部，分别约占全国国土面积的13.31%和全国总人口的22.2%。区域内包括北京、天津、唐山、秦皇岛、沈阳、大连、济南、青岛、保定、石家庄、邯郸等多座城市，共五省(区)二市。根据研究报告的年度延续性和研究可行性，本报告将研究范围缩小至河北、山东两省和北京、天津两市。2012年北京市文化贸易进出口总额达到30.54亿美元，同比增长15.55%，占同期全国文化产品进出口规模的30.7%[①]。2012年天津市对外贸易进出口总额达1156.2亿美元，比2011年增长11.8%，超全国平均增幅5.6个百分点，其中，文化服务贸易占据了很大比重[②]。2012年河北省服务贸易进出口总额为45.45亿美元，同比增加36.97%。其中，服务贸易出口额为18.18亿美元，同比增加55.87%；服务贸易进口额为27.27亿美元，同比增长26.72%。此外，河北省服务贸易进出口占全省货物进出口比重为9%，同比2011年增加2.8个百分点[③]。2013年山东省服务进出口总额613.5亿美元，同比增长44.4%；其中，出口额310.3亿美元，同比增长52.8%，进口额303.2亿美元，同比增长36.8%。山东省服务进出口占对外贸易(货物进出口+服务进出口)的比重达到18.7%，比去年同期提高了4个百分点。旅

---

* 李晓唱，北京大学艺术学院艺术管理与文化产业方向博士研究生；孙巍，中国人民大学财政金融学院投资学专业在职研究生。

① 数据来源：中国金融信息网，http://news.xinhua08.com/a/20130531/1184826.shtml，2013年5月31日。

② 2012年天津对外贸易进出口总额达1156.2亿美元，http://news.jwb.com.cn/art/2013/2/2/art_179_2326767.html，2013年2月2日。

③ 中国财经，2012年河北省服务贸易进出口额增长近四成，http://finance.china.com.cn/roll/20130717/1647798.shtml，2013年7月17日。

游服务出口额为 27.3 亿美元，专有权利使用费和特许费 995 万美元、同比增长 151.1%[①]。

一、对外文化贸易的宏观环境分析

环渤海地区是我国较发达的区域之一，根据区域内五省区二市统计公报的数字，2012 年实现地区生产总值 16 万亿元，约占全国的 30.8%，人均 GDP 约为 5.16 万元，为全国人均生产总值的 1.34 倍。特别是京津地区，人均 GDP 约为 8.6 万元，为全国人均生产总值的 2.24 倍[②]。环渤海地区文化贸易的环境可以概括为：

（一）文化产业的发展为文化贸易的开展提供产业依托

环渤海地区五省二市除了北京文化产业增加值占地区生产总值的比重为 12.3%，大大高于国家比重之外，其余地区或者与全国比重持平，或者低于全国比重并且地区之间发展不平衡。北京 2011 年文化产业增加值达到 2000 亿元，而山西 2011 年文化产业增加值才 312 亿元，虽然整个环渤海地区文化产业发展较快，但是离支柱产业的标准尚有一段距离[③]。

从文化体育娱乐业总产出占全部行业总产出的比重来看，环渤海地区略高于全国平均水平。就环渤海地区内部而言，北京市文化体育娱乐业总产出占比最高，为 2.05%；山东省文化体育娱乐业总产出占比最低，为 0.24%。从外部依存情况来看，我国整体上表现为流出大于流入；但就环渤海地区而言，则整体表现出流入大于流出；就环渤海地区内部而言，北京为文化体育娱乐业净流出地区，而天津、山东、河北为文化体育娱乐业净流入地区，说明可以通过建立更为有效的区域内协作机制，促使环渤海地区文化产业的内部合作解决内部省市间发展不均衡的问题[④]。

具体到各个行业，环渤海地区的演艺产业情况比较均衡，但各地区从业人员配置状况依然不够均衡，北京、天津等地艺术表演机构人员过多及浪费情况依然存在，还需通过更深入的市场化改革加以解决；动漫产业及文化市场发展情况典型依附于经济发展状况及国家政策，区域经济发展的不均衡及政策导向性势必造成这些行业发展的不均衡；电视节目制作、图书出版业空间集聚水平最低，过于依赖政府扶持，而非专注于市场需求的开发；而音像制品出版业空间集聚水平很高，表现出较强的市场特征，这是因为音像业在我国出版业中是最先市场化的行业，也是比较彻底进行市场化操作的行业[⑤]。环渤海地区在文化产业领域的成果和表现为该区域对外文化贸易的开展提供产业依托。

---

① 《山东省商务厅关于 2013 年全省服务贸易情况的通报》，http://sd.ccdy.cn/zhuanlan/gongshang/201401/t20140127_859609.htm，2014 年 1 月 27 日。

② 崔峥嵘、赵传林：《关于环渤海地区建立自由贸易区的思考》，《环渤海经济瞭望》2014 年第 4 期。

③ 王家庭、张浩若：《环渤海地区文化产业技术效率及其影响因素实证研究》，《当代经济管理》2014 年 2 月刊。

④ 高峰：《环渤海地区文化产业分工及均衡发展研究》，载《未来与发展》2013 年第 9 期。

⑤ 同上。

（二）相关政策的出台为文化贸易的进展创造良好环境

“十二五”以来，中央对进一步发展对外文化贸易提出了新要求。党的十八大报告提出，要推动文化产业成为国民经济支柱性产业。党的十八届三中全会通过的《中共中央关于全面深化改革若干重大问题的决定》进一步要求，提高文化开放水平，培育外向型文化企业，支持文化企业到境外开拓市场①。在这样的背景下，经过近一年的调研和广泛征求意见，2014 年 3 月 3 日，国务院印发《关于加快发展对外文化贸易的意见》（以下简称《意见》）。

《意见》指出，近年来，随着改革开放的推进，我国对外文化贸易的规模不断扩大、结构逐步优化，但核心文化产品和服务贸易逆差仍然存在，对外文化贸易占对外贸易总额的比重还较低，有待进一步加强。加快发展对外文化贸易，对于拓展我国文化发展空间、提高对外贸易发展质量，对于继续扩大改革开放、转变经济发展方式，对于稳增长促就业惠民生、提升国家软实力、全面建成小康社会具有重要意义。

环渤海地区的很多省市也均出台了有关促进对外文化贸易的政策，比如 2013 年，天津市出台了《关于促进天津市文化贸易发展的实施意见》，明确文化贸易是服务贸易发展的重点领域之一，指出天津市未来将加大国际文化市场竞争主体的培育力度，用 5 到 8 年时间，培养一批具有国际竞争力的文化贸易企业和基地，打造一批具有天津特色的文化贸易重点项目，搭建具有一定国际影响力的文化贸易平台，建设一批符合文化产品及相关服务出口特点的对外营销网络，培养一批高素质的涉外文化专业人才，推动天津市文化贸易发展水平走在全国前列。

此外，2012 年，山东省商务厅、省委宣传部、文化厅等部门联合出台了《山东省重点文化产品和服务出口企业认定管理暂行办法》，2014 年河北省发布了《保定市人民政府关于加快发展我市对外文化贸易的通知》，均响应中央号召，积极推动文化贸易的开展。

二、环渤海地区对外文化贸易发展情况

（一）北京对外文化贸易发展情况

根据北京市商务委员会网站统计数据，从 2006 年到 2011 年，北京市文化贸易进出口总额由 12.65 亿美元增至 26.79 亿美元，年增长率达到 16.2%。根据 2011 年商务部核心文化产品进出口数据，北京进出口总额全国排名第 9 位，文化贸易全国占比较高，文化贸易进口全国占比基本保持在 20% 以上，2011 年高达 29. 23%；文化贸易出口全国占比稳定在 6%—8.5% 之间。2006 年到 2011 年间，北京核心文化产品进出口额由 3.42 亿美

① 国务院公报，政策解读：商务部人士解读关于加快发展对外文化贸易的意见，http://mp.weixin.qq.com/s?__biz = MjM5MDM3NzY3NQ = = &mid = 200140300&idx = 4&sn = dbcaf29cda2b39763f49ea1bb6aeb1d8&3rd = MzA3MDU4NTYzMw = = &scene = 6#rd，2014 年 4 月 3 日。

元增至5.66亿美元,实现年均10.6%的增长,但占全国比重仅为3.17%。

从贸易市场结构看,北京市核心文化产品进出口95%的份额来自欧洲、亚洲和北美洲市场,其中出口的86.6%,进口的99.6%来自上述市场。从贸易主体看,北京文化贸易企业业务集中度相对高,排名居前的多为央企。根据北京市商务委员会网站数据显示:核心文化产品进出口企业中,北京共有1840家,其中,进出口总额在100万美元以上的企业有52家,占企业总数的2.83%。这52家企业进出口金额合计为4.98亿美元,占北京进出口总额的87.90%。有32家企业出口额在100万美元以上,出口金额合计为1.39亿美元,占全部出口总额的80.96%;有22家企业进口额在100万美元以上,进口金额合计3.56亿美元,占全部进口总额的90.27%。进出口额超千万美元的企业有8家。[①]

但是,北京文化贸易发展仍然存在一些比较严重的问题。第一,文化贸易出口逆差严重。根据《中国文化贸易统计(2012)》数据,2011年北京核心文化产品进出口总额为56522万美元,同比增长5.4%。其中进口39359万美元,但出口仅为17163万美元,仅为进口额的一半。第二,文化贸易结构不合理。一方面,北京文化产品出口多以影视剧为主,出口创汇有限。中国电影贸易从2010年的54953万美元下降到2011年的31625万美元,北京文艺演出团体的许多文艺演出也都是零利润。直到2012年,网游才开始成为对外文化服务贸易的领头产品之一。另一方面,北京文化贸易市场过于集中,主要是华语市场:大陆、港、澳、台及全球华人集聚区,包括部分文化服务进入欧美地区等高端市场,也都集中在华人区,没有打入欧美的主流市场。第三,北京缺乏国际知名的文化品牌和文化贸易企业。一流的市场主体缺乏导致文化贸易逆差,最终影响北京文化贸易产业的自我发展和国际竞争力的提升,导致本该成为世界城市建设正能量的文化贸易产业,反而成为受政策保护和财政补贴的弱势群体[②]。

(二)天津对外文化贸易发展情况

据天津市统计局2013年10月发布的统计报告,近三年来,全市累计完成文化产业固定资产投资996.8亿元,年均增速达73.2%,投资超亿元的文化产业重大项目逐年递增,2012年达128个,比2009年增加90个,计划总投资911.6亿元,是2009年的3.1倍,占全部文化产业投资规模的85.9%。[③] 天津文化产业投资占全社会固定资产投资比重每年跨上新台阶,已从2009年的2.0%提升到2012年的5.2%。

2013年,天津市出台了《关于促进天津市文化贸易发展的实施意见》,将对文化贸易提供全方位支持:支持文化科技创新,鼓励文化企业加大研发投入,增强自主创新能力,开发具有自主知识产权的原创性产品,以及相关关键技术和核心技术。支持企业引进用于文化产品和服务创新的先进技术与设备,提升技术消化、吸收和再创新能力。支持企

---

① 北京市商务委员会服务贸易处:《北京文化贸易发展情况报告》,http://tradeinservices. Mofcom. Gov. cn/local/2012-12-03/223188. shtml。

② 武晓荣、乔东亮:《世界城市背景下北京文化贸易现状分析与对策研究》,《北京联合大学学报(人文社会科学版)》2014年7月刊。

③ 中国经济网:《2013年终观察十一:四大直辖市文化产业发展盘点》,http://www. ce. cn/culture/gd/201312/27/t20131227_2006960. shtml。

业深入挖掘天津特色文化资源，充分运用高新技术手段和现代生产方式提升我市文化出口产品和服务的表现形式和质量，开发易于国外受众接受的文化产品和服务，促进天津市传统文化产业转型升级，鼓励文化服务贸易企业从事服务外包业务。

其他促进文化贸易的举措还包括：加强对国际文化市场的研究，筹备建立文化贸易重点国别和重点领域的投资环境报告制度，针对不同市场打造适销对路的文化产品和服务；鼓励企业通过新设、收购、合作等方式，在境外收购剧场或设立演艺经纪公司、影视作品版权、连锁书店等经营机构和文化作品著作权等，实现落地经营；对天津市文化企业投资国际知名电影给予支持，支持旧电影修复项目，支持立体影视加工，支持中外合作拍摄制作影片；鼓励文化企业、机构等开展对外劳务合作；建设一批外向型文化产业基地，扩大天津市文化产品和服务在国际市场的份额；推动天津电视台、天津电台节目境外"落地""入户"范围；推动图书、音像、影视、版权、演艺等拓展国际市场；开展版权贸易和境外商演、创意设计、网络文化、文化产品数字制作、游戏等新兴文化行业服务贸易；扩大《今晚报》海外版覆盖范围；办好海外主流华文媒体峰会，在境外举办"感知天津"文化活动。

（三）河北省对外文化贸易发展情况

河北省文化产业具有优越的发展条件，拥有数量居全国第三位的全国重点文物保护单位和居全国第二位的国家级非物质文化遗产，拥有京津广阔的人才、科技市场和文化消费市场。但与先进省市相比，河北省文化产业发展普遍存在着产值低、精品少、规模小、创新不足以及与科技的融合度不强等问题。究其症结，在很大程度上是由于对创新和科技在文化产业发展中的重要作用认识不够，很多地方依然按照发展传统产业的思路，把资源、土地和资金作为发展文化产业的核心要素，把目光聚焦在当地现有的文化和自然资源上，把有限的土地和资金当作推动文化产业发展的有效砝码，认为拥有老祖宗的遗产和大自然恩赐的东西越多，投入的资金越多，文化产业的发展就越快越好。①

据河北省统计局最新统计数据，2012 年全省文化产业增加值达 729 亿元，同比增长 35.6%，占 GDP 比重为 2.74%。截至 2012 年底，全省文化产业从业人员达 82 万人，占总就业人数的 7%，文化产业年上缴税收近 8 亿元。其中，石家庄、唐山、保定等市的文化产业增加值均超过或接近百亿元，承德、张家口、衡水、邢台、邯郸等市文化产业上缴税收年增速均在 50% 以上。②

自 2002 年以来，河北省共派出 510 多个文化艺术团组出访了近 50 个国家和地区，总计 5900 多人次；400 多个外国文化艺术团组应邀前来河北访问或作商业演出。中国吴桥国际杂技艺术节、山海关国际长城节等国际节庆的影响不断扩大。河北文化周历经七年的发展在海内外反响强烈，已经成为河北对外宣传的品牌活动、展现燕赵文化的重要窗口。同时，文化产业利用外资取得了新进展。自 2004 年以来，河北省实际引进外资共

---

① 《浅析河北文化产业发展》，http://forum.home.news.cn/thread/132603406/1.html。

② 崔立秋：《河北文化产业发展工作综述（上）：势头强劲 成效喜人》，河北新闻网，http://gov.hebnews.cn/2013-08/14/content_3416914.htm。

125.6亿美元，投入文化行业的外资约有8.7亿美元，占外资总额的7%左右。[①]

（四）山东省对外文化贸易发展情况

2013年，围绕扩总量、提质量、增效益的原则，山东省大力推动文化产业项目建设。前三季度，山东文化创意产业固定资产投资施工项目3678个，当年新开工2708个，累计完成投资2529亿元，同比增长30%；实现增加值2224.2亿元，同比增长18%。[②]

近几年，山东省核心文化产品贸易发展势头良好，但增长不稳定。2010年，山东省核心文化产品进出口总额为11.1706亿美元，占全国核心文化产品进出口额比重为7.8%；2011年山东省核心文化产品进出口总额为7.7971亿美元，同比下降30.2%，占全国核心文化产品进出口额比重为39.2%；2012年，山东省核心文化产品进出口总额为41.47亿美元，同比增长431.9%，占全国核心文化产品进出口额比重为15.1%；2013年，山东省核心文化产品进出口总额为20.9157亿美元，同比增长-49.6%，占全国核心文化产品进出口额比重为8.3%。总体来讲，山东省核心文化产品贸易规模增长迅速，尤其是2012年增长幅度高达431.9%，但增速不稳，2011年、2013年均为负增长，2012年增幅虽然很高，名列全国第二，但与第一名广东相比差距很大。

同时，山东省文化贸易主体数量增多，但小而散，缺乏具有竞争优势的骨干企业。2012年，山东省核心文化产品出口企业602家，但只有20家企业和4个项目分别被认定为2011—2012年度国家级重点文化出口企业和出口项目，分别占全国总数的4.13%和3.71%。2013年，有15家企业和5个项目分别被认定为2013—2014年度国家级重点文化出口企业和出口项目，分别占全国总数的4.12%和4.23%，远远落后于北京（60家企业）、上海（34家企业）、江苏（28家企业）、广东（28家企业）、安徽（24家企业）。[③]

三、环渤海地区对外文化贸易发展特点

近年来，随着党中央对文化贸易的重视程度日益加深，环渤海地区各省市之间的联动效应也日益增强。在各省市的共同努力下，环渤海地区的文化产业竞争力和文化影响力逐渐提升，对外文化贸易成绩斐然，其中呈现出的特点如下。

（一）积极搭建对外文化贸易平台

环渤海地区区位优越、基础雄厚，是我国经济最具有潜力的新增长极之一[④]，自由贸易区的设立成为近两年渤海地区对外文化贸易的发展重点。

---

① 沈德昌、黄娟：《河北省文化产业对外合作的现状及发展对策研究》，载《燕山大学学报（哲学社会科学版）》2010年3月。

② 王晨、徐堃：《华东地区文化产业年度发展报告》，《中国文化产业年度发展报告（2014）》，北京大学出版社2014年版。

③ 陈锐：《山东省文化贸易现状、制约因素及对策建议》，《价格月刊》2014年7月。

④ 崔峥嵘、赵传林：《关于环渤海地区建立自由贸易区的思考》，《环渤海经济瞭望》2014年第4期。

天竺文化保税区是中国首个“文化保税专区”,由北京歌华文化发展集团与北京天竺综合保税区管委会合作,在天竺综合保税区内,以园中园形式建立,并由文化部正式授牌为“国家对外文化贸易基地”。文化保税是指将保税区、出口加工区、保税港区等各类海关特殊监管区域的功能和政策运用于文化贸易发展,并加以创新应用。歌华天竺文化保税区将实现区内企业自由文化贸易;国内文化产品、原材料进区退税;国外文化产品进区中转及存储免证、保税、交易免税;外贸及合资文化贸易、中介、生产企业特许入区;以及享受国家级保税区及北京市、顺义区的多重优惠政策。天竺文化保税区处于中国开放层次最高、政策最优惠、功能最齐全、运作最灵活、通关最便捷、形式上最接近于自由贸易园区的综合保税区内。园区将有效利用保税区政策,为国内外文化产品和文化项目提供生产、展示、推介、交易、仓储、配送、检测等综合服务。

2013 年天津市出台的《关于促进天津市文化贸易发展的实施意见》①指出,要着力打造文化贸易平台。具体措施有:支持企业参加中国(北京)国际服务贸易交易会、德国法兰克福书展、法国戛纳影视动漫节等国际展会,举办中国国际新闻出版技术装备博览会、全国非物质文化遗产产品展销会等境内外大型展会和文化活动,鼓励在津举办国际影视展、国际影视博览会等国际展会和论坛,推动天津市企业与境内外大型文化企业、著名影视公司的合作交流及项目对接;鼓励文化企业借助区域文化合作等平台,按照相关政策规定加强与国际知名文化制作、经纪、营销机构的合作,在境外建立文化产品和服务营销网点,逐步形成多渠道、多层次国际市场营销网络,等等。

河北省对文化贸易的发展相当重视。2014 年 3 月 28 日上午,河北省服务贸易协会国际文化贸易分会成立大会在石家庄举行,会议讨论通过了国际文化贸易分会章程。分会的宗旨是为文化贸易工作者服务,推动文化产业提升与发展,促进国际文化交流,提高社会文化艺术水平,分会成立后,将举办“历史上的石家庄——建筑艺术摄影大赛”;筹划“石家庄市历史文化故事丛书”的征稿和编撰;筹办与国外的文化交流活动;筹备文化产品展销会等一系列活动。②

据《青岛晚报》报道,《山东省人民政府关于试点建设青岛贸易自由港区的请示》拟申请试点建设的青岛自由贸易港区总体规划面积为 26.9 平方公里,以 9.72 平方公里的青岛保税港区为主体,涵盖整个前港湾码头作业用地及后方物流用地。该方案一旦获批,就意味着青岛自贸区面积与上海自贸区的面积相差无几。据了解,上海自贸区的面积为 28.78 平方公里。目前,青岛已启动申报创建青岛自由贸易试验区的工作,将以前湾保税港区为贸易便利化改革试点区域,以货物贸易海关监管模式改革和贸易金融外汇改革为重点,以青岛经济技术开发区为投资便利化改革试点区域,以投资体制机制改革以及服务领域和制造领域扩大开放为主要试点内容,突破发展转口贸易,争取试办自由港的相关政策。作为全国首批成立保税区的城市,青岛一直寻求转型为自贸区。近日,

① 关于《关于促进天津市文化贸易发展的实施意见》的相关内容,《关于促进天津市文化贸易发展的实施意见》,http://www.tjwhcy.gov.cn/system/2013/10/16/011147006.shtml。

② 《河北服务贸易协会国际文化贸易分会在石家庄成立》,http://sjz.hebnews.cn/2014-03/29/content_3855199.htm,2014 年 3 月 29 日。

青岛出台了《青岛市国际贸易中心城市建设纲要（2013—2020 年）》，青岛申报创建自由贸易试验区工作全面启动。①

（二）丰富文化产品进出口类型，拓宽文化产品进出口领域

近年来，北京市文化产品进出口的类型越来越丰富，进出口领域逐渐拓宽，几乎遍及文化产业的各个行业门类。北京市文化贸易企业主要通过海外授权、项目国际合作、境外直接投资等形式实现国际化运作，更加注重利用具有自主知识产权的原创文化产品和服务拓展海外市场。其中，北京市图书出版“走出去”战略成效显著，版权贸易呈增长趋势，尤其是引进版权数量增长较大；演出产业贸易处于稳中求进的态势，其中不乏亮点展现于前，既有旅游演出业的持续升温和演出机构运营模式的加速转变，也有演出产业多元化格局的初步形成。同时，海外经典音乐剧中文版的引进和北京京剧院的“唱响之旅”海外巡演可以算是 2012 年度演艺对外贸易的典范，为我国演出业的前进道路指明了方向；根据国家广电总局的最新统计数据显示，2012 年北京电视节目进出口总额相较于 2011 年略有下降。相较于 2011 年，2012 年首都电视节目进口总额有所增加，由原来的 705 万元到增长到了 1083 万元，而出口额却有 20% 左右的减少，从 5240.17 万元下降到了 4180.84 万元，但总体仍是顺差，顺差额为 3097.84 万元。这些数据无疑说明了北京电视节目在海外仍然是备受青睐的；2012 年北京地区电影票房的 16.12 亿元中，进口影片票房达到了 8.96 亿元，占总票房收入的 55.6%，而国产影片票房只有 7.16 亿元，占总票房收入的 44.4%。另外，进口电影放映场次和观影人次也远远高于国产影片；2012 年中国网络游戏企业海外收入规模达到 55.2 亿元，增长率达 53%，整体增速平稳，行业已过集中爆发期。中国原创 PC 网络游戏海外出口持续增长，总计有 40 家中国网络游戏企业原创的 177 款国产原创网络游戏进入海外市场，海外出口实际销售收入为 5.7 亿美元，较上年增长 57.5%。②

2013 年天津市出台的《关于促进天津市文化贸易发展的实施意见》③明确了天津市文化贸易发展的重点领域，提出要巩固提升新闻服务、出版发行和版权服务、广播影视服务和文化服务等“核心层”文化贸易发展水平，加快发展文化创意、立体影视、新兴媒体、数字出版、动漫游戏、广告、下一代广播电视网等战略性新兴文化贸易领域。鼓励已有的国家级和市级文化产业园区开展对外文化贸易，支持有条件的文化企业在海外设立分支机构和营销网络。积极参与国家海外文化传播布局建设，推动新闻、信息、版权、产品、服务、企业、资本、品牌等“走出去”。

河北省文化产品出口的领域也不断扩大。随着对外开放的深入发展，河北省不断加强对国际文化市场的研究，充分考虑国外受众的认知方式、欣赏习惯和审美情趣，努力打

① 《山东申请试点建青岛自贸区，已呈报国务院》，引自南方周末官网，http://www.infzm.com/content/96775。

② 中国经济网：《首都文化贸易发展报告》（2013）发布 五大产业增长快速，http://www.ce.cn/culture/gd/201305/31/t20130531_24437817.shtml，2013 年 5 月 31 日。

③ 关于《关于促进天津市文化贸易发展的实施意见》的相关内容，引自《关于促进天津市文化贸易发展的实施意见》，天津文化产业网，http://www.tjwhcy.gov.cn/system/2013/10/16/011147006.shtml。

造适销对路的文化产品和服务，积极开展对外文化贸易，取得了良好的经济效益和社会效益。

经过近几年的培育，山东文化产品出口形成了乐器、印刷品、草柳编制品等优势领域；核心文化产品出口获得突破，文化遗产、印刷品、声像制品、视觉艺术品、视听媒介和特色文化产品等六大类13项产品均实现出口；视频游戏控制器及设备、刺绣、木雕制品、绘画等出口实现了迅速增长，但像电影、音像、动漫、网游等层次更高的文化服务出口几乎可以忽略不计。文化演出、艺术展览等文化服务在日本、韩国、美国、法国和俄罗斯等国家的影响日益扩大。

（三）培育新型文化贸易主体

除了政府和国有企业，北京市努力发掘民营企业作为文化贸易主体的力量。在对外贸易方面，民营企业的作用不可小觑。有越来越多的影视企业走出国门，在海外有着迅猛的发展。仅在2011—2012年度，北京就有18家企业、7个项目被评为国家文化出口重点企业和重点项目。为了鼓励更多企业走出国门，北京市广电局在2012年组织全市12家企业赴法国戛纳电视节参展，共展出电视剧31部、纪录片16部、动画电影1部，实现交易金额120万美元，达成合作项目金额320万美元，为历年之最。[①] 此外，网游行业龙头企业完美世界公司自2004年成立起，已在120多个国家和地区运营自主研发的游戏产品。北京四达时代通讯网络技术有限公司目前已在非洲14个国家注册成立公司，成为非洲最大的地面数字电视运营商。“中国知网”海外机构用户数已达1000余家，遍布38个国家和地区。[②]

2013年天津市出台的《关于促进天津市文化贸易发展的实施意见》[③]指出：要培育文化贸易主体，积极引进境内外各类机构、组织来津创办文化贸易企业，不断扩大天津市文化贸易企业的业务规模。积极鼓励和推动境外企业在天津设立服务贸易类公司，针对境外企业设立独立法人公司的，政府给予一定支持，并在税收等方面给以优惠；设立服务贸易企业总部、结算中心的，享受市政府关于设立总部的优惠政策。此外，天津市还参照商务部等国家部委联合制定的《文化产品和服务出口指导目录》，制定了《天津市文化出口重点企业和重点项目指导目录》，制定相应评价体系，对评选出的市级文化出口重点企业和重点项目予以政策扶持。

2014年，河北省发布的《保定市人民政府关于加快发展我市对外文化贸易的通知》也提出要壮大对外文化贸易主体。支持重点文化出口企业做大做强，培育竞争力强的外向型骨干文化企业，争取有更多的企业和项目进入国家级文化出口重点企业目录及重点项目目录。依托国家、省级文化产业园区（基地、集聚区）、文化创意基地和龙头文化企业

---

① 《首都文化贸易发展报告》(2013)发布 五大产业增长快速，http://www.ce.cn/culture/gd/201305/31/t20130531_24437817.shtml，2013年5月31日。

② 《北京市今年前10个月文化贸易继续保持高速增长》，http://www.gov.cn/gzdt/2012-12/22/content_2296297.htm，2012年12月22日。

③ 关于《关于促进天津市文化贸易发展的实施意见》的相关内容，引自天津文化产业网：《关于促进天津市文化贸易发展的实施意见》，http://www.tjwhcy.gov.cn/system/2013/10/16/011147006.shtml。

等，建设具有一定出口规模和出口潜力的对外文化贸易示范基地，推动各类文化贸易企业向基地集中，逐步提高规模化、集约化、专业化发展水平。①

近年来，山东省为加快文化产业发展，培育文化产业主体，先后出台了若干政策。2012 年 11 月，该省商务厅、省委宣传部、文化厅等部门联合出台了《山东省重点文化产品和服务出口企业认定管理暂行办法》。在相关政策文件的指引下，全省文化企业营业额过亿元的有 2102 家，100 亿以上的达到 19 家。截至目前，全省拥有 600 多家核心文化产品出口企业，61 家山东省重点文化产品和服务出口企业，15 家企业和 5 个项目入选《2013—2014 年度国家文化出口重点企业和重点项目目录》②，可谓文化贸易主体众多。

四、环渤海地区对外文化贸易发展问题与建议

近两年，为了方便文化贸易活动的开展，环渤海地区积极搭建了对外文化贸易平台，在国内外市场的需求推动下，丰富了文化产品进出口类型、拓宽了文化产品进出口领域，在文化体制改革的引领下，培育了新型文化贸易主体。不过，在这其中也存在一些问题，现将环渤海地区对外文化贸易发展过程中的问题和建议总结如下。

（一）文化贸易出口市场较为集中

近两年，环渤海地区对外文化贸易开展的领域逐年扩大，但是出口市场分布不均，主要集中在某些国家和地区。北京市核心文化产品进出口 95% 的份额来自欧洲、亚洲和北美洲市场，其中出口的 86.6%，进口的 99.6% 来自上述市场③。河北省当前文化产品和服务出口遍及世界 180 多个国家和地区。其中，以出口到欧盟、美国、日本、东盟、香港等国家和地区为主，对欧盟和美国出口约占 29.5% 和 26.9%，从文化产业外来投资格局看，香港、台湾、日本是河北省文化产业外来资本的主要来源④。山东省出口产品市场中，亚洲市场出口增速最高，进口则主要来源于美国、欧盟、日本等发达国家，造成该省和发达国家的文化贸易逆差⑤。针对这种情况，环渤海地区应当优化产业布局，合理整合资源，建立起多面向、立体化的文化贸易渠道，使该区域的文化贸易活动走向更多的国家和地区。

（二）文化贸易主体整体实力偏弱

在文化体制改革的引领下，环渤海地区也成立了一批以民营资本为主的文化企业，

---

① 《保定市人民政府关于加快发展我市对外文化贸易的通知》，保定市人民政府网，http://www.bd.gov.cn/content-402-41305.html，2014 年 8 月 14 日。

② 《山东加强文化贸易培训 推动文化贸易加快发展》，http://www.shdctp.com/index.php? m = content&c = index&a = show&catid = 8&id = 689，2014 年 7 月 16 日。

③ 北京市商务委员会服务贸易处：《北京文化贸易发展情况报告》，http: //tradeinservices. Mofcom. Gov. cn/local/2012-12-03/223188.shtml。

④ 沈德昌、黄娟：《河北省文化产业对外合作的现状及发展对策研究》，《燕山大学学报（哲学社会科学版）》2010 年 3 月。

⑤ 陈锐：《山东省文化贸易现状、制约因素及对策建议》，《价格月刊》2014 年 7 月。

这批企业成为该区域文化产业发展的主力军,同时也成为文化贸易活动的主体,但就目前看来,这些文化企业的规模普遍偏小、实力普遍偏弱。北京市缺乏国际知名的文化品牌和文化贸易企业,无论是扩大出口贸易额还是优化文化贸易结构,都缺乏一流的市场主体,同时,一流的市场主体缺乏也必然导致文化贸易逆差,最终影响北京市文化贸易的自我发展和国际竞争力的提升,导致本该成为世界城市建设正能力的文化贸易产业,反而成为受政策保护和财政补贴的弱势群体①。又如,虽然山东省也有像齐鲁传媒集团、山东演艺集团、山东影视传媒集团、山东出版集团等实力雄厚的国有大型文化企业,但在2012年,山东省核心文化产品出口额中86.6%的产品为鸿富锦精密电子(烟台)有限公司生产的视频游戏控制器及设备,这充分说明山东省缺乏具有国际竞争力的文化产品中第一层产品骨干主体企业②。河北省文化产业企业规模也较小,赢利能力有限。虽然目前已涌现出一批全国知名的文化企业,但从数量、规模、经济效益等方面来看,都与其他省市有一些差距。商务部、外交部、文化部、广电总局等四部门评选了2007—2008年度142所国家重点文化出口企业,河北省只有河北吴桥杂技文化经营集团公司一家企业入围③。针对这种情况,环渤海区域应当着力扶植大型文化集团,培育知名文化品牌,进而带动整个文化贸易产业的发展和国际竞争力的提升。

(三)文化贸易专业人才较为稀缺

近年来,环渤海地区对文化产业人才的培育呈现出蓬勃发展的良好态势,但是还没有最终形成融合文化、贸易、管理知识的跨专业复合型人才培养机制,因此,专门从事对外文化贸易的人才还较为稀缺。目前,全国高校中只有中国传媒大学、中国传媒大学南广学院、北京第二外国语学院等3所学校开设了国际文化贸易专业,而且招生规模很小。山东省则没有一所高校开设国际文化贸易专业,并且其他培养渠道比较少,规模和范围也比较小。文化贸易人才培养和山东省建设经济文化强省的战略目标严重不匹配,文化贸易人才严重缺乏,制约了山东文化产品和服务出口的效率与效益④。河北省文化产业人才大多数学历偏低,要么缺乏系统的专业理论知识,要么不熟悉国际规则和市场规律,缺乏经营管理知识,这是制约对外文化贸易发展的瓶颈之一⑤。针对这种情况,环渤海地区可以借鉴发达国家大型跨国文化公司通过全球遴选机制获得优秀文化贸易人才的经验,大力招揽优秀文化贸易领军人才落户,培养出大批可以引领企业参与国际竞争的对外文化贸易专业人才。

---

① 武晓荣、乔东亮:《世界城市背景下北京文化贸易现状分析与对策研究》,《北京联合大学学报(人文社会科学版)》2014年第3期。

② 陈锐:《山东省文化贸易现状、制约因素及对策建议》,《价格月刊》2014年7月。

③ 沈德昌、黄娟:《河北省文化产业对外合作的现状及发展对策研究》,《燕山大学学报(哲学社会科学版)》2010年3月。

④ 陈锐:《山东省文化贸易现状、制约因素及对策建议》,《价格月刊》2014年7月。

⑤ 沈德昌、黄娟:《河北省文化产业对外合作的现状及发展对策研究》,《燕山大学学报(哲学社会科学版)》2010年3月。

第2章

泛长三角地区对外文化贸易年度报告*

2014年3月,国务院发布《关于加快发展对外文化贸易的意见》,提出了2020年我国对外文化贸易的发展目标,意味着我国对外文化贸易发展进入新阶段。从长三角地区对外文化贸易发展情况来看,2012—2013年,对外文化贸易继续保持良好发展活力,文化贸易结构逐步优化,文化贸易市场更加活跃,文化产业"走出去"的能力进一步提高。特别是2013年中国(上海)自由贸易试验区正式揭牌,给长三角文化贸易发展带来新机遇,推动着长三角地区文化贸易制度创新的步伐与外向型骨干文化企业加速走进主流国际文化市场的步伐。根据最新统计数据,2012年,上海文化产品和服务进出口总额达168.8亿美元,同比增长3.7%;同时,上海自由贸易区的成立为上海文化贸易发展带来新契机,上海对外文化贸易继续保持顺差的良好发展态势。浙江文化产品与服务年出口总额保持高速增长,2006年至2012年,浙江省文化产品与服务累计出口规模实现137.27亿美元,位居全国第三,出口遍布世界180余个国家与地区。江苏省对外文化贸易规模实现突破,从2012年的数据来看,江苏文化产品与服务出口总额达到19亿美元,进入快速发展的新阶段。

* 解学芳,博士,同济大学人文学院文化产业系副教授,媒体产业研究所副所长,主要从事文化产业管理研究;臧志彭,博士,华东政法大学人文学院文化产业教研室,主要从事文化产业研究。

一、发展对外文化贸易的宏观环境

1. 文化产业稳健发展格局进一步提高了对外文化贸易的水平

2012—2013 年长三角文化产业发展进入高速增长期，为进一步提升对外文化贸易水平打下了坚实基础。

上海文化产业保持着良好的发展态势，2012 年，文化产业总营收突破四千亿大关，实现 4177.26 亿元；上海文化产业增加值实现 1247.00 亿元，比上年度增长 7.93%，具体见图 4-2-1。自 2006 年以来，上海文化产业增加值呈现稳健增长趋势，2012 年增加值涨幅稍有回落，但高于 2012 年上海 GDP 增速(7.5%)0.43 个百分点。此外，文化产业占 GDP 的比重呈现持续上升趋势，由 2011 年的 5.73% 提升至 2012 年的 6.18%；平均从业人员为 129.16 万人，同比增长 9.44%)。[①]

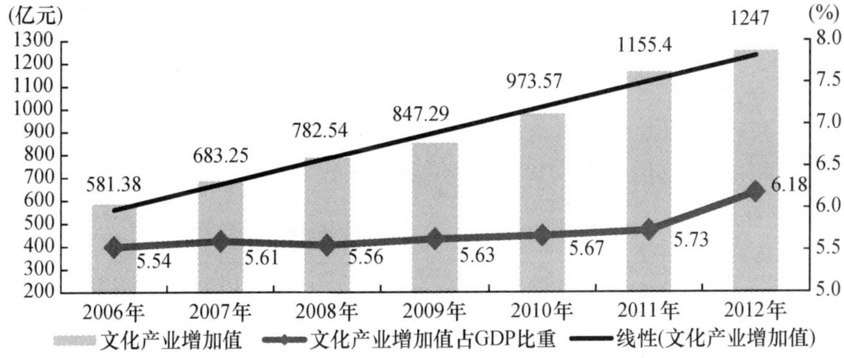

图 4-2-1 2008—2012 年文化产业增加值及占 GDP 比重

数据来源：根据历次公开发布数据进行统计整理。

浙江省文化产业发展迅速，根据统计局数据，2012 年浙江文化产业增加值实现 1581.72 亿元(具体见下表 4-2-1)，占 GDP 比重由 2010 年的 3.81% 提升至 4.56%，6 年来增长高达千亿元，其中，贡献增加值最多的门类是“文化用品的生产”，增加值为 460.62 亿元，约占总规模的 29.1%；从行业来看，互联网信息服务业发展迅速，2012 年实现增加值 218.79 亿元，占总规模达 13.8%；从区域来看，文化产业增加值规模最高的三个省市是杭州市、宁波市与金华市，实现增加值分别为 483.58 亿元、273.95 亿元和 162.88，杭州大约占总规模的 30% 以上。[②] 此外，浙江拥有各类文化企业 7 万多家，在新闻出版、广播影视、数字动漫、文化旅游等方面领跑全国，[③]为对外文化贸易活动开展打下了坚实的

---

① 上海市文化创意产业推进领导小组办公室：《2013 年上海文化创意产业发展报告》，2013 年 6 月 28 日。

② 浙江统计局：《2012 年浙江文化及相关产业增加值数据分析》，http://www.askci.com/news/201309/12/9293647.shtml，2013 年 9 月 12 日。

③ 冯源：《浙江文化产业年增加值已逾 1500 亿元》，http://www.zj.xinhuanet.com/finance/2013-08/16/c_116975685.htm，2013 年 8 月 16 日。

基础。

表 4-2-1　浙江文化及相关产业增加值情况（2010—2012 年）

项目/年度	2010	2011	2012
增加值（亿元）	1056.09	1290.01	1581.72
文化产品制造业	524.98	638.79	706.30
文化产品批零业	133.06	150.01	160.73
文化服务业	398.05	501.21	714.69
占 GDP 比重（%）	3.81	3.99	4.56

数据来源：浙江省统计局网站，2013-09-12。

江苏文化产业保持稳定发展的良好态势。据统计，2012 年，江苏文化产业（含个体经营户）实现增加值 2330 亿元，比上年增长 30%；增加值占地区生产总值的比重为 4.3%，比上年提升 0.61 个百分点，对国民经济增长贡献率不断攀升，其中文化产业法人单位完成增加值 2096.6 亿元，比上年增长 22.5%；在近 8 万家法人单位中，文化服务业 4.8 万家，占 59.6%，其贡献的增加值为 941.7 亿元，比上年增长 54.7%，占文化产业法人单位增加值的 45.1%，比重最高；其次是文化制造业有 1.9 万家，占 23.7%。[①] 此外，文化及相关行业机构共计 19170 个、比上年增加 1267 个，从业人员 154398 人、同比增加 23326 人，其中文化部门直属机构为 2347 个、从业人员 31533 人。[②] 具体见下表 4-2-2：

表 4-2-2　江苏省文化从业人员与机构数量

行业/数量	机构数（个）			从业人员数（人）		
	2012 年	2011 年	增减（%）	2012 年	2011 年	增减（%）
总计	19 170	17 903	7.1	154 398	131 072	17.8
文化及相关产业	19 168	17 901	7.1	154 375	131 048	17.8
艺术业	284	544	-47.8	11 918	12 425	-4.1
图书馆	111	112	-0.9	2 901	2 932	-1.1
群众文化服务	1 419	1 429	-0.7	6 775	6 557	3.3
其中：文化站	1 300	1 312	-0.9	4 770	4 567	4.4
艺术教育业	14	16	-12.5	870	892	-2.5
文化市场经营企业	16 564	15 074	9.9	89 877	82 485	9.0
文艺科研	10	11	-9.1	110	110	0.0
文物业	347	328	5.8	5 764	5 336	8.0
其他文化及相关产业	419	387	8.3	36 160	20 311	78.0
非文化及相关产业	2	2	0.0	23	24	-4.2

数据来源：江苏省文化厅：《2012 年江苏省文化产业增加值综合年报》，2013-09-30。

① 梁勇：《江苏省推进文化产业结构调整 发展优势凸显》，《经济日报》2013 年 8 月 30 日。

② 江苏统计局：《江苏文化产业快速发展的主要特征及动因浅析》，http://www.jssb.gov.cn/tjxxgk/tjfx/sjfx/201201/t20120105_24163.html，2012 年 1 月 5 日。

综上来看,长三角地区文化产业增加值逐年提升,文化产业发展有序,对GDP的贡献率也在逐渐提高;同时,为文化贸易区域的拓展与文化产品的"走出去"提供了基础。此外,长三角地区良好的制度环境与开放性的文化生态也推动着对外文化贸易的顺利开展。

2. 上海自由贸易区的成立为文化"走出去"带来新契机

2013年9月29日,上海自由贸易区正式揭牌给全国文化贸易发展带来新机遇。总的来看,上海自贸试验区内的国家对外文化基地聚集了上海文化产权交易所、星空卫视等在内的文化企业232家,注册资本规模达到35亿元,特别是自贸试验区挂牌后新增企业67家,新增注册资本为17亿元,[①]对长三角地区对外文化贸易的引领作用将逐步显现。

一方面,陆续出台了《中国(上海)自由贸易试验区总体方案》《中国人民银行关于金融支持中国(上海)自由贸易试验区建设的意见》《中国(上海)自由贸易试验区管理办法》《关于支持中国(上海)自由贸易试验区建设的若干意见》《中国(上海)自由贸易试验区管理办法》《关于中国(上海)自由贸易试验区有关进口税收政策的通知》等政策,有助于推进服务业扩大开放与投资管理体制改革,探索建立与国际投资和贸易规则体系相适应的新管理体系,开创了全新的、法治化与国际化的文化贸易环境。另一方面,《文化部关于实施中国(上海)自由贸易试验区文化市场管理政策的通知》出台,调整了文化市场政策,"允许在试验区内设立外资经营的演出经纪机构、演出场所经营单位、娱乐场所,允许外资企业在试验区内从事游戏游艺设备的生产和销售,通过文化主管部门内容审查的游戏游艺设备可面向国内市场销售",为推动文化产品与服务"走出去"与"引进来"提供了更加便利的条件。

具体来看,一是在金融与行政审批方面,尝试利率市场化、汇率自由汇兑,实施备案制取代审批制,降低了文化企业准入门槛,提高了运作效率;二是文化服务领域扩大了开放力度,允许试验区内设立外资经营的演出经纪机构、演出场所经营单位、娱乐场所,允许外资企业在试验区内从事游戏游艺设备的生产和销售,通过文化主管部门内容审查的游戏游艺设备可面向国内市场销售,从而加快了内外文化贸易一体化的发展[②];三是上海自贸区吸引了包括影视制作、演出经纪、出版发行等多领域的大批全球著名文化企业入驻,成立仅一个月时间就入驻了东方网、佳士得拍卖、华谊兄弟、中国图书进出口公司、东方明珠、百视通、盛大网络等各类文化企业150余家,新增注册资金总额超20多亿元;其中,外资拍卖行佳士得以1.53亿元人民币总成交额实现中国内地首拍,体现出自贸区艺术品交易的政策优势;[③]其中,上海国际艺术品交易中心,吸引了英国著名的翡翠画廊、香格纳画廊、白立方画廊等大批海内外知名艺术机构与艺术品交易机构进驻,估计2013年

① 文华:《文化部:推动建立文化走出去"上海新模式"》,《中国文化报》2014年6月9日第001版。
② 2013年9月30日,文化部发布《文化部关于实施中国(上海)自由贸易试验区文化市场管理政策的通知》。
③ 诸葛漪:《自贸试验区优势吸引佳士得拍卖等文化行业龙头前来抢先机》,《解放日报》2013年10月30日。

艺术品的进出口贸易额将达到80亿元。[①]

3. 文化政策的集中出台为提升文化贸易水平提供坚实保障

2012—2013年是"十二五"规划稳健实施最重要的两年,上海、浙江、江苏等地积极出台文化产业政策,文化产业发展进入快速轨道,文化产业政策对文化贸易的鼓励、扶持力度进一步提高。

上海围绕把上海建设成为国际文化大都市的战略做出积极举措。在相关政策方面:2013年实施了修订后的《上海市文化"走出去"专项扶持资金管理办法(试行)》和《上海市文化"走出去"专项扶持资金实施细则(试行)》,专项扶持资金划入"上海市文化'走出去'专项扶持资金"专门账户,实施统一管理,并启动了2013年度上海市文化"走出去"专项扶持资金项目申报工作,有助于提高资金利用率,推动更多的外向型文化企业走进主流国际文化市场;上海市文化广播影视管理局与上海市文物局编制了《2013年专项资金项目申报指南》,通过贷款贴息、资助、补贴与奖励等方式重点扶持本地优秀原创漫画、原创动画、原创动画电影与原创网络游戏产品,外向型民营院团与优秀原创剧目,原创网络剧与微电影等网络视听节目与优秀网络视听企业等为代表的八大行业。在动漫产业领域,发布了《上海加快动漫产业发展三年行动计划(2013—2015)》,积极建设由内容原创、市场营销与衍生授权构成的动漫产业链,力争到2015年上海动漫产业核心产值突破100亿元规模,使上海成为国内外优秀动漫作品的版权交易中心、市场推广中心与优秀动漫作品的首发、首播与首映中心。[②] 这些政策对扩大上海对外文化产品出口与服务贸易水平提供了制度保障。

浙江省对文化产业与对外文化贸易的重视程度在政策上得到进一步的体现。2013年9月,浙江省委省政府发布《关于进一步加快发展文化产业的若干意见》,从资金、税收、土地、金融、人才和组织等方面给予文化产业发展积极扶持,培育文化产业成为浙江省国民经济的支柱性产业,加速了从文化大省向文化强省迈进的步伐。在文化贸易政策方面,一是出台了全国首个《浙江省文化出口基地认定办法》,以培育与扶植文化出口企业为目标,积极认定了2013—2014年度浙江省文化出口重点企业和文化出口重点项目,重点认定公共服务平台、境外合作投资、传统文化(非物质文化遗产)与文创演艺四个领域。[③] 二是制定了《关于鼓励支持影视文化产品和服务走出去的意见》,鼓励与支持影视企业到境外参展、合作拍片,积极开展贸易往来,建立营销网点与资本投资等,为浙江省影视产品走进国际文化市场、扩大影视文化的影响力提供了有力的政策支撑。[④]

江苏省为加快振兴文化产业积极进行顶层制度安排。2012年9月颁布实施了《关于加快文化产品和服务出口的若干意见》,提出"培育一批具有国际竞争力的对外文化贸易企业和基地,打造一批具有浙江特色、符合国际市场需求的对外文化贸易重点项目,搭建

① 严言:《对外文化贸易——驶入自贸区建设"快车道"》,http://sh.people.com.cn/n/2014/0328/c134768-20883954.html,2014年3月28日。

② 《上海加快动漫产业发展三年行动计划(2013—2015)》,2013年7月11日发布。

③ 浙江省商务厅:《浙江省商务厅关于上报2013—2014年度浙江省文化出口重点企业和重点项目的通知》,2013年10月11日。

④ 浙商务联发(2012)42号,《关于鼓励支持影视文化产品和服务走出去的意见》。

一批有一定国际影响力的对外文化贸易平台，建设一批进入国际主流市场、符合文化产品和服务出口特点的对外营销网络，培养一批高素质的涉外文化专业人才”的目标，提出“加快培育对外文化贸易主体、加快发展对外文化贸易产业、积极打造文化贸易平台、加强文化产品和服务国际营销网络建设、营造文化出口发展良好环境”等主要任务，为加快浙江省对外文化贸易发展步伐、由对外文化交流大省向对外文化贸易强省转变提供了制度保障。① 此外，相关部门正在加大文化贸易政策的推进力度，出台文化贸易的相关财税政策，提升对外文化贸易企业金融服务和出口信用保险体系；特别是江苏省政府设立的文化产业引导资金评审资助制度，对一批文化出口重点门类、重点企业给予省级财政资金，累计支持31个优秀文化出口项目3560万元，涵盖演艺、动漫游戏、工艺美术、画材、节日礼品、版权输出等门类，不断提高了外向型文化企业的竞争力。②

4. 国际文化交流的影响力进一步提升，优化了对外文化贸易生态

上海国际性文化节庆成为文化展示与走进国际文化市场的重要平台。联合国教科文组织“创意城市”（上海）推进工作办公室和意大利佛罗伦萨市政府共同建设了“上海佛罗伦萨—中意设计交流中心”，上海设计之都的品牌影响力进一步提升。③ 2014年第17届上海国际电影节，国内外1808部影片报名参展，包括东方梦工厂、新加坡 MediaCorp、英国 ITV、墨西哥 Televisa、韩国文化产业振兴院等在内的400余家国内外重量级展商到场布展，收到24个国家253个项目报名，进一步提升了上海国际电影节的全球影响力。④ 2013年10月第十五届中国上海国际艺术节演出交易会来自38个国家与地区参会，中外各方达成255项合作意向，“走出去”项目115项、“引进来”项目意向82项，国内机构间合作项目达成意向58项，包括爱丁堡艺术节、墨尔本艺术节、维也纳艺术节等主流买家40余家，约占国外机构总量的40%。⑤ 此外，2013年上海设计之都活动周，以“设计智造梦想”为主题，在上海展览中心以及多个创意园区中推出30余场活动，推动着传统企业尝试利用创意设计实现蜕变，不断扩大了活动周的品牌效应并与世界接轨，进一步提升了本土文化品牌的国际知名度与在国际市场的影响力。

浙江对外文化交流活动与文化贸易活跃。2012年，浙江省港澳台文化交流项目775起、参与交流7280人次，其中引进交流项目662起、派出项目113起，同时“2012西班牙 · 中国浙江文化节”在西班牙马德里开幕；2012年4月第七届中国义乌文化产品交易博览会举办，吸引了117个国家与地区的9万多名境内外采购商参会，其中境外采购商5782人、境外贸易团队36个，实现展览成交额45.17亿元，同比增长11.2%。⑥ 浙江曲艺杂技总团的《墨荷 · 蹬伞》节目获得2012年第十届武汉国际杂技艺术节“黄鹤”金奖

① 浙江省政府办公厅：《关于加快文化产品和服务出口的若干意见》，浙政办发〔2012〕92号，2012年9月14日。

② 曹蕾：《江苏对外文化贸易提升的渠道是什么》，《群众》2013第10期。

③ 东方文创：《上海设计之都促进中心积极推进设计之都建设》，HTTP://sickish. eastday. com/c/20140115/u1a7887331. html，2014年1月15日。

④ 数据来自17届上海国际电影节主页，2014-06-23。

⑤ 李峥：《艺术节演出交易会闭幕，中外各方达成255项合作意向》，《解放日报》2013年10月23日。

⑥ 骆蔓：《浙江文化加快走出去步伐》，《中国文化报》2013年1月21日。

(武汉国际杂技艺术节是和摩洛哥蒙特卡洛国际马戏节、法国巴黎明日国际杂技节、中国吴桥杂技节齐名的四大国际杂技节),来自16个国家与地区29个节目参赛,是历届参赛节目中艺术水准最高的一次。[①] 与此同时,杭州以"工艺与民间艺术之都"加入联合国教科文组织"全球创意城市网络",加速了杭州文创产品走进国际文化市场的步伐。[②] 此外,2014年中国(义乌)文化产品交易会吸引人约109个国家与地区的9.4万名境内外专业采购商参会,外贸成交额实现30.12亿元;[③]中国(杭州)国际动漫节则汇聚美国迪斯尼、日本集英社、俄罗斯动漫协会等74个国家与地区的六百余家企业与机构参与,成交金额实现138.78亿元。[④]

江苏在亚洲市场积极开展外文化交流与文化贸易活动。2012年,南京设立首批44家南京对外文化交流基地与76名南京对外文化交流使者;而苏州成立首家苏州市对外文化交流驿站暨"情调苏州",为来自全世界不同地方的国际友人提供文化交流空间。[⑤] 2012年8月第九届中国(常州)国际动漫艺术周,有61万人次参与、项目总成交额突破50亿元,同比增长约30%;其"金恐龙奖"国际原创动漫作品大奖赛征集到参赛作品2200多部,是2011年的2.75倍,海外作品约占36%,涉及30余个国家与地区,[⑥]进一步搭建起对外文化交流与文化产品的展销平台,增加了对外文化贸易的渠道。

二、长三角地区对外文化贸易年度发展情况

1. 上海对外文化贸易发展状况

2012—2013年,上海对外文化贸易稳健发展、外向型文化企业数量持续增长,文化贸易结构趋向合理化。从公布的统计数据来看,2012年,上海文化产品和服务进出口总额达168.8亿美元,同比增长3.7%,其中,进口65.2亿美元,增长2.0%,出口103.6亿美元,增长4.8%,实现贸易顺差38.4亿美元。上海文化核心产品和服务进出口结构趋向合理化,进出口规模实现32.4亿美元,其中,进口9.5亿美元,出口22.8亿美元,增长了19.2%,实现贸易顺差13.3亿美元;与此同时,国家对外贸易基地集聚了120多家文化贸易企业,入驻企业注册资本达16.9亿元,贸易总规模实现17.2亿元。[⑦]

总的来看,上海文化产品和服务进出口规模稳健增长,由2010年的149.9亿美元增长到2012年168.8亿美元,增长速度由12.9%下降至3.7%,虽然增速放缓,但仍然保持贸易顺差的良好态势。同时,在传统文化产业领域与网络文化新领域培育了一批对外文

① 虞飞:《浙江曲艺杂技总团〈墨荷·蹬伞〉获国际金奖》,http://zjnews.zjol.com.cn/05zjnews/system/2012/11/02/018921348.shtml,2012年11月07。

② 张国亮:《杭州被联合国教科文组织定为"工艺与民间艺术之都"》,http://native.cnr.cn/city/201205/t20120515_509623912.shtml,2012年5月12日。

③ 许亚群:《第九届中国(义乌)文化产品交易会观察》,《中国文化报》2014年4月29日。

④ 张玉玲、李慧:《第六届"文化企业30强"名单发布》,《光明日报》2014年6月17日。

⑤ 徐丽丽:《情调驿站:苏州为对外文化交流搭建雅致空间》,《中国日报》2013年9月28日。

⑥ 王连文:《第九届中国(常州)国际动漫艺术周落幕》,《中国文化报》2012年8月28日。

⑦ 鲁哲:《2012年上海文化出口顺差达38.4亿元》,《新民晚报》2013年6月28日。

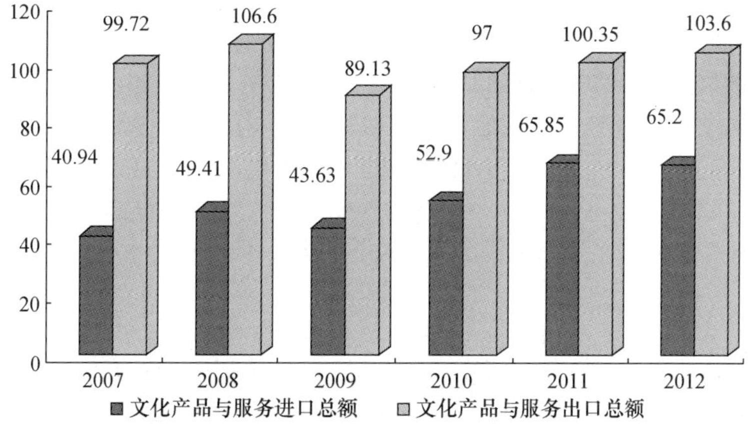

图 4-2-2　2007—2012 年上海文化产品与服务贸易进出口规模(单位:亿美元)

数据来源:《上海文化统计概览》,上海市统计局,2007—2013 年。

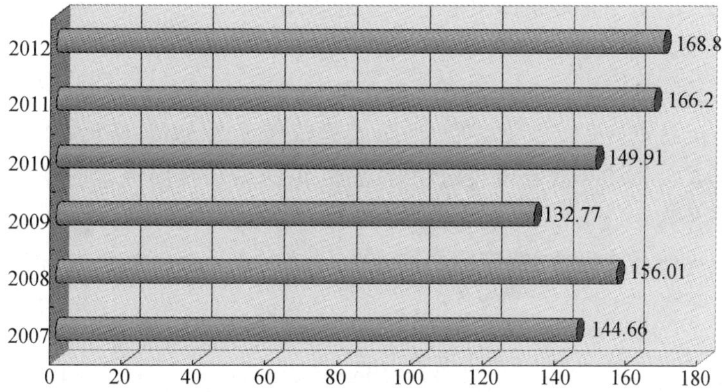

图 4-2-3　2007—2012 年上海文化产品与服务贸易变化情况(单位:亿美元)

数据来源:《上海文化统计概览》,上海市统计局,2007—2013 年。

化贸易品牌,文化企业"走出去"的能力提升。

2. *浙江对外文化贸易发展状况*

浙江对外文化贸易持续保持高速增长的态势,文化产品与服务出口遍布全球 180 余个国家和地区。从出口规模来看,2012 年,核心文化产品和服务进出口规模实现 40.29 亿美元,与 2011 年相比增长 108.2%;其中,核心文化产品进出口 32.25 亿美元,占全国核心文化产品出口的 11.75%;出口 31.83 亿美元,同比增长 8.8%,进口 0.42 亿美元,贸易顺差为 31.4 亿美元,主要出口市场面向美国、阿拉伯、尼日利亚等;其中,视觉艺术品出口 27.97 亿美元,出口规模占核心文化产品出口总额的 88.88%,比 2011 年同期增长 12.9%;从事核心文化产品和服务进出口实绩的文化企业已达 7588 家;从总的发展来看,2006 年至 2012 年,浙江省文化产品与服务累计出口规模实现 137.27 亿美元,位居全国第三,年均增幅达到13.77%。[①]

为了进一步推动文化产品和服务出口,浙江省商务厅、文化厅、广电局以及省新闻出版局联合研究认定了178项文化出口重点项目,形成了以华策影视、浙江华硕、中南卡通、翻翻动漫与玄机科技等为代表的重点外向型企业与以信息技术服务、影视动漫为主的对外文化贸易新增长点。其中,华策影视8000多小时的节目出口到世界90多个国家和地区,在2013年海外发行电视剧3242集,销售规模实现600万美元;[②]浙江华硕则主攻欧美、日韩、东南亚与非洲市场;中南卡通的原创作品也进入70余个国家和地区播映。[③]

3. 江苏对外文化贸易发展状况

江苏对外文化贸易进入发展的新阶段。从2012年的数据来看,江苏文化产品与服务出口总额达到19亿美元,出口地区涵盖美国、英国、日本、加拿大、俄罗斯、澳大利亚、法国、港澳台等80余个国家和地区,其中动漫类出口3.36亿美元,网络、手机游戏海外授权代理323万美元,工艺美术品出口9765万美元,艺术品类(包括绘画、乐器、节日礼品等)出口11亿美元,数字出版服务外包3.1亿美元,特别是艺术品业与专业文化产品(设备)业出口处于全国领先地位。[④]

此外,演艺品牌的国际影响力逐渐提升。2013年文化系统已转制院团赴境外商业演出169场次,观众总人次31.75万,演出收入折合成美元为59.5万元。

同时,江苏省文化厅与盐城市政府联合出品,由盐城杂技团演出的音乐杂技剧《猴·西游记》在美国林肯中心连演27场,并签约全球巡演400场,其创建的以"内容文化"为核心、以西方主流社会为受众、采用完全商演的新模式成为舞台艺术走出去的典范。[⑤]

三、长三角地区对外文化贸易发展特征

在政府引导和帮助下,长三角地区对外文化贸易积累了一定的经验,展现出良好的发展新态势与创新性做法。

1. 积极与国际文化产业集团开展合作,提高国际化运作水平

上海利用重点文化项目与国际知名文化企业积极开展合作。一是推进了东方梦工厂项目的建设。2013年8月,徐汇滨江的"东方梦工厂"总体设计方案已完成,并于年底开工建设,到2015年年底,首部原创动画电影《功夫熊猫3》将由美国梦工厂与东方梦工

① 葛慧君:《既要"走出去"更要"走进去"》,《光明日报》2014年5月15日。

② 陈汉辞:《文化服务贸易成浙江经济新亮点》,http://www.yicai.com/news/2014/05/3869983.html,2014年5月29日。

③ 《国际华语影视联播体引关注　领航浙江影视文化"走出去"》,http://www.chinadaily.com.cn/hqgj/jryw/2013-06-03/content_9211512.html,2013年6月3日。

④ 江苏文化厅:《江苏加快发展对外文化贸易,促进文化"走出去"》,http://www.jlwt.net/news.asp?id=11895,2013年12月17日。

⑤ 薛颖旦、董晨:《"苏版西游"赴美连演27场创纪录》,http://cul.jschina.com.cn/system/2013/08/09/018207226.shtml 2013年8月9日。

厂共同完成，到2017年，包含12个创意文化艺术场地，亚洲最顶尖的影视动画娱乐制作基地“东方梦工厂”将打造成上海面向全球的国际级“新地标”。[①] 二是落实了上大影视制作教育培训中心项目。2013年11月，上海大学与温哥华电影学院签订《上海大学与温哥华电影学院合作举办“上海温哥华电影学院协议书”》，开始积极汇聚优势影视文化资源，形成了协同发展的大格局——聚集上海大学电影学院、美术学院、上海温哥华电影学院等教育机构，影视制作技术平台、影视与艺术交流平台以及影视云智慧服务平台等三大平台，中国艺术研究院上海分院与中国社会科学院上海研究院两大研究机构和一个影视后期制作的文化科技创意产业园，力争建设成全球一流、亚洲最好，以影视后期制作为核心的人才培养、学术研究、艺术创作和文化创意产业为一体的综合基地。三是由华特迪士尼与上海申迪(集团)有限公司共建的迪士尼项目正在有序推进，2013年5月，上海迪士尼奇幻童话城堡开工，将是全球迪士尼乐园中最高最大的迪士尼城堡；同时，2014年6月，三大电信基础运营商正在快速推进园区通信网络的共建共享建设，标志着上海迪士尼园区无线通信建设实质性的启动，上海迪士尼乐园、两家主题酒店、零售餐饮娱乐区、休闲设施与人工湖等计划2015年底开园。[②]

浙江省也加快了国际文化品牌的引进过程。华硕国际组建新华博库美国有限公司，建成博库书城网上书店美国分站，并在纽约布鲁克林和曼哈顿开设中文实体书店。[③] 2014年3月，由宁波市演艺集团有限公司创作的、在美国纽约林肯艺术中心连演四场的舞剧《十里红妆・女儿梦》，积极进行国际化运作。一方面，邀请美国专家根据美国观众欣赏水平进行艺术加工，以符合美国文化市场需求；另一方面，与纽约公关公司合作，邀请纽约设计师根据美国观众偏好进行海报与宣传册页的设计，积极进行宣传与预营销造势，并在纽约市立大学皇后学院与亚洲文化协会开展两场讲座，带来演出前出票率达七成以及演出后“一票难求”的场面。[④]

江苏省通过开展文化领域的国际合作积极扩大江苏文化产品的海外竞争力与影响力。例如，江苏省演艺集团利用倪德伦公司丰富的全球剧场资源(借用上海国际文化影视集团与美国百老汇倪德伦公司共同出资组建的剧院管理公司)，整合优质资源，将更多百老汇经典剧目引入江苏，并学习百老汇的运作模式来包装本土文化经典，从生产源头介入提高江苏艺术产品在国际市场上的竞争力[⑤]。

与此同时，江苏省演艺集团以日本、比利时两家海外分公司为前沿阵地，通过国际化的推广与运营模式积极和国际演出市场对接，全力助推具有江苏本土特色的舞台艺术产品进入国际主流文化市场。[⑥]

---

① 吕春璐：《徐汇开建国际级文娱新地标 上海梦中心2017年落成》，http://sh.sina.com.cn/news/b/2014-03-21/080886730.html，2014年3月21日。

② 周思立：《他们被称为"幻想工程师" 走进上海迪士尼的 Model Team》，《新闻晨报》2013年8月20日。

③ 查志强：《对外文化贸易迎来“浙江时代”》，《浙江经济》2012年第2期。

④ 张进中：《“十里红妆”怎样扮成——宁波市实施文化走出去战略纪实》，《光明日报》2014年4月1日(第004版)。

⑤ 董晨：《文化交流转向文化贸易，百老汇经典源源入江苏》，《新华日报》2014年6月24日。

⑥ 江苏文化厅：《江苏加快发展对外文化贸易，促进文化“走出去”》，http://www.jlwt.net/news.asp? id = 11895，2013年12月17日。

2. 文化贸易与金融服务深度融合是长三角对外文化贸易的突出特色

上海积极引导金融机构对列入《国家文化出口重点企业名录》的外向型文化企业优先给予信贷支持,引导保险机构对列入《国家文化出口重点企业名录》的外向型文化企业提供保险计划、优惠的风险管理与完善的保险服务,例如,华人文化产业投资基金则不断加大投资力度,相继投资星空中国、人人网、东方梦工厂等,[①]为外向型文化企业提供完善的金融服务。与此同时,上海银行2012年度对文化产业贷款余额达到35.5亿元,计划2014年底达到50亿元;招行上海分行为百余家文化企业提供金融服务与信贷支持,累计融资规模超过10亿元;海通证券公司则设立上海文化产业股权投资基金,首期募集30亿元投资文化产业;交通银行则首发陶瓷文化主题卡,打造"瓷金融"品牌……[②]这些举措为提升文化贸易水平提供了资金保障。此外,2013年促进文化创意产业发展财政扶持资金为创意设计、现代服务、文化艺术、信息技术等领域246项平台项目与课题项目给予市级财政扶持,比上年度增长84.96%;[③]此外,上海文交所不断拓展文化产业战略合作的新领域,在2013年上海艺术博览会举办期间首次推出"上海虹桥T2公共艺术空间"项目,将国内外各类文化要素与社会资本对接,全力打造一个集展览、推广、交易为一体的多元化公共艺术平台。[④]

浙江积极从政策上鼓励金融与文化贸易的融合。一方面,进一步落实了《浙江省文化产业发展规划(2010—2015)》的"扩大文化对外贸易,鼓励文化产品和服务出口,鼓励重点文化出口企业积极开展跨国经营,积极引导社会资本投入文化出口领域"等主要任务。[⑤] 另一方面,银行与金融机构响应政策号召积极进行金融产品创新,加大对文化企业的金融支持力度。例如,中行浙江省分行积极支持文化产业、截至2013年末,与文化产业行业606家企业建立合作关系,对公贷款余额80.06亿元,并开发了国内第一个艺术品融资产品"西泠通宝",与省文化产业促进会、横店集团签署战略合作协议,承诺在未来5年内为浙江省文化产业提供不少于300亿元的意向性融资支持,未来三年为横店集团提供不超过50亿元的授信支持,加强了对文化产业的金融支持;[⑥]此外,浙江省积极扶持文化企业采用多元方式海外投资、开拓国际文化市场,立足于积极培育文化产品与服务贸易中介机构,加强与国际演艺、展览中介机构以及文化经纪合作,推动其以民间与商业的方式"走出去",形成以政府为引导、企业为主体、市场化运作为主要方式的对外文化贸易新格局。[⑦]

江苏加大金融部门对对外文化贸易企业的扶持力度。政府设立文化产业引导资金,

---

① 朱咏雷:《上海6.2% 助推上海创新转型》,《光明日报》2013年09月05日。

② 《上海银行业加大扶持力度,助力文化产业转型发展》,http://shcci.eastday.com/c/20140702/u1a8190890.html,2014年7月3日。

③ 王斌:《2013年上海市促进文化创意产业发展,财政扶持资金情况公示》,http://shcci.eastday.com/c/20131119/u1a7783770.html,2013年11月19日。

④ 崔斌、邹瑞玥:《上海文交所首推"上海虹桥T2公共艺术空间"》,http://www.chinanews.com/cul/2013/11-15/5509944.shtml,2013年11月15日。

⑤ 浙政发〔2011〕3号《浙江省文化产业发展规划(2010—2015)》,2011年2月16日。

⑥ 朱雪利:《中行浙江省分行助推文化产业发展》,《杭州日报》2014年4月16日。

⑦ 具体参见2012年9月发布的《浙江省文化发展"十二五"规划主要任务之五》。

对文化出口重点门类、重点企业与项目给予财政资金扶持，例如2012年对文化艺术服务、广播影视、出版发行与版权服务、动漫与网络文化等行业214个项目提供2.25亿元的文化产业引导资金，通过补贴、奖励与贴息等不同形式给予扶持。[①] 2013年，浙江47家文化企业获得1.7836亿元的中央文化产业发展专项资金，比上年增长203%，其中文化艺术类贴息项目14个，获贴息补助5510万元，位居全国第一位；有28家企业、6个项目入选国家文化出口重点企业和重点项目，名列全国前茅；省级文化产业引导资金投入2.09亿元，扶持了245个文化产业项目，带动项目总投资额达231亿元；同时，苏州成立了文化产业担保基金、创业投资基金，无锡成立了文化产业引导投资基金和中小企业投资基金，徐州落实了文化产业银企对接会，签订三年20亿元的文化产业融资合作协议。[②]

3. 文化贸易借助互联网开创了新的市场空间

一方面，积极利用互联网搭建贸易服务平台、利用网络优势走进国际文化市场。2014年3月1日，上海正式启用了“知识产权海关保护系统”，鼓励知识产权权利人通过互联网平台提交备案申请、备案续展申请、备案变更申请与备案注销申请等，无需向海关总署寄送纸面申请文件，降低了外向型企业的运营成本、提高了文化产品“走出去”的效率。[③] 与此同时，文化企业利用互联网拓展了国际贸易半径，例如，盛大游戏以韩国子公司Actoz Soft为中心展开手机游戏业务，并与全球著名的游戏Square Enix在手游领域进行战略合作，手机游戏《百万亚瑟王》在韩国与日本蝉联最佳手机游戏产品、APP Store综合排行榜第一名；网络视听企业PPTV开通YouTube平台，海外用户通过YouTube上的“PPTV CHANNEL”频道浏览PPTV提供的原创视频内容，与全球超过300家电视台、制作机构和媒体、广告代理公司建立了合作关系，PPTV移动视频累计月度用户实现1800万人次。[④]

另一方面，利用互联网构建起国际性对外文化贸易网络。阿里巴巴、全球速卖通、淘宝网、天猫商城等B2B、C2C电子商务运营平台，打造了一个联通国内、国际的文化产品与服务消费的电子商务平台，帮助文化企业快速“走出去”。例如，阿里巴巴国际交易市场作为全球领先的小企业电子商务平台，打造了一个以英语为基础、两国之间的跨界贸易平台，服务与帮助全球240余个国家与地区的小企业拓展海外市场；而2010年创立的全球速卖通(www.aliexpress.com)服务跨越220余个国家与地区，涵盖20余个产品类目，向全球消费者提供特色产品；根据Alexa公布的2013年的数据，淘宝网成为全球浏览量最高的20个网站之一，同时，超过70000个国际与本地品牌在天猫上开设官方旗舰店，涵盖书城、电器城、家装馆等垂直商城……可见，国际化的网络平台为多样性的文化产品在

① 于倩：《2012年度江苏省文化产业引导资金资助项目签约仪式在宁举行》，http://www.cnci.gov.cn/content/20121023/news_76414.shtml，2012年10月23日。

② 江苏省文化厅：《2013年工作总结和2014年工作要点》，http://www.jscnt.gov.cn/xxgk/xxkml/201402/t20140226_21789.htm，2014年2月24日。

③ 高敬、王希：《2013年外高桥保税区文化贸易基地贸易额达41亿元》，http://news.xinhuanet.com/2014-01/30/c_119193387.htm，2014年1月30日。

④ 《传PPTV以近8亿美元估值再获超2亿美元融资》，《证券时报网》，http://www.secutimes.com/，2013年10月21日。

国际市场的交易提供了条件。[①] 又如,浙江出版联合集团年版权输出和图书出口超500万美元,并与17家海外孔子学院合作建立了32个浙版图书专柜,在美国、欧洲、台湾等地设立博库书城网站分支机构,为海外读者提供60万种图书现货后台服务。[②] 此外,大众点评网覆盖全国2300多个城市,收录260万家商户,月均访问人数6400万、月均访问量达17亿多,开始积极布局移动互联网业务,成为三星Note3与智能手表的首批战略合作伙伴。[③]

4. 外向型文化企业的对外文化贸易能力进一步提升

长三角地区的龙头文化企业与大型文化企业开始积极开展对外文化贸易,推动本土文化品牌进入国际文化市场,文化贸易能力不断提升。

2012年5月,上海外高桥国家对外文化贸易基地发布三年行动计划,力争到2014年入驻企业数超过200家,贸易总额超过100亿元;提供服务的企业超过2000家,贸易总额超过1000亿元,进一步提升文化进出口贸易的服务质量,提升服务平台的辐射力。[④] 上海炫动卡通作为制作方将《秦时明月》搬上大银幕,首部3D华语武侠CG电影《秦时明月之龙腾万里》亮相2013年第九届中国国际动漫游戏博览会"星秀场";[⑤]新文化传媒集团,主要从事影视剧和电视栏目的制作、发行,2013年7月企业市值实现40亿,2013年1—9月份,营业总收入实现2.9417亿元,较去年同期增长13.62%,作为国家文化出口重点企业向海外输出500多部集影视剧作品;[⑥]此外,上海杂技团的原创大型杂技《十二生肖》由国外著名演出商全权委约,2013年11月14日赴欧洲商业巡演100场,在目前世界最大的流动剧场凤凰马戏大篷车进行全球首演,[⑦]开创了国内杂技商业演出的新模式。

浙江省在出版、动漫、影视、网络文化等领域出现了大批大型对外文化企业。2012年戛纳电视节上,以中南卡通为代表的8家杭州动漫企业拿到千万美元订单,在合作拍片、技术交流与衍生产品授权等方面展开合作,特别是中南卡通,积极打造动漫版权输出品牌,其原创作品进入70个国家与地区的播映系统,动漫出口则占到全国70%以上,2012年的动漫外汇收入高达750多万元,仅2012年戛纳电影节上,就达成230万元的合作意向,成为动漫"走出去"的领头羊。[⑧] 此外,玄机科技的《秦时明月》成功发行至37个国家和地区,并于2014年6月将《秦时明月》TV动漫未来五年的全球手游独家改编权授予畅游,展开战略合作;[⑨]浙江作协主席麦家的小说《解密》走进英美等35个国家,闯进亚马逊图书排行榜,《纽约时报》《华尔街日报》等30多家海外主流媒体给予报道;而浙江金华邮

---

① 数据来自对阿里巴巴网站资料的梳理与整理。

② 葛慧君:《既要"走出去"更要"走进去"》,《光明日报》2014年5月15日。

③ 姜虹:《大众点评成三星首批战略合作伙伴》,《中华工商时报》2013年9月10日。

④ 白瀛:《国家对外文化贸易基地力争2014年直接服务企业贸易额超百亿》,http://money.163.com/12/0529/18/82MM00UN00253B0H.html,2012年5月29日。

⑤ 朱筱丽:《首部3D华语武侠CG电影〈秦时明月〉亮相》,http://news.wenweipo.com/2013/07/14/NN1307140002.htm,2013年7月14日。

⑥ 数据来自《上海新文化传媒集团股份有限公司2013年度报告》,2014年3月。

⑦ 李峥:《上海杂技团〈十二生肖〉赴欧巡演 传播民俗文化》,《解放日报》2013年11月5日。

⑧ 苏唯谦:《中南卡通"走出去"纪实》,《中国文化报》2013年5月14日。

⑨ 《玄机科技授权〈秦时明月〉五年全球手游版权》,http://www.gm86.com/news/18910.html,2014年6月10日。

电工程公司在吉尔吉斯斯坦创办德隆电视台,开通中、英、俄、维等语种的118个频道,成为该国第二大有线电视频道运营商。①

在影视业,华策影视海外营销网络扩展到七十余个国家,2012年联合好莱坞制作机构,共同投资开发中国元素,搭建国际化企业孵化成长平台、华语产品传播交易平台,拓展了国际合作交流;与中东电视台签订合作协议,《金太郎的幸福生活》《媳妇的美好时代》以阿拉伯语在中东电视台播放,2013年海外发行收入实现600万美元,海外发行规模占全国的30%②;与此同时,2012年5月中国(浙江)影视产业国际合作实验区海宁基地成立,作为国内第一个影视产业国际合作的国家级实验区,基地全年译制出口影视剧、动画片3000部集,覆盖18个国家与地区,且2012年营业规模达5亿元。③

江苏省的演艺企业与动漫企业重视对外文化贸易,积极参与国际文化市场竞争。江苏演艺集团打造的昆曲、民乐已成为对外开展商演的拳头产品,如代表作昆剧《1699·桃花扇》、歌舞音画《茉莉花》先后荣获"国家文化出口重点项目"称号,在境外及港澳台地区拥有大批受众;江苏桃园家饰有限公司企业以手工编织与现代先进设备相结合制作的草编文化工艺墙纸、窗帘、屏风、地毯、装饰板、工艺饰品、纸浆、秸秆工艺画等千余品种的传统文化工艺品,销往20余个国际市场,并在莫斯科、迪拜、香港等国家与地区设销售公司,2012年创汇591.83万美元,2013年实现698万美元;苏州的蜗牛数字科技股份有限公司,作为我国最大的3D数字文化娱乐内容出口企业之一,已向全球发行了50多款不同版本虚拟数字产品,用户规模8500万,2012全年实现出口总额407.18万美元。④ 南京市杂技团的原创杂技剧《睡美人》将传统的杂技与生动的故事情节与爱情元素交融一起,实现海外收入近百万美元,并受阿根廷AMALWS公司邀请,在南美洲进行了为期一百场的商业巡演,成为江苏杂技"走出去"的成功代表。⑤

四、长三角地区对外文化贸易的发展趋势

总的来看,长三角地区对外文化贸易有序发展、结构性特点较为明显,特别是在演出贸易、出版贸易、影视贸易、游戏动漫贸易等方面增长稳健。当然,长三角文化企业对上海自贸区制度创新辐射的发展契机的利用还处于摸索阶段、文化品牌的国际文化市场影响力还不高、文化贸易政策的落实还存在诸多问题、文化产品出口内容与形式以及营销渠道还较为单一。鉴于此,下一阶段,围绕上海自贸区建设的契机,长三角地区要着力提升对外文化贸易水平,继续保持文化贸易顺差的良好态势,积极创新文化产品,提升文化

---

① 葛慧君:《既要"走出去" 更要"走进去"》,《光明日报》2014年5月15日。

② 刘乐平:《京交会上看"服贸"文化出口成为浙江经济一支强劲力量》,《浙江日报》2014年5月30日。

③ 吴楠:《浙江大学与海宁市携手 共建国际影视发展研究院》,http://www.chinanews.com/edu/2013/05-08/4799739.shtml,2013年5月8日。

④ 于倩:《江苏加快发展对外文化贸易 促进文化"走出去"》,http://www.ccdy.cn/xinwen/guanzhu/xinwen/201403/t20140318_891269.htm,2013年12月18日。

⑤ 顾星欣:《南京〈睡美人〉巡演南美》,《新华日报》2013年8月27日。

品牌的国际影响力,创新文化贸易政策,加大对文化贸易企业的扶持与引导,丰富文化产品与服务出口内容与类型,积极拓展文化贸易渠道,推动长三角地区对外文化贸易进入发展的新阶段。

1. 积极利用上海自贸区发展机遇,提升文化贸易的国际竞争力

抓住上海自贸区的建设契机,加快文化产业"走出去"的进程,提升文化产品在国际文化市场的影响力。积极利用自贸区带来制度创新的发展机遇,实现文化企业税收政策、外汇政策、出入境管理政策及其相关文化贸易政策的改革与创新,并搭建对外交流平台、文化产品进出口贸易平台、国际国内知名文化贸易企业集聚平台与文化产品展览展示推介平台,优化平台的服务功能,引导文化产业升级、拓展海外渠道、加大推进力度;同时,推动对外文化贸易服务平台与文化产业金融服务平台的衔接与配套,完善并落实金融服务文化产业的相关政策,积极探索无形文化资产贷款质押、担保质押等融资方式,为积极"走出去"的文化企业提供融资担保,扶持其做大做强。例如,在上海自贸区内建立的首个艺术品保税仓储交易中心,将艺术品通关流程从 7 天缩短到了 1 天,艺术品进境缴纳的保证金由交易中心代缴,避免缴纳 24% 的保存税费,大大降低了客户的运作成本并便利艺术品的再次交易,成为海关与金融融合的典型。① 此外,利用自贸区的开放契机,提高文化产业的国际化水平。充分利用上海自贸区的利好政策为优秀的文化出口企业与文化出口项目引入海外战略投资者,引导外来资本积极投入文化"走出去"项目,并借用其国际运作经验加快进入到主流国际文化市场的步伐。

2. 提升长三角文化品牌的国际影响力与知名度

积极打造知名文化品牌、提升长三角文化品牌在国际文化市场的影响力。第一,在引进国际知名文化品牌的同时积极打造本土特色文化品牌,分行业、分品类建立文化品牌库。长三角在本土文化品牌创建方面已形成成功经验,应进一步加快核心文化品牌的打造,扶持其走到主流国际文化市场,并鼓励其利用国际性文化博览会、国际影视节、国际演出交易会等平台,积极进行文化品牌的推介与营销。第二,在利用文化交流品牌扩大对外文化传播范围与提高国际传播能力的同时,重点支持外向型龙头文化企业打造适应国际文化市场的文化精品、积极开拓海外主流文化市场,提高文化企业的国际话语权与世界影响力。例如,上影集团、上海美术电影制片厂出品、制作的 3D 影院动画片《大闹天宫》荣获第 32 届夏威夷国际电影节的动画片杰出成就奖;上海木偶剧团的 3D 动漫木偶剧《八仙过海》获得第 21 届国际木偶皮影艺术节最高奖项"最佳剧目奖"。第三,政策鼓励、扶持创意与原创,对拥有自主知识产权、积极"走出去"的文化企业、文化项目、文化产品给予政策优惠,特别是对将文化品牌推向国际主流文化市场的企业给予专项资助,引导文化企业自主开发反映中华文化与时代精神、具有海外市场效益的文化品牌。第四,积极引导社会资本投入文化贸易领域,通过税收鼓励骨干文化企业积极开展对外投资,开展跨国文化生产合作、经营,建立海外出口基地,开发具有国际竞争力的文化名牌。例如,百视通新媒体股份有限公司与微软成立合资企业上海百家合信息技术发展有限公

---

① 涂鸣华:《中国(上海)自由贸易试验区文化产业政策解读》,《声屏世界》2014 年第 4 期。

司,致力于面向中国市场的家庭游戏娱乐中心的打造,积极引进全球一流技术、利用自贸区对游戏游艺设备的利好政策,加快了我国主流文化产品的产业化输出进程。[①]

3. 创新文化贸易政策,加大对文化贸易企业的扶持与引导

创新文化贸易政策,积极借鉴上海自贸区的做法,加大对文化贸易企业的制度支持与财税金融扶持:在准入方面,放松对市场主体准入的管制,尝试取消外资演出经纪机构的股比限制,允许设立外商独资演出经纪机构;允许举办中外合作的经营性教育培训机构与经营性职业技能培训机构;允许外资企业从事游戏游艺设备的生产与销售;允许设立外商独资的娱乐场所,鼓励国际知名文化企业进驻;试行注册资本认缴登记制,探索降低或者取消基地文化企业注册资本的限制(例如,尝试降低股份有限公司最低注册资本500万元的规定与股东(发起人)首次出资额及比例的规定),培育公平竞争的文化市场环境;尝试推行登记制,先让基地的文化企业获得主体资格,然后凭营业执照申请营业资格,解决审批难的问题,进一步降低文化市场主体准入门槛。[②] 在金融方面,在政策允许范围内,积极推进人民币资本项目可兑换,鼓励金融机构与支付机构展开合作,积极为跨境电子商务(文化产品贸易或文化服务贸易)提供人民币结算服务;深化国际贸易结算中心外汇管理改革,简化直接投资外汇登记手续,实现文化贸易投资的便利化。[③] 在税收方面,可借鉴上海自贸区的递延纳税政策;积极推进保税仓储政策,在基地内免除关税和进口环节的增值税,积极落实保税展示,取消暂时进出口保证金的缴纳。在管理服务方面,为基地的文化企业实施一站式服务,提高政府行政效能;积极探索和国际投资与贸易规则体系相适应的文化市场化服务方式,共同打造一个开放、公平、诚信、竞争、有序的文化市场环境。

4. 丰富文化贸易内容与类型,积极拓展文化贸易渠道

一方面,在网络时代,文化贸易渠道多元化成为可能。放眼国际,在2013年世界500强中的8家文化媒体类企业,以及联合国贸易和发展会议报告提到的全球20家大型视听企业,绝大部分来自欧美国家,如世界500强中的亚马逊公司(排名149位),营业收入610.93亿美元,其中电子书的销售额占图书销售规模的一半,但长三角地区文化企业利用互联网进行文化贸易的水平还相对较低。鉴于此,除了充分利用传统的对外文化贸易渠道,还要积极利用对外贸易的互联网平台,动态收集国际文化市场交易信息、文化贸易政策法规与文化版权税收等信息,建立基于现代信息技术的对外文化贸易信息服务平台,不断通过互联网平台拓展海外贸易渠道、扩展国际文化贸易半径;同时,文化企业需利用互联网及时了解、跟踪国际文化市场动态,认真调研国际文化市场需求情况,有针对性地选择性进入,提高文化产品和服务在国际文化市场的适应性。另一方面,对积极拓展文化贸易渠道的企业与组织给予财税扶持。例如,对于演艺产品的海外市场推广,应按海外演出场次提供相应补贴,降低“走出去”成本,提高演出收入;并对积极营运海外频道、海外书店、收购海外剧场、进行海外推广等市场行为给予担保服务或贷款贴息;对参

① 诸葛漪:《自贸试验区优势吸引佳士得拍卖等文化行业龙头前来抢先机》,《解放日报》2013年10月30日。
② 参见2013年10月1日实施的《中国(上海)自由贸易试验区管理办法》。
③ 参见2013年12月2日《中国人民银行关于金融支持中国(上海)自由贸易试验区建设的意见》。

与国际性音乐、设计、游戏、动漫、网络文化产品等展销会展活动、国际巡演的文化企业给予一定的资金支持;对积极出口核心文化产品与服务业务的文化企业给予税收优惠,特别是影视剧、电视栏目、网络文化产品及出版物(版权)等可以免征所得税;积极研究文化版权出口退税等出口政策,为拥有自主知识产权的文化企业成功"走出去"提供坚实的制度保障。此外,要构建文化服务贸易促进联盟,搭建长三角地区对外文化贸易信息资源共享平台,实现文化贸易渠道资源的整合与共享,为长三角外向型文化企业的"抱团出海"提供合作与区域联动的平台和协同机制,并配套文化经纪公司的运作,不断扩大海外文化市场规模。

第3章

泛珠三角地区对外文化贸易年度报告*

泛珠三角地区主要包括广东、湖南、福建、江西、贵州、海南和广西,是中国最早开放的地区,经济基础和市场环境良好,地理位置优越,毗邻港澳或沿海,为文化产业发展铺垫下良好的基础。为此,凭借自身独有的地理优势,泛珠三角地区以广东为核心,带动整个地区对外文化贸易发展,引领中国文化产业发展的风向标。广东和福建是泛珠三角经济圈的两大核心,2012 年至 2013 年期间,两省文化产品进出口保持在全国前三甲,其中广东两年持续保持在全国首位;湖南、江西文化贸易呈稳步发展;海南国际旅游岛的建设已初见成效,文化贸易发展有新的突破,快速与国际接轨;广西处于东盟经济圈,与东盟各国的经济交往日益密切,文化贸易发展迸发出新的活力;文化产业发展相对薄弱的贵州利用自身的民族特色文化资源积极探索出一条文化"走出去"的新路子。

一、泛珠三角地区对外文化贸易发展宏观环境

1. 文化产业基础发展良好

泛珠三角地区是中国文化产业发展特色突出、发展前景广阔的区域之一。文化产业已普遍被视为该区经济发展的新增长点。借助国家大政策的契机,文化产业发展成为整个泛珠三角地区战略新兴型产业。"文化大省""文化强省"广东成为领头羊,湖南和福建也表现出超强的实力,排在全国中上游水平,江西、海南、广西和贵州虽处于初级发展阶段,但在前者的带动下有很大的产业发展空间。2012 年我国文化产业增加值达 18071

* 秦晴,深圳大学文化产业研究院教育培训部副主任,助教。

亿元,占国内生产总值的比重为3.48%[①],整个泛珠三角地区文化产业增加值约为5897.5亿元[②],约占全国的三分之一。

表4-3-1 2012年泛珠三角地区文化产业增加值及占GDP比重

省份	文化产业增加值(亿元)	占GDP比重(%)
广东[③]	2706.5	4.74
湖南[④]	1175	5.2
福建[⑤]	10000	5.0
江西[⑥]	407.3	3.15
广西[⑦]	356.67	2.74
贵州[⑧]	152.03	2.22
海南[⑨]	100	/
小计	5897.5	/

2. 强有力的政策支持为文化贸易发展提供保障

泛珠三角地区文化产业发展正面临着政策大环境优化的千载难逢发展机遇。2012年、2013年两年间,各地出台文化产业规划和促进产业发展政策,为泛珠三角地区文化产业的发展注入了强大的动力,为文化产业建设带来新的发展机遇。文化产业已成为广东省重要产业和国民经济新的增长点,在经济社会发展中发挥着越来越重要的作用。2012年7月30日,广东省人民政府印发的《文化产业振兴规划(2011—2015年)》,拟定了"十二五"规划五年内广东文化产业的发展方向,提出优化文化产业结构、优化文化产业布局、完善现代文化市场体系和大力实施文化"走出去"战略四大主要任务。其中,大力实施文化"走出去"战略中提出积极培育外向型文化企业和构建国际文化营销网络两大发展重点策略。在2012年,福建省出台《福建省"十二五"文化改革发展专项规划》。2012年广西制订了《广西文化产业发展"十二五"规划实施总体方案》,并主动将文化产业发展纳入广西创新体系建设,起草《关于加快推进文化科技融合发展的实施方案》和《关于

① 数据来源:《2012年我国文化及相关产业法人单位增加值18071亿元》,中华人民共和国国家统计局官方网站(http://www.stats.gov.cn),2013年8月26日发布。

② 数据来源:根据表1数据测算而得。

③ 数据来源:《广东文化产业增加值占GDP4.74%,总量持续扩大》,光明网,2013年9月5日,http://culture.gmw.cn/2013-09/05/content_8807051.htm。

④ 数据来源:2013中国文化产业年度报告。

⑤ 数据来源:《福文化产业增加值突破千亿元》,中国在线,http://www.chinadaily.com.cn/dfpd/fj/2013-03/06/content_16285736.htm,2013年3月6日。

⑥ 数据来源:《2012年江西文化产业实现较快增长》,江西省统计局官方网页,http://www.jxstj.gov.cn/zh_cn/News.shtml? p5 = 3823071,2013年9月25日。

⑦ 数据来源:《2012年广西文化产业增加值比上年增长21.63%》,广西文化产业网,2013年12月17日,http://www.gxwht.gov.cn/whcy/news/2013/1217/index_zxzx/105626.htm。

⑧ 数据来源:《贵州文化创意:渐成产业结构调整催化剂》,《贵州政协报》网络版,2014年8月1日,http://www.gzzxb.com/pages/show.aspx? ID = 24D3377E-0F28-48B4-82A5-638EFFB8F598。

⑨ 数据来源:《海南2012年文化产业破100亿元 增幅居全国前列》,http://www.hinews.cn/news/system/2013/01/23/015385754.shtml,南海网,2013年1月23日。

培育20万创意创业人员的实施方案》等文件。2012年,江西省先后出台了《江西省委关于深化文化体制改革推动社会主义文化大发展大繁荣的实施意见)》、《江西省未来三年文化改革发展规划纲要(2013—2015年)》,对全省文化产业发展实施战略规划和顶层设计,注重优化产业发展布局,重点打造文化产业聚集区和重点企业;大力实施重大项目带动战略,重点推进了一批重大文化产业项目建设;重视民营文化产业发展,鼓励和支持社会资本投资;优化产业发展政策,优先保障文化产业项目用地;推进文化与科技、文化与旅游的融合,扩大文化消费,推动文化产品和服务出口等等。一系列强有力的措施,有力地推动了全省文化产业发展。2013年,江西发布的《关于加快文化创意产业若干政策措施》中指出,支持文化创意企业"走出去"。积极举办文化创意产业投资贸易推介活动,推动文化创意企业对外开拓市场。增加省级重点文化创意企业出口发展资金,对国家文化出口重点企业给予补助;对获得中国图书对外推广计划、文化著作翻译工程支持的作品单位和"国家输出版、引进版优秀图书奖"的单位给予奖励;对影视等原创产品输出给予奖励。

表4-3-2　2012年、2013年泛珠三角地区出台文化产业相关政策一览表

省份	2012年	2013年
广东	《文化产业振兴规划(2011—2015年)》	《广东省外经贸厅、广东省文化厅关于促进对外文化贸易发展的实施意见》《广东省文化厅关于文化创意产业园区(集聚区)的管理办法》《省文化厅关于进一步支持粤东西北地区文化发展的若干措施》
福建	《支持国际服务贸易发展专项资金使用管理办法》《关于推动文化产业对外开放若干政策》	/
湖南	《中共湖南省委关于贯彻党的十七届六中全会精神加快建设文化强省的意见》《湖南省"十二五"时期文化改革发展规划纲要》	/
江西	《江西省委关于深化文化体制改革推动社会主义文化大发展大繁荣的实施意见》《江西省未来三年文化改革发展规划纲要(2013—2015年)》	《关于加快文化创意产业若干政策措施》
广西	《广西文化产业发展"十二五"规划实施总体方案》《关于加快推进文化科技融合发展的实施方案》《关于培育20万创意创业人员的实施方案》	《关于鼓励和引导民间资本进入文化领域的实施意见》
海南	/	《海南省文化产业示范园区、基地评选命名管理办法》
贵州	/	/

二、泛珠三角地区对外文化贸易发展概况

1 广东省文化"走出去"成为全国范例

党的十八大对发展服务贸易作出重要决策部署,对外文化贸易是服务贸易的重要组成部分,也是促进广东省文化强省建设的重要内容。为此,广东大力实施文化"走出去"战略,推动文化产品和服务走向国际市场。2012 年至 2013 年,广东省积极探索和创新文化贸易的渠道、途径和方式方法,在强化粤港澳台文化贸易合作的同时,大力培育深圳华强文化科技集团、广东出版集团有限公司、广东奥飞动漫股份有限公司等外向型文化企业,着力打造中国(深圳)国际文化产业博览会、中国(东莞)国际影视动漫版权保护和贸易博览会等国际性文化会展,推动拓展海外文化市场。目前,广东形成了全方位、多层次、宽领域的文化贸易格局,文化出口覆盖 100 多个国家和地区,出口产品科技含量和附加值不断提高,国际竞争力和影响力不断增强。

(1) 文化出口领先全国。

广东是中国文化出口第一省。2012 年、2013 年持续两年名列全国首榜。2011 年广东出口文化产品 73.5 亿美元,增长 0.4%,占同期我国文化产品出口的 39.3%,为我国文化产品出口最大省份。①。2012 年广东核心文化产品进出口总额 116.7 亿美元,占全国的 42.6%;其中出口总额 113.1 亿美元,占全国的 43.6%。② 2013 年前三季度,广东出口文化产品 43.3 亿美元,较去年同期增长 4.8%。③

表 4-3-3 2011—2013 广东出口文化产品情况一览表

年份	出口额(亿美元)	占全国比重(%)
2011 年	73.5	39.3
2012 年	113.1	43.6
2013 年前三季度	43.3	/

2012 年,中国(深圳)国际文化产业博览交易会、中国(东莞)国际影视动漫版权保护和贸易博览会、广东国际广播影视博览会、中国(中山)国际游戏游艺博览交易会、广州国际艺术博览会等一批节庆会展向着国际化、专业化、品牌化方向发展,展会参与国家和地区增多,进一步打造国际文化会展品牌。广州艺术节国外参会机构达 268 个,广州国际纪录片节吸引了 56 个国家参加,广州国际艺术博览会有法国、美国、俄罗斯等 21 个国家 300 家艺术机构参展,国外参展机构占 35%。

① 数据来源:《回望 2011 文化走出去》,中华人民共和国文化部官方网站,http://www.mcprc.gov.cn,2012 年 1 月 16 日发布。

② 数据来源:《2013 上半年广东文化产品出口值达 23.3 亿美元》,中商情报网,http://www.askci.com,2013 年 7 月 31 日。

③ 数据来源:2013 年前三季度广东文化产品出口情况分析,海关统计,2014 年 1 月 18 日。

（2）对外文化交流兴盛。

广东省对外文化交流兴盛，成为促进广东文化繁荣发展的重要组成部分。2012 年，广东省对海外、港澳台地区双向文化交流共 738 批逾 1.2 万人次，该数据已连续多年位居全国各省首位。2012 年春节期间广东派出 38 批文艺团组，分赴英国、印度、巴拿马等 9 个国家和地区及香港、澳门特区开展“欢乐春节”活动，并组织艺术团参加“中泰一家亲”“中欧文化对话年”开幕式等专题演出。粤港澳文化合作近年来日益频密，三地自 2010 年签订《粤港澳文化交流合作示范点工作协议书》后，至今已确定了 32 个交流合作示范点，组织实施了 200 多个文化交流合作项目，2012 年粤港澳三方还议定了一批新的合作项目。而 2012 年广东首次独立组织大型文化团体赴台北举办“2012 两岸城市艺术节广东城市文化周”文化交流活动，使得广东在对台文化交流上取得新突破。2013 年三地将探索建立非物质文化遗产保护与传承交流合作平台，开展对外文化贸易服务，落实推进粤港澳服务贸易自由化的配套政策措施。同时，广东还加强与东盟国家文化交流，办好与新加坡、泰国、越南的交流项目，落实重大对外文化交流活动。

（3）特区深圳成为全国文化出口重要基地。

深圳外贸出口和文化出口位居全国前列。2012 年，据国家商务部统计，全国外贸出口额 20489 亿美元，深圳作为珠三角地区经济重镇，已是全球最重要的出入境口岸之一，全国 500 强超过 180 家在深圳投资兴办企业。2012 年深圳全市进出口额达到 4688 亿美元（其中出口 2713 亿美元），占全国进出口额比重 12%，其中深圳核心层文化产品出口达 43.3 亿美元，占全国的六分之一强，深圳现已成为我国对外文化贸易黄金口岸和中华文化“走出去”桥头堡。2013 年，深圳文化企业继续保持强劲的出口势头：华强集团出口动画片 68319 分钟，同比增长 20%，覆盖 100 多个国家和地区；前三季度，环球数码文化产品 2013 年出口额达 549 万美元，同比增长 30%；力嘉创意文化产业园出口额达 3 亿元人民币，增长 7%。①

2012—2013 年期间，深圳成功申请“国家对外文化贸易基地”成为两年文化贸易的重要大事记。2012 年 12 月，广东省政府向文化部正式行文，提出申请与文化部合作创建深圳国家对外文化贸易基地，并将基地创建正式列入 2013 年广东省政府重点督办工作。2013 年 12 月，广东省文化厅转发文化部批复文件（文外函[2013]1737）：同意将深圳报业集团在前海深港现代服务业合作区第九功能单元区的对外文化贸易服务平台（深圳创意信息港），命名为国家对外文化贸易基地。据悉，基地的创建思路，是采取“平台 + 园区”模式，以深圳市创意文化中心为基地运营机构，将基地八个专业服务平台、两大园区及集团内外文化产业服务资源链接起来，形成完整的文化贸易服务链。基地的创建围绕整个深圳都是国家对外文化贸易基地这一广义上的大范畴，将文博会、文交所、文化产业投资基金以及深圳的 54 个文化产业园区、基地都纳入到深圳国家对外文化贸易基地创建工作中。基地的运营采用“部省市合作”架构下的“平台 + 园区”模式，广义上的基地

---

① 数据来源：《回望 2011 文化走出去》，中华人民共和国文化部官方网站，http://www.mcprc.gov.cn，2012 年 1 月 16 日发布。

运营依靠文博会、文交所等9个平台加上深圳的54个现有园区(基地)以及将来增加的园区。狭义上的基地运营依靠一个市场化运营机构,这个运营机构主要运作一个核心平台和两个园区,即为文化产品从创意设计到国外销售提供全链条服务的对外文化贸易服务平台,以及深圳创意信息港、深圳保税文化贸易园。

深圳国家对外文化贸易基地通过打造华南文化进出口高端服务平台,辐射港澳、东南亚乃至全球文化市场,带动广东、泛珠三角文化产品和文化服务进出口。届时,深圳基地将发挥我国境外经贸代表机构的作用,积极与海外相关机构合作,举办文化创意产业投资贸易推介活动,推动企业开展国际间合作,引导、服务企业开拓国际市场。并将发挥毗邻香港地理位置优势,充分利用香港国际金融、贸易、航运中心的国际窗口优势条件,与香港商贸机构在创意产业和文化贸易方面密切合作。同时,充分利用深圳及前海优势,为深圳与国际其他城市文化企业提供全方位、高品质的服务。

2. 福建成为文化出口大省

中共十八大将文化产业作为国民经济支柱性产业,福建先后制定和出台了一系列推动文化产业发展、提高企业出口文化产品积极性的措施。同时,2012年以来福建省先后举办了海峡艺博会、版博会、文博会、茶博会、花博会等文化会展,通过积极挖掘会展内涵,吸引了众多海内外客商,为福建文化产品和企业走向国际市场疏通渠道、搭建平台。但是,产品结构不合理,中高端文化产品占比小,是当前福建省文化产品对外贸易的最大软肋。

(1) 文化贸易发展情况。

2012年福建省文化产品进出口额为19.53亿美元,比2011年增长44.4%,居全国第4位。海峡两岸文博会、图交会等文化经贸活动品牌影响不断扩大,海峡两岸文博会升级为国家级文化展会。①

厦门海关的统计数据显示,福建省2012全年累计出口文化产品20.1亿美元,比上年(下同)增长0.7%。10月份创下了4.9亿美元的单月历史最高纪录。② 私营企业是福建省文化产品出口的"主力军"。2012年,福建省私营企业出口文化产品14.2亿美元,增长2.9%,占70.6%。福建省文化产品主要出口至美国和欧盟,其中对美国出口6.8亿美元,对欧盟出口6亿美元,同比分别下降8.4%、15.3%,上述二者合计占出口总值的63.7%。此外,对拉丁美洲、东盟、非洲等新兴市场出口文化产品大幅增长,对上述三者分别出口1.6亿美元、1亿美元、0.9亿美元,增长65.1%、97.9%、1.5倍。视觉艺术品系主要出口产品。2012年,福建省出口视觉艺术品19亿美元,增长0.9%,占94.5%。同期,出口印刷品0.5亿美元,下降16.8%。

延续2012年以来文化产品出口增长迅速的态势,2013年1月福建文化产品出口达1.6亿美元,比2012年同期增长近二成,美国和欧盟成为主要出口市场。2013年上半年继续保持良好态势,出口额6.8亿美元,同比增长13.7%。文化产品出口正成福建省外

---

① 数据来源:《福文化产业增加值突破千亿元》,中国在线,http://www.chinadaily.com.cn/dfpd/fj/2013-03/06/content_16285736.htm,2013年3月6日。

② 数据来源:《2012年福建省文化产品出口突破20亿美元》,海关总署,2013年2月4日。

贸新亮点。据商务部业务统计，福建省文化、体育和娱乐业对外直接投资由2006年的76万美元增加至2013年的1.8亿美元，有效拓展了福建省文化贸易发展空间。

（2）政府积极推动文化“走出去”。

福建省文化产品出口快速增长，主要得益于政策扶持。2011年以来，福建省先后制定和出台了《福建省“十二五”文化改革发展专项规划》《关于进一步推动福建省文化产业发展若干政策》等一系列支持文化产业举措。2012年，福建先后出台《支持国际服务贸易发展专项资金使用管理办法》《关于推动文化产业对外开放若干政策》，对文化企业参加境内外的服务贸易专项展览会、洽谈会、对接会、研讨会，给予摊位费和参会费用的支持等。针对中高端文化产品出口占比较小的软肋，福建对相关领域的扶持力度也在逐渐加大。如优先扶持动漫游戏软件产品出口和承接服务外包，对入选国家重点文化出口企业、重点文化产业出口项目目录的企业和项目，优先给予信贷支持，帮助企业规避汇率风险等。福建还成立“福建省文化出口重点企业”评审专家小组和认定工作领导小组，积极开展“福建省文化出口重点企业”的认定工作，每两年开展一次认定工作。2012年11月底，省外经贸厅、省委宣传部等8家单位联合下发了《关于公布2012—2013年度福建省文化出口重点企业名单的通知》，全省共有网龙、锐达、闽兴等23家企业被认定为2012—2013年度福建省文化出口重点企业。

此外，厦门海关也积极采取通关便利措施，通过实行专人专审、担保验放等，快速办理通关手续，并开通咨询热线，主动协调通关问题。在促进文化产品出口的同时，海关积极服务文化展业发展，对文博会、图书交易会等实行“码头到展馆”的“直通车”监管，提供24小时驻会服务，有力促进了对外文化交流。厦门海关通过设立专项联络员等措施，指导私营企业用好国家政策，并主动上门宣讲自主知识产权海关保护政策，协助开展软件著作权等知识产权海关保护备案，帮助私营企业增强竞争力。

3. 江西文化贸易发展概况

近年来，江西省高度重视文化产品进出口工作，积极组织企业赴美、英、德、日等文化产业发达的国家参展、学习，对接国际市场，拓宽经营理念，推动企业扩大文化产品出口。核心文化产品主要包括文化遗产、印刷品（图书、报纸、期刊等）、音像制品、视觉艺术品（绘画、雕刻艺术品、烟花爆竹等）、视听媒介（摄影、电影等）以及其他（宣纸、毛笔、乐器）等六大类。江西省核心文化产品出口主要以视觉艺术品和印刷品为主。2013年一季度，江西省核心文化产品实现出口1.37亿美元，创历史同期最高，占全国核心文化产品出口总额的3.1%，同比增幅达540%，增幅居全国第二。

（1）扩大对外文化贸易。

近年来，江西挖掘本土地域文化资源，整合艺术陶瓷、杂技、歌舞以及民间艺术对外展演精品项目。中宣部、商务部、财政部、文化部等国家部委公布2011—2012年度国家文化出口重点企业名单，江西省共入选企业13家。江西杰峰印刷包装有限公司是省唯一专业生产高档纸袋的包装企业，年产纸袋3000万只，产品主要出口到日本、欧洲等地，2012年销售收入5000多万元，其中自营出口370万美元，上缴税收400多万元。

(2) 加强对外文化交流合作。

2012 年全年江西省对外及对港澳台文化交流项目 123 个,比上年增长 36.7%,文化交流出入境 2076 人次,比上年增长 88.9%。第九届中国(深圳)文博会,江西 132 家文化企业和单位、400 多个文化项目参会,实现现场交易额 4756.3 万元,同比增长 300% 以上。2013 年,江西省重点组织江西省第一次与文化部共同实施的部省对口合作计划——江西与埃及文化交流系列项目、景德镇瓷器展览和瓷艺展示项目参加 2013 年"第 28 届沙特杰纳第利亚民族遗产文化节"中国主宾国活动、省部合作主办的第九届"艺海流金——感悟瓷魂"大型港澳文化交流活动、省博物馆《千年瓷都》大型文物展赴台湾历史博物馆展出等活动,重点引进《英国美术 300 年》展览等一大批展演项目,并鼓励文化单位同国外文化机构进行项目合作。通过扩大文化对外交流活动,推动江西省优秀文化走出国门、走向世界,提升江西文化的国际影响力。

4. 湖南文化贸易保持稳步发展

正在探索和实践文化强省战略的湖南省从未停止"走出去"步伐。在 2012 年 1 月正式发布《中共湖南省委关于贯彻党的十七届六中全会精神加快建设文化强省的意见》中指出推动建设一批外向型文化企业,以出版物、影视节目、动漫、文艺演出、工艺美术等文化产品出口贸易为重点,积极开拓国际文化市场。2012—2013 年两年间,湖南通过搭建文化交流展示平台、打造外向型文化品牌、完善文化"走出去"配套政策等,把新闻出版、影视节目、文艺演出、动漫游戏、工艺美术等文化艺术推出国门,让世界充分领略湖湘文化的魅力。

(1) 对外文化贸易概况。

湖南文化资源丰富,除演艺湘军外,出版湘军、电视湘军、动漫湘军等也都走出了国门,当地也在积极培育具有"湖湘特色、中国风格、国际气派"的外向型文化品牌。湖南把文化"走出去"作为强省战略的重要方向,积极培育市场主体,拓展交易渠道,完善文化"走出去"配套政策,对外文化贸易保持较快增长。商务部数据显示,在全国文化进出口贸易普遍放缓的情况下,2013 年 1 月至 11 月,湖南核心文化产品进出口总额 6.11 亿美元,比 2012 年同期增长 49%;其中出口 5.97 亿美元,同比增长 46.6%。[①]

湖南涉及文化出口的企业有 200 多家,2013 年前 11 个月,湖南文化核心产品出口在全国排第 9 位,还有巨大的发展潜力。中南传媒等 18 家企业入选"国家文化出口重点企业",入选数量居中部地区第 2 位。

(2) 文化出口分类情况。

在影视方面,数据显示,2012 年,中南传媒等 17 家湘字号企业被评为"国家文化出口重点企业"。其中,中南传媒开辟欧美主流出版市场,全年输出版权 152 种;青苹果数据公司成为美国亚马逊公司亚洲合作伙伴;湖南卫视和香港电讯盈科、IDG 资本合作成立"天娱国际"。截至 2013 年,湖南卫视国际频道成功落地亚欧美等 76 个国家和地区,

---

① 数据来源:《18 家湘企入选国家文化出口重点企业》,2014 年 5 月 27 日,新浪湖南,http://www.txxs.cn/news/21_18874.html。

海外用户数突破500万,点击率和用户收视反馈数居国内省级媒体第一。

在动漫方面,2012年山猫卡通在美国、欧盟等10多个国家和地区注册了国际商标,"山猫吉咪"动画节目和衍生产品累计出口创汇超过4500万美元。2013年,山猫卡通原创动漫品牌"山猫吉咪"系列动画节目和衍生产品漂洋过海,出口71个国家及地区,累计出口创汇超过4500万美元。

在出版方面,2013年湖南出版对外贸易729项,同比增长15%,着力开辟欧美主流出版市场,输出版权156项。2013年天闻数媒数字教育产品进军海外市场。

在演艺方面,湖南演艺集团以杂技和歌舞为重点,2013年赴韩国、泰国等境外商演44场。2013年12月成立的湖南省演艺集团,就以杂技和歌舞为重点,加大境外演出市场营销力度,现已确定了奥地利、土耳其、泰国等10多个国家和地区的演出。此外,该集团已与美国亚洲文化传媒集团达成合作意向,推进双方的演出项目在中美文化市场运作。其中,湖南省演艺集团将策划编排一台中国传统杂技节目、一台表现中国传统服饰和传统礼仪文化的节目,到美国纽约、华盛顿、洛杉矶等地巡演。

在工艺美术品及制造业方面,湘绣湘瓷是湖南工艺美术的杰出代表,为了让其尽快走出湖南、扩大影响,实现真正的艺术价值和市场价值,湖南省于2013年6月在香港举办"湘绣湘瓷艺术精品展示拍卖活动",主办方从征集的350余件(套)湘绣、湘瓷作品中遴选出100个拍品赴港进行拍卖,成交率达69%,成交总额2600万元人民币。2012年伦敦奥运会上四分之三的烟花由浏阳制造。

(3) 完善"走出去"配套政策。

湖南加大政策扶持力度,明确文化产业的战略性新兴产业地位,出台了《关于贯彻党的十七届六中全会精神加快建设文化强省的意见》和《湖南十二五"时期文化改革发展规划纲要》,完成战略规划和文化"走出去"顶层设计,并明确文化"走出去"战略目标与重点。湖南省委宣传部联合省商务厅出台《关于鼓励和支持文化产品和服务出口的意见》,出口扶持文化出口的"十项措施",简化文化出口出境、结汇手续,保障文化出口享受货物出口的支持政策,完善金融,落实税收优惠。长沙海关与湖南省文化厅等单位签署合作备忘录,就支持湖南文化"走出去"推出指导文化企事业单位享受国家优惠政策、支持文化企事业单位适用便捷通关等6项新举措。湖南各文化主管部门也积极建立"走出去"扶持机制。湖南省文产办将文化"走出去"纳入省文化产业引导资金重点板块,切块安排扶持资金;湖南省新闻出版局筹备设立专项资金,对符合条件的出口项目予以奖励。

(4) 文化"走出去"与"请进来"

2013年湖南在台湾、澳门分别举办了文化"走出去"专题活动。在台湾举办"2013湖南两岸文化创意产业合作周"。在澳门组团参加首届"国际文化艺术交易会",展示文化艺术精品。同时,湖南还把悠久的湖湘文化推向国际舞台,吸取借鉴世界优秀文化成果,加强湖湘文化国际传播能力。"汉语桥"世界大学生中文比赛、张家界国际乡村音乐周、吉首(国际)苗鼓文化节、长沙橘洲国际音乐节、长沙(国际)动漫游戏展等一系列文化交流活动,架起了一座座湖湘文化融入国际、走向世界的桥梁。2013年《中国湖南》形象片在美国纽约时报广场"中国屏"播出;策划组织"行走中国·2013世界华文媒体高层湖南行”“两岸四地摄影家合拍大湘西24小时”“亚洲主流媒体湖湘行”等大型主题外宣活动;宣传报道汉语桥、香港企业湘西行、非洲英语国家新闻官员湖南行、中国湖南国际旅游节等重大经贸旅游文化活动;同时,2013年9月张家界国际乡村音乐周吸引了成千上万的中外游客驻足倾听。

“走出去”的同时,湖南还积极把国内外资本“请进来”,促进文化与资本融合,打造更多高端文化产品。该省不仅定期发布《湖南文化产业投融资项目》《湖南大湘西文化旅游投融资项目》等信息,还举办港商、台商、侨商大湘西行投资考察活动,让客商了解、关注、投资湖南。其中,2013年“中国侨商大湘西考察行”邀请了美国、加拿大等多个国家和地区的67位侨商组团对大湘西文化旅游产业专题投资考察,重点推介了66个文化旅游项目,部分项目已进入合作洽谈阶段。

5. 广西文化出口业务稳步增长

广西壮族自治区具有独特的区位优势。广西具有沿海、沿边、沿江的区位优势,同时处于我国大陆东、中、西三个地带的交会点,是华南经济圈、西南经济圈与东盟经济圈的结合部,是西南乃至西北地区最便捷的出海通道,也是联结粤港澳与西部地区的重要通道。广西文化产品出口业务增长快,但总体规模较小,存在文化产业在整体经济结构中的比重偏低、出口产品附加值偏低、创意人才培养有待加强等3大制约因素。在未来发展中,广西将以中国—东盟博览会为平台,推进广西文化企业与国外参展厂商的深入交流与长期合作,扩大广西文化产品的国际市场份额;在税收政策、投融资政策和出口方面对企业加强引导,加快文化产品和服务“走出去”的步伐。

(1) 广西文化出口概况。

据海关统计,2012年一季度广西文化产品出口总值2763.7万美元,增长90.8%,增长速度令人瞩目。一季度广西文化产品出口主要特点是:一般贸易占据主导地位,一季度以一般贸易方式出口文化产品2460.1万美元,增长81.5%,占同期广西文化产品出口总值的89%;私营企业出口成倍增长,一季度私营企业出口文化产品2031.9万美元,增长1.2倍,占同期广西文化产品出口总值的73.5%;视觉艺术品为最主要出口品种,一季度广西出口视觉艺术品2386.2万美元,增长75.2%,占同期广西文化产品出口总值的86.3%。[①]

2013年广西文化产品出口情况为:视觉艺术品出口6945.7万元,占文化产品出口总值的87%。其中,烟花、爆竹出口4317.8万元,其他主要出口产品则是雕塑品及刺绣品为主的视觉艺术品。而图书、影视作品等精神文化产品出口所占比重不高。同时,进口在广西文化产品进出口中所占的比例也极小,不到1%,广西与东盟国家之间的文化产品进口比例则更小。广西出版传媒集团由单一的版权贸易延伸到资本输出、产品落地、管理输出,最新动作是在越南筹建印刷包装企业。

---

① 数据来源:《广西一季度亮点数据:文化产品出口增长90.8%》,广西壮族自治区人民政府门户网站(www.gxzf.gov.cn),http://www.gxzf.gov.cn/zjgx/jrgx/201205/t20120502_411643.htm,2012-05-02。

（2）东盟成为广西文化出口重地。

2013 年全年，东盟作为广西文化产品的第二大进出口贸易伙伴，广西对东盟文化产品进出口同比增长 91.2%。[①] 广西的文化产品与东盟国家在双向交流的力度上，仍大有潜力可挖。以图书的进出口为例，版权贸易是主打产品。据广西新闻出版广电局对外合作处负责人古里平介绍，东盟一直以来都是广西出版业的版权贸易重点地区。截至目前，广西已有 100 多种版权输出，涉及语言、汉语学习、教材教辅、幼儿读物、科普、文化、文学小说等领域。进口方面，则引进了一批泰国图书约一万多册，供广西各大高校学习泰语和泰国文化。另外，这几年，广西的电子书在著名的美国苹果应用商城上吸引了不少东盟国家的眼球，招揽了不少订单。但这些只是触及了广西与东盟版权市场的"冰山一角"。南宁海关数据表明，2013 年一季度，在我区对东盟文化产品进出口的 3002.7 万元中，对越南进出口 2661 万元，同比增长 19.5%。越南以外的其他东盟国家进出口值占比仍然较低。除了越南，其他东盟国家对中国民族音乐、传统服饰和绘画作品等也有着浓厚兴趣，它们各具特色的民族文化也颇具吸引力。广西与这些国家的合作潜力无限。

2012 年 6 月 27 日，总投资将达 150 亿元的中国东盟创意乐园（锦园）项目启动，另外已立项的中国—东盟文化产品物流园，建成后将实现集图书仓储物流、文化产品贸易、对外翻译服务、咨询中介、版权贸易及物流、商流、信息流为一体的贸易平台和中国文化产品走向东盟的"桥头堡"。

6. 海南文化出口业务稳步增长

2012 年海南省涉外商演共 142 项（含 132 进口，10 项出口），其中《三分天下》《战国争霸》等网络游戏和《火凤凰》《槟榔・古韵》等演艺产品出口创汇达 3473 万元，同比增长 57%。[②]

2013 年，海南致力打造国际文化交流平台，共审批审核全省对外文化交流和营业性演展 124 项，851 人次。组织海南女子爱乐合唱团等相关单位和人员参加 2013 年加拿大海南文化节暨旅;游文化推介周活动，在新加坡举办了民族歌舞表演、民俗手工艺展、旅游和非物质文化遗产图片展等 6 项演展，新加坡总统和总理等政要以及逾 10 万民众前往活动现场参观，受到了新加坡各界和中国驻新加坡使馆的高度评价。

海南拓展优良的自然条件，努力打造在国际、国内更有市场吸引力、市场竞争力的体育盛事，目前已有亚洲自行车大赛、高尔夫赛、环球帆船赛、世界冲浪邀请赛等大型赛事在海南成功举办。2013 年海南省将推动一批文化体育产业项目落地，开工建设三亚国家级跳水训练基地、三亚红沙疍家文化湾和保亭飞碟谷（飞碟训练基地）、启动澄迈水上运动基地、国际职业拳击赛子基地、文昌国际文化交流中心，国家艺术研究院三亚基地项目的规划建设。

---

① 数据来源：《一季度广西对东盟文化产品进出口 3002.7 万元》，《广西日报》2014 年 5 月 21 日。

② 数据来源：海南省文化厅官方网页：我省对外文化交流合作向纵深发展，http://wtt.hainan.gov.cn/swtt/zxdt/wtdt/zh/201301/t20130115_878124.html，2013 年 1 月 15 日。

7. 贵州文化走出去探索出新路

贵州旅游文化资源丰富,文化产业已经成为该省经济发展的重要力量。在文化出口方面,走出了一条民族发展的特色道路。目前,全省积极实施"走出去""引进来"等开放带动战略。

"贵州制造"文化精品创作生产取得突破,影视行业异军突起,《天地文通》《天蝉地傩》等10多部舞台剧精彩亮相国内外舞台。《多彩贵州风》与《云南映象》《印象刘三姐》并称为"西南三部曲",被文化部等评为"2012国家文化出口重点项目"。《多彩贵州风》短短几年间,已在29个国内大中城市巡演,出访了美国、加拿大、俄罗斯、英国、印度、韩国和马来西亚等数十个国家和地区。

三、文化贸易发展焦点

1. 视觉艺术品、印刷品、演艺等传统产业为主要出口产品

泛珠三角地区对外文化贸易中,主要以视觉艺术品、印刷品、演艺等传统产业为主要出口产品。广东省和福建省均是文化产品和设备制造业出口大省,在全国优势明显。广东是全国最大的印刷产品出口基地,1035家印刷企业承印世界60多个国家和地区的印刷品,年出口额450亿元。视觉艺术品为福建省主要出口商品,2012年,福建省出口视觉艺术品19亿美元,增长0.9%,占94.5%。同期,出口印刷品0.5亿美元,下降16.8%。江西省核心文化产品出口主要以视觉艺术品和印刷品为主,广西也以视觉艺术品为最主要出口品种。贵州、海南主要的出口产品则为演出。

2. 文博会的影响力逐年提升

作为中国文化产业第一展,中国(深圳)国际文化产业博览交易会成为我国文化产业发展的一个重要风向标和文化贸易的窗口。

表4-3-4　2011—2013年中国深圳(国际)文化产业博览交易会　(单位:亿元)

年份	交易额	同比增加值(%)
2011年	124.11	8.81
2012年	115.22	-7.16↓
2013年	123.82	6.95

资料来源:根据深圳国际文化产业博览会官方网页(http://www.cnicif.com)整理而成。

从表4-3-4我们可以看出,作为我国文化贸易出口的风向标,2012年文化出口出现了下滑的趋势,2013年又明显好转。2011年第五届深圳国际文化产业博览会文化出口交易额为124.11亿元,而在2012年下滑到115.22亿元,2013年文化出口交易额转变为增长趋势,达到了123.82亿元,基本上回到2011年的水平。

表 4-3-5　2011—2013 年中国深圳(国际)文化产业博览交易会参观人数及国家统计

时间	国内专业观众(单位:万人次)	海外专业观众(单位:万人次)	涵盖国家和地区
2011 年	50.17	10.72	89
2012 年	62.71(↑24.77%)	13.15(↑22.677%)	93
2013 年	89.83(↑9.52%)	16.20(↑11.57%)	95

资料来源:根据深圳国际文化产业博览会官方网页(http://www.cnicif.com)整理而成。

从表 4-3-5 我们可以看出,文博会的海外专业观众人数及参加国家和其地区的数量呈逐年上升趋势,尤其在 2012 年,参与深圳文博会的海外专业观众较上一届增长了 22.67%。这证明了深圳文博会的影响力在逐年扩大,给深圳文化出口带来了重要的推动作用。

3. 文化科技含量增大

文化科技融合,使得文化出口科技含量增大,成为泛珠三角地区文化外贸出口的一大新亮点。近年来,以数字技术为载体的新型文化业态,如网络游戏、数字出版、数字视听等文化产品的出口比例增加。以湖南为例,影视动漫成为文化出口的趋势,截至 2013 年,湖南卫视国际频道成功落地亚欧美等 76 个国家和地区,海外用户数突破 500 万,点击率和用户收视反馈数居国内省级媒体第一,山猫卡通原创动漫品牌"山猫吉咪"系列动画节目和衍生产品出口 71 个国家及地区,累计出口创汇超过 4500 万美元。以深圳为例,据深圳海关统计,2012 年前 7 个月,深圳累计外贸进出口 2501 亿美元,增长 6.1%。其中,科技含量高的机电产品出口 1030 亿美元,占全市出口总值的 70.2%。作为最大出口品种的自动数据处理设备及其部件保持较快增长,为 208.4 亿美元,增长 17%;文化产品出口攀上 10.6 亿美元,同比增长 25.1%。深圳企业第七大道的游戏已经出口到 140 多个国家和地区。

四、问题与对策

总体来说,泛珠三角地区对外文化贸易近年来得到较快发展,出现很多亮点,但仍然处在加快发展和提升层次阶段,亟需解决"大而不强"的问题。

为此,在未来的发展中,发展文化贸易要注意以下几点:

1. 加快产品升级及附加值

泛珠三角地区文化出口仍以印刷品以及文化设备产品等硬件设备为主,大部分产品科技含量低、附加值低,市场竞争力不强,还没有能够吸引人的、占领国际市场的文化产品。泛珠三角地区文化产品生产应有针对性地深度发掘贸易伙伴对泛珠三角文化产品关注和喜爱的门类,丰富产品类别,优化商品结构,力争拓宽市场,以文化特色鲜明、质量过硬、创意鲜明等的文化创意产品吸引海外的目光。为此,应充分挖掘和展示中华文化、泛珠三角文化的独特魅力,贴近国外受众文化需求和消费习惯,增强文化产品和服务的表现力和吸引力,形成核心竞争力强、附加值高的国际知名品牌。此外,文化出口企业应该利用新型能源及材料,加快产品升级换代以提升产品附加值,尤其以印刷、玩具等传统的制造业为重点。随着人力成本的提高,企业尽量扩大机械手在生产线的应用,在节能减排上下功夫以压缩生产成本,如塑胶玩具企业的注塑机在采取新工艺后,能耗下降30%以上。

2. 建立国际品牌营销

泛珠三角地区文化企业由于海外市场营销渠道有限,难以进入海外主流市场,为此,建立国际品牌营销显得尤为重要。深圳网游出口的重要企业第七大道成功走出一条国际营销之路值得文化出口企业学习。第七大道有一个庞大的海外运营团队,会根据不同国家、不同文化背景的玩家需求,对游戏进行本地化调优,并且在游戏的运营活动方面,也充分迎合各地玩家的需求和喜好。第七大道的新业务——全方位的海外代理服务,第七大道将利用其丰富的海外经验,将其他研发商的优质产品进行本地化调优之后打入国际市场,促进国产游戏在海外影响力的扩大,真正起到旗舰作用。第七大道拥有目前中国游戏企业中最庞大的海外发行网络,除了北美、东南亚以及一些主要欧洲国家之外,也在南美、中东、俄罗斯等地进行了拓荒式的市场拓展,这可能成为中国十几年游戏史上最大规模的一次海外扩张。

在未来的发展中,泛珠三角地区应充分发挥边疆省份优势,构筑"文化走出去"高地,助推文化走出去。广东、福建、广西、海南均为我国重要的边疆省份,其中广东省毗邻香港澳门,福建毗邻台湾,广西、海南毗邻东南亚国家。为此,要充分发挥地缘优势,充分利用便利条件,加强与周边国家和地区的文化合作与贸易。如以广西为例,建立广西—东盟文化交流和出口信息库和数据库等,借以推动广西和全国的文化企业与东盟双向投资、贸易,促进文化走向东盟,发挥广西面向东盟的优势,拓展文化交流的内容形式,用好"广西文化舟"、经贸文化合作论坛等渠道和平台,推动中华文化走向东盟、走向世界。而海南要充分发挥国际岛建设、博鳌论坛等优势,力推文化贸易。而在助推"文化走出去"的过程中,要更多地依靠市场和企业的力量,完善支持文化产品和文化服务走出去政策措施,推动泛珠三角地区文化拳头产品走出去。通过旅游、出版、电影电视、音像、网络、演艺娱乐、文化用品、文化信息传输、文博会展、传统艺术等方面的产业链接,形成品牌集合群,努力扩大在周边国家文化市场的份额,为提升我国文化产品和文化服务出口能力和水平闯出一条新路。

第4章

沿边及内陆地区对外文化贸易年度报告*

一、区域宏观环境

按照本文的划分标准,沿边地区包括辽宁、吉林、黑龙江、西藏、新疆、内蒙古6个省区,内陆地区包括陕西、四川、重庆、甘肃、青海、宁夏、山西、河南8个省区。沿边及内陆地区作为我国行政区域的主体,承载着全国大多数的人口、经济和文化资源,这些为发展文化产业提供了巨大的潜力。具体说来,可从区域的经济状况、居民生活状况、文化产业基础与发展状况三个方面来探讨沿边及内陆地区对外文化贸易的发展环境。

(一)区域经济概况

由表4-4-1可以看到2013年沿边地区经济状况。沿边各省区既包括传统的东部地区,也包括中、西部地区,它们之间的经济总量和增长速度、人均生产总值和增长速度以及第三产业状况都存在较大的差距。按三次产业划分标准,文化产业属于第三产业的范畴。因此,各地区第三产业发展状况对文化产业及文化贸易的发展会的直接的影响。

---

* 本文撰稿:王铁山,经济学博士,西安工程大学管理学院高级经济师,西安工业大学经济管理学院特聘教授,陕西省经济文化合作促进会副会长兼秘书长;贾莹,西安工程大学管理学院硕士研究生。

本文是陕西省科技计划项目软科学项目(2014KRM25)、陕西省教育厅专项科研计划项目(2013JK0112)、西安工程大学哲学社会科学研究项目(2013ZXSK24)、西安工程大学博士科研启动基金资助项目(BS1423)阶段性成果。

表 4-4-1　沿边地区 2013 年经济概况

省区	生产总值		人均生产总值		第三产业增加值		
	数量（亿元）	增长率（%）	数量（元）	增长率（%）	数量（亿元）	增长率（%）	占比（%）
辽宁	27077.7	8.7	61686	8.6	10486.6	9.2	38.7
吉林	12981.5	8.3	47191	8.2	4613.9	8.7	35.6
黑龙江	14382.9	8.0	37509.3	7.9	5947.9	10.4	41.4
西藏	807.7	12.1	26068	10.5	427.9	8.7	53.0
新疆	8510.0	11.1	37847	9.7	3080	10.3	36.2
内蒙古	16832.4	9.0	67498	8.7	6148.8	7.1	36.5

资料来源：根据各省、自治区和直辖市 2013 年国民经济和社会发展统计公报整理。

由表 4-4-2 可以看到 2013 年内陆地区经济状况。内陆各省区都分布在传统的中部和西部地区，它们之间的经济总量和增长速度、人均生产总值和增长速度以及第三产业状况也存在着差距，各地区第三产业在当地经济结构中所占比例都处于相近的水平。这表明，它们在文化产业及文化贸易的发展水平上也可能会有较大的相似性。

表 4-4-2　内陆地区 2013 年经济概况

省区	生产总值		人均生产总值		第三产业增加值		
	数量（亿元）	增长率（%）	数量（元）	增长率（%）	数量（亿元）	增长率（%）	占比（%）
陕西	16045.2	11.0	42692	10.6	5607.5	9.9	35.0
四川	26260.8	10.0	32454	9.6	9256.1	9.9	35.3
重庆	12656.7	12.3	42795	11.3	5256.1	12.0	41.6
甘肃	6268.0	10.8	24297	10.4	2567.6	11.5	41.0
青海	2101.1	10.8	N/A	N/A	689.2	9.8	32.8
宁夏	2565.1	9.8	39420	8.6	1077.1	7.5	42.0
山西	12602.2	8.9	34813	3.5	5035.8	7.5	40.0
河南	32155.9	9.0	N/A	N/A	10290.5	8.8	32.0

资料来源：根据各省、自治区和直辖市 2013 年国民经济和社会发展统计公报整理。

（二）区域居民生活状况

由于文化产业属于第三产业，与各地区的居民收入和消费水平及习惯密切相关，因此，各地区城乡居民的收入和消费水平对文化产业及文化贸易的发展也会产生直接影响。

由表 4-4-3 可以看到，沿边各省区的城镇居民的人均可支配收入之间的差距小于农村居民的人均收入差距。

表 4-4-3 沿边地区 2013 年居民生活与消费概况

省区	城镇居民人均可支配收入		城镇居民人均消费性支出		农村居民人均纯收入		农村居民人均消费性支出	
	数量（元）	增长率（%）	数量（元）	增长率（%）	数量（元）	增长率（%）	数量（元）	增长率（%）
辽宁	25578	10.1	N/A	N/A	10523	12.1	N/A	N/A
吉林	22274.6	10.2	15932.3	9.0	9621.2	11.9	7379.7	19.3
黑龙江	19597	10.3	14162	9.1	9634.1	12.0	6813.6	19.2
西藏	20023	11.1	N/A	N/A	6578	15.0	N/A	N/A
新疆	19874	10.9	15206	9.5	7296	14.1	5520	16.7
内蒙古	25497	10.1	19249	8.7	8596	12.9	7268	13.9

资料来源：根据各省、自治区和直辖市 2013 年国民经济和社会发展统计公报整理。

由表 4-4-4 可以看到，内陆各省区的城乡居民的人均可支配收入和城乡居民的消费性支出也都存在差距，但小于沿边各省区的差距。

表 4-4-4 内陆地区 2013 年居民生活与消费概况

省区	城镇居民人均可支配收入		城镇居民人均消费性支出		农村居民人均纯收入		农村居民人均消费性支出	
	数量（元）	增长率（%）	数量（元）	增长率（%）	数量（元）	增长率（%）	数量（元）	增长率（%）
陕西	22858.0	10.2	16680.0	8.8	6503.0	12.8	5724.0	11.9
四川	22368.0	10.1	16343.0	8.6	7895.0	12.8	6127.0	14.2
重庆	25216.0	9.8	17814.0	7.5	8332.0	12.8	5796.0	15.5
甘肃	18964.8	10.5	14020.7	9.1	5107.8	13.3	4849.6	17.0
青海	19498.5	11.0	13539.5	9.7	6196.4	15.5	6060.2	13.5
宁夏	21833.0	10.1	N/A	N/A	6931.0	12.2	N/A	N/A
山西	22456.0	10.0	13166.0	7.8	7154.0	12.5	6017.0	8.1
河南	22398.0	9.6	N/A	N/A	8475.3	12.6	N/A	N/A

资料来源：根据各省、自治区和直辖市 2013 年国民经济和社会发展统计公报整理。

（三）区域文化资源与产业基础

沿边及内陆地区包括 14 个省、自治区和直辖市，幅员广阔，人口众多，历史悠久。长期以来，为了满足各族人民的物质、精神生活需要，该地区在公共文化设施、出版业、广播影视网络等方面都不断投入和发展，使其总量在全国占居重要地位。尤其是，该地区是中华文明重要的起源、发展和传播地，文化资源丰富，民族文化、群众文化种类繁多，是传统文化创意人才的集聚之地。

1. 区域公共文化设施

文化产业的发展需要一定的基础条件，这可以用公共文化设施的种类和数量来衡量。从表 4-4-5 和表 4-4-6 可以看出沿边及内陆地区 2013 年的公共文化设施概况。沿边及内陆地区的文化设施较为齐全，但各地区之间还存在较大差异，内陆地区的公共文化设施普遍比沿边地区完善。

表 4-4-5 沿边地区 2013 年公共文化设施概况

省区	文化馆（个）	图书馆（个）	博物馆（个）	档案馆（个）	艺术表演团体（个）
辽宁	123	129	62	150	N/A
吉林	78	66	73	N/A	39
黑龙江	131	107	106	169	80
西藏	N/A	N/A	N/A	N/A	N/A
新疆	116	105	75	109	111
内蒙古	103	114	67	146	107

资料来源:根据各省、自治区和直辖市 2013 年国民经济和社会发展统计公报整理。

表 4-4-6 内陆地区 2013 年公共文化设施概况

省区	文化馆（个）	艺术馆（个）	图书馆（个）	博物馆（个）	档案馆（个）	艺术表演团体（个）
陕西	120	N/A	112	N/A	119	N/A
四川	207	N/A	194	153	239	57
重庆	41	N/A	43	71	N/A	N/A
甘肃	103	N/A	103	143	N/A	69
青海	55	N/A	49	22	62	29
宁夏	26	N/A	26	11	27	12
山西	119	12	126	N/A	N/A	155
河南	205	N/A	157	222	177	173

资料来源:根据各省、自治区和直辖市 2013 年国民经济和社会发展统计公报整理。

2. 区域文化产业基础

由于我国文化产业的相关统计还不完善,细分产业缺乏有效的统计数据。由于广播影视产业和出版产业是文化产业的重要基础,而且已形成较完善的统计体系,因此,本文将广播电视覆盖率和主要出版物数量作为衡量文化产业发展的指标。因为广播、电视覆盖率和有线电视用户数量的高低影响着广播影视产业和演出产业,而主要出版物的种类和数量直接反映着出版产业的发展状况。由表 4-4-7 和表 4-4-8 可以看到沿边及内陆地区 2013 年的广播电视覆盖率和主要出版物概况。

表 4-4-7 沿边地区 2013 年广电覆盖率及出版物概况

省区	广播综合人口覆盖率（%）	电视综合人口覆盖率（%）	有线电视用户（万户）	出版报纸（亿份）	出版期刊（万册）	出版图书（万册）
辽宁	96.6	98.7	1023.90	15.80	10000	12000
吉林	98.6	98.7	547.61	17.00	34000	N/A
黑龙江	98.6	98.8	625.90	7.26	5728	8553
西藏	94.4	95.5	N/A	2.07	202	1525
新疆	95.7	96.0	199.50	N/A	N/A	N/A
内蒙古	98.3	97.6	317.95	2.70	2939	5849

资料来源:根据各省、自治区和直辖市 2013 年国民经济和社会发展统计公报整理。

表 4-4-8　内陆地区 2011 年广电覆盖率及出版物概况

省区	广播综合人口覆盖率（%）	电视综合人口覆盖率（%）	有线电视用户（万户）	出版报纸（亿份）	出版期刊（万册）	出版图书（万册）
陕西	N/A	N/A	N/A	7.50	6387.0	17900
四川	97.0	97.9	1419.90	17.70	9077.0	28952
重庆	N/A	98.9	519.53	7.14	5540.0	14200
甘肃	97.7	98.0	207.34	5.12	11600.0	6819
青海	95.7	96.9	62.00	1.13	406.4	1315
宁夏	96.1	99.1	89.80	N/A	N/A	N/A
山西	96.8	98.5	497.90	20.20	3544.1	13960
河南	98.1	98.1	888.49	21.25	9600.0	23900

资料来源：根据各省、自治区和直辖市 2013 年国民经济和社会发展统计公报整理。

3. 区域文化资源状况

沿边及内陆地区历史文化底蕴深厚，资源丰富，很多文化资源不但是国家级的，更是世界级的。比如，内陆文化大省河南，作为中华文明起源和发展的重要发源地，2013 年末共有全国重点文物保护单位 358 处；入选国家级非物质文化遗产名录 95 个；汉魏洛阳故城等 4 处大遗址入选第二批国家考古遗址公园名单和立项名单；国家考古遗址公园达到 8 处。四川省在 2013 年末共有全国重点文物保护单位 230 处，国家级非物质文化遗产名录 120 项。2013 年 3 月，国务院印发了《关于核定并公布第七批全国重点文物保护单位的通知》，核定公布了第七批全国重点文物保护单位 1943 处。其中，山西（181 处）、河南（168 处）两个省份超过了湖南（123 处）、河北（110 处）、江苏（105 处）等省份排在了全国的前列；同时，重庆、青海、新疆等省（区、市）数量增长幅度较大。

4. 区域文化产业状况

沿边及内陆地区丰富的文化资源为发展文化产业提供了巨大的潜力，这些资源与现有的文化设施、产业基础共同支撑起该地区文化产业的发展。比如，内陆文化大省陕西 2013 年全年实现文化产业增加值 643.4 亿元，比上年增长 27.4%，占生产总值的比重达 4%。陕西 30 个重点文化项目建设已全面启动，其中包括岐山西周文化、商於古道文化、乾陵唐文化、法门寺佛文化、黄河壶口文化等十大文化旅游景区项目；西安国家数字出版基地、西安国家印刷包装产业基地、西安国家广告产业园、铜川药王中药文化产业基地、安康瀛湖旅游产业基地等十大文化基地项目；陕西大剧院、陕西文化艺术中心等十大标志性文化设施项目。① 四川 2013 年末全省拥有国家级文化产业示范基地 13 个，省级文

① 《2013 年陕西省国民经济与社会发展统计公报》，http://www.shaanxi.gov.cn/0/xxgk/1/2/6/557/738/782/37433.htm。

化产业示范基地33个;[①]山西2013年影视集团共发行、生产、创作电影、电视剧、专题片37部。[②] 又比如,沿边地区的吉林省2013年全年出版图书2.3万种(套),其中新书1.4万种,发货码洋超过53亿元。报纸年总印发量近17亿份,销售收入预计达到16亿元;期刊年总印发量3.4亿册,销售收入达到16亿元;报刊广告收入近7亿元;年出版音像电子出版物630多种,实现产值近6000万元;印刷复制及光盘生产实现产值126亿元;互联网及数字出版年经济规模超过10亿元;年各类出版物销售近83亿元,2013年全省新闻出版业经济规模预计达到285亿元,同比增长2.0%。[③]

2013年10月26日,第十四届文华奖颁奖仪式在山东青岛大剧院举行。共有14台剧目荣获第十四届文华奖"文华大奖",而内陆地区共有4台获得大奖,其中宁夏演艺集团秦腔剧院有限公司的"秦腔《花儿声声》"和陕西省戏曲研究院的"秦腔《西京故事》"获得了地方戏曲类的"文华大奖";河南省话剧院的"话剧《红旗渠》"获得了话剧、儿童剧类的"文化大奖";山西艺术职业学院华晋舞剧团的"舞剧《粉墨春秋》"获得了歌剧、舞剧、杂技剧类的"文华大奖"。

然而,该地区在文化事业投入、从业人员及消费结构方面还存在不足,虽然文化产业门类齐全,除了旅游业有得天独厚的优势外,在教育、体育、影视传媒等产业方面与北京、上海、深圳等发达地区相比并不具有优势。

二、区域对外文化贸易重点企业与项目

2014年5月12日,商务部、中宣部、财政部、文化部、新闻出版广电总局等联合公布了"2013—2014年度国家文化出口重点企业和重点项目",初步认定366家企业为2013—2014年度国家文化出口重点企业,123个项目为2013—2014年度国家文化出口重点项目。[④] 其中,沿边及内陆地区的重点企业和重点项目数量如表4-4-9和表4-4-10所示,可知沿边及内陆地区的重点企业和重点项目数量在全国的比重都不高,重点企业数量在全国的占比是14.75%,而重点项目数量在全国的占比为9.76%。这说明,当前沿边及内陆省市的文化贸易并不发达。对于沿边地区来说,其文化贸易具有陆路边贸特征,尚处于相对初级阶段;而对于内陆省市来说,虽然其文化资源丰厚,对外文化贸易日益受到重视,但也还处于起步阶段。

---

① 《2013年四川省国民经济和社会发展统计公报》,http://www.sc.gov.cn/10462/10464/10465/10574/2014/3/4/10294729.shtml。

② 《2013年山西省国民经济和社会发展统计公报》,http://www.sxrb.com/sxrb/bban/B3/1976769.html。

③ 《2013年吉林省国民经济和社会发展统计公报》,http://tjj.jl.gov.cn/tjgb/ndgb/201403/t20140321_1635638.html。

④ 王玉梅:2013—2014年度国家文化出口重点企业和重点项目目录公布 http://www.gapp.gov.cn/news/1656/204812.shtml。

表 4-4-9 沿边地区 2013—2014 年度国家文化出口重点企业和重点项目

省区	重点企业(个)	占比(%)	重点项目(个)	占比(%)
辽宁	3	0.82	0	0
吉林	5	1.37	1	0.81
黑龙江	12	3.28	3	2.44
西藏	0	0	0	0
新疆	2	0.55	0	0
内蒙古	1	0.27	3	2.44
合计	23	6.28	7	5.69

资料来源:根据商务部网站整理。

表 4-4-10 内陆地区 2013—2014 年度国家文化出口重点企业和重点项目

省区	重点企业(个)	占比(%)	重点项目(个)	占比(%)
陕西	3	0.82	0	0
四川	11	3.01	1	0.81
重庆	5	1.37	2	1.63
甘肃	1	0.27	0	0
青海	1	0.27	0	0
宁夏	0	0	0	0
山西	3	0.82	0	0
河南	7	1.91	2	1.63
合计	31	8.47	5	4.07

资料来源:根据商务部网站整理。

我国沿边和内陆地区拥有国内最丰富的历史文化资源。由表 4-4-11 可知,沿边及内陆地区的文化出口重点项目都是由当地的独特优势文化资源开发和转化而来的,包括历史文化、传统手工业文化、民族宗教文化、民间文化等。

对于沿边地区的对外文化贸易,典型的如东北等沿边地区的文化产业发展和文化对外贸易发展都非常有地区特色,比如黑龙江的渤海靺鞨绣朝鲜刺绣和冰上杂技《幻境极光》都体现出当地原住民的原生态的风俗传统。但是,由于沿边地区的文化产业发展相对比较缓慢,因此其对外文化贸易总额不高。

表 4-4-11 沿边及内陆地区 2013—2014 年度国家文化出口重点项目

省区	项目名称
吉林	延边卫视境外落地(延边卫视中心)
黑龙江	黑龙江日报海外媒体合作项目(黑龙江日报报业集团)
	渤海靺鞨绣朝鲜刺绣加工基地项目(牡丹江渤海民族工艺品有限公司)
	冰上杂技《幻境极光》巡演项目(黑龙江省冰尚杂技舞蹈演艺制作有限公司)

（续表）

省区	项目名称
内蒙古	对外广播“草原之声”（内蒙古内广传媒有限责任公司）
	俄罗斯乌兰乌德有线电视覆盖工程（内蒙古广播电视网络集团有限公司）
	蒙古国塔鸽塔文化发展有限责任公司建设项目（内蒙古新华发行集团股份有限公司）
四川	《华人视界》周报（新华文轩出版传媒股份有限公司）
重庆	华龙网六大外语国际传播服务出口平台（重庆华龙网新闻传媒有限公司）
	杂技剧《花木兰》（重庆杂技艺术团有限责任公司）
河南	中国少林大成（柏林）健康中心运营项目（登封市大成健身有限公司）
	中原文化海外发展中心柏林、悉尼分中心（中原出版传媒集团河南出版对外贸易有限公司）

资料来源：根据商务部网站数据和信息整理。

三、区域对外文化贸易典型案例

沿边和内陆地区的对外文化贸易状况具有独特的优势，2012—2013 年沿边和内陆地区的对外文化贸易重点突出表现在以下几个领域。

（一）演艺市场

当地时间 2012 年 6 月 30 日晚，受文化部委派访问亚非四国的河南艺术团在布隆迪首都布琼布拉举行了庆祝布隆迪独立 50 周年文艺演出的首场演出。[①] 当地时间 2012 年 7 月 4 日晚，河南艺术团为在乌干达工作和生活的华人华侨、中资机构工作人员举行了专场演出，为他们送上了来自祖国的问候。当地时间 2012 年 7 月 5 日晚，河南艺术团在乌干达首都坎帕拉国家剧院，为乌干达政府官员以及坎帕拉当地观众举行了专场文艺演出。[②] 当地时间 2012 年 7 月 8 日、9 日，河南艺术团在厄立特里亚进行了两场演出。7 月 8 日，河南艺术团在厄立特里亚首都阿斯马拉进行了首场演出，7 月 9 日，艺术团来到了厄立特里亚第二大城市克伦市，为该市观众送去了一台演出。[③] 河南艺术团此次亚非四国访演，进一步促进了中国与相关国家关系的发展。

受美亚文化交流集团邀请，当地时间 2013 年 2 月 18 日晚，河南豫剧院二团的大型新编古装豫剧《程婴救孤》登上美国纽约百老汇舞台，为观众献上了一场中国戏曲的视听盛宴。文艺精品《程婴救孤》曾先后获得文化部文华大奖、入选国家舞台艺术精品工程十大精品剧目、荣获中宣部第十届“五个一工程”奖等。这次《程婴救孤》赴美演出，对传播中华文化、展现东方戏剧魅力起到了积极的推动作用。[④]

2013 年 1 月 22 日至 2 月 4 日，陕西省广播民族乐团一行 50 多人赴欧洲举办了《中

① 曲晓燕：《河南艺术团参加庆祝布隆迪独立 50 周年文艺演出》，《中国文化报》，2012-07-02。
② 曲晓燕：《河南艺术团参加中乌建交 50 周年系列庆祝活动》，《中国文化报》，2012-07-10。
③ 曲晓燕：《河南艺术团访演厄立特里亚》，《中国文化报》，2012-07-12。
④ 任学武、骆蔓、张莹莹：《文化交流：走出去 对上话》，《中国文化报》，2013-02-21。

国春节民族音乐会》。此次陕西民乐团访问了德国、瑞士、捷克等国的5座历史文化名城，在欧洲大陆行程近4000公里，分别在在瑞士卢塞恩湖畔文化中心音乐厅、德国不莱梅斯图尔音乐厅、捷克俄斯特拉发文化剧院、布拉格市斯美塔纳音乐厅和德国柏林的喜歌剧院为近万名欧洲观众带去了精彩的演出，为欧洲观众奉献了一场场文化视听盛宴。欢快的唢呐、悠扬的笛声、旋律优美的民族管弦乐及民歌演唱等精彩演出令全场观众为之倾倒，让当地人民享受到了原汁原味的中国文化。《中国春节民族音乐会》已连续16年在欧洲举办。①

当地时间2013年11月23日，一年一度的"2013阿布贾嘉年华"在尼日利亚首都阿布贾雄鹰广场拉开帷幕。这是"2013中国文化聚焦"吉林艺术团赴非洲演出的第一站，之后还赴贝宁参加爵士音乐节、赴埃塞俄比亚参加中国商品技术和服务展等演出交流活动。活动期间，吉林艺术团还为驻尼中国公司进行慰问演出，并在尼日利亚总统府精彩献艺。②

（二）动漫产业

第八届中国（长春）国际动漫艺术博览会于2012年5月30日至6月5日在长春国际会展中心举办。本届动漫艺术博览会以"无界动漫，共享精彩"为主题，着力动漫产业发展。据统计，参展单位近300家，中外客商达1500余人，共组织、实施了2012 ChinaJoyCosplay嘉年华东北赛区预选赛、展示展销、交流合作、相关活动4个板块的20多项活动内容，共有66.2万人次在展馆内参观。大会共签约10多项，展会期间展商成交总额突破387.1万元。期间（2012年5月31日至6月1日）还在吉林动画学院文化艺术中心隆重举办了动漫高峰论坛，来自美国、加拿大、德国、日本、韩国、比利时等国家和地区的30多位动漫游戏领域的专家学者莅临盛会。

第九届中国（长春）国际动漫艺术博览会于2013年6月10—16日在长春国际会展中心举办。本届动博会共设置22个名企特装展位，200余个标准展位。参展企业以北方地区为重点，涵盖台湾、上海、广州、长沙、常州、杭州等全国动漫发达地区。参展企业带来了具有特色的动漫产品及衍生品，集中展销展示最新动漫产业发展成果，包括动漫电影、电视、音像制品、图书、报刊、服装、玩具、电子游戏等动漫周边产品。据了解，动博会目前已成功举办了8届，已成为中国北方规模最大、层次最高的国际动漫专业展会，连续七年获得由ChinaJoy组委会颁发的最佳组织奖。③

2013年1月8日下午，以"动漫融合科技，冰雪创造未来"为主题的第三届中国冰雪动漫节在哈尔滨开幕，来自国内外200余家动漫企业参展。作为国内唯一以冰雪为主题特色的动漫节，此次哈尔滨在冰雪大世界开辟30万平方米景区，将国内外动漫品牌和卡通形象以冰灯雪雕的独特形式体现。美国、芬兰、韩国等国家的动漫力量也加入动漫节设计运作。本届动漫节相较往年更突出户外动漫元素，除主题卡通冰灯雪雕外，还通过

① 任学武、骆蔓、张莹莹：《文化交流：走出去 对上话》，《中国文化报》，2013-02-21。
② 陆璐：《吉林艺术团演出添彩阿布贾嘉年华》，《中国文化报》，2013-11-26。
③ 常雅维：《长春国际动漫艺术博览会将办》，《中国文化报》，2013-05-09。

室外百米动漫长廊、动漫立体涂鸦等深化大家对动漫的认识和互动。其间,中国冰雪动漫论坛、全国 COSPLAY 挑战赛、国际动漫冰雕大赛等 10 余项活动轮番举行。①

(三)会展产业

2013 年 4 月 6 日,由文化部和陕西省人民政府共同主办的第四届西部非物质文化遗产展演系列活动在陕西西安"大唐西市"开幕。本届非遗展演系列活动同时也是第十七届中国东西部合作与投资贸易洽谈会的重要组成部分。活动以西部各省区市以及陕西各市县精选的世界级、国家级和省级非物质文化遗产项目为主体,从各地非遗项目中撷取了极具西部特色的近 50 个项目,生动展现了西部的生活之美和文化魅力。此外,来自全国近 100 家民办博物馆的 5000 余件馆藏文物艺术精品也在大唐西市集中展出。②

2013 年 9 月 1 日,由文化部、新疆维吾尔自治区人民政府主办,新疆维吾尔自治区文化厅、新疆国际事务博览局、中国对外文化集团承办的"意会中国、大美新疆——第四届阿拉伯国家知名艺术家来华采风作品汇报展"在新疆维吾尔自治区图书馆开幕。"意会中国"活动是中阿各国间共同搭建的一个重要的交流与合作平台。此次来自阿联酋、巴林、埃及、黎巴嫩等 13 个国家的 15 位艺术家来到中国最西端的新疆,通过画笔把新疆的美丽用艺术作品表现出来。③

(四)博览会

2012 年 6 月 1 日至 4 日,第四届中国(宁夏)国际文化艺术旅游博览会暨第二届感恩母亲河活动在银川举行。本届文博会正式签约项目共有 38 个,签约合同协议资金总额 207 亿元。由国家新闻出版总署和宁夏回族自治区人民政府共同主办的第 22 届全国图书交易博览会同期举行。④

2013 年 5 月 12 日,由文化部、国家民委、国家旅游局、中国人民对外友好协会和宁夏回族自治区政府共同主办的第五届中国(宁夏)国际文化艺术旅游博览会暨第三届感恩母亲河活动在宁夏银川开幕。本届博览会以"塞上江南,中国回乡"为主题,设置了启幕活动、集中活动周、专项节庆活动与闭幕式三大主体板块,并推出第三届感恩母亲河活动、首届中国(银川)国际动漫微电影金脸谱奖颁奖典礼、第十一届中国西部民歌(花儿)歌会、"塞上江南"旅游演艺大舞台等 8 项主要活动。⑤

2013 年 5 月 16 日至 20 日,第九届中国(深圳)国际文化产业博览交易会举办。本届文博会中征集的投融资项目再创新高,占总成交额的 57.42%,覆盖全国 37 个省市,内容涵盖文化产业各重点领域。⑥ 其中内陆与沿边地区的省市表现出众,哈尔滨带来了 84 个

---

① 强勇、王春雨:《第三届中国冰雪动漫节亮相哈尔滨》,《中国文化报》,2013-01-10。

② 任学武:《第四届西部非遗展演展现大美西部》,《中国文化报》,2013-04-08。

③ 陈璐:《阿拉伯艺术家来华采风作品在新疆展出》,《中国文化报》,2013-09-02。

④ 郭人旗:《第四届中国(宁夏)国际文艺旅博会开幕》,《中国文化报》,2012-05-16。

⑤ 解明:《中国(宁夏)国际文化艺术旅游博览会开幕》,《中国文化报》,2013-05-14。

⑥ 谭志红:《第九届深圳文博会成交额逾 1665 亿元》,《中国文化报》,2013-05-23。

文化产业招商项目，其中9个项目将进行现场推介，19个项目进行现场签约，签约总额高达32.55亿元，签约落地率高达87.5%。哈尔滨作为第九届文博会为数不多的独立参展城市，集中展示了“文化+创意”“文化+科技”“文化+旅游”“文化+金融”“文化+贸易”的亮点特色。此外，哈尔滨还首次举行了与美国、德国、荷兰、比利时、新西兰、墨西哥、萨尔多瓦等7个国家的文化企业的对接交流会。2012年，哈尔滨在深圳文博会期间带来了60个文化产业的招商项目，其中，10个项目进行了现场推介，16个项目进行了现场签约，签约金额达到30.83亿元。2012—2013年这一年来，哈尔滨市政府对项目进行全程跟踪服务，多项举措推动签约项目发展，至今项目落地率已经高达87.5%。第九届文博会上，吉林省参展人数近200人，将现场推介101个重点文化产业项目，全省近30家文化企业参展，均创历届深圳文博会参展新高。2013年5月16日下午，雅安17个文化产业重点项目集体亮相第九届深圳文博会。在项目推介会现场，深圳市旅游文化交流促进会和雅安市旅游局举行了项目合作签约仪式。2013年5月18日上午，乌鲁木齐代表团在第九届深圳文博会举行文化旅游项目推介会暨项目签约仪式。共有14个项目进行签约，其中文化产业项目10个，文化旅游项目4个，金额达到3.2亿元。①

2013年10月22日至26日，来自土耳其、哈萨克斯坦、塔吉克斯坦、吉尔吉斯斯坦等丝绸之路沿线国家和地区的文化界代表在陕西西安参加了中国国际商会主办的丝绸之路商旅文化博览会。丝绸之路是中国和沿线各国共同拥有的历史文化遗产。陕西省作为丝绸之路经济带的新起点和桥头堡，有着独特的区位优势、丰富的文化旅游资源和雄厚的产业基础。未来几年，陕西将充分发挥“承东启西、连接内外”的地缘优势和经济优势，积极开展并深化与丝绸之路沿线国家和地区在商贸、旅游、文化等领域的交流合作，努力把陕西打造成丝绸之路经济带的新起点。②

（五）文化艺术节

2012年7月19日晚，由文化部和甘肃省人民政府联合主办的第八届“艺海流金——走近敦煌”对港澳大型文化交流活动在甘肃省兰州市开幕。上百名来自内地与港澳的文化界人士将沿着古老的丝绸之路进行为期5天的参访和交流活动。活动先后在丝绸之路沿线的兰州、嘉峪关、敦煌、阿克塞等四地举行。③

2012年8月27日晚，以“同在蓝天下，相约那达慕”为主题的第二届鄂尔多斯国际那达慕大会暨内蒙古自治区首届体育大会开幕。第二届那达慕大会分为体育竞赛、文化艺术、展览展示、群体旅游、经贸交流五大板块，除传统内容，还融入了创新品牌体育竞赛项目及现代体育项目，非物质文化遗产展览展示、经贸洽谈会等文化经贸活动。④

2013年6月15日，第四届中国成都国际非物质文化遗产节在四川成都举行。本届非遗节以“人人都是文化传承人”为主题，先后举行了开幕式活动、成都国际非物质文化

---

① 中国经济网：http://www.ce.cn/culture/gd/201305/21/t20130521_24404157.shtml。

② 秦毅：《丝绸之路商旅文化博览会“承东启西”》，《中国文化报》，2013-10-28。

③ 陈璐：《“艺海流金——走近敦煌”甘肃开幕》，《中国文化报》，2012-07-20。

④ 许亚群、阿勒得尔：《第二届鄂尔多斯国际那达慕大会开幕》，《中国文化报》，2012-08-29。

遗产大会——纪念《保护非物质文化遗产公约》通过十周年、国际非物质文化遗产博览会、第26届中国戏剧梅花奖大赛、中国书法·篆刻艺术国际大展、主题分会场和配套活动、文化产业项目推介签约仪式、闭幕式活动等9大类300余项活动。参加本届非遗节的国家和地区数量达到107个,为历届之最。联合国教科文组织总干事伊琳娜·博科娃亲临盛会,《保护非物质文化遗产公约》的缔约国代表参加了非遗节相关活动。本届非遗节包括近300场各类非遗展示、展演、展销和交流活动,荟萃了各类非遗项目1000余项,会集国内外专家学者300余名,国家级、省级非遗传承人500余名。①

2013年7月20日,第三届中国新疆国际民族舞蹈节在新疆乌鲁木齐拉开序幕,此次活动是由文化部、国务院新闻办公室、新疆维吾尔自治区人民政府共同主办的,其中主会场设在乌鲁木齐市,分会场设在库尔勒市和石河子市。主办方精心设计了“2013年中国网络舞蹈节”、“生命律动”国际舞蹈大师课、新疆礼物创意大赛、“歌舞之乡”新疆歌舞艺术摄影联展、新疆礼物(民族工艺品类)创意大赛、“舞彩缤纷”舞蹈节参演国家图片展、“向上”新疆油画作品学术展6项配套活动。②

2013年11月18日至22日,由文化部和云南省人民政府共同主办的第十三届亚洲艺术节在云南省昆明市伴着优美大气的歌舞《相约2013·相聚彩云之南》拉开帷幕。亚洲艺术节是经国务院批准的中国唯一的区域性国际艺术节。本届亚洲艺术节共有27个国家的驻华大使和文化参赞、7个国家的驻昆总领事,以及来自11个国家和地区的15个艺术团队、1000多名艺术家和文化工作者参加了活动。同时,80余名专家代表参加的2013亚洲图书馆馆长论坛通过了《2013亚洲图书馆馆长论坛昆明宣言》,倡议亚洲各国图书馆加强资源共建共享,深化交流与合作。③

(六)其他文化产业

2012年5月27日至6月3日,第21届国际木偶联会大会暨国际木偶节在主会场四川成都非物质文化遗产博览园举办。这是该盛会首次在中国举办,本届木偶节吸引了来自65个国家和地区的200多名代表和101个木偶艺术团、1300多名中外艺术家参加,演出木偶艺术剧(节)目1200多场次,全景呈现当代木偶艺术的特征和成就。8天来,世界各地瑰丽多姿的木偶艺术荟萃成都,近100万人参与各项节会活动,上演了一场木偶嘉年华。国际木偶联会大会同期还举办了学术研讨、高端论坛、影片观摩等活动。在闭幕式上还颁发了“最佳剧目奖”“造型艺术奖”“最佳创意奖”等10类奖项。其中,15个剧目获“最佳剧目奖”,包括由四川省大木偶剧院创作的《彩蝶神话》、成都艺术剧院木偶皮影剧团推出的《马可·波罗与大熊猫》,四川川北皮影艺术团的《斩蔡阳》《现代皮影迪斯科》《特大皮影桃园结义》等15个剧目获得“最佳传承奖”。④

2013年2月3日,拥有“天下第一灯”美誉的第十九届自贡国际恐龙灯会经贸交易会

---

① 梁娜、许亚群:《第四届中国成都国际非遗节闭幕》,《中国文化报》,2013-06-25。

② 文华:《新疆国际民族舞蹈节体现“一体多元”》,《中国文化报》,2013-07-23。

③ 陈璐、宋佳烜:《第十三届亚洲艺术节在昆明开幕》,《中国文化报》,2013-11-20。

④ 王雪娟:《第21届国际木偶联会大会亮相成都》,《中国文化报》,2012-05-28。

在四川正式亮灯。以灯会文化为载体，自贡正在探索一条文化和经济相互影响、交融发展的产业化道路。目前自贡市彩灯企业达257家，从业人员4万多人，年产值20亿元。自贡灯会正由一项民俗活动发展成为特色会节活动，由单一的灯展发展成为集彩灯研发、制作、展出于一体的特色文化产业，更以文化为媒，搭建起经贸往来的经济大舞台。数据显示，2010—2012年，自贡灯会经贸交易额累计达130亿元，产业项目累计签约83亿元，灯会期间的旅游人数和旅游综合收入占全年的比重达到30%以上，社会消费品零售总额增幅比平常月份高出3个百分点以上。①

2013年6月26日，四川省藏羌彝文化产业走廊（精品）交流会在香港成功举行，交流会上展出了四川省近20家龙头文化企业生产的500余件工艺美术品，涵盖竹编、唐卡、蜀绣、羌绣、年画等10余种文化产品。本次交流会公布了38个文化产业项目，总投资额近70亿元。此次活动旨在促进四川文化产业转型升级，提升四川文化产业发展品质，推动藏羌彝区域文化走出去。藏羌彝文化产业走廊项目已被列入文化部《"十二五"时期文化产业倍增计划》和《"十二五"时期文化改革发展规划》。四川和香港在文化产业方面的交流合作始于2012年12月，四川省文化厅、香港中国商会在成都联合举办了"四川—香港文化产业高端人才研修班"开班暨战略合作协议签字仪式，标志着内地与香港首个区域性、专业化高端文化产业人才培训平台正式成立。②

四、区域对外文化贸易经验

（一）开展强强联合、优势互补，共同推动文化产业的发展

自2005年以来，文化部依托内地丰富的文化资源，与多省市合作，成功举办了多起活动，每年促成多起内陆和港澳地区三地交流项目，近期活动如下：

2012年7月19日，由文化部和甘肃省人民政府联合主办的第八届"艺海流金——走近敦煌"对港澳大型文化交流活动在甘肃省兰州市开幕。港澳地区虽然与甘肃相隔千山万水，但文化同宗同源，区位的不同，使港澳与甘肃有着很强的互补性。甘肃拥有大量的丰富的文化资源，港澳拥有开放的经济体系、成熟的市场管理经验和人才，甘肃与香港、澳门有着深厚的合作基础，通过举办此次活动，使港澳同胞进一步增强了对甘肃特色文化的认识和了解，也借此期待港澳能够成为推动甘肃文化走向世界的桥梁与纽带，将发展、开放、奋进的甘肃展示给世界。③

2013年5月21日，中国文化传媒集团与内蒙古自治区包头市人民政府在北京签署文化建设战略合作协议。包头作为我国草原文化资源富集区、游牧文化核心区、蒙古文化典型区，独特的资源禀赋、文化特性和悠久历史，积淀了底蕴深厚的多元文化。双方达

---

① 王雪娟：《四川自贡彩灯点亮经贸路》，《中国文化报》，2013-02-06。
② 王雪娟：《四川在香港推介藏羌彝文化产业》，《中国文化报》，2013-06-28。
③ 艺术中国：http://art.china.cn/huihua/2012-07/20/content_5176530.htm。

成了为期5年的战略合作协议。根据协议,双方从文化政策、产业项目、文化服务等多方面开展一系列合作,共同推进包头文化建设。①

2013年6月,四川省与法国香槟—阿登大区代表在成都签署文化合作意向书,进一步深化两地在文化交流方面的沟通与合作。两地将依托友好省区平台,在艺术家培养、作品创作、文化遗产、文化产品、文化艺术传播、文化休闲娱乐、演艺艺术、创意产业等领域整合资源,实现优势互补。2013年9月,南充市的木偶、皮影艺术家前往莎勒维尔市参加国际木偶节,和当地木偶艺术家进行了交流。2014年为中法建交50周年,双方作为友好省区将开展一系列相关艺术机构、表演团组的文化艺术交流互访活动。②

(二)"走出去"与"请进来"兼顾,加强对外文化交流活动的建设

近几年来,文化部与沿边及内陆各省合作,共同举办了一系列大型对外文化交流活动,加大了对沿边及内陆地区的支持力度,为沿边及内陆地区的对外文化交流创造了条件。2013年2月15日,"欢乐春节游"——2013成都文化旅游推广活动在英国伦敦举行,使各界嘉宾感受到了别具韵味的四川文化。

2013年7月20日,由文化部、国务院新闻办公室、新疆维吾尔自治区人民政府共同主办的第三届中国新疆国际民族舞蹈节在新疆乌鲁木齐拉开序幕,本届舞蹈节以"和谐中国,多彩世界"为主题,来自俄罗斯、德国、韩国、毛里求斯和我国澳门等国家和地区的12个优秀舞蹈表演团体,新疆本地等国内10多个专业文艺院团在乌鲁木齐、库尔勒、石河子等地为广大观众奉上了66场精彩的演出。2013年9月1日,由文化部、新疆维吾尔自治区人民政府主办,新疆维吾尔自治区文化厅、新疆国际事务博览局、中国对外文化集团承办的"意会中国、大美新疆——第四届阿拉伯国家知名艺术家来华采风作品汇报展"在新疆维吾尔自治区图书馆开幕。来自阿联酋、巴林、埃及、黎巴嫩等13个国家的15位艺术家来到中国最西端的新疆,饱览了新疆壮丽的自然风光和多彩的风土人情,并通过画笔把新疆的美丽用艺术作品表现出来。

此外,还有第八届和第九届中国(长春)国际动漫艺术博览会、第21届国际木偶联会大会亮相成都等活动,沿边和内陆地区正在中央的帮助下努力加强对外文化贸易的发展,除了促使本地文化走出去之外,还逐步在本地区开展大型的对外文化交流活动,在推介本地文化的同时,也引进了国外的先进文化。

(三)保护、传承与发展地方文化,全力做好文化惠民

2013年3月27日,由河南省文化厅、河南省中华文化促进会联合主办的河南省稀有剧种抢救工程百部剧目拍摄开机仪式在焦作市举行。河南省沁阳市怀梆艺术保护传承中心复排的优秀传统剧目《穆桂英大破天门阵》作为第一部开拍剧目进行了精彩演出。河南省是戏剧大省,剧种多、分布广,仅列入省级以上非物质文化遗产名录的稀有剧种就

① 王晋军:《中国文化传媒集团与包头签署战略合作协议》,《中国文化报》,2013-05-24。

② 梁娜:《四川省与法国香槟—阿登大区加强文化交流合作》,《中国文化报》,2013-06-26。

有29个。这些稀有剧种具有较高的社会价值、文学价值和艺术价值,却面临后继乏人、濒临灭绝的窘境。对稀有剧种的传承也是对中华文明和中华传统文化的传承。河南省稀有剧种抢救工程于2012年底启动,计划用两年时间完成100部传统剧目的整理和拍摄,促进河南地方戏曲的保护传承与发展。①

2012年7月,"首届西藏非物质文化遗产保护成果大展"在西藏拉萨举行。大展以"保护传承、合理利用"为主题,旨在宣传和推广"共同关注文化遗产,共同享有文化遗产"和"保护与利用并举,普及和弘扬并重"的非物质文化遗产保护理念,营造"非遗保护人人参与,保护成果人人共享"的良好氛围,促进西藏非物质文化遗产的活态传承,推进中华民族特色文化保护地建设。参加此次大展的共有42个国家级和自治区级项目,其中展示类非遗保护项目29个(包括18个手工技艺类项目、5个藏医药项目、6个唐卡项目),传统歌舞展演类项目13个(包括藏戏、格萨尔说唱、工布箭舞、山南果谐等)。全区7个地(市)的近300名传承人和民间艺人参加了展示展演活动,其中国家级传承人12名,自治区级传承人25名,参展的传承人和民间艺人中年纪最大的81岁,最小的16岁。社会各界人士对大展给予高度评价,对于更好地传承和发展西藏优秀传统文化具有十分重要的意义。②

近年来,黑龙江省文化系统强力构建文化事业、文化产业、人才培养三大平台,全力做好文化惠民这篇大文章。黑龙江省图书馆创新全媒体数字资源服务模式,整合现有数字服务平台,构建起覆盖全省、传输快捷的全省"公共数字文化服务平台",依托覆盖省、市、县、乡(城市社区)、村的五级共享工程网络和自建VPN专网,实现全省106个图书馆,1290个乡镇、社区公共电子阅览室和9054个行政村免费共享图书馆海量数字文化资源服务,可传输资源总量210.5TB。黑龙江省1234个公共文化场所全部免费开放,全年累计接待群众5200余万人次;全省通过"百馆千站送文化下基层"活动(全省254个图书馆、文化馆依托900个乡镇综合文化站和400个社区文化中心)开展"五送"(送辅导、送培训、送演出、送图书、送数字资源)每年达5000余场次,直接受益群众100万人次以上;全省"城市之光""金色田野"主题群众文化系列活动全年组织活动3.3万场次,参与群众2000余万人次;全省专业院团"送欢笑到基层"活动全年演出3500场,直接观众500万人次。③

(四)走"文化+资本"特色之路

在继续巩固传统优势文化产业、推动做大做强的同时,加快培育新的增长点,形成具有地区特色的现代文化产业体系也变得至关重要。由郑州市卧龙游乐设备有限公司生产的"笑脸"黄绿色透明球于2012年7月28日在伦敦奥运会亮相。卧龙公司每年都会到国外参加3至4次展会,主要是欧美国家。通过参加国际性的展会,发掘了潜在客户,加大了产品出口量。同时学习国际先进的文化产品设计、技术创新、销售管理等方面的

① 张玉峰、吴玉娇:《河南拍摄百部传统剧目抢救稀有剧种》,《中国文化报》,2013-03-29。
② 西文:《西藏:共同关注共同享有文化遗产》,《中国文化报》,2012-07-18。
③ 张建友:《黑龙江结合实际创文化品牌》,《中国文化报》,2014-02-12。

知识，为企业的文化产品设计、制造和销售注入了国际先进的技术和管理。卧龙公司产销量已连续多年居全国同行业前茅，产品远销韩国、日本、澳大利亚和一些欧美国家。

虽然卧龙公司从事的是一个小行业，但是一直十分注重创意和创新，他们根据国内大型动画节目和古典电视剧的人物原型，结合国内文化元素，制作出了多款具有中国文化内涵的充气产品。同时，公司还与国内多家动漫公司合作，根据当下较为火爆的动画产品和文化创意进行充气类产品的研发和制作，衍生出了多款充气类文化产品。卧龙公司旨在把中国的本土元素融入产品的设计理念中，再进行产品的境外推广，让受众间接地接触到中国文化。

2011 年，卧龙公司获得“河南省第四批文化产业示范基地”和“郑州市文化产业示范基地”称号，2012 年获得“国家文化产品出口重点企业”称号。公司还获得了良好的经济效益：2010 年全年出口额达到 175.8 万美元；2011 年全年出口额达到 230 万美元；2012 年全年出口额达到 196.98 万美元。目前，郑州市已成为我国大型充气游乐设施三大生产地之一，有同类企业近 40 家。就市场占有份额来说，卧龙公司产品的全国市场占有率高达 60% 以上，成为行业龙头。①

五、区域对外文化贸易的发展趋势

（一）用文化的力量推动“丝绸之路经济带”建设

2014 年 6 月 22 日在卡塔尔首都多哈召开的联合国教科文组织第 38 届世界遗产大会，审议通过中国大运河项目和中国、哈萨克斯坦、吉尔吉斯斯坦跨国联合申报丝绸之路项目列入《世界遗产名录》。“丝绸之路”是我国参加的第一个跨国申遗项目，包括中哈吉三个国家共 33 处遗产点。中国段部分涉及陕西、河南、甘肃、新疆四省区 22 处遗产点，其中陕西省有 7 处。至此，陕西除了秦始皇陵及兵马俑坑之外，又新增了 7 处世界文化遗产点。丝绸之路作为世界上最伟大的贸易之路、对话之路、和平之路和发展之路，对促进东西方文化交流发挥了重要作用，在人类文明交流史上具有无可比拟的地位。古丝绸之路横亘在西北内陆与边疆地区，拥有众多独具特色的文化遗产，这些宝贵的遗迹如同熠熠生辉的珍珠镶嵌在西北大地和丝路古道上。丝绸之路成功申遗，是践行习总书记提出建设“丝绸之路经济带”战略构想的具体行动，是贯彻落实总书记重要讲话，把跨越时空、超越国度、富有永恒魅力、具有当代价值的文化精神弘扬起来和传播出去的具体举措。②

（二）加快构建公共文化服务体系

2012 年 4 月，甘肃省政府正式出台《甘肃省加快文化大省建设的若干政策规定》（以

① 张莹莹：《郑州“笑脸”温暖世界》，《中国文化报》，2013-04-16。

② 陕西传媒网：http://www.sxdaily.com.cn/n/2014/0703/c266-5463125-2.html。

下简称《规定》)，为支持全省文化改革发展、建设文化大省提供政策保障。《规定》结合甘肃实际，从财政、税收、投融资、工商管理、资产管理和经营、土地以及人员安置、收入分配和社会保障、鼓励社会力量兴办文化事业和文化产业8个方面，对发展文化事业、文化产业给予政策性扶持，涉及内容全面详尽，体现了扶持、优惠、可操作等原则。《规定》要求，各级财政要保证对文化建设投入的增长幅度高于财政经常性收入增长幅度，提高文化支出占财政支出比例。《规定》明确了经营性文化事业单位转企改制的税收优惠政策，并确定了支持文化企业发展的税收政策，包括符合西部鼓励类产业目录的文化企业享受西部大开发税收优惠政策，图书、报纸、期刊、音像制品、电子出版物、电影和电视等按规定享受出口退税政策，文化企业在境外演出从境外取得的收入免征营业税等。同时，图书馆、博物馆、文化馆、纪念馆等举办文化活动的门票收入和宗教场所举办文化、宗教活动的门票收入免征营业税。《规定》强调，将文化建设用地纳入当地城市建设规划和土地利用总体规划中，优先安排用地计划指标；公共文化设施建设应纳入新建城区、居民住宅小区、各类园区的规划建设中。[①]

2014年1月13日，四川省宣传部长暨文化工作会议在成都召开，会议提出要加快构建现代公共文化服务体系，推动城乡文化一体化发展。以精神文明建设"五个一工程"为龙头，实施"巴蜀文化品牌"工程，推出一批叫好又叫座的精品力作。要构建现代文化市场体系，提高文化产业规模化集约化专业化水平，培育壮大一批文化旗舰企业。推动科技与文化融合，大力发展新型文化业态，组织四川企业抱团发展，扩大对外文化交流贸易，带动川剧、川茶、川菜、川酒文化和巴蜀画派、蜀锦蜀绣、自贡彩灯、民族歌舞等四川特色文化走向世界。[②]

2014年，辽宁省着重推进22项改革中，重点推进文化事业和文化产业不断发展，包括加快建设公共文化服务示范区，支持社会资本参与文化产业发展，积极培育骨干文化企业；扩大文化旅游、工艺美术业市场规模，大力培育数字媒体、动漫游戏、文化创意等新兴业态；引进竞争机制，做强剧场联盟，组建演艺联盟，繁荣活跃演艺市场等。[③]

（三）鼓励支持民间团体、民营企业参与，挖掘和发挥特色文化资源

从2013年开始，陕西省户县祖庵镇、周至县厚畛子镇、蓝田县葛牌镇、铜川市印台区陈炉镇、绥德县名州文化旅游街区等31个文化旅游名镇（街区）获得陕西省级财政给予每镇每年500万元的资金支持，用于文化旅游名镇（街区）建设工作，旨在抓好文化旅游名镇建设，深入挖掘历史内涵，彰显特色，提升服务，以旅游产业带动农民增收致富。从2013年至2015年，陕西省将分批次给予每镇（街区）200亩城乡建设用地增减挂钩指标，同时，文化旅游名镇（街区）的建设工作被纳入陕西省委、省政府对各市（区）的2013—2017年度目标责任考核。每年评出10个文化旅游名镇（街区）建设先进镇，年终给予每

① 甘文：《甘肃出台新政加快文化大省建设》，《中国文化报》，2012-04-26。
② 王雪娟：《四川：推动城乡文化一体化发展》，《中国文化报》，2014-01-15。
③ 袁艳：《辽宁：支持社会资本进入文化产业》，《中国文化报》，2014-01-23。

镇100万元奖励。[①]

2013年12月17日，吉林省文化体制改革和文化产业发展工作会议在长春召开。会议强调，要牢牢抓住加快文化改革发展的重大机遇，着力保护开发特色文化资源，在继续巩固传统优势文化产业、推动做大做强的同时，加快培育新的增长点，形成具有吉林特色的现代文化产业体系。2014年，要着力推进吉林省文化企业创新。把企业创新摆到突出位置，加快打造一批有实力、有活力、有竞争力的文化企业和企业集团。国有文化企业要在“重塑”“整合”“多元”上下功夫，建立现代企业制度，培育一批主业突出、产业链完整、市场控制力强的大型文化企业集团，真正把核心业务做大做强。民营文化企业要在“放开”“引进”“扶持”上下功夫，降低社会资本进入门槛，积极引进一批有实力的战略投资者，加快扶持发展一批“精、专、特、新”的中小微民营文化企业。要着力打造特色文化品牌，打造富有独特魅力的知名文化产业品牌。积极支持吉剧振兴，把吉剧保护传承好。要着力扩大文化消费，完善政策支撑体系。扩大直接融资、拓宽多元融资渠道，努力走出一条“文化+资本”的特色之路。[②]

2013年11月，黑龙江省文化厅发布《关于全省文化产业发展潜力的研究报告》提出，今后5至10年内将重点推进文化旅游业、文化创意业、出版印刷业、动漫游戏业、演艺娱乐业、工艺美术业六大产业发展。其中，文化旅游产业将深入挖掘冰雪、生态、边境、民族、民俗、历史等文化内涵，打造具有龙江风情和北方特色的文化旅游大品牌、大产业；动漫游戏产业将发挥国家认定的动漫企业的示范带动作用，重点推进动漫游戏产品原创、手机动漫游戏及其衍生产品研发等。演艺娱乐产业将以黑龙江省国有演艺集团为龙头，加快建立现代企业运营机制，鼓励民间资本和社会力量进军演艺娱乐行业。[③]

（四）推进西北五省区文化资源整合，加强对外文化交流

2014年甘肃省提出以开发藏羌彝文化产业走廊“文化集市”建设、兰州国家级文化和科技融合示范基地建设等优势资源为重点，加快文化产业发展。同时，紧紧围绕建设丝绸之路经济带，争取建立西北五省区文化发展联盟，推进西北五省区实现文化资源整合、优势互补，形成区域文化发展合力，推动区域文化走出去，加快推进对外文化交流。[④]

第十一届中国艺术节将于2016年在陕西延安举办，举办第十一届中国艺术节是陕西文化事业和文化产业大发展大繁荣的历史机遇期。要坚持艺术节“艺术的盛会、人民的节日”的宗旨和“政府主导、全民参与、文化惠民、务实节俭”的原则，以筹备第十一届中国艺术节为中心，制定工作方案，成立领导机构，积极推进各项工作，努力在2016年办出一届更具特色、更加成功的中国艺术节。[⑤] 同时，陕西将继续推动利用广播电视、文艺、体育、旅游、文物资源等加强对外交流与合作，积极参与国家集约型的文化外交、外宣活动。

---

① 秦毅：《陕西全面启动31个文化旅游名镇建设》，《中国文化报》，2013-07-19。
② 常雅维：《吉林：努力走“文化+资本”特色之路》，《中国文化报》，2013-12-19。
③ 张建友：《黑龙江重点发展六大文化产业》，《中国文化报》，2013-11-19。
④ 顾善忠、苟晓飞：《甘肃：推进西北五省区文化资源整合》，《中国文化报》，2014-01-24。
⑤ 秦毅：《陕西开始筹备第11届中国艺术节》，《中国文化报》，2014-01-24。

以周秦汉唐文物资源为重点，配合国家和陕西省重大外交、文化活动，创新展览主题，“十二五”期间举办文物外展30个。巩固与港澳特区文化部门、机构和民间组织的长期合作关系，扩大与台湾地区在传统表演艺术、造型艺术、文物保护、历史研究、艺术教育等方面的合作。继续推动传统戏剧的传承与推广工程、中文文献与信息共享工程等重点合作项目的实施。建立完善的激励机制，提升对外宣传的水平和效果。[①]

① 《陕西省“十二五”文化体制改革和发展规划》。

海外观察

第1章

中国文化产品进入美国市场的策略选择*

引言

文化产品是面向大众的,以娱乐、学习和理解为主要目的的可流通成品。它们诉诸于图像、文字、形状和声音等各种符号,不但满足消费者的特定需求,也直接或间接地传达生产者和生产者所在社会的一些理念和文化价值;对这些理念和价值的理解和接受,反过来又可以激起人们进一步消费文化产品的愿望。文化产品一般在本土容易引起共鸣,而当它们走出国门时,让人共鸣的基础通常变得薄弱。这就需要我们使用一定的方法和工具,来吸引国外消费者的注意并得到他们的理解。服务于政策制定和管理实践的战略分析工具较多,一般而言,需要在宏观层面进行环境扫描,然后再进入较为具体的企业层面的分析,如 SWOT 分析、波士顿矩阵分析等。许多企业受各种因素的制约,难以在宏观层面指导其管理实践,这常常成为它们进入国外市场的软肋,特别是对于文化产品企业而言。

本文通过使用一种常见的战略分析工具,即通常称为的 PEST 分析,展示宏观视野如何影响战略制定和策略选择。PEST 分析和类似的分析方法,对要走出国门的企业而言,是重要的管理工具。所谓的 PEST 分析,即对影响企业策略选择的四种环境因素的分析,这四种因素分别是属于政治的(Political),经济的(Economic),社会的(Social)和技术的

* 本文作者:韩亦,北京大学光华管理学院组织管理系助理教授。

(Technological)。对 PEST 的系统阐述见于《扫描商业环境》一书[①],最初被称为 ETPS 或 STEP。在四种因素之下,包含了一系列具体的指标。一般情况下,企业很难穷尽地分析所有的指标,但企业可以着眼于:对本行业有重大影响的指标;在跨国研究中,找与本国有明显不同的指标。

进入国外市场的企业战略,主要包括出口、许可、特许、建立合资公司和建立全资公司。由于在具体的战略实践中包含了对人、技术、物流和地理位置等方面的考虑,战略实施还要考虑具体的策略和计划,以及对不同策略的组合应用。

以下以几个重要的管理学理论为依据,以 PEST(ETPS)分析企业策略选择的过程,研究全部以中国文化产品进入美国市场为例。

一、经济维度与文化产品企业策略

1. 经济因素分析

在 ETPS 分析中,经济因素主要包括经济法规与规定、政府和民间的支出与消费、利率、汇率、税收、经济变化程度(如通货膨胀率、就业与消费的稳定性、国民生产总值的增长率)。由于国际贸易涉及海关和运输,这些地理因素影响到产品的交易成本,所以地理因素也应该纳入到经济因素分析中来。

美国奉行贸易自由的政策,并没有把文化产业即娱乐业看成是特殊的领域。同法国、加拿大和韩国等国家相比,国家对文化产业并没有刻意的保护和扶持政策。然而,美国对文化产品的生产和流通的监管很细致,如它对电影和大众出版物的严格分级。

美国的文化产业,相比于其他国家和地区,在国际和其国内的经济比重都很高。根据美国商业部经济分析局和国家人文艺术基金会发布的"2008—2011 年度文化艺术对经济影响数据报告", 2011 年文化艺术产业,核心包括影视、广告、有线电视、出版和演艺,占美国 GDP 的 3.2% , 如果包括旅游产业,这个比重则达到 6%[②],接近一万亿美元。在经济危机时期,文化产业受到的冲击被总体经济更大,如在 1998 年到 2007 年前,文化艺术产业占美国的 GDP 比重都超过 3.5% 。在经济危机前,美国文化艺术产品的进口一直大于其出口,2007 年后,十年来其出口首次大于进口,并且在世界性的经济危机情况下,其影视产品的出口保持着强劲趋势。在 2011 年,美国文化艺术产业雇佣了 200 万多人,其中影视产业雇佣了 31 万多人,而博物馆和场地表演艺术雇佣了十万多人。美国的文化产业有从业人员专业化素质高,以及产业内和产业间分工协作水平高等特点。

美国民众的消费品位和消费方式也更加多样化。受其移民文化和大众教育等方面的影响,相比于其他西方国家,美国消费者对外来文化产品的认可程度较高,对从高雅艺术到流行艺术的接受都较为自然。打比方来说,美国普通民众对于文化产品的消费,更

① Aguilar, F. J. 1967. *Scanning the Business Environment*. Macmillan Publisher.

② 周勇:《美国发布数据报告显示:文化艺术产业已占 GDP 重要比重》,《中国文化报》2014 年 7 月 10 日。

像是杂食性动物而不是单食性动物，不同的种族中和不同收入水平的人群中，都表现出这样的消费习惯。只是在性别上有所差异——女性消费者比男性消费者更喜欢高雅类的文化产品，比如高雅音乐会等①。然而，对外来文化产品的消费增加值，受经济危机的影响，近年来有所下降。

相比于其他产业，文化产业在美国的地理也很集中，在几个国际化的都市中，文化产品的生产和消费更多。如纽约是美国移民文化的主要表现地，高雅文化和流行文化、本土文化和外来文化都能找到自己的存在区域。东部的其他城市，如波士顿、华盛顿特区等，对高雅文化的认同程度高于其他城市，而西部的洛杉矶等地，则对流行文化的制造和消费更为热衷。

以经济维度看美国的文化产品市场，它存在着自由贸易程度高、市场巨大、国际化都市的聚集效应明显等特点。它的经济法律制度相对稳定，但经济发展周期波动较大。考虑到跨国的文化产品出口，相比起产品本身的生产成本，交易成本的重要性变得非常重要，可以用交易成本理论来分析中国企业的出口策略。

2. 理论视角

美国经济学家、2009 年诺贝尔经济学奖得主 Oliver Williamson 是交易成本理论的系统化完善者。他关心企业是采取市场的手段还是采取组织的手段来达成目的。市场的手段即买卖，包括对生产工具和人力资源的买卖；组织的手段即制造，也包括对生产工具和人力资源的制造和培育等。就人力资源来说，在动漫产业中，如果一家企业需要一位有才能的设计师，它可以两种手段使用这位设计师的人力资本：一是买下设计师的作品，为企业所用；二是将这位设计师招聘入公司，让他的作品成为公司的一部分产权。公司到底是买还是造，Williamson(1981)②认为取决于以下三个方面的考虑：

一是经济环境的不确定性程度。如果经济环境是健全的和稳定的，如经济法律和合同法的明确制定，那么依赖市场、从市场上购买所需要的工具和产品部件，相比起企业白手起家去自己制造工具和部件，就容易得多，应该成为企业的一个选择。如在文化产业中，大量地需要别人的设计产品；是从市场上购买这些设计产品，还是将这些设计师招致麾下、独为我所用？经济环境稳定的话，那么购买常常是一条更经济的道理。因为如果是购买，企业只是部分地雇佣设计师；如果企业雇佣全职的设计师，则可能提高人力成本。当然，环境不确定的话，就另当别论。因为在不确定的经济和社会环境下，如果去市场购买，企业无法保证得到所需的工具和部件，就算能得到，也无法保证货物和供货的质量。在这种情况下，如果采取购买的战略，相比起自家的制造，反而可能增加成本。

二是交易的频繁程度。如果交易并不频繁，那么依赖市场是个较好的选择；相反，如果交易非常频繁，依赖市场的成本就会非常高，这时候可以考虑用组织的方式来解决问题。仍然是企业使用设计产品的例子：如果企业偶尔要用到一个设计师的作品，可以考虑

① Lizardo, O. 2006. "The puzzle of women's 'highbrow' culture consumption: integrating gender and work into Bourdieu's class theory of taste". *Poetics: Journal of Empirical Research on Culture, the Media and the Arts.* 34: 1—23.

② Williamson, O. 1981. "The economics of organizations: The transaction cost approach". *American Journal of Sociology.* 87:548—577.

购买设计师的版权;如果企业经常要用到一个设计师的各类作品,这时候,可以考虑将设计师招聘到公司中来,即用组织的方式而不是市场的方式得到设计作品。

三是资产的专用性问题。资产专属性包括交易地、物质资产和人力资本三个方面。交易地如果离公司生产线或海关较远,那么将不可避免地提高交易成本,通过市场的调节来分担这种成本是公司较好的选择;如果交易地离公司很近,那么由于运输带来的成本会大大下降。物质资产包括生产工具、部件、物料、半成品等。如果公司文化产品的生产需要用到特殊的工具等物质资产,就可以考虑将这种资产变成公司总资产的一个部分;相反,如果文化产品的生产用到的常常是通用的物件,在成本很高的情况下,可以考虑用租赁、合资等市场方式来解决。

企业在实际中需要同时考虑到以上三个方面,以提高其经济效率。交易成本理论分析交易地、物质资产和人力资本,是个较为综合的理论。由于其强调交易成本(而不是生产成本)的重要性,这在文化产品的国际贸易中有较好的指导意义。大量文化产品,如影视,一旦成型,生产成本变得很低,而在跨国贸易中,交易成本的重要性凸显。

3. 策略建议

中国文化产品企业,在出口其产品到美国的时候,可以从对美国的经济环境的实际了解,用交易成本理论来指导其战略的制定和策略的选择。

首先,美国的经济法律制度较为完备,市场环境较为成熟。在文化产品的出口初期和交易尚不频繁的情况下,可以多利用市场手段。在进入国外市场的企业战略中,许可、特许、建立合资公司更接近 Williamson 所讨论的市场手段,而直接出口、建立全资公司更接近于组织手段。其中许可是美国的被许可方按照销售量按比例向中国的企业缴纳利润。许可的优势是利用美国已有的市场条件,不必自己承担成本和风险。被许可方是有法人资格的个人和美国文化产业公司。美国国内也常用到许可的方式来进行文化产品的销售和分成,如有线电视和电影。

其次,考虑到美国的自由贸易程度高,在交易频繁的情况下,可以多利用 Williamson 讨论的组织的手段,如在美国建立独立子公司、直接出口等方式。当然,策略的选择又要考虑到文化产品本身的特点、行业的规范和已经有的销售渠道等因素。

再次,资产专属性的问题。人力资本和物质资产的成本都可以量化计算。地理的因素也不能忽视,包括运输距离的计算和交易城市的选择。文化产品从研发到出口,一般还应该有个中间试验阶段,以估算国外市场的反应和收益。中国的很多文化产品,如影视和文学出版物,受制度和文化的深刻影响,不可避免地打上了本土的烙印。在中国市场反应很热烈的文化产品,在国外反应很平淡的现象也很普遍。利用系统和较为客观化的中间试验(中试)区,是决定是否大规模出口文化产品到美国市场的一个良好机制。如,文化产品公司可以选择香港、韩国、日本、欧盟等地区和国家,来试验文化产品在海外可能有的反应和收益,在这样的信息基础上决定是否出口美国以及出口规模等问题。在出口到美国时,也要选择出口目标城市。一般而言,国际化都市是文化产品出口的首选①。

二、技术维度与文化产品企业策略

1. 技术因素分析

技术因素也涵盖很广,包括新产品开发的投入和技术—产品转化率、专利保护、对高新技术的接受程度、工艺在同行业的水平、批量生产的良品率等等。技术维度和经济维度也有交叉点,如对劳动生产率的衡量,同时属于技术维度和经济维度。就文化产品来说,中国企业在进入美国市场前,至少应该考虑到:技术,特别是新技术对不同的文化产品的影响,以及中美之间的技术边界和断层。

整体而言,美国在新产品开发上的投入遥遥领先于其他各国,在专利保护方面也投入较大。然而,不同的文化产品对新技术的接受是不一样的。相比起发展中国家的后发优势,美国的技术发展既存在颠覆式的创新,也存在于原有技术基础上的进化发展。如在通讯技术方面,美国既有全世界最领先的数字通讯网络和设备,然而在一定程度上,也大量依赖原来的通讯网和通讯设备,如对有线电话的利用。公司的广告,常常是通过有线网络推行就可以,而通过无线网络(如手机)就属于违法行为。在对待国外的文化艺术产品方面,美国消费者一般并不注意其高新技术含量,而是更注重其本土文化显示及原创价值。另外,除了发达的高新技术以外,美国也是一个宗教价值影响非常大的国家。在一些宗教观念的影响下,高新技术尽管日新月异,但对其使用,也不是没有限度的。极端的例子是美国30多万阿米什人对技术在日常生活中的排斥。新技术和文化产品之间有着微妙的关系,新技术既可能促进文化产品的销售,也可能阻碍其销售。中国企业在这方面需要保持敏感。

中国文化产品在进入美国市场时,要考虑到地理、语言和技术等方面的不同。其中技术的问题,特别是信息技术的飞速发展,不但是中国企业在进入美国时所要面对的问题,美国的文化产业企业,同样也面临着这样的问题,即如何应对技术的非连续性变化给文化产业带来的挑战。美国文化产业企业如何解决这方面的问题,也可以给中国企业很好的借鉴。

2. 理论视角

中国文化企业跨出国门,当它们感受到非连续性的技术变革时,如何应对?如传统的印刷出版物行业,由于网络信息技术和电子阅读的兴起,对其构成巨大的挑战。十年前,甚至有人预测基于纸张的印刷出版物即将消失。现今,一个事实是,人们对纸张的消费比以前大大增加。并且,尽管一些传统的文化产业企业遇到了致命的挑战,如计算机、平板电脑和手机对报纸行业的式微有推波助澜的作用,不过,一些连续出版物行业也生存了下来,并且借助新兴技术,比以前的市场规模和盈利水平更好,电子阅读尽管已经兴

① Abrahamson, M. 2004. *Global Cities*. Oxford University Press.

起,但传统的报刊杂志仍然层出不穷,每年都有新的纸质出版物出来。这些企业的经验是什么?

美国管理学者 Clark Gilbert① 认为有很多因素让企业无法对新技术做出反应,而陷入固有的做事方式中,难以改变。资源依赖是这些因素之一,它是指企业依赖于资源的提供者,如政府提供政策和制度资源、投资者提供金融资本、供应商提供原材料、顾客则提供市场。任何技术上的变动都要让企业之外的资源提供者认可。而资源提供者一般是保守的。比如,已有的顾客并不会被新技术所干扰,他们仍然还坚持得到文化产品所应该带来的独特价值。

企业无法或者不对新技术做出反应,还因为它们更加着眼于得到市场地位而不是新技术。如在纸媒传播上已经占有巨大优势的企业,会倾向于继续利用纸媒而不是电媒,这是对已有地位的再投资。这种策略有其合理之处,也埋藏着巨大的危机,因为一旦企业所依赖的传统技术手段为时代所淘汰,企业存在的基础也会被瓦解。如柯达公司对胶卷产品的依赖,就曾经阻碍了其进入数码图像领域的探索。

企业即使认识到了适应新技术的重要性,但它们所自然地采取的一些组织行为,也可能加速其应对的失败,而不是帮助它们成功。如,变革会使权力集中、会使得公司不愿考虑更多的方案,并且,为了避免损失,公司会聚焦于现有的资源,而不是去发现新的机会。

3. 策略建议

Gilbert 指出公司受强大的组织惰性、惯例的影响,即使面对新技术、新环境也难于启动有效的应对方式。然而,确实有一些企业在变化环境中应对自如,获得了持久的成功。他用多案例研究的方法,以八家报纸为例,分析出版业在面临电子网络技术的挑战时,如何应对及获得成功。Gilbert 发现,迅速地实现文化产品的差异化的企业,更容易获得成功。其中差异化包括文化产品内容的差异化和公司组织结构的差异化。

内容的差异化。一位编辑给研究者(Gilbert)描述了公司的新媒体产品和平面媒体产品的差异:来自报纸的内容仅占网站页面数量的三分之一多。新媒体正在成为独立于报社的企业。报纸是新媒体重要的信息来源之一。一般说来,网站上的内容不超过一半和报纸雷同,则对报纸的销售不产生负面的影响。而新媒体不但给报纸做了广告,也通过付费的档案访问、数据分析和邮件营销获取利润。

结构的差异化。包括招聘外来的经理人和员工,这些外来的人一般要比平面媒体的工作人员年轻,有丰富的新媒体经验,受传统媒体的影响较小,这样才能较少地受到已经存在的组织惰性的限制。新媒体相对于传统媒体更强调娱乐性,但缺少传统媒体的严肃性。为了让这种二元化结构并行而不悖,有些公司甚至采取了让两个部门分开来办公的手段,如,这两个部门不能在同一座大楼;如果是在同一个城市,最好距离几公里远。

这些差异化策略还改变了公司对外界技术变化的态度。例如在以前,报纸行业将电

---

① Gilbert, C. 2005. "Unbundling the structure of inertia: Resource versus routine rigidity". *Academy of Management Journal*. 48:741—763.

子媒体看成是一种致命的威胁，但现在它们更多地把这种技术看成是巨大的机会，它不但给公司带来了新的盈利模式，并且和传统的优势领域相辅相成，让传统行业也生存了下去。

中国的文化产品在进入美国市场时，也不可避免地遇到新技术上的挑战。如有一家大型的中国出版社在国外展销时，就收到过订货商对其网站建设和提供电子阅读方式、辅助阅读方式的能力的质疑。出版社的传统优势在于纸媒的出版物，在出口美国的过程中，如果能加强网络技术的投入，会对其出版物产品有广告效应，也可以开辟新的盈利模式。对不同差异化方式的认识和实践，对中国文化产品公司进入美国市场将有良好的效果。

三、政治维度与文化产品企业策略

1. 合法性因素分析

政治因素包括政府对一个行业的态度（放任市场还是积极监管）、法律法规的制定及其稳定性、劳工关系、与其他政府组织及非政府组织的关系、对文化价值观的保护等等。政府可能采用多种手段来影响一个行业及其组织形式，有些手段是强制性的，如法律监管、许可等；有些手段是柔性的，如政府采购（或者不采购）、价值引导等。为了不引起歧义，在此我们将 PEST 分析中的政治因素称为合法性因素。

合法性（legitimacy）是相对于经济效率来讲的[①]。早期的管理学者认为，企业组织在追求经济效率的过程中，会向最佳实践模式靠齐，从而企业组织的结构和实践趋于相同。而在 DiMaggio 和 Powell 看来，企业组织的结构和实践趋同，不仅仅是因为它们追逐效率和效应的最大化，而且是因为它们为了得到制度层面的合法性认同。制度有正式制度和非正式制度，前者如法律和规则，后者如规范和惯习。他们提出有三种不同的合法性：正式制度要求的强制性的合法性，以及非正式制度所期望的规范性的合法性和认知性的合法性。美国政府奉行自由贸易原则，它的正式制度如法律法规繁复但是明晰，对企业包括文化产品企业有明确的强制性的约束，这在国际贸易中是易于被遵守的。然而，非正式制度要求的合法性，虽然不具有强制色彩，但对企业的市场的影响却很大。如有些带有宗教价值和反宗教价值的电影，虽然在美国不犯法，但会冒犯不同群体的人，导致抗议和抵制等集体行动。非正式制度的涵盖面很广，下面我们仅仅从一个社会理论出发，来说明美国社会的合法性因素可能对外来的文化产品带来的影响。

2. 理论视角

大量的美国电影包含了这样的一些元素和情节：英雄孤身一人解除危机、消除灾难，不论这位英雄是人、机器人，还是人与机器（技术）的组合之物。美国社会学家 Albert

① Bergesen, A. & Greeley, A. 2003. *God in the Movies*. Transaction Publisher.

Bergesen 和 Andrew Greeley[①] 合著了《电影中的上帝》(2003)一书,他们探讨宗教对于流行文化的持续影响。的确,宗教提供了一种世界图式,让一种看似单调的叙事方式不断强化、持续获得生命力。在美国社会,除了宗教影响到审美旨趣之外,还有一些社会理论,以明确地或者潜在的方式给人们提供世界图式,并影响到他们对文化产品的态度,如世界体系理论。

世界体系理论的发端与传播与 Immanuel Wallerstein[②] 有关。他认为世界体系是一种超越国家社会的人类组织体系。在这样的体系中,包含了不同的国家、联盟、组织和群体,这些亚结构之间既有凝聚力很强的关系,也有非常松散的联系。世界体系并不是整个人类世界,但它是以一种制度为理念建立起来的跨国界的社会,如在国际市场贸易下的世界经济体系。这个体系大多数时间呈现均衡但是存在着分工的差异和不平等。有些国家提供管理和工作标准,在世界体系中处于核心地位;有些国家提供廉价产品和劳动力,处于边缘地位;还有一些国家处于核心国家和边缘国家之间,起中介作用,被称为半边缘国家。这些国家之间存在着竞争,如为更核心的地位而争,也有一些国家为进入这个体系而争,哪怕成为边缘国家。因为世界体系的垄断地位,不进入这个体系可能比成为边缘国代价更大。

世界体系理论提供了一种世界图式,它也反映了一些西方精英对世界的分析理念。在这个图式中,美国没有悬念地是一个核心国家,尽管它不断地受到各种力量的挑战。沃勒斯坦认为,变革已经在发生,美国像历史上的法兰西和西班牙等帝国一样,也不可能永葆地位,但美国人尚未做好屈居第二的心理准备。这在他们的流行文化中,如大片电影中常常可以看出来。

3. 策略建议

中国人不一定认同美国人的世界图式理念,但一定要意识到这种图式的存在,它已经在很大程度上成为美国人的一种心理结构,左右其对文化产品的消费。其实世界体系理论的一个很大弊病是,无法明确哪些国家是核心国、哪些国家是半边缘国和边缘国。中国等国家在历史和现实中都以核心国存在,在近现代也同时带有半边缘国的特征。无论被认为是核心国还是边缘国,中国文化产品在进入美国市场时,要面对美国人的核心意识心理。

以电影为例,中国的导演和电影公司可以多考虑与美国的电影公司合作,以合资、合拍等方式,更好地把握美国市场。中国在很长的历史中,都是核心国家,但中国的政治文化不同于西方的政治文化,中国人的核心国心态不同于美国人的核心国心态。象吴宇森导演的电影《赤壁》,在中国和其他东亚各国都很受欢迎,但到了美国,非东亚裔的观众就很难理解。中国文化产品中,不乏能拍大片好片的素材,如果不在拍摄阶段就和国外的公司和人才合作,最后也很难进入美国等地市场。

另外,如果接受中国现今在文化产品市场体系的半边缘地位,也可以有所作为。沃

① Wallerstein, I. 1974—2011. *The Modern World-System. Vol. I—IV.* Academic Press, University of California Press.

② Wallerstein, I. 2003. *Decline of American Power: The U. S. in a Chaotic World.* New Press.

勒斯坦之后的世界体系学者,曾经发现半边缘国家实际上是最容易创新的,因为它们所处的中介位置。这点上,非英语国家的西方电影,如意大利电影和法国电影,可以给我们一些启示:我们并不一定要拍美国式的大片,如果能拍出一些能发掘自身文化优势的电影,直接出口到其他国家,以特色打动别人,同样会取得成功,如李安导演的《卧虎藏龙》《饮食男女》等。

四、社会维度与文化产品企业策略

1. 社会文化因素分析

社会维度是PEST分析中比较综合的一个方面,它一方面有其独特的视角,另一方面又和其他三个维度息息相关。它包括人口特征、收入分配、社会分层和流动性、总体生活方式、休闲文化、时尚变化、生活条件和心态等方面。它的视角与一个国家的文化特征高度重叠,所以我们在此将社会维度统称为社会文化因素。并且,根据文化产品消费本身的特点,我们把社会文化分析的重点放到价值观分析上。

美国政治学者 Ronald Inglehart 和他的同事,根据《世界价值观调查》的数据,把各种文化指标总结为两位维度:传统到理性的维度;生存到自我展示的维度。通过这两个维度形成的坐标系中,相比起中国,美国人更加强调自我展示和自我表达,也比中国人更加传统。所谓的传统性,是指对社会体制、宗教价值等价值观的认同。抛开他们所谓的传统一词的具体含义不谈,一个事实是,中国确实是和美国在文化上非常不同的国家。历史上,早在周朝,中国人就放弃了鬼神崇拜,拥抱了实用型的人文主义,这在孔孟的儒家中有集中的体现。在这个意义上讲,中国文化确实比美国文化更加世俗,而不是更加传统。另外,受农业文明的影响,中国文化也更加着重于生存的思考,而对自我表达没有像美国人一样重视,从而让中国人更加着重集体价值而不是个人价值。这些价值观的不同影响了文化产品的生产和消费。

2. 理论视角

社会学家 Albert Bergesen① 发现,在美国的玩具店里,曾经是超人、蝙蝠侠和迪士尼角色的天下,现在有许多来自亚洲的"怪物",像哥斯拉、口袋怪物、变形金刚和功夫角色。这些来自亚洲的玩具许多都出自日本,也有少数来自中国的。美国的和日本的玩具是如此地不同,它们吸引了 Bergesen 的研究兴趣。

玩具是本土文化的产物,怪物玩具常常是对一种文化特征的放大。玩具的跨文化接受,反映了流行文化的趋同和融合。中国式玩具并没有像日本的玩具那样占据美国玩具市场的一大部分,是因为中国玩具文化的特征并不鲜明。

Bergesen 认为存在着生产玩具怪物的"文化配方"。如美国的玩具怪物,大多数都有

① Inglehart, R. & Baker, W. 2000. "Modernization, cultural change, and the persistence of tradition". *American Sociological Review*. 65: 19—51.

混合特性的特点，如蝙蝠侠有人、蝙蝠和高技术的特性。这一方面反映了美国文化的特性：文化和民族融合、多样化和组合创新；另一方面也有西方文明的历史传统，如古希腊神话中的半人马怪物和宗教中神的情怀和力量。而日本的怪物，它们不是组合出来的，也不是拟人化的动物。它们就是“怪”！如哥斯拉、口袋怪物等。Bergesen 认为这反映了日本文化中的皇权的庞大，日本皇权与民众社会保持着距离，又时刻地影响着他们，皇权打着神的旗号，让人们无法用世俗之物来组合描述，只好用一种全新的怪物来隐喻。Bergesen 没有在他的书中讨论中国的玩具生产，但是他在一篇未发表的论文中，谈及中国的“怪物”，比如，李小龙。李小龙之类的功夫明星，实际上反映了中国的深厚人文主义的影响。比如，他们从来不借助机器、生物技术、外部超能力来匡扶社会正义，他们靠自我修炼，哪怕等上十年。

Bergesen 对中国文化对玩具生产的影响的分析，是初步的和粗略的。实际上，中国文化也曾经受外来文化的影响，有一定的包容性，如在《西游记》中的各种角色，就具有组合的特征（如猪八戒的形象）。问题是，中国的一些玩具生产企业，满足于为美国企业的代工，确实没有充分表现出具有中国文化特点的玩具和怪物，在美国玩具市场的特征并不明显。

3. 策略建议

文化产品，如玩具，看似肤浅，实际上蕴含着文化和文明的背景。这种文化要被美国市场接受，首要是要挖掘自身的特征，将其放大成庞然大物，给人以视觉感官上的冲击，促使其注意和理解。这与认识和发展企业的核心竞争力有关，也要鼓励文化产品企业和文化机构、学者的联系和交流。另外，玩具这一类的文化产品，也要考虑和其他产业紧密结合，形成共赢的局面。如，较高端的玩具，可以和博物馆、礼品产业结合更多一点，而较低端的，可以和大众餐饮业、电影业等结合多一点。

结语

以上以 PEST 分析为例，讨论了中国文化产品进入美国市场要考虑到的一些问题。这种分析远远未穷尽具体的问题，比如文化企业的生产和流通中可能产生的环境问题、劳动力保护问题等。中国文化企业的产品进入美国市场，除了要考虑到客户之外，还要考虑到各种可能打交道的组织，如海关、非政府组织、合作合资方。PEST 分析是一种宏观的分析，我们并没有将这些宏观层面的考量细化到利益相关方的列举和文化企业的社会责任实施等可具体操作的层面。这些都需要文化企业在其管理和扩张中予以具体分析。

我们分别从经济、技术、政治、社会等维度出发，借助重要的社会学和管理学理论，来指向一些文化产品企业可能采取的策略选择。但是应该意识到，从不同的维度分析，可能会得出不同的策略结果。到底是采用何种策略或者策略组合，需要企业根据实际情况，用更多的分析工具来权衡。

最后，跨国文化产业的 PEST 分析，除了要考虑到国外社会之外，还要考虑到本国的社会环境。本文并没有对文化产品在中国做 PEST 分析。与美国的文化自由贸易不同，中国在一定程度上借鉴了日韩国家的文化产业赶超战略。然而，由于意识形态的不同，政府的直接介入与导向，可能引起美国市场的猜忌。本文从文化企业的视角出发，来观察美国市场的一般性质，希望企业组织在出口文化产品到美国时，多发挥积极主动的作用。

参考文献

[1] Aguilar, F. J. 1967. *Scanning the Business Environment*. Macmillan Publisher.

[2] Lizardo, O. 2006. "The puzzle of women's 'highbrow' culture consumption: integrating gender and work into Bourdieu's class theory of taste". *Poetics: Journal of Empirical Research on Culture, the Media and the Arts* 34: 1—23.

[3] Williamson, O. 1981. "The economics of organizations: The transaction cost approach". *American Journal of Sociology*. 87:548—577.

[4] Abrahamson, M. 2004. *Global Cities*. Oxford University Press.

[5] Gilbert, C. 2005. "Unbundling the structure of inertia: Resource versus routine rigidity". *Academy of Management Journal*. 48:741—763.

[6] DiMaggio, P. & Powell, W. 1983. "The iron cage revisited: Institutional isomorphism and collective rationality in organizational fields". *American Sociological Review*. 48: 147—160.

[7] Bergesen, A. & Greeley, A. 2003. *God in the Movies*. Transaction Publisher.

[8] Wallerstein, I. 1974—2011. *The Modern World-System. Vol. I—IV.* Academic Press, University of California Press.

[9] Wallerstein, I. 2003. *Decline of American Power: The U. S. in a Chaotic World*. New Press.

[10] Inglehart, R. & Baker, W. 2000. "Modernization, cultural change, and the persistence of tradition". *American Sociological Review*. 65: 19—51.

[11] Bergesen, A. 2006. *The Depth of Shallow Culture*. Paradigm Publisher.

[12] 周勇:《美国发布数据报告显示:文化艺术产业已占 GDP 重要比重》,《中国文化报》。

第2章

韩国对外文化贸易政策的演变和成效*

一、韩国文化产业政策

(一)韩国文化产业的概念演变

韩国政府从文化产业政策初期就特别关注"文化内容(cultural content)","文化内容"是指以创意性与想象力为源泉,文化性因素通过重组以内容形式进行流通并创造经济性附加值的商品。作为文化内容创作源泉的"文化性因素"包含着生活方式、传统文化、艺术、故事、大众文化、神话、个人的经验、历史记录等各种因素。这种"文化性因素"以创意性策划为基础可以转变为创造经济性价值的文化商品,在韩国开始使用文化内容的概念是与数字技术发展的环境变化相关的。文化内容是文化性因素与技术性因素相结合创造的经济性价值,与过去使用文化商品概念相比,是更看重文化技术性(CT: culture technology)因素的概念①。韩国于2010年将《在线数字内容产业发展法》(2002)全面修改为《内容产业振兴法》,将过去与文化产业相关的公共机关即韩国广播影像产业振兴院、韩国游戏产业振兴院、韩国文化产业振兴院等合并为文化内容产业振兴院,并于2011年发表了《内容产业振兴基本计划》,将国家政策的范围从"文化产业"扩展到了"内

* KWON KI YOUNG(权基永),韩国仁川国立大学中语中国学科教授。

① Yoo Jin Ryong, *A Study on the Policy for Cultural Content Industry and the Innovation System in Korea*, 汉阳大学2005年博士学位论文, p. 10。

容产业”①。

根据韩国《文化产业振兴基本法》的定义，韩国文化产业概念与范围如下②。

表 5-2-1　有关韩国政府文化产业用语的定义

用语	概念定义
文化产业	提供文化商品的策划、开发、制作、生产、流通、消费等相关服务的产业
文化商品	融入文化性因素创造经济附加值的有无形产物及服务的综合体（包含文化相关的内容及数字文化内容） “文化性因素”包含艺术性、创意性、娱乐性、大众性等含义
内容(Content)	符号、文字、声音、音响以及视频等资料或信息
数字内容	为提高符号、文字、声音、音响以及视频等资料或信息的保存和使用效率制作或处理为数字形态的
数字文化内容	融入文化因素创造经济附加值的数字内容
多媒体内容	通过符号、文字、声音、音响以及视频等资料或信息等相关媒体的有机结合，实现新的体现及储存功能的内容

来源：《文化产业振兴基本法》第二条，2002 年。

表 5-2-2　韩国标准产业分类中文化产业的范围

大分类（产业分类）	中分类（第二类单位）	小分类（第三类单位）
C. 制造业	18 印刷机记录媒体复制业	181 印刷及印刷相关产业
		183 记录媒体复制业
J. 出版、影像、广播通信及信息服务业	58 出版业	581 书籍、杂志及其他印刷品出版业
		582 软件开发及供应业
	59 影像、音响记录内容的制作及分配业	591 电影、影像产品、广播节目制作及分配业
		592 影像产品出版及正版录音业
	60 广播业	601 无线电广播业
		602 电视广播业
	63 信息服务业	631 资料处理、托管(hosting)、门户及其他网络信息媒体服务业
		632 其他信息服务业
M. 专业科学及技术服务业	71 专业服务业	731 广告业
R. 艺术、体育及休闲相关服务	90 创作、艺术及休闲相关服务业	901 创作及艺术相关服务业
		902 图书馆、遗址及类似休闲相关服务业

资料：《文化内容产业的现况与课题》，韩国银行，2009.1.

① 《内容产业振兴法》(2010)中规定“内容”是指符号、文字、图形、色彩、声音、音响、形象以及影像等（包括它们的综合体）的资料或信息，“内容产业”是指创造经济附加值的内容或提供这些内容的服务的（包括它们的综合体）制作、流通、使用等相关产业。

② 《文化产业振兴基本法》(2002)规定的文化产业范围是① 与电影相关的产业，② 唱片、影像、游戏相关产业，③ 出版、印刷品、定期刊物相关的产业，④ 与广播影视内容相关的产业，⑤ 与文化财相关的产业，⑥ 融入艺术性、创意性、娱乐性、休闲性、大众性（以下简称为“文化因素”），创造附加值的卡通、动产业，⑦ 智能手机的加工、开发、制作、生产、保存、搜索、流通等以及提供与此相关的服务的产业，⑧ 其他传统服饰、食品等总统令指定的产业等。

(二)韩国文化产业的政策演变

20世纪七八十年代,韩国以优质、丰富的国内劳动力以及比较低廉的国外贷款资本、便于引进的国外技术等为基础实现经济的快速增长。但是进入90年代以来,韩国经济呈现出经济增长率下滑、制造业在整个产业中的比重下降、物价上涨、国际收支呈现赤字、中小企业破产率增加、设备投资增长率的负增长、失业率增加等严重停滞局面。这说明当前的经济发展方式无法持续下去。此外,贸易保护主义抬头,以美国、日本、欧盟为中心的三级体系重组了世界经济,区域主义倾向开始形成,世界产业结构伴随着跨国资本之间的战略协作从垂直型分工结构转变为水平型分工结构。低收入的发展中国家的挑战也成为降低韩国企业竞争力的重要因素①。为对应国内外经济环境的变化,金泳三政府(1993—1997)确立了《新经济五个年计划(1993—1997)》,欲通过促进国内产业结构调整和技术创新提高生产效率,通过对支援产业活动的社会间接设施的扩充来提高整体经济的效率。

从经济赶超(catch-up)的观点来说技术创新尤其重要,在《新经济五年计划》当中国家信息化即信息产业的培育成为最受关注的核心任务。"尽管产业化落后300年,但信息化差距仅为2到5年。政府应该将信息化作为国策事业,同时高度产业化也要顺应这一内容。"这是当时信息化产业的主要部门主张的理论。1994年1月,电信部长官发表了截至2015年将投入45兆韩币(约2500亿元,1994年韩国政府总预算为43兆2500亿韩币)在全国范围内建设超高速网络的计划。1994年4月举行了由国务总理主持的相关领导会议并确定了"超高速信息通信系统基本计划"与推进体系,紧接着于8月17日组织成立了"超高速信息通信网络建设规划团"②。根据这一计划20世纪90年代中后期以后陆续推进了综合业务数字网(ISDN)、非对称数字用户线路(ADSL)、宽频通讯网络(BcN)的开发及普及,成为推动韩国走向世界第一互联网强国的决定性契机③。在国内为克服经济停滞,通过挖掘新的成长动力产业,在全球性的产业模式变化中确立国家自身的竞争力等方式推进国家战略,其中文化产业作为发展对策之一开始受到关注。

1994年韩国政府在文化体育部内部新设了"文化产业局",并列出了文化产业振兴的必要依据:① 附加值;② 提高国家品牌形象;③ 与文化整体性等相关的影响;④ 对新技术的弹性反应。

对韩国文化产业发展初期的政策基调,可作出如下分析:

第一,在韩国文化产业备受瞩目的最大原因在于对高附加值的依赖。文化产业被认为是具有高附加值的产业,20世纪90年代以后根据政府政策的支持确立了作为国家支

---

① 《新经济五年计划的出台背景》,http://terms.naver.com/entry.nhn?docId=1223766&mobile&categoryId=200000188。

② 规划团由国务总理单任执行委员长,以递信部位中心商工部、经济策划院、财政经济院、通商产业部、科学技术处等相关部门与韩国通讯、DACOM等通信单位,韩国电子通信研究院(ETRI)、信息通信政策研究院(KISDI)等研究所共同协作的泛政府组织。

③ 《100个大事件:确立超高速信息通信网构筑基本计划》,电子新闻,2012.9.17。http://www.etnews.com/news/telecom/network/2645435_1436.html.

柱性产业的地位。随后在2000年代文化观光部的主要工作计划中,文化产业被表述为"知识基础经济的新产业""知识经济核心产业""国家核心战略产业""国家经济的新成长动力",文化产业的培育成为文化观光部重点推进的课题或核心战略之一。

第二,可以联想到与卫星、电缆、互联网相关的新媒体对文化的影响。2000年年初发表的《文化产业前景21》中指出"以数字或互联网经济为代表的知识基础经济是通过信息通讯基础的建设以及信息内容的培育实现均衡发展的,占信息内容比重最大的文化内容产业的培育已经成为确立国家文化整体性及体现知识基础经济的核心课题。"此外通过对《文化产业前景21》的补充而完成的《内容韩国前景21》也强调解决文化产业数字化引起的内容缺乏问题是当前面临的主要任务①。

表 5-2-3　韩国下一代成长动力产业(2003)

10大下一代成长动力产业	内容
① 数字TV广播	数字广播系统、数字TV、机顶盒、综合仪器等
② 展示	TFT-LCD、PDP、有机EL等
③ 智能型机器人	在家庭用、IT为基础的服务、极限作业用、医疗支援用等领域培育机器人
④ 未来型汽车	混合燃料、燃料电池汽车等
⑤ 下一代半导体	下一代内存、SoC、纳米电子素材等
⑥ 下一代移动通信	4G终端、系统、远程信息处理系统等
⑦ 智能型网站	主服务器、home gateway、home networking、智能型信息家电、普适计算(ubiquitous computing)等
⑧ 数字内容/SW解决方案	数字内容制作、运用、流通系统,文化内容,Embedded SW,智能型综合物流系统等
⑨ 下一代电池	2代电池、燃料电池灯
⑩ 生命科学与药物开发及器官产业	药物开发、生命器官、生物芯片等

上述下一代成长动力产业作为国家层面的战略产业是挖掘具有高附加值潜力的成长动力产业,通过对新产业与传统产业的良性循环创新实现产业的高附加值化,5—10年后发展为韩国经济的支柱产业,尽快缩短与美国、日本等先进国家的技术差距。不同于以往成长动力产业着重于通过加大劳动、资本等生产要素的投入增加生产量,下一代成长动力产业把重点放在了通过R&D投资、人力培养等生产系统的创新实现高附加值化,同时着重于将预算、税收制度、金融等政策手段应用于建立联系、协调的体系。下一代成长动力产业未来5年(2004—2008)的投资规模总额为2兆7974亿韩币(约160亿元),数字内容、SW解决方案占了5331亿韩币(约30亿元,19.06%),下一代移动通信占4925亿韩元(约28亿元,17.61%),其中数字内容、SW解决方案领域的政府研究费用比重占了74.2%②。

卢武铉政府的"下一代成长动力产业"持续到了李明博政府(2008—2012)时期的

① 《2004 文化产业白皮书》,文化观光部,2004.12,pp.3—4。

② 《对内容产业新一代国家战略产业化的研究》,韩国文化观光研究院,2011.12,pp.34—36。

“新成长动力事业”。2008 年 3 月发起的以民间为中心的“新成长动力规划团”，从成功可能性、波及效果、解决经济社会性问题等层面考虑选出了 6 大领域的 22 个新成长动力产业。6 大领域包括① 能源环境，② 输送系统，③ NewIT，④ 融合新产业，⑤ 生命学，⑥ 知识服务等。同时以新成长动力规划团体选出的新成长动力产业为基础，国家科学技术委员会于 2009 年 1 月重新确定了引领韩国经济的 3 大领域 17 个新成长动力产业。

表 5-2-4　韩国 3 大领域新成长动力产业（2009）

3 大领域	17 个新成长动力
绿色技术产业	新再生能源、低碳能源、深度水处理、LED 应用、绿色输送系统、尖端绿色城市
尖端融合产业	广播、融合通讯产业、 IT 系统、机器人应用、新素材、纳米等 食品产业、生物制药（资源）、医疗器械等
高附加值服务产业	国际卫生保健、国际教育服务、绿色金融、应用软件等

在这里与文化产业领域相关的“内容、软件产业”归类于高附加值产业，具体内容包含了① 游戏；② 新一代影像媒体；③ 模拟现实内容；④ 创作、演出、展示；⑤ 融合内容；⑥ 虚拟现实内容；⑦ 双向互动内容；⑧ 模拟世界；⑨ 电脑绘图内容等。

尽管不同于上述“下一代成长动力产业”或“新成长动力产业”，韩国政府的服务产业培育政策与文化产业有着密切的联系。韩国政府认为服务产业同时带动内需基础的扩张与就业，是支持经济可持续增长的核心领域，为此 2006 年底以财政经济部为中心制定了“强化服务产业竞争力综合对策”，到了李明博政府时期名称变更为“服务先进化方案”。为强化服务产业的竞争力，政府通过制定 5 次综合对策（2008—2009）以及针对具有发展潜力的服务产业各部分制定就业方案等约 13 次举措共推进了 695 个课题。

表 5-2-5　韩国政府培育服务产业的综合对策

分类		主要内容
强化服务产业竞争力的综合对策	3 阶段综合政策（2006—2007）	（第一阶段）实施区别于制造业的政策、改善不合理的制度及建设基础设施、扩大税收政策、金融支援、为实现医疗服务的多样化、尖端化改善制度、支援服务业人力资源培育体系、未来希望服务行业的产业化培育、旅游产业活性化方案、教育领域竞争力强化方案
		（第二阶段）促进旅游休闲领域的海外消费向国内消费转变、为提高服务产业生产率加强政策支援、持续推进服务产业经营环境
		（第三阶段）**培育文化产业**（产业基础、创作基础、制作基础、流通、演出艺术）、**培育数字内容**（产业基础、流通、出口）、培育旅游产业（自然公园、医疗观光、体育设施）
服务产业先进化方案	5 次综合对策（2008—2009）	（第一次）改善服务收支、（第二次）制度合理化、（第三次）扩充基础设施、（第四次）区别改善以及培育未来希望服务产业、（第五次）扩大内需基础
	8 次各领域对策（2010—2011）	培育内容、媒体、3D 产业发展战略与社会服务，服务业海外市场开发、旅游、休闲产业培育、发展教育服务，研究开发服务业的发展、保健·医疗服务的培育、专业资格证

来源：《内容产业下一代国家战略产业化的研究》，韩国文化观光研究院，2011。

进入21世纪以来韩国经济结构开始转变,在促进经济增长与就业环境方面服务产业所占比重不断增加,今后随着经济的服务化不断深入、服务市场走向开放趋势等,预计服务交易将日益增加从而急需加强服务产业的竞争力,这是韩国政府上述服务产业培育政策形成的判断依据。

根据IMF的实际调查显示,韩国2009年的服务收支赤字额达到172亿美元,继德国(233亿美元)、日本(204亿美元)、俄罗斯(199亿美元)等成为世界第六个服务产业赤字国,在服务产业领域表现出薄弱的竞争力。相反位居世界第一位的服务收支盈余国家美国(1340亿美元)和世界第二位的英国(699亿美元)各自在内容、咨询、SW和金融、内容等领域表现出强劲的竞争力①。

进入20世纪90年代,依靠资本与劳动投入的模式体现出增长乏力,韩国为实现向创新主导型成长结构的转变不懈地努力着。韩国以此为目的实施战略产业培育政策,文化产业的推进也成为这些国家战略产业培育政策的一部分。但是相比其他战略产业培育政策,韩国政府对文化产业的政策比重并不算大。例如韩国政府在1994年12月成立了"信息通信部",作为国家战略产业,政府决定集中培育信息通信产业,与同一时期政府推出的文化产业振兴政策比较,政府对这两个领域投入的预算规模有相当大的差距。尤其是在自称"文化大总统"的金大中政府时期这一差距也依然存在。

表5-2-6　金大中政府的信息通信及文化产业预算现况(单位: RMB 亿元, %)

分类	政府预算	信息通信部	文化观光部	
			全部	文化产业
1998	4538	108 (2.4)	27 (0.6)	0.9 (0.02)
1999	4972	123 (2.5)	37 (0.8)	5.6 (0.11)
2000	5334	116 (2.2)	54 (1.0)	10.0 (0.19)
2001	5962	161 (2.7)	59 (1.0)	8.3 (0.14)
2002	6525	118 (1.8)	68 (1.0)	11.0 (0.17)
2003	6470	154 (2.4)	74 (1.1)	10.6 (0.16)

来源:Park kwang Moo,《韩国文化政策论》,GIMM-YOUNG PUBLISHERS. INC, 2010. p233,p242。

这一态势持续到了现在。2011年由相关部门共同制定的《内容产业振兴基本计划》中指出尽管内容产业被李明博政府选定为"10大新成长动力产业②",2011年内容产业总预算以6004亿元仅占总预算的0.2%,远不及当时对国家战略产业(钢铁、汽车、半导体、

① 《内容产业振兴基本计划》,各相关部门协同参与,2011-5,pp. 1—2。

② 2011年4月14日韩国政府通过"新成长动力强化战略报告会"选出了第四代移动通信、系统半导体、IT融合医院、天然制药等生命学、软件等文化内容、电动车与基础设施、海洋风力、薄膜太阳电子、建筑能源的有效运用、水处理技术等10大战略项目。每日经济,2011.4.14。http://news.mk.co.kr/newsRead.php? year=2011&no=238547.

IT 等)的财政投入比重(2%—7%)。

20 世纪 90 年代中期以来,伴随着 1997 年的外汇危机与 2008 年的全球金融危机,韩国政府面临的最大课题是探索并培育为避免像日本一样陷入长期停滞的持续增长动力。在这样的形势下,韩国文化产业作为国家战略产业化的一部分受到了关注。当然文化产业的战略意义并不局限于经济领域,这正是区别于其他战略产业的特点。但要指出的是,以国际金融危机为契机国际上对发展质量的讨论不断扩大,呼吁从不同的概念去认识经济增长与经济发展。如果说经济增长是可以通过 GDP 体现的量的指标,那么经济发展则体现了包含增长、收入分配、环境、社会价值等包容性的质的概念。这说明在新的增长模式下设定相应的经济发展(包括增长和社会发展)目标,为实现这一目标建立社会协商的重要性。2009 年 11 月在新加坡举行的 APEC 会谈中提出了新的增长模式的组成要素即均衡增长(Balanced Growth)、包容性增长(Inclusive Growth), 可持续增长(Sustainable Growth),2009 年 9 月在美国举办的 G20 峰会中提出目标“强有力并可持续的均衡增长(Strong, Sustainable and Balanced Growth)”[①]。因此,今后韩国政府应培育的战略产业必须是主导经济创新,同时与新的增长模式理念相适应的产业。

二、韩国对外文化贸易演变及成效

东亚发展中国家在经济增长过程中采取的核心战略之一就是出口主导产业化战略(Export-led Industrialization)。这是后发国家在国内市场购买力弱情况下扩大出口,以运用规模经济实现产业化为核心的经济发展战略,过去东亚发展中国家在经济发展初期的短期内迅速从进口替代工业化(ISI:Import Substitution Industrialization)战略转向出口主导战略,确保了产业的国际竞争力,从而成功实现了经济的发展。对于这一战略的成效争议不断。

首先,韩国在实施文化产业培育政策初期就将开发海外市场确定为核心任务之一。《文化产业振兴基本法》(1999)第七条提供了政府支援海外市场开发的法律依据,在各届政府的文化产业振兴战略中,开辟海外市场始终被放在重要的位置。韩国政府致力于文化产业振兴战略的原因在于国内市场的过于狭小以及 20 世纪 90 年代后期开始以东亚地区为中心发展的韩流现象更加肯定了文化商品出口的可能性。

① Choi Sung Ho、Park Jung Ho、Kang Seog Hoon、Kang Sung Jin,《世界经济的结构变化与新成长模式的探索》,韩国产业研究院,2010,pp. 96—97。

表 5-2-7　韩国历代政府开辟海外市场的计划

内容韩国蓝图 21 (2001 年)	内容韩国战略 2010 (2005 年)	内容产业振兴基本计划 (2011 年)
(目标 5):通过战略性市场营销扩大国际市场 ① 在战略地区确立开辟海外市场的据点(海外办事处) ② 发掘并集中支援"Star Project" ③ 通过举办世界性的文化内容活动,实现内容分配的基地化 ④ 支援国际共同制作项目	(目标 4):通过韩流的世界化加强国家品牌实力 ① 成立 Korea Plaza ② 确保亚洲文化合作伙伴达到 1 万人 (流通):建立文化内容出口信息系统(CEIS) (著作权):建立出口支援体系	(目标 3):扩大国际市场开发 ① 根据各地区的特点加强战略性开发:根据美国 · 欧洲/亚洲/中南美洲地区的特点实施不同的市场开发战略 ② 构筑国际化网络 ③ 集中支援国际化的明星内容:成立国际化内容基金/发掘、支援明星内容

韩国政府开辟文化产业国际市场的政策是以韩国文化产业振兴院为中心推进的,主要业务内容如下:

第一,建立开辟国际市场的 One-Stop 支援体系。建立这一支援体系的原因是支援开辟文化产业国际市场的模式发生了变化,即过去十年间文化产业的出口结构从单品及成品出口为中心转变为专利销售比重不断增加的趋势,说明文化商品"一源多用"(OSMU) one source Multi use 为基础的海外收益结构逐渐丰富,超越行业界限的衍生产品市场不断扩大。

以国际市场为目标的海外合作 · 共同制作项目的迅速增加,策划创作、投资分配、市场营销品牌管理等方面的国际市场开发支援需求变得更加具体和复杂。根据这一变化韩国文化产业振兴院于 2008 年成立了支援海外市场开发的国际内容中心(GCC; Global Content Center),其特点是将过去按照行业分散于各机关的个别出口支援功能集中到国际内容中心,从而提高经济性与效率性,通过开辟海外市场所需的一站式支援,提供文化产业海外市场开发的基础及竞争力。

表 5-2-8　国际化内容中心(GCC)联系战略

分类	联系战略	业务内容
运营委员会	① 广播影像产业振兴院　② 电影振兴委员会　③ 游戏产业振兴院　④ 著作权委员会　⑤ 文化产业交流财团	• 举办定期会议
负责机关	① 咨询团(法律、咨询)　② 海外办事处(日本、中国、美国、英国)　③ 地区文化产业振兴院　④ 相关协会、团体	• 推进共同事业 • Marketing、咨询 • 提供法律、信息
协助机关	① Korea Center　② 海外文化院　③ 观光公社　④ 大韩贸易投资振兴公社　⑤ 国际交流财团	• 协助开展项目 • 支援举办活动 • 提供市场信息
地区分类	① 北美　② 中南美　③ 日本　④ 中华圈　⑤ 欧洲　⑥ 中东	• 收集全世界的信息 • 扩大网络
支援行业	① 动漫　② 广播、电影　③ 游戏　④ 音乐　⑤ 数字内容	• 本地化、法律等
支援领域	① 市场分析　② 策划、制作　③ 引进投资　④ 分配、流通	• 支援文化产业整个领域 • 以海外市场营销为中心

第二,支援参加海外展销会。主要内容是为了在海外市场扩大韩国文化商品的人气并扩大海外市场开发及共同制作的机会,建立韩国馆、支持商务协商、支援战略性宣传等。尤其是中小企业比较多的韩国文化产业结构的特点,不利于它们在开辟国际市场过程中持续收集当地的市场信息,从而无法开发出适合的商品,为此特向这些企业提供海外市场动态与企业信息以及与当地媒体挂钩的宣传服务。2003 年为动画、音乐、漫画、卡通 4 个行业的企业创造了参加 Natpe、MIPTV、MIPCOM、Midem 等 10 个海外展会的的机会并签订了价值 4300 万美元的合同,2004 年签订了价值 7355 美元(增长 71.6%)的合同,陆续实现 2005 年 10694 万美元(增长 45.4%)、2006 年 11651 万美元(增长 8.9%)、2007 年 12669 万美元(增长 8.7%)、2008 年 14440 万美元(增长 13.7%)的合同额。[①]

第三,利用海外据点实现市场活性化。韩国文化产业振兴院在日本、中国、美国、欧洲(英国)等 4 个战略地区设立了海外办事处并推进国际协作及开辟海外市场支援事业,与海外办事处相关的具体业务如下:① 收集当地文化产业市场及政策信息;② 支援韩国文化产业在当地的宣传;③ 支援国内文化产业企业的海外当地市场营销;④ 提供法律、会计咨询、经营咨询等各种经营信息方面的支持;⑤ 为国内文化产业企业开辟海外市场提供各种基础设施;⑥ 交流合作及当地互联网建设事业等。尤其是 2008 年国际内容中心(GCC)的成立,使海外办事处携手其他机关的地区负责人、海外进军咨询团、合作企业等推进国内企业的国际化支援,促进适合各地区特点的海外市场开发战略。

第四,支援国际化内容制作事业。最有代表性的是明星项目开发扶持事业,针对 One-Source 企业与 Multi-Use 企业之间的共同策划,扶持对具有较大成功潜力的海外合作项目进行优先选择和扶持,着力培育明星项目。2002 年至 2008 年对 40 个项目提供了共 218 亿韩币(约 1.2 亿元)的支持。为了扩大被扶持项目的成果,建立了推进扶持项目上市的系统,并依据项目资金筹措(PF: project financing)方式采用资金管理系统以及运用海外评审审核制度等扶持措施。

第五,对出口文化内容的金融支援。2008 年韩国文化产业振兴院与韩国进出口银行、首尔保证保险(Seoul Guarantee Insurance Co., Ltd.)、技术保证基金等共同签署了有关“内容制作基金一站式支援制度”的业务协议。这是针对国际动画项目选定的作品无需个别审核,以振兴院决定的资助金额为依据提供信用担保贷款的一种制度,2008 年对选定的 5 个项目投入了 50 亿韩币(约 2800 万元人民币)。另一方面,2007 年底,韩国贸易保险公司推出了“文化出口保险”,这是为了协助制作热销或具有出口可能性的内容的制作企业筹措资金,韩国贸易保险公司向第一金融圈提出担保的一种制度。过去内容制作企业通常是通过第二、第三金融圈筹集资金,同时承担 15% 以上的利息。但随着文化出口保险制度的推出,符合相应条件的制作企业可以在支付不到辅助金 1% 的保险费的情况下就以 5%—6% 的利息在第一金融圈筹集到需要的资金。韩国贸易保险公司的保证规模实现 2008 年 7 个项目 140 亿韩币(约 7900 万元)的资金、2009 年为 10 个项目 144 亿韩币(约 8100 万元),到了 2010 年增加到了 25 个项目 313 亿韩币(约 1.8 亿元)。此

---

① 《韩国文化产业振兴院 10 年史》,韩国文化产业振兴院,2009,pp. 66—69.

外韩国文化产业振兴院为开辟文化内容的海外市场开展了建立和运营文化内容出口信息系统(CEIS)、举办大韩民国文化内容出口大赛、战略地区海外研修及国际化市场人员培育事业等各种事业。

表 5-2-9 韩国内容产业出口现况 (单位:千美元)

分类 \ 年份	2007	2008	2009	2010	2011	增长率(%)
电影	24 396	21 037	14 122	13 583	29 065	4.5
动画	72 770	80 583	89 651	96 827	135 802	16.9
音乐	13 885	16 468	31 269	83 262	184 113	90.8
游戏	781 004	1 093 865	1 240 856	1 606 102	2 305 508	31.1
卡通形象	202 889	228 250	236 521	276 328	383 173	17.2
漫画	3 986	4 135	4 209	8 153	16 350	42.3
出版	213 100	260 010	250 764	357 881	322 437	10.9
广播	150 953	171 348	184 577	228 633	246 061	13.0
广告	93 859	14 212	93 152	75 554	108 577	3.7
知识信息	275 111	339 949	345 693	363 282	420 990	11.2
内容解决方案	112 678	107 746	113 418	116 487	148 195	7.1
合计	**1 944 631**	**2 337 603**	**2 604 232**	**3 226 092**	**4 300 271**	**21.9**

资料:《2011 内容产业白皮书》,韩国文化体育观光部,2012 年。

三、韩国对外文化贸易政策与软实力

(一) 对外开放和彻底封锁的矛盾

在文化产业领域,韩国的开放步伐显得非常慎重。核心问题在于开放的程度与时期是否会影响对本国文化产业发展的战略性判断。一般在产业发展的不成熟阶段需要实施新知识开发实验,后发国家的产业政策更要促进这一过程。换句话说,后发国家要通过实施产业政策为企业积极参与实验与学习提供稳定的环境,主要手段就是灵活运用专利系统、扶助金、关税或其他形式的支持政策①。不过,在维护和培育幼稚产业的政策过程中最值得关注的是与对外"规制(regulation)"相关的部分。对发达国家进入门槛的严格限制尽管可以保护处于幼稚阶段的本国产业,但另一方面又会阻碍后发国家向发达国家学习产业发展过程中所需的先进技术的机会。在加入世界贸易组织(WTO)、国家之间FTA 协商等形势下,无论是经济领域还是文化领域的开放都已成为不可阻挡的必然趋势。所以,问题的核心就在于"开放的程度与时机",在于这种战略性的选择是否确实有效地作用于后发国家的文化产业发展。从这一观点出发,韩国政府针对日本大众文化采

① 张夏准:《国家的作用》,Bookie Publishing House,2010,p. 296.

取的措施值得一提。

1948年韩国政府成立后,韩国对日本大众文化始终坚持封锁政策,当然,每个国家在不同程度上都会存在对文化的限制政策。尤其是在冷战时期,社会主义国家阵营与资本主义国家阵营之间由于理念上的差异相互实施强力的抵制政策。但是,韩国的对外文化限制过程中最特别的是对特定国家实施接近彻底封锁的抵制政策。Hong Sung Tai 认为韩国政府对日本大众文化的限制措施通过以下三点理论被合理化:第一,政治原因。日本大众文化本身是日本的象征,作为曾经日本的殖民地国家韩国无法在政治上正式接受日本大众文化。第二,文化原因。认为日本大众文化具有变态、暴力、淫秽等性质无法接受。第三,经济原因。认为在文化产业所有领域比韩国拥有更加丰富的资本与技术的日本大众文化实施开放政策会导致韩国大众文化产业的溃灭,由此引发的不安与忧虑不断扩散。[①]

但就像 Hong Sung Tai 批判的,韩国政府对日本大众文化的规制政策是非常矛盾的。实际上在韩国政府强烈的封锁政策下,日本大众文化依然陆续进入韩国并广泛流通,并以“走私”和“抄袭”的形态出现。也就是说,尽管法律上禁止进口但实际上日本大众文化始终在进入韩国市场,而且针对韩国大众文化作者们“剽窃”日本大众文化的争论从未间断。不应该存在的日本动画片依旧可以在电视里看得到,许多韩国的儿童将它们视为韩国的动画片。[②] 自1965年韩国与日本实现邦交正常化以来,日本政府坚持要求对日本文化进行开放。1965年12月讨论了“韩日文化财及文化合作相关协定”,1983年日本总理大臣中曾根康弘访韩时公开发言提出“打破韩日文化国境”的要求,1984年全斗焕总统访问日本时日本同样强烈要求对日本文化的开放。但韩国政府的开放政策直到1998年才开始实施,截止到2003年通过4个阶段逐步实现了彻底的开放。也就是说,对日本大众文化的开放经历了韩日邦交正常化以后33年的时间。

表 5-2-10　韩国对日本大众文化的阶段性开放内容

领域	第一次开放 (1998.10.20)	第二次开放 (1999.9.10)	第三次开放 (2000.6.27)	第四次开放 (2004.1.1)
电影	世界4大电影节获奖作品	在公认的国际电影节获奖的适合所有年龄观看的电影	除“只准18岁以上人士观看”的电影以外的全部电影	全面开放
音像	允许开放的电影中在国内上映的电影	允许开放的电影中在国内上映的电影	允许开放的电影中在国内上映的电影	与电影及影院动画的互动
用于影院播放动画片	未开放	未开放	国际电影节获奖作品	影院动画:2006年全面开放
演出	未开放	2 000坐席以下的室内演出	完全开放	—
唱片	未开放	未开放	除日语歌唱唱片以外	全面开放

① Hong Sung Tai:《日本大众文化开放的文化政治》,《文化科学》通卷41号,2005,第138—139页。

② 同上书,第132页。

（续表）

领域	第一次开放（1998.10.20）	第二次开放（1999.9.10）	第三次开放（2000.6.27）	第四次开放（2004. 1. 1）
游戏	未开放	未开放	除游戏机专用电子游戏以外	全面开放
广播	未开放	未开放	体育、纪录片、报道节目的开放，国内上映电影（新媒体）	广泛开放有线 TV、卫星广播，开放部分地面电视

来源：《日本大众文化开放 10 年》，韩国文化观光研究院，2009 年 5 月 29 日，第 347 页。

针对日本大众文化在韩国的开放政策也存在争议。但值得关注的是，1998 年，当时专家的批判与一般民众的舆论焦点并不在于开放或封锁问题，而是“开放的程度与时期”的问题。因为当时日本大众文化具备了国际竞争力，所以专家和民众均认为，为了保护本国的大众文化，应留有充分的时间逐步开放。换句话说 20 世纪韩国政府的开放政策最注重的并非政治性、文化性方面，而更多的是经济方面。如上所述，自 20 世纪 70 年代以后日本大众文化以多种渠道陆续进入韩国，伴随着 90 年代信息技术和通信技术的快速发展，与日本大众文化的距离也越来越近。1998 年 5 月文化观光部在对日本大众文化实施开放之际，针对 15 岁以上民众展开的“对日本大众文化开放的国民舆论调查”显示，已经有接触日本大众文化经验的人占了 93.2%。[①] 这就说明，在这样的情况下为了维护韩国文化的整体性而封锁日本这一特定国家的大众文化的理论绝对是不现实的。

对于是否实施开放的官方立场，这在很大程度上会影响韩国的文化产业。首先关系到韩国的大众文化能否在竞争中战胜日本大众文化的问题，其次是费用增加的问题，即无法再通过“走私”和“抄袭”的方式无偿使用日本大众文化的现实问题[②]。1998 年以后，韩国政府在国内的批评与忧虑声中、在与日本大众文化的竞争中逐渐树立起了自信心。2003 年在济州岛举办的“韩中日文化产业论坛”中，韩国文化观光部高层人士自信地指出对日本大众文化的开放丝毫不会影响韩国的文化产业，而实际上在实施开放后日本大众文化在韩国市场的发展没有达到日本预期的目标。[③] 这一事实说明，在后发国家的文化产业发展过程中，一定时期内国家的对外“规制”措施在提高国内产业的竞争力方面发挥着重要的作用。反过来看，国家官方的规制政策实施期间，暗地里开展的所谓非正式的交流即非法模仿与流通，对于后发国家来说却是学习先进国家技术的绝好机会。

（二）保护文化整体性政策

与世界其他国家一样，韩国同样也在实施作保护文化整体性的限制政策，其中最有代表性的要素就是“电影配额（screen quota）制”。电影配额制是指强制规定国内电影放

---

① 《日本大众文化开放 10 年》，韩国文化观光研究院，2009.5.29，p.383.

② Hong sung tai，《日本大众文化开放的文化政治》，《文化科学》通卷 41 号，2005，p.137.

③ 实施开放以后，在开放领域中日本大众文化的韩国市场占有率并不明显。电影的观众占有率为 1%—3%，音乐市场占有率为 2%—3%，TV 电视剧领域有线电视的收视率超过 1% 的仅有两部作品。《日本大众文化开放 10 年》，韩国文化观光研究院 2009，p.371.

映企业必须在一定时期内播放国产电影的制度。韩国制定这一制度的目的是防止外国电影吞噬国内电影市场,用法律、制度手段引导韩国电影的企业化与活性化,自 1966 年《电影法》明确规定了这一制度,截至目前共修改了 5 次。

表 5-2-11　韩国电影配额制的演变过程

年度	法律依据	主要内容
1966	电影法	每年上映 6 部以上韩国电影,每个播放时间保持在 90 天以上
1970	电影法	每年上映 3 部以上韩国电影,总上映时间保持在 30 天以上
1973	电影法	每年的上映时间保持在 1/3 以上(121 天)
1984	电影法	每年的上映时间保持在 2/5 以上(146 天)
2006	电影法	每年的上映时间保持在 1/5 以上(73 天)

韩国因外汇危机进入 IMF 管理体系后急需引进外资,1998 年韩美最高级会谈中,在达成签署韩美投资协议(BIT: Bilateral Investment Treaty)的原则下,两国贸易代表在进行业务协商的过程中提到了电影配额制的问题,由此引发了日后韩国在电影配额制方面的争议。美国主张韩国电影配额制应阶段性缩减并最终完全废除,而韩国的电影界则深刻认识到电影配额制的缩减及废除伴随着经济层面的影响,将导致文化主权及影视产业的一同灭亡。但韩国国内并非所有的人都反对美国的要求。韩国国内对缩减电影配额制的争议的依据归纳如下。

表 5-2-12　对缩减电影配额制的争议①

赞成缩减电影配额制的观点	反对缩减电影配额制的观点
(1) 运用市场经济原理的竞争力强化理论 (2) 限制了消费者的选择自由 (3) 过分的制度限制导致贸易压力的理论 (4) 转向扶助资金政策的理论 (5) 文化的生产、流通、消费的国际化	(1) 规模经济与市场失败 (2) 外部性(externality) (3) 幼稚产业保护论(infant industry arguments for protection) (4) 作为"经济性例外"的"文化性例外" (5) 保障消费者的选择权

有趣的是韩国政府部门之间也存在着意见的分歧。文化观光部坚持实施电影配额制的立场,外交通商部对于电影配额制度提出了以下几点问题。第一,对于强制上映时间的规定相比其他国家过于严格。第二,相比较少的国产电影制作数量,适用的强制上映比重过大。第三,从现实的角度这一制度很难维持。第四,这一制度削弱了韩国电影产业的发展潜力②。尽管存在上述意见的分歧,1993 年以后电影配额制成为提高韩国电影市场占有率的动力,在这一点上大致上表现出认同的观点③。

随着 1999 年掀起的有关电影配额制争议的高潮,韩国文化政策开发院针对电影产业相关专家及从业者 96 人进行了题为"电影配额制与文化整体性有何关联"的问卷调

① 《有关韩国电影配额制现况与发展方案的研究》,韩国文化政策开发院,1999 年,第 119—130 页。

② 《有关韩国电影配额制现况与发展方案的研究》,韩国文化政策开发院,1999 年,第 9 页。

③ 随着 1987 年允许美国电影发行公司直接参与发售,进口影片数量大大超过了韩国国产电影数量。1983 年市场占有率为 39.9% 的韩国电影市场到了 1988 年降到了 23.3% 并持续这一趋势,截至 1993 年降低至 15.9%。但 1993 年随着电影配额制监督团的积极作用,韩国电影市场占有率开始回升,到了 1997 年恢复到了 25.5%。《有关韩国电影配额制现况与发展方案的研究》,韩国文化政策开发院,1999 年,第 87—88 页。

查，结果认为“电影配额制有关强制上映韩国电影的方式对于保障我们的文化整体性起到了重要作用”的占了38.2%，认为“电影配额制作为保护我们脆弱的电影产业的措施，对文化整体性的影响相对较小”的占37.1%，认为“并非观看韩国电影就能确立文化整体性，因此电影配额制与文化整体性没有直接的联系”占24.7%。总的来说，认为电影配额制与文化整体性之间并无直接关系的观点占了多数。调查结果说明为维持电影配额制开展的各项活动与其说是为了维护文化整体性，更重要的意义在于对文化产业产生的产业性、经济性影响①。

全球化的趋势已越来越明显，文化同质化倾向带来的国家文化整体性的危机意识在后发国家中尤为突出。但是文化整体性从不消失只会变化，关键是以何种方式构成的问题。而且文化产业在新文化整体性的形成方面发挥了主要作用。这并不说明在文化整体性的形成过程中丧失了国家的作用，而是国家的作用要在文化产业领域中发挥核心作用。

（三）世界化和国家品牌的打造

韩国政府开始关注本国在国际社会上的形象是从金泳三政府推进“世界化”开始的。当时作为世界化推进中心机构成立的“世界化推进委员会”提出了世界化的前景与战略，改善国家形象被选定为外交统一领域的主要课题。尤其是2000年以来，随着“韩流”围绕着中国及东南亚向外扩散，开始更加重视文化对外交的作用，为了提升韩国的国际地位，选定42个项目作为提高国家形象的专门事业。2005年2月又成立了由具备海外宣传经验与专门知识的民间专家组成的咨询机构“国家形象开发委员会”，2009年1月改编为“国家品牌委员会（PCNB：Presidential Council on Nation Branding）”。“国家品牌委员会”对“国家品牌”的概念作出如下解释：它意味着对一个国家的好感与信赖程度，把适用于企业的品牌概念延伸到国家的层面，从广义来讲又是对国家的品格即国格的另一种表现，国家品牌之所以重要，是因为如同消费者在市场上通过品牌选择商品，在国外“大韩民国”的国家品牌也会成为外国人评价韩国国民或企业产品及服务价值的标准②。

表 5-2-13　国家品牌委员会（PCNB）的作用、战略、主要工作

分类	内容
作用	• 发挥有关国家品牌的泛政府性调整作用 • 提出中长期目标、前景、战略，树立基本计划等 • 支持国家品牌政策的有效执行 • 扩大、加强民间协作及国民的参与
战略	（1）加强软实力：扩大对国际社会的贡献、扩大文化资产的价值 （2）改善形象：加强国际交流 （3）加强推进机制：泛国民力量的联合

① 《有关韩国电影配额制现况与发展方案的研究》，韩国文化政策开发院，1999年，第85页。

② 参考国家品牌委员会（PCNB）网站（www.koreabrand.net）。委员会由现在的相关部门长官及青瓦台、国务总理室相关人员47人以及事业志愿团队（各部门派遣公务员12人以及全职合同工7人）的19人组成。

（续表）

分类	内容
5 大领域	① 国际社会的作用，② 尖端技术、产品，③ 文化、旅游，④ 多元文化、外国人，⑤ 国际化市民意识
10 大任务	① 与韩国同行的经济发展，② 世界学生交流，③ 开创海外公益团体的联合品牌，④ 建立海外同胞关系网络，⑤ 韩语的海外普及与扩大/跆拳道的品牌化，⑥ 培养国家化市民意识，⑦ 挖掘并宣传大韩民国知名品牌，⑧ 创造温馨的多元文化社会，⑨ 建立数字交流的大韩民国，⑩ 开发、运营国际品牌指数

此外，国家品牌委员会与三星经济研究所一同开发了国家品牌指数模型（SERI-PC-NB NBDO）①，最新调查（2011 年 11 月 4—21 日实施）结果如下。

表 5-2-14 2011 国家品牌指数

实体排名	综合	经济/企业	科学/技术	基础设施	政策/制度	传统文化/自然	现代文化	国民	知名人士
1	美国	美国	美国	新加坡	美国	美国	美国	挪威	美国
2	德国	德国	日本	瑞士	瑞典	**中国**	日本	瑞士	英国
3	法国	日本	德国	美国	加拿大	法国	德国	爱尔兰	法国
4	日本	荷兰	**韩国**	冰岛	德国	意大利	法国	新西兰	德国
5	英国	法国	芬兰	瑞典	瑞士	西班牙	**中国**	芬兰	俄国
6	瑞士	英国	英国	荷兰	澳大利亚	澳大利亚	澳大利亚	瑞典	日本
7	澳大利亚	瑞士	瑞士	丹麦	新西兰	德国	西班牙	澳大利亚	阿根廷
8	瑞典	瑞典	台湾	奥地利	丹麦	巴西	英国	奥地利	**韩国**
9	澳大利亚	新加坡	**中国**	挪威	英国	英国	**韩国**	荷兰	**中国**
10	荷兰	卢森堡	澳大利亚	卢森堡	爱尔兰	澳大利亚	荷兰	冰岛	意大利
备注	**韩国（15）**	**韩国（13）**	—	**韩国（21）**	**韩国（22）**	**韩国（33）**	—	**韩国（31）**	—
形象排名	**综合**	**经济/企业**	**科学/技术**	**技术设施**	**政策/制度**	**传统文化/自然**	**现代文化**	**国民**	**名人**
1	日本	日本	日本	日本	加拿大	意大利	美国	加拿大	美国
2	德国	德国	美国	加拿大	瑞典	希腊	法国	日本	英国
3	美国	美国	德国	美国	德国	埃及	加拿大	瑞典	法国
4	加拿大	加拿大	英国	德国	丹麦	法国	日本	瑞士	德国
5	英国	英国	加拿大	瑞典	瑞士	西班牙	意大利	芬兰	意大利
6	法国	瑞士	瑞典	英国	澳大利亚	**中国**	德国	新西兰	俄国
7	瑞典	法国	法国	澳大利亚	日本	日本	英国	丹麦	日本
8	澳大利亚	瑞典	瑞士	瑞士	新西兰	奥地利	澳大利亚	荷兰	**中国**
9	瑞士	澳大利亚	**韩国**	法国	芬兰	加拿大	西班牙	奥地利	西班牙
10	奥地利	**中国**	澳大利亚	芬兰	荷兰	爱尔兰	瑞典	澳大利亚	奥地利
备注	**韩国（19）**	**韩国（11）**	—	**韩国（19）**	**韩国（22）**	**韩国（32）**	**韩国（20）**	**韩国（19）**	**韩国（26）**

参考：《2011 国家品牌指数调查结果》，三星经济研究所，2012-2-2.

① 是总统直属管辖的国家品牌委员会与三星经济研究所（SERI）共同开发的 NBDO（Nation Brand Dual Ocatagon）模型，Dual 是实体与形象，Ocatagon 是指 8 个部门（经济/企业、科学/技术、技术设施、政策/制度、传统文化/自然、现代文化、国民、名人），针对 50 个国家的实体（统计数据 125 个）与形象（就 36 个问题，26 个国家意见领袖 13500 人进行问卷调查）之间的差异进行分析，形成可弥补差距的国家品牌指数模型，从 2009 年起每年发表调查结果。

以上述调查结果为基础,三星经济研究所首先将文化等软实力纳入了国家品牌的执行战略。即指出当前韩国在"经济/企业","科学/技术"等硬实力方面已进入了先进社会行列,为提高国家的地位应集中力量扩大在文化(传统文化、现代文化)等软实力方面的发展效果,随着当前韩流扩展到全球,"名人"与"现代文化"将成为提高韩国品牌的新动力①。

事实上,"韩流"为提升21世纪韩国国家品牌形象发挥了最为核心的作用。2010年国家品牌委员会面向外国人进行的有关韩国代表性产业形象的调查结果显示,以第一位汽车、第四位电视剧、第八位电影、第十一位网络游戏、第十三位动画片等文化产业占了多数②。此外,2004年日本的NHK广播文化研究所面向全国2289人进行的舆论调查显示,《冬季恋歌》50%的观众主动地接促韩国文化,其中26%对韩国的形象表现出了肯定。泰国的英文报纸*The Nation*题为Hallyu: South Korea rides the wave(《韩流:韩国位于潮流前端》)的报道指出对于韩国"男性支配的社会""保守""狭隘性"等的负面形象因韩流的影响转变为正面形象③。最近通过视频共享网站YouTube一跃荣升为世界级歌手的PSY,他发表的"Gangnam Style"MTV在短短58天内创造了点击数1亿的纪录,访问国家数量达到220个④,超过了UN成员国数量(193个)。这样的事实说明以"韩流"为代表的文化产业在提高韩国的国家形象方面发挥了广泛的有效的作用。

韩国政府对韩流的认识也从经济价值方面转向了提高国家品牌方面。这种意识的扩大产生于过去以大众文化为中心的韩流逐步扩展为与传统文化及艺术相融合的韩流战略。2012年1月文化体育观光部发表的《传统文化的创造性发展战略》目的在于通过大众文化与传统文化的结合,提高韩流内容的品质与竞争力,创造可持续的韩流扩大基础。2012年2月24日发表的《与世界同行的大韩民国文化艺术发展战略》,也强调有必要通过韩流的扩大带动相关产业的共同发展⑤,同时提升国家品牌形象,为保证韩流不像90年代的香港热瞬间退潮,就要摆脱以大众文化为中心,通过连接文化艺术与韩流来实现内容的多边化。而且2012年4月17日文化体育观光部发表的《内容的全球竞争力加强方案》提出了三大目标:第一,增加内容出口额(2011年42亿美元→2015年83亿美元);第二,增加游客规模(2011年980万人→2015年1300万人);第三,提高国家品牌的现代文化排名(2011年第20位→2015年第10位)。

---

① 《2011国家品牌指数调查结果》,三星经济研究所,2012年2月2日,第4—12页。

② 《内容产业振兴基本计划》,相关部门共同制定,2011年5月,第1—5页。

③ Kwon Ho Young、Kim Young Soo,《扩大韩流的战略与政策》,韩国文化产业振兴院,2009,p.73.

④ 《"江南style"最受欢迎的国家并非中日》,中央日报,2012.9.11。

⑤ 韩流的影响不仅波及了旅游、食品等直接相关产业,同时积极扩散到了整个IT、汽车、服饰等制造业领域。韩流的销售扩大效果在服务行业中所占比重依次为"文化"(86.7%)、"旅游"(85.7%)、"流通"(75%),在制造业中所占比重依次为"食品"(45.2%)、"电子"(43.3%)、"化妆品"(35.5%)、"汽车"(28.1%)、"服饰"(23.3%)。《内容国际竞争力强化方案》,文化体育观光部,2012年4月17日,第3页。

第3章

论中国电影在韩国的接受程度*

一、前言

英国广播公司全球服务(BBC World Service)针对美国、法国、德国、中国等25个国家展开了国家形象调查(The Country Ratings Poll)。2013年,参与该项问卷调查的人数达26999名,分别对指定国家对世界产生的肯定或否定影响进行作答。据调查结果表明,中国国家形象的综合成绩是褒贬参半。值得一提的是,北美洲、欧洲大陆主要国家以及东北亚的韩国和日本对中国的国家形象作出了否定的评价。[①] 尽管标本的覆盖率不大,但至少能说明一个问题,即中国国家形象的塑造任重而道远。

国家对外形象的打造,不仅依靠经济实力作为物质后盾,还需要借助文化软实力在精神层面予以推广。近年来,"中国文化走出去"的口号响遍全国。走出去,既要文化商品畅销海外,又要核心价值深得人心,是对文化软实力的考验,也是对文化产业发展水平的检验。然而,就现实情况来看,中国文化已迈出了"走出去"的步伐:一脚稳落大陆市场,另一脚则被卡在"文化折扣"的槛上。"国内爆红,国外冷清"便是中国文化走出去的现实写照。如何克服困难实现跨越,有待详细的考察。

本文选取电影为考察对象,理由有如下三点:首先,电影是最大众、最能集中反映某一国家或社会的文化商品,具有代表性和说服力;其次,相对于音乐、电视剧、动漫等而言,电影在数据整理和操作上的难度相对小一些;第三,中国电影产业发展势头迅猛,国

---

* 鄢葵,韩国亚洲大学,文化内容产业系,助理教授。

① "The Country Ratings Poll 2013", P7. (http://www.worldpublicopinion.org/pipa/2013%20Country%20Rating%20Poll.pdf).

产电影的国内票房十分可观，而国际票房成绩就显得十分暗淡，因此，有必要对中国电影走出去的现状和问题进行诊断。

本文把研究范围限定在韩国市场。韩国作为"test market"，从海外推广的层面来看，具有十分重要的战略意义。中国电影要走出去，还是要笼络亚洲观众的心。而韩国，无论是物理距离还是文化心理都与中国比较相近。尤其是习近平主席访韩之后，中国国家新闻出版广电总局和韩国文化体育观光部于7月3日在韩国签署了《中韩电影合拍协议》。因此，对韩国市场的研究具有某种现实意义。

笔者将从以下三个方面对中国电影进入韩国市场展开论述：首先，对华语电影在韩国的接受过程作简单的梳理，把握其历史脉络；其次，以近5年在韩国上映的中国电影为中心，结合上映时间、引进和发行公司、银幕数量和上映次数、观影人数以及网民和专家评分，进一步解析中国电影在韩国的接受问题；最后，对中国电影如何拓展韩国市场，即中国电影走出去的方案进行摸索。

二、华语电影在韩国的接受过程

在全球化浪潮的推动下，技术、资本、人才间的交流与合作日益频繁。就电影领域而言，跨国合作的现象相当普遍，由此一来，电影的"国籍"问题变得更加复杂。为了避免资本一刀切，"华语电影"这一术语更具包容性和融通性。在探讨华语电影在韩国的接受过程之前，有必要对"中国电影"作简单的说明。本文的"中国电影"是一个狭义的概念，即所谓的"国产电影"，打上"中国制造"的电影。韩国受众对华语电影的接受大概经历了三个阶段，而阶段的划分则是依据时代背景以及华语电影主体的变化而来的。

(1) 20世纪60年代—1989年。

这一时期可谓是香港电影纵横韩国华语电影市场的阶段。事实上，早在1956年韩国高丽映画社便引进了第一部香港电影——《海棠花》。然而，香港电影正式进入韩国市场应该是1967年。胡金铨导演的《大醉侠》在韩国上映，取得了不错的票房成绩。[①]此后，香港动作片在韩国持续高奏凯歌。

80年代中期到90年代中期，韩国舆论甚至用"香港电影症候群"来描述大众对香港电影的沉迷和喜爱。[②]当时，大批香港电影进入韩国市场，韩国观众对香港电影的喜好度甚至超过本国电影。在1992年引进的外国影片中，美国电影以160部稳居第一位，香港电影以74部居第二。[③]可见，香港与美国是韩国外国电影市场的两大霸主。

这一时期的香港电影之所以能够成功进入韩国市场且俘获韩国观众的心，除了香港

① Lee Young-jea，《1970年代韩国对香港电影的接受程度》，韩国女性文学学会，女性文学研究卷30，2013年，第153页。

② Lee Hyoung-suk：《韩国的香港电影症候群》，博士学位论文，2007年，第5页。

③ 林春城：《关于韩国对中国大众文化之接受的跨国家性研究：以电影和武侠小说文本为中心》，《中国学报》第五十七辑，2008年，第11页。1992年韩国上映的电影总数是391部。

与韩国在地理、文化、贸易往来等方面的密切性,以及香港电影自身的特质和突破以外,还与韩国的时代环境有关。当时,韩国大众文化受到政府的钳制,电影产业处于停滞期,不得不依靠海外进口。

值得注意的是,除了大量引进香港影片,韩国还在电影拍摄方面加强了与香港的合作。从1957年到1982年,韩国与香港合拍了132部电影,从50年代的爱情剧到60年代的间谍剧和宫廷剧,再到70年代的功夫片,都获得了不错的票房成绩。①

此外,这一时期也有台湾电影在韩国上映。如《千刀万里追》(1979年3月29日)和80年代上映的《龙之家族》《长短脚之恋》《顽皮家族》《好小子3:苦儿流浪记》等。到了80年代末,《最后的贵族》《芙蓉镇》《红高粱》等为数不多的中国电影也在韩国上映。

从整体上来看,在中韩断交的数十载期间,香港电影、港台武侠小说等大众文化填补了"中国文化"的空白,在某种程度上丰富了韩国大众的中国想象。一方面拉近了韩国大众与"中国"的距离,另一方面却阻碍了对社会主义中国的理解。

(2) 1990—1999年。

1992年8月24号中韩正式建立外交关系,两国的文化交流由此迅速升温。如前所述,韩国大众通过香港电影、港台武侠小说等大众文化满足了其中国想象,对于社会主义中国,尤其是改革开放之后的中国充满了无限好奇。在韩国音乐、电视剧、电影陆续进入中国掀起韩流的同时,中国电影也开始在韩国市场崭露头角。

事实上,在中韩建交以前,张艺谋导演的《红高粱》(1989年9月9日)和《菊豆》(1990年8月25日)就曾在韩国上映,给韩国观众留下了深刻的印象。建交之后,《边走边唱》(1992)、《霸王别姬》(1993年12月24日)、《秋菊打官司》(1994年10月)、《活着》(1995年5月27日)等第五代导演的作品陆续在韩国荧幕上上映,吹响了中国电影进军韩国市场的号角。值得注意的是,上述电影都是在国际电影节上获得荣誉的作品。

在张艺谋、陈凯歌等第五代导演俘获韩国民心的的同时,以王家卫、陈果、徐克、许鞍华、关锦鹏等为代表的香港第二代新浪潮导演的作品风靡韩国市场。尤其是王家卫和陈果的作家电影,为香港电影开辟了新的天地。②

依据《韩国电影年鉴》的统计数据可知,60年代上映的香港电影有3部,70年代是21部,80年代是109部,90年代却达到了339部。结合图5-3-1可知,台湾(10部)和内地(22部)作品虽然比前一阶段有所增加,但明显不及香港电影。可见,整个90年代,香港电影依旧是韩国华语电影市场的绝对强者。

值得说明的是,1997年亚洲金融危机前后,香港电影的上映部数呈现递减的趋势。原因不乏经济危机本身的影响以及香港电影自身的问题,还与韩国电影政策的变化有关。金大中总统上台之后,树立了"文化立国"的发展战略,解除了对电影内容的诸多限制。同时,电影界开始确保本国电影的市场占有率。

---

① Cho Young-jung:《韩国合作电影简史:从黄金期到黑暗期》,釜山国际电影节组织委员会,釜山,2004年,第15页。

② 林春城,同前文,第13页。

	1990	1991	1992	1993	1994	1995	1996	1997	1998	1999
台湾电影	2	4	0	2	1	1	0	1	1	1
中国(内地)电影	3	0	3	3	2	1	2	3	1	4
香港电影	43	33	53	48	51	32	28	23	13	15

图 5-3-1　90 年代韩国上映的华语电影部数①

间隔 40 年之后，中韩文化交流重新展开。尽管香港电影、港台武侠小说等大众文化作了某种填充，但却无法消除历史文化的隔阂。因此，这一时期韩国大众对中国电影的受容，是一种脱离了对中国当代社会文化语境认知和了解的片面化的行为。

（3）2000 年至今。

进入 21 世纪后，韩国市场的华语电影格局呈现出较大的变动：香港电影风光减退，内地电影逐渐发展，台湾电影也开始在韩国崭露头角。事实上，香港电影的衰退在 90 年代中期便已经初现端倪，不仅上映部数大幅度减少，甚至票房业绩②也大不如前。进入 2000 年以后，这一状况也没有得到改观。

加入 WTO 后，中国电影产业在“内推外压”下快速发展，国产大片频创国内票房佳绩。参照图 5-3-2 可知，近两年韩国上映的中国电影在数量上明显增加。

随着跨国跨地区资本、人才与技术交流的频繁，合拍片开始成为华语电影的一个重要组成部分。在韩国上映的华语合拍电影中，内地和香港合拍的影片占多数。同时，部分合拍片在韩国的票房也可圈可点。《色戒》以 191 万 784 名的观影人次跻身多样性电影③排行榜第 4④，《赤壁（下）》则进入 2009 年韩国海外电影观影人次排行榜第 7。

自《不能说的秘密》（2008）和《那些年我们一起追过的女孩》（2012）在韩国上映之后，台湾“小清新”电影在韩国开始受到关注，但影片数量和比重依然很小。

① 本图是对《韩国电影年鉴》（韩国电影振兴院）的统计数据进行整理加工而来。

② 在首尔观影人数超过 20 万人次的电影排行榜中，香港电影从 1991 年到 1997 年都有上榜，1998 年以后便不见踪迹（《韩国电影年鉴 2000 年》）。

③ 2007 年韩国电影振兴委员会公文中提及的术语，指的是作品性和艺术性出众的低成本电影，作为独立电影、艺术电影、纪录电影等的总称。

④ http://www.kobis.or.kr/kobis/business/main/main.do（韩国票房统计网，检索日期：2014 年 9 月 1 日）。

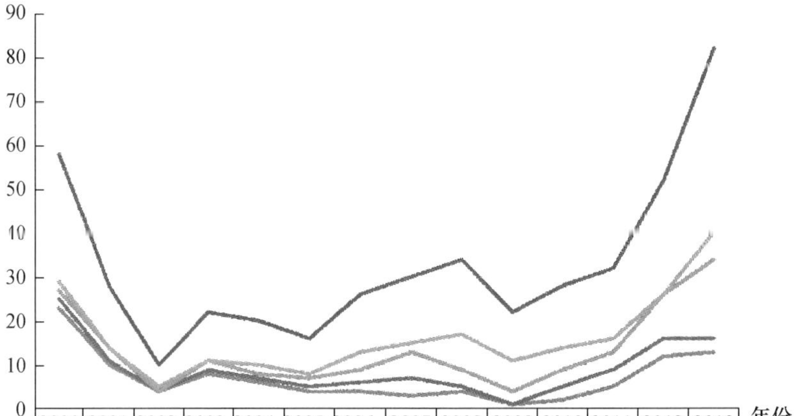

	2000	2001	2002	2003	2004	2005	2006	2007	2008	2009	2010	2011	2012	2013	年份
华语电影	29	14	5	11	10	8	13	15	17	11	14	16	26	42	
合拍电影	2	0	1	0	2	1	4	2	8	7	5	3	0	6	
中国(内地)电影	2	3	0	2	1	2	3	6	4	3	4	4	10	18	
台湾电影	2	1	0	1	1	1	2	4	1	0	3	4	4	3	
香港电影	23	10	4	8	6	4	4	3	4	1	2	5	12	13	

图 5-3-2　2000—2013 年韩国上映的华语电影部数①

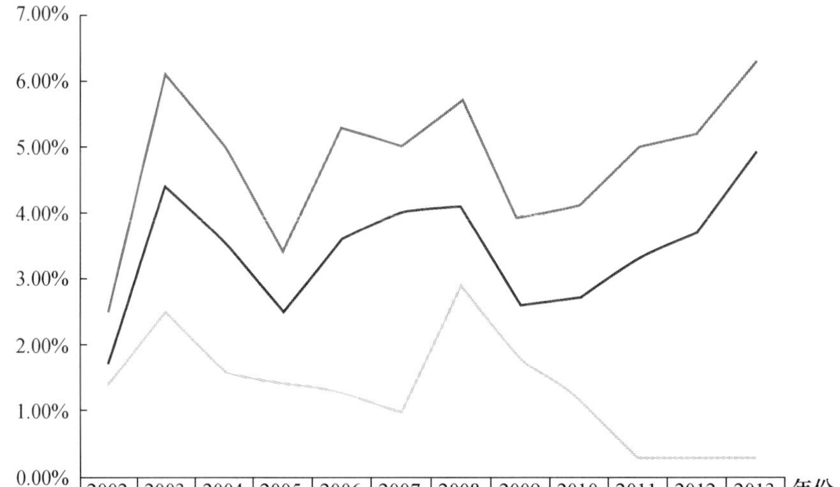

	2002	2003	2004	2005	2006	2007	2008	2009	2010	2011	2012	2013	年份
上映电影篇数比重	1.70%	4.40%	3.60%	2.50%	3.60%	4.00%	4.10%	2.60%	2.70%	3.30%	3.70%	4.90%	
外国电影篇数比重	2.50%	6.10%	5.00%	5.40%	5.30%	5.00%	5.70%	3.90%	4.10%	5.00%	5.20%	6.30%	
票房占有率	1.40%	2.50%	16.0%	1.40%	1.30%	1.00%	2.90%	1.80%	1.20%	0.30%	0.30%	0.30%	

图 5-3-3　2002—2013 年华语电影市场及票房比重②

结合图 5-3-2 和图 5-3-3 可知，随着香港电影的衰落，韩国的华语电影市场也日益紧

① 进入 2000 年以后，《韩国电影年鉴》把台湾和香港电影全部纳入“中国电影”的范畴予以统计。为了更好地把握这一时期华语电影的主体构成，笔者将其作了划分，即香港电影、内地电影、台湾电影和合拍电影。结合韩国票房统计网的数据，笔者对上映电影的数量、观影人数、票房等作了重新整理。

② 数据源于韩国电影振兴院编写的《韩国电影产业年度结算》，且 2009 年的数据是首尔地区的观影人数。

缩,其外国电影占有率由第二跌落到第五,排在美国、法国、欧洲和日本之后。如今,华语电影无论是数量还是票房都不及韩国国产电影和其他外国电影。尤其是近三年,华语电影的上映数量虽有增加,但票房占有率却持续最低,具体原因下文将予以阐述。

综上所述,韩国对华语电影的接受经历了三个阶段。20 世纪 60 年代到 80 年代香港电影一枝独秀;90 年代香港电影辉煌至极,中国内地电影开始崭露头角;2000 年以后,韩国华语电影的主体构成多样化,由香港电影、台湾电影、内地电影以及合拍电影组成,但票房占有率十分低。

三、2009—2013 中国电影在韩国的实态

如上所述,韩国大众真正接触中国电影是在上世纪 90 年代。起初,影院、电视和音像制品(购买/租借)是韩国受众观看中国电影的主要途径。进入 21 世纪后,视频网站、IPTV 等数字化媒体日趋多样化,使用网络媒体收看中国电影的韩国受众也越来越多。究其理由:网络资源选择多、快速便捷,更能满足受众的需求。

然而,考虑到互联网平台的开放性以及在线播放收费模式尚未成熟,本文仅对剧场上映的方式予以考察。为了全面把握中国电影的受容实态,笔者将从上映时间、引进和发行公司、银幕与上映次数、观影人数、评分等五个方面予以阐述,并把时间段设定在 2009 到 2013 年。

表 5-3-1 2009—2013 年中国电影数据一览表①

电影名	上映时间	引进公司	发行公司	银幕数	上映次数	观影人数	评分
梅兰芳	09.4.16	YEAGA Ent.	SK Telecom	437	6494	42723	5.51/5.10
二十四城记	09.1.29	Withcinema	Withcinema	9	105	1944	8.00/7.91
心中有鬼	09.12.3	Korea Screen Inc.	Silver Spoon	1	5	9	5.64/4.00
非诚勿扰	10.7.15	Cinecine Korea		8	72	259	8.04/6.00
孔子	10.2.11	Prevision Ent.	Cinergy	528	15249	371607	6.45/3.94
唐山大地震	10.11.4	CJ Ent.	Filament Pic.	195	3428	54125	7.81/5.63
狄仁杰之通天帝国	10.10.6	Noori Pic.	Lotte Ent.	934	23516	459909	7.11/6.84
倩女幽魂	11.5.12		Cinus Ent.	142	3125	20297	6.55/5.30
白蛇传说	11.11.17	Noori Pic.	Noori Pic.	3	14	1908	6.84/4.33
新少林寺	11.8.25		SBS Contents Hub	343	4547	45275	7.24/无

① 数据源于韩国票房统计网和 naver. com。

（续表）

电影名	上映时间	引进公司	发行公司	银幕数	上映次数	观影人数	评分
武侠	11.11.17	Spring Rain	Next Ent. World	199	2978	28698	7.60/6.32
龙门飞甲	12.3.15	Noori Pic.	Noori Pic.	2	14	1890	6.32/5.00
苹果	12.7.12	JOY N Contents Group	Prevision Ent.	16	36	2167	7.98/6.25
让子弹飞	12.3.22	Now Contents	Movie Recon Co.	42	333	1454	7.13/5.00
画壁	12.9.20	Sonamu Pic.	Pole Film	5	27	1541	8.15/5.00
杨门女将之军令如山	12.2.9	Sonamu Pic.	Sonamu Pic.	1	6	43	2.91/无
危险关系	12.10.11	Daisy Ent.	CJ Ent.	789	17888	298088	7.99/6.38
派饭	12.5.31	Mano Ent.	Mano Ent.	2	9	20	7.91/
鸿门宴	12.1.11	JOY N Contents Group	KT&G Sangsangmadang	317	3863	94652	7.85/6.00
兔侠传奇	12.2.22	Noori Pic.	Hwa & Dam Ent.	429	3911	85184	5.92/5.50
铜雀台	12.10.18	JOY N Contents Group	Lotte Ent.	424	6859	75301	6.53/4.00
十二生肖	13.2.27	JOY N Contents Group	Lotte Ent.	732	13432	315305	7.82/5.67
狄仁杰之神都龙王	13.10.2	Focus Ent.	Cinus Ent.	321	2939	47060	8.01/无
太极 1	13.7.4	JOY N Contents Group	Big Film Movie	211	1509	17480	6.93/4.00
四大名捕	13.10.31	Skeen Joy	JOY N Contents Group	6	40	5220	6.38/无
功夫咏春	13.10.31	Sonamu Pic.	Sonamu Pic.	1	8	1560	5.20/无
战国	13.5.16	JOY N Contents Group	JOY N Contents Group	15	38	2938	6.16/4.00
倭寇的踪迹	13.8.23	Sonamu Pic.	Sonamu Pic.	1	8	1560	6.27/无
大上海	13.4.8	Noori Pic.	Noori Pic.	4	6	1500	5.58/无
金陵十三钗	13.11.14	Taurus Ent.	Hwa Su Bun Flim	14	116	1590	8.77/4.50
夏日恋神马	13.9.6	Sonamu Pic.	Sonamu Pic.	1	7	1365	3.25/无
风声	13.6.13	JOY N Contents Group	POP PARTNERS	11	45	1977	8.57/7.00
影子爱人	13.4.25	Lumix media	Bridgeworks Ent.	38	227	1013	5.54/3.00
形影不离	13.8.8	Line tree Ent.	Line tree Ent.	5	7	496	6.25/无
硬汉 2	13.12.18	KRCG	KRCG	7	15	390	2.75/无

（续表）

电影名	上映时间	引进公司	发行公司	银幕数	上映次数	观影人数	评分
赵氏孤儿	13.2.7	JOY N Contents Group	POP PARTNERS	4	24	249	5.71/无
街头之王	13.7.10	Suki Pic.	Suki Pic.	3	3	150	3.71/无
匹夫	13.4.18	Neues	Neues	1	1	150	无/无
二次曝光	13.9.12	Line tree Ent.	Line tree Ent.	3	7	14	5.50/无

（1）上映时间。

查看韩国外语电影票房排行榜可知，排名前十的电影，基本是同步上映，且上映周期基本在两个月以上。然而，结合表5-3-1可知，在2009年到2013年上映的39部①中国电影中，两地同步上映的电影只有两部，所占比重只有5.26%；上映时间间隔在一个星期到3个月之内的有9部，所占比重是23.68%；间隔在3个月到1年的有13部，所占比重是34.21%；上映时间间隔在1年以上的有14部，其比重是36.85%。

上映时间间隔不到3个月的11部影片中，除《白蛇传说》（3块）和《杨门女将之军令如山》（1块）外，其他9部影片的银幕配额均在100块以上，最多的是《狄仁杰之通天帝国》（934块）。与之相反，上映时间间隔超过1年的14部电影，银幕配额超过10块的有4部，最多的是《让子弹飞》（42块）。

表5-3-2　2009—2013年中国电影上映时间间隔一览表

时间间隔	部数	电影名称
≤1个星期	2	《狄仁杰之通天帝国》（10.9.29）《狄仁杰之神都龙王》（13.9.28）
≤3个星期	3	《孔子》（10.1.22）《危险关系》（12.10.11）《铜雀台》（12.9.26）
≤3个月	6	《唐山大地震》（10.7.22）《倩女幽魂》（11.4.19）《白蛇传说》（11.9.28）《杨门女将之军令如山》（11.11.18）《鸿门宴》（11.11.29）《十二生肖》（12.12.20）
≤6个月	4	《梅兰芳》（08.12.5）《武侠》（11.7.4）《龙门飞甲》（11.12.15）《大上海》（12.12.21）
≤1年	9	《二十四城记》（08.6.3）《新少林寺》（11.1.19）《画壁》（11.9.29）《兔侠传奇》（11.7.11）《太极1》（12.9.27）《影子爱人》（12.5.11）《街头之王》（12.7.27）《匹夫》（12.4.24）《二次曝光》（12.9.29）
≤2年	7	《非诚勿扰》（08.12.18）《让子弹飞》（10.12.16）《派饭》（10.9.）《四大名捕》（12.7.12）《倭寇的踪迹》（12.2.24）《金陵十三钗》（11.12.15）《形影不离》（12.5.4）
≤3年	6	《心中有鬼》（07.2.8）《战国》（11.4.12）《夏日恋神马》（11.8.23）《硬汉2：奉陪到底》（11.4.1）《赵氏孤儿》（10.12.4）《功夫咏春》（10.11.2）
≤4年	1	《风声》（09.9.29）

同时，上映时间间隔不到3个月的11部影片中，除《白蛇传说》（1908人次）、《杨门女将之军令如山》（43人次）外，其他9部影片的观影人数均在1万人次以上；而上映时间间隔超过1年的14部影片中，观影人数最多的是《四大名捕》（5220人次），其次是《战国》（2938人次），余下12部影片的观影人数均未达到2000人，甚至有6部电影的观影人

① 《苹果》被广电总局禁止公映，在核算上映间隔的时候被排除在外。

数不到500人。

以《金陵十三钗》为例。在韩国,张艺谋是具有一定票房号召力的导演。这部以南京大屠杀为题材的影片,揭露了日本侵略军对人性蹂躏和摧残,足以获取韩国观众的共鸣。从网民评分和点评中也能看出,韩国观众对《金陵十三钗》给予了较高的评价。然而,上映时间间隔长达1年11个月,只有14块银幕,观影人数不及两千人。因此,缩短上映时间间隔和提高时效性是十分必要的。

(2) 引进和发行公司。

参照图5-3-4可知,在众多引进中国电影的公司中,Joy N Contents Group(8部)所占比重最多,Noori Pictures(5部)和Sonamu Pictures(5部)并列第二。这三家引进公司都是中小企业,Joy和Noori的主要业务是引进,Sonamu则兼顾引进和发行。

由Noori引进发行的《白蛇传说》《龙门飞甲》和《大上海》,尽管上映时间间隔未超过6个月,但银幕数和票房成绩均不理想。在Joy引进的8部影片中,由乐天和Big Film Pictures发行的《铜雀台》《十二生肖》和《太极1》这3部影片的银幕配额多,观影人数相对可观。由此可见,发行公司对影片银幕配额和观影人数有很大的影响。

在韩国,发行海外电影的公司主要有希杰、20th Century Fox Korea、Warner Brothers Korea、Sony Pictures Releasing Buena Vista Korea、Universal Pictures International Korea、乐天和N. E. W.。其中。希杰、乐天和N. E. W.是韩国企业。成立于2008年的N. E. W.是一家专业的电影投资发行公司,2011年和2012年的市场占有率居国内发行公司第二,2013年荣登榜首。不仅如此,近3年的海外电影发行业绩也可圈可点。

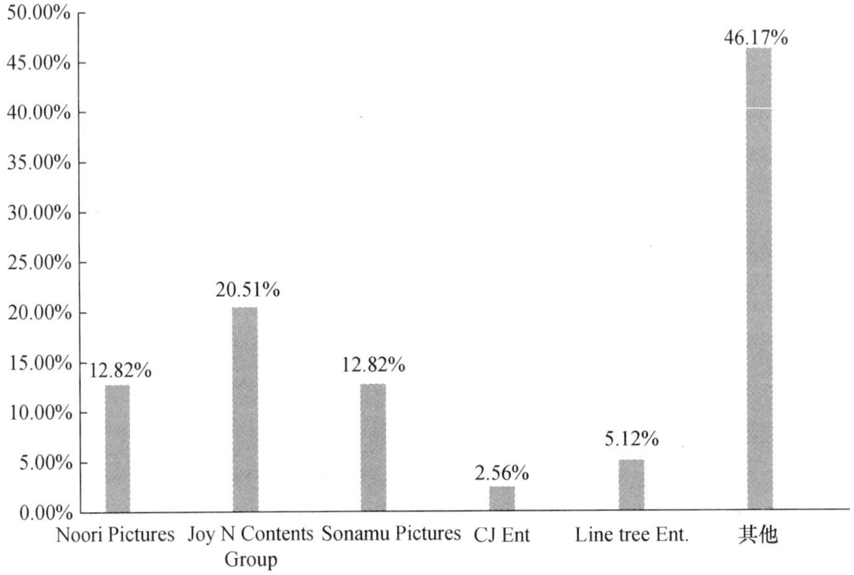

图5-3-4　2009—2013年中国电影引进公司所占比重

参照图5-3-5可知,发行中国电影比重最多的公司是Sonamu(4部),其次是乐天(3部)和Noori(3部),希杰和N. E. W.则各发行了1部。值得注意的是,Sonamu发行的影片,银幕配额都只有1块;而乐天、希杰和N. E. W.所发行的影片,其银幕配额都在100块以上。这也再次表明,发行公司对影片银幕数量起着决定性的作用。

综上所述,引进中国电影的大部分公司规模较小,相对零散,没有形成体系;而乐天、希杰、N. E. W. 等则把精力集中在本国电影和好莱坞大片上,对中国电影的发行并未显现出浓厚的兴趣。

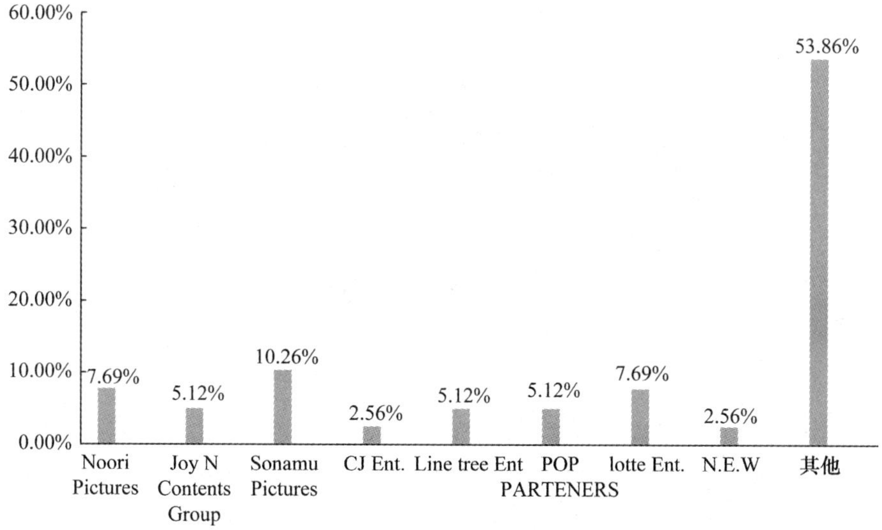

图 5-3-5　2009—2013 年中国电影发行公司所占比重

(3) 银幕数和上映次数。

毋庸置疑,银幕数和上映次数左右着票房成绩。银幕配额多,上映次数多,观影人数也会相应增多,票房自然也会上升。如表 5-3-3 所示,银幕数不到 10 块的电影有 19 块,占 48.72% 的高比率;银幕数在 10 块到 100 块之间的电影有 6 部,占 15.38%;银幕数在 100 到 200 块之间的电影有 3 部,占 7.69%;银幕数在 200 到 500 块之间的电影有 7 部,占 17.95%;银幕数在 500 块以上的电影有 4 部,占 10.26%。

表 5-3-3　2009—2013 中国电影荧幕数一览表

银幕数量	部数	电影名称
<10 块	19	《二十四城记》(9 块)《心中有鬼》(1 块)《非诚勿扰》(8 块)《白蛇传说》(3 块)《龙门飞甲》(2 块)《画壁》(5 块)《杨门女将之军令如山》(1 块)《派饭》(2 块)《四大名捕》(6 块)《功夫咏春》(1 块)《倭寇的踪迹》(1 块)《大上海》(4 块)《夏日恋神马》(1 块)《形影不离》(5 块)《硬汉 2:奉陪到底》(7 块)《赵氏孤儿》(4 块)《街头之王》(3 块)《匹夫》(1 块)《二次曝光》(3 块)
≥10 块	6	《苹果》(16 块)《让子弹飞》(42 块)《战国》(15 块)《金陵十三钗》(14 块)《风声》(11 块)《影子爱人》(38 块)
≥100 块	3	《唐山大地震》(195 块)《倩女幽魂》(142 块)《武侠》(199 块)
≥200 块	7	《梅兰芳》(437 块)《新少林寺》(343 块)《鸿门宴》(317 块)《兔侠传奇》(429 块)《铜雀台》(424 块)《狄仁杰之神都龙王》(321 块)《太极 1》(211 块)
≥500 块	4	《孔子》(528 块)《狄仁杰之通天帝国》(934 块)《危险关系》(789 块)《十二生肖》(732 块)

查看2011年、2012年和2013年的韩国外语电影票房排行榜可知,排名前十位的外语电影,其银幕数量基本在500块以上,播放次数约在5万次左右。韩国电影银幕总共有2184块①(2013年)。这说明,只有确保25%以上的银幕配额,才可能创造高票房。以2014年8月13号上映的《Begin Again》为例,银幕数达1652块,上映次数达68143人次,观影人数超过了300万人次。

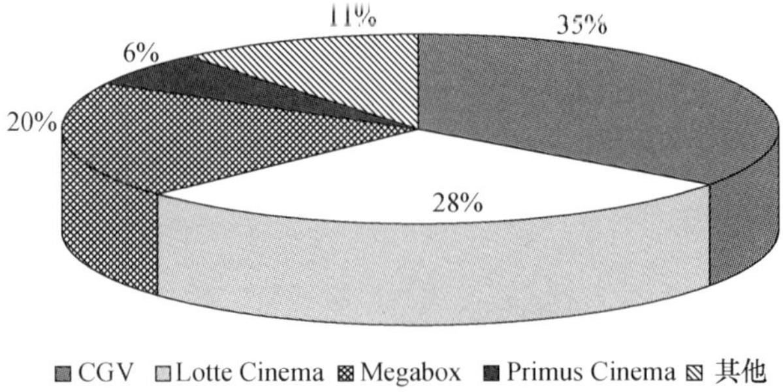

图5-3-6　2012年韩国电影荧幕占有率②

如图5-3-6所示,CGV、乐天影院和Megabox包揽了80%以上的电影银幕。CGV是希杰集团旗下的影院,而乐天影院是乐天集团的产业。这也再次证明,希杰和乐天发行的影片在银幕配额上占有明显的优势。

当然,播放次数还与上映周期也有很大的关联。如前所述,票房排名前十的外语电影,其上映周期一般在两个月以上,而中国电影的上映时间一般是两周,最短1天,最长也不超过1个半月。

(4)观影人数。

在韩国,观影人数是票房的代名词。上述39部中国电影中,观影人数超过10万人次的有4部,占10.26%;观影人数在1万到10万之间的有10部,占25.64%;观影人数在1千到1万之间的有15部,占38.46%;观影人数不足1千人的电影有10部,占25.64%。观影人数最多的电影是《狄仁杰之通天帝国》,达459909人次;观影人数最少的电影是《心中有鬼》,只有9人。

结合表5-3-4可知,中国电影观影人数占华语电影观影人数的比重虽大,却由少数影片左右,如2010年的《孔子》和《狄仁杰之通天帝国》、2012年的《危险关系》和2013年的《十二生肖》。当然,这也从侧面说明,中国电影已经是韩国华语电影市场的重要组成部分。中国电影观影人数占外语片观影人数的比重却极少,近3年不到1%,占全体电影观影人数的比重则少之又少,未到1%。

---

① 2011年1974块,2012年2081块。数据源于《韩国电影产业结算报告2013》。

② http://blog.naver.com/giant50/140168391143。

表 5-3-4　2010—2013 中国电影观影人数及比重①

单位(人)	2010 年	2011 年	2012 年	2013 年
中国电影观影人数	885900	96178	560340	400017
华语电影观影人数	2006709 (44.15%)	480994 (20%)	635066 (88.23%)	675799 (59.19%)
外语电影观影人数	78514361 (1.13%)	76176648 (0.13%)	78843478 (0.71%)	85221944 (0.47%)
全体电影观影人数	146807501 (0.60%)	158857607 (0.06%)	193304255 (0.29%)	212330491 (0.19%)

近年来,韩国外语电影票房排行榜排名前十的外语电影,其观影人数至少在 150 万人次以上。而过去 5 年里,只有合拍片《赤壁下》以 269 万人次的佳绩闯进了 09 年的榜单。《狄仁杰之通天帝国》与之相比,差距相当悬殊。当然,观影人数受诸多因素的影响,除上映时间、引进和发行公司、银幕数量和上映次数以外,还与影片的内容有直接的关联。

2013 年上映的中国电影数量明显增多,但观影人数所占比重却没有增加。这是因为,2013 年上映的 18 部中国电影中,10 部电影的上映时间间隔超过 1 年。这 10 部片子中,只有《战国》(15 块)、《金陵十三钗》(14 块)和《风声》(11 块)的银幕配额超过 10 块,剩下 7 部影片只占少数几块甚至 1 块银幕。银幕配额少,上映次数少,周期又短,观影人数明显上不去。

(5) 评分

表(1)的评分一栏由两个部分组成,前面是网民观影后的评分,后面是记者、电影评论佳等专业人士的评分,此处的数据源于大型门户网站 naver. com。网民评分最高的电影是《金陵十三钗》(8.77),专家评分最高的电影是《二十四城记》(7.91);网民评分最低的是《硬汉 2:奉陪到底》,专家评分最低的是《影子爱人》;网民与专家评分最为一致的电影是《二十四城记》,评分差异最为悬殊的是《金陵十三钗》。

以观影人数超过 10 万人次的四部电影为例。《狄仁杰之通天帝国》和《危险关系》在票房和口碑上均取得了不错的成绩;《十二生肖》是典型的商业大片,票房成绩和网民评价不错,但专家评分却一般;《孔子》是中影集团力推的一部大片,票房成绩虽可以,但口碑却一般,尤其是专家评分非常低。

从影片内容来看,古装片有 17 部,占 43.59%;现代剧有 13 部,占 33.33%。且古装片的网民评分比现代剧的品评分要高,可见韩国观众比较习惯历史剧、武侠剧和战争剧。从影片类型来看,除《二十四城记》、《苹果》和《派饭》外,剩下 36 部都是商业片。撇开票房成绩不谈,这 3 部电影的网民评价都还不错。如何实现文化传播与商业价值间的平衡,也是一个值得思考的问题。

① 数据来源于韩国电影振兴院编写的《韩国电影产业年度结算》。2009 年的数据只有首尔地区的观影人数,因此没有纳入表中。

四、结语

由表5-3-5可知,韩国人口虽少,但人均观看电影的比率却相当高,仅次于美国。这也是众多好莱坞明星来韩国为电影宣传造势的重要原因。当下,韩国华语电影市场并不景气,要把韩国观众聚集在银幕前观看中国电影,首先还是要拉近与观众之间的距离,提升其对中国电影的评价。因此,电影的类型和内容极为重要。即,用什么样的中国电影去打动韩国观众。

电影引进环节十分重要。提供什么样的影片供对方挑选?名导明星大片、国际获奖作品、中韩合拍片以及反映现实生活的影片应该是核心。知名导演和大牌明星具备一定的票房号召力,能确保一定的商业利润,是引进和发行公司优先考虑的对象。国际获奖作品已经得到国际评委的认定,荣誉的光环也能吸引观众。从文化传播的角度来看,应该多给韩国观众提供描述当下生活的影片,丰富和完善他们脑中的中国形象。

表5-3-5　人均电影观看率①

国家	2007	2008	2009	2010	2011	2012
中国	0.15	0.16	0.20	0.28	0.31	0.35
韩国	3.20	3.10	3.20	3.00	3.15	3.83
日本	1027	1.25	1.32	1.36	1.13	1.21
美国	4.40	4.20	4.30	4.10	3.90	4.10
英国	2.66	2.68	2.81	2.72	2.74	2.73
法国	3.01	3.18	3.37	3.44	3.58	3.58

中韩合拍片涉及双方的利益,在引进和发行上明显占优优势。从2000到2012年,中韩一共合拍了26部电影。②但大部分合拍片在韩国的票房成绩平平。如《非常完美》在中国票房过亿,但韩国票房却只有520万人民币;《分手合约》在中国内地刷新了中韩合拍电影的票房纪录,取得了1.92亿的好成绩,而韩国票房却只有77万人民币。因此,有必要对合拍片的内容及合作方式进行分析。

从韩国电影产业的收入结构来看,剧场收入占绝大部分,DVD和VOD的收入比重比较薄弱。事实上,紧靠院线上映,无论是影片类型还是数量,都无法得到满足。目前,韩国视频网站的中国电影资源相对欠缺,因此可以尝试VOD的方式对中国进行推广。如何构筑有效的流通渠道,则有待摸索。

在韩国,除了釜山国际电影节以外,还有富川国际科幻电影节、全州国际电影节、亚洲国际微电影节等众多电影节。多多参展,给韩国大众提供更多接触中国电影的机会。

① Choi Bong-hyun,《进军中国电影市场:韩中合作方案》,(国民经济咨询会议—产业研究院联合研讨会),p. 29。

② Choi Bong-hyun,上文,p. 36。

最后,电影翻译也是一项十分重要的工作。如《硬汉2:奉陪到底》的韩文名称直接使用韩文的汉字"봉배도저",生疏别扭,难以理解。至于字幕,其重要性则不言而喻。

中国电影走出去,从经济的层面来看,是推动电影产业发展壮大之举;从文化的层面来看,是推广中国文化和价值理念之举;从疏通的角度来看,是增进中国与世界人民之间相互了解之举。因此,中国电影走出去,意义深远。

第4章

日本动漫产业与“酷日本”政策*

引言

本文旨在从日本动漫产业的整体市场定位、制作体系、“酷日本”政策，以及国家文化政策、动漫产业与为日本动漫产业的海外成功打下基础的粉丝文化之间的矛盾关系来考察日本的动漫产业。

首先，我将考察市场与社团组织之间的价值矛盾关系，以此介绍日本文化产业整体面临的“创意”生产的矛盾。而正是这些矛盾塑造了日本动漫产业的结构和现状。

其次，我将介绍该产业所存在的内部矛盾，重点关注日本动漫市场的现状、动漫产业的特点和制作体系，以及试图作为一种国家政策来促进日本文化产业发展的“酷日本”政策。最后，我将着重讨论在粉丝群体中被视为“公共物品”的文化产品的一些特点，比如更多地受跨国(而非国际)文化流动所推动的日本动漫在东亚地区的传播情况(石渊，2002)。

一、两种矛盾的价值

要了解日本动漫产业目前的面临的问题，不仅要关注动漫市场，也要关注社团组织。双方代表着以市场为导向的交换价值(可以货币利润的形式来衡量)和以受众为导向的

---

* 作者:阿尔瓦罗·D. 埃尔南德斯(Alvaro D. Hernandez),日本神户大学人文学研究科。译者:江燕楠。

使用价值之间的相互作用。在一些人看来,日本动漫、漫画及相关文化产品在全世界的流行,以及日本政府为推动和传播本国文化产业“软实力”所采取的政策,塑造了日本作为文化超级大国或者说“文化帝国”的形象。然而,如果加以仔细审视,就会发现情况实际上更加复杂,而且在大多数情况下,我们看到的动漫产业并不符合文化超级大国的形象,反倒是一个以国内为导向的薄弱产业。这种情况凸显了日本动漫业的低利润与强大的文化影响力之间的不对称关系。

因此,仅关注市场、产业模式和文化政策是无法解释日本动漫业的流行现象的。要窥得全貌,还需要关注创作者和动漫迷之间的复杂网络,这个网络不仅在支持和促进日本动漫市场方面发挥了重要作用,而且有力提升了这一产业的文化影响力和创造力。

文化产业管理并传播着创造力。文化产业的所有成功取决于生产“杰出的产品”,但创造力并非一种货币价值,它有一种基于品味判断和在市场中做出特定选择的主观性。日本动漫的成功取决于这种主观判断,后者是植根于日本动漫迷的文化群体品味的使用价值的一种形式。这种使用价值不同于由市场决定的交换价值。如果以低价形式呈现的交换价值能够决定某些物品的竞争力,那么对于文化产品而言,以品味形式呈现的使用价值就能在某些情况下发挥主要作用。“粉丝”消费就是这样一个例子。

日本动漫产业和“酷日本”政策正面临着来自这两种相对立的价值形式的矛盾。怎样来衡量、管理或生产创造力?品味如何转化成利润?“酷日本”的文化政策试图通过保护知识产权来支持日本的创意产业,借助本国的“粉丝”基础来推动日本文化的传播。但是,这两种手段存在一种反映双重价值逻辑的矛盾关系。通过版权体系保护知识产权能保证经济利润,但也会制约文化的传播。再者,日本文化产业的传播与流行取决于“粉丝”活动,后者又主要基于将日本动漫认同为“公共物品”。这种矛盾关系塑造了日本动漫产业的实际情况。

为理解日本动漫产业的流行情况,我们需要重点关注交换价值与使用价值这两者之间的关系,以及彼此相互支持的市场与社团组织。市场与社团组织是由创新连接起来的两个独立的领域。虽然本文主要关注的是动漫产业和“酷日本”文化政策,但同样不应忽视粉丝群体和植根于其中的创意的重要角色。

二、日本全国皆“酷”与软实力

日本动漫在世界范围内的高关注度近乎被等同于经济的成功、文化超级大国,甚至类似于美国文化产业那样的文化帝国主义。2002 年,美国《外交政策》杂志发表了一篇题为《日本全国皆酷》的文章,该文写道:

> 日本正重新崛起为超级大国。与广为人知的政治与经济崩溃的不幸相比,日本的全球文化影响力正在潜滋暗长。从流行音乐到消费电子产品,从建筑到时尚,从动漫到烹饪,如今的日本看起来更像是一个文化超级大国。而 20 世纪 80 年代的日本则是经济大国的形象。

这种论调对日本产生了意想不到的影响。它出现在被称为“失去的20年”期间,也就是在日本泡沫经济破灭后经济持续衰退的时期。而该文的作者麦格雷却称“日本的全球文化影响力增长了”。他把这种文化表现视作“日本全国皆酷的可能的引擎”,是“一种‘软实力’,是一个国家影响其他国家需求的非传统方式,或它的公共价值”,然后作结道:“日本已经储备了大量潜在的软实力”。他以《口袋妖怪》、宫崎骏的《千与千寻》和三丽欧公司的“Hello Kitty”等日本动漫为例,认为这些“软”产业可以取代“硬”产业,并转化为增进日本国家利益的“软实力”。

“酷”和“软实力”这样的词汇不久之后就进入了日本政策制定者的词典里,从“经济帝国”向“文化帝国”转变的观念也流行起来。在这种背景下,日本动漫开始被视为实现经济复苏的关键。比如,“口袋妖怪系列”在日本的整体市场价值达到1万亿日元,而在海外市场约为2万亿日元。据日本政府知识产权战略总部的统计,2005年之前,包括动漫在内的内容产业整体市场规模估值产值达到11万亿日元,是日本钢铁产业估值的两倍。类似这样的例子以及对日本动漫的高估价值是与大众的品味密不可分的。以吉卜力工作室的电影生产为例,他们奉行作为日本文化大使的“次文化”理念,将发展“御宅族”作为关系国家政策的大事。这是“酷日本”的开端。连同其他政治战略一起,“酷日本”政策以流行文化的推广为核心,致力于提升日本的国际竞争力。这一理念也得益于20世纪90年代安东尼·布莱尔在英国提出的“酷英国”理念的影响。

然而石坂却认为,《千与千寻》与《口袋妖怪》只是特例。日本非但不是超级大国,相反,其动漫产业世界的大部分是由众多中小型公司构成的,它们面临的困难很多,诸如动漫市场萎缩、盗版行为、在制作过程中因公司之间分享知识产权而造成的低利润、竞争日益激烈的海外市场,甚或是政策制定者、版权持有人与创作者之间的冲突。接下来,我将分别简要介绍日本动漫市场的整体情况、动漫产业及其制作体系的情况,以及为激发动漫产业的经济潜力所采取的“酷日本”政策。

三、日本动漫市场

整个日本动漫产业史就是一部金融的挣扎史。日本动画协会发布的数据显示,日本动漫产业的国内市场和海外市场整体估计产值从2002年到2005年呈增长态势,而从2006年到2009年则呈下滑之势(2002年为1366亿日元,2005年为2244亿日元,2009年为1494亿日元),2010年有小幅回升。2012年,整体市场估值为1725亿日元。除了来自电视动漫的收入,统计分析的领域还包括了许多其他领域的收入,比如电影、剧场、录像带、网络传播、版权授权与相关产品销售、音乐、海外市场、弹珠机等的收入。在这些分类中,来源于电视的收入仍是最高的(国内市场的最高值为2012年的616亿日元,2006年为584亿日元),海外市场的收入始终只占总体收入的一小部分(2012年估值为144亿日元,占比8%)。

在2000—2006年的增长期[①],许多新的动漫公司纷纷涌现,并在2005—2006年间的短时间内取得了成功。这个时期也被称为“动漫泡沫”[②]期,面向成年人的、在深夜十二点至凌晨两点播出的“午夜动漫”增长尤其快。

从更广泛的视角看,Humanmedia公司提供了与日本动画协会不一样的数据,但也确认了与之相同的趋势。在该公司的分析中,动漫市场是作为内容市场的一部分来考察的。2010年,整个内容市场的估计产值为11.828万亿日元,然而动漫市场的国内市场产值只有2188亿日元(同上,第32页),仅占总体市场的1.8%[③]。作为对比,漫画市场的估计产值为4091亿日元,占比约3.4%;录像带市场的估计产值为11391亿日元,占比约9.6%。

在Humanmedia公司的分析中,动漫市场由多种媒体形式构成。根据该公司2011年公布的数据,按照不同类别的重要性,可以进行如下排序:(1)视听软件(DVD等)的销售收入(46%);(2)电视动漫节目广告收入(36%);(3)动漫票房收入(11%);(4)动漫视听内容下载收入(7%)。

可以肯定地指出的是,在所有的收入来源中来自电视动漫播放市场的收入并不足以涵盖所有的制作成本。而正如我们下面将了解的,电视台是电视动漫制作的首要基础。这就使得对原始作品的衍生开发变得十分必要,比如通过销售DVD或者授权商用来获得利润。但是,在大部分情形下,大部分或者全部的版权都在电视公司手上,这就使得动漫公司很难直接对产品进行衍生开发。很多动漫制作公司因此长期处于亏损状态。

在动漫市场整体收缩的背景下,版权授权或人物形象的商业化市场也在萎缩。从数据表现看,由2003年的1.7万亿日元下降到2008年的1.5406万亿日元。如果与1999年2.07万亿日元的总产值相比,这就意味着过去的10年间下降了25%。通过动漫形象及其版权授权衍生的商品市场并未直接纳入动漫市场的统计数据,但它无疑是与动漫制作相关的利润最为丰厚的领域之一,也是对赞助商的主要刺激因素之一。该领域的产值下降也意味着投资的减少以及制作体系面临更多困难。Humanmedia公司的研究显示,这种情况在2010年还在持续。动漫、漫画、录像和人物形象商业化授权几大市场加起来的产值为1.3832万亿日元。在这种不景气的形势下,要实现根本逆转很困难,好在日本动画协会的数据还是显示有小幅回升的迹象。

日本动漫在东亚市场的情况看起来则更加喜人,这里是日本动漫最大的海外市场。据估计,日本动漫整个海外市场的估计产值在2005年为31.3亿日元(也是2002年以来的历史最高值),2012年为14.4亿日元(显示出整体下滑趋势)。而据日本动画协会的报告,2013年,亚洲地区占据了日本动漫海外合同总数的主要部分,占比49.8%,其次是欧洲(24.8%)。同样根据日本动画协会的报告,日本电视动画在世界范围内的市场(合

---

① 对增长期的界定因对市场收缩期时间开始节点的界定而有出入。在进行市场分析时,分类的不同造成了这个时间点在2005年和2006年间有所变动。

② Humanmedia公司认为这一“泡沫期”结束于2007年(Humanmedia,2001,第80页)。

③ 日本动画协会统计的数据纳入了海外市场,其显示的2010年的总值为1533亿日元(日本动画协会,2013)。Humanmedia公司所统计的国内市场的数值几乎都高于日本动画协会的统计。这是由不同的统计方法和分类标准造成的。

同数量)排名前几位的是:(1) 韩国(114 项);(2) 中国台湾(104 项);(3) 中国香港(66 项);以及(4) 中国内地(39 项)。

四、日本动漫产业及其制作体系

动漫经济的整体结构由以下几者的关系构成:(1)为制作支付佣金的电影或电视公司,(2)直接取得佣金的动画制作公司,(3)处于制作过程不同环节的众多分包公司。在这个体系中,电视公司处于较高的位置,而动漫制作公司则扮演了从属的角色。其他相关产业中扮演重要角色的是赞助商,他们向电视台、制造和销售相关产品的玩具商、广告公司、销售 DVD 的视频刻录公司以及其他公司提供了资金来源。

总体上看,这一制作体系囊括了众多公司,但大部分规模较小。2005 年,石坂调查了约 440 家工作室或制作商,其中 70% 的公司员工不到 30 人,另有 42% 可被视为一人公司。

工作流程通常是这样的:首先,动漫制作公司收到来自电视台的原始佣金。所委托的工作可能是制作整个节目、部分节目或者由电视台和动漫公司联合进行制作。然而,在所有这些情形中,电视台都享有最大比例(或者全部)的版权。动漫制作公司收到佣金后,工作就会被分解并委托给专注于制作流程特定环节的众多分包公司。

电视台赞助的对象中有 DVD、录像带和玩具制造商等,在绝大部分情况下,它们拥有(或是取得)进行商业化的权利,可以通过销售产品和版权授权获得利润。然而,几乎在全部的情形中,电视台给动漫制作公司的预算都不足以涵盖制作的成本,动漫制作公司只有通过类似权利售卖这样的衍生产品开发获取利润。这也是在很多情形下动漫被视为促进产品销售的东西的原因所在,比如以动漫系列人物角色造型的玩具等。对创意工作者而言,最大的问题在于动漫公司、电视台、赞助商之间的不平等的权利关系以及围绕版权问题的种种限制,动漫公司、动画师和创意工作者在多数情况下被排除在利润分配之外。

通过动画制作委员会制度,这些问题部分地得到了解决。这套制作体系诞生于 20 世纪 80 年代,此后逐渐流行,如今 80% 的动画制作都是在这种体系下完成的。它使得很多公司都能在制作预算中占有一席之地,并且按照投入的比例分配版权。通过这种体系,那些难以获得大量投资的小型动漫制作公司也能参与到二级动漫市场,尽管它们与赞助商和电视台相比只占很小的比例。

田中认为,动画制作委员会体系是推动日本动漫产业发展的主要力量。田中将这一体系定义为"横向分散",与之相对的则是美国体系的"横向整合"。迪斯尼公司就是美国式体系的典型代表,所有的权利都由一家大公司垄断。这种体系使得利润集中,但也蕴含了更大的风险,而且可能阻碍内容在不同平台和媒介的使用。

与美国体系相反,"横向分散"的日本体系由众多分享生产过程和内容的小型公司组成,这一点上文已经谈到。在这种体系下,无论是对同样的内容进行衍生开发、对不同媒介授权传播还是将原始内容(包括叙事和人物形象)用于衍生的新的内容,都更加容易,从而促进了版权授权的发展和媒介融合。人物形象商业化模式就是上述模式的一部分。

这种制作体系有利于应对文化产业通常存在的较高的制作风险,有利于增强内容生产和整个产业的多样性和整体活力。但是,对授权的管理和保护也因此变得更加复杂,并在很多情况下成为进行决策和促进日本内容产业授权海外市场传播的主要障碍,这是因为在进行商业化之前,需要取得每位版权持有人的同意。

日本国内的电视动漫市场在多数情况下的经济影响力冠绝整个动漫产业,国内市场中如版权授权和“人物形象经济”等领域以及媒介的融合也扮演了重要角色,而包括海外市场在内的一些领域依然规模较小。这一事实对主要为国内导向的日本动漫业影响极深,然而这种导向是与海外市场导向的经济政策相悖的,当然,也与“酷日本”的初衷相悖。

五、“酷日本”政策概述

三原指出,“酷日本”政策通过日本政府的直接帮助和间接支持来刺激与日本创意产业相关的商业项目在海外拓展。与麦格雷提出的“日本酷”和软实力主题比较起来,“酷日本”这一概念包含了更多不同的动机和具体内涵。各种政府和民间组织对此概念也有较高的认同程度。通常而言,增加价值、形成对消费者的情感吸引力(也就是创造力)并将这种价值与当地产业相结合,应该是这一政策的题中之义。这可以促进日本国内区域性产品的发展,也可作为日本形象的代表促进日本产品的海外拓展。这一政策主要聚焦于以下九大领域:时尚、烹饪、内容(动漫或动画等)、土特产、住宅、旅游、广告、艺术和设计。

推动“酷日本”政策的最早行动是在2002年,当年2月,日本政府知识产权战略委员会正式揭牌成立;12月,《知识产权基本法》正式颁行。该法案旨在促进知识产权的保护与开发,促进日本的产业发展。与此目标一脉相承,2003年又成立了知识产权战略总部。

这一有机组合也促进了更多旨在发展和增强内容产业(包括动漫)的重要战略出台。自其成立以来,知识产权战略委员会每年都会发布《知识产权战略计划》,分析日本知识产权面临的各种现状和需求。2005年,《基于日本生活方式的品牌战略》公布实施,其中就提到一点要“战略性地展现日本的吸引力”。2009年,时任日本首相麻生太郎在发表题为“迈向新的增长”(4月4日)的演说时,宣称“像日本动漫、游戏或时尚这样的内容产业,是被作为日本‘酷’文化受到全世界消费者高度关注的”,他还表达了政府拟通过建立专门组织来推动内容产业的海外拓展的意志。就在麻生发表演说的一个月前,知识产权战略总部发表了题为《日本的品牌战略:作为增长动力的软实力产业》的报告。这份报告的开篇即呼吁重新评估日本动漫、漫画和时尚产业的价值,认为它们在日本国内被很大程度地忽略了,报告倡议:“那些与形成独特的日本品牌价值相关的产业,如日本的动漫、漫画、电影、戏剧、音乐、游戏,以及其他包括烹饪、时尚和设计在内的内容产业,应被列为

‘软实力产业’，从现在开始，有必要整体性地推动其在海外的发展”。

知识产权战略总部在其2014年7月份发布的最新报告中，将第四章专列为“增强以内容产业为中心的软实力”，重点关注“动漫、电影、音乐、游戏”以及其他相关产业。报告还提出了三点计划：(1) 推动内容产业的海外发展及其本土化合作；(2) 打击盗版产品和侵权行为的措施；(3) 人力资源发展（知识产权战略项目，2014）。

以第一点计划为例，鉴于协调版权所有人与邻接权所有人之间围绕版权授权与利润分配的问题需要，日本政府在2009年就成立了音像版权管理协会。另一个例子是由“日本视觉媒体本地化与宣传津贴”（J-LOP）提供资助，支持文化内容出口，自2012年起实施。

日本政府支持内容产业海外发展的政策被重新定义为4个层级：(1) 内容生产；(2) 形成伙伴国的粉丝群；(3) 内容的销售和扩散；(4) 受其影响的其他产品拓展。为了实现这种发展，政府提供了重要的组织保障：“日本视觉媒体本地化与宣传津贴”为文化产品的海外宣传和实现本土化提供资助；另外还于2013年设立了株式会社海外需求开拓支持机构（以下简称“酷日本机构”），通过提供风险资金支持海外销售。

在“酷日本”政策中还有一个重要角色，即2011年由经济产业省设立的“酷日本战略推进计划”。该计划旨在“与相关部门合作、通过在海外扩展‘日本魅力’来推进‘酷日本’政策”。正如经济产业省自己解释的，它的角色定位是“将‘酷日本倡议’与私营企业有机连接，并将它们推广到全世界”（经济产业省，2014b）。

这一新设项目平均每年支持10到15个项目，向中小型企业提供小额贷款，帮助它们将内容产品推广到海外，但是这些贷款不能用于内容产品的制作环节。其宗旨是：(1) 由银行和投资者筹集风险资金，(2) 分享海外成功经验，(3) 主要为中小型企业开展海外业务提供服务。此外，该项目还期望通过日本在海外经济的繁荣、在海外商业的发展以及海外到日本旅游的增长，以促进日本内容产业的海外扩张。

三原认为，与“酷日本”相关的各种政策的出台，旨在以日本文化产业的特殊结构为基础建立“新的合作”模式，而具体参与的主体则主要是上面所说的中小型企业。这种“新的合作”旨在建立“公—私”之间的伙伴关系（比如“酷日本机构”）并促进内容产业中不同主体之间的合作。然而，“酷日本”政策在很大程度上仍然处于草创阶段或是风险投资阶段，项目实施的主动权掌握在私营部门。日本政府并没有牵头实施任何特别的项目或者鼓励公共部门主动出击。

六、结论

对日本动漫作为“公共产品”以及“酷日本”政策面临的困难的一些思考。

日本动漫的流行并非拜“酷日本”政策所赐。相反，政策出台之时，日本动漫已经风靡全球。而且，这种流行更多地是由日本动漫“水平扩散”制作体系的多样性衍生的副产品，以及遍布日本国内和海外的日本动漫粉丝群体的推动力量造成。然而，这种制作体系已显捉襟见肘,而且无助于通过日本动漫的流行确保经济利润①。“酷日本”战略试图应对这种情况,但是在争取经济利益和政治回报方面,这一战略的可行性以及软实力的有效性却受到广泛质疑甚至是尖锐批评。

日本动漫的高流行度与低利润之间的矛盾可以归因于其“公共物品”的特性。与电影或音乐等其他文化产品一样,动漫具有不会因为消费而损耗的特性。一旦被制作出来,动漫就可以被多次消费和分享,成为“公共物品”。这种逻辑尤其适合于日本动漫的案例,因为它经常在互联网的粉丝网络中广泛传播,传播者并不担心版权问题。正如伦纳德以美国的粉丝社团发展为例指出的,这种超前于并且游离于国家文化政策掌控之外的非法扩散是造成其在世界范围内流行的主要因素。

而在东亚市场,因为政治的因素,日本文化产业是被限制或禁止的,对日本动漫的非法消费和网络的扩散在粉丝群体的形成和如今动漫的流行中扮演了核心角色,这在中国、中国台湾和韩国尤为典型。石渊将文化产品在合法框架之外的这种扩散过程称为内容的跨国化(tans-nationalization)过程,它是在东亚日益增强的商业联系和以市场为导向的文化产业区域化的背景下形成的。它是一个在法律、组织与政治框架之外的复杂过程,因而也非国家文化政策所能左右。

作为国家文化政策的“酷日本”政策是在上述跨国化过程之后提出的。文化产品的国际化与跨国化不一样,前者是以国家为背景展开的,而后者的文化消费则打破了国家的壁垒。国际化与文化政策和国家认同的建构密不可分。文化贸易的法律框架以及像“酷日本”这样的国家政策营销就是上述国际化过程的标志,因为国家会对文化流动的复杂性进行控制。然而,这种复杂性和日本动漫产业的“横向扩散”特性又给“酷日本”政策和软实力的有效性打上了问号。

如何才能避免日本动漫沦为公共物品,并在不阻碍其流行的情况下使之成为“日本的”产品?如何才能在宽广的跨国市场中创造能增进国家利益的品位与价值?如何才能将这些文化价值和品位与日本文化产品的盈利能力勾连起来?在很多情形下,文化流动的复杂性看起来与经济利润之间并不匹配。日本动漫产业需要新的战略,这是在竞争更加激烈的新的环境下生存的必需。“酷日本”政策是为解决动漫产业面临的问题而进行的努力,目标是创造经济的、文化的和政治的回报,但是其结果究竟如何还须拭目以待。

参考文献

[1] 青木優,2006「日本アニメ産業の現状と課題」環境と経営第12巻第2号

[2] 麻生太郎, 2009「新たな成長に向って」日本記者クラブ、4月9日
http://www.meti.go.jp/policy/mono_info_service/mono/creative/file/1406CoolJapanInitiative.pdf

[3] 石坂悦男,2005「日本のアニメーション産業」社会志林 51(4), 117—137 法政大学

[4] 神澤孝宣, 2006「二極化するキャラクター消費 –マンが・アニメ産業からみたキャラクター消費の考察」宝塚造形芸術大学紀要 ARTES No. 20

[5] 杉山知之 2006『クール・ジャパン –世界が買いたがる日本』

① 2014年7月18日,宫原教授在第18届世界社会学大会上的发言强调了这一观点。

[6] 田中絵麻, 2009「クールジャパンの産業構造－製作委員会方式によるメディアミックスと多様性の並存」The Journal of the Japan Association for Social and Economic System Studies, No. 30.

[7] 谷口功,2010『最新アニメ業界の動向とカラクリがよーくわかる本』秀和システム

[8] Humanmedia,2011『日本と世界メディア×コンテンツ市場データベースVol. 5』株式会社ヒューマンメディア

[9] 三原龍太郎, 2013「試論:クール・ジャパンと通商政策」RIETI Discussion Paper Series 13-J-051 http://www.rieti.go.jp/jp/publications/summary/13070011.html

[10] 三原龍太郎, 2014『クール・ジャパンはなぜ嫌われるのか』中央公論新社

[11] 山口康男,2004,『日本のアニメ全史－世界を制した日本アニメの奇跡』テンブックス

[12] Adorno, Theodor; Horkheimer, Max, 1994 (1969), *Dialectica de la Ilustración*, Madrid, Trota

[13] Adorno, Theodor, 1991 "On the Fetish Character in Music and the Regression of listening", in Adorno, Theodor, 1991, *The Culture Industry*, New York, Routledge

[14] Gudeman, Stephen, 2001, *The Anthropology of Economy: Community, Market, and Culture*, Wiley-Blackwell

[15] Hesmondhalgh, David, 2002, *The Cultural Industries*, SAGE

[16] Intellectual Property Basic Act (知的財産基本法) 2002, http://www.kantei.go.jp/jp/singi/titeki/hourei/021204kihon.html

[17] Intellectual Property Strategic Program 2014, 知的財産推進計画 2014http://www.kantei.go.jp/jp/singi/titeki2/kettei/chizaikeikaku20140704.pdf

[18] Iwabuchi, Koichi, 2002, *Recentering Globalization: Popular Culture and Japanese Transnationalism.* Durham: Duke University Press

[19] Japan brand strategy 2009, 日本ブランド戦略, http://www.kantei.go.jp/jp/singi/titeki2/houkoku/090310_nihonbland.pdf

[20] Leonard, Sean, 2005, Celebrating Two Decades of Unlawful Progress: Fan Distribution, Proselytization Commons, and the Explosive Growth of Japanese Animation, *UCLA Entertainment Law Review*, No. 189. http://papers.ssrn.com/sol3/papers.cfm? abstract_id = 696402

[21] McGray, Douglas, 2002, "Japan's Gross National Cool" *Foreign Policy Magazine*, http://homes.chass.utoronto.ca/~ikalmar/illustex/japfpmcgray.htm

[22] METI 2014a, クールジャパン/クリエイティブ産業
http://www.meti.go.jp/policy/mono_info_service/mono/creative/index.html

[21] METI 2014b, Cool Japan Initiative http://www.meti.go.jp/policy/mono_info_service/mono/creative/file/1406CoolJapanInitiative.pdf

[22] Morin, Edgar, 1979, *L'esprit du temps 1 : Névrose*(宇波彰訳「大衆文化の社会学」東京:法政大学出版局)

[23] Otmazgin, Nissim K., 2005, "Cultural Commodities and Regionalization in East Asia." *Contemporary Southeast Asia* 27, no. 3: 499—523.

[24] Wayne, Mike 2003, *Marxism and Media Studies*, London, Pluto Press

第 5 章

中国在澳大利亚文化贸易中的地位和影响*

引言

自 1972 年中澳两国正式建交 40 多年,特别是改革开放以来,两国在政治、经济和文化等方面进行了广泛交流与合作,这些交流与合作积极地推动了两国经济、政治及其文化的发展,同时也积极地促进了中澳关系的不断进步。由于中澳两国有较强的经济互补性、较为方便的地理位置以及两国关系长期友好,所以中澳经贸获得了稳步而快速地发展。中国已经连续 5 年成为澳大利亚最大贸易伙伴、出口市场和进口来源地[①],而澳大利亚则成为中国第七大贸易伙伴和重要的能源、资源供应方。中澳经贸的飞速发展为中澳文化贸易与文化交流的发展奠定了良好的基础,同时也起到了重要的促进作用。

中国的文化贸易作为经济贸易的重要组成部分,对中国的经济、文化及其政治的发展也起着重要的作用。中澳两国文化贸易虽然起步较晚,但仍然取得了显著的发展,特别是 21 世纪,两国文化贸易取得了突破性的进展。文化交流与文化贸易不仅相互促进、相互依存,同时对中澳关系的进步与发展也起到了积极的作用。中澳建交后,1981 年两国签署了《中国政府和澳大利亚政府文化合作协定》,此后每三年签署一次文化交流执行

* 本文撰稿:李方军,澳中音乐产业研究中心协调人,澳大利亚麦考瑞大学传媒、音乐、文化与传播系博士、兼职讲师。

① 中华人民共和国外交部:《中国同澳大利亚的关系》,http://www.fmprc.gov.cn/mfa_chn/gjhdq_603914/gj_603916/dyz_608952/1206_608954/sbgx_608958/。

计划。这一计划强有力地推动了两国间的文化贸易与交流的发展[①]。中澳两国双边文化贸易取得了较大的发展。据澳大利亚统计局统计,2009—2010 财政年度[②](具体指 2009 年 7 月 1 日至 2010 年 6 月 30 日)中国已经成为澳大利亚最大文化商品进口来源国,而澳大利亚则成为中国第八大文化商品贸易伙伴国[③]。

此文探讨中澳文化贸易将以中国在澳大利亚的文化贸易活动的发展为视角或背景,重点讨论澳大利亚文化贸易的环境,在此研究的基础上对中国在澳大利亚文化贸易中的地位与影响展开深入讨论。本文由五个部分构成:理论基础、澳大利亚文化贸易环境、澳大利亚文化贸易的发展、中国在澳大利亚文化贸易中的影响、中澳文化贸易发展的前景。理论基础主要围绕"文化贸易"和"创意产业"两个核心概念的含义加以展开。澳大利亚文化贸易环境主要考虑三大因素的影响:整体经济发展与人文地理、创意产业发展以及贸易发展及文化贸易政策。中国文化贸易在澳大利亚文化贸易中的影响则主要分析中国文化产品和服务在澳大利亚文化贸易中所占的份额。中澳文化贸易发展的前景主要讨论两国之间发展文化贸易的互补性作为本文的结语。

一、理论基础:创意产业与文化贸易含义

一个国家的文化产业发展成熟程度直接影响其文化贸易发展程度。文化贸易是创意产业一个很重要的组成部分,而创意产业则是文化贸易的基础。此部分重点围绕文化贸易、创意产业两个核心概念的含义展开讨论,试图建立一个理论的分析基础。

澳大利亚是最早从国家发展战略角度提出发展"创意产业"观念的国家。"创意产业"概念首先出现在澳大利亚第一个国家文化发展政策的"创意之国"。"澳大利亚政府在 1994 年正式提出'创意产业'的概念,这是世界上最早提出创意产业概念和相关政策的国家,而不是国内我们通常认为的上世纪末由英国政府提出"[④]。但是"创意产业"在政策上被明确定义是在 1997 年的英国。英国对"创意产业"的定义是:创意产业是指源于个体创造力、技巧及才能,通过知识产权的生成与利用,而有潜力创造财富和就业机会的产业。

由于本文重点探讨中澳文化贸易的发展,因此这里有必要重点讨论澳大利亚和中国对"创意产业"的含义。澳大利亚昆士兰科技大学的"澳大利亚国家创意产业与创新研究中心"作为澳大利亚创意产业研究的"领头羊"对"创意产业"的含义也做了明确界定,指出:"创意产业"实际上是由一系列连锁的经济部门组成的,这些部门主要致力于拓展和开发具有符号特征的文化产品及其衍生品,比如艺术、电影、互动游戏,或者提供企业与

① http://au.china-embassy.org/chn/zagx/whjw/t562063.htm.

② 澳大利亚的财政年度划分为上一年的 7 月 1 日至下一年的 6 月 30 日。

③ 澳大利亚统计局 2011,http://www.abs.gov.au/Ausstats/ABS@.nsf/0/25B64FD3449F4C1FCA257968000CB8FC?opendocument。

④ http://www.cdi.net.cn/article-1020.aspx.

企业之间(B2B)的符号和信息服务,领域涉及建筑、广告与市场营销、设计、网络、多媒体与软件开发等①。而中国国家统计局在2012年对“文化产业”也有一个定义:文化及相关产业是指为社会公众提供文化产品和文化相关产品的生产活动的集合②。英国对“创意产业”的定义有些抽象而且较为学术化,因而不易理解、也不易用于创意产业的实践中。比较英国的定义,中国对“创意产业”的定义虽然也较为概括性,但要具体一些。澳大利亚的定义既有概括性的含义,也有具体的行业部门。因此,对于此研究来说,我个人比较趋向于澳大利亚的定义。

要理解一个事物的含义是离不开其分类的;换句话说,懂得其分类也是理解其含义的重要方法。澳大利亚政府将“创意产业”(包括娱乐业)分为十大类:自然类;文学、图书类;音乐类;表演艺术类;美术类;电影录像类;广播电视类;艺术教育和群众文化类;娱乐健身类;体育类③。中国国家统计局于2012年对“文化产业”也分为如下十大类:新闻出版发行服务、广播电视电影服务、文化艺术服务、文化信息传输服务、文化创意和设计服务、文化休闲娱乐服务、工艺美术品的生产、文化产品生产的辅助生产、文化用品的生产和文化专用设备的生产④。中国的分法体现中国文化产业特点,其特别体现了中国文化产业的行业分类,适合其产业的统计与分析,所以对于本文的研究来说,作者倾向于采用后者。

李嘉珊教授对“国际文化贸易”给予了明确的定义:“国际文化贸易是指国际间文化产品与服务的输入和输出的贸易方式,是国际服务贸易中的重要组成部分”。⑤ 她进一步解释:“贸易一方向另一方提供文化产品和服务并获得收入的过程称为文化产品和服务出口或文化产品和服务输出,购买外方文化产品和服务的过程称为文化产品和服务进口或文化产品和服务输入。国际文化产品和服务是跨境产物,是文化产业国际化经营的必然。文化产品属于产品范畴,文化服务属于服务范畴”。⑥ 李怀亮教授也对文化贸易给予了明确的解释:“文化贸易是指世界各国(或地区)之间进行的以货币为媒介的文化交换活动。它既包含有形商品的一部分,例如音像录音制品、纸制出版物,也包含无形商品,例如版权、关税等”。⑦ 不仅如此,他们共同认为文化贸易是创意产业在外所体现的文化软实力,文化交流,特别是文化外贸是体现国家软实力的重要手段。因此,文化贸易可以被看做是国与国之间的创意产业发展的相互融合,也是创意产业发展的国际空间的延伸。本文主要探讨中澳之间的文化贸易活动,也会兼顾非商业性质的文化交流、传播与外交活动。

---

① http://www.cassrccp.com/uploads/soft/130524/%E5%86%85%E9%83%A8%E5%92%8C%E5%A4%96%E9%83%A8%EF%BC%9A%E5%88%9B%E6%84%8F%E4%BA%A7%E4%B8%9A%E9%9B%86%E7%BE%A4%E4%BB%8E%E5%93%AA%E9%87%8C%E5%BC%80%E5%A7%8B%EF%BC%8C%E5%8F%88%E5%88%B0%E5%93%AA%E9%87%8C%E7%BB%93%E6%9D%9F.doc.

② http://www.stats.gov.cn/tjsj/tjbz/201207/t20120731_8672.html.

③ http://www.cdi.net.cn/article-1020.aspx.

④ http://www.stats.gov.cn/tjsj/tjbz/201207/t20120731_8672.html.

⑤ 李嘉珊:《国际文化贸易研究》,中国金融出版社2008年版。

⑥ 同上。

⑦ 李怀亮:《国际文化贸易导论》,中国传媒大学出版社2008年版。

二、澳大利亚文化贸易环境

探讨澳大利亚文化贸易的环境对中国在澳大利亚文化贸易中的影响是很有必要的。澳大利亚文化贸易环境对中国在澳大利亚的文化贸易活动的影响是复杂的,作者认为存在三个主要因素对其产生重要影响:其一,澳大利亚的宏观经济与人文地理;其二,澳大利亚创意产业发展;其三,澳大利亚文化贸易发展及文化贸易政策。以下将对这三个主要因素进行详细探讨。

(一)澳大利亚整体经济与人文地理

经济发展是文化贸易和创意产业发展的基础。一般来说,经济发展较强的国家其文化贸易和创意产业也较发达。澳大利亚就是这样一个经济、文化贸易和创意产业发达的国家。澳大利亚为南半球经济最发达的国家,也是世界经济最发达的国家之一。据联合国在2012的统计,澳大利亚人口虽然只有2200多万,但2012年却创造了1564419百万美元的国内生产总值,居全球第12位[①];根据国际货币基金组织在2013年的统计,澳大利亚的人均国内生产总值高达65000美元,居全球第5位,远高于其他主要英语国家,如美国、英国、加拿大和新西兰。不仅如此,澳大利亚人类发展指数位居世界第二名,仅次于挪威[②]。这些都说明了澳大利亚的经济发展处于世界领先地位,为创意产业和文化贸易的发展提供了良好的条件。

澳大利亚良好的华人文化背景为中国在澳大利亚开展文化贸易以及文化交流活动奠定了良好的基础。澳大利亚华人总共约70万,大多数华人居住在澳大利亚东部海岸,主要包括悉尼和墨尔本。因此,中国文化贸易把重点放在这两个城市也是很有必要的。悉尼和墨尔本是澳大利亚的经济、文化和教育中心,著名的大学(如墨尔本大学、悉尼大学、蒙那西大学、新南威尔士大学、麦考瑞大学)座落在这两大城市。不仅如此,澳大利亚还存在数目不少的华人媒体以及澳大利亚多元文化媒体,其中报纸主要包括《澳洲新报》《星岛日报》《澳洲新快报》《新时代报》《澳华时报》《墨尔本日报》《澳洲华夏周报》以及《大洋时报》。它们的总部主要设在悉尼和墨尔本,所以这些报纸主要在这两大城市发行。相对于遍布各地的澳洲华文报业,华文电台、电视台相对较少。目前中文广播电台主要是2AC澳洲华人电台、2CR澳洲中文广播电台和墨尔本中文广播电台3CW。电视台只有2005年5月刚刚在墨尔本开播的澳大利亚华语电视台(31频道),另一家悉尼中文电视台已处于停播状态[③]。

吸引中国旅游与教育已成为澳大利亚经济发展的重要组成部分,同时这也是中国在澳大利亚开展文化贸易以及文化交流活动的良好条件。近年来,中国是澳大利亚增长最

---

① http://unstats. un. org/unsd/snaama/dnltransfer. asp? fID = 2.

② http://www. caifx. com/school/bk144831. html.

③ http://xwjz. eastday. com/eastday/xwjz/node96546/node96548/userobject1ai1624501. html.

快、价值最高的海外游客市场。1997 年,中国批准将澳大利亚作为中国公民自费出境游的目的地之一,澳大利亚是西方国家中第一个获得中国政府批准的旅游目的地国家。据澳大利亚旅游局数据,2011 年,中国到澳大利亚的旅客 51.26 万人次,为澳带来 38 亿澳元收益。2012 年,赴澳中国游客超过 60 万,为澳带来 42 亿澳元收入,中国已成为仅次于新西兰的澳大利亚第二大旅游客源国。教育是中澳两国另一合作重点。从 2001 年至 2011 年,将近 150 万中国学生赴澳留学,占同期来澳留学生总数的一半以上。2010 年底,澳大利亚的中国留学生有 16.02 万人,是澳最大的海外留学生来源国。2011 年底,约 17 万中国留学生在澳求学深造,占在澳国际学生的 1/3。开设孔子学院也是经济与文化交流的重要组成部分。截至 2011 年 7 月,中国已在澳开设了 12 家孔子学院①。这些都是中国在澳大利亚开展文化贸易的良好条件。

(二)澳大利亚创意产业发展

在澳大利亚,文化贸易与创意产业的发展也是密不可分的。产业管理模式是创意产业的重要因素。澳大利亚文化发展模式与英国、加拿大较为近似,澳大利亚创意产业模式先进。澳大利亚的创意产业主要由"澳大利亚艺术理事会"(Australia Council for the Arts)②负责管理,而文化贸易则主要由澳大利亚外交事务与贸易部下属的"澳大利亚国际文化理事会"(Australia International Cultural Council)③负责管理。澳大利亚艺术理事会下辖 7 个分会:土著艺术理事会、工艺美术理事会、电影电视理事会、文学理事会、音乐理事会、戏剧理事会及视觉艺术理事会对不同文化产业加以管理和实施。澳大利亚国际文化理事会下属的"澳中理事会"(Australia-China Council)对澳大利亚与中国的文化交流与经贸的发展起到了重要的作用。

文化政策对创意产业的发展也起着重要的影响。澳大利亚文化产业政策主要体现以下原则与特点:重视土著艺术(既是政治需要,也是文化需要),鼓励澳大利亚人作品和原创,注重电视广播的媒介作用和文化送达效果,坚持市场和政府资助双重经营。从上世纪末至现在,澳大利亚政府出台了两个比较有影响的文化政策:《创意国度》("Creative Nation")(1994)和发布的《创意澳大利亚》(2013)。前者希望使这一政策通过创业产业和文化机构来表现澳洲认同与澳洲特色,将创意产业发展作为一项国家战略加以实施④,后者主要目标可以概括为是"强盛文艺,服务民众,培养青年,助推经济"⑤。这两项文化政策都极大地推动了 20 世纪末本世纪澳大利亚创意产业的发展。不仅如此,创意产业在澳大利亚的良好发展也得到了国际社会及研究组织的认可。根据 Martin Prosperity Institute 的研究"国际创新指数(a Global Creativity Index)"⑥,依据国民生活科技运用度、劳工创作力及技术能力以及社会创造力包容度 3 项指标,澳大利亚创新指数世界排名第 5

① http://www.faobserver.com/NewsInfo.aspx? id=9070.
② http://www.australiacouncil.gov.au/home.
③ http://www.dfat.gov.au/aicc/.
④ http://www.ccitimes.com/chanye/chanye/2009-12-07/20051260199672.html.
⑤ http://www.cdi.net.cn/article-1020.aspx.
⑥ http://martinprosperity.org/media/GCI-Report-reduced-Oct%202011.pdf.

位,仅排在瑞典、美国、芬兰、丹麦之后,排在英国、加拿大、新加坡、法国、德国等国之前。这说明澳大利亚创意产业出于世界领先水平。

澳大利亚创意产业发展规模巨大并对整个经济发展的影响也是显而易见的。根据2009年澳大利亚创意产业企业交流中心(CIIC)发布的《创意产业经济分析报告》显示,澳大利亚创意产业年平均增长率为3.9%,高于澳大利亚总体经济增长水平;创造43.8万个就业机会,占总就业机会的4.8%;创造的工业生产总值为311亿澳元(1澳元约合人民币5.8元)。创意产业对GDP的贡献已超过农业、林业、渔业等传统工业以及煤气、水、电、住宿与食品等服务行业[①]。澳大利亚创意产业总值在整个国民生产总值占有3%。根据IBISWorld,澳大利亚2010—2011及2011—2012年度创意产业总产值略有下降,分别为328.09亿澳元和326.66亿澳元。根据该数据分析,澳大利亚创意产业从2004年至2012年虽然基本持平,但逐年略有下降趋势,2004—2005年度创意产业总值为339.66亿澳元。2006—2007年及2007—2008年度创意产业总值创造历史高点,分别为368.91亿澳元和368.05亿澳元,其他年度的产业总值均在330亿澳元徘徊。

(三) 澳大利亚贸易发展及其文化贸易政策

澳大利亚的整体贸易发展环境无疑对澳大利亚的澳大利亚文化外贸的发展产生着重要的影响。作为贸易强国,是世界十大农产品出口国和六大矿产资源出口国之一。澳大利亚的金融业、商业、服务业及旅游业也极为发达。澳大利亚的主要贸易对象有中国、中国台湾、日本、美国、新西兰、德国、英国、新加坡、印度尼西亚、巴西等。其中,日本、美国、新西兰、中国及新加坡为澳大利亚最重要的贸易伙伴。中国已经成为澳大利亚的最大的贸易伙伴国,同时也对澳大利亚的经贸发展产生了重要的影响。

中澳经济的互补性强促使两国经贸稳步快速地发展。从总体的经济贸易(其中包括文化贸易)来看,2009—2013年的5年间,中澳货物贸易额超过5000亿澳元[②],仅2013年澳中货物贸易额就达到1400多亿澳元[③]。据澳方统计,中国已经连续5年成为澳大利亚最大贸易伙伴、出口市场和进口来源地[④]。2012年,澳大利亚成为中国第七大贸易伙伴和重要的能源、资源供应方,澳对华货物贸易总额1177.48亿澳元[⑤]。2013年,澳大利亚出口中国货物总额达到947.09亿美元、服务总额达到68.81亿美元,澳大利亚进口中国的货物达到472.5亿美元、服务总额达20.79亿美元[⑥]。因此,两国已经形成良好的经贸发展环境,这为两国之间发展文化贸易打下了的良好基础。

国际文化贸易政策也是促进中澳文化贸易发展的重要环境保证。澳大利亚从事国际艺术文化活动与产品贸易活动主要遵循以下三个国际贸易协定:《关税及贸易总协定》(the General Agreement on Tariffs and Trade(GATT))、《服务贸易总协定》(the General

---

① http://www.culturalink.gov.cn/portal/pubinfo/107/20120210/58d2ae834b3f4976b1ae4314e1423da3.html.

② http://www.fmprc.gov.cn/mfa_chn/dszlsjt_602260/t1145825.shtml.

③ http://au.chineseembassy.org/chn/zagx/zajmhz/t1142521.htm.

④ http://www.fmprc.gov.cn/mfa_chn/gjhdq_603914/gj_603916/dyz_608952/1206_608954/sbgx_608958/.

⑤ http://211.144.157.163:8003/economic/201309/2013091325419.shtml.

⑥ http://dfat.gov.au/publications/tgs/index.html.

Agreement on Trade in Services(GATS))和《与贸易有关的知识产权协议》(the Trade-Related Aspects of Intellectual Property Rights(TRIPS))。《关税及贸易总协定》中有关的商品贸易也包含一些文化方面的特别规定。大多数有关艺术和文化贸易活动的问题与规定主要包含在《服务贸易总协定》中,而关于文化和艺术知识产权方面的问题与规定都包含在《与贸易有关的知识产权协议》中。这些也是澳大利亚文化贸易的主要政策。

三、澳大利亚文化贸易发展

澳大利亚文化贸易在21世纪获得了飞速的发展,其发展无疑对世界的文化贸易产生着深刻影响。中国海关信息网[①]提供2010年和2011年文化贸易数据。根据这个信息网的统计,澳大利亚文化贸易在2010年和2011年的总体发展可以用如下的图表加以概括:

表5-5-1 2010—2011澳大利亚文化贸易发展情况

产品类	2010年				2011年			
	出口额	世界排名	进口额	世界排名	出口额	世界排名	进口额	世界排名
书籍、报纸印刷图画、其他印刷品、手稿、打字稿以及设计图纸等	30 371 732千克 73 026 252美元	7		未进入前20位	32 418 607千克 90 045 828美元	6		未进入前20位
玩具、游戏品、运动用品及其零件、附件等	311 917 431千克 644 591 287美元	9		未进入前20位	373 507 869千克 770 363 790美元	8	373 507 869千克 770 363 790美元	8
艺术品、收藏品及古董等	389 464千克 4 826 317美元	8	330千克 234 624美元	未进入前20位	363 393千克 4 536 542美元			未进入前20位

从以上的数据看来,澳大利亚文化贸易总体上出口较多而进口较少,因而出现了较大的顺差。这不仅说明了澳大利亚是世界文化贸易的强国,同时也说明了澳大利亚文化创意产业处于世界领先的地位。因此,澳大利亚文化贸易对全球的创意产业和文化贸易都产生着深刻的影响。

为了进一步说明澳大利亚对世界文化贸易的深刻影响,这里有必要对澳大利亚统计局[②]对澳大利亚2009—2010年度(2009年7月1日—2010年6月30日)文化产品进出口的主要目的国及其规模的统计数据进行深入分析。这里需要说明是这项统计数据是澳大利亚文化贸易较新的统计数据。根据这项统计,澳大利亚2009—2010年度文化进出口总额及前十位国家排名可以用如下的图表加以总结和说明:

---

① 海关信息网,http://www.haiguan.info/onlinesearch/TradeStat/StatComSub.aspx? TID =1【2012-6-26】。

② http://www.abs.gov.au/Ausstats/ABS@.nsf/0/25B64FD3449F4C1FCA257968000CB8FC? opendocument.

表 5-5-2　2009—2010 澳大利亚文化进出口总额前十名

2009—2010 年度	出口			进口		
	排名	国家	金额(澳元)	排名	国家	金额(澳元)
	1	新西兰	250 300 000	1	中国	656 400 000
	2	美国	57 700 000	2	英国	370 100 000
	3	英国	50 500 000	3	美国	355 400 000
	4	新加坡	23 400 000	4	马来西亚	302 500 000
	5	中国香港	18 600 000	5	日本	113 400 000
	6	日本	12 000 000	6	新加坡	96 500 000
	7	德国	10 700 000	7	中国香港	86 600 000
	8	中国	10 200 000	8	印度尼西亚	62 800 000
	9	巴布亚新几内亚	7 800 000	9	德国	300 46 000
	10	韩国	7 100 000	10	菲律宾	43 800 000
总额(澳元)	539 800 000			2 436 600 000		

以上数据显示中国在澳大利亚的文化贸易发展中产生着重要的影响,同时这也说明中国的文化产品在澳大利亚的文化市场中也产生着深刻的影响。不仅如此,以上数据还说明了澳大利亚的文化市场具有很大的潜力,中国在澳大利亚进一步发展文化贸易意义深远。

四、中国在澳大利亚文化贸易中的地位和影响

为了进一步说明中国文化产品在澳大利亚文化贸易中的影响,这里详细分析由澳大利亚统计局 2009—2010 年度中国文化产品出口澳大利亚以及中国进口澳大利亚文化产品的情况。根据澳大利亚统计局的统计,中国与澳大利亚进出口文化商品及其规模可以用表 5-5-3 加以总结与说明:

表 5-5-3　2009—2010 中澳文化产品进出口规模

澳大利亚进口中国	产品类	广播与电视接收器	图书杂志	乐器	电影以及艺术家作品	音像制品	遗产服务	进口总额
	金额	4 255 000 000 澳元	1 484 000 000 澳元	46 300 000 澳元	25 900 000 澳元	7 000 000 澳元	3 400 000 澳元	656 400 000 澳元
	排名	1	2	3	4	5	6	
澳大利亚出口中国的	产品类	音像制品	广播与电视接收器	电影以及艺术家作品	图书杂志	乐器	遗产服务	出口总额
	金额	4 700 000 澳元	3 100 000 澳元	1 000 000 澳元	900 000 澳元	300 000 澳元	200 000 澳元	10 200 000 澳元
	排名	1	2	3	4	5	6	

基于以上澳大利亚进口中国的文化产品类的统计数据,可以得出如下一些结论:澳大利亚文化商品进口需求较大,中国是澳大利亚文化商品最大来源国,澳大利亚对中国文化产品具有一定的依赖性。因此,中国对澳大利亚文化产品的出口和进口出现了明显的顺差,则与中国总的文化出口与进口所出现的较大逆差①则形成了明显的对比。因此,从这个意义上说,中国在澳大利亚从事文化贸易活动是成功的。

文化交流在中澳经贸与文化关系中也起着重要作用。这里以2012年"中澳建交四十周年活动"为例加以详细说明。贯穿整个2012年的"中澳建交四十周年活动"是中澳开展文化交流和贸易的主要事件,从1月31日纪念中澳建交40周年活动启动仪式,先后开展了以下具体的文化交流和贸易活动:中国"肩上芭蕾"首次在澳大利亚演出(2012-02-07);澳大利亚国家图书馆"收藏"中国文化年网站(2012-03-08);《牡丹亭》舞剧团在澳大利亚举行首场演出(2012-03-21);驻澳大利亚使馆向澳国家图书馆赠送图书(2012-04-26);中国当代艺术展"生命之初"在澳大利亚开幕(2012-06-07);澳大利亚"中国文化年"闭幕式(2012-06-24);澳大利亚国立大学举行2012"中国经济前沿"丛书发布仪式(2012-07-10);"2012年国际华语电影节"在澳大利亚举行(2012-08-23);"2012年中国旅游之夜"在悉尼举行(2012-08-23);澳大利亚国立大学举行《澳中关系四十年》新书发布会(2012-08-24);心系祖国——在澳中国学生学者举行庆中秋、迎国庆暨中澳建交40周年大型文艺晚会(2012-10-10);堪培拉华人华侨将举办庆祝中澳建交40周年活动(2012-11);中澳两国邮政部门将共同发行中澳建交40周年纪念封(2012-12);世界知识出版社将出版中澳建交40周年纪念画册和中澳双边关系重要文件汇编(2012-12)。因此,2012年"中澳建交四十周年活动"的规模之大参与人数之多也是空间的,这对中澳文化交流,包括中澳文化贸易起到了很好的促进作用。

中澳两国间经济贸易快速发展带动了两国文化贸易和文化交流的进步。据澳大利亚统计局对澳大利亚文化进出口统计,与其他文化产品出口澳大利亚的主要国家(如美国、英国、德国、法国和日本等)相比,2009中国出口澳大利亚文化产品达到5.9亿美元,从而成为了澳大利亚最大的文化产品进口国。2011年,美国则成为中国最大出口国,达61.5亿美元②,而澳大利亚出口中国的文化产品尽只有约900万美元。

结语:中澳文化贸易发展的前景

中国文化贸易在21世纪获得了较大的发展。中国核心文化产品2010年进出口额为143.9亿美元,2011年进出口额增加近50亿美元达到194亿美元,较上年增长近35%,2012年,中国出口文化产品217.3亿美元,较上年增长16.3%。然而,相比2010中国货物进出口额29740亿美元来说,文化进出口额在中国整个货物出口所占份额还不足1%,

① http://news.xinhuanet.com/theory/2008-05/09/content_8133793.htm.

② http://ahsxlt.com/showmessage.asp? id = 81.

因此中国的文化贸易还有较大的发展潜力、更有待于进一步提高。

澳大利亚政府非常重视同中国的发展,这为中国在澳大利亚开展文化贸易和文化交流活动提供了良好的政治、文化和经济环境。埃默森认为,至少在21世纪的前半叶,亚洲将成为世界经济增长的决定性因素。中国的崛起不是暂时现象,到2020年澳大利亚人将生活在经济和权力重心都转向东亚的世界里①。据埃默森介绍,澳大利亚政府已经启动《亚洲世纪的澳大利亚》白皮书计划,主要着眼于澳中经济伙伴关系的优势、益处和潜力,以便在正确的时间找准本国在亚洲的位置。白皮书中说,澳大利亚计划扩大与中国及亚洲其他国家经贸关系的机遇②。这说明澳大利亚已经将中国定位为亚洲甚至世界的重点战略伙伴国家。

中澳的文化贸易和文化交流对两国的经济、文化和政治都有着很重要的贡献同时也产生着深刻影响。澳大利亚的人文、经济、文化和政治等环境都与中国有着千丝万缕的联系,同时两国在经济和文化也存在一定的互补性。因此,中澳间的创意产业互动发展具有极大的潜力,同时也蕴藏着极大的双赢或多赢的商机。同时通过搭建中澳两国城市文化产业和民间文化企业的高端交流与合作平台,如2012年"中澳建交四十周年活动","2012国际文化产业合作(澳大利亚)高端峰会"推动中国创意产业与国际接轨。

虽然中澳文化贸易和文化交流已经取得了一定的进步,但是我们也不能否认其发展过程中所存在的问题。这些问题主要表现为:澳大利亚政府和人民缺乏对中国文化和中国文化企业深入了解、中国企业也缺乏在澳对文化企业和文化产品良好的宣传与促销手段、中国出口澳大利亚的文化产品比较单一、澳大利亚也存在明显的文化贸易国家保护主义倾向、中国文化企业缺乏长期对外发展定位和规划。这些都影响到了中国文化贸易在澳大利亚的发展。因此,如果将这些问题得到较好地处理,中国在澳大利亚的文化贸易将会有新的发展。

---

① 《澳大利亚贸易部长称发展澳中经贸关系非常明智》,搜狐网,http://news.sohu.com/20120405/n339761631.shtml。

② 同上。

附　　录

附录一

文化产业政策梳理

时间:2012 年 02 月 02 日

政策:文化部关于加强非物质文化遗产生产性保护的指导意见

单位:文化部

为进一步规范、加强非物质文化遗产生产性保护,根据《中华人民共和国非物质文化遗产法》(主席令第 42 号)和《国务院办公厅关于加强我国非物质文化遗产保护工作的意见》(国办发〔2005〕18 号),2012 年 2 月 2 日,文化部以文非遗发〔2012〕4 号印发《关于加强非物质文化遗产生产性保护的指导意见》。该《意见》分充分认识开展非物质文化遗产生产性保护的重要意义、正确把握非物质文化遗产生产性保护的方针和原则、科学推进非物质文化遗产生产性保护工作深入开展、建立完善非物质文化遗产生产性保护的工作机制 4 部分。

时间:2012 年 2 月 23 日

政策:文化部“十二五”时期文化产业倍增计划

单位:文化部

目前我国文化产业发展水平还不高,活力和创造力还不强,区域布局不尽合理,政策体系还不完善,离国民经济支柱性产业的要求还有不小的距离。为全面贯彻落实党的十七届五中、六中全会精神,推动文化产业成为国民经济支柱性产业,加快建设社会主义文化强国,根据《中共中央关于深化文化体制改革推动社会主义文化大发展大繁荣若干重大问题的决定》、《中华人民共和国国民经济和社会发展第十二个五年规划纲要》和《国家“十二五”时期文化改革发展规划纲要》,特制订《文化部“十二五”时期文化产业倍增计划》。

《倍增计划》紧扣十七届六中全会关于文化产业发展的最新精神和文化产业发展新趋势,明确了“十二五”时期文化系统文化产业的指导思想、发展思路、发展目标、主要任务、重点行业和保障措施,拟实现"十二五"时期文化部门管理的文化产业增加值至少翻一番的目标。因此,这一规划的制定出台对"十二五"期间文化系统文化产业发展有着重要指导意义。

时间:2012 年 03 月 14 日

政策:关于进一步加强 12318 文化市场举报监督体系建设

单位:文化部

12318 文化市场举报电话和网站启用以来,各级文化行政部门和文化市场综合行政执法机构逐步规范举报工作,加强社会监督,在预防和打击文化市场违法行为中发挥了重要作用。为落实《文化市场举报办理规范》要求,进一步加强举报监督基础建设,健全举报监督机制,规范举报办理工作,构建完善以 12318 为标志的文化市场举报监督体系。

时间:2012 年 03 月 16 日

政策:文化市场举报办理规范

单位:文化部

为了保障公民、法人和其他组织依法行使举报权利,规范文化市场举报办理工作,根据《文化市场综合行政执法管理办法》等有关法律、法规和规章的规定,制定本规范。

各级文化行政部门或者文化市场综合行政执法机构办理公民、法人或者其他组织通过电话、信函、传真、电子邮件、来访或者信息网络等方式对文化市场违法行为的举报,适用本规范。

时间:2012 年 4 月 28 日

政策:关于加强战略性新兴产业知识产权工作的若干意见

单位:知识产权局　发展改革委　教育部　科技部　工业和信息化部　财政部　商务部　工商总局　版权局　中科院

为提高我国战略性新兴产业的知识产权创造、运用、保护和管理能力,推动战略性新兴产业的培育和发展,根据《国务院关于加快培育和发展战略性新兴产业的决定》(国发〔2010〕32 号)、《国务院办公厅印发贯彻落实国务院关于加快培育和发展战略性新兴产业决定重点工作分工方案的通知》(国办函〔2011〕58 号)等文件精神,提出意见。

《意见》从促进知识产权创造、促进知识产权市场应用、加强企业知识产权管理运用能力和相关服务体系建设、完善知识产权保护政策措施、加强知识产权国际合作、加强组织领导协调六个方面确定了 18 条政策措施,并要求知识产权局等相关部门建立长效推进机制,确保各项政策措施的落实。

时间:2012 年 5 月 2 日

政策:中国杂技艺术振兴规划(2011—2015)

单位:文化部

为贯彻落实党的十七届六中全会精神,进一步深化文化体制改革,适应中华文化"走出去"新形势的要求,推动中国杂技艺术大发展大繁荣,促进社会主义文化强国建设,特制订本规划。

该《规划》分发展形势、总体要求、主要工作、保障条件4部分。规划目标是：在十二五期间，充分发挥市场在文化艺术资源配置中的基础性作用，整合国内优质资源，推出一批久演不衰、享誉国内外的原创品牌节目；在国内外建立若干高端杂技演出基地，抢占国际主流市场；加强杂技艺术理论研究及专业机构建设，科学规范教学体系和教学方法；拓展完善对外文化贸易的渠道和网络，鼓励杂技艺术"走出去"，大力促进中国杂技艺术健康有序地跨越式发展。

时间：2012年5月7日
政策：文化部"十二五"时期文化改革发展规划
单位：文化部

"十二五"时期是全面建设小康社会的关键时期，是深化改革开放、加快转变经济发展方式的攻坚时期，也是促进文化又好又快发展的关键阶段。为深入贯彻落实党的十七届六中全会精神，深化文化体制改革，推动社会主义文化大发展大繁荣，不断增强国家文化软实力，根据《中共中央关于深化文化体制改革、推动社会主义文化大发展大繁荣若干重大问题的决定》、《中华人民共和国国民经济和社会发展第十二个五年规划纲要》和《国家"十二五"时期文化改革发展规划纲要》，编制本规划。

《规划》分指导思想和方针原则、发展目标和主要指标、加强文化产品创作生产的引导、加快构建公共文化服务体系、加强文化遗产保护利用和传承、推动文化产业成为国民经济支柱性产业、完善文化市场监管体系、加强对外文化交流与贸易、推动文化体制机制改革创新、加强文化人才队伍建设、保障政策等12部分。

时间：2012年06月26日
政策："十二五"时期国家动漫产业发展规划
单位：文化部

扶持动漫产业发展部际联席会议办公室近日发布了《"十二五"时期国家动漫产业发展规划》(以下简称《规划》)。《规划》紧扣十七届六中全会以及《中共中央关于深化文化体制改革推动社会主义文化大发展大繁荣若干重大问题的决定》《中华人民共和国国民经济和社会发展第十二个五年规划纲要》《国家"十二五"时期文化改革发展规划纲要》等文件精神，立足动漫产业发展实际并结合市场需求，确定了"十二五"时期我国动漫产业发展的基本思路和主要目标，从指导思想、发展思路、内容建设、产业结构、动漫企业与品牌培育等方面进行了阐述，对动漫产业今后五年的发展有着重要的指导意义。

《规划》指出"十二五"时期我国动漫产业发展的总任务是：努力推动我国原创动漫创意、研发、制作能力大幅提升，动漫精品力作不断涌现，技术创新能力持续增强，国际竞争力大大提高，发挥市场机制对动漫文化资源配置的积极作用，着力打造5至10个知名国产动漫品牌和骨干动漫企业，培育出一批具有较强市场意识、国内外知名的动漫艺术家和企业家，动漫产业的影响力、辐射力、带动力持续增强，动漫在社会生活各领域的普及应用更加广泛深入，成为文化产业发展的重要增长点。

时间:2012 年 6 月 28 日
政策:文化部关于鼓励和引导民间资本进入文化领域的实施意见
单位:文化部

为贯彻党的十七届六中全会精神,落实《国务院关于鼓励和引导民间投资健康发展的若干意见》(国发〔2010〕13 号)和《国务院办公厅关于鼓励和引导民间投资健康发展重点工作分工的通知》(国办函〔2010〕120 号)精神,鼓励和引导民间资本进入文化领域,文化部结合当前文化改革发展实际,制定本实施意见。

《实施意见》明确提出,鼓励民间资本积极参与国有文艺院团转企改制、公共文化服务体系建设、文化产业发展、投入非物质文化遗产传承保护、参与对外文化交流和文化贸易等。并且,对于民间资本进入的方式、方向和扶持政策等也做出了明确指引。

时间:2012 年 7 月 1 日
政策:文化统计管理办法
单位:文化部

该《办法》的出台,是文化统计系统贯彻落实十七届六中全会精神的重要体现,也是进一步推进文化统计工作法制化规范化的重要举措。《办法》的实施将为我国文化统计工作提供强有力的制度保障,有助于进一步规范文化统计工作,提高文化统计数据质量。文化统计工作是实施文化领域宏观调控和行业管理的重要基础性工作,对于引导各级文化行政部门进行科学决策,实现有效管理,促进文化健康发展具有重要意义。

当前我国文化发展已经进入到一个新的阶段。文化发展的新形势给文化统计工作提出了一系列更高的要求。面对日益繁重的统计任务,面对不断增强的统计责任,需要进一步规范统计工作,充实统计人员,提高统计数据质量。因此,借鉴国务院其他部门的经验,以部门规章的形式出台《办法》,为文化统计工作提供强有力的制度保障非常必要。

时间:2012 年 7 月 30 日
政策:文化市场重大案件管理办法
单位:文化部

为加强文化市场重大案件管理,规范文化市场重大案件报告、督办和查处等工作,落实行政执法责任,强化行政执法监督,根据《行政处罚法》《文化市场综合行政执法管理办法》等有关法律、法规和规章的规定,制定本办法。

本办法所称文化市场重大案件是指文化市场经营活动中发生的违法情节严重、社会影响恶劣、涉案财物数额较大、涉案人员或者地区较多,依法应当给予行政处罚或者刑事处罚的案件。

时间:2012 年 7 月 29 日
政策:文化部关于编发文化市场年度报告加强信息服务工作的通知
单位:文化部

2009 年以来,文化部文化市场司组织编撰发布了网吧、网络音乐、网络游戏、演出、艺术品等市场的年度报告,广东省文化厅、深圳市文化局等地方文化部门也开展了相关工作。这项工作立足于为社会提供系统权威的文化市场数据与分析服务,并以此为依据及时调整完善相关政策措施,促进了文化市场的健康有序发展,发挥了文化管理部门在行政指导与信息服务方面的重要作用,取得了较好的综合社会效益。

《中共中央关于深化文化体制改革、推动社会主义文化大发展大繁荣若干重大问题的决定》以及《国家"十二五"时期文化改革发展规划纲要》提出构建统一开放竞争有序的现代文化市场体系。为此,文化行政部门要加快政府职能转变,强化政策调节、市场监管、社会管理、公共服务职能。为加强对文化市场宏观调控和属地管理,提高文化市场运行监管水平,根据因地制宜分类管理的原则,文化部决定从 2012 年起,以省(自治区、直辖市)为单位开展文化市场年度报告的编撰发布工作,逐步建成条块结合、开放共享的文化市场信息服务体系。

时间:2012 年 7 月 30 日

政策:文化部关于印发《文化市场交叉检查与暗访抽查规范》的通知

单位:文化部

为规范文化市场交叉检查和暗访抽查工作,加强文化市场监管,根据《行政处罚法》《文化市场综合行政执法管理办法》等有关法律、法规和规章的规定,制定本规范。

本规范所称文化市场交叉检查,是指地市级以上文化行政部门或者文化市场综合行政执法机构(以下合并简称执法部门)抽调下级文化市场综合行政执法人员,对文化市场进行督导检查,及时全面了解文化市场经营管理状况的活动。

时间:2012 年 8 月 14 日

政策:文化部关于印发《文化市场行政处罚案件档案管理办法(试行)》的通知

单位:文化部

为加强文化市场行政处罚案件档案管理,规范文化市场行政处罚案件档案的整理、保管和利用等工作,根据《档案法》《档案法实施办法》《文化市场综合行政执法管理办法》等有关法律、法规和规章的规定,制定本办法。

本办法所称文化市场行政处罚案件档案是指各级文化行政部门或者文化市场综合行政执法机构(以下合并简称执法部门)依照法定程序,在办理行政处罚案件过程中直接形成的,能反映案件真实情况、体现执法过程、具有保存价值的各种文字、图表、声像等不同形式的历史记录,依照一定组成规律和有机联系制作形成的案卷。

时间:2012 年 8 月 14 日

政策:文化部关于印发《文化市场突发事件应急管理办法(试行)》及《文化市场突发事件应急预案(试行)》的通知

单位:文化部

文化部文市发〔2012〕27 号文印发《文化市场突发事件应急管理办法(试行)》及《文化市场突发事件应急预案(试行)》,以列举方式界定了文化市场突发事件的范畴并作出分级,进一步明确了应急处理机制即应急工作领导小组并规范其运作,应急预案则全方位地包括预防与预警、应急处理、信息上报与公开、后期处理等环节。值得注意的是,(1)事件信息公开被作为应急处理的一个重要环节,重视网络发布;(2)“文化产品或者服务含有国家法律法规禁止内容,造成恶劣社会影响的”,受到重大关切而被作为突发事件。另外,应对突发事件,文化部门有赖于公安、消防、安全等其他权力部门的“协同处理”,即往往充当配合强势部门的角色。

时间:2012 年 9 月 12 日
政策:文化部“十二五”文化科技发展规划
单位:文化部办公厅

为贯彻党的十七届六中全会精神和《国家“十二五”时期文化改革发展规划纲要》的战略部署,深入实施《文化部“十二五”时期文化改革发展规划》,发挥与增强文化和科技的相互促进作用,实施科技带动战略,增强自主创新能力,文化部制定了《文化部“十二五”文化科技发展规划》。

“十二五”文化科技发展的主要指标包括:重点围绕传统文化产业的技术改造和新兴文化产业发展,加强技术研发、集成应用和产业化示范,组织实施 8 至 10 项国家级科技重点项目。“十二五”时期文化科技发展的重点领域包括:文化科技基础性工作;文化艺术资源保护与开发领域;文化艺术产品创作生产领域;文化传播与服务领域;文化装备与系统平台建设。

时间:2012 年 9 月 18 日
政策:2011—2012 年度国家文化出口重点企业和重点项目目录
单位:商务部、中宣部、财政部、文化部、广电总局、新闻出版总署

为鼓励和支持我国文化企业参与国际竞争,扩大文化产品和服务出口,推动中华文化“走出去”,根据《文化产品和服务出口指导目录》(商务部、中宣部、外交部、财政部、文化部、海关总署、税务总局、广电总局、新闻出版总署、国务院新闻办公告 2012 年第 3 号),经各地组织申报、相关部门评审,商务部、中宣部、财政部、文化部、广电总局和新闻出版总署共同认定了 2011—2012 年度国家文化出口重点企业和 2011—2012 年度国家文化出口重点项目。

时间:2012 年 11 月 16 日
政策:公共图书馆服务规范
单位:文化部

《公共图书馆服务规范》是文化行政部门推进图书馆事业发展的指南,是公共图书馆实现服务立馆、促进科学发展的实践纲领,对于保障公共图书馆事业发展,推进公共文化服务标准化、规范化建设,进一步完善覆盖城乡的公共文化服务体系,具有重要的指导意义。

时间:2012 年 12 月 5 日
政策:演出经纪人员管理办法
单位:文化部

根据《办法》,今后将由文化部指导监督中国演出行业协会组织实施演出经纪人员资格认定工作,并于每年组织 2 次全国性考试。考试内容包括演出市场政策法规、演出市场基础知识、演出经纪实务以及从业规范、艺术基础理论等。

演出经纪人员包括在演出经纪机构中从事演出组织、制作、营销,演出居间、代理、行纪,演员签约、推广、代理等活动的从业人员。根据规定,演出经纪人在经纪活动中应保障演员合法权益,规范演员从业行为,协助演员提高业务素质,督促演员遵守职业道德。为此,《办法》提出了演出经纪人员"三不得":在演出经纪机构中从业的人员不得以个人名义从事演出经纪活动;不得在两家以上演出经纪机构从业;不得隐瞒与经纪业务有关的重要事项,或者对经纪业务作虚假宣传。

时间:2012 年 12 月 6 日
政策:全国文化信息资源共享工程 2013 年度地方资源建设方案
单位:文化部办公厅

数字文化资源建设是全国文化信息资源共享工程(以下简称文化共享工程)建设的核心。为进一步提高文化共享工程资源建设的科学性及系统性,完善建设机制,建立健全项目申报、立项审批机制,加强项目管理和绩效评估,现制定《全国文化信息资源共享工程 2013 年度地方资源建设方案》。

时间:2013 年 1 月 14 日
政策:文化部"十二五"时期公共文化服务体系建设实施纲要
单位:文化部

为深入贯彻落实党的十八大和十七届六中全会精神,推动"十二五"时期公共文化服务体系建设,文化部根据《中华人民共和国国民经济和社会发展第十二个五年规划纲要》《中共中央关于深化文化体制改革推动社会主义文化大发展大繁荣若干重大问题的决定》《国家基本公共服务体系"十二五"规划》《国家"十二五"时期文化改革发展规划纲要》《文化部"十二五"时期文化改革发展规划》,制定本纲要。

时间:2013 年 1 月 24 日
政策:关于开展 2012 年度全国美术馆发展扶持计划相关工作
单位:文化部办公厅

为全面贯彻落实党的十八大精神,坚持"二为"方向和"双百"方针,为人民群众提供更好更多的精神食粮,大力推动公益性文化事业的发展,保障人民群众基本文化权益,文化部继续推进"全国美术馆发展扶持计划"实施工作。"全国美术馆发展扶持计划"是文化部"国家美术发展工程"的重要组成部分,对入选该计划的项目,文化部将给予奖励性扶持。"2012 年度全国美术馆发展扶持计划"将通过评选,对于全国美术馆在 2012 年内实施的优秀项目进行奖励性扶持。

时间:2013 年 1 月 30 日
政策:国务院关于修改《计算机软件保护条例》的决定(国务院令第 632 号)
单位:国务院

国务院决定对《计算机软件保护条例》作如下修改:

将第二十四条第二款修改为:“有前款第一项或者第二项行为的,可以并处每件 100 元或者货值金额 1 倍以上 5 倍以下的罚款;有前款第三项、第四项或者第五项行为的,可以并处 20 万元以下的罚款。”

时间:2013 年 1 月 30 日
政策:国务院关于修改《信息网络传播权保护条例》的决定(国务院令第 634 号)
单位:国务院

国务院决定对《信息网络传播权保护条例》作如下修改:

将第十八条、第十九条中的“并可处以 10 万元以下的罚款”修改为:“非法经营额 5 万元以上的,可处非法经营额 1 倍以上 5 倍以下的罚款;没有非法经营额或者非法经营额 5 万元以下的,根据情节轻重,可处 25 万元以下的罚款”。

时间:2013 年 1 月 30 日
政策:国务院关于修改《中华人民共和国著作权法实施条例》的决定(国务院令第 633 号)
单位:国务院

国务院决定对《中华人民共和国著作权法实施条例》作如下修改:

将第三十六条修改为:“有著作权法第四十八条所列侵权行为,同时损害社会公共利益,非法经营额 5 万元以上的,著作权行政管理部门可处非法经营额 1 倍以上 5 倍以下的罚款;没有非法经营额或者非法经营额 5 万元以下的,著作权行政管理部门根据情节轻重,可处 25 万元以下的罚款。”

时间:2013 年 1 月 30 日
政策:全国文化信息资源共享工程“十二五”规划纲要
单位:文化部

全国文化信息资源共享工程是国家重大文化惠民工程,在我国公共文化服务体系建设中具有战略性、基础性地位。“十一五”期间,在党中央、国务院的正确领导下,在各级文化行政部门的大力推动下,文化共享工程建设取得了丰硕成果,覆盖城乡的服务网络基本建成,数字资源初具规模,技术平台日趋成熟,管理体系不断完善,初步实现了优秀文化信息资源在全国范围的共建共享。当前,文化共享工程已从共建进入到全面共享的发展阶段,面临着三个重要转变,即工作重点从侧重设施建设向侧重管理服务转变;建设方式从铺摊建点的规模化建设向专业化和品牌化转变;发展模式从单一化向社会化转变。为深入贯彻党的十八大及十七届六中全会精神,进一步推动“十二五”时期文化共享工程建设,切实保障人民群众的基本文化权益,推动社会主义文化大发展大繁荣,促进我国经济社会协调发展,编制本规划纲要。

时间:2013 年 1 月 30 日
政策:全国公共图书馆事业发展"十二五"规划
单位:文化部

"十二五"时期是全面建设小康社会的关键时期,是深化改革开放、加快转变经济发展方式的攻坚时期,也是推动社会主义文化大发展大繁荣、增强国家文化软实力、进一步推进公共文化服务体系建设的重要战略机遇期。公共图书馆作为公共文化服务体系的重要组成部分,承担着保存人类文化遗产、提供知识信息、传播先进文化、开展社会教育的重要职责,为中国特色社会主义事业建设提供信息资源支撑和智力支持。深刻认识并准确把握国内外形势新变化新特点,适应人民群众不断增长的精神文化需求,科学制定公共图书馆事业发展"十二五"规划,对于明确未来五年公共图书馆事业的发展方向、总体思路和重点任务,推动公共图书馆事业更好更快发展,促进公共文化服务体系建设,推进全面建设小康社会进程具有重要意义。

时间:2013 年 2 月 4 日
政策:娱乐场所管理办法
单位:文化部

为了加强娱乐场所经营活动管理,维护娱乐场所健康发展,满足人民群众文化娱乐消费需求,根据《娱乐场所管理条例》制定本办法。《办法》所称娱乐场所,是指以营利为目的,向公众开放、消费者自娱自乐的歌舞、游艺等场所。其他场所兼营以上娱乐服务的,适用《办法》。

时间:2013 年 6 月 5 日
政策:关于支持转企改制国有文艺院团改革发展的指导意见
单位:文化部　中央组织部　中央宣传部　中央编办　发展改革委　财政部　人力资源社会保障部　税务总局　工商总局

国有文艺院团是繁荣社会主义文艺的中坚力量。演艺业是极具再开发能力和产品衍生潜力的核心文化产业,演艺企业和演艺市场的发展对推动文化产业成为国民经济支柱性产业具有重要作用。近年来,在党中央、国务院的正确领导下,国有文艺院团顺利完成体制改革阶段性任务。随着大部分国有文艺院团转化为市场主体,以企业为主体、事业为补充,面向市场、面向群众的新型演艺体制格局已经形成,为我国演艺业实现跨越式发展奠定了坚实的基础。但是,当前我国演艺市场发育程度还比较低,大部分转企改制国有文艺院团(以下简称转制院团)底子薄、包袱重、经费自给率低、赢利能力弱,转制后面临巨大的生存发展压力。为深入贯彻落实党的十八大精神和十七届六中全会的有关部署,支持转制院团改革发展,提升我国演艺业发展水平,促进社会主义文化大发展大繁荣,提出意见。

时间:2013 年 6 月 29 日
政策:全国人民代表大会常务委员会关于修改《中华人民共和国文物保护法》等十二部法律的决定(主席令第五号)
单位:全国人民代表大会常务委员会

第十二届全国人民代表大会常务委员会第三次会议决定对《中华人民共和国文物保护法》作出修改:

一、将第二十五条第二款修改为:"非国有不可移动文物转让、抵押或者改变用途的,应当根据其级别报相应的文物行政部门备案。"

二、将第五十六条第二款修改为:"拍卖企业拍卖的文物,在拍卖前应当经省、自治区、直辖市人民政府文物行政部门审核,并报国务院文物行政部门备案。"

时间:2013 年 9 月 10 日
政策:文化部信息化发展纲要
单位:文化部

为指导全国各级文化行政部门和单位开展信息化工作,全面推进文化部信息化建设,依据党的十八大报告、十七届六中全会决定、《中华人民共和国国民经济和社会发展第十二个五年规划纲要》《国家"十二五"时期文化改革发展规划纲要》《文化部"十二五"时期文化改革发展规划》《2006—2020 年国家信息化发展战略》《"十二五"国家政务信息化工程建设规划》《国家电子政务"十二五"规划》等有关文件精神,编制本纲要,以明确文化部信息化 2013—2020 年的发展目标和业务重点。

"文化信息社会化服务"被明确为业务重点之一。《纲要》要求从三个方面提高文化信息供给能力:一是扩充服务内容,推动共享交换。结合文化资源数字化建设,不断丰富和扩充研究应用、决策支持、公众查询等各类文化信息的内容。二是搭建服务平台,提升服务水平。三是加强产品研发,推动产业发展。

根据《纲要》确定的发展目标,到 2015 年,国家文化数据资源目录体系基本形成,现有业务和管理数据的覆盖率不低于 90%;适合文化行政部门管理和社会公共服务的基础信息数据库群及数据综合管理与交换平台初步建成。到 2020 年,可持续利用和动态更新的文化信息资源库初步建成,信息资源的整理与开发达到较高水平;以国家文化数据中心为核心的国家、省、市、县四级网络交换、资源共享和业务协同体系基本建立。

时间:2013 年 10 月 29 日
政策:关于进一步加强卫视频道播出电视购物短片广告管理工作的通知
单位:国家新闻出版广电总局

国家新闻出版广电总局向各省、自治区、直辖市广播影视局,新疆生产建设兵团广播电视局,中央电视台、中国教育电视台、电影频道节目中心发出《关于进一步加强卫视频道播出电视购物短片广告管理工作的通知》,通知说,近年来,各级电视台按照《广告法》

和总局61号令、66号令要求,强化广告播前审查把关,认真纠正违法违规行为,广告播出秩序持续好转,形成了较为良好的社会氛围和市场环境。但近段时间以来,广告违规问题出现反弹,特别是部分卫视频道的电视购物短片广告存在内容夸大虚假、长时间反复播出等问题,造成恶劣影响。为认真落实党的群众路线教育实践活动要求,切实维护人民群众利益,现就治理卫视频道电视购物短片广告违规问题通知。

附录二

研究索引

1. 中国文化贸易研究进展述评

作者:周升起　兰珍先

关键词:文化贸易　文化产业　国际竞争力

内容:为推动文化贸易研究的进一步深入,本文从文化贸易发展作用、发展现状、影响因素、国际竞争力以及发展对策等几个方面,对20世纪90年代以来中国文化贸易研究进展,进行了系统梳理、分析和总结。研究认为:文化贸易已成为中国国际贸易学界重点关注和研究的课题之一,研究内容日益丰富、研究方法趋于多样、研究成果逐渐增多、研究结论的应用价值显著增强。预期随着我国文化产业的大发展、大繁荣,文化贸易研究将进入一个新的"繁荣期"。有待深入研究的专题包括:文化贸易统计制度及统计标准、文化贸易作用的实证检验、文化服务贸易、文化贸易方式与贸易利益、文化贸易与文化安全、国外文化贸易发展经验借鉴,文化贸易保护措施等。(《国际贸易问题》2013年第1期,第117—130页。)

2. 国家文化距离对中国对外贸易的影响——基于31个国家和地区贸易数据的引力模型分析

作者:田晖　蒋辰春

关键词:国家文化距离　中国　对外贸易　贸易引力模型

内容:随着国际贸易的不断发展,国家文化因素对它的影响作用逐渐得到重视。本文利用中国与31个国家和地区1995—2009年的贸易数据,引入Hofstede的国家文化维度建立中国对外贸易引力模型,研究国家文化距离对中国对外贸易的影响。研究显示,国家文化距离对中国贸易存在双重影响,作为整体变量,它对中国对外贸易有负面影响,作为组合变量,权力距离等几个维度对中国对外贸易有正面影响;此外,国家文化距离对中国进出口贸易的影响程度存在差异。(《国际贸易问题》2012 年第 03 期,第 45—52 页。)

3. 基于动态钻石模型的中国文化贸易竞争力研究

作者:方慧　尚雅楠

关键词:动态钻石模型　文化贸易　竞争力

内容:随着文化产业成为我国经济新增长点的态势愈加明显,文化贸易在转变经济发展方式、调整国民经济结构中发挥的作用在更大范围内获得了认可。但从国际比较来看,我国文化贸易竞争力仍较弱。本文发展了波特的钻石模型理论,根据产业发展阶段提出动态钻石模型,并将这一模型运用到文化贸易竞争力的理论分析和实证研究中,并在此基础上提出相关的政策建议。(《世界经济研究》2012 年第 01 期,第 44—50 页。)

4. 中国文化贸易结构和贸易竞争力分析

作者:方英　李怀亮　孙丽岩

关键词:文化产品贸易　文化服务贸易　贸易结构　贸易竞争力

内容:基于文化产品和服务进出口数据,对中国文化贸易结构、国际市场占有率、贸易竞争力指数、显示性比较优势指数的分析表明,尽管中国是文化产品出口第一大国,但文化贸易结构不合理,文化产业总体国际竞争力较弱且发展不平衡;中国文化贸易的竞争优势主要体现在手工艺品、设计、视觉艺术品和新媒体这些外围的文化产品中,具有核心内容的影视媒介、音乐媒介、出版物及版权、文化休闲娱乐服务等文化出口比重低、竞争力弱。(《商业研究》2012 年第 01 期,第 23—28 页。)

5. “同类产品”判定中的文化因素考量与中国文化贸易发展

作者:石静霞

关键词:文化贸易　同类产品　国民待遇　中国出版物案　加拿大期刊案

内容:在 WTO 法框架下,进口产品享受国民待遇的前提之一是与相关国产品的同类性。本文分析了 GATT 第 3 条有关同类产品的法理以及涉及文化产品的两个案例(“加拿大期刊案”和“中国出版物和视听产品案”),指出专家组和上诉机构在判定产品同类性方面忽视了对文化因素的考量,以及中国在“出版物和视听产品案”中的同类性问题上抗辩不足。鉴于在经济全球化时代协调自由贸易和保护文化多样性及中国发展国际文化贸易的现实需要,作者建议可以通过两种途径考虑文化因素在确定产品同类性中的作用:一是考察文化因素与判定同类性的传统标准之一,即“消费者品味和习惯”之间的联系;二是重新思考“目的和效果”理论的价值,因该理论能够对争端裁决者考虑贸易措施背后的文化政策目标提供适当的灵活性。(《中国法学》2012 年第 03 期,第 50—62 页。)

6. 从 WTO 与“文化例外”看国际文化贸易规则

作者:吴承忠　牟阳

关键词:国际文化贸易规则　文化例外　WTO

内容:本文首先厘清了中国等发展中国家在研究国际文化贸易规则中应秉持的价值

倾向是“文化例外”,重点分析的管理机制为WTO,然后结合三个经典的国际文化贸易案例对在WTO中体现“文化例外”精神的国际文化贸易规则进行了详细的分析,并归纳了相关的主要争议点和难点,最后进行了总结并就中国在国际文化贸易争端解决策略及其规则制定参与上提出了自己的建议。(《国际贸易问题》2013年第3期,第132—142页。)

7. 我国文化出口贸易结构变迁与产业结构调整的相互影响

作者:朱文静　顾江　朱婷

关键词:文化出口贸易　产业结构　协整检验　Granger因果检验

内容:国内产业结构布局影响商品和服务的国内国际市场供给,同样国际市场的供给需求引导着国内市场产业结构的布局。笔者基于1997年—2008年的统计数据,分析我国文化出口贸易结构的变迁以及国内产业结构的变化情况,认为我国文化贸易产品结构长期以来以文化商品为主;文化服务贸易中传统文化服务增速较大,高附加值的文化服务类产品出口比例很小;第一产业比重一直比较平稳,第二产业与第三产业的比重变化比较契合。笔者在此基础上利用协整检验和Granger因果检验的计量方法研究了我国文化出口贸易结构与产业结构之间的关系,得出主要结论:我国文化服务出口与第二产业比重变化之间存在明显的因果关系,协整关系不稳定。笔者对这些实证结果做了进一步解释,并相应地提出了优化文化贸易出口结构与实现产业结构升级的具体政策建议。(《国际贸易问题》2012年第6期,第52—56页。)

8. 哪些关键因素影响了文化产品贸易——来自OECD国家的经验证据

作者:刘杨　曲如晓　曾燕萍

关键词:文化产品贸易　文化距离　文化产品消费成瘾性

内容:文章基于11个OECD国家2001—2010年文化产品出口数据,对影响文化产品贸易的相关因素进行了深入的实证研究。在合理克服内生性问题的影响下,纠正了传统文献中的估计偏误问题,同时研究表明:区别于普通商品贸易,地理距离等传统贸易变量不再是关键的影响因素,而反映两国间文化差异的文化距离以及文化产品所具有的消费成瘾性(addictive of past consumption)起到了举足轻重的作用——文化距离的弹性效应为-2.1%,而地理距离仅为-0.419%,语言距离则不具备显著的解释能力;同时,文化产品的消费成瘾性对文化贸易量有着持续的、显著的正向影响。(《国际贸易问题》2013年第11期,第72—81页。)

9. 文化货物贸易与文化服务贸易决定因素差异的实证研究

作者:蒙英华　李艳丽

关键词:文化服务贸易　文化货物贸易　引力模型

内容:因文化货物贸易与文化服务贸易具备不同特性及两者之间存在着替代性,从而导致两者在一国贸易中的国际竞争力表现有所不同。笔者借助加拿大颁布的文化贸易统计数据,分别对文化货物贸易与文化服务贸易的决定因素进行了考察,结果表明:经济规模与人口变量对上述两类贸易的影响基本是相反的;地理距离对两类贸易都形成了贸易成本,但对文化服务贸易所形成的贸易成本更大;文化距离对两类贸易的进、出口影响是不一致的;双边信息网络覆盖程度对双边文化货物进、出口有促进作用,但对双边文化服务贸易并无明显影响。(《经济经纬》2013 年第 3 期,第 52—57 页。)

10. 中国文化创意产品贸易特点及发展对策

作者:曲如晓　董程

关键词:文化创意产品　贸易规模　贸易结构

内容:本文从贸易规模、贸易结构等方面总结了中国文化创意产品贸易现状和特点,分析认为,中国文化创意产品贸易虽然顺差,但存在贸易结构不合理、市场集中度高等问题。中国应从提升文化创意产品的"创意",加大传播中国文化,完善政策保障等方面促进中国文化创意产品贸易的发展。(《国际经济合作》2012 年第 10 期,第 20—26 页。)

11. 文化亲近、经济发展与文化产品的出口——基于中国文化产品出口的实证研究

作者:臧新　林竹　邵军

关键词:文化产品出口　文化亲近　经济发展

内容:文化产业是一种高能低耗的新兴产业形态,是体现一国"软实力"的核心力量;作为国际贸易的组成部分,文化贸易日益彰显其特有的战略性和重要性。本文选取 1996—2009 年中国核心文化商品的出口作为研究对象,通过贸易引力模型的面板数据来分析文化亲近、经济发展水平等相关变量对我国文化产品出口的影响状况。研究表明,我国及贸易对象国的 GDP、人均 GDP、文化距离、语言同一性、贸易条件等因素对我国文化产品的出口有着重要影响,其中文化距离及是否使用同一种语言这两个因素的影响最大;最后,在实证分析的基础上本文提出相关政策建议。(《财贸经济》2012 年第 10 期,第 102—110 页。)

12. 中国文化服务贸易国际竞争力研究

作者:王菲菲　赵书华

关键词:文化服务贸易　国际竞争力分析　发展战略

内容:作为全球服务贸易的重要组成部分,文化服务贸易在各国的经济社会发展中发挥着至关重要的作用。回顾中国文化服务贸易的发展历程,研究中国文化服务贸易的国际竞争力对促进国家文化服务贸易发展,更好地适应 WTO 规则及文化市场的进一步开放不仅具有现实意义,而且具有重大的理论和应用价值。(《商业时代》2012 年第 7 期,第 49—51 页。)

13. 我国文化产品和文化服务出口结构及竞争力分析

作者:李怀亮　虞海侠

关键词:出口结构　文化休闲　产业概念　出口产品　服务贸易　文化影响力　产品出口额　版权转让　产品出口市场　版权产业

内容:一个国家的文化产品及服务出口结构可以很好地反映一国文化产业的优势与劣势所在,进而反映一国文化产业的结构特点,为一国文化产业的进一步发展提供依据和方向。因此,本文将对我国现有文化产品与服务出口的现状进行分析,并在此基础上探讨进一步优化我国文化贸易结构的具体路径。(《国际贸易》2013 年第 9 期,第 59—66 页。)

14. 文化距离与中国文化创意产品出口

作者:许陈生　程娟

关键词:文化距离　文化创意产品　出口

内容:文章以 2002—2010 年中国文化创意产品出口数据为样本的研究发现,总体上文化距离对中国文化创意产品出口贸易存在显著的消极影响,但在不同特征的进口国或地区,其影响存在显著差异。其中,在高收入水平、非儒家文化圈以及文化国际化程度高的进口国或地区,文化距离存在显著的消极影响;相反,在低收入水平的进口国或地区,文化距离存在显著的积极影响;而在儒家文化圈以及文化国际化程度低的进口国或地区,文化距离所产生的影响则并不明显。(《国际经贸探索》2013 年第 11 期,第 25—38 页。)

15. 中国文化贸易的决定因素——基于分类文化产品的面板数据考察

作者:蒙英华　黄宁

关键词:文化贸易　服务贸易　文化统计

内容:中国文化进口主要集中于综合国力较强的发达国家,而且绝大多数文化产品进口受到出口国市场容量大小的影响,如建筑和设计、珠宝等,但受中国购买力水平影响较小;中国绝大多数文化产品出口受进口国购买力水平影响较为明显;中国文化生产效率的提高可促进其他视觉艺术、珠宝、电影和录像、建筑和设计等文化产品的出口,但对中国文化进口的影响并不明显;除古董进口及其他视觉艺术的出口以外,中国绝大多数文化产品的进、出口与距离变量呈负相关关系;自由贸易区可以促进中国绝大多数文化产品的进、出口。(《财贸研究》2012 年第 3 期,第 40—48 页。)

16. 宽带基础设施影响文化产品出口的实证研究

作者:邵军　吴晓怡

关键词:宽带　文化产品　出口贸易

内容:从供给和需求两个角度,文章分析了宽带基础设施对于促进文化产品出口贸易发展的重要作用。基于引力模型和跨国数据的实证检验结果显示,出口国良好的宽带基础设施将会有助于扩大其文化产品出口规模,同时对于改善文化产品贸易平衡也具有积极意义。横向比较显示,近年来中国的宽带基础设施建设虽然取得了显著进展,但与欧美韩日等发达国家相比差距非常明显,是我国文化产品出口贸易所面临的不利因素。加快推进我国宽带基础设施建设,应充分利用好"后发"机遇,将宽带设施提升到更高的层次。(《国际经贸探索》2013 年第 10 期,第 38—47 页。)

17. 文化距离、制度距离对中国文化服务出口的影响

作者:曹麦 苗莉青

关键词:文化距离 制度距离 文化服务出口 影响

内容:本文实证研究了文化距离、制度距离对中国文化服务出口的影响。结果表明:文化距离对中国文化服务的出口有显著的影响,并且文化距离越大,越利于中国的文化服务出口。而制度距离对中国文化服务出口有正向的影响,但影响不显著。(《商业时代》2013 年第 6 期,第 63—64 页。)

18. 中日文化产业及文化产品出口现状

作者:关晶

关键词:文化产业 出口略战 比较分析

内容:文化产业的发展和繁荣需要政府的扶持和主导,日本政府把发展文化产业定位为国家战略,在日本经济中占有重要地位。基于阐述中日文化产业及文化产品出口的现状,从战略角度来比较分析中日两国在发展文化产业中的差异,进而参考和借鉴日本的经验提出我国应充分认识发展文化产业的战略意义,政府应加大对文化产业扶持力度,扩大我国文化产品出口。(《对外经贸》2013 年第 7 期,第 18—20 页。)

19. 提升文化产品出口竞争力的有效途径

作者:张佰英

关键词:文化产业 文化产品 出口竞争力

内容:发展文化产业是中国从贸易大国走向贸易强国的关键,也是中国培育国际竞争新优势的必然选择。分析中国目前文化产品出口的优势,探讨当前中国文化产品出口存在的问题,并提出相应的解决对策。(《大连海事大学(社会科学版)》2013 年第 1 期,第 20—22 页。)

20. 国产影视文化产品出口面临的"文化折扣"与应对策略

作者:阮北平

关键词:影视文化 国产电影 国际电影节 海外推广 好莱坞电影 影视产品 《还珠格格》 世界电影 乡村爱情 周星驰

内容:近几年,中国政府先后颁布相关政策,鼓励中外合拍电影,并组建中国电影海外推广中心,积极选送国产电影参加国际电影节,在境外举办中国电影展,帮助中国电影"走出去"。但中国电影在世界影视文化市场上仅占 4% 的份额,国产电影在国外影院的"能见度"较低,出口影视剧类型主要局限古装历史剧、武打动作片。(《对外经贸实务》2013 年第 6 期,第 46—48 页。)

21. 美国文化产业国际竞争力现状及影响因素分析

作者:张彬 杜晓燕

关键词:美国 文化产业 国际竞争力

内容:文章利用 2002—2008 年文化产业的进出口数据,通过国际市场份额指标、显

示性比较优势指数、净出口显示性比较优势指数以及产业利润等指标对美国文化产业国际竞争力进行实证分析,并从美国文化产业发展战略、经济环境、政府行为及企业竞争力等方面,对影响文化产业国际竞争力的主要因素进行分析。研究结果显示,美国文化产业在全球具有明显的比较优势,其优势进一步增强,特别是在图书出版以及文化与娱乐服务的出口方面表现出较强的国际竞争力。(《国际商务(对外经贸大学学报)》2012 年第 4 期,第 81—91 页。)

22. 促进我国文化企业"走出去"的税收政策研究

作者:李海莲

关键词:文化企业 "走出去" 税收政策

内容:发展文化产业和实施文化"走出去"战略的主体是文化企业。文化企业"走出去"包括一般贸易方式下的文化产品与服务出口和资本输出方式下的境外企业实体。本文在深入分析现行支持文化企业"走出去"税收政策存在问题的基础上,提出进一步降低出口文化产品与服务适用税率、统一出口退税政策等系列建议。(《税务研究》2013 年第 12 期,第 43—47 页。)

23. 我国艺术品出口的实证研究

作者:曹麦 苗莉青 姚想想

关键词:文化距离 制度距离 艺术品 出口 影响因素

内容:利用 2002—2010 年我国对 30 个国家及地区的艺术品出口的面板数据进行实证分析,结果表明:在我国艺术品出口的影响因素中,文化距离有显著的负向影响,制度距离有显著的正向影响,而地理距离的影响不显著。此外,中外两国或地区的人均收入以及同为自贸区成员有显著的正向影响,共同语言、国家相邻、进口国或地区的互联网使用率有显著的负向影响。因此,我国更应该注重对人均收入高尤其是新兴经济体国家的出口,同时要加大推广汉语言和汉文化的教学、交流,并加强自身的制度建设。(《国际贸易问题》2013 年第 5 期,第 45—54 页。)

24. 我国动漫产品出口面临的文化贸易壁垒及对策

作者:桂韬

关键词:文化贸易 国外文化 产品链 影片制作 中国文化 中国电视剧 国家政策 数量限制 文化起源 文化认知

内容:目前,在国家政策积极推动下,我国动漫产业发展迅速。就数量而言,我国动漫产业的规模与日本、美国等不相上下,甚至比其更大;从产值来看,早在 2002 年,日本仅销往美国的动画片以及相关的产品总收入就已达到 43.5911 亿美元,韩国动漫及游戏的产值占整个 GDP 的六分之一,而我国目前动漫的产值占 GDP 不到 1%,动漫出口的收入只有数千万美元。(《对外经贸实务》2013 年第 10 期,第 52—55 页。)

25. 文化差异对文化创意产业双边贸易影响的实证研究

作者:占绍文　辛武超

关键词:文化差异　文化创意产业　双边贸易

内容:本文主要针对全球26个文化创意产业贸易大国探讨贸易双边文化差异对文化创意产业贸易的影响。实证结果显示,文化创意出口国的文化开放性越低、越能保持自我独特性时,其在文化创意双边贸易中的出口值越高;若就贸易双边的文化差异而言,两国的文化开放性差异与两国一般贸易往来较没有显著关系,对于文化创意双边贸易却具有重大影响:两国贸易对方国间对外来种族接受度的差异越大,双边文化创意贸易越高。这一发现,一方面凸显出在全球化的浪潮下,保留本土文化特色具有一定的正面意义与价值,另一方面也显示出文化创意贸易不同于一般贸易的独特性,不管是在改革思维上或是学术研究上,均值得给予特别的关注。(《国际商务研究》2013年第1期,第76—87页。)

26. 我国核心文化商品贸易对经济增长影响分析

作者:徐丽　尹秀艳

关键词:核心文化商品贸易　经济增长　贡献率　协整分析

内容:本文通过设定我国核心文化商品贸易体系,选取我国1996—2011年的核心文化商品贸易和国内生产总值数据,对核心文化商品贸易与经济增长贡献进行实证分析。研究表明,我国核心文化商品贸易与经济增长存在长期稳定和单向因果关系;核心文化商品出口对与经济增长贡献呈动态波动趋势,但总体影响偏弱;核心文化商品出口对经济增长具有拉动作用。(《商业时代》2013年第20期,第46—48页。)

27. 文化外交与中国文化"走出去"的动因、问题与对策

作者:张志洲

关键词:中国文化　文化外交　文化"走出去"　国际关系　文化价值观

内容:中国文化"走出去"已经上升到国家战略的高度,是中国文化外交战略的一个重点。推动中国文化"走出去"的基本动因在于三个方面:一是在冷战后与全球化相互叠加的时代,文化在国际关系中的地位上升;二是中国和平发展的需要;三是中国文化自信心的提升和政府外交观念的更新。当前,尽管中国文化外交与文化"走出去"已经取得了许多成果,但也面临着两方面的问题:一是我们在文化与软实力关系上存在认识误区,简单化地将文化"走出去"等同于赢得软实力;二是相比于西方,当今中国文化处于结构性弱势地位,"博大精深"的中国文化本身存在多元价值冲突,因而在如何选择中国的文化价值观进行外交上存在困境。化解存在的问题,更好地推动中国文化"走出去"应注意两点:一是争取国际话语权,努力改变中国在国际文化价值观中的结构性弱势地位;二是重构中国社会核心价值观,在文化现代化、国际化与保持中国传统文化之间寻求最佳的平衡。(《当代世界与社会主义》2012年第3期,第12—16页。)

28. 我国文化企业“走出去”:现状、问题及对策

作者:王海文

关键词:文化企业　“走出去”　现状　问题对策

内容:当前我国文化企业“走出去”步伐持续加快,国有领航、民营及中小文化企业成为“走出去”新的生力军,发达地区和城市文化企业“走出去”占比较大,发达国家依然是“走出去”首选目的国和地区,而新兴业态类文化企业“走出去”成为亮点,出口模式呈现多样化。同时,我国文化企业“走出去”存在诸多问题,如:“走出去”体制环境需要进一步优化;“走出去”渠道狭窄、平台薄弱;“走出去”缺乏具有竞争力的品牌及产品和服务;“走出去”应对国际争端、适应国际规则的能力有待提升。加快推进我国文化企业“走出去”,要在突出重点,加大扶持力度,建设文化企业对外贸易的涉外桥梁,提升文化企业的国际竞争力,建立和完善与文化企业“走出去”相关的政策、法制、人才等支持体系方面采取更加有力措施。(《理论探索》2013 年第 4 期,第 103—106 页。)

29. 中国文学文化走出去:问题与反思

作者:王志勤　谢天振

关键词:中国文学文化　译出　译入

内容:莫言获得 2012 年诺贝尔文学奖为译介学提供了一个很好的个案。中国文学文化要成功走出去,必须综合考虑作者、译者、赞助人和出版机构等各种因素。今天的“译出”与中国翻译史上的“译入”存在很大差异。中国过去“译出”尝试中的典型个案如《红楼梦》、《熊猫丛书》等的译介说明,“译出”时不应强行输出本国的意识形态,要增强与译入语国家译者和赞助人的合作,增加译本的可接受性等。在新世纪,中国政府推出的“中华学术外译项目”等措施为中国文学文化走出去提供了契机。但是,简单的民族化情绪、用“译入”理论指导“译出”实践等,则是其中的种种误区。因此,我们必须认清译介的规律,考虑译入语读者对翻译家的认可程度,了解译入语国家的社会因素、意识形态、占主导地位的文学观念,正视接受环境的时间差和语言差问题,站在冷静的立场进行理性思考。也许那时,中国文学文化才能真正有效地走出去。(《学术月刊》2013 年第 2 期,第 21—27 页。)

30. 论多渠道推动中华文化走出去

作者:曲慧敏

关键词:中华文化　多渠道　走出去

内容:多渠道推动中华文化走出去,是建设社会主义文化强国、提升中华文化国际影响力的战略需要。中华文化走出去还较为薄弱,应大力拓展中华文化走出去的渠道。当前,既要更好发挥政府推动中华文化走出去的作用,也要加强经济文化传播、大众媒介文化传播和人际文化传播等民间渠道的积极作用。这样,中华文化走出去会才更具有广泛性、实效性和可持续性。(《思想理论教育》2012 年第 13 期,第 34—39 页。)

31. 文化自觉与文化走出去

作者:李炳毅 王丽鸽

关键词:文化强国 文化自觉 文化自信 文化走出去

内容:党的十七届六中全会明确提出了“建设社会主义文化强国”的战略任务,其中提出的“文化自觉”和“文化走出去”为我们打开了一条新思路。在内在文化转型与外在文化变迁的背景下,只有深入了解“文化自觉”与“文化走出去”二者之间的内在联系,才能更全面地实现文化自觉,更科学地践行文化走出去。(《理论导刊》2012 年第 8 期,第 66—68 页。)

32. 转型期传统文化走出去困境考量

作者:蒋云美 何三宁

关键词:传统文化 文化传播 困境分析 主要考量

内容:当代中西文化交流给传统文化带来了挑战和机遇,传统文化只有通过主动走出去才能在中西文化交流中占一席之位。新的时代背景下传统文化展现出新的特点,遭遇到了新的机遇和挑战。文章着重探索转型期传统文化走出去遭遇的困境,并针对所面临的困境进行战略调整,为传统文化的现代化提供理论支持,加快文化传播步伐。(《人民论坛》2013 年第 35 期,第 193—195 页。)

33. 我国文化“走出去”工程面临重大发展契机

作者:田新玲

关键词:上海自贸区 制度创新 文化“走出去”工程 发展契机

内容:我国文化“走出去”工程亟需制度创新,中国(上海)自贸区的创立将带来宏观制度环境及微观投融资、开放准入、文化国际贸易、文化企业的核心竞争力培育、国际产业链打造等方面的深远影响。虽然存在诸如战略导向协调、制度着力点平衡等隐忧,但对于我国文化“走出去”工程而言却是难得的重大发展契机。(《新金融》2013 年第 12 期,第 15—18 页。)

34. 大型出版企业出版数字化“走出去”规划研究

作者:郑颖

关键词:大型出版企业 数字化 “走出去”

内容:大型出版企业担负着中国文化“走出去”的责任,充分利用数字技术有助于这一目标的实现。文章论述大型出版企业出版数字化“走出去”的必要性、可行性和规划,结合中医药的实例加以说明,提倡利用数字化,构建出版数字化“走出去”的立体体系。(《编辑之友》2013 年第 12 期,第 14—16 页。)

35. 从图书版权贸易看中国出版“走出去”

作者:毛润政 罗雪英

关键词:图书版权 中国出版 图书出版 版权输出 大型出版集团 中国文化 国际合作出版 生活理念 操作方法 对外推广计划

内容:我国图书出版“走出去”存在更深层次的难题,即非技术层面、非操作方法的一些问题,亦可称之为战略问题。要促进中国出版真正“走出去”,需要中国出版界从战略层面探寻“走出去”的指导与方略。全国化概念正在席卷和拍打着每一个国家,随之而来的是政治、文化、价值观、生活理念和意识形态的扩张、碰撞冲突与整合。这种文化理念与价值形态向外扩张的力量正是被众多国家和理论研究机构关注的国家“软实力”。近年来,中国政治大国的地位不断稳固,综合经济实力也不断提高,然而中国文化的海外扩散力和海外影响力极其有限。(《出版广角》2013 年第 22 期,第 26—28 页。)

36. “引进来”是为了更好地“走出去”

作者:张秋林

关键词:版权引进　少儿出版　引进版　版权输出　白杨社　漫画书　出版发行　国际版权　文化竞争　资本合作

内容:二十一世纪出版社就版权引进提出了三个具有独创性的“看待”:一是从培养出版社核心竞争力的角度来看待版权引进;二是从出版社生死存亡的高度来看待开放战略的实施;三是从参与全球文化竞争的层面来看待民族文化的传承。近年,我们在“引进来”和“走出去”方面做了大量卓有成效的工作,取得了不错的业绩,荣获世界知识产权组织评选的 2012 年度“世界知识产权组织版权金奖(中国)”。我们认为少儿出版是最具备走出去潜质的,因为全世界儿童培养的基本价值观都相差无几,所以我们说儿童文学是最容易飞翔的,是没有国界的,二十一世纪出版社在这方面拥有很多成功经验。(《出版广角》2013 年第 21 期,第 8—7 页。)

37. 商业模式是“走出去”的最佳模式

作者:郭光

关键词:最佳模式　出版传媒　图书版权　国际书展　法兰克福书展　中国文化　国际营销　中国园林艺术　营销团队　中国出版

内容:唯有坚持“中国文化,国际表达;中国图书,国际营销”,坚持走商业模式的发展之路,才可能真正地在推动中国文化和出版全面“走出去”中获得成功。2013 年 10 月 13 日,法兰克福国际书展落下帷幕,我在书展总结会上与中青(英国)国际出版传媒的编辑营销团队分享了三个关于法兰克福书展的故事。(《出版广角》2013 年第 21 期,第 30—32 页。)

38. 变则通,中国出版“走出去”再思考

作者:杨琪

关键词:中国出版　变则通　出版企业　国际市场　社会发展规律　思想意识　企鹅出版社　大众出版　电子书　贝塔斯曼

内容:“走出去”的目标是不变的,但是怎么“走”,则是需要不断地额调整和变化。“以不变应万变”早已成为过去,只有“变则通”才是符合当今社会发展规律的硬道理。前不久,我曾经写过一篇《走出去,我们还需要什么》,从中国出版人的思想意识方面分享

了我对中国出版“走出去”的一些思考,然而还有一些话不吐不快,故行成下文,和业内同仁共探讨。市场中的资本手段文化市场也是市场的一部分,所以文化“走出去”也脱离不了国际市场这支无形的“手”。既然身处市场之中,那么市场的变化自然会对文化“走出去”有着深刻的影响。(《出版广角》2013 年第 Z1 期,第 28—29 页。)

39. 论中国电影的“走出去”战略——以柏林电影节近年中国获奖作品为例

作者:曹小晶　雷萌

关键词:中国大陆电影　“走出去”　柏林国际电影节　获奖作品

内容:柏林电影节中中国大陆电影获奖不少,它不仅成就了一个个国内新锐导演的国际地位,同时也为中国电影的“走出去”战略提供了诸多可行性的途径和方案。回顾中国大陆电影的获奖历程可以看到:中国电影产业的真正成熟和可持续的良性的对外拓展与传播,既需要“强攻”式商业主流大片的“高歌猛进”,也同样需要“细水长流”的“中小成本”电影的“浅吟低唱”,它们分别从不同的向度和题材类型共同建构和完善着中国电影的产业化蓝图和格局,承载着对外树立和传播中国主流形象和提升民族文化软实力的媒介重任。(《现代传播》2013 年第 4 期,第 72—76 页。)

40. 与奥斯卡碰撞:华语电影“走出去”的体认与反思

作者:毕苏羽

关键词:华语电影　世界电影　最佳外语片　《卧虎藏龙》　满城尽带黄金甲　商业大片　《霸王别姬》　《英雄》　纽约黑帮　艺术创新

内容:谈到华语电影,“走出去”这三个字就像一句充满热情的口号,不停地召唤着我们向着更广阔的天地进发。这其中,华语电影“走出去”的一个十分重要的目标就是走向欧美市场,尤其是一直以来作为世界电影舞台上唱主角的美国市场。而奥斯卡奖对于两岸三地的电影人来说更像是一种荣誉,代表着商业性与艺术性的完美结合,代表着国际化表达的最大化接受,代表着被世界范围内最广大的认可。(《当代电影》2013 年第 4 期,第 124—140 页。)

41. 新的媒介环境下中国电影“走出去”之路

作者:田萱

关键词:媒介环境　中国电影　出口　内容　渠道

内容:新的媒介环境下,世界电影市场遭遇媒介分化和市场细分的严峻挑战,网络的崛起、电视网的扩张以及媒介融合等媒介环境将深刻影响中国电影“走出去”的战略设计。中国电影必须在产业化的基础上,从电影题材、精神内核、表达方式到技术水平等方面打造精品;从销售主体、发行策略、传播途径等方面创新模式,完成中国电影从“内容为王”到“渠道制胜”的双向转变,实现中国电影“走出去”的目标。(《电影文学》2012 年第 19 期,第 9—11 页。)

42. 中国电影·中国梦

作者:黄会林

关键词:中国电影　中华传统文化　中国梦　民族艺术　艺术作品　艺术传播　文化影响力

内容:中华民族的文化品格就是在困难中寻求自己的文化出路,凸显一种历史不败精神,构成了源远流长的文化传统。中华民族五千年文明传承,始终就是在寻找一种文化变革和文化转型。在近代以来的170年发展历程中,中国大批知识分子历经艰难,上下求索,彰显出坚持抗争、不屈不挠的爱国主义精神。新中国成立之后60年以及改革开放30年的伟大实践说明,马克思主义必须结合中国实际,只有走中国特色社会主义的道路。这就是中国知识分子在文化上历经艰难、上下求索的"中国梦"。"中国梦"深刻描绘出中国历史发展的主线,以及中华民族生生不息、不懈奋斗的历史,凝聚了广大人民为实现国家富强、民族复兴和人民幸福的力量。对于文化来说,尤其是对于电影文化来说,实现"中国梦"主要应该是两个方面。一是坚守住自己民族性的优势并发扬光大。吸收欧美电影文化特长是为自己所用,要探求有自己特点的电影文化个性。如今面对着内在和外在的困难,我们要寻求民族自己的电影文化出路。我们的民族电影文化,有自己的文化品格、文化源流、文化个性和文化精神。需要展现出我们民族电影文化的不可替代性。二是实现中国电影走出去,使中国电影文化与欧洲电影文化、美国电影文化及所有其他电影文化相互影响、相互吸收、相互借鉴,共同构成丰富多彩的人类电影文化图景,实现电影文化的"美美与共"。坚守并发扬中国电影自身的优秀特性包括坚持"第三极"电影文化和努力发扬民族化电影的魅力两个方面。对中国电影"走出去"实现"中国梦"的思考,本文认为中国电影走出去实现"中国梦",可以在以下四个方面采取有效对策:一是中国电影国际影响力的扩大,须要将中国文化的精神和精髓注入电影创作中,立足本土,面向世界;二是中国电影国际影响力扩大,须要加强传播理论的研究;三是中外合拍片应突出中国文化特征,在中国特色与国际视野之间寻找平衡点;四是汉语的传播与中国电影国际影响力扩大相互影响,应建立以汉语为先导,以电影为工具的中国文化国际传播策略。(《艺术百家》2013年第5期,第28—32页。)

43. 中外合拍片与中国电影全球化战略

作者:王凡

关键词:融合　全球化战略　中方主导　区域多元　合拍论坛

内容:面对以"融合"与"对话"为特征的新的历史阶段,中外合拍片不仅是一个中国文化输出的平台、一个中国电影走出去的主要渠道、一个用"借船出海"的思路打造中国电影产业实力的跳板,而是一个力图与全球主流电影市场和全球主流电影观众价值观相融合的"行业事实"。本文将从中外合拍片历史、合作区域和题材类型、海外推广以及合拍论坛等方面进行梳理和分析,旨在更好地应对这个从"中国电影走出去"阶段向"中国电影全球化战略"阶段的跨越性发展时期。(《当代电影》2012年第1期,第10—15页。)

44. 中国电影"走出去"探析

作者:张翠玲

关键词:人性　武侠　诗意

内容:影片《卧虎藏龙》和《十面埋伏》在国外上映时均获得了肯定。本文认为其得到认可的原因在于它们都借用了外国观众熟知的武侠这一中国元素,讲述了两个充满着人性和爱情这些具有人类共通性的故事,因此这两部影片才在一定程度上比较好地避免了文化折扣,比较顺利地实现了中国电影和世界电影文化的融合。在此基础上本文探讨了中国电影在走向世界时如何实现"中国主题,世界元素"这一原则的贯彻实施。(《电影文学》2012 年第 18 期,第 26—27 页。)

45. 中国电影本土化战略与全球化视野

作者:饶曙光

关键词:本土化战略　进口大片　全球化视野　冯小刚　差异化战略　全球化战略　中国大片　《英雄》　冲击比　陈凯歌

内容:中美电影新协议对中国电影市场的冲击比人们预想的还要大,面临着前所未有的大变局。中国电影产业的每一个环节,尤其是关键环节与好莱坞电影相比都存在着"短板"。在确定中国电影的全球化传播之前,我们应该深入研究美国好莱坞电影的全球化战略,找准我们的市场空间和目标市场,厘清我们的发展思路。充分利用中国电影的低成本战略、差异化战略与集中战略,做大做强本土电影市场是中国电影、华语电影有效"走出去"的基础和根本。(《电影艺术》2012 年第 6 期,第 5—14 页。)

46. 中国动漫如何"走出去"? ——论中国动漫对外传播的现状、问题与策略

作者:盘剑

关键词:中国动漫　对外传播　中国文化"走出去"　动漫产业　跨文化交流　文化产业

内容:对于作为文化产业核心门类的动漫,对外传播具有经济、文化双重意义。我国动漫产业迄今虽然已经规模巨大,但能够"走出去"的作品还很少,动漫出口收入相对来说还很低,在海外的影响也很小。其原因在于动漫作品不仅质量差,而且创作观念陈旧、观众定位不准、缺乏足够的想象力和动漫的独特魅力,并且盲目崇外跟风模仿。针对上述问题,本文提出要从动漫创作机制和管理体制入手提升中国动漫质量,并借鉴美国电影屡试不爽的"跨文化策略"和"全球文化策略",借此改变中国动漫对外传播的现实状况。(《东岳论丛》2012 年第 1 期,第 53—59 页。)

47. 中国动漫国际传播的现状与路径探寻

作者:侯洪　徐盟

关键词:中国动漫　国际传播　发展现状与路径

内容:近年来,中国动漫的国际传播随着文化创意产业发展而开始引人注目。中国动漫与世界动漫在产品、技术、项目、人才、版权等层面开展全方位多层次的交流合作,同

时正在推行“走出去”的发展战略。面对这一良好发展态势,本文在全面考察中国动漫的国际传播现状之后,着重探讨其国际传播的路径与策略。(《当代传播》2013 年第 4 期,第 64—66 页。)

48. 中国动漫的海外受众培养策略探索

作者:曹海峰

关键词:策略探索　霍尔模式　传播理论　跨文化传播　国家文化安全　软实力建设　民族自信　传统文论　市场效益　目标市场定位

内容:与动漫强国相比,我国原创动漫产业发展仍处在弱势地位,在竞争白热化的国际市场还需继续付出更多的努力。值得注意的是,根据“霍尔模式”,文化产品的意义是由受众解码的,故而在动漫产业的实施“走出去”战略之前必须了解海外受众需求,明确目标市场定位,确保产品创作与营销适应海外受众的文化需求和兴趣,以获得文化传播与市场效益的双重胜利。时至今日,如何对我国动漫产业的海外受众进行培育以实现国产动漫大繁荣、大发展,提升我国文化软实力,是我们亟需探讨的问题。(《中国广播电视学刊》2012 年第 6 期,第 73—74 页。)

49. 动漫产业国际化对策措施研究

作者:胡美香

关键词:动漫产业　国际化　对策措施

内容:如今全球化已是一个不可逆的趋势,我国在全面对外开放格局下,“走出去”是中国文化产业发展的一大战略。动漫产业作为文化产业的核心产业,承载着传播文化、扩大国际影响的重任更应如此,中国动漫产量虽大,出口产品也不少,但创汇不多,说明机会和挑战并存的国产动漫正面临跨国资本的诱惑和洗礼。本文就中国动漫国际化对策措施,发表一些个人观点,以供参考。(《电影文学》2012 年第 4 期,第 41—42 页。)

50. 中国原创网游精品走出去再创佳绩的若干思考

作者:宋建新

关键词:中国原创　网游企业　海外销售　海外市场　中国版协　数量比　传统介质　数据公司　联合运营　推广平台

内容:在原新闻出版总署科技与数字出版司指导下,中国版协游戏工委、美国数据公司(IDG)2013 年 1 月共同完成了《2012 年中国游戏产业海外市场报告》,该报告显示,2012 年中国原创网络游戏海外销售达到 5.7 亿美元,比 2011 年的 3.2 亿美元增加了 57.5%。全年共有 177 款国产原创网游作品销售到美国、英国、俄罗斯、韩国、日本、越南等 100 多个国家和地区。原创网游出口数量比上年增加 35.1%,出口企业达 40 家,比上年增加 17.6%。(《中国出版》2013 年第 12 期,第 3—5 页。)